Herfried Münkler

MARX, WAGNER, NIETZSCHE

Welt im Umbruch

ROWOHLT · BERLIN

Originalausgabe
Veröffentlicht im Rowohlt · Berlin Verlag, September 2021
Copyright © 2021 by Rowohlt · Berlin Verlag GmbH, Berlin
Innentypografie Daniel Sauthoff
Satz DTL Elzevir bei Pinkuin Satz und Datentechnik, Berlin
Druck und Bindung GGP Media GmbH, Pößneck
ISBN 978-3-7371-0105-9

Die Rowohlt Verlage haben sich zu einer nachhaltigen Buchproduktion verpflichtet. Gemeinsam mit unseren Partnern und Lieferanten setzen wir uns für eine klimaneutrale Buchproduktion ein, die den Erwerb von Klimazertifikaten zur Kompensation des CO_2-Ausstoßes einschließt.
www.klimaneutralerverlag.de

Für Laura und Hagen

INHALT

Einleitung: Licht und Schatten 11

KAPITEL 1
Nähe, Distanz, Abneigung 23
Marx auf der Reise nach Karlsbad 25 – Eine uneingestandene Beschäftigung mit dem «Ring des Nibelungen» 32 – Was wusste Wagner von Marx? 35 – Friedrich Nietzsche in Bayreuth 37 – Wagners Leiden an Bayreuth 46 – Der lange Weg nach Bayreuth 51 – Marx' Distanz gegenüber Wagner, Nietzsches Trennung von Wagner 58

KAPITEL 2
Die Wiedergeburt der Antike. Eine Kontroverse 61
Wagners Projekt einer Erneuerung der antiken Tragödie 63 – Nietzsche über antike Tragödie und ihre «Wiedergeburt» 73 – Marx' Überzeugung vom definitiven Vergangensein der antiken Tragödie 83

KAPITEL 3
Krankheit, Schulden, Selbstkritik: Hemmnisse bei der Arbeit, Leiden am Leben 93
Nietzsches Selbstdiagnose: Krankheit als Weg zur Gesundheit 95 – Der Fluch der Karbunkel: Marx leidet 99 – Probleme mit den Vätern 104 – Stress, Depression und Leiblichkeit 107 – Leben und Leiden 113 – Schuld und Schulden bei Marx 119 – Verschwenderischer Wagner, asketischer Nietzsche 123 – Strategien der Selbstkritik 131

KAPITEL 4
Gescheiterte Revolution, gelungene Reichsgründung. Deutschland als politisch-kulturelle Projektionsfläche 137
Deutschland – aber was ist das? 139 – Marx' tiefsitzende und Wagners revisionsoffene Preußenfeindschaft 150 – Engels' geopolitische Analysen 156 – Wagners großes Projekt: Politik auf ästhetischer Grundlage 163 – Marx und Engels entdecken Bismarck 174 – Wagners Antwort auf die Frage: «Was ist deutsch?» 181 – Zwischen Hoffnung und Verachtung: Nietzsche und die Deutschen 188 – 1870/71 192

KAPITEL 5
Zwischen Religionskritik und Religionsstiftung 207
«Durch den Feuer-Bach» 209 – Der «Tod Gottes» und seine Folgen für den Menschen 216 – Überfordert, redlich zu leben: die «letzten» und die «höheren Menschen» 220 – Die ausweglose Verstrickung der Götter in ihrer eigenen Ordnung 224 – Schleichende Rückkehr des Religiösen: Marx über den Fetischcharakter der Ware 237 – Wagners Sorge um die Zukunft der Religion in einer areligiösen Welt 246 – Wagners Arbeit an der Erlösung: von Jesus zu Parsifal 253 – Die antagonistische Konstruktion des «Parsifal» 259 – Erziehung zum Erlöser 262 – Parsifals Enthaltsamkeit 271 – Erlösung auch der Natur – aber wie? 275 – Nietzsche über den Nutzen der Religion 280 – Nietzsches fundamentale Kritik am Erlösungsgedanken 284

KAPITEL 6
Analyse und Erzählung 291
Mythos und Logos I: Marx' analytische Darstellungsweise 293 – Mythos und Logos II: Nietzsches Zarathustra-Erzählung 299 – Mythos und Logos III: Wagner über Volk und Mythos 308 – Wagners Arbeit am Mythos I: «Der fliegende Holländer» 310 – Wagners Arbeit am Mythos II: Antigone 317 – Kleine Mythengalerie I: Prometheus 325 – Kleine Mythengalerie II: Siegfried und Napoleon 338

KAPITEL 7
Bourgeois, Proletarier, Mittelmäßige: Drei Gesellschaftsanalysen 353
Grundzüge der Gesellschaftsanalyse 355 – Marktökonomie versus Moralökonomie 359 – Die Gesellschaft in Wagners «Ring» 371 – Marx' geschichtsphilosophische Aufladung von Bourgeoisie und Proletariat 386 – Kleinbürger, Bauern, Lumpenbourgeois: die (zeitweilige) Verschiebung der Kräfteverhältnisse von der Stadt aufs Land 393 – Louis Bonaparte und die Parzellenbauern 403 – Lumpenproletariat und «white trash» in Marx' Klassenanalyse 410 – Nietzsches Respekt vor der gesellschaftlichen Mitte und seine Verachtung der Mittelmäßigen 420

KAPITEL 8
Die europäischen Juden bei Marx, Wagner und Nietzsche 435
Grassierender Antisemitismus 437 – Die Juden in Marx' Kapitalismusanalyse 439 – Alltagsantisemitismus bei Marx und Engels 448 – Richard Wagners manifester Antisemitismus 453 – Die Regenerationsschriften 462 – Gibt es in Wagners Opern Judenkarikaturen? 471 – Nietzsches Anti-Antisemitismus 476 – Die europäische Führungsrolle der Juden 480 – Die Juden als Urheber des «Sklavenaufstands in der Moral» 486

KAPITEL 9
Das große Umsturzprojekt: Gesellschaft, Kunst und Werteordnung 491
Antibürgerliche Denker 493 – Die Revolution als lehrreiches Ereignis I: Cola di Rienzo 507 – Die Revolution als lehrreiches Ereignis II: die Pariser Commune 520 – Marx' Analyse der Pariser Commune I 527 – Der Staat bei Marx, Wagner und Nietzsche 533 – Marx' Analyse der Commune II 540 – Marx' Revolutionierung des revolutionären Denkens: vom katastrophischen Umsturz zur strukturellen Umwälzung 550 – Irland, Indien und Russland als Zündsteine der Revolution 560 – Wagners Revolutionierung der Musik 572 – Nietzsches stille Revolution: die Umwertung aller Werte 590

Nachspiel 603

Anhang

Anmerkungen 623

Literatur 681

Namenregister 703

Dank 713

Bildnachweis 717

EINLEITUNG: LICHT UND SCHATTEN

Marx, Wagner, Nietzsche – zu ihnen allen sind intensive, große Debatten geführt worden. Entsprechend unüberschaubar ist die vorliegende Forschungsliteratur, die sich nicht nur mit dem jeweiligen Leben und Werk beschäftigt, sondern ebenso mit den Wirkungen auf das 20. Jahrhundert: Jeder der drei ragte auf seine Weise in seinem Gebiet heraus, in Gesellschaftstheorie, Musik und Philosophie, alle drei waren Sterne, die einen langen rotglühenden Schweif hinter sich herzogen, der immer noch am Funkeln ist beziehungsweise nach zwischenzeitlichem Verblassen im 21. Jahrhundert erneut zu funkeln begonnen hat. Offenbar ist so manches, was von ihnen behandelt und angestoßen wurde, nach wie vor oder auch von neuem relevant. Um es anzudeuten, ohne es auszuführen: Wagners Idee des *Gesamtkunstwerks* etwa für die Herangehensweise im Film und in aufeinanderfolgenden Staffeln von Serien, in denen auseinanderlaufende Erzählungen wechselnder Personen oder einschneidende Charakterwechsel der Protagonisten durch poetische wie musikalische Leitmotive zusammengehalten werden; Marx' *Gesellschaftsanalyse*, nachdem die neoliberale Ära des Kapitalismus die alten Ungleichheiten erneuert und neue soziale Spaltungen hervorgebracht hat; Nietzsches *Vorstellung von individueller Freiheit* als Wille zum Ausleben der Bedürfnisse und Neigungen unter, wie viele meinen, ständig wachsenden massengesellschaftlichen Einschränkungen und Reglementierungen. Unverkennbar weisen diese Gegenwartsbezüge mitsamt der darin enthaltenen Kritik nicht in dieselbe Richtung – wie sie das auch zu Lebzeiten der drei nicht getan haben. In ihrer Zeit wie in unserer Gegenwart stehen sie für unterschiedliche Blickweisen auf Gesellschaft und Kultur. Das macht es so instruktiv und spannend, sie vergleichend zu betrachten.

Die gewaltige Wirkung, die Marx, aber auch Wagner[1] und Nietzsche[2] im 20. Jahrhundert hatten, der Umstand, dass sich politische und kulturelle Bewegungen nach ihnen benannt, dass sie Sichtweisen geprägt und Erwartungen gelenkt haben, macht die Beschäftigung mit ihnen freilich nicht einfacher. Sie müssen erst wieder aus den Überformungen gelöst werden, die sich im Gefolge der gleichnamigen Bewegungen und Sichtweisen an ihr Werk angelagert haben – aus dem Marxismus, dem *wagnerisme* (hier hat sich die französische Bezeichnung eingebürgert) und dem Nietzscheanismus als spezifische Lesart von Nietzsches Philosophie.

Dabei möchte ich der reichen, immer spezieller gewordenen Forschung[3] keine Einzelstudien hinzufügen, sondern die drei vergleichend betrachten, auf Ähnlichkeiten hin wie auch auf Unterschiede: Marx, Wagner und Nietzsche als Beobachter, Kritiker und Zeitgenossen des 19. Jahrhunderts – ein Jahrhundert, das eines des Umbruchs war, und zwar stärker noch in mentaler als in materieller Hinsicht. Alle drei haben diesen Umbruch verfolgt, doch die Schlussfolgerungen, die sie daraus zogen, waren sehr unterschiedlich: Marx wollte den Umbruch nutzen, steuern und bestimmte Ziele erreichen; Wagner wollte ihn in großen Teilen rückgängig machen, um zu früheren Verhältnissen zurückzukehren, solchen zumal, die eher moralökonomisch geprägt waren, als dass sie den Gesetzen des Marktes unterlagen; Nietzsche dachte in noch weiter gespannten Zusammenhängen, und die «Umwertung aller Werte», auf die er hinauswollte, sollte zu einer vorchristlichen Werthaltung zurückführen.

Dies ist jedoch nur eine ungefähre, stark vereinfachende Richtungsanzeige, die der ausgeprägten Vieldeutigkeit im Denken von Marx, Wagner und Nietzsche nicht wirklich gerecht wird. Sie strebten das Genannte tatsächlich an, aber in mancher Hinsicht mitunter auch dessen Gegenteil oder zumindest etwas, das damit unvereinbar war. Keiner der drei ist leicht auszudeuten, lässt sich einfach über einen Kamm scheren.

Bei dem so eingeschlagenen Weg gibt es mehreres zu beachten, gewissermaßen als Leitplanken für das ganze Unternehmen. So ist – erstens – das Werk der drei zu großen Teilen unter Vermittlung von «Erben» auf die Nachwelt gekommen: Im Fall von Marx war es sein politischer Weggefährte und kongenialer Mitstreiter Friedrich Engels, der dafür sorgte, dass aus den disparaten Schriften, die Marx hinterließ, ein geschlossenes Werk geformt wurde.[4] Engels war in wissenschaftlicher Hinsicht weniger skrupulös als Marx, fügte mit leichter Hand zusammen, was sich für Marx nicht fügen wollte und was zu biegen er vermieden hatte. Ohne Engels wäre Marx womöglich nur einer der vielen Schriftsteller des 19. Jahrhunderts geblieben, die sich an dieser Ära des Umbruchs abgearbeitet haben und zu keinem eindeutigen Ergebnis gekommen sind. Das heißt aber auch, dass Engels der Erste in einer langen Reihe von Interpreten war, die das Werk eindeutiger machten, als Marx es hinterlassen hatte. Ob er damit dessen Anliegen gerecht wurde, ist eine immer wieder kontrovers diskutierte Frage.

Bei Wagner kümmerte sich seine Frau Cosima darum, dass die zu Lebzeiten nur zweimal veranstalteten Festspiele zur alljährlichen Veranstaltung avancierten.[5] Sie hatte, zunächst als Privatsekretärin, dann als Ehefrau, einen Großteil des Briefwechsels übernommen und Wagner bei der Durchführung seines Riesenprojekts unterstützt. Wie Engels bei Marx war sie mit dem Vorhaben eng vertraut und dabei keineswegs nur eine «helfende Hand», sondern die treibende Kraft: Es mag dahingestellt bleiben, ob sie das Projekt der Festspiele gegen ihren zögernden, mitunter widerstrebenden Mann überhaupt erst durchgesetzt hat,[6] aber es steht außer Frage, dass ohne sie die Festspiele mit Wagners Tod zu Ende gewesen wären. Zugleich hat Cosima eine nahezu vollständige Zensur über Wagner ausgeübt und dafür gesorgt, dass lediglich das überliefert wurde, was sie überliefert wissen wollte. Das begann mit ihren Tagebüchern, in denen sie (nur) die ihr wichtigen Äußerungen Richard Wagners festhielt, und endete mit dem Verbrennen von Briefen, von denen sie nicht wollte, dass sie der Nachwelt bekannt wurden.[7]

Bei Nietzsche übernahm seine Schwester Elisabeth Förster-Nietzsche die Werkedition, zusammen mit Heinrich Köselitz, von Nietzsche Peter Gast genannt, der ihm in den letzten Jahren wegen seiner gravierenden Sehschwäche ein unentbehrlicher Helfer gewesen war.[8] Köselitz/Gast gehörte zu den wenigen, die Nietzsches Handschrift lesen konnten, aber Elisabeth drängte ihn schon bald an den Rand und dirigierte das Editionsvorhaben allein. Elisabeth Förster-Nietzsche griff stark in das Werk ihres Bruders ein, ja verfälschte es regelrecht. Sie hat sich im buchstäblichen Sinn ihres Bruders bemächtigt, auch dadurch, dass sie das Nietzsche-Archiv in Weimar ausbaute und so entscheiden konnte, wer an Nietzsches Nachlass herankam und wer nicht.[9] Hat Cosima ihren Ehemann zensiert, so hat Elisabeth das Werk ihres Bruders den eigenen Vorstellungen angepasst und entsprechend «redigiert».

Das Werk der drei ist in den letzten Jahrzehnten neu erschlossen und in erheblich veränderter Form der Öffentlichkeit dargeboten worden – bei Marx und Nietzsche durch Neueditionen, die sich an wissenschaftlichen Standards orientieren, bei Wagner durch Neuinszenierungen auch und gerade in Bayreuth, also am Ort der Traditionswahrung selbst. Bei den Neueditionen sind die nachträglichen Bearbeitungen rückgängig oder zumindest sichtbar gemacht worden. Was zum Vorschein kam, war kein gänzlich anderes, aber doch deutlich verändertes Werk.

Bei Marx ist neben die noch in DDR-Zeiten fertiggestellte Ausgabe der *Marx-Engels-Werke* (*MEW*) die in Ostberlin und Moskau begonnene und seit 1993 an der Berlin-Brandenburgischen Akademie der Wissenschaften weitergeführte *Marx-Engels-Gesamtausgabe* (*MEGA*) getreten,[10] die zwar noch nicht abgeschlossen, aber recht weit fortgeschritten ist. Sie relativierte die zuvor herausgehobene Stellung des *Kapitals* insofern, als sie die ökonomischen Schriften von Marx (und Engels) in einer eigenen Abteilung zusammenfasste, wodurch das *Kapital* zu *einem* Schritt in der Arbeit an ökonomischen Fragen wurde.[11] Weiterhin präsentierte sie die von Marx hinterlassenen Fragmente zu den Bänden zwei und drei des *Kapitals* neben den von Engels fertiggestellten und veröffentlichten Fassungen, womit das partielle Scheitern, jedenfalls Ins-Stocken-Kommen des großen Vorhabens sichtbar gemacht wurde. Die Zweite Abteilung der *Marx-Engels-Gesamtausgabe* läuft auf eine «Entmonumentalisierung» des *Kapitals* hinaus. Auch die Begründungsschrift des Historischen Materialismus, die *Deutsche Ideologie*, ist das Produkt von Textkompilationen im 20. Jahrhundert: Marx und Engels hatten die Manuskripte im Rahmen zeitgenössischer Debatten verfasst, in denen sie unveröffentlicht blieben, später als Produkte der Selbstverständigung gewertet und der «nagenden Kritik der Mäuse» überlassen. Erst jüngst wurden diese Textfragmente in ihrer authentischen Form in der *Marx-Engels-Gesamtausgabe* ediert. Außerdem bietet diese Gesamtausgabe den ganzen Umfang von Marx' ethnologischen Studien, mit denen sich die Frage verbindet, inwieweit darin eine Revision seiner zeitweise durchscheinenden deterministischen Sicht der Geschichte angelegt ist.[12] Die *MEGA* hat den zur Ikone erstarrten und ideologisch vernutzten Marx in den Kontext seiner Zeit gestellt und dadurch neu zugänglich gemacht.

Eine noch stärkere Revision hat die von Giorgio Colli und Mazzino Montinari herausgegebene *Kritische Gesamtausgabe* der Werke Friedrich Nietzsches nach sich gezogen,[13] auf deren Grundlage die heute weithin gebräuchliche *Kritische Studienausgabe* erstellt wurde. In ihr ist der von Elisabeth Förster-Nietzsche und Peter Gast zu Nietzsches Hauptwerk stilisierte *Wille zur Macht* ebenso verschwunden wie die von Alfred Baeumler aus dem Nachlass kondensierten zwei Bände *Die Unschuld des Werdens*, die beide im Wesentlichen Herausgeberprodukte waren.[14] Colli und Montinari nahmen damit das von Karl Schlechta bereits in den 1950er Jahren begonnene Projekt wieder auf, in dem Nietzsches Œuvre erstmals frei von den Verfälschungen seiner Schwester und ihrer Gehilfen präsentiert wurde.[15] An die Stelle einer angeblich im *Willen zur Macht* kulminierenden gedanklichen Entwicklung Nietzsches ist eine dreiteilige Periodisierung getreten: das Frühwerk, das wesentlich durch die Nähe zu Wagner bestimmt ist; die mittlere Phase, während der es Nietzsche in Anlehnung an die französische Moralistik um die Dekonstruktion des humanistischen Menschenbegriffs und seines Pathos geht; und schließlich die späten Schriften vom *Zarathustra* bis zur *Götzen-Dämmerung*, in denen sich Nietzsches Denken um die Selbstbehauptung des herausragenden Einzelnen in einer alles umschlingenden Masse dreht.

Der veränderte Blick auf Richard Wagner ist weniger das Ergebnis einer neuen Gesamtausgabe[16] als von Neuinszenierungen, unter denen nach wie vor die des *Rings* von Patrice Chéreau aus dem Jahr 1976 herausragt. Chéreau verlegte das mythische Geschehen ins 19. Jahrhundert und brachte die Götter als Repräsentanten einer Bourgeoisie auf die Bühne, die sich der Machtgier und Liebeslust wegen in Schulden stürzen, bis diese so groß sind, dass sie nur noch durch Verbrechen zurückgezahlt werden können. Das in einer germanischen Vorzeit angesiedelte mythische Geschehen wurde von Chéreau gründerzeitlich geerdet – und die Verschuldungskrisen der bürgerlichen Gesellschaft als das Geheimnis hinter Wagners mythischem Zauber sichtbar. Hatte Wagner die Zeitbezüge hinter sich lassen wollen, so wurde er von Chéreau energisch in diese zurückgeholt.[17] Die intellektuelle Rückgewinnung von Wagner und Nietzsche durch Neuinszenierungen, Neueditionen und Neuinterpretationen war, wie man sieht, kein wesentlich deutsches, sondern ein europäisches Projekt, bei dem Italiener und Franzosen eine herausgehobene Rolle gespielt haben.[18]

Das Gespräch zwischen Wagner, Marx und Nietzsche ist – zweitens – ein weitgehend imaginäres Gespräch, weil die drei, sieht man einmal von dem engen Kontakt zwischen Wagner und Nietzsche ab, der nach acht Jahren abrupt beendet wurde, kaum voneinander Kenntnis genommen haben. Marx hat sich einige Male über Wagner geäußert, Wagner über Marx hingegen nie, und Nietzsche hat sich weder mit Marx noch hat sich Marx mit Nietzsche auseinandergesetzt. Es kommt beim Vergleich also darauf an, Ereignisse und Entwicklungen zu identifizieren, die alle drei beschäftigt und zu denen sie sich mehr oder weniger dezidiert geäußert haben. Die Darstellung schreitet daher nicht von Lebensabschnitt zu Lebensabschnitt oder von einem historischen Ereignis zum nächsten voran, sondern umkreist die drei und setzt immer wieder von neuem an, um von Mal zu Mal näher an ihr Denken heranzukommen.

Es gibt – drittens – «Knoten», Punkte, in denen die Biographien von Marx, Wagner und Nietzsche ineinander verschlungen sind. Damit sind Ereignisse gemeint, die für alle drei von besonderer Bedeutung waren und bei denen sich ihre Lebensläufe kreuzten oder überschnitten: Der August 1876 etwa ist ein solcher «Knoten»; in Bayreuth fanden die ersten Festspiele statt, ein Höhepunkt in Wagners Künstlerleben, Nietzsche reiste aus Basel an, und Marx kam mit dem regionalen Rummel auf der Reise nach Karlsbad in Berührung, was er in einigen Briefen missmutig beschrieb. Auf andere Weise ist der Zeitraum vom Sommer 1870 bis zum Frühjahr 1871 ein solcher «Knoten», als Wagner von den Siegen der deutschen Truppen über die Franzosen euphorisiert war und in Phantasien der Zerstörung von Paris schwelgte, während Nietzsche sich freiwillig als Sanitäter den deutschen Truppen anschloss und nach einem Besuch auf dem Schlachtfeld von Wörth Schwerverwundete in die Heimat begleitete. Nach Basel zurückgekehrt, fürchtete er um das kulturelle Erbe Frankreichs im Louvre, das er durch den Aufstand der Pariser Commune bedroht glaubte. Von London aus wiederum kommentierte Marx die Kriegshandlungen und den Pariser Aufstand und bewertete beides mit Blick auf seine Revolutionserwartungen. Alle drei beobachten das Geschehen, alle drei beurteilen es unterschiedlich.

Etwas anders ist das bei der Revolution von 1848/49, an der Wagner und Marx aktiv beteiligt waren – Marx als Chefredakteur der *Neuen Rheinischen Zeitung*, als der er Politik mit journalistischen Mitteln zu machen suchte, Wagner, königlicher Hofkapellmeister, als gewaltbereiter Revolutionär auf den Dresdner Barrikaden; Nietzsche, ein auf dem Land aufwachsendes Kind im Alter von gerade vier Jahren, hat von all dem wenig mitbekommen. Die Revolution von 1848/49 wurde zu einem der großen Wendepunkte in Wagners und Marx' Leben – beide gingen nach dem Scheitern der Revolution gezwungenermaßen ins Exil; für Nietzsches Biographie blieb sie folgenlos.

Ein weiterer «Knoten» ist beispielsweise der Antisemitismus, mit dem alle drei zu tun hatten, als Gefolgsleute der aufkommenden Judenfeindschaft wie als deren Gegner. Aber auch hier ist die Sache nicht so einfach, wie sie sich auf den ersten Blick ausnimmt: Hatte der eine Rabbinerfamilie entstammende Marx eine antisemitische Grundeinstellung? Etwa so, wie der in einem protestantischen Pfarrhaus pietistisch erzogene Nietzsche eine christlich geprägte Welt grundlegend «umwerten» wollte? Stand Wagners Antisemitismus, an dem es keinen Zweifel gibt, unter opportunistischem Vorbehalt, wenn es um das Einsammeln von Geld für die Festspiele und die Beteiligung von Musikern und Sängern ging? Und wie verhält sich Nietzsches Vorstellung vom jüdischen Ursprung des «Sklavenaufstands in der Moral» zum dezidierten Anti-Antisemitismus im letzten Jahrzehnt seines aktiven Schaffens? Gerade an diesem «Knoten» zeigt sich die Vieldeutigkeit in den Stellungnahmen der drei zu den Fragen und Herausforderungen ihrer Zeit.

Viertens geht es zugleich um eine bestimmte Epoche. Die Lebenszeit von Wagner, Marx und Nietzsche fällt ins 19. Jahrhundert: Wagner wurde 1813 in Leipzig geboren, wenige Monate, bevor dort die für das politische Geschick Europas entscheidende Völkerschlacht stattfand, die das Ende von Napoleons Herrschaft über Europa besiegelte.[19] Dieses Ende sollte für das Leben von Wagner und Marx prägend sein, und Nietzsche hat das Scheitern Napoleons zuletzt als Unglücksfall für Europa angesehen. Für Marx, 1818 in Trier geboren, war Napoleons Niederlage bei Leipzig insofern bedeutsam, als die Stadt Trier mit dem gesamten linksrheinischen Gebiet nördlich des Hunsrücks im Wiener Kongress Preußen zugeschlagen wurde; andernfalls wäre er als Franzose zur Welt gekommen. Es war insofern naheliegend, einen Abschnitt Napoleon zu widmen, der in den Augen der drei eher etwas Prometheisches als etwas Dämonisches hatte.

Marx und Wagner starben im Jahr 1883, Wagner in Venedig, Marx in London. Wagners Bestattung, einschließlich der Überführung seines Sarges von Venedig über München nach Bayreuth, glich der eines Fürsten, während zu Marx' Beerdigung nur eine Handvoll Personen kamen. Wagner war bei seinem Tod eine europäische Berühmtheit, Marx sollte das erst posthum werden. Das gilt erst recht für Nietzsche, wenn man seinen «intellektuellen Tod» Anfang Januar 1889 zum Maßstab nimmt und nicht seinen physischen: Dass sein Denken europaweit wahrgenommen wurde, hat der im Wahnsinn versunkene Nietzsche nicht mehr mitbekommen. Die Zeit bis zu seinem Tod hat er zunächst in der Psychiatrie von Jena, dann in der Obhut seiner Mutter und zuletzt in der seiner Schwester verbracht. Nietzsche, 1844 in Röcken bei Lützen geboren, also nahe einem der Schlachtfelder des Dreißigjährigen Krieges, starb im Jahr 1900. Elisabeth Förster-Nietzsche setzte alles daran, aus seiner Beerdigung in Röcken, ganz in der Nähe des Geburtshauses, ein dem neuen Ruhm des Philosophen angemessenes Ereignis zu machen.[20]

Alle drei waren also Menschen des 19. Jahrhunderts – aber wofür steht das 19. Jahrhundert? Der britische Historiker Eric Hobsbawm hat vom «langen 19. Jahrhundert» gesprochen,[21] das mit der Französischen Revolution begann und mit dem Ausbruch des Ersten Weltkriegs endete. Andere haben den Anfang des 19. Jahrhunderts an die Amerikanische Revolution 1776 geknüpft und das Ende an die Russische Revolution 1917.[22] Welcher Datierung man auch immer folgt, das 19. Jahrhundert war jedenfalls eine Epoche der Revolutionen, die die politische Verfasstheit Europas und Nordamerikas grundlegend umgestalteten; es war zugleich eine Ära der Industrialisierung, die das Leben der Menschen in Westeuropa mindestens ebenso veränderte wie die politischen Revolutionen; und es war eine Zeit, in der die europäische Weltherrschaft, auch wenn man ihre Anfänge auf das 16. Jahrhundert festgelegt hat, sich erst richtig durchsetzte.[23]

Vermutlich hat es kaum eine Phase gegeben, in der «Erfahrungsraum» und «Erwartungshorizont»[24] so stark auseinanderklafften wie im 19. Jahrhundert. Es war eine Ära der Umwälzungen und der Verwandlung der Welt.[25] Die Erfahrung von Elend und Ausbeutung sowie massenhaftem Pauperismus, den weder gesellschaftliche Mildtätigkeit noch massenhafte Auswanderung zu lindern vermochten, wie sich das Hegel noch in seiner *Rechtsphilosophie* vorgestellt hatte,[26] stand neben der Vorstellung von der Wiederkehr des Goldenen Zeitalters, einer Zeit unbegrenzten Glücks der Menschheit. Diese konträren Erfahrungen konnten sowohl in der Perspektive des Niedergangs als auch der des Fortschritts gefasst werden. Wagner und Nietzsche begriffen den Umbruch als Niedergang, den sie aufhalten und umkehren wollten; Marx hingegen sah in ihm den Beginn eines nie dagewesenen Fortschritts, den es zu beschleunigen galt.

So wurde das 19. Jahrhundert zu einer Epoche des Umbruchs, in der sich auf der Grundlage unterschiedlicher Erfahrungen und Erwartungen politisch konträre Strömungen herausbildeten. Das Herkommen wurde als Richtmaß entthront, das Religiöse verlor an politisch-gesellschaftlicher Relevanz, die Theologie büßte ihre Rolle als Leitwissenschaft ein, und mit dem Aufstieg der Naturwissenschaften verband sich das Versprechen einer bis dahin unvorstellbaren Beherrschbarkeit der Welt. Die entstehenden Sozialwissenschaften – von Henri de Saint-Simon über Auguste Comte bis Herbert Spencer – fügten alldem den Gedanken der Planbarkeit sozioökonomischer Abläufe hinzu. Dem Rausch unendlich vermehrter Optionen setzte Charles Darwin seine biologische Evolutionstheorie entgegen, in deren Licht die menschlichen Gestaltungsmöglichkeiten wieder zusammenschrumpften. Beides, die Vorstellung, dass alles möglich sei, und die, dass nahezu alles determiniert sei, spielte in der Ideenwelt von Marx, Wagner und Nietzsche eine wichtige Rolle; sowohl der Utopismus, die imaginierte Realisierung des Wünschbaren, als auch die Auseinandersetzung mit dem Darwinismus, einer auf dem Spiel des Zufalls begründeten Theorie der Evolution, lassen sich in ihren Werken finden.

Alle drei, Marx, Wagner und Nietzsche, haben versucht, sich auf dieses Jahrhundert einen Reim zu machen, seine Veränderungen auszuloten, die aus ihnen erwachsenen Perspektiven zu beschreiben und Träger der Entwicklung beziehungsweise Gestalter des Wandels zu finden. Man kann ihr Werk als permanente Auseinandersetzung mit der Unausgemachtheit des 19. Jahrhunderts begreifen. Dabei hat jeder von ihnen seine Sicht auf die eigene Gegenwart mehrfach geändert und frühere Bewertungen revidiert. So bleibt die Frage, was denn schließlich ihre «eigentliche» Sicht auf das 19. Jahrhundert gewesen sei. Für eine Antwort darauf ist meist eines ihrer Werke zum «Hauptwerk» stilisiert worden, bei Wagner der *Ring*, bei Marx das *Kapital* und bei Nietzsche der *Zarathustra*. Diesem Verfahren folgen die hier angestellten Überlegungen nicht. Das Denken der drei wird nicht auf ein bestimmtes Thema fokussiert oder verengt, sondern als Rundumblick behandelt, bei dem es freilich immer auch darum geht, *was* wahrgenommen wird und *was nicht*.

Dabei treten die Unterschiede deutlich hervor: Marx hat versucht, systematisch zu denken, wenngleich er selbst kein System geschaffen hat (das haben erst seine Epigonen getan); Nietzsche hat das System wie das Systematische seit Ende der 1870er Jahre strikt abgelehnt und das stilistisch in seiner Vorliebe für Aphorismen zum Ausdruck gebracht; Wagner schließlich hat mit den variierenden Leitmotiven, die das Geschehen auf der Bühne in große Zusammenhänge einbetten, eine Polyperspektivik entwickelt, die ebendieses Geschehen vielfältig ausdeutbar macht. Wie etwas wird oder geworden ist, hängt von dem Augenblick der Erzählung und der musikalischen Erinnerung sowie der jeweiligen Perspektive des Erzählenden ab. All das spricht gegen eine fokussierte Darstellung der drei. Sie werden hier nicht festgestellt und festgezurrt – und dementsprechend tauchen sie im Verlauf des Buches immer wieder als andere oder Veränderte auf. Es zeigen sich Dinge, die sie in einem anderen Licht erscheinen lassen, als wir sie üblicherweise sehen – oder sehen wollen. Durch die Parallelisierung geraten Marx, Wagner und Nietzsche in die Beleuchtung durch den je anderen, aber ebenso auch in dessen Schatten, und durch beides, Licht wie Schatten, können wir sie genauer und deutlicher erkennen.

KAPITEL 1

NÄHE, DISTANZ, ABNEIGUNG

Marx auf der Reise nach Karlsbad

Mitte August 1876 war Marx auf einer Reise durch Deutschland, um in dem böhmischen Kurort Karlsbad sein Leberleiden behandeln zu lassen. Dort hatte er bereits in den beiden vorangegangenen Jahren gekurt, und das Mineralwasser, das literweise zu trinken ein zentraler Bestandteil der Kur war, hatte ihm offensichtlich gutgetan. Begleitet wurde er von seiner Tochter Eleanor, im Familien- und Freundeskreis «Tussy» genannt, die in Karlsbad ebenfalls Heilung von einigen Beschwerden suchte. Die Reise durch Deutschland war für Marx nicht ohne Risiko, denn er war, nachdem er 1845 die preußische Staatsbürgerschaft abgegeben hatte, ein Staatenloser, für den sich die preußische wie österreichische Geheimpolizei interessierte. Eleanor, von Geburt an britische Staatsbürgerin, war ein Schutz für ihren Vater, der 1874, vor seiner ersten Kur in Karlsbad, vergeblich um die britische Staatsbürgerschaft nachgesucht hatte.[1] Zur Behandlung von Marx' Leberleiden gab es nach Auffassung der behandelnden Ärzte nichts Geeigneteres als eine Therapie mit dem Mineralwasser des Erzgebirges. Auch Louis Kugelmann, einer von Marx' zuverlässigsten Anhängern in Deutschland, hatte ihm diese Reise nahegelegt – offenbar nicht ganz uneigennützig, denn er kurte selbst regelmäßig in Karlsbad und hoffte, Marx dort zu treffen.

Marx machte sich also dreimal nach Böhmen auf und beendete die Heilbehandlungen erst, als ihm die Reise durch Deutschland aufgrund der Bismarckschen Sozialistengesetze zu gefährlich wurde. Offenbar sagte ihm der Aufenthalt in Karlsbad zu – nicht nur wegen der therapeutischen Wirkung, sondern auch wegen des geselligen Lebens. Marx fühlte sich im Kreis der Kurenden sichtlich wohl, obgleich er die meisten von ihnen eigentlich als «philiströs» hätte verabscheuen müssen. In einem Brief an Engels spricht er einmal vom «Hamburg-Bremen-Hannoverschen Philisterpack», das ihn nicht losgelassen habe.[2] Die zwanglosen Gespräche, die er in der Karlsbader Gesellschaft führte, drehten sich nicht um Fragen der ökonomischen Theorie, die ihn in seinem Londoner Arbeitszimmer bedrängten, wenn er die ausstehenden *Kapital*-Bände fertigzustellen suchte, was regelmäßig die Furunkulose, an der er seit Jahren litt, zum Ausbruch brachte;[3] hier ging es vorwiegend um persönliche Erlebnisse und Erinnerungen, und das war ein integraler Bestandteil der Kur. In diesen Gesprächen entfaltete Marx einen kommunikativen Charme, den er durchaus besaß, der jedoch, sobald es um Fragen der «richtigen» Theorie ging, hinter seiner polemischen Leidenschaft verschwand. Vor allem in «Gesellschaft mit einer geistvollen, anmuthenden Frau», so berichtet ein Wiener Journalist über den Karlsbader Aufenthalt von 1875, «gibt Marx mit vollen Händen aus dem reichen wohl geordneten Schatz seiner Erinnerungen; mit Vorliebe lenkt er dann seine Schritte zurück in die Tage der Vergangenheit, als noch die Romantik ihr letztes freies Waldlied sang [...] und Heine die noch tintenfeuchten Verse in seine Stube brachte».[4]

Neben Heine und den Erinnerungen an den persönlichen Umgang, den Marx mit ihm gepflegt hatte, dürfte auch Goethe, der ebenfalls häufiger in Karlsbad gekurt hatte, in den Unterhaltungen eine Rolle gespielt haben, zumal Marx eine Reihe seiner Gedichte aus dem Kopf rezitieren konnte.[5] Diese Gespräche waren für ihn eine angenehme Abwechslung vom streng reglementierten Kurbetrieb – «morgens um 5 Uhr oder halb 6 auf. Dann 6 Gläser nacheinander an verschiedenen Brunnen zu nehmen. Zwischen dem einen und dem folgenden Glase müssen wenigstens 15 Minuten liegen.»[6] Selbst die Begegnung mit Simon Deutsch, mit dem er sich in Paris einst heftig gestritten hatte, habe er in Karlsbad als «ganz angenehm» empfunden; «auch gruppierte sich bald die Hälfte der hiesigen medizinischen Fakultät [das Klinik- und Kurpersonal] um mich und meine Tochter; lauter für meinen hiesigen Zweck, wo man wenig denken und viel lachen muß, sehr passende Leute».[7]

Marx war erkennbar auf Unterhaltung aus – und nicht auf Disput. Umso mehr störte ihn deswegen Louis Kugelmann, der prompt zur selben Zeit mitsamt Frau dort kurte wie Marx mit Tochter «Tussy». Kugelmann sei ihm unerträglich geworden, schreibt er an Engels: «Aus Gemütlichkeit hatte er mir ein Zimmer zwischen den seinigen und Tussys gegeben, so das ich ihn genoss, nicht nur, wenn ich mit ihm zusammen, sondern auch [wegen der Hellhörigkeit der Zimmer] wenn ich allein war. Sein beständiges, in tiefer Stimme vorgetragnes, ernsthaftes Blechschwatzen trug ich mit Geduld; [...] endlich aber brach meine Geduld, als er mich mit seinen häuslichen Szenen gar zu sehr ennuyierte. Dieser erzpedantische, bürgerlich-kleinkramige Philister bildet sich nämlich ein, seine Frau verstehe, begreife seine faustische, in höhere Weltanschauung machende Natur nicht, und quält das Dämchen, das ihm in jeder Hinsicht überlegen ist, auf das widrigste. Es kam daher zwischen uns zum Skandal; ich zog in eine höhere Etage, emanzipierte mich durchaus von ihm [...], und [wir] söhnten uns erst vor seiner Abreise [...] wieder aus.»[8]

Geht es um den Gesellschaftstheoretiker und politischen Aktivisten, treffen wir auf einen Mann, der keine sich bietende Polemik ausließ, Streit geradezu suchte, sich in ihn hineinsteigerte und sich schließlich in den vom Zaun gebrochenen Kontroversen verlor.[9] Der Polemiker Marx war kein allzu sympathischer Zeitgenosse, da man sich bei ihm nie sicher sein konnte, ob Auseinandersetzungen nicht immer weiter eskalierten. In Fragen der Wissenschaft war es ihm bitterernst. In den Karlsbader Kuren dagegen war er ganz anders, unterhaltsam und zumeist gut gelaunt, zumal wenn sich Frauen an der Unterhaltung beteiligten, die er, wie im Fall der Kugelmanns, gegen ihre sich überlegen dünkenden Ehemänner zu schützen wusste. Es war dies ein Marx, der einem Richard Wagner in angenehmer Gesellschaft ganz ähnlich war – wie sich die beiden auch ähnlich waren, wenn sie sich in einen vermeintlichen oder tatsächlichen Gegner verbissen.

Als Marx im August 1876 mit seiner Tochter Eleanor auf dem Weg nach Karlsbad war, hatten sie vor, einen Rast- und Besichtigungstag in Nürnberg einzulegen, dem, wie Marx bemerkt, «Ursitz (höchst interessantem) des deutschen Knotentums»,[10] also der Handwerker und reisenden Gesellen. «Die Koffer wurden abgeladen, einem Mann mit einer Karre übergeben, der uns zum nächsten, gleich bei der Eisenbahn gelegenen Gasthof begleiten sollte. Aber in diesem Gasthof gab's nur noch ein freies Zimmer, und zugleich kündete uns der Wirt die schauerliche Mär, daß wir schwerlich anderswo ein Unterkommen finden würden, indem die Stadt überschwemmt sei, teils infolge eines Müller- und Bäckerkongresses, teils durch Leute aus allen Weltteilen, die sich von dort zu dem Bayreuther Narrenfest des Staatsmusikanten Wagner begeben wollten.»[11] Da in Nürnberg keine Unterkunft mehr zu finden war, fuhren die beiden mit dem Zug weiter nach Weiden, wo sie aber erst sehr spät ankamen und ebenfalls sämtliche Gasthöfe belegt fanden, «so daß wir auf den harten Stühlen der Eisenbahnstation bis 4 Uhr morgens auszuharren hatten».[12] Obendrein machte ihnen die große Hitze zu schaffen. Endlich kamen sie in Karlsbad an, wo alles gut wurde. «Auch während der ganz heißen Tage [fand ich] mir altbekannte Waldschluchten», schreibt Marx, «wo es erträglich war. Tussychen, die während der Reise ziemlich leidend war, erholt sich hier zusehends, und auf mich wirkt Karlsbad wie immer wundervoll. Ich hatte während der letzten Monate Wiederbeginn des widerlichen Kopfdrucks, der jetzt schon wieder ganz verschwunden ist.»[13]

Es waren die ersten Wagner-Festspiele in Bayreuth, die für die Unannehmlichkeiten der beiden gesorgt hatten. Marx' letzte Reise nach Karlsbad ist eine der wenigen Stellen, an denen er auf Wagner und dessen musikalisches Werk zu sprechen kommt – alles andere als wohlwollend, was sicherlich auch mit den durch die Festspielbesucher verursachten Anreiseproblemen zu tun hatte. Die Art, in der Marx sich über Wagner äußert, lässt darauf schließen, dass er ihm und seinem Projekt nicht zum ersten Mal begegnete. Mehr als zwanzig Jahre zuvor hatte ihm Wilhelm Pieper, ein junger Philologe, der wegen «revolutionären Umtrieben» aus Deutschland geflohen war und nun Marx als Sekretär zur Hand ging, einige Kompositionen Richard Wagners auf dem Klavier vorgespielt, und Marx hatte sich für diese Musik nicht erwärmen können. Er leide an Hämorrhoiden und sei dementspre-

Die Porträtaufnahme aus dem Jahre 1875, ein Jahr vor der letzten Reise nach Karlsbad, hat ikonischen Charakter: Sie zeigt das Oberhaupt einer politischen Bewegung mit revolutionärem Anspruch in bürgerlichem Gestus – vom Lehnstuhl bis zum Anzug. Der gewaltige Vollbart wiederum ist ein Zeichen der Distanz zur bürgerlichen Gesellschaft. Die ins Revers gesteckte rechte Hand hält eine Brille, auf die Marx bei der Arbeit inzwischen angewiesen ist, mit der im Gesicht er sich aber nicht fotografieren ließ. In der Bildmitte platziert und doch halb versteckt weist sie Marx als Gelehrten aus.

chend übellaunig, schrieb er am 12. Februar 1856 an Engels – «dazu hat mir Pieper noch eben aus der Musik der Zukunft einiges vorgespielt».[14] Er resümiert: «C'est affreux und macht einem bange vor der Zukunft sammt ihrer Poesie-musik.»[15] – Marx' ästhetische Präferenzen waren eher konservativ. Mit Wagners Musik konnte er sich nicht anfreunden, auch nicht zu einer Zeit, als Wagner noch kein «Staatsmusikant» war.

In Karlsbad kam das Gespräch immer wieder auf die in Bayreuth stattfindenden Festspiele. Missmutig fügt Marx einem Brief an Engels vom 19. August 1876 ein Postskriptum an: «Hier ist jetzt alles Zukunft seit dem Getrommel der Zukunftsmusik in Bayreuth.»[16] In einem Brief an seine Tochter Jenny («Jennychen») berichtet er Ende August dann über den Erfolg der Kur, einen zwischenzeitlichen Wetterumschwung, der die Hitzeperiode jäh beendet hatte, und neue Bekanntschaften, die er gemacht hatte, vorwiegend Personen aus dem Universitätsmilieu. Was dabei zur Sprache kam? «Allüberall wird man mit der Frage gequält: Was denken Sie von Wagner? Höchst charakteristisch für diesen neudeutsch-preußischen Reichsmusikanten: Er nebst Gattin (der von Bülow sich getrennt habenden), nebst Hahnrei Bülow, nebst ihnen gemeinschaftlichem Schwiegervater Liszt hausen in Bayreuth alle vier einträchtig zusammen, herzen, küssen und adorieren sich und lassen sich's wohl sein. Bedenkt man nun außerdem, daß Liszt römischer Mönch und Madame Wagner (Cosima mit Vornamen) seine von Madame d'Agoult [die Mutter von Liszts Kindern] gewonnene ‹natürliche› Tochter ist – so kann man kaum einen besseren Operntext für Offenbach ersinnen als diese Familiengruppe mit ihren patriarchalischen Beziehungen. Es ließen sich die Begebenheiten dieser Gruppe – wie die Nibelungen – auch in einer Tetralogie darstellen.»[17]

Marx zeigt kein Interesse daran, die in Bayreuth aufgeführte Tetralogie zu erörtern und fertigt alle diesbezüglichen Nachfragen unter Verweis auf die verworrenen Familienbeziehungen Wagners mit mokanten Bemerkungen ab. Jacques Offenbach, in Köln geboren, reüssierte als Komponist im Frankreich des Zweiten Kaiserreichs; er hatte dort die Grand Opéra zur Operette weiterentwickelt, in der er die französische Gesellschaft während des Second Empire satirisch aufs Korn nahm.

Offenbach solle sich, so Marx' ironischer Vorschlag, der Wagnerschen Familienverhältnisse annehmen, bei denen er zweierlei heraushebt: dass Richard Wagner einem seiner frühesten Anhänger, dem Dirigenten Hans von Bülow, dessen Frau Cosima «ausgespannt» und mit ihr, während sie noch mit Bülow verheiratet war, zwei Kinder gezeugt hatte, und dass ebendiese Cosima eine uneheliche Tochter von Franz Liszt war, der inzwischen die niederen Weihen erhalten hatte und sich Abbé Liszt nannte. Marx hätte auch darauf verweisen können, dass er bereits im *Kommunistischen Manifest*, gegen die Vorstellungen gewandt, die Kommunismus mit «Weibergemeinschaft» gleichsetzten, das bourgeoise Familienleben wie folgt beschrieben hatte: «Unsere Bourgeois, nicht zufrieden damit, daß ihnen die Weiber und Töchter ihrer Proletarier zur Verfügung stehen, von der offiziellen Prostitution gar nicht zu sprechen, finden ein Hauptvergnügen darin, ihre Ehefrauen wechselseitig zu verführen.»[18]

Entgegen dem von ihm erweckten Eindruck war Marx offenbar jedoch nicht völlig desinteressiert an Wagners *Ring*-Projekt: Die Bemerkung, man könne die Liebes- und Sexualbeziehungen Wagners auch nach dem Vorbild der Nibelungen in einer Tetralogie auf die Bühne bringen, lässt vermuten, dass er sich mit dem Inhalt des Wagnerschen Werks beschäftigt hatte: mit Wotans ständigen Liebesaffären, aus denen eine ansehnliche Schar von Kindern hervorgeht, mit den Eifersuchtsszenen, die Wotans Gemahlin Fricka ihrem Mann liefert, mit Sieglindes Ehebruch mit Siegmund im Hause ihres Ehemanns Hunding, dem sie gegen ihren Willen angetraut wurde und den sie für diese Nacht mit Hilfe eines Schlaftrunks betäubt, und natürlich auch damit, dass es sich bei dem Liebesakt zwischen Siegmund und Sieglinde um Inzest handelt. Mit all dem muss Marx vertraut gewesen sein, sonst hätte er nicht auf die Tetralogiefähigkeit der in Bayreuth versammelten Richard und Cosima Wagner, Hans von Bülow und Franz Liszt anspielen können. Mehr wollte er über den *Ring des Nibelungen* und die darin verhandelten Probleme von Machtstreben und Rechtsbindung, Besitzdenken und Ausbeutung aber nicht sagen.

Eine uneingestandene Beschäftigung mit dem «Ring des Nibelungen»

War Marx eifersüchtig auf Wagners Erfolg? Auf den Umstand, dass dieser in aller Munde war, während er sich mit den eher bescheidenen Auflagen seiner Bücher, auch des *Kapitals*, an dem er mehr als zwei Jahrzehnte gearbeitet hatte, zufriedengeben musste? Das ist nicht auszuschließen. Eigentlich könnte man erwarten, dass sich Marx für Wagners *Ring* interessierte. Er dürfte in Karlsbad darauf angesprochen worden sein, dass Wotans Versuch, aus den Fallen herauszukommen, in die er sich durch Machtstreben, Besitzerstolz und Liebesgier hineinmanövriert hat, auf eine Kritik der bürgerlich-kapitalistischen Gesellschaft hinausläuft, auf das Scheitern des Versuchs, mit gewaltsamen Mitteln die sozioökonomischen Verwicklungen aufzulösen, also auf die Erfolglosigkeit bonapartistischer Projekte, wie sie durch Napoleon III. verkörpert waren und auch von Bismarck praktiziert wurden – all das, wird man ihm gesagt haben, müsse ihn doch interessieren! Womöglich verbergen sich solche und ähnliche Fragen hinter Marx' Bericht, wonach er «allüberall […] mit der Frage gequält [werde]: Was denken Sie von Wagner?»

Einige Monate nach der Kur schreibt er an Wilhelm Alexander Freund, mit dem er in Karlsbad Kontakt hatte. Gleich zu Beginn des Briefes spricht er die dort verbrachten Tage an, fragt im Auftrag seiner Tochter Eleanor nach dem Namen des Verfassers eines Werks über Shakespeare und kommt dann auf Wagner: «Die ‹Orientalische Frage› (die mit Revolution in Rußland enden wird, was immer der Ausgang des Kriegs gegen die Türken) und die Musterung der sozialdemokratischen Streitkräfte im Vaterland [gemeint sind die Reichstagswahlen vom 10. Januar 1877] werden den deutschen Kulturphilister wohl überzeugt haben, daß es noch wichtigere Dinge in der Welt gibt als Richard Wagners Zukunftsmusik.»[19] – «Noch wichtigere Dinge», das konnte nur heißen, dass man in Karlsbad über kaum etwas anderes als Wagners Festspiele in Bayreuth geredet hatte.

Die sich mit Wagner beschäftigen, bezeichnet Marx also als «Kulturphilister». Friedrich Nietzsche hatte den Begriff einige Jahre zuvor in der gegen David Friedrich Strauß gerichteten ersten *Unzeitgemäßen Betrachtung* verwendet,[20] was nicht heißen muss, dass Marx diese Schrift gekannt hat. Der Begriff des Philisters, den die Romantiker aus der Studentensprache übernommen hatten, um ihre Distanz zum ungebildeten, in seinen Tagesgeschäften aufgehenden Bürgertum zu markieren,[21] hatte große Verbreitung gefunden, aber die Verbindung von Philister und Kultur war eine Prägung Nietzsches.[22] Er hatte den Begriff benutzt, um eine, wie er meinte, in bürgerlichen Kreisen vorherrschende Aversion gegen die Philosophie Schopenhauers und das Werk Wagners mit einer invektiven Bezeichnung zu belegen.[23] Marx hätte dann kurzerhand die Stoßrichtung umgekehrt und den bei Nietzsche *für* Wagner Partei ergreifenden Begriff in eine Positionierung *gegen* Wagner verwandelt – ein Verfahren, dessen er sich häufiger bedient hat. Damit war die Wagner-Diskussion für ihn beendet.

Es gibt freilich einen Hinweis darauf, dass sich Marx auch danach noch mit Wagners *Ring* beschäftigt hat[24] – und zwar sehr viel eingehender, als das die bisher aufgeführten Belegstellen nahelegen. Unglücklicherweise handelt es sich bei dem Dokument um einen verlorenen Brief, von dem wir nur Kenntnis haben, weil Engels in seiner 1884, also nach Marx' Tod, veröffentlichten Schrift *Der Ursprung der Familie, des Privateigentums und des Staates* in einer Fußnote auf ihn eingegangen ist: «In einem Brief vom Frühjahr 1882», so Engels, «spricht Marx sich in den stärksten Ausdrücken aus über die im Wagnerschen Nibelungentext herrschende totale Verfälschung der Urzeit. ‹War es je erhört, dass der Bruder die Schwester bräutlich umfing?›»[25] Das von Engels wiedergegebene Marx-Zitat belegt, dass Marx mit dem Text von Wagners *Ring* vertraut war, auch das ironische Nachempfinden von Wagners Sprachgestus deutet darauf hin. Marx war mit dem Inhalt des *Rings*, hier der *Walküre*, überhaupt nicht einverstanden und hielt, so Engels, dagegen: «Diesen ihre Liebeshändel ganz in moderner Weise durch ein bißchen Blutschande pikanter machenden ‹Geilheitsgöttern› Wagners antwortet Marx: ‹In der Urzeit *war* die Schwester die Frau, *und das war sittlich.*›»[26]

In der vierten Auflage seines *Ursprungs der Familie* hat Engels diese Fußnote erweitert, indem er zunächst Einwände eines französischen Lesers gegen Marx' Sicht referiert, diese dann zu widerlegen sucht und sich Marx mit dem Resümee anschließt, «daß zur Zeit der Entstehung der norwegischen Göttersagen die Geschwisterehe, wenigstens unter Göttern, noch keinen Abscheu erregte».[27] Damit wird noch einmal deutlich, worum es Marx bei seinem Einwand ging: Nicht *dass* Siegmund und Sieglinde eine inzestuöse Beziehung eingingen, sondern dass dies von Wagner als Verstoß gegen Recht und Ordnung *dargestellt* wurde, hat er Wagner als falsch angekreidet.

Offenbar hat Marx den *Ring* als einen an wissenschaftlichen Kriterien zu messenden Text gelesen – und nicht als Kunstwerk, Bearbeitung altnordischer Mythen, Kapitalismuskritik im Medium des Mythischen oder Ähnliches. Das zeigt seine grundsätzlich ablehnende, schon als «herumnörgelnd» zu bezeichnende Einstellung gegenüber Wagner und dessen *Ring*, denn Vergleichbares hätte er mit Blick auf den von ihm bewunderten Aischylos und dessen *Orestie* niemals geltend gemacht. Es spricht einiges dafür, dass Marx' Sicht auf den «Mitrevolutionär» von 1848/49 durch Eifersucht auf dessen Erfolg und Ruhm getrübt war und dass er sich mit der gesellschafts- und kapitalismuskritischen Dimension des *Rings* nicht befassen wollte. Vielleicht hat er sich den Blick darauf systematisch verstellt, um sich die inhaltliche Auseinandersetzung, wie auch immer sie ausgefallen wäre, zu ersparen. Dass er mit Wagner als Komponist nichts anzufangen wusste und zu seiner Musik keinen Zugang fand, könnte dabei durchaus eine Rolle gespielt haben. Es mag aber auch sein, dass Marx hier – pars pro toto – die revolutionäre Komponente des *Rings* als bloßen Schein decouvrieren wollte: Im Inzest von Siegmund und Sieglinde, so das Argument, inszeniere Wagner einen revolutionären Bruch der Ordnung, der keiner gewesen sei, weil es die von Wagner unterstellte Ordnung so gar nicht gegeben habe. Wagners revolutionärer Gestus sei bloß ein auf Unterhaltung berechneter Schein: Geile Götter als gehobenes Vergnügen für ein philiströses Publikum, das ganz mit sich selbst beschäftigt war.

Was wusste Wagner von Marx?

Immerhin hat Marx sich über Wagner geäußert, während bei Wagner keine Äußerung über Marx und kein Hinweis auf eine wie auch immer geartete Kenntnisnahme zu finden ist. Freilich ist davon auszugehen, dass Wagner von Marx gehört hat – auch deswegen, weil er in seiner Dresdner Zeit von 1843 bis 1849 im «Literarischen Museum» verkehrte, wo Publikationen auslagen, in denen Marx veröffentlichte.[28] Möglich ist, dass Wagner den einzig erschienenen Band der von Arnold Ruge und Marx herausgegebenen *Deutsch-Französischen Jahrbücher* zur Kenntnis genommen hat und dort auf einen Artikel von Marx stieß, der ihn interessiert haben dürfte. Dem Musikwissenschaftler Eckart Kröplin sind ähnliche Formulierungen in Marx' Artikel «Zur Judenfrage» und einigen Schriften und Briefen Wagners aus den 1850er Jahren aufgefallen.[29] Sollte Wagner wirklich die *Deutsch-Französischen Jahrbücher* in der Hand gehabt haben, so ist davon auszugehen, dass er gerade diesen Artikel – eine Rezension zweier Bücher von Bruno Bauer – gelesen hat, da ihn die darin behandelte Verbindung zwischen Juden und Kapitalismus in besonderem Maße beschäftigte. Aber es ist nicht sonderlich wahrscheinlich, dass ein Exemplar der *Jahrbücher* bis nach Dresden gelangt ist, da fast alle Bände bei dem Versuch, sie nach Deutschland zu schmuggeln, von der Polizei abgefangen wurden.[30] Mehr spräche dafür, dass Wagner die *Jahrbücher*, wenn überhaupt, erst im späteren Züricher Exil in die Hand bekommen hat.

Zu einem persönlichen Zusammentreffen mit Marx ist es jedenfalls nie gekommen. Anfang April 1842 verließ Wagner zusammen mit seiner Frau Minna Frankreich, wo er in Paris auch Umgang mit Heinrich Heine gepflegt und eine Reihe von Texten geschrieben hatte, die ganz in Heineschem Stil gehalten waren. Außerdem hatte er Heines Gedicht «Zwei Grenadiere» vertont – nicht besonders erfolgreich, Robert Schumanns Vertonung ist heute die sehr viel bekanntere.[31] Wagners zeitweilige Bewunderung für Heine ging so weit, dass er sich in den 1841 verfassten «Pariser Amüsements» und den «Pariser Berichten» an den Heineschen Kunstberichten aus Paris orientierte.[32] Marx traf erst im

Oktober 1843 in Paris ein, wo er sogleich Kontakt zu Heine aufnahm – und so verpasste man sich um eineinhalb Jahre. Vor diesem Parisaufenthalt war Marx in Dresden gewesen, um dort den Schriftsteller Arnold Ruge zu besuchen; er hätte Wagner also treffen können, aber zu diesem Zeitpunkt gab es keinerlei Veranlassung dazu. Später ergab sich dann keine Gelegenheit mehr, da Marx seit August 1849 in London lebte und Wagner in Zürich; auch entwickelten sich die politischen Positionen der beiden in unterschiedliche Richtungen, man hatte nichts miteinander zu tun. Wären Marx in Nürnberg und Weiden nicht die Unannehmlichkeiten wegen der Bayreuther Festspiele widerfahren und wäre er nicht in Karlsbad in Unterhaltungen über Wagner hineingezogen worden, so würde sich wohl auch in seinem Œuvre keine Bemerkung über Wagner und dessen Werk finden.

Eine letzte Möglichkeit, durch die Wagner von Marx hätte Kenntnis erlangen können, ist noch zu erwähnen: gemeinsame Freunde und Bekannte, die dem einen vom andern berichten konnten – und das vermutlich auch getan haben, ohne dass es jedoch Niederschlag in Briefen und Aufzeichnungen gefunden hätte. Als Erster ist der dichtende Revolutionär Georg Herwegh zu nennen, der mit Marx und Ruge sowie den Ehefrauen der beiden über einige Monate in Paris eine Wohngemeinschaft bildete, die sich jedoch schon bald wegen Unstimmigkeiten zwischen den Frauen auflöste.[33] Herwegh, der auch danach den Kontakt mit Marx aufrechterhielt, traf Wagner häufig in Zürich und unternahm mit ihm ausgedehnte Wanderungen im Hochgebirge,[34] bei denen man vermutlich auch politische Fragen diskutierte. Es ist unwahrscheinlich, dass Herwegh dabei nicht auch auf Marx zu sprechen kam.

Ein anderer potenzieller Vermittler zwischen Marx und Wagner war der russische Anarchist Michail Bakunin, der sich mit Wagner gemeinsam in Dresden als Revolutionär hervorgetan hatte, anschließend inhaftiert und nach einiger Zeit an Russland ausgeliefert worden war; er floh aus der sibirischen Verbannung, kehrte nach Europa zurück und traf sich sowohl mit Wagner als auch mit Marx, mit dem er sich dann jedoch heillos zerstritt. Auch er hätte Wagner von Marx erzählen können, zumal er schon vor seinen Dresdner Aktivitäten mit Marx in engerem

Kontakt gestanden hatte. Wenn er es tat, so hinterließ dies jedenfalls keine Spuren. Die Sätze des Redakteurs und Herausgebers der *Bayreuther Blätter* Hans von Wolzogen, die dieser wohl kaum ohne Zustimmung Wagners 1880 in seiner Zeitschrift veröffentlicht hätte, bleiben die einzige indirekte Äußerung Wagners zu Marx;[35] Wolzogen hatte sich gegen die «herrschende sozialistische Theorie [...] des in England lebenden jüdischen Sozialpolitikers Marx» ausgesprochen.[36] Abgesehen davon, dass nach heutigem Sprachgebrauch die Bezeichnung «Sozialpolitiker» nicht auf Marx zutrifft, ist es die Herausstellung des «Jüdischen», die für die Bayreuther Wahrnehmung maßgeblich geworden ist. Der Antisemitismus von Richard und Cosima Wagner legte sich wie eine Folie über alles, was der Rede wert gewesen wäre,[37] und verhinderte, dass es zur Sprache kam.

Friedrich Nietzsche in Bayreuth

Im August 1876, als Marx in Nürnberg, Weiden und Karlsbad zu seinem Missbehagen mit den Bayreuther Festspielen konfrontiert wurde, weilte Nietzsche in Bayreuth und hielt es dort – am 23. Juli war er, von Basel kommend, eingetroffen – nicht lange aus. Er flüchtete ins nahegelegene Fichtelgebirge und anschließend in den Bayerischen Wald nach Klingenbrunn, um sich in ländlicher Zurückgezogenheit von der Nervenanspannung in Bayreuth zu erholen. Dann kehrte er aber doch wieder an den Festspielort zurück, besuchte den ersten Zyklus der *Ring*-Aufführung und litt physisch darunter mehr, als er ästhetisch erhoben wurde. Rasende Kopfschmerzen haben ihm die Besuche im Festspielhaus verdorben.[38] «Fast habe ich's bereut!», so Nietzsche zwei Tage nach dem Eintreffen in Bayreuth an seine Schwester. «Denn bis jetzt war's jämmerlich. Von Sonntag Mittag bis Montag Nacht Kopfschmerzen, heute Abspannung, ich kann die Feder gar nicht führen. Montag war ich in der Probe, es gefiel mir gar nicht und ich mußte hinaus.»[39] Eine Woche später: «Es geht nicht mit mir, das sehe ich ein! Fortwährender

Kopfschmerz, obwohl noch nicht von der schlimmsten Art, und Mattigkeit. Gestern habe ich die Walküre nur in einem dunklen Raum mit anhören können; alles Sehen ist unmöglich! Ich sehne mich weg, es ist unsinnig, wenn ich bleibe. Mir graut vor jedem dieser langen Kunst-Abende.»[40]

Es gibt unterschiedliche Gründe, die man für Nietzsches Leiden an den Festspielen verantwortlich machen kann: zunächst seine extreme Wetterfühligkeit, die sich infolge der zu dieser Zeit im fränkisch-böhmischen Raum herrschenden Hitze, über die ja auch Marx klagte, sofort mit starken Kopfschmerzen bemerkbar machte. Im waldreichen Mittelgebirge trat schnell Besserung ein. Mit der Rückkehr nach Bayreuth waren die Kopfschmerzen wieder da. Dann aber auch die zunehmende Distanz zu Wagner. Im Herbst dieses Jahres trafen sie sich noch einmal in Sorrent, danach sollte es zu keiner weiteren Begegnung mehr kommen – nachdem Nietzsche in den Jahren zuvor die Wagners regelmäßig besucht hatte. Die *Entfremdung* hatte schon früher eingesetzt; der *Bruch* erfolgte jedoch erst im Herbst 1876.

Eine andere Erklärung hebt darauf ab, dass sich Nietzsche durch das Verhalten der beiden Wagners zurückgesetzt fühlte. Immerhin hatte er mit seiner Schrift *Richard Wagner in Bayreuth* den intellektuell gewichtigsten Beitrag zur Eröffnung der Festspiele geleistet. Anknüpfend an das Selbstverständnis der deutschen Klassik, wie es vornehmlich bei Goethe und Schiller zu finden war, wonach die Aufgabe der Deutschen nicht die Entfaltung von Macht, sondern die Erneuerung und Weiterentwicklung der Kultur sei,[41] hatte er die Wiedererstehung der hellenischen Kultur mit den Bayreuther Festspielen verbunden und Wagner mit dem griechischen Tragödiendichter Aischylos gleichgesetzt; zwischen ihnen gebe es «solche Nähen und Verwandtschaften, dass man fast handgreiflich an das sehr relative Wesen aller Zeitbegriffe gemahnt» werde.[42] Doch «der Geist der hellenischen Kultur [liege] in unendlicher Zerstreuung auf unserer Gegenwart»; was nottue, sei einer, der die Kraft besitze, die entferntesten Fäden zu erhaschen und miteinander zu verbinden – «nicht den gordischen Knoten der griechischen Kultur zu lösen, wie es [der Makedonenkönig] Alexander that, so dass seine

Enden nach allen Weltrichtungen hin flatterten, sondern *ihn zu binden, nachdem er gelöst war* – das ist jetzt die Aufgabe. In Wagner erkenne ich einen solchen Gegen-Alexander.»[43] Bei aller Entfremdung von Wagner, die seit dessen Umzug von Tribschen nach Bayreuth bei Nietzsche entstanden war – das war ein kaum zu überbietender Ehrerweis.

Nietzsche wusste, dass er sich mit der Gleichsetzung von Wagner und Aischylos und der Bezeichnung Wagners als Gegen-Alexander in seiner Profession, der klassischen Philologie, nach seiner Schrift *Die Geburt der Tragödie* unmöglich gemacht hatte. Er hatte für Richard Wagner viel riskiert, und in diesem Sinne schrieb er an ihn: «Überlege ich, was ich diesmal gewagt habe, so wird mir hinterdrein schwindlig und befangen zu Muthe und es will mir wie dem Reiter auf dem Bodensee ergehen.»[44] Und an Cosima schrieb er zu derselben Zeit: «Denke ich an das zurück, was ich gewagt habe, so schließe ich die Augen und ein Grausen überkommt mich hinterdrein. Es ist fast *als ob ich mich selber aufs Spiel gesetzt hätte.*»[45]

Aber Nietzsche hatte mit seiner Schrift nicht nur selbst einiges riskiert, sondern auch Wagner und Bayreuth als Ort der Festspiele eine ungeheure Aufgabe zugewiesen. Im Rückblick kann man sagen, dass er damit Erwartungen weckte, an denen gemessen die Festspiele nur zum Fehlschlag werden konnten. Er hatte die Latte so hoch gelegt, dass die Aufführung des *Rings* dem nicht genügen konnte. Im ästhetischen Bereich spitzte er die kulturelle Erneuerung zu einer «Reformation des Theaters» zu, und in gesellschaftspolitischer Hinsicht ergänzte er: «Nun, damit wäre der moderne Mensch verändert und reformiert.»[46] Die Kunst, konzentriert auf den Ort Bayreuth und die beiden letzten Augustwochen des Jahres 1876, sollte der Hebel sein, mit dem der Mensch und die Gesellschaft grundlegend reformiert würden. Nietzsche hatte sich das freilich nicht selbständig ausgedacht, sondern dazu Äußerungen Wagners zusammengetragen und in systematischen Zusammenhang gebracht. Dementsprechend nervös war er, als er vor Semesterende in Basel abreiste, wo er eigentlich noch eine Woche seine Studenten hätte unterrichten müssen. Er scheint gespürt zu haben, dass die Kluft zwischen dem von ihm formulierten Anspruch und den tatsächlichen

Die Aufnahme von 1875 zeigt einen früh gealterten Nietzsche, gezeichnet von notorischen Kopfschmerzen, Überarbeitung und schweren Krankheiten. Die Basler Professur für klassische Philologie hat ihm nicht die erstrebte akademische Anerkennung verschafft, und die glückliche Zeit seiner regelmäßigen Besuche bei den Wagners in Tribschen ist seit deren Umzug nach Bayreuth vorbei. Der ungeschnittene Schnauzbart ist bereits Nietzsches Markenzeichen.

Möglichkeiten der Festspiele nicht zu schließen war. Beim ersten Zwischenaufenthalt der Anreise in Heidelberg stellten sich die quälenden Kopfschmerzen ein, die ihm dann den ganzen August über zu schaffen machten. Für sie war also keineswegs nur die Hitze verantwortlich.

Doch wie sehr auch immer Nietzsche mit seiner Schrift Wagner und sich selbst unter Druck gesetzt hatte – er durfte erwarten, dass er in Bayreuth als ein ganz besonderer Gast begrüßt und behandelt wurde: als derjenige, der Wagners eigenen Anspruch an das Vorhaben begriffen und, adressiert an die intellektuelle Elite Deutschlands, programmatisch formuliert hatte, als der Vor-Denker dessen, was hier nun nach langer Vorbereitungsphase zur Aufführung kam. Immerhin hatte Nietzsche bereits seine Reputation als Professor für klassische Philologie aufs Spiel gesetzt, als er in der Erstlingsschrift *Die Geburt der Tragödie* seine Vorstellung von der Differenz zwischen Apollinischem und Dionysischem mit dem Wagnerschen Projekt verbunden und damit hämische Bemerkungen seiner Fachkollegen geerntet hatte, allen voran die von Wilamowitz-Moellendorff, der Nietzsches Buch unter der Überschrift *Zukunftsphilologie!* abfertigte.[47]

Nietzsche hatte in Wagners Projekt investiert, und Wagner hatte das honoriert, indem er Nietzsche zur Grundsteinlegung des Bayreuther Festspielhauses einlud und ihn damals stets an seiner Seite wünschte. Was Wagner am 22. Mai 1872, an seine Anhänger und Unterstützer gewandt, sagte, hat Nietzsche unmittelbar auf sich bezogen und gleich zu Beginn von *Richard Wagner in Bayreuth* in diesem Sinn zitiert – auch als Rechtfertigung dafür, dass er, Nietzsche, diesen programmatischen Text zur Eröffnung der Festspiele 1876 schrieb: «Nur Sie, sagte er damals, die Freunde meiner besonderen Kunst, meines eigensten Wirkens und Schaffens, hatte ich, um für meine Entwürfe mich an Theilnehmende zu wenden: nur um Ihre Mithülfe für mein Werk konnte ich Sie angehen, dieses Werk rein und unentstellt Denjenigen vorführen zu können, die meiner Kunst ihre ernstliche Geneigtheit bezeigten, trotzdem sie ihnen nur noch unrein und entstellt vorgeführt werden konnte.»[48] Nietzsche durfte mit Recht erwarten, dass er nun, da die Kunst rein und unentstellt vorgeführt werden sollte, abermals einen Platz in der Nähe Wagners und dessen Aufmerksamkeit erhalten würde.

Doch das war nicht der Fall. Nietzsche wurde als ein Besucher «unter ferner liefen» behandelt. Seit dem unmittelbar nach der Ankunft erfolgten Besuch in der Villa Wahnfried hatte er keinen direkten Kontakt mehr mit den Wagners, weder mit Richard noch mit Cosima. Beide waren mit anderem beschäftigt: er mit Organisationsaufgaben und der Arbeit mit Musikern und Sängern, Cosima mit den Repräsentationsaufgaben, die einem solchen Großereignis eigen waren. Der Journalist Wilhelm Marr, ein bekennender Wagnerianer,[49] fasste seine Beobachtungen in der *Gartenlaube* so zusammen: «Das Amt des ‹Repräsentierens› hat Frau Cosima [...] übernommen. [...] Sie hat ein merkwürdiges Talent, ein echt französisches Talent, jedermann irgend ein paar Worte zu sagen, über die man sich freut und ein Dutzend Gespräche auf einmal zu leiten. Aber man sieht es ihr an, daß sie ihr eigentliches Talent in den Kreisen der haute volée lieber erblickt, als in den Künstlerkreisen, und daß sie des Weihrauchs nicht entbehren kann. Man ist nicht ungalant, wenn man behauptet, sie sei auf ihren Mann mehr eitel als stolz.»[50]

Angesichts von Wagners Beanspruchung durch die Vorbereitung der Aufführungen wäre es an Cosima gewesen, sich um den sensiblen, leicht verletzlichen Nietzsche zu kümmern, zumal gerade sie zu ihm in den Luzerner Jahren ein enges Vertrauensverhältnis aufgebaut hatte. Aber sie hatte keine Zeit für Nietzsche und nahm die gesellschaftlichen Verpflichtungen wichtiger als die Sorge um den Freund, als den sie ihn eigentlich sah. Sie hatte sich bei ihm für die Zusendung von *Richard Wagner in Bayreuth* bedankt – «Ich verdanke Ihnen jetzt, theurer Freund, die einzige Erquickung und Erhebung, nächst den gewaltigen Kunsteindrücken», hatte sie am 11. Juli geschrieben, und Wagner selbst zwei Tage später: «Freund! Ihr Buch ist ungeheuer! – Wo haben Sie nur die Erfahrung von mir her? – Kommen Sie nun bald, und gewöhnen Sie sich durch die Proben an die Eindrücke!»[51] –, das musste genügen. Nietzsche genügte es nicht. Er fühlte sich zurückgesetzt, geradezu missachtet nach all dem, was er für das Zustandekommen der Festspiele getan hatte. Aber er war zu scheu und ängstlich, um sich seinerseits nach vorn zu drängen und sich den in der Villa Wahnfried versammelten Kreisen beizugesellen, zumal er nicht wusste, worüber er mit den dort Zusammengekommenen überhaupt hätte reden sollen. Die leichte Konversation, die Wagner glänzend beherrschte, war seine Sache nicht. Er wartete darauf, dass man ihn rief – aber man rief ihn nicht. Also floh er nach Klingenbrunn in den Bayerischen Wald.

Folgt man dieser Sicht, so waren die Kopfschmerzen für Nietzsche nur ein Anlass, um Bayreuth verlassen zu können, wo jeder Augenblick eine neuerliche Kränkung für ihn bereithielt. Von Klingenbrunn aus schrieb er an seine Schwester: «Ich muss alle Fassung zusammen nehmen, um die grenzenlose Enttäuschung dieses Sommers zu ertragen. Auch meine Freunde [gemeint sind wohl auch die Wagners] werde ich nicht sehen; es ist alles jetzt für mich Gift und Schaden. Der Ort Klingenbrunn ist sehr gut, tiefe Waldungen und Höhenluft, wie im Jura. Hier will ich bleiben, 10 Tage vielleicht, aber nicht wieder über Bayreuth [wo Elisabeth zwischenzeitlich eingetroffen war] zurückkehren; denn dazu wird es an Geld fehlen.»[52] Geld hin, Kopfschmerzen her – Nietzsche kehrte nach Bayreuth zurück, schließlich hatte er bis dahin ja nur Proben und nicht die Aufführung gesehen, und außerdem hatte sich für die Eintrittskarten, die er als Käufer eines Patronatsscheins erhalten hatte, kein Abnehmer gefunden. Nietzsche musste das Ereignis, dem er so entgegengefiebert hatte, selbst erleben – und er musste leiden. Es zog ihn zur Krankheit, wie es ihn nach Bayreuth zog.

Die Gesellschaft, die Nietzsche nach seiner Rückkehr dort antraf, ist die dritte Erklärung für sein Leiden an Bayreuth. In *Richard Wagner in Bayreuth* hatte er beschrieben, wie er den gegenwärtigen Kulturbetrieb wahrnahm, und damit ex negativo umrissen, was in Bayreuth anders sein sollte. «Seltsame Trübung des Urtheils», hatte er über die üblichen Besucher von Theater-, Konzert- und Opernaufführungen festgehalten, «schlecht verhehlte Sucht nach Ergötzlichkeit, nach Unterhaltung um jeden Preis, gelehrtenhafte Rücksichten, Wichtigthun und Schauspielerei mit dem Ernst der Kunst von Seiten der Ausführenden, brutale Gier nach Geldgewinn von Seiten der Unternehmenden, Hohleit und Gedankenlosigkeit einer Gesellschaft, welche an das Volk nur soweit denkt, als es ihr nützt oder gefährlich ist, und Theater und Concerte besucht, ohne je dabei an Pflichten erinnert zu werden – diess alles zusammen bildet die dumpfe und verderbliche Luft unserer heutigen Kunstzustände: ist man aber erst so an dieselbe gewöhnt, wie es unsere Gebildeten sind, so wähnt man wohl, diese Luft zu seiner Gesundheit nöthig zu haben und befindet sich schlecht, wenn man, durch irgendeinen Zwang, ihrer zeitweilig entrathen muss.»[53]

Nietzsche traf bei seiner Rückkehr nach Bayreuth genau jene Gesellschaft an, die aus seiner Sicht ihre Krankheit für Gesundheit hielt und für diese Selbsttäuschung die Kunst brauchte. In einer ursprünglichen Variante von *Ecce homo*, die Nietzsche bei der Revision des Textes Anfang Dezember 1888 gestrichen hat, bemerkte er über die Gesellschaft der ersten Bayreuther Festspiele, man habe gesehen, «wie selbst den Nächstbetheiligten das ‹Ideal› nicht die Hauptsache war, – daß ganz andre Dinge wichtiger, leidenschaftlicher genommen wurden. Dazu die erbarmungswürdige Gesellschaft aus Patronatsherrn und Patronatsweiblein – ich rede aus der Sache, denn ich war selber [...] Patronatsherr –, alle sehr verliebt, sehr gelangweilt und unmusikalisch bis zum Katzenjammer. [...] Man hatte das ganze müssiggängerische Gesindel Europas beieinander, und jeder beliebige Fürst gieng in Wagner's Haus aus und ein, wie als ob es sich um einen Sport mehr handelte. Und im Grunde war es auch nicht mehr.»[54]

In der später publizierten Fassung von *Ecce homo* stellt Nietzsche seiner Vision von Bayreuth das gegenüber, was er selbst dort im Sommer 1876 erlebt hatte: «Wo war ich doch? Ich erkannte Nichts wieder, ich erkannte kaum Wagner wieder. [...] *Was war geschehn?* – Man hatte Wagner ins Deutsche übersetzt! Der Wagnerianer war Herr über Wagner geworden! – Die *deutsche* Kunst! der *deutsche* Meister! das *deutsche* Bier!»[55] ... Wir Andern, die wir nur zu gut wissen, zu was für raffinirten Artisten, zu welchem Cosmopolitismus des Geschmacks Wagners Kunst allein redet, waren ausser uns, Wagnern mit deutschen ‹Tugenden› behängt wiederzufinden.»[56] Die Anhänger von Wagners ursprünglicher Idee waren in Bayreuth in der Minderheit. Es dominierte «eine haarsträubende Gesellschaft»: «Nohl, Pohl, *Kohl* mit Grazie in infinitum!

Keine Missgeburt fehlt darunter, nicht einmal der Antisemit. – Der arme Wagner! Wohin war er gerathen!»[57] Nietzsche schlägt vor, einen typischen Festspielteilnehmer des Jahres 1876 auszustopfen, ihn in Spiritus zu konservieren und das Ganze mit der Aufschrift zu versehen: «So sah der ‹Geist› aus, auf den hin man das ‹Reich› gründete ...»[58] Das bezog sich auf Wagners Vorstellung, in Bayreuth mit der Aufführung des *Rings* dem Reich die leitende Idee nachzuliefern.

Nietzsche und Marx haben beide unter den Wagner-Festspielen des Jahres 1876 gelitten, freilich auf sehr verschiedene Art und aus unterschiedlichen Gründen. Für Marx, der das Ganze nur aus der Ferne mitbekam, handelte es sich um etwas, mit dem er nichts zu tun haben wollte. Vermutlich wusste er um Wagners revolutionäre Vergangenheit, um die Zeit, da man gewissermaßen auf derselben Seite der Barrikade gestanden hatte, aber Wagner war, so sah es Marx, von seinen damaligen Positionen abgefallen und hatte sich mit konservativen und reaktionären Kräften, mit Bourgeoisie und Aristokratie eingelassen; er war zum «Staatsmusikanten» geworden. Stellt man Nietzsches Bayreuth-Erfahrungen daneben, so ist sein Urteil von dem Marxens nicht weit entfernt, auch wenn dieser eher auf Wagner selbst zielte, während Nietzsche sich zunächst an das Publikum hielt. Auch ging es Marx um genuin politische Fragen, wohingegen Nietzsche das kultursoziologische Ambiente der Festspiele ins Auge fasste. Beide hielten Wagner Verrat vor, Marx implizit an seinen einstigen revolutionären Ideen, Nietzsche explizit an seinem bis vor kurzem noch hochgehaltenen Ideal. Für Marx war «der Fall Wagner» eine Angelegenheit, die ihn nicht weiter beschäftigte, auch wenn er nicht ohne Verärgerung zur Kenntnis nahm, dass einige, die er seiner eigenen Partei zurechnete, begeisterte Wagnerianer waren. Für Nietzsche war die Enttäuschung des Sommers 1876 dramatischer: Sie wurde zum Anstoß, sich von Wagner, dem Freund, loszusagen.

Wagners Leiden an Bayreuth

Und wie erlebte Wagner selbst die Festspiele vom August 1876 sowie die Uraufführung seines *Rings*? Sie hätten der Höhepunkt seines Lebens sein sollen, wurden es aber nicht. Was er in den frühen Züricher Tagen nach der Flucht aus Dresden als «demokratisches Fest» entworfen hatte, geriet in Bayreuth zum «Hoftheater»[59] – und Wagner wusste das selbst nur zu gut. Knapp zwei Jahre nach den Festspielen notierte Cosima, man habe mit den Kindern das Festspielhaus auf dem Grünen Hügel besucht und sei zunächst in heiterer Stimmung gewesen. Dann aber sei Richard auf die *Ring*-Aufführung zu sprechen gekommen und habe «mit heftigem Akzent» ausgerufen: «Ich möchte das nicht wieder durchmachen! Es war alles falsch! ... Eine große Tätigkeit hat mich aufrechterhalten und während der Zeit alles Schlimme unbeachten [lassen], aber ich möchte es nicht wieder durchmachen.»[60] Offenbar erinnerte sich Wagner im leeren Festspielhaus mit Blick auf die herumstehenden Kulissen daran, dass ihn die Fähigkeiten der Sänger nicht zufriedengestellt hatten, dass die Bühnentechnik unzulänglich gewesen war, dass das Publikum seinen Gewohnheiten entsprechend sich während der Darbietung halblaut unterhalten hatte und dass ihn die anwesenden Kaiser und Könige mehr in Anspruch genommen hatten, als ihm lieb und der Aufführung zuträglich gewesen war.[61] Obendrein hatten die Festspiele ein Defizit von 148 000 Mark hinterlassen, weitgehend abgedeckt durch einen Kredit Ludwigs II., doch den musste die Familie Wagner Jahr für Jahr abtragen. Unter diesen Umständen war an eine Wiederholung im darauffolgenden Jahr, wie eigentlich vorgesehen, nicht zu denken. Die nächsten Festspiele fanden erst 1882, sechs Jahre später, statt und drehten sich um den *Parsifal*, dessen Komposition Wagner zwischenzeitlich vollendet hatte.

Mit dem Entschluss, in Bayreuth ein Festspielhaus zu bauen und hier, in der Mitte Deutschlands, nahe der Grenze zwischen Preußen und Bayern, alljährlich Festspiele durchzuführen, bei denen nur seine eigenen Werke zur Aufführung gelangten, hatte sich Wagner aus einem Schriftsteller, Dichter und Komponisten – einer Rollentrias, mit

Das Bayreuther Festspielhaus im Jahre 1876. Deutlicher als nach den späteren Anbauten im Eingangsbereich der Frontseite zeigt sich hier sein «Werkstattcharakter», auf den Wagner in Absetzung von den repräsentativen Hoftheatern und Operngebäuden der Residenzstädte Wert gelegt hat. Dennoch geht das Festspielhaus weit über die ursprüngliche Idee einer eilig aus Holzbalken gezimmerten Bühne am Ufer des Rheins hinaus, die nach der Aufführung des «Rings» wieder abgebrochen oder niedergebrannt werden sollte. Es ist eine Spielstätte, die an den Erfordernissen einer künstlerisch anspruchsvollen Aufführung orientiert ist – und nicht an den Ansprüchen eines auf Selbstrepräsentation Wert legenden Opernpublikums.

der er ohnehin eine Ausnahmeerscheinung in der Kunst- und Kulturszene darstellte – in einen Kulturunternehmer verwandelt. Der musste ein überdurchschnittlich leistungsfähiges Orchester zusammenstellen, Sänger akquirieren, welche in der Lage waren, die anspruchsvollen Partien, die er komponiert hatte, zu singen, und das für das ganze Vorhaben erforderliche Geld auftreiben. Vor dieser Aufgabe wäre jeder andere zurückgeschreckt. Es waren die in vieler Hinsicht unangenehmen Charakterzüge Wagners, seine tyrannischen Neigungen und seine egozentrische Art – Hans Mayer nennt ihn einen «ebenso hartnäckigen wie ichsüchtigen großen Künstler»,[62] –, die ihn neben Cosimas Zureden befähigten, dies alles zu realisieren.

Es wäre nicht gelungen, wenn ihm der bayerische König nicht im

Das Porträt Franz Hanfstaengls aus dem Jahre 1870 zeigt einen Wagner, der die Zeit der großen und kleinen Fluchten hinter sich gelassen hat: ein arrivierter Künstler, Freund und Vertrauter des bayerischen Königs, eine herausragende Persönlichkeit der europäischen Kulturszene. Wagner hat auch in der Fotografie seine taktile Vorliebe für feine Stoffe und Seidenwäsche in Szene gesetzt. Das Barett auf dem Kopf und der Backenbart stehen für den Schriftsteller und Komponisten, der gegenüber dem von ihm als philiströs angesehenen Bürgertum Distanz wahrt.

entscheidenden Augenblick einmal mehr unter die Arme gegriffen hätte. Die Patronatsscheine, die Wagner zur Finanzierung seines Projekts ausgeschrieben hatte, wurden nicht im erforderlichen Umfang erworben, die Konzertreisen, die er unternahm, um die Erträge in das Bayreuther Projekt zu investieren, brachten nicht genug ein, und weder das Reich noch Preußen waren bereit, die Bayreuther Festspiele zu bezuschussen. Dabei hatte er gerade auf das neu gegründete Reich gesetzt, und seine von Nietzsche später kritisierte Hinwendung zum Reich sowie die nationalistischen Töne, die seit 1870 verstärkt in Wagners Schriften zu vernehmen waren, haben sicherlich auch mit der Suche nach Finanzquellen für das Festspielprojekt zu tun[63] – so, wie er sich seit dem 3. Mai 1864, als ihm der bayerische Kabinettssekretär Pfistermeister die Berufung durch Ludwig II. nach München überbracht hatte, mit dem König auf einen vertraut-freundschaftlichen Gedankenaustausch einließ. Dieser zumeist als Briefwechsel stattfindende Austausch war von taktischen Erwägungen und langfristigen Interessen bestimmt, Wagner wollte den in mythischen Phantasien schwelgenden, für die Führung eines Staates indes kaum geeigneten und daran auch nicht interessierten König für seine musikalischen Projekte und nicht zuletzt auch für die Finanzierung seines aufwendigen Lebensstils gewinnen.[64] Die schwärmerisch-pathologische Überspanntheit des neunzehn Jahre währenden Briefwechsels mag anfangs von Wagners Seite her echt gewesen sein, aber die längste Zeit war er instrumentell und berechnend, und im vertrauten Gespräch mit Cosima redete Wagner über den König ganz anders, als er sich in den Briefen an ihn über ihr Verhältnis äußerte. Ein wenig davon dürfte auch in Wagners neuer Liebe zum Reich eine Rolle gespielt haben. Unbenommen ist, dass Wagner von dem nach der Reichsgründung um sich greifenden Überschwang des Nationalen erfasst wurde. Dieser Enthusiasmus währte freilich nicht lange.

Was Wagner bei Ludwig gelungen war, gelang ihm weder bei Bismarck noch bei Kaiser Wilhelm, und auch das deutsche Großbürgertum war zunächst wenig geneigt, sein Geld in Wagners Bayreuther Vorhaben zu investieren. Als Wagner in Berlin auf taube Ohren stieß, widmete ihm sein alter Freund Georg Herwegh, der bereits seine Münchner Probleme in ironische Verse gebracht hatte,[65] im Februar 1873 das Gedicht «An Richard Wagner». Darin heißt es: «Viel Gnade gefunden hat dein Spiel / Beim gnädigen Landesvater, / Nur läßt ihm der Bau des Reichs nicht viel / Mehr übrig für Dein Theater. // [...] Ertrage heroisch dies Mißgeschick / Und mache Dir klar, mein Bester, / Die einzig wahre Zukunftsmusik / Ist schließlich doch Krupps Orchester.»[66] Wagners Projekt stand (wieder einmal) am finanziellen Abgrund, als am 26. Januar 1874 ein Brief König Ludwigs eintraf, in dem die berühmten, weil wieder und wieder zitierten Sätze standen: «Nein! Nein und wieder nein! So soll es nicht enden; es muß da geholfen werden. Es darf unser Plan nicht scheitern!»[67] Ludwigs Kredit in Höhe von 100 000 Mark rettete das Festspielhaus und die Festspiele.

Das war der Hintergrund, warum Marx in dem eingangs zitierten Brief an Engels Wagner als «Staatsmusikanten» bezeichnete: Die Liaison mit Ludwig II. mochte noch hingehen, denn der wurde von Marx ob seiner romantischen Verschrobenheiten politisch nicht ernst genommen. Dass Wagner ihn benutzte, um sein künstlerisches Vorhaben zu realisieren, hätte Marx, mit taktischen Volten selbst bestens vertraut und überaus erfahren im Umgang mit Schulden und Geldbeschaffung, noch hinnehmen können – aber das Antichambrieren bei Bismarck und schließlich die Teilnahme des Kaisers an den Festspielen von 1876 belegten für ihn, dass es hier nicht um Kunst, sondern um Politik ging und die Festspiele eine Selbstfeier des neu gegründeten Reichs und keineswegs eine Veranstaltung für Anhänger der «Zukunftsmusik» waren.

Doch was wäre Wagner anderes übrig geblieben, als bei den alten und neuen Machthabern zu antichambrieren? Marx bedurfte nur eines Verlegers, der seine Schriften veröffentlichte – schon das war schwierig genug. Immer wieder kam es zu Auseinandersetzungen mit den Verlegern, zumal Marx Verträge platzen ließ, nicht pünktlich lieferte, in den Korrekturbögen umfängliche Streichungen und Ergänzungen vornahm und anschließend erwartete, dass Bücher, bei denen der Verleger jahrelang aufs Manuskript gewartet hatte, binnen weniger Wochen veröffentlicht wurden. Nietzsche war da ein einfacherer Autor, doch auch er beklagte sich immer wieder darüber, dass der Verleger für seine, Nietzsches, Bücher nicht genug tue. Der geringe Absatz seiner Publikationen war auch bei Marx eine ständige Klage, und selbst der Umstand, dass Engels in großem Stil anonyme Rezensionen des *Kapitals* lancierte, hat die Verbreitung des Werks nicht sonderlich befeuert. Eigentlich hätten beide, Marx wie Nietzsche, eine Vorstellung von den Herausforderungen haben müssen, mit denen Wagner konfrontiert war – aber das spielte für sie keine Rolle. Nicht im Geringsten.

Von Marx hätte man ein solches Verständnis wohl eher erwarten dürfen als von dem etwas weltfremden und auf Fragen des Geisteslebens fixierten Nietzsche. Immerhin hatte Marx sich die Hälfte seines Lebens mit ökonomietheoretischen Fragen befasst; und wenn es ihm dabei auch mehr um die allgemeinen Gesetze der Kapitalverwertung als um Probleme der Unternehmensführung ging, so kannte er derlei doch von Engels, der über viele Jahre ein Textilunternehmen, an dem seine Familie beteiligt war, verantwortlich mitleitete. Über die damit verbundenen Mühen und Sorgen hatte Engels in seinen Briefen an Marx häufig berichtet, und Marx wiederum hatte sich von Engels spezielle Probleme der Unternehmensführung erläutern lassen, etwa als er sich mit der Frage beschäftigte, wie Kapitalisten den für sie persönlich bestimmten Anteil des Profits berechneten.[68] Marx war sich darüber im Klaren, dass die Höhe der finanziellen Zuwendungen, die er von Engels erhielt, vom geschäftlichen Erfolg des Unternehmens *Ermen und Engels* abhingen. Er lebte vom Kapitalismus, auch wenn er ihn bekämpfte. Analoge Überlegungen, auf Wagner bezogen, ließ er nicht zu.

Der lange Weg nach Bayreuth

Nietzsche, der sich mit Wagners Weg zum Bayreuther Gesamtkunstwerk eingehend beschäftigt hat, klammerte dabei die Frage der Finanzierbarkeit völlig aus. Am Tag der Grundsteinlegung fürs Festspielhaus, so Nietzsche, habe Wagner auf der Rückfahrt vom Grünen

Hügel geschwiegen und lange in sich hineingesehen, offenbar bedenkend, dass «alles Bisherige […] Vorbereitung auf diesen Moment» gewesen ist. «Was aber Wagner an jenem Tage innerlich schaute, – wie er wurde, was er ist, was er sein wird – das können wir, seine Nächsten, bis zu einem gewissen Grade nachschauen: und erst von diesem Wagnerischen Blick aus werden wir seine grosse That selber verstehen können – *um mit diesem Verständniss ihre Fruchtbarkeit zu verbürgen.*»[69] Die ersten Abschnitte von *Richard Wagner in Bayreuth* sind diesem «Nachschauen» auf Wagners intellektuellem und künstlerischem Weg zum Bayreuther Gesamtkunstwerk gewidmet. Der sei nicht antizipierbar gewesen, denn bei Wagner habe zunächst «ein Geist der Unruhe» vorgeherrscht, «der Reizbarkeit, eine nervöse Hast im Erfassen von hundert Dingen, ein leidenschaftliches Behagen an beinahe krankhaften hochgespannten Stimmungen, ein unvermitteltes Umschlagen aus Augenblicken seelenvollster Gemüthsstille in das Gewaltsame und Lärmende.»[70]

Mit Malerei und Dichtkunst, mit Schauspielerei und Musik, aber auch mit gelehrten Studien habe sich Wagner beschäftigt, und «wer oberflächlich hinblickte, mochte meinen, er sei zum Dilettantisiren geboren».[71] Schließlich habe sich Wagner auch noch «mit Historie und Philosophie» befasst; «man kann sich durch Nichts mehr von der ganzen gegenwärtigen Zeit abheben, als durch den Gebrauch, welchen man von der Geschichte und Philosophie macht».[72] Beides, so Nietzsche weiter, seien für sich allein genommen Instrumente der geistigen Selbstverstümmelung, die Historie «als Opiat gegen alles Umwälzende und Erneuernde» und die Philosophie, weil aus ihr «die Meisten nichts Anderes lernen wollen, als die Dinge ungefähr – sehr ungefähr! – zu verstehn, um sich dann in sie zu schicken».[73] Doch bei Wagner seien sie sogleich mit dessen künstlerischen Bestrebungen in Verbindung gekommen, und so konnten sich diese negativen Folgen nicht entfalten.

Wagners Dilettieren auf allen möglichen Feldern, so Nietzsches These, hat sein dabei erworbenes Wissen und Können produktiv werden lassen. Nur so habe Wagner die zerstreuten Enden der Kunst- und

Wissensfäden fassen, zusammenbinden und zum neuen Aischylos und Gegen-Alexander werden können. Nur so habe er die «erkrankte» Sprache wiederherstellen, die Musik für die «Reinigung und Umwandlung der Natur» gebrauchen und schließlich «Hörwelt» und «Schauwelt» in ein neues Verhältnis bringen können.[74] Die Festspiele in Bayreuth und die dortige Aufführung des *Rings* banden aus dieser Sicht nicht nur die vereinzelten Fäden der Kunst, sondern auch das Dilettieren Wagners zusammen: Was zunächst als Dilettantismus erschien, entpuppte sich nun als Voraussetzung für die Wiederherstellung der wahren Kunst. – Es ist klar, dass in dieser Rekonstruktion des Wagnerschen Wegs nach Bayreuth dessen Darstellung als Kulturunternehmer und Geldbeschaffer nur gestört hätte.

Aber warum hatte Wagner für seine Musikdramen überhaupt ein eigenes Festspielhaus gebraucht? Warum hatte er sich mit dem *Ring* nicht in das Repertoire der bestehenden Opernhäuser in Deutschland (und Europa) einreihen wollen, wie er das ja auch bei seinen früheren Werken, vom *Rienzi* über den *Holländer* und *Tannhäuser* bis zum *Lohengrin*, getan und für den *Tristan* sowie die *Meistersinger* akzeptiert hat? Dann hätte er kein Kulturunternehmer werden müssen, sondern all das der Theaterintendanz überlassen können.

Im «Epilogischen Bericht», den Wagner der Veröffentlichung des *Ring*-Textes von 1863 beigefügt hat, hebt er zunächst «das Verderbliche in der Organisation unserer Theater» hervor und versichert, er habe es nicht an Mühe fehlen lassen, «die Gründe davon aufzudecken und die demoralisirenden Folgen hieraus nach jeder Seite hin nachzuweisen».[75] Er wolle mit dem *Ring* zum Repertoirebetrieb der Oper auf Distanz bleiben, denn er befürchte, dass der seiner Tetralogie nicht nur nicht angemessen sei, sondern sein Werk auch ruinieren werde – erstens, weil die Repertoirehäuser nicht über Sänger verfügten, die den anspruchsvollen Rollen im *Ring* gerecht werden könnten; zweitens, weil sie von ihren baulichen Gegebenheiten her – das System von Logen und Parkett sowie die offene Positionierung des Orchesters – für eine Aufführung nicht geeignet seien; und schließlich, drittens, weil in den großen Städten die Menschen in das Theater und die Oper gingen, um sich nach

Erledigung ihrer Alltagsgeschäfte zu zerstreuen. Der *Ring* sei jedoch auf ein konzentriertes, dem Bühnengeschehen mit höchster Aufmerksamkeit folgendes Publikum angewiesen. Man müsse die Aufführung darum so organisieren, dass das Publikum bereits am Vormittag allerlei Zerstreuung nachgehe, um sich am Nachmittag dann ausgeruht und aufmerksam der Aufführung des Musikdramas widmen zu können.[76] In einer mittelgroßen Stadt Deutschlands, «günstig gelegen und zur Aufnahme außerordentlicher Gäste geeignet», solle darum «ein provisorisches Theater» errichtet werden, «so einfach wie möglich, vielleicht bloß aus Holz, und nur für künstlerische Zweckmäßigkeit des Innern berechnet», das sich durch eine «amphitheatralische Einrichtung für das Publikum» und den «großen Vortheile der Unsichtbarmachung des Orchesters» auszeichne. Hierhin wollte Wagner aus «den Personalen der deutschen Opernbtheater ausgewählte, vorzüglichste dramatische Sänger berufen», die, «ununterbrochen durch jede anderartige künstlerische Beschäftigung, das von mir verfaßte mehrtheilige Bühnenwerk» einüben.[77] Das war nur mit eigenem Festspielhaus möglich, und dafür brauchte Wagner viel Geld, das er jedoch nicht hatte.

Zu Beginn der 1860er Jahre hatte Wagner seine revolutionär-anarchische Sorglosigkeit verloren. Dem Musiker Theodor Uhlig hatte er 1851 geschrieben, er wolle am Rhein binnen weniger Tage ein Theater aufschlagen, alles Volk gratis dorthin einladen, sein Stück *Siegfrieds Tod* aufführen und dann das Ganze abbrechen.[78] Über die Frage der Finanzierung hatte er sich seinerzeit keine Gedanken gemacht, wohl auch deswegen nicht, weil das Ganze ja erst *nach* der Revolution stattfinden sollte und das Finanzierungsproblem, wie und wann immer es dazu kommen würde, dann nicht mehr vorhanden sei. «Ich werde, was ich bedarf, dann finden», hatte er damals geschrieben.[79] Derlei war nun ausgeträumt, vom provisorischen Aufschlagen des Theaters und anschließenden Niederbrennen sowie von Gratisaufführungen für das Volk war keine Rede mehr – aber am Projekt des eigenen Theaters hielt Wagner konsequent fest. Damit rückte die Finanzierungsfrage in den Mittelpunkt seiner Bemühungen.

Wagner spielte dafür zwei Möglichkeiten durch. Erstens: «Eine Vereinigung kunstliebender vermögender Männer und Frauen, zunächst zur Aufbringung der für eine erste Aufführung meines Werkes nöthigen Geldmittel.»[80] Das war weiterhin in republikanischen Bahnen gedacht, nur dass nunmehr eine bestimmte soziale Gruppe, die über die erforderlichen Geldmittel verfügende Bourgeoisie, als Finanzier des Vorhabens angesprochen werden sollte. Dass unter diesen Umständen der Eintritt frei sein würde, wie Wagner es 1851 noch vorgesehen hatte, war kaum anzunehmen. Aber es wäre dies nach wie vor ein bürgerschaftlich getragenes Kulturprojekt gewesen – und nicht das Geschenk eines Herrschers an sein dankbares Volk. Wagner bezweifelte jedoch, dass dieser Finanzierungsweg zum Erfolg führen werde: «Bedenke ich, wie kleinlich die Deutschen gewöhnlich in solchen Dingen verfahren, so habe ich nicht den Muth, von einem hierfür erlassenen Aufrufe mir Erfolg zu versprechen.»[81]

Man kann sich des Eindrucks nicht erwehren, Wagner habe die Erfolgschancen dieser Art von Finanzierung gezielt heruntergeredet[82] – vielleicht auch, weil er fürchtete, damit von jüdischen Geldgebern und Kunstfreunden abhängig zu werden, was dem zutiefst antisemitisch eingestellten Wagner widerstrebte[83] –, um sogleich zu der anderen Finanzierungsmöglichkeit zu kommen: der durch einen Herrscher, der seinen Thron mit kulturellem Glanz schmücken will. «Sehr leicht fiele es dagegen einem deutschen Fürsten, der hierfür keinen neuen Satz aus seinem Budget zu beschaffen, sondern einfach nur denjenigen zu verwenden hätte, welchen er bisher zur Unterhaltung des schlechtesten öffentlichen Kunstinstituts, seines, den Musiksinn der Deutschen so tief bloßstellenden und verderbenden Opterntheaters bestimmte.»[84] Das war das Modell, auf das sich Ludwig II. dann einließ – vermutlich nicht ahnend, wie viel ihn und den bayerischen Staat Wagners Vorhaben kosten würde.

Ist man wohlwollend, so ließe sich gegen Marx' Vorwurf des «Staatsmusikanten» einwenden, Wagner sei gar nichts anderes übrig geblieben, als um eine staatliche Finanzierung seines Festspielvorhabens nachzusuchen, und dabei habe er nichts anderes für sich in Anspruch nehmen wollen als das, was im subventionierten Theater- und Opernbetrieb gang und gäbe war – und das lief eben auf Selbstrepräsentation des Staates, zumal des Monarchen, sowie eine Widerspiegelung der gesellschaftlichen Ordnung im Theater hinaus. Allerdings hat Wagner die von Ludwig zugeschossenen Mittel genutzt, um in Bayreuth ein Festspielhaus zu errichten, das in seinem Innern – im Unterschied zu den herkömmlichen Häusern – geradezu egalitär-demokratisch angelegt war: Es gab darin weder Ränge, deren Struktur der gesellschaftlichen Ordnung entsprachen, noch Logen, die hochgestellten Personen vorbehalten waren, und deswegen gab es auch keine Loge für den König, obwohl Ludwig II. das Projekt zu großen Teilen finanzierte. Wagner hatte den Zuschauerraum am Vorbild des antiken Theaters der Griechen orientiert, wie er das in seiner revolutionären Zeit konzipiert hatte. War es ihm da zum Vorwurf zu machen, dass er Kaiser Wilhelm und andere deutsche Fürsten empfing und hofierte? Der Kaiser hatte sich, wie viele andere auch, den Besuch der *Ring*-Aufführungen durch den Erwerb von Patronatsscheinen erkauft, also keine fürstlichen Vorrechte für sich in Anspruch genommen, war zu den beiden Vorstellungen, die er besuchte,[85] in Zivil erschienen und nicht in der preußischen Generalsuniform, die er üblicherweise bei öffentlichen Auftritten trug, und hatte sich auch sonst eher bescheiden gegeben. Er hat sich nicht ins Zentrum des Geschehens gestellt.[86]

Das Problem mit Wilhelm war ein anderes. Es stammte aus einer Zeit, als er noch nicht Kaiser, nicht einmal preußischer König war: 1848/49 war er der Anführer der gegenrevolutionären Kräfte; er hatte sich damit von seinem zögerlichen Bruder Friedrich Wilhelm IV.[87] abgesetzt und den Einsatz der Truppen zur Niederschlagung der revolutionären Aufstände organisiert, nicht nur in Preußen, sondern auch in Sachsen, in der Pfalz und in Baden. Die preußischen Truppen hatten die Revolution in Dresden niedergeschlagen und in der Pfalz und in Baden über revolutionäre Freischaren gesiegt, in deren Verband auch Friedrich Engels gekämpft hatte. Die Revolutionäre hatten die in der Frankfurter Paulskirche beschlossene Reichsverfassung mit bewaffneter Hand verteidigen wollen. Man müsse die Aufständischen zusammenkartätschen, lautete eine Wilhelm damals zugeschriebene Äußerung,[88] also

Richard Wagner begrüßt Wilhelm I. als Gast der Bayreuther Festspiele. Der Kaiser ist ohne herrschaftliches Gefolge erschienen, trägt auf dem Bild im Unterschied zu seiner Bekleidung beim Besuch der Aufführung die Uniform eines preußischen Generals und wird nur von einem Adjutanten begleitet. Hinter Wagner ist dessen Schwiegervater Franz Liszt erkennbar, dazu Bayreuther Honoratioren. Wilhelms Besuch der Festspiele war ein aufsehenerregendes Ereignis, das es bis auf die Begleitbildchen für Liebigs Fleischextrakt geschafft hat – hier sogar zu deren Ausgabe für den französischen Markt.

mit gehacktem Blei geladene Kanonen auf die Barrikaden und deren Verteidiger abfeuern, wofür Wilhelm den Namen «Kartätschenprinz» erhalten hatte. All das lag im Sommer 1876 mehr als ein Vierteljahrhundert zurück, doch für einige war es eine traumatische Erinnerung, die sich beim Besuch des Kaisers in Bayreuth wieder einstellte, in jedem Fall bei Marx, aber sicherlich auch bei Wagner, die beide große Hoffnungen in den revolutionären Aufbruch gesetzt hatten und danach über Jahre im Exil damit beschäftigt waren, mit der Enttäuschung über das Scheitern der Revolution fertigzuwerden.

Im Mai 1849, als die revolutionäre Welle in Deutschland ihren Höhepunkt eigentlich bereits überschritten hatte, war es in Dresden zum Aufstand gekommen; man hatte Barrikaden errichtet, und der sächsische König war mitsamt seiner engsten Entourage aus der Stadt geflohen. Wagner hatte sich im Dresdner Mai tatkräftig engagiert:

zuerst mit Reden und Schriften, später durch die Verteilung von bei ihm versteckten Waffen und als Beobachtungsposten auf dem Turm der Kreuzkirche. Marx wiederum hatte in Köln als Chefredakteur der *Neuen Rheinischen Zeitung* schreibend auf das revolutionäre Geschehen eingewirkt und ein Bündnis der demokratischen und sozialrevolutionären Kräfte angestrebt. Für Wagner, den im Dienste des Königs stehenden sächsischen Hofkapellmeister, war die Beteiligung an der Revolution eine Sache von wenigen Wochen, jedoch von großer Intensität, schließlich kämpfte er gemeinsam mit Michail Bakunin;[89] Marx dagegen nahm eine Position ein, die er auch in den darauffolgenden Jahrzehnten bevorzugte: die des kommentierenden Beobachters, der zum unmittelbaren Geschehen Distanz hielt, einen kühlen Kopf bewahrte und darum am besten wusste, welche Schritte man je machen musste. Wagner und Marx haben in den Revolutionsmonaten von 1848/49 beide den Überblick zu behalten versucht, der eine vom Turm der Dresdner Kreuzkirche, der andere vom Chefredakteur-Schreibtisch aus.[90]

Marx' Distanz gegenüber Wagner, Nietzsches Trennung von Wagner

In der Revolution von 1848/49 standen sich Marx und Wagner politisch so nahe wie danach nie wieder, und die unterschiedlichen Wege, die beide anschließend einschlugen, spielen in der von Marx für Wagner gewählten Bezeichnung «Staatsmusikant» sicherlich eine Rolle. Dass Wagners Denken über längere Zeit noch von revolutionären Ideen geprägt war, war Marx vermutlich unbekannt; auf Wagners Züricher Kunstschriften wird er nicht gestoßen sein, und mit der gesellschaftskritischen Dimension in Wagners *Ring* hat er sich, wie gesagt, nicht beschäftigt.[91] Damit hat er den *Ring* von Grund auf missverstanden, und dieses Missverstehen hatte bei einem so sorgfältigen und hermeneutisch versierten Leser wie Marx gewiss auch damit zu tun, dass er das Werk des «Staatsmusikanten» nicht verstehen *wollte*. Das Trauma von

1848/49 wirkte nach. Es war das Trauma einer Generation, der beide angehörten – während Nietzsche, 1844 geboren, ihr nicht zugehörte. Das Problem, das Nietzsche mit Wagner hatte, hatte mit der Revolution nichts zu tun. Und dennoch war es dem Marxens nicht unähnlich.

In der erst nach seinem Zusammenbruch in Turin veröffentlichten Schrift *Nietzsche contra Wagner* ist Nietzsche noch einmal auf die Bayreuther Festspiele von 1876 zu sprechen gekommen: «Schon im Sommer 1876, mitten in der Zeit der ersten Festspiele, nahm ich bei mir von Wagnern Abschied. Ich vertrage nichts Zweideutiges; seitdem Wagner in Deutschland war [die Familie war Ende April 1872 von Tribschen nach Bayreuth übergesiedelt], condescendirte er Schritt für Schritt zu Allem, was ich verachte – selbst zum Antisemitismus ... Es war in der That damals die höchste Zeit, Abschied zu nehmen: alsbald schon bekam ich den Beweis dafür.»[92] Was dann folgt, ist ein indirekter Verweis auf den *Parsifal* und Nietzsches Deutung, Wagner sei mit dem *Parsifal* «vor dem christlichen Kreuze» niedergesunken. In der Erinnerung hat Nietzsche hier mancherlei zusammengezogen, was von den Verteidigern Wagners dann akribisch genutzt wurde, um seine Darstellung zu widerlegen: dass er den *Parsifal*-Text schon aus Tribschener Tagen gekannt habe und er ihm deswegen kaum erst nach 1876 als «Beweis» für Wagners Wendung zum Christentum untergekommen sein könne; mit Wagners antisemitischen Ideen sei er ebenfalls schon zuvor in Berührung gekommen, und einiges davon lasse sich gar in seinen eigenen Schriften finden, die er als Parteigänger Wagners verfasst habe; auch Wagners an die Deutschen adressierte Erwartungen habe Nietzsche zunächst weithin geteilt.

Solches gegen Nietzsches Darstellung geltend zu machen, kann indes nur der erste Schritt sein, dem als zweiter eine Erklärung dafür folgen muss, *warum* er all das in der Erinnerung zusammengezogen und was das für sein Selbstverständnis und seine Neuorientierung bedeutet hat. Diesen Schritt haben dann die Biographen Nietzsches gemacht und sind dabei zu dem Ergebnis gekommen, Nietzsche habe sich innerlich schon seit längerem von Wagner entfernt; die Festspiele von 1876 seien bloß der Anstoß dafür gewesen, dass er sich diese Distanz selbst eingestand, eine Distanz, die wenige Monate später dann in

Sorrent als Bruch vollzogen wurde.[93] Indem Nietzsche sich von Wagner trennte, trennte er sich von dem Vorbild und Meister, dem er acht Jahre lang angehangen hatte. Er sei «der größte Genius und größte Mensch unserer Zeit», hatte er damals geschrieben, und «unsere Freundschaft ist größer denn je».[94] Die Krankheit, an der Nietzsche in den Bayreuther Tagen litt, war mehr als nur starker Kopfschmerz infolge von Wetterfühligkeit – es war das Leiden an dem Entschluss, einen Abschnitt seines Lebens und Denkens zu beenden.

Nietzsche selbst hat das so beschrieben: «Genug, mir selbst gab das unerwartete Ereignis wie ein Blitz Klarheit über den Ort, den ich verlassen hatte – und auch jenen nachträglichen Schauder, den Jeder empfindet, der unbewusst durch eine ungeheure Gefahr gelaufen ist. Als ich allein weiter gieng, zitterte ich; nicht lange darauf war ich krank, mehr als krank, nämlich *müde*, – müde aus der unaufhaltsamen Enttäuschung über Alles, was uns modernen Menschen zur Begeisterung übrig blieb, über die allerorts *vergeudete* Kraft, Arbeit, Hoffnung, Jugend, Liebe, müde aus Ekel vor der ganzen idealistischen Lügnerei und Gewissens-Verweichlichung, die hier wieder einmal den Sieg über Einen der Tapfersten [gemeint ist Wagner] davongetragen hatte, müde endlich, und nicht am wenigsten, aus dem Gram eines unerbittlichen Argwohns – dass ich nunmehr verurtheilt sei, tiefer zu misstrauen, tiefer zu verachten, tiefer *allein* zu sein als je vorher. Denn ich hatte Niemanden gehabt als Richard Wagner ...»[95]

KAPITEL 2

DIE WIEDERGEBURT DER ANTIKE. EINE KONTROVERSE

Wagners Projekt einer Erneuerung der antiken Tragödie

In dem Brief vom 19. August 1876 hatte Marx nicht nur vom «Staatsmusikanten Wagner», sondern auch vom «Bayreuther Narrenfest» gesprochen; für ihn konnten es wohl nur Narren sein, die sich auf den Weg nach Bayreuth machten, um der Aufführung von Wagners *Ring des Nibelungen* beizuwohnen. Es ist eigentlich erstaunlich, dass Marx, der seine Dissertation über die griechischen Philosophen Demokrit und Epikur geschrieben hatte und Aischylos als seinen Lieblingsdichter bezeichnete, der zudem gern Gestalten der griechischen Mythologie aufrief, um den technischen Fortschritt seiner Zeit zu veranschaulichen, Wagners Projekt einer Erneuerung der antiken Tragödie und deren Aufführung nach Athener Vorbild[1] so wegwerfend abtat. Womöglich hat Marx aber auch, ganz konzentriert auf das germanisch-nordische Sujet des *Rings*, dessen Verbindungen mit der *Orestie* und insbesondere der *Promethie* des Aischylos nicht erkannt.[2] Selbstverständlich kann man beides auf seine Aversion gegen Wagner zurückführen und die Debatte damit für beendet erklären. Doch dann würde man sich den Zugang zu Marx' Beschäftigung mit Politik und Kunst der Antike verstellen – und gerade Politik und Kunst sind für eine vergleichende Betrachtung von Wagner, Marx und Nietzsche zentral.

In seinen Züricher Kunstschriften, *Das Kunstwerk der Zukunft*, *Eine Mitteilung an meine Freunde* sowie *Oper und Drama*, ist Wagner immer wieder auf die antike Tragödie zu sprechen gekommen; er hat sie als Vorbild für das von ihm noch zu schaffende Werk herausgestellt. Dabei ging es ihm vor allem um die Tetralogie, die Behandlung eines Themas in vier aufeinander bezogenen Einzelstücken, die sich zu einem Ganzen fügen. Sein Vorbild war Aischylos' *Orestie*, der einzige vollständig überlieferte Tragödienzyklus, aber auch die nur teilweise überlieferte *Promethie* in der Rekonstruktion durch Johann Gustav Droysen. Wagner hat dabei den zeitlichen Abstand zur Blütezeit der attischen Tragödie und die politischen und ästhetischen Unterschiede zwischen Damals und Heute nicht in Abrede gestellt, war jedoch der Überzeugung, die künstlerische Entwicklung der letzten Jahrzehnte habe in der Ton- wie der Sprachkunst alle Voraussetzungen für eine Erneuerung der griechischen Tragödie geschaffen. Die Deutschen seien das Volk, dem dies nach dem Vorlauf von Goethe und Beethoven am ehesten gelingen könne. 1870 verfasste Wagner unter dem Eindruck der deutschen Siege im Krieg gegen das Frankreich Napoleons III. seinen Essay *Beethoven*, an dessen Ende er auch auf Goethe zu sprechen kam, diesen mit Beethoven verband und die Deutschen in die Pflicht zu nehmen versuchte, das von beiden Begonnene fortzusetzen und Dichtung und Musik in einem Werk zusammenzuführen.[3] Was bislang fehlte, war der Mann, der den Versuch wagte, Tonkunst und Sprachkunst zu verschmelzen – und damit beschrieb Wagner die Aufgabe, für die er sich selbst prädestiniert fühlte. Wie fast immer, spielte bei ihm das Voluntative eine zentrale Rolle: Man müsste es einfach wagen, und in einer etymologisch wilden Wendung verband er den eigenen Namen mit «Wagnis».

Wagner beschreibt die attische Tragödie als Einheit von Tanz-, Dicht- und Tonkunst, wobei der Tonkunst die Aufgabe zukommt, die einander entgegengesetzten Künste des Dichtens und Tanzens voneinander zu trennen und zugleich zusammenzubringen.[4] Die glückliche Verbindung der drei Künste und damit «die Blüte der Tragödie» im Athen des 5. vorchristlichen Jahrhunderts habe jedoch, so Wagner, nur kurze Zeit gewährt, so lange nämlich, «als sie aus dem Geiste des Volkes heraus gedichtet wurde, und dieser Geist eben ein wirklicher Volksgeist, nämlich ein *gemeinsamer*, war. Als die nationale Volksgenossenschaft sich selbst zersplitterte, als das gemeinsame Band ihrer Religion und ureigenen Sitte von den sophistischen Nadelstichen des egoistisch sich zersetzenden athenischen Geistes zerstochen und zerstückt wurde, – da hörte auch das Volkskunstwerk auf.»[5] Alexandrinische Gelehrsamkeit habe sich dieses «Volkskunstwerks» bemächtigt und es in seine Teile zerlegt, während das Volk die künstlerische Tätigkeit vernachlässigt und seine Kraft und Energie durch politische Aufgaben und Herausforderungen habe aufzehren lassen. Die Produktivität der vom Volk getragenen Kunst sei dahin gewesen, und die Gelehrsamkeit, die an deren Stelle getreten sei, habe nur noch die Erinnerung daran verwaltet. Arbeitsteilung und Spezialistentum hätten die einstige Kreativität des Volkes abgelöst.

Das waren, historisch betrachtet, überaus gewagte Konstruktionen, denn die Tragödie war eine athenische Angelegenheit, und inwiefern mit Blick auf Athen beziehungsweise Attika von einer «nationalen Volksgenossenschaft» gesprochen werden konnte, blieb Wagners Geheimnis. Offensichtlich ging es ihm jedoch vor allem um eine Entwicklung, die dann spiegelbildlich auf Deutschland angewandt werden konnte: nationale Zersplitterung, endlich vollzogene Einigung, Wiedergeburt der Tragödie![6]

Die Überlegungen Wagners erinnern in mancher Hinsicht an jenen Text, der als *Das älteste Systemprogramm des deutschen Idealismus* bekannt geworden ist und dessen Urheberschaft sowohl Hegel als auch Schelling oder Hölderlin zugeschrieben wurde.[7] Auch darin ist eine Kritik an Spezialisierung und Arbeitsteilung zu finden, ebenso wie die Ablehnung des Staates als Zwangsanstalt, die erforderlich sei, um das von der geschichtlichen Entwicklung Getrennte und Geteilte zusammenzuhalten. Arbeitsteilung und Spezialistenwesen hätten den Staat als Instanz des Zusammenhalts erforderlich gemacht. Die Überwindung der Trennungen werde, so die Hoffnung der Verfasser, die Abschaffung des Staates möglich machen. Der Staat sei «ein mechanisches Räderwerk», heißt es da, «und das soll er nicht, also soll er *aufhören*».

Diese Vorstellung findet sich in ähnlicher Form auch beim jungen Marx wie beim späten Engels und wird von Wagner im weiteren Verlauf seiner Überlegungen explizit vorgetragen: Wenn die Menschen sich durch Tätigkeit und Empfinden, Religion und Kunst wieder als Gemeinschaft erfahren, wird der Staat überflüssig und kann verschwinden.[8] Wagners revolutionäres Programm läuft also nicht auf den Umsturz der Machtverhältnisse und eine Übernahme der Schalthebel der Macht hinaus, sondern auf die Ablösung von Staat und Politik durch Kunst und Religion. Beim Wagner der 1850er Jahre dominiert die Kunst, während beim späten Wagner die Religion in den Vordergrund tritt.[9] Was sich indes durchhält, ist die starke Distanz gegenüber dem Staat und dessen Anforderungen an die Bürger.[10]

Man kann diese Kritik des Staates auf das Gegensatzpaar mechanisch-organisch zurückführen und in den Überlegungen der drei Tübinger Stiftler eine Abkehr vom mechanistischen Denken der Frühen Neuzeit sehen,[11] verbleibt damit aber noch innerhalb des zeitgenössischen Diskurses, der sich dieses Begriffspaars bedient hat, um den Präferenzwandel vom Imperativ der Sicherheit zu dem der Freiheit zu markieren. Oder anders formuliert: An die Stelle der Mechanik des Staates, der angeblich wie eine große Maschine funktionierte, trat die Vorstellung vom organischen Zusammenspiel einer Gesellschaft, die des Staates nicht bedurfte und ihn lediglich als unnötige Last erfuhr. Also konnte er nicht nur, sondern sollte er auch verschwinden. Dass dieser Gedanke verfing, hatte indes weniger mit einer Wiederentdeckung der Organismusmetaphorik zu tun; es war das Ergebnis einer Neubewertung der griechischen Polis, die sich durch bürgerschaftliche Partizipation selbst regulierte und einen ausdifferenzierten Staatsapparat nicht kannte.

Auch nach seiner Tübinger Zeit hing Hegel noch des Längeren der Idee einer Wiederherstellung der antiken Sittlichkeit an, die er als Voraussetzung für die Rücknahme des Staates in eine sich weithin selbstregulierende Gesellschaft ansah. Das war nicht zuletzt eine Reaktion auf die Französische Revolution, die an das Vorbild der römischen Republik anzuknüpfen suchte und sich an deren Ämterordnung und ihrer politischen Begrifflichkeit orientierte. Dagegen setzten viele deutsche Intellektuelle auf die griechische Polis, bei der die Staatlichkeit weniger ausgeprägt und die bürgerschaftliche Ordnung nicht juridisch überformt war. Sie knüpften dazu an die vorangegangene, nicht zuletzt mit der Weimarer Klassik verbundene Entgegensetzung von griechischer Kultur und römischer Staatlichkeit an,[12] und sie optierten gleichzeitig für eine kleinräumige, bürgerpartizipative Ordnung, bei der sie hofften, die Sackgassen zu vermeiden, in denen sich die Französische Revolution verfangen hatte. Richard Wagners Projekt einer Wiederbelebung der griechischen Tragödie steht in einem weiteren Sinn in dieser Tradition.

Der Blick in die Vergangenheit schuf eine kritische Distanz zur Gegenwart, die infolgedessen als reglementierend und pedantisch wahrgenommen wurde, und dabei trat vor allem der bürokratische Staat als Unterdrückungsmaschinerie in den Blick. Die Sehnsucht nach Freiheit, in der sich auch ein neues Empfinden der eigenen Einmaligkeit, der Individualität spiegelte, richtete sich vornehmlich gegen den Staat – nicht nur bei den drei Tübinger Stiftlern, sondern auch bei Wagner, Marx und Nietzsche. Aber das war eine Ausgangslage, mit der jeder von ihnen anders umging – und das hieß, dass er sich auf seine je eigene Weise am Ideal der antiken Polis abarbeitete: Marx, indem er ihre ökonomische Substruktur untersuchte; Nietzsche, indem er das Zusammenspiel der von ihm als *apollinisch* und *dionysisch* bezeichneten Grundimpulse zum Thema machte; und Wagner, indem er der Kunst – und hier vor allem dem Theater – eine zentrale Funktion für die «Staatsvermeidung» der griechischen Polis zuschrieb.

Sieht man sich Wagners Überlegungen genauer an, so fällt an ihnen die eigenwillige Kombination anarchischer und gegenaufklärerischer Elemente auf: Die Ablösung des Staates durch ästhetisch hergestellte Zusammenhänge und religiöse Assoziationen ist genuin anarchisch, und man kann leicht nachvollziehen, warum Bakunin sich mit Wagner sehr viel besser verstanden hat als mit Marx; gleichzeitig ist die Wagnersche Kritik der Gelehrsamkeit und wissenschaftlichen Spezialisierung jedoch – auch – gegen den Prozess der Aufklärung gerichtet, der ganz wesentlich von einer Spezialisierung der Gelehrsamkeit getragen wurde. Die Separierung der Künste und die Spezialisierung der Wissenschaft soll zurückgenommen werden im «Gesamtkunstwerk» oder, anders gewendet: Was Nietzsche als Wagners Dilettieren in den diversen Bereichen der Kultur beschreibt, ist eine Verweigerung gegenüber dem gesellschaftlichen Zwang zur Spezialisierung. Wagner vertritt dabei das zutiefst ambivalente Projekt einer Wiederverzauberung der Welt, dessen Movens die Rückkehr zum Mythos ist; er kehrt das Projekt der Moderne, wie es Max Weber später beschrieben hat, kurzerhand um und setzt «das Volk» als den Träger dieser Umkehrung ein. Dieses «Volk» wird freilich weder in seiner sozialen Zusammensetzung noch in seinen beruflichen Tätigkeiten näher beschrieben. «Volk» ist für Wagner ein semantischer Container, den er braucht, um für die Einheit vor Beginn von Arbeitsteilung und sozialer Diversifikation einen Begriff zu haben.

Es ist eine recht eigenwillige Definition von «Volk», die Wagner ins Spiel bringt, wenn er fragt: «Wer gehört nun nicht zum Volk, und wer sind seine Feinde?», um mit Blick auf die Feinde zu antworten: «Alle diejenigen, *die keine Not empfinden*, deren Lebenstrieb also in einem Bedürfnisse besteht, das sich nicht bis zur Kraft der Not steigert, somit eingebildet, unwahr, egoistisch, und in einem gemeinsamen Bedürfnisse daher nicht nur nicht enthalten, sondern als bloßes Bedürfnis der Erhaltung des Überflusses – als welches ein Bedürfnis ohne Kraft der Not einzig gedacht werden kann – dem gemeinsamen Bedürfnisse geradezu entgegensteht.»[13] Offensichtlich hat Wagner diese Überlegungen aus Proudhons *Philosophie des Elends* übernommen, in deren Nähe sich auch der junge Marx bewegte, als er noch einen sehr allgemeinen Begriff des Proletariats hatte, bevor er dann, nicht zuletzt unter dem Einfluss von Engels, seine Vorstellungen vom Proletariat klassenanalytisch differenzierte und gegen die Ideen Proudhons in der Schrift *Das Elend der Philosophie* zu Felde zog.[14] Der Marx der frühen 1850er Jahre hätte sich bereits von Wagners Volksbegriff distanziert; mehr noch, er hätte diesen, wenn er sich mit ihm beschäftigt hätte, zum Gegenstand einer Polemik gemacht. Er hätte ihn als mystifizierende Verallgemeinerung des Kleinbürgertums, als dessen Herrschaft unter falschem Namen attackiert.

Aus Marx' Perspektive sind Wagners Überlegungen zum «Volk» unter dem zu subsumieren, was im *Kommunistischen Manifest* als «der wahre Sozialismus» abgehandelt wird: Aus Frankreich seien sozialistische Schriften nach Deutschland gelangt, deren sich «deutsche Philosophen, Halbphilosophen und Schöngeister» gierig bemächtigten, doch dabei hätten sie vergessen, «dass bei der Einwanderung jener Schriften aus Frankreich die französischen Lebensverhältnisse nicht gleichzeitig nach Deutschland eingewandert waren». Infolgedessen hätten diese Schriften ihre praktische Bedeutung verloren und ein «rein literarisches Aussehen» angenommen.[15] Dadurch sei die sozialistisch-kommunistische Literatur «förmlich entmannt» worden, «und da sie in der Hand des Deutschen aufhörte, den Kampf einer Klasse gegen die andre auszudrücken, so war der Deutsche sich bewusst, die französische Einseitigkeit überwunden, statt wahrer Bedürfnisse das Bedürfnis nach Wahrheit und statt die Interessen des Proletariers die Interessen des menschlichen Wesens, des Menschen überhaupt vertreten zu haben, des Menschen, der keiner Klasse, der überhaupt nicht der Wirklichkeit, der nur dem Dunsthimmel der philosophischen Phantasie angehört.»[16] Schon während der 1848er-Revolution, als die beiden sich von den Positionen her auf den ersten Blick recht nahestanden, wären Marx und Wagner wohl aneinandergeraten, wenn sie miteinander zu tun gehabt hätten.

Tatsächlich findet sich bei Wagner keine Präzisierung, gegen wen der revolutionäre Kampf zu führen sei, nur die allgemeine Erklärung, dass das Volk, das sich selbst erlöse, dabei auch seine Feinde miterlöse. Das hat Marx zeitweilig ganz ähnlich gesehen, als er die Befreiung des Proletariats als die Befreiung des Menschen bezeichnete, aber von dieser Vorstellung der «Menschheitserlösung» durch die Ausgebeuteten und Unterdrückten hatte er sich bereits in der zweiten Hälfte der 1840er Jahre verabschiedet. Wagner stellt sich das Erlösungswerk des Volkes als einen überaus einfachen Vorgang vor, bei dem das Volk gar nicht wissen musste, was es wollte, sondern bloß, was es nicht wollte. «Das Volk braucht aber nur *das* durch die Tat verneinen, was in der Tat *nichts* – nämlich unnötig, überflüssig, nichtig – ist; es braucht dabei nur zu wissen, was es *nicht* will, und dieses lehrt ihn sein unwillkürlicher Lebenstrieb; es braucht dieses *Nichtgewollte* durch die Kraft seiner Not nur zu einem *Nichtseienden* zu machen, das Vernichtungswerte zu vernichten, so steht das *Etwas* der enträtselten Zukunft auch schon von selbst da.»[17]

Das war gar zu schlicht gedacht, und von hier aus führt eine Spur zu den antisemitischen Ausfällen, die in Wagners Schriften schon früh zu finden sind.[18] Etwas vereinfacht lässt sich sagen, dass bei Wagner die «Erlösung» vom Kapitalismus mit dem Verschwinden des Geldes identisch war. Waren die Juden erst einmal als «Wucherer und Schacherer» bezeichnet und damit als Träger des Kapitalismus identifiziert, so verband sich dieser Typ von Sozialismus direkt mit dem Antisemitismus. Das war bereits bei Proudhon der Fall. Marx hat diesen «deutschen Sozialismus» im *Manifest* als Ideologie des Spießer- und Philistertums kritisiert: «Er [dieser Typ von Sozialismus] proklamierte die deutsche Nation als die normale Nation und den deutschen Spießbürger als den Normalmenschen. [...] Mit sehr wenigen Ausnahmen gehört alles, was in Deutschland von angeblich sozialistischen und kommunistischen Schriften zirkuliert, in den Bereich dieser schmutzigen, entnervenden Literatur.»[19] Darunter hätte er, so er sie denn gekannt hätte, auch Wagners politische Einlassungen subsumiert.

Zum Volk gehört bei Wagner der Mythos. Er ist die narrative Form, in der das Volk seiner selbst und seiner Geschichte ansichtig wird. Um den Rückbezug zur Antike herzustellen, ist für Wagner die Parallelisierung antiker und mittelalterlicher Mythen von Interesse. Er versuchte damit plausibel zu machen, dass eine Rückkehr zur antiken Tragödie, die Mythen bearbeitet, möglich sei. Das erläutert er anhand einiger von ihm bereits geschaffener Werke. Er bringt dabei den Mythos vom fliegenden Holländer, der als Strafe für seine Kühnheit dazu verdammt ist, «auf dem Meere in alle Ewigkeit rastlos umherzusegeln», mit dem des Odysseus in Verbindung. Beide seien auf der Suche nach dem Weib; Odysseus nach der «heimatlich sorgenden, vor Zeiten gefreiten Penelope», während der Holländer «das Weib überhaupt» sucht, «das noch unvorhandene, ersehnte, geahnte, unendlich weibliche Weib» – «das Weib der Zukunft».[20] Ähnlich deutet Wagner den Lohengrin-Mythos, den er mit der antiken Erzählung von Zeus und Semele parallelisiert: Elsa, durch bösartige Widersacher in arge Bedrängnis geraten, wird vom plötzlich auftauchenden Schwanenritter Lohengrin gerettet, darf diesen jedoch nicht nach seiner Herkunft fra-

Aus der modernen Mythologie.

Wagner's Gottwerdung in Bayreuth.

Die im Jahr der ersten Bayreuther Festspiele in der Zeitschrift «Ulk» veröffentlichte Karikatur «Wagners Gottwerdung in Bayreuth» zeigt Wagner als Wotan: zu seinen Füßen Walküren, die «gefallene Helden», hier die Zeichner von Patronatsscheinen, einsammeln, um sie seinem Hofstaat zuzuführen; Wagner selbst auf dem Thron, wo ihm der Taktstock des Dirigenten zum Szepter des Herrschers geworden ist, auf dem Kopf das Barett, fortentwickelt zum germanischen Flügelhelm, und zu beiden Seiten Wölfe und Raben, die den Herrscher bewachen und seine Botschaften in die Welt hinaustragen. Das unter Wagners linkem Fuß befindliche Buch steht für die Herrschaft der Verträge und Gesetze, die Wotan zertreten will, um uneingeschränkt herrschen zu können. Ähnliches insinuiert der Karikaturist offenbar auch für Wagner.

gen, wenn sie die Beziehung nicht zerstören will. Aber natürlich fragt sie Lohengrin dennoch.

Im antiken Mythos liebt Zeus, oberster der olympischen Götter, Semele, eine Menschenfrau, darf sich ihr aber nicht in göttlicher Gestalt nähern, weil das ihren Tod zur Folge hätte. Semele bedrängt ihn, sich als der zu zeigen, der er wirklich ist, und die Erfüllung ihres Begehrens ist Semeles Tod. «Kein *Gott*», so Wagner, «hatte die Begegnung des Zeus und der Semele gedichtet, sondern der *Mensch* in seiner allermenschlichsten Sehnsucht.»[21] Wie die griechischen Mythen das Material bereitgestellt hätten, aus dem Aischylos und Sophokles ihre Tragödien gestalteten und dem Volk in dramatischer Zuspitzung vor Augen führten, was es in seinem kollektiven Unbewussten ahnte, so wollte Wagner die Dichtungen des deutschen Mittelalters und die altnordische Sagenwelt durchforschen, die darin enthaltenen Mythen auffinden und sie auf die Bühne bringen – Dichtkunst mit Tanzkunst durch Tonkunst vereinend. Wagner war davon überzeugt, dass das möglich sei, und zwar nicht nur in Form eines einzelnen Musikdramas, sondern auch als Tetralogie – und die ersten Bayreuther Festspiele waren der Beweis dieser Möglichkeit.

Insofern war er im August 1876 tatsächlich am Ziel seines Schaffens angelangt – auch wenn in der Ausführung nicht alles so war, wie er sich das vorgestellt hatte. Im *Kunstwerk der Zukunft* taucht in Wagners Überlegungen auch «das Volk» wieder auf, und zwar bei der Beantwortung der Frage, wer «der *Künstler der Zukunft* sein» werde. «Der Dichter? Der Darsteller? Der Musiker? Der Plastiker? – Sagen wir es kurz: *das Volk*. Das *selbige Volk, dem wir selbst heutzutage das in unserer Erinnerung lebende, von uns mit Entstellung nur nachgebildete, einzige wahre Kunstwerk, dem wir die Kunst einzig verdanken.*»[22] Das war eine auf die Romantik zurückgehende Vorstellung, die jedoch dort, wo der Künstler sich als das Volk drapierte und mit Volkssagen und Volksmärchen als Material arbeitete, zur bloßen Camouflage wurde.

Nietzsche über antike Tragödie und ihre «Wiedergeburt»

Nietzsche hat Wagners Vision, die antike Tragödie zu erneuern, in seiner Erstlingsschrift *Die Geburt der Tragödie* auf philosophisch stärkere Beine gestellt; er verband einen genuin eigenen Gedanken, die Unterscheidung zwischen dem Apollinischen und dem Dionysischen, der intellektuellen Klarheit und der rauschhaften Begeisterung, als kompetitive Grundelemente der griechischen Kultur mit Wagners Vorhaben, die einzelnen Künste wieder im Gesamtkunstwerk zusammenzuführen.[23] Durch die These, die antike Tragödie sei am Sokratismus, der Dominanz des Intellektuellen gegenüber dem Vitalen, zugrunde gegangen, hat er darüber hinaus Wagners allgemeine Beschreibung des Zerfalls der griechischen Kunst historisch präzisiert und zwischen Aischylos und Sophokles auf der einen sowie Euripides auf der anderen Seite innerhalb der attischen Tragödie eine Trennlinie gezogen. Er hat damit den Prozess des Niedergangs in die Geschichte der Tragödie selbst eingeschrieben. Die Zersplitterung der «nationalen Volksgenossenschaft», die bei Wagner als Erklärung für den Niedergang der Tragödie herhalten muss, spielt bei Nietzsche keine Rolle; der klassische Philologe wusste, dass die Tragödie eine wesentlich athenische und keineswegs eine gesamtgriechische Angelegenheit war, weswegen von Nation auch nicht die Rede sein konnte.

Vor allem aber macht Nietzsche den Verlust des tragischen Bewusstseins, das er von einem heiteren Optimismus abgelöst sieht, für das Ende der Tragödie verantwortlich. Damit kommt Arthur Schopenhauer ins Spiel, dessen Kritik des Optimismus für Wagner wie Nietzsche, was die Rückgewinnung tragischen Bewusstseins anlangt, zentral ist. Fasst man Nietzsches Überlegungen zu Geburt und Tod der Tragödie zusammen, fällt auf, dass beides für ihn rein kulturelle Vorgänge sind, bei denen die politische Geschichte, etwa der Aufstieg und Niedergang der athenischen Demokratie oder die Aufgaben, die der Tragödie im demokratischen Athen bei der Ausbildung bürgerschaftlicher Urteilskraft zufielen, keinerlei Bedeutung hat. Im Vergleich zu Wagner ist Nietzsches Blick mehr auf die innere Dynamik der Tragödienentwicklung gerichtet.

Bereits in dem Vortrag *Das griechische Musikdrama* hatte Nietzsche die Rolle des Chores und der Musik und damit auch die religiös-ekstatischen Ursprünge der Tragödie herausgestellt. Er verband die Anfänge der griechischen Tragödie mit den mittelalterlichen Fastnachtsumzügen in deutschen Städten und rückte damit, wie ja auch Wagner, neben den Dichtern «das Volk» als Wurzelgrund der Tragödie ins Zentrum. «Es ist dies der übermächtig hervorbrechende Frühlingstrieb, ein Stürmen und Rasen in gemischter Empfindung, wie es alle naiven Völker und die gesammte Natur beim Nahen des Frühlings kennen.»[24] Nicht um das Handeln, wie in der modernen Tragödie von Shakespeare über die Franzosen bis zu den Deutschen, gehe es in der Tragödie der Griechen, sondern um das Erleiden, so Nietzsche; gründe die moderne Tragödie auf der Spannung, die mit Hilfe der im Mittelpunkt stehenden Intrige erzeugt werde – «eine Räthselaufgabe für den Verstand und eine Tummelstätte der *kleinen*, im Grunde untragischen Leidenschaften»[25] –, sei es in Athen die Aufgabe des Chores und der Musik gewesen, «das Erleiden des Gottes und des Helden in stärkstes Mitleiden bei den Zuhörern umzusetzen».[26] Das habe sich geändert, als das Geschehen immer mehr vom Chor auf die Darsteller einzelner Personen, also auf die Handlung und das Sprechen zwischen ihnen verlagert worden sei. Indem die «Wirklichkeit des alltäglichen Lebens» auf die Bühne gekommen sei, sei die Tragödie gewissermaßen säkularisiert worden und habe die Feierlichkeit ihres Geschehens eingebüßt. Für Nietzsche ist die Geschichte der griechischen Tragödie eine von Niedergang und Verfall.

Euripides, so Nietzsches These, habe «den Zuschauer auf die Bühne gebracht», der sich nun als «seinen eigenen Doppelgänger» betrachten konnte. «Vor Euripides waren es heroisch stilisierte Menschen, denen man die Abkunft von den Göttern und Halbgöttern der ältesten Tragödie sofort anmerkte. Der Zuschauer sah in ihnen eine ideale Vergangenheit des Hellenenthums und damit die Wirklichkeit alles dessen, was in hochfliegenden Augenblicken auch in seiner Seele lebte. Mit Euripides drang der Zuschauer auf die Bühne ein, der Mensch in der Wirklichkeit des alltäglichen Lebens. [...] Das Prachtgewand wurde gewissermaßen durchsichtiger, die Maske zur Halbmaske: die Formen der Alltäglichkeit traten deutlich hervor.»[27] Mit Euripides habe der «Sokratismus» die Bühne übernommen, und so habe sich auch der Dialektiker Sokrates, der sich sonst «des Besuchs der Tragödie enthielt», nur dann «unter den Zuschauern» eingestellt, «wenn ein neues Stück des Euripides aufgeführt wurde».[28] Sokrates' Erscheinen im Theater wird von Nietzsche als ein Triumph der «apollinischen Klarheit» beschrieben, denn er sei ein «Vorbote und Herold der *Wissenschaft*» gewesen, «die ebenfalls in Griechenland geboren werden sollte. Die Wissenschaft aber und die Kunst schließen sich aus.»[29] Kunst und Wissenschaft sind für Nietzsche freilich nur die Erscheinungsformen eines größeren Gegensatzes, nämlich desjenigen zwischen Pessimismus und Optimismus. Unter dem Einfluss der Wissenschaft sei das tragische Bewusstsein, das seinen Ort in der älteren Tragödie hatte, mehr und mehr aufgezehrt worden und ein naives Zutrauen zum Bestehenden habe sich breitgemacht.

«Die Tragödie, aus der tiefen Quelle des Mitleidens entstanden, ist ihrem Wesen nach *pessimistisch*. Das Dasein ist in ihr etwas sehr Schreckliches, der Mensch etwas sehr Thörichtes. Der Held der Tragödie erweist sich nicht, wie die neuere Aesthetik wähnt, im Kampfe gegen das Schicksal, ebensowenig leidet er, was er verdient. Blind vielmehr und mit verhülltem Haupte stürzt er in sein Unheil: und seine trostlose aber edle Geberde, mit der er vor dieser eben erkannten Welt des Schreckens stehen bleibt, drückt sich wie ein Stachel in unsre Seele. Die Dialektik dagegen ist von Grund ihres Wesens aus *optimistisch*: sie glaubt an Ursache und Folge und damit an ein nothwendiges Verhältniß von Schuld und Strafe, Tugend und Glück: ihre Rechenexempel müssen ohne Rest aufgehen: sie leugnet alles, was sie nicht begrifflich zerlegen kann.»[30] – In diesen Überlegungen hat Nietzsche nicht nur den Grundduktus der Schopenhauerschen Philosophie übernommen und ihren pessimistischen Blick mitsamt dem ethischen Imperativ des Mitleidens auf die antike Tragödie übertragen, sondern auch, wenn es um die Wiedergeburt der Tragödie geht, ein dezidiert gegenaufklärerisches Programm formuliert. Denn erst die Analyse von Natur und Geschehen nach den Vorgaben von Ursache und Wirkung hat die Welt der Herrschaft des Menschen unterworfen. Wer zur antiken Tragödie zurückkehren wollte, und sei es nur, um sie zu verstehen, musste sich zuvor von dieser Art des Kausaldenkens verabschieden. Er musste das Projekt der Weltbeherrschung aufgeben, um zum tragischen Denken zurückzukommen. Hierin waren Marx und Nietzsche Antipoden: Der Fortschritt der Produktivkraftentwicklung war für Marx der Treibriemen bei der Überwindung tragischer Konstellationen – und genau das hat er selbst so gewollt und bejaht. Das ästhetische Erlebnis mochte unter dem Fortschritt von Wissenschaft und Technik leiden, aber das war für ihn kein Grund, sich dieser Entwicklung entgegenzustellen.

In dem Vortrag *Das griechische Musikdrama* begegnen wir Nietzsches ursprünglichen Überlegungen, bevor er sie mit Wagners Kunstprojekt zusammengebracht und in der *Geburt der Tragödie* einem breiteren Publikum vorgelegt hat. In dem «Versuch einer Selbstkritik», den Nietzsche später seiner *Geburt der Tragödie* vorangestellt hat, bedauert er, seine Vorstellung von der kompetitiven Komplementarität des Apollinischen und Dionysischen mit zwei Themen verbunden zu haben, die mit dieser Idee nichts zu tun hatten: der Wagnerei, die dazu geführt habe, dass das Buch als Propagandaschrift für Richard Wagner gelesen worden sei, weil er, Nietzsche, seine eigenen Gedanken unter den «schlechten Manieren des Wagnerianers versteckt» habe;[31] und der Vorstellung, infolge der Reichsgründung seien die Deutschen zu großen kulturellen Leistungen berufen, nicht zuletzt zur Wiederherstellung der antiken Tragödie. Letzteres führt er auf die Entstehungszeit des Buches zurück: «die aufregende Zeit des deutsch-französischen Krieges von 1870/71».[32]

Nietzsches Hinwendung zum Deutschen hatte freilich mit Wagner zu tun; «auf Grund der deutschen letzten Musik» habe er begonnen, «vom ‹deutschen Wesen› zu fabeln» – «und das zu einer Zeit, wo der deutsche Geist, der nicht vor langem noch den Willen zur Herrschaft über Europa, die Kraft zur Führung Europa's gehabt hatte, eben letztwillig und endgültig *abdankte* und, unter dem pomphaften Vorwande einer Reichs-Begründung, seinen Uebergang zur Vermittelmässigung, zur Demokratie und den ‹modernen Ideen› machte!»[33] Die «Führung Europas» war für Nietzsche eine kulturelle, keine machtpolitische

Angelegenheit – das zeigt die frappierende Verbindung von Herrschaftsverlust und Reichsgründung. Vor allem aber belegt die Passage, dass *von Wagner* loszukommen für Nietzsche gleichbedeutend damit war, *von den Deutschen* loszukommen.

Die griechische Welt, so der Gedanke, den er auch später noch gelten ließ, sei durch einen «ungeheuren Gegensatz» geprägt, der sich nach den «beiden Kunstgottheiten Apollo und Dionysus» bezeichnen lasse, «der Kunst des Bildners, der apollinischen, und der unbildlichen Kunst der Musik, also der des Dionysus».[34] An die Stelle der drei Kunstarten in den Überlegungen Wagners tritt bei Nietzsche ein Gegensatzpaar, das sich in einem dynamischen Verhältnis befindet; aus ihm sei die Tragödie hervorgegangen. «Beide so verschiedne Triebe gehen neben einander her, zumeist im offnen Zwiespalt mit einander und sich gegenseitig zu immer neuen kräftigeren Geburten reizend, um in ihnen den Kampf jenes Gegensatzes zu perpetuieren, den das gemeinsame Wort ‹Kunst› nur scheinbar überbrückt; bis sie endlich, durch einen metaphysischen Wunderakt des hellenischen ‹Willens›, mit einander gepaart erscheinen und in dieser Paarung zuletzt das ebenso dionysische als apollinische Kunstwerk der attischen Tragödie erzeugen.»[35]

Nietzsche entwirft hier ein Griechenbild, das dem von Johann Joachim Winckelmann geprägten entgegensteht: Nicht länger ist es durch Ebenmaß, Selbstbeherrschung und Schönheit bestimmt, durch Vernunft und Einsicht in die Begrenztheit des eigenen Wissens und Könnens; prägend sind nunmehr Rausch und Überschwang, Triebhaftigkeit und Selbstverlust, aus dem Widerspiel von Apoll und Dionysos, Vernunft und Orgie, Selbstkontrolle und Exzess sei das tragische Bewusstsein entstanden, für Nietzsche der Inbegriff des Hellenischen.[36] Im Vergleich zu den Basler Vorträgen hat er in der *Geburt der Tragödie* die Fragestellung verschoben: Es geht ihm jetzt stärker um die Entstehung der Tragödie als um ihren Niedergang, und damit kommt es zu einer Aufwertung des Apollinischen, das nun nicht mehr eo ipso mit dem «Sokratismus» gleichgesetzt werden kann.

Zunächst ist Dionysos aber auch für Nietzsche eine außergriechische Gottheit, deren Feste sich bei den von den Griechen so bezeichneten «Barbaren» großer Beliebtheit erfreuten. «Fast überall lag das Centrum dieser Feste in einer überschwänglichen geschlechtlichen Zuchtlosigkeit, deren Wellen über jedes Familienthum und dessen ehrwürdige Satzungen hinweg flutheten; gerade die wildesten Bestien der Natur wurden hier entfesselt, bis zu jener abscheulichen Mischung von Wollust und Grausamkeit, die mir immer als der eigentliche ‹Hexentrank› erschienen ist.»[37] Bedenkt man, dass Nietzsches Tragödienbuch Richard Wagner gewidmet ist, liegt es nahe, aus diesen Passagen den an ihn gerichteten Hinweis herauszulesen, das dionysische Element in der Wotangestalt wie überhaupt in der gesamten Anlage des *Rings* im Auge zu behalten: das Triebhafte bei Wotan und seinem Gegenspieler Alberich, und neben der Dimension des Vergessens, die Wagners «Zaubertrank» eignet, die des Entfesselns, die sich mit dem «Hexentrank» verbindet. In der Gestalt des Dionysos, zumal des «barbarischen Dionysos», der mit Apoll noch nicht in Kontakt gekommen ist, hat Nietzsche das Motiv «emanzipatorischer Sinnlichkeit» in der Philosophie Ludwig Feuerbachs,[38] diesen materialistischen Einspruch gegen eine idealistisch gebändigte, an die Vernunft geheftete Philosophie, ins Wild-Ekstatische gesteigert.[39] Damit hat er zugleich den gegenaufklärerischen Impuls relativiert, der in den Basler Vorträgen noch dominierte: Die Herrschaft der Vernunft ist nur zu ertragen, wenn sie durch die Emanzipation der Leiblichkeit von den ihr auferlegten moralischen und religiösen Restriktionen ergänzt wird. Nietzsches Wendung gegen das Christentum, jedenfalls gegen ein bestimmtes Verständnis des Christentums, deutet sich darin bereits an.

Diesen barbarischen Dionysos, so Nietzsche weiter, habe der Gott Apoll lange von der hellenischen Kunst und Kultur fernzuhalten vermocht. Doch dann, «als endlich aus der tiefsten Wurzel des Hellenischen heraus sich ähnliche Triebe Bahn brachen», wurde der Widerstand unmöglich, und jetzt ging es darum, «dem gewaltigen Gegner durch eine zur rechten Zeit abgeschlossene Versöhnung die vernichtenden Waffen aus der Hand zu nehmen. Diese Versöhnung ist der wichtigste Moment in der Geschichte des griechischen Cultus. […] Es war die Versöhnung zweier Gegner, mit scharfer Bestimmung ihrer

Als das «höchste Ideal der Kunst» hat Johann Joachim Winckelmann den heute in den Vatikanischen Museen befindlichen Apoll von Belvedere bezeichnet. Der im 15. Jahrhundert in einer Villa Neros in Anzio ausgegrabene Apoll wurde für die Generation Goethes zum Inbegriff des griechischen Kunstideals: Die Statue zeigt Apoll in der Haltung eines Bogenschützen, mit der Linken den Bogen haltend und der Rechten einen Pfeil aus dem Köcher ziehend, als Sieger über Python, verkörpert in der sich um den Baumstumpf windenden Schlange, die für die chthonischen, die erdverbundenen Mächte steht. Es handelt sich freilich nicht um ein griechisches Original, sondern um die römische Kopie eines Bronzegusses aus der Zeit des Hellenismus. Nietzsche hat in seiner Beschäftigung mit den Griechen das Wild-Orgiastische, das Dionysische, herausgestellt und sich gegen das Ideal des Apollinischen gewandt, das für ihn der Ausdruck von Dekadenz qua Intellektualisierung war.

von jetzt ab einzuhaltenden Grenzlinien und mit periodischer Uebersendung von Ehrengeschenken; im Grunde war die Kluft nicht überbrückt.»[40] Das ist nicht die Versöhnung von Mensch und Natur, wie sie der junge Marx als Ziel der geschichtlichen Bewegung angesehen hat: der «Humanismus der Natur und Naturalismus des Menschen».[41] Was Nietzsche hier beschreibt, ist die Aufrechterhaltung eines Zwiespalts, der nicht geschlossen werden kann und nicht geschlossen werden soll: «jene Erscheinung, dass Schmerzen Lust erwecken, dass der Jubel der Brust qualvolle Töne entreisst».[42]

Vor allem über die Musik findet das Dionysische Eingang in die griechische Kultur, aber auch durch die Mythen, die das Misstrauen gegenüber den titanischen Mächten und den erbarmungslosen Moiren präsent halten: Es sind dies «jener Geier des grossen Menschenfreundes Prometheus, jenes Schreckensloos des weisen Oedipus, jener Geschlechtsfluch der Atriden, der Orest zum Muttermorde zwingt».[43] Nietzsche geht dem genealogisch nach, der Verbindung von Musik und Lyrik, der Spannungsbeziehung zwischen Epos und Volkslied, bis er schließlich zum Ursprung der Tragödie aus dem Widerspiel von Apollinischem und Dionysischem kommt und zur Entstehung des Chors als Repräsentant des tragischen Bewusstseins auf der Bühne. Er begreift das Drama als «die apollinische Versinnlichung dionysischer Erkenntnisse und Wirkungen».[44]

Die griechische Tragödie, so Nietzsches Überzeugung, ist nicht nach der Ausschöpfung all ihrer Möglichkeiten allmählich verblichen, «sie starb durch Selbstmord». Während die anderen Kunstgattungen Nachfolger hervorbrachten, die nur darauf warteten, an die Stelle der Verblichenen zu treten, hinterließ der Tod der Tragödie «eine ungeheure, überall tief empfundene Leere».[45] Es war, darin schließt Nietzsche wieder an seine Basler Vorträge an, der von Euripides und Sokrates verkörperte Erkenntnisoptimismus – das Vertrauen in die eigene Fähigkeit, das Richtige und Gerechte zu erkennen, und die damit verbundene tiefe Überzeugung, dass nur das Erkannte und Erkennbare richtig und gerecht sein könne –, der dem Sinn fürs Tragische ein Ende bereitete und der durch Euripides verkörperten bürgerlichen Mittelmäßigkeit zum Sieg verhalf. Euripides nämlich vertrieb das Dionysische aus der Tragödie, und der «ästhetische Sokratismus» triumphierte, nach dessen Auffassung der Irrtum das eigentliche Übel bei der Beschreibung der Welt sei. Die «optimistische Wissenschaft, mit ihrem Ahnherrn Sokrates an der Spitze», hatte über die «tragische Weltbetrachtung», über den mythischen Blick und den Geist der Musik gesiegt.[46] Seitdem gab es keine tragische Dichtung mehr. Die englischen, französischen und auch deutschen Bemühungen um die Erneuerung der Tragödie, nach Nietzsches Auffassung eher Fortschreibungen der im antiken Athen entstandenen neuen Komödie als der klassischen Tragödie,[47] zählen in seinen Augen nicht – aber das war eine Zuspitzung des Problems, die wesentlich dazu diente, Wagner und sein Werk in Position zu bringen.

Kaum etwas unterscheidet Marx und Nietzsche stärker voneinander als die Herausstellung des Dionysischen, das Nietzsche als unabdingbares Gegenmittel, geradezu als Gegengift zur fortschreitenden Durchdringung der Welt mit dem Geist der Rationalität ansah. Für Marx war die Rationalisierung, als deren Schwungrad er die Entfaltung der Produktivkräfte betrachtete, ein sich in dialektischen Gegensätzen vollziehender Fortschritt. Dessen Widersacher war die Beharrungskraft der Tradition, zumal wenn diese nicht als Gepflogenheit vergangener Verhältnisse begriffen, sondern in nostalgischer Sehnsucht zum Orientierungspunkt der Rückkehr stilisiert wurde. Ein ums andere Mal hat Marx diese Sehnsucht nach dem Vergangenen als das unbegriffen Reaktionäre in der Vorstellungswelt des Kleinbürgertums ausgemacht. Das war für ihn eine Form politischer Romantik, gegen die er sein Vertrauen auf die Orientierung gebende Vernunft und auf den Fortschritt stellte. Dass Vernunft und Fortschritt womöglich nur zu ertragen und auch nur zu handhaben seien bei zeitweiligen Regressionen ins Ekstatische – das Fest als auf den Kopf gestellter Alltag, die Kompensation alles Geregelten durch den Genuss des Chaotischen –,[48] kam ihm nicht in den Sinn, wie er der Bedeutung von Festen und Feiern für die Ordnung der Gesellschaft grundsätzlich keine Aufmerksamkeit schenkte.

Man kann Nietzsches Kombination von Apollinischem und Dionysischem kompensationstheoretisch lesen, etwa in dem Sinn, dass die Menschen umso mehr Alltagsrationalität ertragen, je häufiger es ihnen möglich ist, ihre Unvernunft auszuleben; dass sie das Verschwinden des Gewohnten umso eher verkraften, je öfter sie sich in ekstatischen Feiern diesen Umbruch als marginal gegenüber den Exzessen des Festes imaginieren können.[49] Man kann aber auch, wie Heinrich Heine das in seinen Berichten über die revolutionären Aufstände im Paris von 1830 und 1832 getan hat, das Dionysische – die rasende Unvernunft und den Taumel des Widerstands – als unverzichtbaren Begleiter alles Revolutionären ansehen, und zwar nicht als Ausgleich für die Last der Vernunft, sondern als eigentliche Triebfeder der Revolution. Der Literaturwissenschaftler Karl Heinz Bohrer hat darin eine weitere Verbindungslinie zwischen Heine und Nietzsche erkannt.[50] Für derlei hatte

Marx weder Sinn noch Verständnis; wenn er über Revolution sprach, dann auf der Suche nach der allgemeinen und partikularen Rationalität: dem Fortschritt der Menschheit und der Durchsetzung eines besonderen Klasseninteresses. Nietzsche hatte einen ganz anderen Blick auf die Revolution[51] – einen zutiefst ambivalenten, ähnlich ambivalent wie der Heinrich Heines.

Zwei Entwicklungen gaben Nietzsche Anlass zu der Erwartung, dass eine umkehrende Entwicklung begonnen habe, «*das allmähliche Erwachen des dionysischen Geistes* in unserer gegenwärtigen Welt»: als Erstes «*die deutsche Musik*, wie wir sie vornehmlich in ihrem mächtigen Sonnenlaufe von Bach zu Beethoven, von Beethoven zu Wagner zu verstehen haben», und sodann der «aus gleichen Quellen strömende Geist *der deutschen Philosophie*», namentlich der Kants und Schopenhauers, denen es gelungen sei, «die zufriedne Daseinslust der wissenschaftlichen Sokratik, durch den Nachweis ihrer Grenzen, zu vernichten, wie durch diesen Nachweis eine unendlich tiefere und ernstere Betrachtung der ethischen Fragen und der Kunst eingeleitet» zu haben, «die wir geradezu als die in Begriffe gefasste *dionysische Weisheit* bezeichnen können».[52] Das war wesentlich kompensatorisch gemeint: In der Tradition einer kulturalistisch-antipolitischen Identitätsbestimmung der Deutschen spricht er mit Blick auf «die Wiedergeburt der Tragödie» von einem «dauernden Liebesbund zwischen der deutschen und der hellenischen Cultur»[53] – einem Bund, bei dem «Musik und tragischer Mythos [...] in gleicher Weise Ausdruck der dionysischen Befähigung eines Volkes und voneinander untrennbar» sind.[54]

Es nimmt sich aus wie eine Adaption aus Heines *Deutschland. Ein Wintermärchen*, freilich ohne dessen ironisch-spielerische Distanz, wenn Nietzsche, Siegfried und Deutschland miteinander identifizierend, seine Schrift mit einem Salto vitale in Wagners *Ring*-Dichtung hinein beschließt: «Glaube niemand, dass der deutsche Geist seine mythische Heimat auf ewig verloren habe, wenn er so deutlich noch die Vogelstimmen versteht, die von jener Heimat erzählen. Eines Tages wird er sich wach finden, in aller Morgenfrische eines ungeheuren Schlafes: dann wird er Drachen tödten, die tückischen Zwerge vernichten und Brünnhilde erwecken – und Wotan's Speer selbst wird seinen Weg nicht hemmen können!»[55] Der *Ring* als Antizipation der deutschen Zukunft, der Mythos als Richtungsanzeiger der Entwicklung, einer Entwicklung, die nicht auf politische Kraftentfaltung, sondern auf kulturelle Selbstvervollkommnung aus ist. Siegfried als Selbstüberwinder und nicht als Bezwinger der Feinde – und das im tragischen Bewusstsein der frühen Griechen.

Marx' Überzeugung vom definitiven Vergangensein der antiken Tragödie

Für Marx war jeder Versuch, wieder an vergangene Epochen anzuknüpfen, sei es nun das Mittelalter oder die Antike, infolge des rasanten sozioökonomischen Wandels, der mit der Industrialisierung Westeuropas eingesetzt hatte, zum Scheitern verurteilt. Politisch lehnte er solche Rückgriffe, zumal die aufs Mittelalter, als reaktionär ab. Für ihn verbanden sie sich mit der Regierung Friedrich Wilhelms IV., des «Romantikers auf dem Königsthron»; dieser hatte auf die sich zunehmend auch in Preußen, besonders in den Rheinprovinzen und in Westfalen, bemerkbar machenden wirtschaftlichen und gesellschaftlichen Veränderungen mit vergangenheitsfixierten Maßnahmen reagiert: dem Baustil der Neogotik, der Fertigstellung des Kölner Doms, Romantisierungsinvestitionen im Rheintal zwischen Bingen und Koblenz und der politischen Ausrichtung des preußischen Staates an einem idealisierten Mittelalter.[56] In Marx' «Kölner Zeit» hatte auch diese politische Romantik den preußischen König und seine Regierung zum Hauptziel der Polemik werden lassen.[57] Die Begeisterung für das Mittelalter, die in Deutschland einen politisch konservativen und nationalistischen Einschlag hatte, war in seinen Augen der Versuch, den Fortschritt aufzuhalten, indem man hinfällig gewordene Machtverhältnisse konservierte und der Entstehung einer Weltwirtschaft durch die Ausbildung nationaler Identitäten und an ihr orientierte Grenzziehungen entgegenarbeitete. Politische

In Marx' rheinische Zeit fällt die durch den Hohenzollernkönig Friedrich Wilhelm IV. forcierte Wiederaufnahme der Mitte des 16. Jahrhunderts eingestellten Arbeiten am Kölner Dom, der nach mittelalterlichen Entwürfen schließlich fertiggestellt wurde. Die um 1880 entstandene Fotografie zeigt das vollendete Werk, einerseits Symbol für die «Wiedererrichtung und Vollendung des Reichs» unter den Hohenzollern, andererseits Gestalt gewordene Romantik, die ein idealisiertes Mittelalter mit den Finanzmitteln des modernen Staates und der Technik einer neuen Zeit gebaut hat. Marx' Ideologiekritik richtete sich gleichermaßen gegen die Idee einer Wiederanknüpfung an die griechische Tragödie wie gegen die romantische Drapierung der modernen Welt – und nicht zuletzt gegen die Vorstellung eines christlichen Staates, wie sie Friedrich Wilhelm IV. verfolgte.

Romantik hieß für Marx, sich dem Gang der Weltgeschichte entgegenzustellen. Was sich als «Wiederverzauberung» der Welt ausgab, war die politische Reaktion, zumal dann, wenn sich der Kult eines ritterlichen Mittelalters mit einer auf Herrschaft bedachten staatlichen Bürokratie verband. Aus der Sympathie für einzelne Gestalten in den Heldenbüchern und Mythologien der Völker, wie sie auch beim jungen Engels zu finden ist,[58] konnte keine politisch fortschrittliche Position erwachsen. Dementsprechend schroff fiel Marx' Absage an alle politischen Romantizismen und ästhetischen Versuche mit alten Mythen aus.

Im selben Jahr, 1840, in dem Engels unter Verweis auf Siegfried und seinen Auszug aus der väterlichen Burg schrieb, «die philiströse Furcht vor der frischen Tat ist uns von ganzer Seele zuwider», verfasste Heine ein Gedicht, in dem er Deutschland mit Siegfried identifizierte: «Deutschland ist noch ein kleines Kind, / Doch die Sonne ist seine Amme. / Sie säugt es nicht mit stiller Milch, / Sie säugt es mit wilder Flamme. // Bei solcher Nahrung wächst man schnell / Und kocht das Blut in den Adern. / Ihr Nachbarskinder hütet Euch / Mit dem jungen Burschen zu hadern. // [...] Dem Siegfried gleicht er, dem edlen Fant, / Von dem wir singen und sagen; / Der hat, nachdem er geschmiedet sein Schwert, / Den Amboss entzwei geschlagen! // Ja, Du wirst einst wie Siegfried sein / Und töten den hässlichen Drachen, / Heisa, wie freudig vom Himmel herab / Wird Deine Frau Amme lachen! // Du wirst ihn töten und seinen Hort, / Die Reichskleinodien besitzen. / Heisa! Wie wird auf Deinem Haupt / Die goldene Krone blitzen!»[59] Es hätte durchaus nahegelegen, diese Siegfried-Vorstellung auf das Proletariat zu übertragen und die Bourgeoisie oder sozialismusfeindliche Bestrebungen in dem von Siegfried schließlich bezwungenen Drachen zu versinnbildlichen.[60] Dass es dazu nicht kam, dürfte vor allem mit Marx' Abneigung gegen jedwede politische Romantizismen zu tun gehabt haben.

Im *Kommunistischen Manifest* haben Marx und Engels die «Entzauberung der Welt» als einen ebenso unwiderstehlichen wie irreversiblen Vorgang beschrieben und dabei die Bourgeoisie als den soziopolitischen Träger dieser Entwicklung ausgemacht: «Die Bourgeoisie hat durch ihre Exploitation des Weltmarkts die Produktion und Konsumtion aller Länder kosmopolitisch gestaltet. Sie hat zum großen Bedauern der Reaktionäre den nationalen Boden der Industrie unter den Füßen weggezogen. Die uralten nationalen Industrien sind vernichtet worden und werden noch täglich vernichtet.» – Das war für die Mitte des 19. Jahrhunderts eine eher antizipierende als konstatierende Aussage, und so manches von dem, was Marx und Engels hier über das Wirken der Bourgeoisie schreiben, ist erst hundertfünfzig Jahre später Realität geworden. Es ist eine Mischung aus Beobachtung und Erwartung, Wunsch und Wirklichkeit, wenn sie über die traditionellen Produktionsformen sagen, diese würden «verdrängt durch neue Industrien, deren Einführung eine Lebensfrage für alle zivilisierten Nationen wird, durch Industrien, die nicht mehr einheimische Rohstoffe, sondern den entlegensten Zonen angehörige Rohstoffe verarbeiten und deren Fabrikate nicht nur im Lande selbst, sondern in allen Weltteilen zugleich verbraucht werden. An die Stelle der alten, durch Landeserzeugnisse befriedigten Bedürfnisse treten neue, welche die Produkte der entferntesten Länder und Klimate zu ihrer Befriedigung erheischen. An die Stelle der alten lokalen und nationalen Selbstgenügsamkeit und Abgeschlossenheit tritt ein allseitiger Verkehr, eine allseitige Abhängigkeit der Nationen voneinander. Und wie in der materiellen, so auch in der geistigen Produktion. Die geistigen Erzeugnisse der einzelnen Nationen werden Gemeingut. Die nationale Einseitigkeit und Beschränktheit wird mehr und mehr unmöglich, und aus den vielen nationalen und lokalen Literaturen bildet sich eine Weltliteratur.»[61] Diese Beschreibung war eine geniale Antizipation der Globalisierung, die so erst am Ende des 20. Jahrhunderts Wirklichkeit geworden ist.

Wo Wagner und – zunächst auch – Nietzsche auf eine herausgehobene Rolle der Deutschen bei der Schaffung einer neuen Ordnung in Europa setzten, stellte Marx eine Entwicklung zur Transnationalität heraus, von der er annahm, dass sie unaufhaltsam und unumkehrbar sei. Wo Wagner mit dem sich in seinem Gefolge bewegenden Nietzsche den Rückgriff auf die Vergangenheit empfahl, um den Herausforderungen der Gegenwart gewachsen zu sein, verbindet Marx Gegenwart und Zukunft, und zwar so, dass er den sich andeutenden Entwicklungen die

Direktionsgewalt über die Gegenwart zuspricht: Nicht an den Relikten der Vergangenheit entscheidet sich die Verfügung über die Zukunft, sondern, wie im *Kommunistischen Manifest* vorgeführt, an der Fähigkeit zur Antizipation und der Einschreibung des Antizipierten in die Diagnose der Gegenwart. Und schließlich: Wagner und Nietzsche machen die Fähigkeit, Gegenwart und Zukunft zu bewältigen, an kulturellen Weichenstellungen fest und verbinden den je eingeschlagenen Weg mit Entscheidungen, die vom Volk – oder auch von den Eliten – getroffen werden; Marx dagegen glaubt, dass sich die kulturellen Entwicklungen im Nachgang der sozioökonomischen Entwicklungen vollziehen, dass eine Weltliteratur entsteht, *nachdem* sich ein Weltmarkt gebildet hat, und dass es weder in der Ökonomie noch in der Kultur Weichenstellungen gibt, an denen man über die einzuschlagende Richtung entscheiden kann, sondern dass es nur darum geht, sie zu beschleunigen oder aufzuhalten. Wenn sich Wagner und Nietzsche zu kulturellen und politischen Fragen äußern, dann durchweg unter Herausstellung einer starken voluntativen Komponente, während Marx infolge seiner Zusammenschreibung von Gegenwart und Zukunft einer weitgehend deterministischen Sichtweise zuneigt. Wer glaubt, man könne das Ruder herumwerfen oder noch einmal von vorn anfangen, ist in seinen Augen ein Illusionist, und diesen Vorwurf hätte er mit Sicherheit auch Wagner gemacht, wenn er sich mit dessen Vorstellungen intensiver auseinandergesetzt hätte. In der Formulierung vom «Bayreuther Narrenfest» immerhin ist solches unüberhörbar.

Im Rückblick auf das 19. und 20. Jahrhundert zeigt sich freilich, dass Marx' prognostische Diagnose erst *auf lange Sicht betrachtet* zutreffend war; in kurz- und mittelfristiger Hinsicht nahmen die Politik- und die Kulturgeschichte erst einmal den von Wagner und zunächst auch von Nietzsche vorgedachten Weg. Die europäische Geschichte wurde zu einer der Nationalstaaten (gegen die sich der späte Nietzsche im Übrigen vehement ausgesprochen hat) und der Nationalökonomien, und auch die Vorstellungen von einer nationalen Literatur und einer nationalen Musik gehen auf das 19. Jahrhundert zurück, während die Literatur und vor allem die Musik des 17. und 18. Jahrhunderts transnational, jedenfalls europäisch gewesen sind.[62] Einer der Gründe für Marx' Fehleinschätzung ist in der Unterschätzung des Kulturellen sowie des Politischen und der Überbetonung des Ökonomischen zu suchen; auch hat er das Verhältnis von Wirtschaft, Politik und Kultur zu *einsinnig* gedacht und keine komplementär-kompensatorische Beziehung entworfen, in der das Kulturelle als Gegengewicht des Ökonomischen diente: Je mehr Letzteres transnational wurde, desto stärker wurde die nationale Ausrichtung des Ersteren.[63]

Marx ging davon aus, dass Kunst und Kultur keinen der sozioökonomischen Entwicklung entgegengesetzten Sonderweg würden initiieren können. Ein sentimentales Verhältnis zur Vergangenheit brächte zwar romantische Literatur hervor, die aber bleibe politisch irrelevant. Die Bourgeoisie habe, heißt es im *Manifest*, «die heiligen Schauer der frommen Schwärmerei, der ritterlichen Begeisterung, der spießbürgerlichen Wehmut in dem eiskalten Wasser egoistischer Berechnung ertränkt», und dabei habe sie «alle bisher ehrwürdigen und mit frommer Scheu betrachteten Tätigkeiten ihres Heiligenscheins entkleidet».[64] Das Resümee: «Alle festen eingerosteten Verhältnisse mit ihrem Gefolge von altehrwürdigen Vorstellungen und Anschauungen werden aufgelöst, alle neu gebildeten veralten, ehe sie verknöchern können. Alles Ständische und Stehende verdampft, alles Heilige wird entweiht, und die Menschen sind endlich gezwungen, ihre Lebensstellung, ihre gegenseitigen Beziehungen mit nüchternen Augen anzusehen.»[65]

Max Weber hat das später, wie gesagt, als «Entzauberung der Welt» bezeichnet.[66] Marx hat diese Entzauberung als Voraussetzung der menschlichen Selbstbefreiung begriffen, während viele andere, unter ihnen auch Wagner und zeitweilig Nietzsche, auf das Erfordernis einer Wiederverzauberung gesetzt haben. Weber hat freilich noch eine dritte Möglichkeit formuliert: «Die alten vielen Götter, entzaubert und daher in Gestalt unpersönlicher Mächte, entsteigen ihren Gräbern, streben nach Gewalt über unser Leben und beginnen untereinander wieder ihren ewigen Kampf.»[67] Das ist eine Variante des tragischen Bewusstseins, das Nietzsche revozieren wollte – hier allerdings nicht als ästhetisches Ereignis, sondern als politisches Schicksal begriffen.

In der oberen Bildhälfte ist die weitgehend fertiggestellte Rheinbrücke von Remagen (nahe Koblenz) zu sehen, in der unteren Bildhälfte ein dem Brückenbau dienendes Materiallager mit Arbeitern. Die Fotografie, etwa zur selben Zeit wie das Bild vom Kölner Dom aufgenommen, zeigt den Zusammenhang von Produkt und Produzenten – beim Produkt auch das «Zitat» mittelalterlicher Wehrhaftigkeit in Gestalt des gewaltigen Brückenturms, bei den Produzenten die Last und Leistung der Arbeit. Mit Marx: Es sind die Arbeiter, die sich in der Brücke «vergegenständlichen». Mit Wagner: Die arbeitsamen Nibelungen haben das Erdinnere verlassen und sind ans Tageslicht gekommen.

Dass im Kampf zwischen der Bourgeoisie und den politischen wie ästhetischen Romantikern am Schluss die Kräfte des ökonomischen Fortschritts obsiegen würden, stand für Marx mit Blick auf die von Wissenschaft und Technik angetriebene Entwicklung der Produktivkräfte fest: «Die Bourgeoisie hat enthüllt, wie die brutale Kraftäußerung, die die Reaktion so sehr am Mittelalter bewundert, in der trägsten Bärenhäuterei ihre passende Ergänzung fand. Erst sie hat bewiesen, was die Tätigkeit der Menschen zustande bringen kann. Sie hat ganz andere Wunderwerke vollbracht als ägyptische Pyramiden, römische Wasserleitungen und gotische Kathedralen, sie hat ganz andere Züge ausgeführt als Völkerwanderungen und Kreuzzüge.»[68]

Marx kontrastierte die technischen Leistungen früherer Zeiten mit denen der Gegenwart – mit der Industrialisierung hatte sich alles, aber auch wirklich alles, grundlegend verändert. Das gilt auch und gerade für die Mythologie, die sich, verglichen mit den technischen Fähigkeiten der Moderne und ihrer wirtschaftlichen Dynamik, in Marx' Augen als läppisch erweist: «Ist die Anschauung der Natur und der gesellschaftlichen Verhältnisse, die der griechischen Phantasie und daher der griechischen [Kunst] zugrundeliegt, möglich mit selfactors und Eisenbahnen und Locomotiven und Telegraphen? Wo bleibt Vulcan gegen Roberts et. Co., Jupiter gegen den Blitzableiter, und Hermes gegen den Crédit Mobilier? Alle Mythologie überwindet und beherrscht und gestaltet die Naturkräfte in der Einbildung und durch die Einbildung, verschwindet also mit der wirklichen Herrschaft über dieselben. Was wird aus der Fama neben Printinghouse square.»[69]

Und mit Blick auf die Möglichkeit, infolge des technischen Fortschritts den Arbeitstag zu verkürzen, schreibt Marx im *Kapital*: «Wenn, so träumte Aristoteles, der größte Denker des Altertums, wenn jedes Werkzeug auf Geheiß, oder auch vorausschauend, das ihm zukommende Werk verrichten könnte, wie des Daedalus' Kunstwerke sich von selbst bewegten oder die Dreifüße des Hephästos aus eignem Antrieb an die heilige Arbeit gingen, wenn so die Weberschiffe von selbst webten, so bedürfte es weder für den Werkmeister der Gehilfen noch für den Herrn der Sklaven. Und Antipatros, ein griechischer Dichter aus der Zeit des Cicero, begrüßte die Erfindung der Wassermühle zum Mahlen des Getreides, diese Elementarform aller produktiven Maschinen, als Befreierin der Sklavinnen und Herstellerin des goldenen Zeitalters!»[70]

Von Dädalos und Hephaistos bis zum Goldenen Zeitalter waren die Mythen für Marx nichts als Platzhalter dessen, was mit dem Fortschritt des Menschengeschlechts Wirklichkeit wurde. Deswegen verloren sie mit Eintritt dieses Fortschritts auch ihre Relevanz. Sie dienten Marx nur noch als Chiffren, um den Abstand zwischen Gegenwart und Vergangenheit sinnfällig zu machen.

Dies festzuhalten war im Hinblick auf die Mythen des Mittelalters und die Skandinaviens für Marx kein Problem, zumal sie ihm vorzugsweise als Waffen aus dem Arsenal der Reaktion bekannt waren. Erkennbar schwerer fiel ihm das bei den antiken Mythen, mit denen er gut vertraut war und auf die er immer wieder zurückkam, wenn er die Bedeutung des Fortschritts für die Arbeitswelt und die gesellschaftliche Ordnung veranschaulichen wollte. Was aber hieß das für die von ihm so hochgeschätzte antike Tragödie, zumal für Aischylos und Sophokles? Waren sie und ihre Werke mit dem technisch-wissenschaftlichen Fortschritt ebenfalls obsolet geworden? In den *Grundrissen* hat sich Marx in verkürzten, telegrammähnlichen Formulierungen mit dieser Frage beschäftigt: «Bei der Kunst bekannt, daß bestimmte Blütezeiten derselben keinesweg im Verhältniß zur allgemeinen Entwicklung der Gesellschaft, also auch der materiellen Grundlage, gleichsam des Knochenbaus ihrer Organisation, stehn. Z. B. die Griechen verglichen mit den Modernen oder auch Shakespeare. Von gewissen Formen der Kunst, z. B. dem Epos sogar anerkannt, daß sie, in ihrer Weltepochemachenden, klassischen Gestalt nie produciert werden können, sobald die Kunstproduction als solche eintritt; also daß innerhalb des Berings [sic!] der Kunst selbst gewisse Gestaltungen derselben nur auf einer unentwickelten Stufe der Kunstentwicklung möglich sind.»[71] Demnach war eine Wiedergeburt der antiken Tragödie, wie Wagner und Nietzsche sich das vorstellten, undenkbar.

Aber wenn, wie Marx annimmt, «die griechische Mythologie nicht nur das Arsenal der griechischen Kunst, sondern [auch] ihr Boden ist»,[72] war dann nicht doch auf der Grundlage von Wagners intensiver Beschäftigung mit den germanischen und altnordischen Mythen und bei Anerkennung seiner Behauptung, «der Künstler der Zukunft» sei niemand anderes als «das Volk» – «das selbige Volk, dem wir selbst heutzutage das in unserer Erinnerung lebende, von uns mit Entstellung nur nachgebildete, einzige wahre Kunstwerk, dem wir die Kunst überhaupt einzig verdanken»[73] –, eine Wiederbelebung oder Neugeburt der antiken Tragödie möglich? Marx selbst schrieb: «Die griechische Kunst setzt die griechische Mythologie voraus, d. h. die Natur und die gesellschaftlichen Formen selbst schon in einer unbewußt künstlerischen Weise verarbeitet durch die Volksphantasie.»[74] Ließ sich im Anschluss daran nicht auch ein anerkennender Blick auf Wagners *Ring* werfen? Bei den Voraussetzungen für die Entstehung der Tragödie sind Marx und Wagner erstaunlich nahe beieinander. Was sie trennt, ist Wagners (und Nietzsches) Vertrauen, dass diese Voraussetzungen wiederhergestellt werden können. Dagegen Marx' schroffe Einschätzung, dass sie ein für allemal der Vergangenheit angehörten: «Ein Mann kann nicht wieder zum Kind werden oder er wird kindisch. Aber freut ihn die Naivetät des Kindes nicht, und muß er nicht selbst wieder auf einer höheren Stufe streben seine Wahrheit zu reproduciren? Lebt in der Kindernatur nicht in jeder Epoche ihr eigner Charakter in seiner Naturwahrheit auf? Warum sollte die geschichtliche Kindheit der Menschheit, wo sie am schönsten entfaltet, als eine nie wiederkehrende Stufe nicht ewigen Reiz ausüben? Es giebt ungezogne Kinder und altkluge Kinder. Viele der alten Völker gehören in diese Categorie. Normale Kinder waren die Griechen. Der Reiz ihrer Kunst für uns steht nicht im Widerspruch zu der unentwickelten Gesellschaftsstufe, worauf sie wuchs. Ist vielmehr ihr Resultat und hängt vielmehr unzertrennlich damit zusammen, daß die unreifen gesellschaftlichen Bedingungen, unter denen sie entstand, und allein entstehn konnte, nie wiederkehren können.»[75]

Die «Wiedergeburt der Tragödie» war eine Unmöglichkeit – und der Versuch dazu ein «Narrenfest». Das stand für Marx unverbrüchlich fest. Gesellschaftskritik war davon nicht zu erwarten, denn sie war mit der fortschreitenden Entwicklung von der Kunst, wo sie ehedem, wie Marx nicht bestritt, beheimatet war, in die Wissenschaft übergesiedelt. Das war Marx' Fazit, und dementsprechend betrachtete er Wagners *Ring*.

KAPITEL 3

KRANKHEIT, SCHULDEN, SELBSTKRITIK: HEMMNISSE BEI DER ARBEIT, LEIDEN AM LEBEN

Nietzsches Selbstdiagnose:
Krankheit als Weg zur Gesundheit

Krankheiten haben im Leben von Wagner, Marx und Nietzsche eine große Rolle gespielt, und das nicht erst in der letzten Phase. Alle drei fürchteten, sie könnten so früh sterben wie ihre Väter oder denselben Krankheiten zum Opfer fallen wie diese. Die Sorge um ihre Gesundheit und die Suche nach Möglichkeiten der Genesung haben sie stark beschäftigt. Immer wieder nahm der Leib ihre Aufmerksamkeit in Anspruch und hielt sie von dem ab, was sie eigentlich vorhatten. Wagner und Marx wurden vor allem von Hautkrankheiten gequält: Wagner litt an einer periodisch auftretenden Gesichtsrose, Marx an Karbunkeln; und Nietzsche war wegen krampfartiger Kopfschmerzen oft wochenlang arbeitsunfähig. Das blieb nicht ohne Folgen für ihre Gemütsverfassung: Nietzsche neigte von Jugend an zur Melancholie, und dass er in seinen Schriften den Blick immer wieder auf sich richtete, von der kritischen Selbstreflexion bis hin zu einem manischen Zwang der Selbstthematisierung, war wohl auch auf seine körperlichen Leiden zurückzuführen. Marx wiederum suchte mit sarkastischen Äußerungen Distanz zu seiner Leiblichkeit zu wahren: «In diesem Augenblick», schreibt er an Engels nach dem Abklingen einiger großer Eitergeschwüre, die er hatte aufschneiden lassen, «hab' ich noch allerlei kleinen Nachwuchs am Leib, der schmerzlich, aber in keiner Art mehr gefährlich.»[1] In der Zeit des nachmetaphysischen Denkens fällt der Zeitlichkeit des Menschen eine ungleich größere Bedeutung zu, als das unter der Herrschaft der Metaphysik der Fall war. Damit treten Lust und Leid ins Zentrum der Aufmerksamkeit, und insofern gehören die Philosophen Feuerbach und Schopenhauer stärker zueinander, als man hinsichtlich ihrer inhaltlichen Positionen vermuten möchte. Geist und Seele werden von einer dominant gewordenen Zeitlichkeit aufgezehrt. Deswegen hier ein längerer Blick auf den Umgang der drei mit ihrer Zeitlichkeit und dem, was aus dieser Selbstbezüglichkeit resultierte.

Nietzsche versuchte sich einzureden, Krankheiten zu ertragen sei ein wichtiger Schritt, um sich gedanklich Klarheit über Mensch und Welt zu verschaffen und aus Denkfallen herauszukommen. «Mein grösstes Erlebnis», erklärt er mit Blick auf die Trennung von Wagner, «war meine *Genesung*. Wagner gehört bloss zu meinen Krankheiten.» Zugleich versicherte er, es sei notwendig gewesen, durch diese Krankheit hindurchzugehen, wenn man ein Philosoph sein wolle. Der nämlich könne auf Wagners Weltsicht und seine Musik nicht verzichten; der Philosoph, so Nietzsche, «hat das schlechte Gewissen seiner Zeit zu sein, – dazu muss er deren bestes Wissen haben. Aber wo fände er für das Labyrinth der modernen Seele einen eingeweihteren Führer, einen beredteren Seelenkündiger als Wagner? Durch Wagner redet die Modernität ihre *intimste* Sprache: sie verbirgt weder ihr Gutes, noch ihr Böses, sie hat alle Scham vor sich verlernt.»[2] Also müsse der Philosoph für einige Zeit Wagnerianer gewesen sein, um seine Zeit von innen her zu kennen. Das aber heißt: er muss krank werden. Denn die Beschäftigung mit Wagner, die Berührung mit ihm mache krank: «Ist Wagner überhaupt ein Mensch? Ist er nicht eher eine Krankheit? Er macht alles krank, woran er rührt, – *er hat die Musik krank gemacht.*»[3]

Für den körperlich wie seelisch schwer leidenden Nietzsche[4] ist «Krankheit» zur Leitmetapher geworden, um seine Gegenwart zu beschreiben. Dementsprechend begreift er die Genesung von Wagner als einen Schritt bei der Überwindung der die Gegenwart kennzeichnenden décadence. Er musste jedoch durch diese Krankheit hindurch, sich völlig auf die décadence einlassen, um sie überwinden zu können und gegen die anfallartigen Schübe immun zu sein. Nietzsches physiologisch-psychologischer Blick auf seine Zeit – wechselweise bezeichnet er seine Philosophenrolle als die eines Physiologen oder eines Psychologen – ermöglicht ihm aber auch das Zugeständnis, dass Wagner, der große Krankmacher, selbst an der von ihm verbreiteten Krankheit litt: «Wagner ist Einer, der tief gelitten hat – sein *Vorrang* vor den übrigen Musikern. – Ich bewundere Wagner in Allem, worin er *sich* in Musik setzt.»[5] Das schrieb Nietzsche lange nach dem Bruch mit Wagner, fünf Jahre nach dessen Tod.

Aber was ist das für eine Krankheit, die Nietzsche an Wagner diagnostiziert hat und von der er meint, sie habe die gesamte Gesellschaft erfasst? Nietzsche zufolge handelt es sich um die Ausbreitung von Neurosen, und die Probleme, die Wagner auf die Bühne bringe, seien «lauter Hysteriker-Probleme». Das zeige sich im «Convulsivischen seines Affekts, seiner überreizten Sensibilität, seinem Geschmack, der nach immer schärferen Würzen verlangte», aber schließlich auch in der «Wahl seiner Helden und Heldinnen», die «als physiologische Typen betrachtet [...] eine Kranken-Galerie» ergeben – ein Krankheitsbild der Gegenwart.[6] Weil Krankheit für Nietzsche zur allgemeinen Charakterisierung der Gegenwart wird, ist Wagner der Schlüssel zu ihrem Verständnis, zur Diagnose wie zur Therapie. «Unsere Aerzte und Physiologen haben in Wagner ihren interessantesten Fall, zum mindesten einen sehr vollständigen. Gerade, weil Nichts moderner ist als diese Gesammterkrankung, diese Spätheit und Überreiztheit der nervösen Maschinerie, ist Wagner der *moderne Künstler* per excellence, der Cagliostro der Modernität. In seiner Kunst ist auf die verführerischste Art gemischt, was heute alle Welt am nöthigsten hat, – die drei grossen Stimulantia der Erschöpften, das *Brutale*, das *Künstliche* und das *Unschuldige* (Idiotische).»[7]

Dreierlei ist hier an Nietzsches Überlegungen zu beobachten: Indem er Wagner zur Krankheit erklärte, konnte er die Zeitspanne, während der er zu seinen Anhängern gehörte, als die einer Miterkrankung beschreiben und die Trennung von ihm als Genesungsbeginn. Und indem er den Weg durch die Krankheit als notwendige Immunisierung begriff, konnte er die Selbstkritik, die er gerade mit Blick auf sein Wagnertum übte, in eine Selbstanerkennung verwandeln. Dabei blieb er aber nicht stehen, sondern betrachtete die Krankheit Wagners beziehungsweise Wagner als Krankheit wie einen exemplarischen Fall, an dem sich die Erkrankung der Gegenwart studieren ließ: Die Stimulanzien, die Wagners Musik bot, um der großen Müdigkeit der Gegenwart zu entkommen, waren nämlich keine Heilmittel *gegen* die Krankheit, sondern nur Aufputschmittel, die das Leben *mit* der Krankheit erträglich machten. Das war dem nicht unähnlich, was Marx über die Religion dachte: Sie sei «der *Ausdruck* des wirklichen Elendes und in einem die *Protestation* gegen das wirkliche Elend. [...] Sie ist das *Opium* des Volkes.»[8] Mit Opium hatten alle drei im Übrigen eingehende Erfahrungen. Es war das Mittel, das sie ihre Schmerzen aushalten ließ und das sie in unterschiedlicher Dosierung immer wieder zu sich nahmen.

Die von Wagner angebotenen Stimulanzien begriff Nietzsche als etwas, das den Schmerz für einige Zeit linderte, die Krankheit selbst aber nicht beseitigte. Das Gefesseltsein an ein Berufsleben, für das man nicht geeignet sei, habe für die moderne Gesellschaft Wagners Kunst als «eine narkotische Kunst» erforderlich gemacht. In Deutschland zumal seien viele dazu verurteilt, sich früh auf einen Beruf einzulassen und dann an ihm zu leiden. «Diese verlangen nach Wagner als nach einem *Opiat*, – sie vergessen sich, sie werden sich einen Augenblick los ... Was sage ich: *fünf bis sechs Stunden*!»[9] Nietzsche fügt hinzu, auch darin ganz in der Nähe zu Marx' Thematisierung der Religion, dass ein solcher Umgang mit Krankheit die Grundlage für materiellen Erfolg in der modernen Gesellschaft sei: Wagner «ist der Meister hypnotischer Griffe, er wirft die Stärksten noch wie Stiere um. Der *Erfolg* Wagner's – sein Erfolg bei den Nerven und folglich bei den Frauen – er hat die ganze ehrgeizige Musiker-Welt zu Jüngern seiner Geheimkunst gemacht. Und nicht nur die ehrgeizige, auch die *kluge* ... Man macht heute nur Geld mit kranker Musik; unsere grossen Theater leben von Wagner.»[10]

Indem Nietzsche die Krankheit zum zentralen Kennzeichen der Moderne macht, bearbeitet er auch sein eigenes Leiden, zumal seine furchtbaren Kopfschmerzen, denn dadurch, dass er leidet, wird er zum Philosophen seiner Zeit – als der er dann auch noch zu Lebzeiten tatsächlich angesehen wurde: ein großer Diagnostiker der Moderne, der die Grundlagen für die Soziologie Max Webers und die Psychoanalyse Sigmund Freuds gelegt hat.[11] Das Abtauchen in den Wahnsinn ließ Nietzsche zum Seher und Versteher werden, zu einem, der die Zeit tiefer und gründlicher durchschaut hatte als alle anderen. Wer in die Tiefe der Gegenwart blicken wollte, so eine weitverbreitete Vorstellung, musste das mit Nietzsches Augen tun.

Der Fluch der Karbunkel: Marx leidet

So weit wie Nietzsche ist bei der Thematisierung der eigenen Krankheit sonst keiner gegangen, schon gar nicht Marx, dem nichts ferner lag, als seine Gegenwart als krank zu beschreiben. Im Gegenteil: Für ihn standen bei der Charakterisierung der Gegenwart ihre Kraft und Energie, ihre weltverändernde Dynamik im Mittelpunkt. Marx bewunderte die Fortschritte der Technik, vor allem die der Naturwissenschaft. Doch er litt darunter, dass die medizinischen Fortschritte ihm vorerst nicht persönlich helfen konnten. Nach Erfindung der Antibiotika hätten sich manche seiner Krankheiten heilen, zumindest aber das durch sie verursachte Leiden lindern lassen. Neben den Karbunkeln, die ihn seit 1863 quälten und bis zu seinem Tod nicht losließen, an denen er mithin zwanzig Jahre litt – auch bei seiner letzten Reise, der nach Algier und Monaco, musste er wegen eines faustgroßen Karbunkels am Rücken behandelt werden[12] –, waren dies ein Leberleiden sowie regelmäßig auftretende Lungenkatarrhe, die sich schnell zu einer Lungenentzündung auswachsen konnten. Beide Krankheitsdispositionen fürchtete er von seinem Vater geerbt und an seine Kinder, zumal die beiden Söhne, weitervererbt zu haben.

Das Wissen um die periodisch auftretende Lungenerkrankung hinderte ihn jedoch nicht daran, weiterhin Zigarre zu rauchen – genauer gesagt: billige Stumpen, denn feine Zigarren konnte er sich nicht leisten; die Reste steckte er schließlich in eine Pfeife, um sie restlos aufzurauchen. Dass das seiner Gesundheit nicht zuträglich war, wusste er

Das Ende Februar 1882 in Algier aufgenommene Porträtbild ist die letzte bekannte Fotografie von Marx. Es zeigt einen sichtlich gealterten Mann, der aber erkennbar mit sich im Reinen ist. Einen Positivabzug hat Marx seiner Tochter Laura geschickt mit der Widmung: «To my dear Cacadou. Old Nick» – Old Nick ist ein umgangssprachlicher Name für den Teufel.

durchaus, und im Briefwechsel mit Engels spielte das auch immer wieder eine Rolle. Häufiger aber ging es um die Einnahme von Arsenik, das die Ärzte zur Behandlung der Karbunkeln verordnet hatten; Engels drängte darauf, dass Marx, der an der heilenden Wirkung zweifelte, es auch tatsächlich einnahm. Arsenpräparate galten damals als Wundermittel, hatten aber bloß den Effekt, dass sie den so Medikamentierten mit der Zeit vergifteten.[13] Mit einem Wort: Sie halfen nicht, führten aber dazu, dass sich Marx' Leberleiden verstärkte.

Das Drama der letzten zwanzig Jahre in Marx' Leben bestand darin, dass ihn seine Krankheiten, vor allem die Karbunkel, am Arbeiten hinderten und oftmals über Monate lahmlegten. Er kam mit seinen ökonomischen Studien nicht voran, musste Engels ein ums andere Mal vertrösten, weil das große Buch, auf das dieser wartete, immer noch nicht fertig geworden war. Engels, der Marx seit Beginn der 1850er Jahre finanziell unterstützte, drängte auf die Fertigstellung des seit langem angekündigten Werks (es sollte das *Kapital* werden) und legte ihm deswegen nahe, die Karbunkel mit Arsenik zu behandeln. Er habe mit einem deutschen Arzt in Manchester gesprochen, teilte er Marx am 10. Februar 1866 mit, «er meint entschieden, Du solltest Arsenik versuchen. Er hat es in einem Fall von Karbunkeln und einem von sehr heftiger Furunkulosis angewandt und in 3 Monaten vollständige Heilung erlangt. [...] Dabei ist bei dem Arsenik gar keine besondere Diät zu beachten, *nur gut leben.*»[14]

Das «gute Leben» aber war bei Marx ein Problem: Er hatte wieder begonnen, nachts zu arbeiten, um mit den ökonomischen Analysen voranzukommen; er hatte sich unter Stress gesetzt, wie man heute sagen würde, und der sorgte dafür, dass die Hauterkrankung – vermutlich handelte es sich um eine Autoimmunstörung, bei der faustgroße Geschwüre und Abszesse entstanden und die äußeren Hautschichten zerstört wurden[15] – eher schlimmer als besser wurde. Es lässt sich auch nicht ausschließen, dass der Stress, unter dem Marx bei der Arbeit an «der ökonomischen Scheiße»[16] stand, seinerseits für die Karbunkel sorgte, dass er die Probleme, die er insbesondere mit mathematischen Fragen bei der Darstellung ökonomischer Konstellationen hatte, als

Hauterkrankung somatisierte.[17] Engels spürte irgendwann, dass man den Karbunkeln nicht allein mit dem Arsenpräparat beikommen konnte: «Du mußt», schrieb er, «wirklich endlich etwas vernünftiges tun, um aus diesem Karbunkelkram herauszukommen, selbst wenn das Buch dadurch noch 3 Monate verzögert würde. [...] Laß das Nachtsarbeiten einige Zeit sein und führe eine etwas regelmäßigere Lebensweise.»[18] Als Autor und als Wissenschaftler war Marx jedoch bei einer unruhigen Lebensweise am produktivsten. Das war bei Wagner und Nietzsche ähnlich.

Das Problem war indes größer und Engels' Annahme, dass sich die Publikation des großen Werks durch eine ausgeglichenere Lebensweise bloß um drei Monate verzögern würde, völlig unrealistisch. Marx spürte, dass er sich mit dem Projekt übernommen hatte und dass er ob der akribischen Arbeitsweise, die ihm nun einmal bei Publikationen mit wissenschaftlichem Anspruch eigen war, noch viele Jahre daran sitzen würde. Die Karbunkel waren nur das eine Hindernis, die wissenschaftliche Durchdringung der Gesetzmäßigkeiten bei der Produktion und Zirkulation des Kapitals das andere. Das versuchte Marx seinem Freund und Förderer Engels vorsichtig klarzumachen: «Gestern lag ich wieder brach, da ein bösartiger Hund von Karbunkel an der linken Lende ausgebrochen. Hätte ich Geld genug [...] für meine Familie, und wäre mein Buch fertig, so wäre es mir völlig gleichgültig, ob ich heute oder morgen auf den Schindanger geworfen würde, alias verrecke. Unter besagten Umständen geht es aber noch nicht. Was dies ‹verdammte› Buch betrifft, so steht es so: Es wurde *fertig* Ende Dezember. Die Abhandlung über die Grundrente allein, das vorletzte Kapitel, bildet beinahe, in der jetzigen Fassung, ein [eigenständiges] Buch. Ich ging bei Tag aufs Museum [in die Bibliothek des Britischen Museums], und schrieb nachts. Die neue Agrikulturchemie in Deutschland, speziell Liebig und Schönbein, die wichtiger für diese Sache als alle Ökonomen zusammengenommen, anderseits das enorme Material, das die Franzosen seit meiner letzten Beschäftigung mit diesem Punkt darüber geliefert hatten, mußte durchgeochst werden. Ich schloß meine theoretischen Untersuchungen über die Grundrente vor 2 Jahren. Und gerade in der Zwischenzeit war vieles, übrigens ganz meine Theorie bestätigend, geleistet worden. [...] Obgleich fertig, ist das Manuskript, riesig in seiner jetzigen Form, nicht herausgebbar für irgend jemand außer mir, selbst nicht für Dich.»[19] Im Klartext hieß das: Das Buch war nicht fertig, der Schindanger musste warten, die Karbunkel blieben ein Problem.

Schon eine Woche später kam Marx auf die körperlichen Beschwerden zurück: «Was die Karbunkel angeht, steht es so: Von dem *oberen* hatte ich Dir mit meiner langen Praxis gesagt, daß er eigentlich *geschnitten* werden müsse. Heute [...] nahm ich ein scharfes Rasiermesser [...] und *schnitt den Hund in eigner Person.* (Ich kann Ärzte nicht zwischen den Geschlechtsteilen oder in ihrer Nähe dulden. Im übrigen stellt Allen [ein Arzt, der Marx und seine Familie behandelte] mir das Zeugnis aus, daß ich eines der besten Objekte zum Operieren bin. Ich erkenne immer *das Notwendige* an.) Das verdorbene Blut, wie Frau Lormier [eine Bekannte der Familie] sagt, quillte, sprang vielmehr, hoch empor, und ich betrachte diesen Karbunkel nun als begraben, obgleich er noch etwas Behandlung erfordert. Was den *untern* Hund angeht, so wird er bösartig und ist *außer* meiner Kontrolle und hat mich die ganze Nacht nicht schlafen lassen. Geht diese Schweinerei voran, so muß ich natürlich Allen kommen lassen, da ich unfähig bin, infolge des locus des Hundes, ihn selbst zu überwachen und zu kurieren. Im übrigen ist es klar, daß ich alles in allem von Karbunkelkrankheit mehr weiß als die meisten Ärzte.»[20]

Marx hatte bis zu seinem Tod mit den Karbunkeln zu kämpfen. Immer wieder hinderten sie ihn daran, an den ökonomietheoretischen Fragen zu arbeiten, die ihn beschäftigten; und wenn er zu Arsenpräparaten griff, hatte das zur Folge, dass er zu müde und zu träge war, um über theoretische Fragen nachzudenken. Er steckte in einer Zwickmühle. Aber einen kleinen sekundären Krankheitsgewinn hatte er doch auch: Er konnte die Karbunkel ins Feld führen, wenn es darum ging, Engels zu erklären, warum er immer noch nicht mit dem *Kapital* fertig geworden war.

Probleme mit den Vätern

Für Marx' relativ frühen Tod waren jedoch nicht die Hautabszesse verantwortlich, sondern Tuberkulose. Bereits sein Vater war daran gestorben, und Marx hatte seit langem befürchtet, dass auch er selbst ihr zum Opfer fallen würde. Vier seiner Geschwister waren dieser Infektionskrankheit erlegen, und wahrscheinlich war sie auch für den Tod seines Sohnes Edgar verantwortlich.[21] Der Vater Heinrich Marx war am 10. Mai 1838 gestorben, wenige Tage nach Marx' zwanzigstem Geburtstag. Obwohl er den Tod des Vaters für kurze Zeit als Befreiung empfand, weil er nun dem väterlichen Wunsch, dass er Jura studieren und anschließend in den preußischen Staatsdienst eintreten solle, nicht mehr folgen musste, dürfte ihn der Verlust doch schwer getroffen haben. Zu seiner Mutter Henriette, die ihren Mann um ein Vierteljahrhundert überlebte, hatte er kein gutes Verhältnis, und infolge von Erbschaftsauseinandersetzungen wurde die Beziehung geradezu frostig. In Marx' Briefen ist von der Mutter zumeist nur als einer dummen und egoistischen Person die Rede.

Wagner und Nietzsche haben ihre Väter noch deutlich früher verloren als Marx, und beide entwickelten, wie er, wenn auch aus anderen Gründen, zu den Müttern nie ein engeres Verhältnis. Wagners Vater Friedrich starb am 23. November 1813, als der Sohn sechs Monate alt war, an Typhus, der sich in Leipzig nach der Völkerschlacht ausgebreitet hatte; die Mutter Johanna Rosine, eine selbstbewusste Frau, die ihre eigenen Interessen zielstrebig verfolgte, hat ihrem Sohn wenig Zuwendung zuteilwerden lassen. Schon bald nach dem Tod ihres Mannes heiratete sie den Schauspieler Ludwig Geyer, dessen Namen Richard zunächst trug und den er über längere Zeit auch für seinen leiblichen Vater hielt – was er womöglich tatsächlich war. Wagner hat ein Leben lang über die Kälte seiner Mutter geklagt und seine ältere Schwester Rosalie als Ersatzmutter gesehen.[22] Es kam hinzu, dass die Familie wegen Geyers Schauspielerberuf häufig umzog, mit der Folge, dass der junge Richard oft für mehrere Monate bei Verwandten oder Pflegeeltern untergebracht wurde. Das mitunter bizarre Verhalten des erwachsenen

Wagner und seine manische Suche nach immer neuen Liebschaften ist von einigen Biographen auf die fehlende Mutterbindung und die Ungewissheit über den Vater zurückgeführt worden.

Über die Frage, wer sein Vater sei, Friedrich Wagner oder Ludwig Geyer, hat Wagner offenbar häufiger gesprochen, auch mit Nietzsche, der sich eine boshafte Bemerkung dazu nicht ersparen konnte: «Sein Vater war ein Schauspieler Namens Geyer. Ein Geyer ist beinahe schon ein Adler ...» Und er fügte hinzu, man dürfe Wagners Biographie nicht trauen, sobald es um Fragen gehe, die «bloss durch Wagner selbst bezeugt» seien. «Er hatte nicht Stolz genug zu irgend einer Wahrheit über sich, Niemand war weniger stolz; er blieb [...] auch im Biographischen sich treu – er blieb Schauspieler.»[23] An Wagner, wollte er damit sagen, sei alles auf Wirkung und Effekt ausgerichtet, selbst die Darstellung seines Lebens. Er unterstrich das, indem er Geyer, den Schauspieler, als leiblichen Vater Richard Wagners insinuierte. Auch gab es die – inzwischen als falsch nachgewiesene – Vermutung, Geyer habe eine jüdische Herkunft, was Nietzsche als Erklärung für Wagners ausgeprägten Antisemitismus ins Spiel brachte.[24]

Nietzsche hat sich an seinen Vater, den Pfarrer Carl Ludwig Nietzsche, nur rudimentär erinnern können, denn der starb, bevor der Junge fünf Jahre alt wurde. Die Familie musste das Pfarrhaus in Röcken verlassen, und die Mutter Franziska Nietzsche zog mit den beiden Kindern (Elisabeth, Nietzsches Schwester, war zwei Jahre jünger als er) zu Verwandten ihres Mannes nach Naumburg. Nietzsches Mutter war in vieler Hinsicht das Gegenteil von Wagners Mutter: eine liebevolle und fürsorgliche Frau, die, wie im evangelischen Pfarrhaus üblich, auf die Bildung ihrer Kinder allergrößten Wert legte. Nietzsche wechselte 1858, mit knapp vierzehn Jahren, vom Naumburger Domgymnasium auf die Landesschule Pforta, eine Eliteeinrichtung, wo der Nachwuchs für den preußischen Staatsdienst vom Pfarramt bis zum Universitätsdienst herangezogen wurde.

Franziska Nietzsche war besorgt um ihren Sohn, nachdem sie bei ihm aufkeimende «Glaubenszweifel» festgestellt hatte, und bedrängte ihn in ihren Briefen, beim christlichen Glauben zu bleiben, was Nietzsche bald als überaus lästig empfand. Noch schwieriger wurde das Verhältnis zur Mutter, als sie später damit begann, ihrem Sohn eine baldige Heirat nahezulegen, wozu dieser überhaupt nicht geneigt war – vor allem, weil er engen und mit entsprechenden Verpflichtungen verbundenen Bindungen aus dem Weg ging, aber womöglich auch wegen homoerotischer Neigungen. Wie stark diese Nietzsches Lebensführung prägten, ist unter den Biographen umstritten.[25] Das Verhältnis zur Mutter blieb ambivalent: Mal wollte er nichts mehr von ihr hören, echauffierte sich über die «Naumburger Tugend» und drohte damit, den Kontakt abzubrechen; dann suchte er wieder ihre Nähe und reiste nach Naumburg, um dort Halt und Trost – und nicht zuletzt fürsorgliche Pflege – zu finden.

In den Briefen an ihren Sohn war Franziska Nietzsche darauf bedacht, das Andenken ihres früh verstorbenen Mannes aufrechtzuerhalten und ihre beiden Kinder in das Gedenken einzubeziehen. Dabei dürfte auch das Bestreben, ihren Sohn beim Glauben zu halten und ihn auf ein am Vorbild des protestantischen Pfarrhauses orientiertes Familienleben zu verpflichten, eine Rolle gespielt haben. Neben Gott wurde der verstorbene Vater so als sittliche Überwachungsinstanz im Gewissen des Sohnes installiert, was, folgt man einem psychoanalytischen Blick auf Nietzsches Leben und Werk, dessen heftige Angriffe auf das Christentum, zuletzt aber auch die Selbstidentifikation mit dem Gekreuzigten zu erklären vermag.[26] Der Vater hatte eine fortdauernde Präsenz,[27] Nietzsche glaubte sogar, er würde in dessen Alter, also mit sechsunddreißig Jahren, sterben – eine Vorstellung, die ihn dazu antrieb, bis dahin ein umfassendes Werk zu verfassen und zu veröffentlichen. Auch Nietzsche stand also unter Stress, und dieser Stress dürfte nicht unwesentlich zu seinen periodischen Migräneanfällen beigetragen haben, die oft tage-, wenn nicht wochenlang anhielten.

«Mein Vater starb mit sechsunddreissig Jahren: er war zart und liebenswürdig und morbid, wie ein nur zum Vorübergehn bestimmtes Wesen, – eher eine gütige Erinnerung an das Leben, als das Leben selbst. Im gleichen Jahre, wo sein Leben abwärts gieng, gieng auch das meine abwärts: im sechsunddreissigsten Lebensjahre kam ich auf den niedrigsten Punkt meiner Vitalität, – ich lebte noch, doch ohne drei Schritt weit vor mich zu sehen.»[28] Damit spielte Nietzsche auf seine extreme Kurzsichtigkeit an, die ihm in den letzten Jahren seines Schaffens das Lesen und Schreiben schwer, oftmals unmöglich machte. Aber dann, so fährt er fort, als er den Tiefpunkt seiner Vitalität durchschritten und den Tod seines Vaters «überlebt» habe, sei es mit ihm wieder aufwärtsgegangen. «Ich bin», so Nietzsche, «um es in Räthselform auszudrücken, als mein Vater bereits gestorben, als meine Mutter lebe ich noch und werde alt.»[29] Das klingt, als ob er seine Lebenskraft hätte beschwören müssen.

Stress, Depression und Leiblichkeit

Im Unterschied zu Marx, bei dem das körperliche Leiden erst mit ungefähr vierzig begann, war Nietzsche von Kind auf von Schmerzen geplagt. Das begann in der Schulzeit, in der er immer wieder über Kopf- und Augenschmerzen klagte, wahrscheinlich durch eine starke Kurzsichtigkeit und Schielen hervorgerufen.[30] Während der Bonner Studienzeit kam – vermutlich – eine syphilitische Infektion hinzu, die zu rheumatischen Schmerzen und einer chronischen Ader- und Regenbogenhautentzündung führte. Nietzsche selbst glaubte, sich bei einer Bonner Prostituierten einen Tripper geholt zu haben, worauf seine Neigung zu sexueller Enthaltsamkeit, nicht nur im Umgang mit Frauen, zurückgeführt werden kann. Zu den Migräneanfällen, Sehstörungen und Nervenschmerzen kamen später noch Magenkrämpfe und Brechanfälle hinzu.[31] Der Versuch, die Krankheiten durch die Einnahme von Chloralhydrat zu bekämpfen oder damit doch wenigstens die Schmerzen zu lindern, hatte eine schleichende Vergiftung zur Folge. Nach seinem Turiner Zusammenbruch im Januar 1889 machte sich bei Nietzsche eine schnell fortschreitende Demenz bemerkbar, die in drei Schlaganfälle mündete, von denen der letzte tödlich war. Als Nietzsche am 26. August 1900 starb, hatte er seinen Vater um zwanzig Jahre überlebt, davon jedoch nur acht in einigermaßen arbeitsfähigem Zustand.

Nietzsches Leiden war, wie kaum anders zu erwarten, keineswegs rein körperlicher Natur, sondern wies eine starke psychische Komponente auf. Anfänglich wurde die Beziehung zu Richard und Cosima Wagner, die er Ende der 1860er Jahre kennengelernt hatte und in deren Haus in Tribschen nahe Luzern er häufig zu Gast war, von ihm als unbeschwert und großes Glück empfunden. Dabei spielte sicherlich eine Rolle, dass der im selben Jahr wie Nietzsches Vater geborene Wagner gewissermaßen dessen Stelle einnahm, was zu einem Akt der Befreiung vom imaginär anwesenden Vater wurde. An seinen Freund Carl von Gersdorff schrieb Nietzsche damals, er fühle sich in Wagners Nähe «wie in der Nähe des Göttlichen»,[32] und seiner Mutter teilte er über die Besuche bei den Wagners mit: «Wir leben dort zusammen in der angeregtesten Unterhaltung, im liebenswürdigsten Familienkreise und ganz entrückt von der gewöhnlichen gesellschaftlichen Trivialität.»[33]

Nach einiger Zeit aber entstanden erste Risse in der Beziehung, was sich in somatischen Reaktionen auf die vor allem von Cosima gegenüber Nietzsche geltend gemachten Erwartungen zeigte. So litt er 1872 während der Grundsteinlegung zum Festspielhaus in Bayreuth unter einer Gürtelrose im Nacken[34] (was freilich auch als sympathetisch gegenüber dem an wiederkehrender Gesichtsrose leidenden Wagner verstanden werden kann) und erkrankte, wenn wieder einmal ein Besuch bei den Wagners anstand.[35] Nietzsches Biograph Werner Ross kommt deswegen zu dem Ergebnis, die Krankheit sei für ihn «Qual und Zuflucht» zugleich gewesen.[36] Darin ist er Marx nicht unähnlich. Sobald man sich etwas genauer mit Nietzsches Krankheiten beschäftigt, wird deutlich, dass er sein Leiden nur aushalten konnte, weil er Krankheit und Leiden zu Voraussetzungen seiner Philosophie erklärte und das Ertragen der Schmerzen als ein Erkunden der Moderne begriff. Von da war, auf der Grenze zwischen Klarsinn und Wahnsinn, der Schritt zur Selbstidentifikation mit dem gekreuzigten Jesus beziehungsweise mit Dionysos, dem Gott, der physisch zerstückelt worden war, nur konsequent:[37] Auch Nietzsche begriff sich selbst als Leidenden, der denen, die ihm oder seinem Zarathustra zu folgen

Da Cosima einen Kopf größer war als Richard Wagner (als Jugendliche hatte sie wegen ihrer Größe, ihres schmalen Körperbaus und der markanten Nase den Spitznamen «Storch» erhalten), legte man bei Porträtaufnahmen der beiden darauf Wert, dass Cosima saß und der eher klein gewachsene Richard Wagner stand.

bereit waren, den Weg ins Freie wies – ein Weg, der mit der Überwindung des schlechten Gewissens begann und in der Bejahung des Lebens um jeden Preis endete.

Das meint Nietzsche, wenn er von der «großen Gesundheit» spricht. «Wir Frühgeborenen einer noch unbewiesenen Zukunft», schreibt er in *Die Fröhliche Wissenschaft*, «wir bedürfen zu einem neuen Zwecke auch eines neuen Mittels, nämlich einer neuen Gesundheit, einer stärkeren gewisseren zäheren verwegeneren lustigeren, als es alle Gesundheiten bisher waren.»[38] Die «große Gesundheit», die Nietzsche im Auge hat, ist «eine solche, welche man nicht nur hat, sondern auch beständig neu erwirbt und erwerben muss, weil man sie immer wieder preisgiebt, preisgeben muss!»[39] Dieser Gesundheit wird nur teilhaftig, wer bereit ist, sich immer wieder auf Krankheiten einzulassen, um «den ganzen Umfang der bisherigen Werthe und Wünschbarkeiten erlebt und alle Küsten dieses idealischen ‹Mittelmeers› umschifft zu haben».[40]

Will man es zuspitzen, kann man sagen: Marx brauchte die Arbeit auch, um sich von seinen Krankheiten abzulenken und mit anderem als seinen körperlichen Leiden beschäftigt zu sein, aber mitunter trieb ihn das, womit er sich wissenschaftlich befasste, aufgrund der Komplexität und Undurchdringlichkeit selbst in die Krankheit hinein. Er nahm Krankheit vor allem als Behinderung seiner Arbeit wahr. Nietzsche hingegen brauchte, eigenem Bekunden zufolge, die Krankheit, um die Moderne und ihre dekadenten Züge zu erforschen, und das Wissen um Krankheit und Tod war ihm zumeist ein Ansporn, seine Bücher zügig abzuschließen. Die Erinnerung an den frühen Tod des Vaters wirkte wie eine Geißel, die ihn zur Arbeit antrieb. Die Rastlosigkeit, mit der er die bei seinen täglichen Wanderungen gemachten Notizen zu Papier brachte, ist bis in den Sprachduktus hinein zu spüren. Das Jahr 1888, das letzte vor dem Zusammenbruch, war das schriftstellerisch produktivste seines Lebens: Offenbar ahnte er, dass ihm nur noch wenig Zeit blieb, seine Gedanken niederzuschreiben. In dieser Hinsicht war Marx das genaue Gegenteil: Je älter und kränker er wurde, desto stärker wurde seine Neigung, die niedergeschriebenen Passagen noch einmal zu überprüfen, auch auf ihre Stichhaltigkeit hin, was natürlich Zeit kostete und das Schreiben weiter entschleunigte. In den letzten Jahren seines Lebens arbeitete er nur noch sporadisch an der Fertigstellung des *Kapitals*. Mit dem Erscheinen des ersten Bandes, so empfand er vermutlich, hatte er seine Schuldigkeit getan. Stattdessen las er viel und fertigte dabei, seiner Gewohnheit entsprechend, ausführliche Exzerpte an.

Im Unterschied zu Nietzsche, der sein Leben lang allein blieb, kamen bei Marx zu den eigenen Krankheiten familiäre Schicksalsschläge hinzu: der Tod von drei Kindern bald nach ihrer Geburt, dazu der des Sohnes Edgar, genannt «Musch», im Alter von acht Jahren, der Marx wohl am schwersten getroffen hat, und schließlich, fünfzehn Monate vor seinem eigenen Tod, der seiner Frau Jenny und dann auch noch der von Tochter Jenny – beide starben an Krebs. Von seinen sieben Kindern haben Marx nur zwei überlebt: Laura und Eleanor. Am Todestag seiner Frau Jenny zitierte Marx den ihm seit der Dissertation wohlvertrauten Epikur: «Der Tod ist kein Unglück für den, der stirbt, sondern für den, der überlebt», und Eleanor gegenüber fügte er hinzu: «Mohr ist auch gestorben.»[41] Mohr war der Name, den Marx im Familien- und Freundeskreis wegen seines dunklen Teints erhalten hatte. Er hatte mit seiner Frau eine ungetrübte Ehe geführt, die nur einmal in die Krise geriet (es ging um den Sohn der Haushälterin Helena Demuth, Frederick; die Vermutung stand im Raum, Marx sei der Vater). Über der Beziehung lag freilich mehr als ein Jahrzehnt der Schatten fehlender Einnahmen und einer unbeherrschbaren Verschuldung.

Anfangs war es eine romantische Liebesbeziehung zwischen Marx und der vier Jahre älteren Jenny; später beteiligte sie sich auch an den politischen Aktivitäten ihres Mannes und erledigte einen Teil der anfallenden Büroarbeit. Darüber hinaus hat sie eigene Texte geschrieben, unter anderem zur Irlandfrage und zu Shakespeare, mit dessen Werk sie sich eingehend beschäftigte.[42] Der Tod seiner Frau griff tief in Marx' Lebensgefühl ein, und in der ihm verbliebenen Zeit kann von einer regelmäßigen Arbeit keine Rede mehr sein. Er klagte, wie sein Biograph Jonathan Sperber berichtet, nun «über einseitige Lähmungserscheinungen, über Schwierigkeiten, grammatisch und orthographisch korrekt zu schreiben, sowie über Gedächtnisschwäche: All das deutet darauf hin,

Jenny von Westphalen auf einem Gemälde um 1840. Marx unterhielt mit ihr über sieben Jahre eine romantische Beziehung, bevor die beiden 1843 in Kreuznach heirateten. Marx hatte zu diesem Zeitpunkt gerade seine Stelle als Redakteur der «Neuen Rheinischen Zeitung» verloren; dass die beiden damit in eine zwei Jahrzehnte währende Phase materieller Unsicherheit eintraten, die wie ein dunkler Schatten über ihrem Leben hing, konnten sie bei der Eheschließung nicht ahnen.

dass er unter Umständen einen kleinen Schlaganfall erlitten hatte, verursacht möglicherweise durch seinen Bluthochdruck.»[43]

Eine wirkliche Schaffenskrise durchlebte Marx, nimmt man die Zeit der schwindenden Kraft in den letzten Lebensjahren einmal heraus, nur einmal, und das war nach dem Tod seines Sohnes Edgar am 6. April 1855. Jonathan Sperber bezeichnet diesen Tod als «die größte Katastrophe in Marx' Leben».[44] Ende März, als sich Furcht und Hoffnung um Edgars Leben noch die Waage hielten, brachte Marx sein enges Verhältnis zu «Musch» noch einmal zum Ausdruck: «Das Kind verläugnet während der Krankheit keinen Augenblick seinen originellen, gutmüthigen und zugleich selbständigen Charakter», schrieb er an Engels.[45] Und dann nach Edgars Tod: «Das Haus ist natürlich ganz verödet und verwaist, seit dem Tode des theuren Kindes, das seine belebende Seele war. Es ist unbeschreiblich, wie das Kind uns überall fehlt. Ich habe schon allerlei Pech durchgemacht, aber erst jetzt weiß ich, was ein wirkliches Unglück ist. [...] Zum Glück hatte ich seit dem Begräbnißtag so tolle Kopfschmerzen, daß Denken und Hören und Sehn mir vergangen ist.»[46]

Marx versank in eine tiefe Depression, an dem ökonomischen Werk konnte er nicht mehr weiterarbeiten. Das änderte sich erst im Herbst 1857, als die sich abzeichnende Wirtschaftskrise ihn ein Wiederaufleben der Revolution in Europa erwarten ließ. Die wirtschaftliche Depression wurde für Marx zur Therapie seiner eigenen.

Leben und Leiden

Nietzsche hat Leben als unvermeidliches Leiden aufgefasst – jedenfalls dann, wenn das Leben nicht oberflächlich gelebt wird. Das Leiden war für ihn die Art, ein Leben intensiv und gründlich zu führen. Das machte er auch für die Auseinandersetzung mit dem Ressentiment geltend: Dessen Überwindung sei bei ihm die Folge einer langen Krankheit gewesen, und er sei ihr deswegen zu Dank verpflichtet.[47] In dieser

Vorstellung verband sich eigenes Leiden mit der Philosophie Schopenhauers, die ihm zeitweilig so wichtig war wie der Kontakt zu Richard Wagner. In einem Brief an seinen Freund Paul Deussen bezeichnet Nietzsche «eine gewisse ‹Gesundheit› [als] die ewige Feindin tieferer Philosophie».[48] Und in einem Brief an einen anderen Freund, den Altphilologen Erwin Rohde, bemängelt er an dessen Artikel über Richard Wagner, der Verfasser sei eben «ein Gesunder, dem Tannhäusersage und Lohengrinathmosphaere eine verschlossene Welt» blieben. Danach folgen die berühmten Zeilen: «Mir behagt an Wagner, was mir auch an Schopenhauer behagt, die ethische Luft, der faustische Duft, Kreuz, Tod und Gruft.»[49]

Diese Vorstellung hat Nietzsche immer begleitet, auch dann noch, als er sich längst von Wagner und Schopenhauer als Leitfiguren seines Denkens getrennt hatte; sie ist in seinem Begriff vom «tragischen Bewusstsein» ebenso präsent wie in dem, was er «das Dionysische» genannt hat. Gerade im Dionysischen ist bei ihm stets beides miteinander verbunden, Lust und Leid, Ekstase und Todesbewusstsein, und insofern ist das Dionysische das genaue Gegenteil des kleinen Glücks, des Glücks des «letzten Menschen», von dem es im *Zarathustra* heißt:

«Es kommt die Zeit des verächtlichsten Menschen, der sich selber nicht mehr verachten kann. Seht! Ich zeige euch *den letzten Menschen*. [...] Die Erde ist dann klein geworden, und auf ihr hüpft der letzte Mensch, der Alles klein macht. Sein Geschlecht ist unaustilgbar, wie der Erdfloh; der letzte Mensch lebt am längsten. ‹Wir haben das Glück erfunden› – sagen die letzten Menschen und blinzeln. Sie haben die Gegenden verlassen, wo es hart war zu leben: denn man braucht Wärme. Man liebt noch den Nachbar und reibt sich an ihm: denn man braucht Wärme. Krankwerden und Misstrauen-haben gilt ihnen sündhaft; man geht achtsam einher. Ein Thor, der noch über Steine oder Menschen stolpert! Ein wenig Gift ab und zu: das macht angenehme Träume. Und viel Gift zuletzt, zu einem angenehmen Sterben. [...] Man hat sein Lüstchen für den Tag und sein Lüstchen für die Nacht: aber man ehrt die Gesundheit. ‹Wir haben das Glück erfunden› – sagen die letzten Menschen und blinzeln.»[50]

Im Vergleich zu Nietzsche und Marx ging es Richard Wagner körperlich recht gut, auch wenn er an der periodisch wiederkehrenden Gesichtsrose sowie an Verstopfung und Blähungen litt, die er mit Wasserkuren zu heilen suchte – mit mäßigem Erfolg.[51] Man kann sich des Eindrucks nicht erwehren, dass Wagner eine ausgeprägte Neigung zum Hypochondrischen hatte, eine Disposition, die er selbst in einem Brief an seine erste Frau Minna erwähnte.[52] Mitunter verfiel er in Depressionen, fast immer durch äußere Anlässe, ausbleibende Anerkennung als Künstler etwa, Schuldenberge, bei denen absehbar war, dass er sie aus eigener Kraft nie abtragen konnte, oder rasch aufeinanderfolgende, sich auch überschneidende Liebesaffären mitsamt bitteren Enttäuschungen. Nach dem Ende der Beziehung zu Mathilde Wesendonck, einem Verhältnis, das für Wagner beides war, innige Liebe und materielle Absicherung, da Mathildes Ehemann Otto ihm eine häusliche Bleibe zur Verfügung stellte (das «Asyl» genannte Gartenhaus seiner Villa) und ihm verschiedentlich auch aus finanziellen Schwierigkeiten half, hat sich Wagners Verzweiflung in Gestalt eines Furunkels am Bein somatisiert.[53] Für kurze Zeit erging es ihm wie Marx – doch dann verschwand das Geschwür.

Was Wagner freilich immer wieder heimsuchte, war die Gesichtsrose, und die entwickelte sich vorzugsweise dann, wenn er in Problemen steckte – Problemen, die in der Regel nicht mit seiner Arbeit, dem Schreiben von Texten, dem Entwurf von Kompositionsskizzen und schließlich der Zusammenfügung von Text und Musik, zu tun hatten, sondern aus prekären Lebenslagen resultierten. In Riga etwa, als sich die ihm gerade angetraute Minna von adligen Herren umschwärmen ließ,[54] oder im Sommer 1880 in Neapel, als Wagner sich nicht davon frei machen konnte, über die bei den Festspielen von 1876 aufgehäuften Schulden nachzudenken.[55] Die Familie war aus Bayreuth nach Italien «geflüchtet», wo sie mehr als die Hälfte des Jahres verbrachte; Wagner war der Überzeugung, das trockene Klima des Südens würde ihm guttun. Das wiederholte sich im Herbst 1881, als man erneut Bayreuth verließ, um dieses Mal in Palermo zu wohnen. Es scheint eher eine Flucht vor sich selbst als vor dem Bayreuther Wetter gewesen zu sein, denn Wagner kam auch im Süden mit der Partitur des *Parsifal* nicht so voran, wie er sich das vorgestellt hatte, und reagierte darauf mit einer Depression, die sich in Palermo in Herzkrämpfen und Unterleibsschmerzen niederschlug und nicht, wie im Jahr zuvor, in einer Gesichtsrose.[56] Das Alter machte Wagner zunehmend zu schaffen, denn nun stellten sich alle Krankheiten, die ihn in unterschiedlichen Etappen seines Lebens heimgesucht hatten, zusammen ein: Zu Gesichtsrose, Rheumatismus, Darmträgheit, Leistenbruch, Magenkatarrh und Hämorrhoiden kamen nun noch die Herzkrämpfe hinzu, bei denen er blau anlief und wild mit den Armen fuchtelte – vermutlich Symptome einer sich entwickelnden Angina Pectoris, die schließlich auch seinen Tod verursachen sollte. Offensichtlich waren die Medikamente, die er einnahm, die Ursache dafür, dass es, wie bei Marx, zu einer Kumulation verschiedener Krankheiten kam. So dürfte die Verstopfung auch eine Folge der Opiumtropfen gewesen sein, mit denen er die von Gesichtsrose und Magenkatarrh verursachten Schmerzen zu lindern suchte.[57] Offenbar folgte er der Devise, wonach viel auch viel helfe, und demgemäß verabreichte er sich seine Medikamente häufig in zu hoher Dosierung, oder er nahm Mittel, die ihm früher einmal geholfen hatten, gleichzeitig mit denen ein, die ihm aktuell verordnet wurden. Und wenn das zu Problemen führte, so bekämpfte er diese mit Opium und Chloralhydrat, das ihm – wie im Übrigen auch Nietzsche – als Schlafmittel verordnet worden war.[58] Es ist nicht auszuschließen, dass das Opium für Wagner zeitweise auch das künstlerische Schaffen befördernde Effekte hatte.[59] In dieser Hinsicht ließ Wagner sich von den Ärzten nicht dreinreden. Der Biograph Joachim Köhler spricht von «einem Selbstmord auf Raten», den Wagner in den letzten Jahren seines Lebens verübt habe.[60] Darin war er Marx ähnlich.

Wie Nietzsche war auch Wagner bestrebt, dem körperlichen Schmerz einen Sinn zu verleihen – was Marx völlig fern lag; am deutlichsten wird das im «Bühnenweihfestspiel» *Parsifal* in der Gestalt des Gralskönigs Amfortas. Am Karfreitag 1857, so berichtet Wagner in seiner Autobiographie *Mein Leben*, sei ihm der *Parzival* Wolframs von

Eschenbach in den Sinn gekommen, und in ihm sei der Plan gereift, daraus ein Werk zu machen, in dem der Karfreitagsgedanke eine zentrale Rolle spiele.[61] Wie er gegenüber Cosima später eingestand, war es keineswegs der Karfreitag 1857, an dem er den Gedanken zu diesem Werk fasste, sondern irgendein Tag im April;[62] aus Gründen der Sinnhaftigkeit seiner Inspirationen wollte er jedoch dieses Musikdrama mit dem christlichen Kalenderjahr, dem Leiden und Sterben Jesu, verbunden wissen: Ertragen von Schmerz und Leid als Voraussetzung der Erlösung – und Erlösung war nun einmal eine der Leitvorstellungen im künstlerischen Schaffen Wagners.[63]

Der Erlösung bedürftig ist im *Parsifal* der Gralskönig Amfortas, der im Konflikt mit seinem Widersacher Klingsor den Verführungskünsten Kundrys erlegen war, weshalb dieser ihn mit der Heiligen Lanze – der Lanze des Römers Longinus, mit der dieser auf Golgatha Jesus in die Seite stach – hatte schwer verwunden können. Seitdem litt Amfortas an der nicht verheilenden Wunde und war des Leidens müde. Er wollte sterben. Aber dieser Ausweg stand ihm nicht offen, denn dann wäre die Gralsritterschaft führungslos geworden, und man musste befürchten, dass neben der Lanze dann auch noch der Gral, das Gefäß, in dem Joseph von Arimathia das Blut Jesu aufgefangen hatte, in Klingsors Hände fallen würde. Um das zu verhindern, musste Amfortas weiterleben, bis einer kam und ihn von seinem Leiden erlöste. Amfortas' Leiden war ein Durchhalten, das den Sieg des Bösen verhindern sollte. Und tatsächlich kam der Erlöser: Parsifal.

In einigen Wagner-Biographien findet sich die Vermutung, Wagner habe sich selbst als Parsifal gesehen, als einen, der für die Erlösung sorgt, mithin der Erlöser ist. Das mag auf der Ebene ideeller Selbstimagination der Fall sein; in seinem körperlichen Empfinden, in seiner Leiblichkeit jedoch dürfte sich Wagner, zumindest in der Zeit, da er den *Parsifal* komponierte, sehr viel stärker mit Amfortas identifiziert haben: wegen dessen Verführbarkeit durch Kundry, die den Gralskönig für seinen Widersacher Klingsor verwundbar gemacht hatte; wegen der eigenen Unterleibsschmerzen; und wegen des Erfordernisses, diese Schmerzen auszuhalten. Wagner musste durchhalten, bis der *Parsifal* vollendet und das Werk aufgeführt war. Auch das war eine Sinnhaftmachung seines körperlichen Leidens. Marx waren solche Sinninvestitionen in den eigenen Körper fremd. Seine Beschäftigung mit der Feuerbachschen Philosophie der Leiblichkeit[64] hatte sich in eine ganz andere Richtung bewegt; für ihn war der Körper vor allem ein Ort des «Stoffwechsels mit der Natur».[65] Der Materialist Marx betrachtete den Stoffwechsel mit der Natur in Lust wie Leid, die mit ihm verbunden waren, extrem nüchtern. Lust nach Möglichkeit zu wecken und Leid zu mindern war das Ziel. Religiöse Tröstung oder sonstige Sinnstiftung aus Leiden lagen ihm fern. Es kam darauf an, diesen Stoffwechsel für den Menschen möglichst angenehm und sorgenfrei zu gestalten, und dazu war eine grundlegende Veränderung der gesellschaftlichen Verhältnisse vonnöten. Die Segnungen des wissenschaftlich-technologischen Fortschritts sollten dabei allen Menschen zugutekommen, gleich und gerecht. Leid und körperlicher Schmerz waren für Marx, zu einem erheblichen Teil jedenfalls, eine Folge davon, dass das (noch) nicht der Fall war. Wie das «Reich der Notwendigkeit» zurückgedrängt werden konnte, um dem «Reich der Freiheit» mehr Platz zu verschaffen, so sollten auch Schmerz und Leid so weit zurückgedrängt werden, wie dies der biologisch-medizinische Fortschritt zuließ. Dass Schmerz und Leid dabei nicht restlos verschwinden würden, war Marx klar; auch das «Reich der Notwendigkeit» würde ja nie gänzlich verschwinden. Aber wie viel Platz Leid und Schmerz im Leben der Menschen einnahmen, war vor allem eine soziopolitische Frage.

Marx war in dieser Hinsicht alles andere als ein Utopist, der über eine Verwandlung des menschlichen Leibes nachdachte und der Idee eines neuen Menschen anhing, der weder Schmerz noch Leid kannte. Ihm ging es um Befreiung – und nicht um Erlösung. Das schloss ein, dass er den Leib als etwas ansah, das dem physischen Verschleiß ausgesetzt war und ihm schließlich auch zum Opfer fiel. Darin dachte er radikal materialistisch. Man musste den Verschleiß begrenzen, grundsätzlich vermeiden konnte man ihn nicht.

Schuld und Schulden bei Marx

Marx hatte eine ziemlich genaue Vorstellung davon, was seine Krankheiten, die seiner Frau und nicht zuletzt das Sterben seiner Kinder verursacht hatte: die miserablen Lebensverhältnisse im Londoner Stadtteil Soho, wohin die Marxens bei der Übersiedelung nach England gezogen waren. Soho war ein Stadtteil, in dem aufgrund der üblen hygienischen Verhältnisse die Cholera endemisch und die Luft infolge des Industriequalms schlecht war. Hier hatte die Familie Marx eine kleine Wohnung gemietet. London war teuer, und mehr konnte man sich nicht leisten. Man lebte auf engstem Raum und unter extrem ungesunden Verhältnissen.[66] Dass man sich nichts Besseres leisten konnte, lag daran, dass Marx seit dem Ende seiner Tätigkeit als Chefredakteur der *Neuen Rheinischen Zeitung* über kein regelmäßiges Einkommen mehr verfügte. Am Anfang hatten ihm noch seine Kölner Freunde finanziell unter die Arme gegriffen, aber nach dem «Kommunistenprozess» in Köln und der Zerschlagung des dortigen Unterstützerkreises war auch diese Quelle versiegt.[67] Seine Versuche, ein Nachfolgeorgan der *Neuen Rheinischen Zeitung* zu gründen, das er von London aus mit Beiträgen versorgen wollte, schlugen fehl; in Deutschland wollte sich kein Verleger auf ein derart riskantes Projekt einlassen. So war man, nachdem Jenny den ihr verbliebenen Schmuck verpfändet hatte, auf Zuwendungen von Friedrich Engels angewiesen, die zunächst jedoch unregelmäßig erfolgten. Engels, gerade erst in das Unternehmen seiner Familie eingetreten, verfügte in den ersten Jahren selbst nur über ein bescheidenes Einkommen.

Marx, darin zutiefst seinem bürgerlichen Ehrenkodex verhaftet, gab sich die Schuld am Leiden seiner Frau und den armseligen Verhältnissen, unter denen seine Kinder aufwachsen mussten. Als der Sozialist und Medizinstudent Paul Lafargue um die Hand von Marx' Tochter Laura anhielt, schrieb der ihm am 13. August 1866 einen legendären Brief: «Vor der endgültigen Regelung Ihrer Beziehungen zu Laura muß ich völlige Klarheit über Ihre ökonomischen Verhältnisse haben. Meine Tochter glaubt, daß ich über Ihre Angelegenheiten Bescheid weiß. Sie irrt sich. Ich habe diese Dinge nicht zur Sprache gebracht, weil es meiner Meinung nach Ihre Aufgabe gewesen wäre, die Initiative zu ergreifen. Sie wissen, daß ich mein ganzes Vermögen dem revolutionären Kampf geopfert habe. Ich bedaure es nicht. Im Gegenteil. Wenn ich mein Leben noch einmal beginnen müßte, ich täte dasselbe. Nur würde ich nicht heiraten. Soweit es in meiner Macht steht, will ich meine Tochter vor den Klippen bewahren, an denen das Leben ihrer Mutter zerschellt ist.»[68] Die notorischen Geldnöte waren für Marx eines der dramatischsten Probleme seines Lebens.

Die 1850er Jahre gehörten zur finanziell schlimmsten Phase. Man ließ anschreiben, stellte Schuldscheine aus – und hoffte darauf, dass entweder Engels die Schulden begleichen oder sich eine Erbschaft ergeben würde, die der Familie für einige Zeit über die Runden half. Tatsächlich unterstützte Engels immer wieder, und sowohl Karl als auch Jenny Marx machten kleinere Erbschaften. Doch das verschaffte ihnen nur für kurze Zeit Luft, danach türmten sich die Schulden von neuem. Das hatte auch damit zu tun, dass Marx sich mehr leistete, als er eigentlich konnte. Mit Geld sorgsam und vorsichtig umzugehen, war ihm seit seiner Studentenzeit unmöglich. Obendrein wollte er auch auf einiges nicht verzichten, weil sonst alle, die ihn besuchten, gesehen hätten, wie schlecht es um ihn bestellt war und was für ein armseliges Leben er führte. Das begann damit, dass sich die Marxens seit dem Aufenthalt in Brüssel eine Haushaltshilfe leisteten, Helena («Lenchen») Demuth, die bis zu Marx' Tod im Hause blieb.[69] Außerdem beschäftigte Marx zeitweilig Wilhelm Pieper als Privatsekretär und legte Wert darauf, regelmäßig Fleisch zu essen, mit der Folge, dass die Metzgerrechnungen einen erheblichen Anteil am Schuldenberg der Familie ausmachten. Für die Töchter hatte man ein Klavier gemietet. Ungeachtet der erbärmlichen Wohnsituation, die Marx zwang, überwiegend nachts zu arbeiten, weil kein eigenes Arbeitszimmer vorhanden war und nur dann im Hause Ruhe herrschte, lebte die Familie immer noch über ihre Verhältnisse.

Unter keinen Umständen wollte Marx, dass seine einer adligen Familie entstammende Frau die Hausarbeit machen musste, und am wenigsten wollte er, dass andere mitbekamen, wie es materiell um ihn stand. So wurden immer wieder Schulden gemacht, und Marx war oft tagelang damit beschäftigt, neues Geld aufzutreiben, um alte Schulden zu begleichen. Schuld und Schulden lagen bei ihm nahe beieinander. Wie der Brief an Paul Lafargue zeigt, hatte er vor allem gegenüber seiner Frau starke Schuldgefühle. «Ich habe mir fest vorgenommen», schrieb Jenny im Juni 1852 an ihren bei Engels in Manchester weilenden Mann, «Dich nicht beständig mit den Geldgeschichten zu quälen und nun bin ich doch schon wieder da. Aber wahrlich Karl, ich weiß keinen Rath mehr.» Dann ist von allerhand Läden die Rede, wo man hat anschreiben lassen, und Jenny erwähnt eigens den «Schreckens Mann Metzger». «Ich bin in einer Lage, Karl ich weiß nicht mehr. Bei all' den Leuten steh ich rein als Lügnerin da, ich *muß* Rath schaffen. [...] Karl ich kann mich nicht mehr hier halten. Und wo soll ich hin. Mach ich mich wirklich aus dem Staube, was ich vielleicht könnte, so stehn wir ja ganz verloren da. [...] Ich sitze hier und weine mir fast die Augen aus und weiß keine Hülfe.»[70]

Aufgrund der wachsenden Schulden und der ständigen Suche nach Geldquellen entwickelte Marx ein Verhältnis zu seiner Verwandtschaft, in dem es bald nur noch um die Frage ging, wie man sie zur Herausgabe von Geld veranlassen konnte beziehungsweise wann bei wem eine Erbschaft zu machen war. Ungefähr zu der Zeit, als Jenny ihrem Mann von der verzweifelten Lage berichtete, schrieb dieser an Engels: «Du weißt, daß ich am 23. März 31 £ 10 sh an den alten Bamberger [einen Londoner Bankier] und am 16. 10 £ an den Juden Stiebel zu zahlen hatte, alles auf kursierende Wechsel. Ich hatte erst bei meiner Schwiegermutter durch Jenny direkt anfragen lassen. Die Antwort darauf war, daß Herr Edgar [Jennys Bruder] mit dem Rest von *Jennys* Geld wieder nach Mexiko expediert worden ist und ich keinen *Centime* herauspressen konnte. Dann schrieb ich an meine Mutter, drohte ihr, Wechsel auf sie zu ziehen und im Nichtzahlungsfall nach Preußen zu gehen und mich einsperren zu lassen.»

Doch das Drohpotenzial schwand, als in deutschen Zeitungen berichtet wurde, Marx habe unter den Arbeitern beträchtlich an Popularität eingebüßt. «Heute erhalte ich gleichzeitig mit Deinem Brief einen von meiner Alten [Marx' Mutter Henriette], worin sie mir höchst impertinent und dabei voller moralischer Entrüstung gegenübertritt und positivement erklärt, daß sie jeden von mir auf sie gezogenen Wechsel protestiert.»[71] Und ein knappes Jahr später: «Meine Alte hat trotz ihres Versprechens noch nichts von sich hören lassen. [...] Seit einer Woche habe ich den angenehmen Punkt erreicht, wo ich aus Mangel an den im Pfandhaus untergebrachten Röcken nicht mehr ausgehe und aus Mangel an Kredit kein Fleisch mehr essen kann. Das alles ist nun Scheiße aber ich fürchte, daß der Dreck einmal mit Skandal endet. Die einzig gute Nachricht haben wir von meiner ministeriellen Schwägerin erhalten, die Nachricht von der Krankheit des unverwüstlichen Onkels meiner Frau. Stirbt der Hund jetzt, so bin ich aus der Patsche heraus.»[72]

Ein knappes Jahrzehnt später, Marx hatte inzwischen durch seine journalistische Tätigkeit für die *New York Daily Tribune* ein regelmäßiges Einkommen, berichtete er Engels über eine Reise nach Berlin zu Lassalle, der ihn zur Rückkehr nach Preußen motivieren wollte, eine Reise, die mit einem längeren Abstecher nach Trier und Holland verbunden war: «Meinem Onkel Lion Philips [einem der Gründer der Philips-Werke] habe ich zunächst 160 £ abgepreßt, so daß wir den größten Teil unserer Schulden abzahlen konnten. Meine Mutter, bei der von barem Geld nicht die Rede ist, die aber rasch ihrer Auflösung entgegengeht, hat einige frühere Schuldscheine, die ich ihr ausgestellt, vernichtet. Das war ein ganz angenehmes Resultat der zwei Tage, die ich bei ihr zubrachte.»[73] Freilich war das nur eine vorübergehende Lösung für Marx' Geldprobleme, zumal die Familie inzwischen die Wohnung in Soho aufgegeben hatte und in eine größere in einem besseren Stadtteil Londons umgezogen war.

Eine definitive Entspannung trat erst ein, als Engels mit einer großen Abfindung aus dem Unternehmen Ermen & Engels ausschied und Marx eine jährliche Rente von dreihundertfünfzig Pfund überweisen konnte. Marx überschlug die Ausgaben pro Jahr und kam zu dem Ergebnis, dass er mit diesem Betrag gut auskommen werde. Engels wiederum hoffte, dass Marx nun zügig mit den noch ausstehenden Bänden des *Kapitals* vorankommen werde, doch darin hatte er sich getäuscht: Zunächst nahmen politische Ereignisse, wie der Deutsch-Französische Krieg und die Pariser Commune, Marx in Anspruch, dann die Konflikte innerhalb der Ersten Internationale, und danach war Marx gesundheitlich schon derart angeschlagen, dass eine kontinuierliche Arbeit an dem Problem der Kapitalzirkulation und der Grundrente nicht mehr in Frage kam. Die besten und wissenschaftlich produktivsten Jahre seines Lebens hatte er zu einem erheblichen Teil damit zugebracht, seine Schulden in den Griff zu bekommen.

Verschwenderischer Wagner, asketischer Nietzsche

Was Engels für Marx war, war der Bayernkönig Ludwig II. für Wagner – mit dem wesentlichen Unterschied, dass die finanzielle Unterstützung bei Wagner nicht erst mit der Jahreswende 1868/69, sondern bereits seit Mai 1864 erfolgte und Wagner fünf Jahre länger lebte als Marx. Es waren mithin fast zwei Jahrzehnte, die Wagner persönlich gesichert arbeiten konnte; in diese Zeit fällt die Fertigstellung des *Tristan*, der *Meistersinger*, des *Rings* und des *Parsifal*. Ludwigs jährliche Zuwendungen kamen rechtzeitig, um Wagner die Vollendung seines Werks zu ermöglichen und ihn zu dem werden zu lassen, als der er in die Kultur- und Musikgeschichte eingegangen ist. Dafür machte der König Wagner größere Probleme als Engels Marx mit der wiederkehrenden Nachfrage, wann denn mit der Fertigstellung der *Kapital*-Bände zu rechnen sei. Ludwig wollte, dass das *Rheingold* und die *Walküre* unabhängig vom Zusammenhang des *Rings* in München aufgeführt wurden, und ließ zudem Wagners Opern für sich allein aufführen, Vorstellungen also, bei denen er der einzige Zuhörer und Zuschauer war. Trotz des schwärmerischen Briefwechsels zwischen ihm und Ludwig sprach Wagner, wie erwähnt, gegenüber Cosima ausgesprochen abfällig über den König, den er unter anderem als «cretin» bezeichnete und dessen Wünsche er zunehmend als störend und lästig empfand.

Münchener

PUNSCH.

Ein humoristisches Originalblatt von M. E. Schleich.

Zwanzigster Band.

Nro. 11. Halbjähriger Abonnementspreis: in Bayern 1 fl. 17. März 1867.
Im Ausland erfolgen die üblichen Postaufschläge.

Nur ein vorübergehender Besuch.

Wagners notorischer Geldbedarf, der seit der Alimentierung durch den bayerischen König Ludwig II. noch weiter zugenommen hatte, war in Wagners Münchner Zeit das beherrschende Thema der dortigen Gesellschaft. Die Satirezeitschrift «Punsch» zeigt den Komponisten in ihrer Märzausgabe des Jahres 1867 als Besucher der Staatskasse, wobei dieser ständige Gast ironisch als «vorübergehender Besuch» bezeichnet wird.

Der instrumentellen Sicht auf die Familie bei Marx entspricht bei Wagner ein letzten Endes instrumentelles Verhältnis zu Ludwig II. Marx hat das Verhältnis zu seiner Verwandtschaft durchweg kaltherzig beschrieben, und selbst beim Tod von Engels' Lebensgefährtin Mary Burns kondolierte er in einem Brief nur beiläufig, um dann wieder ausführlich auf seine Geldprobleme zu kommen. Dabei musste Ludwig für Wagner sehr viel größere Summen aufwenden als Engels für Marx. Oder anders formuliert: Um Marx materiell abzusichern, genügte ein Geschäftsmann mittleren Vermögens, während bei Wagner deutlich reichere, wie Otto Wesendonck, nicht ausgereicht hatten, um den überbordenden Geldbedarf zu decken. Wagner brauchte schon die schier unerschöpflichen Finanzquellen eines Königs für seine Vorstellungen und Wünsche, und selbst da zeigte sich nach einiger Zeit, dass seine Ansprüche um einiges größer waren als das, was Ludwig für ihn ausgeben konnte – oder wollte.

Die Spur der Schulden zieht sich wie ein roter Faden durch Wagners Leben;[74] sie beginnt in den frühen 1840er Jahren in Magdeburg und Königsberg, zwei kurzen Stationen in seinem Werdegang, und in Riga, der dritten Station, wurde die Last so groß, dass Wagner in aller Heimlichkeit die russische Grenze überqueren musste, um seinen Schuldnern zu entkommen und sich in der preußischen Hafenstadt Pillau auf einem Segelschoner einzuschiffen, der ihn mitsamt Minna nach Kopenhagen bringen sollte.[75] Immerhin hat die Komposition des *Fliegenden Holländers* von den bei stürmischer See gewonnenen Eindrücken der Flucht profitiert. In Paris, wo Wagner von September 1839 bis April 1842, also gut zweieinhalb Jahre, lebte, erging es ihm nicht besser: Er hielt sich mit Gelegenheitsarbeiten über Wasser, gab das Geld aber mit vollen Händen aus und war empört, dass ihn diejenigen, die in Paris einen Publikumserfolg nach dem anderen hatten, nicht stärker unterstützten. Tatsächlich bekam er Hilfe, auch von dem Komponisten Giacomo Meyerbeer, den er später erbittert anfeindete, aber für Wagners Geldbedarf war das viel zu wenig, so dass er einmal mehr in die Schuldenfalle geriet.[76]

In Dresden, wo Wagner seit dem 2. Februar 1843 die Stelle des sächsischen Hofkapellmeisters innehatte und ein regelmäßiges Einkommen bezog, wiederholte sich dies alles, denn Wagner orientierte seinen Lebensstil an der Vorstellung, die Aufführungen seiner Opern würden ihm große Einnahmen bescheren, was aber nicht der Fall war. Als er nach dem Zusammenbruch des revolutionären Aufstands am 8. Mai 1849 aus der sächsischen Hauptstadt floh, hatte er – bei einem Jahresgehalt von tausendfünfhundert Talern – einen Schuldenberg von zwanzigtausend Talern angehäuft.[77] Doch jetzt fingen die Probleme erst richtig an, denn Wagner hatte von nun an keine festen Einkünfte mehr und musste sich mit den Einnahmen aus Dirigaten und Aufführungen seiner Opern über Wasser halten. Er befand sich ab 1849 in einer ähnlich prekären finanziellen Lage wie Marx. Das Geld reichte bei weitem nicht aus, wiewohl der findige Wagner eine Reihe von Bewunderern und Verehrerinnen dazu brachte, ihm jährliche Renten auszusetzen, damit er an seinem Werk arbeiten konnte.[78] Am 23. März 1864 musste er aus Wien fliehen, um der Schuldhaft zu entgehen. Bei François und Eliza Wille in Zürich fand er für einige Zeit Unterschlupf. «Ich bin anders organisiert», erinnerte sich Eliza Wille, habe Wagner damals erklärt, «habe reizbare Nerven. Schönheit, Glanz und Licht muß ich haben! Die Welt ist mir schuldig, was ich brauche! Ich kann nicht leben auf einer elenden Organistenstelle wie ihr [gemeint ist Eliza Willes] Meister Bach.»[79] Offenbar hatte sie ihm Johann Sebastian Bach als Vorbild hingestellt.

Bis Ludwig II. ins Spiel kam, waren es vornehmlich Frauen, die Wagner finanziell halfen. Wagner besaß eine besondere Fähigkeit, Frauen in seinen Bann zu ziehen, und das keineswegs nur als Geliebte, sondern auch als Mäzeninnen. Nietzsche hat für diese Fähigkeit Wagners ein besonderes Auge gehabt: «Ah, dieser alte Räuber! Er raubt uns die Jünglinge, er raubt selbst noch unsre Frauen und schleppt sie in seine Höhle ... Ah, dieser alte Minotaurus! Was er uns schon gekostet hat! Alljährlich führt man ihm Züge der schönsten Mädchen und Jünglinge in sein Labyrinth, damit er sie verschlinge, – alljährlich intonirt ganz Europa ‹auf nach Kreta! auf nach Kreta!›»[80]

Nietzsche war freilich überzeugt, dass Wagner für seine Wirkung auf Frauen einen erheblichen Preis zu entrichten hatte: «Die Gefahr der Künstler, der Genie's [...] liegt im Weibe: die *anbetenden* Weiber sind ihr Verderb. Fast keiner hat Charakter genug, um nicht verdorben – ‹erlöst› zu werden, wenn er sich als Gott behandelt fühlt: – er *condescendirt* alsbald zum Weibe. – Der Mann ist feige vor allem Ewig-Weiblichen: das wissen die Weiblein. – In vielen Fällen der weiblichen Liebe, und vielleicht gerade in den berühmtesten, ist Liebe vielleicht nur ein feinerer *Parasitismus*, ein Sich-Einnisten in eine fremde Seele, mitunter selbst in ein fremdes Fleisch – ach! Wie sehr immer auf ‹des Wirthes› Unkosten!»[81] Es steht außer Frage, dass Nietzsche hier den Künstler Wagner im Auge hatte – mit Blick auf Cosima, auf die vielen Geliebten und auf die Mäzeninnen. Nietzsche zählte die Kosten auf, weil er Wagner für die Erträge beneidete.

Wer in der aufgezählten Reihe bislang nicht vorkam, ist Wagners erste Frau Minna Planer. Es war eine von beiden Seiten her unglückliche Beziehung, schwer erklärbar, warum sie nicht schon nach kurzer Zeit endete, sondern am 24. November 1836 in eine Eheschließung mündete. «Wirtschaftliche und menschliche Schwierigkeiten», so der kühle Kommentar des Musikwissenschaftlers Eckart Kröplin, «belasteten die Ehe von Anfang an.»[82] Minna – sie brachte eine uneheliche Tochter mit in die Ehe, die sie als ihre Schwester ausgab – brannte mit einem anderen Mann durch, und auch Richard hatte einige Affären. Was Auslöser und was Reaktion war, lässt sich im Nachhinein kaum sagen. Die Schauspielerin, die in den 1830er Jahren eine Reihe von Engagements hatte, verlor im Verlauf der Ehe mit Wagner zunehmend das Interesse an ihrem Beruf und erwartete von ihrem Mann, dass er für eine ansehnliche Wohnung und ein gutes Auskommen sorgte[83] – was in Dresden vom Februar 1843 bis zum Mai 1849 ja auch der Fall war. In dieser Zeit war die Ehe zwar nicht frei von Spannungen, verlief aber einigermaßen ruhig. Das änderte sich 1849, als Wagner nach seiner Flucht aus Sachsen den früheren Lebensstandard nicht mehr bieten konnte. Minnas Klagen häuften sich, und Wagner fühlte sich durch das Verhalten seiner Frau zunehmend bedrängt und eingeschränkt. Mehrfach dachte er an

Scheidung, aber es kam dann doch nur zu vorübergehenden Trennungen. Erst 1862 blieb es dabei. Als Minna am 25. Januar 1866 in Dresden starb, hatte die Ehe mit Richard fast dreißig Jahre gedauert.

Wie Marx' Ehefrau Jenny war Minna vier Jahre älter als ihr Mann, aber das ist auch schon die einzige Parallele. Jenny hat sich auf das prekäre Leben ihres Mannes eingelassen, ist ihm von Ort zu Ort gefolgt, hat sich für seine Arbeitsvorhaben interessiert und ihn in diversen politischen Organisationen unterstützt. Darin war sie Wagners zweiter Frau Cosima ähnlich, ohne jedoch jemals eine vergleichbare Dominanz auszubilden. Minna, die aus ärmlichen Verhältnissen kam, suchte den sozialen Aufstieg, der ihr an der Seite des königlich-sächsischen Hofkapellmeisters auch gelungen zu sein schien, bis Wagner durch sein revolutionäres Engagement das alles zerstörte. Jenny von Westphalen entstammte einer keineswegs vermögenden, aber doch wohlbestallten Familie, die es im preußischen Staatsdienst zu einigem Ansehen gebracht hatte. Sicherlich hatte sie bei ihrer Eheschließung am 19. Juni 1843 in Kreuznach keine Vorstellung davon, in welches materielle Elend sie nach 1849 mit ihrem Mann geraten würde, aber sie ist ihm auf diesem Weg bis zuletzt gefolgt.

Nietzsche dagegen blieb unverheiratet; außer dem Intermezzo mit Lou Salomé gab es kein längeres Verhältnis mit einer Frau in seinem Leben. Auch Geldprobleme hatte er nicht. Er führte ein ausgesprochen asketisches Leben und achtete stets darauf, nicht mehr auszugeben, als er hatte – das hieß auch, dass er sich vegetarisch ernährte. Bereits Professor in Basel, schrieb er an Mutter und Schwester vor einem anstehenden Besuch in Naumburg, man solle sich an seiner Lebensweise nicht stören: «Diese hat den Vorzug, sehr einfach und unkostspielig zu sein. Ich habe nämlich die letzte Zeit, nach dem Vorgange und der Einladung von Gersdorff, von nichts als Brot Milch Weintrauben Früchten und einer Suppe gelebt und denke, daß eine zeitweilige Kur dieser Art meinem schlechten Magen recht gut thut. Also – große Küchenbeschwerden bringt mein Aufenthalt nicht mit sich.»[84] Die spartanische Lebensweise hatte Nietzsche bereits im Internat von Schulpforta verinnerlicht, und seine Militärzeit bei der Reitenden Artillerie in Naumburg hatte

Zusammen mit seinem Freund Paul Rée posiert Nietzsche als Zuggespann für ein Wägelchen, in dem die von beiden umworbene Lou Salomé sitzt, eine improvisierte Peitsche in der Rechten, mit der sie posiert, als wolle sie das Gespann antreiben. «Du gehst zu Frauen? Vergiß die Peitsche nicht!» – dieser Satz aus dem «Zarathustra» wird hier umgekehrt und ironisiert.

diese Grundeinstellung noch verstärkt[85] – zumal Nietzsche, darin Engels nicht unähnlich, ein durchaus begeisterter Soldat war. «Ich bin meiner Art nach kriegerisch», bemerkte er über sich.[86] Oder auch: «Aus der Kriegsschule des Lebens – Was mich nicht umbringt, macht mich stärker.»[87] Das hätte auch Engels von sich sagen können. Auch die Vorliebe für das Reiten verband Nietzsche und Engels miteinander.[88]

Nietzsches Lebensführung wurde noch bescheidener, als er 1879 nach nur zehnjähriger Dienstzeit die Professur in Basel niederlegte und als Privatier mit der Pension auskommen musste, die ihm die Basler zahlten. Das Ruhegehalt war mit zwei Drittel des zuletzt bezogenen Gehalts für die damaligen Verhältnisse großzügig bemessen. Dennoch musste Nietzsche sparsam sein; wenn er den Winter in italienischen Pensionen verbrachte, mietete er grundsätzlich die billigen Nordzimmer, was ihm dann prompt zu schaffen machte, weil sie nicht zu heizen waren und Nietzsche jämmerlich fror. Und auch in Sils-Maria, wo er im Sommer und Herbst lebte, konnte er sich nur die billigsten Unterkünfte leisten. Aber er kam mit dem Geld aus. Als er darüber nachzudenken begonnen hatte, aus dem Universitätsdienst auszuscheiden, um ein allein der Philosophie gewidmetes Leben zu führen, schrieb er an seinen Freund Rohde, er habe bereits angefangen, seine «Bedürfnisse einzuschränken, um einen kleinen Rest von Vermögen mir zu bewahren».[89]

Viel mehr ist über die finanzielle Seite von Nietzsches Lebensführung nicht zu sagen: Der Philosoph des Dionysischen führte ein ausgesprochen undionysisches Leben, und das ausschweifend Orgiastische, das mit dem Gott Dionysos verbunden ist, hatte nur in seiner Vorstellungswelt Platz – dort breitete es sich mit den Jahren dafür umso mehr aus. Was Nietzsche an Begierden und Wünschen auszuleben sich nicht gestattete, wurde zum Zentrum seiner Philosophie.

Siegfried-Wagner hebt den „Schatz" der Nibelungen.

Wagner und bestimmte seiner Operngestalten in eins zu setzen war ein beliebtes Motiv der Satire. In der Leipziger Zeitschrift «Schalk» wird Wagner als Siegfried dargestellt: Er hat den bebrillten Drachen «Kritik» erschlagen und setzt zum Zeichen des Sieges den rechten Fuß und das blanke Schwert auf dessen Leib. Das Waldvögelchen trällert ihm zum Wohlgefallen und wird ihm seinen zukünftigen Weg zeigen, während ein gefesselter Kritiker neben dem toten Drachen seines Schicksals harrt. Die von Wagner erbeuteten Schätze haben sich bei der Abrechnung der Festspiele von 1876 freilich als trügerisch erwiesen: Es blieb ein großes Defizit, und der «Schatz» entpuppte sich schnell als neuer Schuldenberg.

Da lieg auch du — dunkler Wurm!
Den gleißenden Hort heb' ich hurtig.

128. C. v. Grimm. Schalk. Leipzig. 1879

Strategien der Selbstkritik

Man kann Selbstkritik als Kompensation für fehlende Kritik durch andere begreifen. Folgt man dieser Vorstellung, so ist leicht nachvollziehbar, warum Wagner von den dreien am wenigsten Selbstkritik geübt hat: Er war durch Fremdkritik so in Anspruch genommen, dass er gar nicht dazu kam, sich auf diesem Feld zu betätigen. Als Dirigent und Komponist war er schon früh der Kritik ausgesetzt, es dauerte nicht so lange wie etwa bei Schriftstellern, die oft erst hinreichend bekannt sein mussten, um von ihren Kollegen der Kritik für würdig befunden zu werden. In der Musik meldeten sich zumeist schon wenige Tage nach einer Aufführung professionelle Kritiker zu Wort, und das taten sie bei Wagner in großer Zahl, nicht zuletzt wegen seiner eigenwilligen Art zu dirigieren und zu komponieren – und sie taten es mit großer Entschiedenheit.[90] Die

Kritik begann bei den ungewohnten Tempoverschärfungen der Wagnerschen Dirigate und endete bei Wagners Kompositionen; dabei begegnete sie der «Zukunftsmusik», der Wagner, Liszt und zunächst auch Schumann zugerechnet wurden, zustimmend oder ablehnend. Beides zieht sich wie ein roter Faden durch sein künstlerisches Leben: Wagner war, um sich intellektuell und ästhetisch weiterzuentwickeln, nicht auf Selbstkritik angewiesen; andererseits war er aber auch alles andere als selbstkritisch veranlagt, zeigte sich von seinen Werken überzeugt und dachte vor allem darüber nach, warum ihm nicht mehr Anerkennung zuteilwurde und kein größerer Erfolg beschieden war.

Nietzsche war in mancher Hinsicht das Gegenteil dessen. Er schwankte zwischen einer notorischen Verzagtheit, ja Versagensangst, und einer schon früh an Größenwahn grenzenden Selbsteingenommenheit; zwischen beidem bewegte er sich im Modus der Selbstkritik hin und her.[91] Selbstkritik war für Nietzsche nicht nur eine Form intellektueller Weiterentwicklung, sondern zugleich ein Weg, sich von sich selbst zu überzeugen. Mit Mitte zwanzig kämpfte er um die Anerkennung durch die bessere Gesellschaft Basels, indem er Vorträge zu Themen hielt, die ein gebildetes Publikum anzusprechen in der Lage waren, aber dann exponierte er sich darin mit Positionen, die dieses Publikum vor den Kopf stoßen mussten. Fieberhaft arbeitete er an seiner ersten größeren Veröffentlichung, der *Geburt der Tragödie*, in der er die Summe seiner Basler Vorträge und das, was er von Wagner hörte und las, miteinander zu verbinden suchte. Es ging ihm um die Anerkennung beider, der Wagners in Tribschen und des Basler Bürgertums, was unmöglich war, und obendrein wollte er mit dem Buch auch noch in seinem Fach, der klassischen Philologie, reüssieren. Die Basler waren schon bei seinen Vorträgen ratlos bis indigniert, in der klassischen Philologie herrschte nach Erscheinen der *Geburt der Tragödie* bis auf die harsche Kritik durch Ulrich von Wilamowitz-Moellendorff eisiges Schweigen; nur aus Tribschen kam Zuspruch, wenn auch keineswegs in dem Maße, wie Nietzsche es erhofft hatte.

In dem sechzehn Jahre nach der Erstveröffentlichung für die Wiederauflage geschriebenen «Versuch einer Selbstkritik» hat Nietzsche dargelegt, was er an der *Geburt der Tragödie* für haltbar hielt und was er nun nicht mehr schreiben würde; er übte somit explizit Selbstkritik. Er nannte das Buch «schlecht geschrieben, schwerfällig, peinlich, bilderwüthig und bilderwirrig, gefühlsam, hier und da verzuckert bis zum Femininischen, ungleich im Tempo, ohne Willen zur logischen Sauberkeit, sehr überzeugt und deshalb des Beweisens sich überhebend, misstrauisch selbst gegen die Schicklichkeit des Beweisens [...] – ein hochmüthiges und schwärmerisches Buch».[92] Eine schärfere Abrechnung eines Autors mit sich selbst ist kaum vorstellbar.

Diese «Selbstkritik» ist aus der Perspektive des späten Nietzsche geschrieben, der sich von Wagner und den Deutschen distanziert hatte und sich nunmehr als Wissenschaftler begriff – und nicht länger als einer, der dem Gegensatz und Zusammenspiel von Apoll und Dionysos als den beiden Grundprinzipien der griechischen Kunst nachging.[93] «Der Jünger eines noch ‹unbekannten Gottes›» sei er gewesen, einer, «der sich einstweilen unter die Kapuze des Gelehrten, [...] selbst unter die schlechten Manieren des Wagnerianers versteckt hat».[94] Vor allem kritisiert Nietzsche, dass er sich damals nicht zu entscheiden vermocht habe, entweder als *Künstler* oder als *Wissenschaftler* den gestellten Fragen nachzugehen, und beides miteinander vermischt habe. Außerdem bemängelt er den Umstand, dass er den von ihm mehrfach vorgetragenen Gedanken, wonach «nur als ästhetisches Phänomen das Dasein der Welt *gerechtfertigt* ist»,[95] nicht als scharfen Gegensatz zur christlichen Lehre mit ihrer moralischen Rechtfertigung der Welt herausgestellt habe. «In Wahrheit, es giebt zu der rein ästhetischen Weltauslegung und Welt-Rechtfertigung, wie sie in diesem Buche gelehrt wird, keinen grösseren Gegensatz als die christliche Lehre, welche *nur* moralisch ist und sein will und [...] *jede* Kunst in's Reich der *Lüge* verweist, – das heisst verneint, verdammt, verurtheilt.»[96] Der «Wille zur Tragödie», den Ágnes Heller bei Nietzsche ausgemacht hat, zeigt sich auch in dessen späten Schriften. Heller versteht darunter einen «Willen zur Macht, der seine Ohnmacht eingestehen muss».[97]

Selbstkritik ist für Nietzsche die Art und Weise, in der er seine Überlegungen präzisiert und zuspitzt und von Mal zu Mal klarere und schärfere Positionen bezieht. Sie ist der Weg, auf dem er sich aus dem Philologen in den Philosophen verwandelt und schließlich dem Philosophen, der als Wissenschaftler auftritt, den Künstler beigesellt. Wohl kaum einer, schreibt er über sich selbst, habe sich so tief in die Weltsicht der décadence hineingefunden wie er, aber auch keiner habe sich mit solcher Entschlossenheit wieder herausgearbeitet. «Abgerechnet nämlich, dass ich ein décadent bin, bin ich auch dessen Gegensatz.»[98] Die Selbstkritik hat für Nietzsche eine ähnliche Funktion wie die Krankheit: Sie bringt ihn voran und zwingt ihn, seine Gedanken besser und genauer zu verstehen. Aber sie ist schmerzlich, dreht sie sich doch um das, was an den eigenen Äußerungen ungenau, undeutlich, ja falsch war. Das Lob der Krankheit als Voraussetzung dafür, gesünder zu werden, hat Nietzsche in die Lage versetzt, die Selbstkritik zu schätzen.

Seine intellektuelle Autobiographie *Ecce homo*, ein Buch mit dem Untertitel «Wie man wird, was man ist», ist eine einzige große Selbstkritik und genau darin eine Selbstanerkennung, wie sie kein anderer Intellektueller für sich je geschrieben hat. «Warum ich ein Schicksal bin» lautet die Überschrift zum letzten Abschnitt des Buches, und der beginnt mit dem Satz: «In Voraussicht, dass ich über Kurzem mit der schwersten Forderung an die Menschheit herantreten muss, die je an sie gestellt wurde, scheint es mir unerlässlich, zu sagen, wer ich bin.»[99] Selbstkritik ist für Nietzsche der Weg zu sich selbst, und den beschreitet er in einer ihm zutiefst eigenen Art – etwa indem er behauptet, der größte Mangel seiner *Unzeitgemäßen Betrachtungen* über Schopenhauer und Wagner bestehe darin, dass er den nicht beim Namen genannt habe, um den es eigentlich gehe: sich selbst. In beiden Schriften sei von «unzeitgemäßen Typen par excellence» die Rede, die «voll souveräner Verachtung» gewesen seien «gegen Alles, was um sie herum ‹Reich›, ‹Bildung›, ‹Christenthum›, ‹Bismarck›, ‹Erfolg› hiess, – Schopenhauer und Wagner oder, mit einem Wort, Nietzsche ...»[100]

Auch Marx hat Selbstkritik geübt, jedoch in so verdeckter Form, dass sie nur für den Kenner seines Werks erkennbar ist. Er hat die Kritik nämlich nicht an sich und seinen Schriften geübt, sondern Positionen, die er bis vor kurzem noch selbst vertreten hatte, jetzt aber hinter sich gelassen hatte, mit den Namen derer belegt, die daran noch festhielten, und sie dann mit einer an Schärfe kaum zu überbietenden Kritik überzogen.[101] Das begann bei der *Heiligen Familie*, ging weiter in der *Deutschen Ideologie*, zeigte sich anschließend in der Proudhon-Kritik des *Elends der Philosophie* und ließ erst nach, als Marx über lange Jahre mit der Ausarbeitung einer ökonomischen Theorie beschäftigt war. Hier wollte er mittels einer sachlich-kritischen Darstellung die kapitalistische Gesellschaft über sich selbst aufklären. Über ein Jahrzehnt jedoch hatte er seine eigene Position geklärt und geschärft, indem er bestimmte Sichtweisen mit anderen Autoren verbunden und diese dann polemisch attackiert hat. Auf diese Weise hat er sich immer wieder theoretisch «gehäutet», und die Polemik war das Mittel, um die alte, als unzulänglich erwiesene Haut abzustreifen – und gleichzeitig doch derselbe zu bleiben. Das war eine der Voraussetzungen dafür, dass Marx' Schriften vielen Lesern wie aus einem Guss erschienen, als eine in sich kohärente Lehre, die ein hohes Dogmatisierungspotenzial aufweist. Erst in der kritischen Auseinandersetzung mit seinen Schriften sind diese Veränderungen der Theorie und die in sie eingeschlossene Selbstkritik aufgefallen. Je weiter die editionsphilologische Aufbereitung von Marx' Werk fortschritt, desto stärker wurde diese Art von Marx' Selbstkritik als Modus theoretischer Fortentwicklung sichtbar.

Marx, dessen Motto nach dem für seine Tochter Jenny ausgefüllten Fragebogen lautete: «de omnibus dubitandum» – an allem ist zu zweifeln,[102] hat diesen Zweifel durchaus auf sein eigenes Denken angewandt, aber er hat ihn nicht als Selbstzweifel sichtbar gemacht. Umso heftiger hat er ihm nahestehende Autoren der Kritik unterzogen und sich dabei in Polemiken hineingesteigert, die, sofern es um die Sammlung einer politischen Partei ging, ausgesprochen kontraproduktiv waren. Aus Gründen der Selbstaufklärung und intellektuellen Weiterentwicklung hat er, zu expliziter Selbstkritik offenbar nicht bereit oder willens, eine breite Spur der Verfeindung hinter sich gelassen.

Bei allen drei Diagnostikern einer «Welt im Umbruch» ist die Zeitlichkeit des Menschen mitsamt allen auf sie zurückverweisenden Bezügen zentral. Beim Materialisten Marx ist das sicher am stärksten ausgeprägt und findet seinen Ausdruck in der Formel, dass das Sein das Bewusstsein bestimme, und zwar das Sein nicht nur aus dem Modus der Vergesellschaftung, sondern eben auch dem der bloßen Körperlichkeit. Feuerbach hat das so ausgedrückt: «Der Mensch ist, was er ißt.»[103] Aber auch Nietzsche setzt auf das Leib-Apriori, wenn er sich als einen physio-psychologischen Diagnostiker begreift, der, wenn er «mit dem Hammer philosophiert»,[104] die Idealität auf ihre Materialität hin abklopft, der auf die physische Befindlichkeit des Menschen schaut, um seine Werte und Empfindungen zu erklären. Und selbst Wagner, der von den dreien sicherlich die stärkste Neigung zur Spiritualisierung des Materiellen hat, macht im *Parsifal* den Leib des Amfortas zum Zentrum des Erlösungsgeschehens. Bei Marx ist die Beschäftigung mit der eigenen Physis in die Erwartung einer «besseren» Gesellschaft eingeflossen, die nicht nur durch revolutionäre Umbrüche, sondern auch durch wissenschaftlich-technischen Fortschritt verwirklicht werden sollte; bei Wagner war es die Erschaffung einer Gegenwelt der Kunst, die ihm das Leiden am Leben erträglich machte, und Nietzsche setzte schließlich auf eine heroische Bejahung des Lebens zu seinem So-Sein, um Schmerz und Leid beim Blick auf sich und andere nicht zu viel Platz einzuräumen. Und dennoch: Alle drei haben der Opiate bedurft, um es mit sich selbst auszuhalten.

KAPITEL 4

GESCHEITERTE REVOLUTION, GELUNGENE REICHSGRÜNDUNG. DEUTSCHLAND ALS POLITISCH-KULTURELLE PROJEKTIONSFLÄCHE

Deutschland – aber was ist das?

Wagner: ein Sachse, dem das Idiom seiner Leipzig-Dresdener Herkunft bis zuletzt anzuhören war, der die letzten zwanzig Jahre seines Lebens de facto im Dienste des bayerischen Königs stand und davon knapp zehn seinen Wohnsitz in Franken hatte; Marx: ein Rheinländer aus Trier, einer Stadt, die erst wenige Jahre vor seiner Geburt mit dem Wiener Kongress zu Preußen gekommen war und der Berlin gegenüber stets einen antiborussischen Affekt gepflegt hat, seit Dezember 1845 staatenlos, mit einem ausgeprägt internationalistisch-kosmopolitischen Selbstverständnis; Nietzsche: in Röcken, im Kreis Merseburg geboren, mit einer zunächst starken Affinität zu Preußen, nach 1869 überwiegend in der Schweiz lebend, schon bald nach der Reichsgründung von starker Skepsis gegenüber Deutschland erfasst, die sich zuletzt zu einer regelrechten Deutschenfeindschaft steigerte. Zwei Preußen und ein Sachse, und nur Wagner war bei der Reichsgründung Bürger eines der daran beteiligten Staaten – man darf hier einen recht unterschiedlichen Blick auf Deutschland erwarten.

Neben der regionalen Prägung hat auch die Generationenzugehörigkeit für eine spezifische Sicht auf die deutschen Verhältnisse gesorgt.[1] Bei Marx und Wagner, die derselben Generation angehörten, standen die Jahre 1848/49 im Mittelpunkt, zumal das Scheitern der Revolution weitreichende Folgen für ihr Leben hatte. Dabei waren für Ausweisung und Verfolgung nicht Deutschland, sondern Preußen und Sachsen verantwortlich. Deutschland blieb für sie eine politisch-kulturelle Projektionsfläche – bei Marx vor allem mit Blick auf die Internationale Arbeiterbewegung und die machtpolitischen Konstellationen in Europa, bei Wagner als Zentralraum seiner Wahrnehmung als Künstler und der Aufführung seiner Werke.

Dementsprechend haben sie auch die Reichsgründung von 1870/71 wahrgenommen: Wagner hat dabei, zeitweilig zumindest, seinem antifranzösischen – präziser: seinem antipariserischen – Ressentiment freien Lauf gelassen, und Marx hat für einen kurzen Augenblick in den nach Frankreich eindringenden deutschen Armeen Exekutoren seiner antibonapartistischen Aversionen gesehen. Beides, Wagners Hass auf Paris, in den sich persönliche Gründe mischten, und Marx' Verachtung für Louis Bonaparte, wie er Napoleon III. zumeist nannte, macht deutlich, wie sehr ihr Blick auf Deutschland durch den Vergleich mit Frankreich geprägt war. Das war für ihre Generation typisch: Wagner und Marx wuchsen in einer Welt auf, als deren Zentrum Frankreich galt – sowohl was die Revolution als auch was die Welt der Oper anlangt. Für beide war Frankreich die Messlatte, die sie an Deutschland anlegten, wenn sie sich darüber äußerten. Der eine Generation jüngere Nietzsche dagegen hat erst in seinen späten Schriften Frankreich als Antipoden zu Deutschland stilisiert. Er hat Frankreich erst entdeckt, als ihm Deutschland zuwider geworden war.

Nicht die Jahre 1848/1849, sondern 1870/71, nicht die Revolution und ihr Scheitern, sondern die Reichseinigung mitsamt ihren Folgen stand im Zentrum von Nietzsches Deutschlandbild. Waren Wagner und Marx 1848/49 als Revolutionäre beteiligt, so wurde Nietzsche zum Beteiligten am Deutsch-Französischen Krieg, dem entscheidenden Schritt zur Reichsgründung, und er wurde das nicht, weil politische Entwicklungen ihn eingeholt und überwältigt hätten, sondern weil er ein aktiver Teil des Geschehens sein wollte: Nietzsche, der nach seiner Ernennung zum Basler Professor gerade erst die preußische Staatsbürgerschaft abgegeben hatte, meldete sich freiwillig als Sanitäter, um, wie er an den für die Universität zuständigen Wilhelm Vischer schrieb, «meinen Pflichten gegen das Vaterland zu genügen».[2] Vischer musste die Freistellung Nietzsches genehmigen. Das war nicht ohne Pikanterie, denn Nietzsche hatte zuvor wegen Krankheit mehrfach seinen universitären Verpflichtungen nicht nachkommen können – und jetzt zog es ihn in den Krieg. «Mein Befinden», so erklärte er, «ist jetzt derart gekräftigt, dass ich ohne jede Bedenklichkeit als Soldat oder als Krankenpfleger mich nützlich machen kann. Dass ich aber auch das geringste Scherflein meiner persönlichen Leistungsfähigkeit in den Opferkasten des Vaterlandes werfen *muss*, das wird niemand so natürlich und billigenswerth finden als gerade eine schweizerische Erziehungsbehörde.»[3] Die Basler gaben Nietzsches Wunsch nach, allerdings mit der Auflage, «auf Grund der schweizerischen Neutralität keine Waffen zu tragen».[4]

Wie Marx und Wagner, die ihr revolutionäres Engagement mit dem Exil bezahlten, hatte auch Nietzsche einen Preis zu entrichten: Er infizierte sich beim Rücktransport von Verwundeten nach Deutschland und litt wochenlang an der Ruhr und an Rachendiphtherie. Die Nachwirkungen machten ihm weit darüber hinaus zu schaffen. Was für Wagner und Marx die Trauerarbeit nach dem Scheitern der Revolution war, zunächst verbunden mit der Erwartung, diese werde nach kurzer Zeit wieder aufflammen, und schließlich mit der Einsicht, dass die Ära der von Paris ausgehenden Revolutionen in Europa zu Ende war, wurde für Nietzsche der aufkeimende Zweifel, ob die Reichsgründung wirklich ein Glücksfall der deutschen Geschichte gewesen sei.

Dabei war er zunächst ganz patriotisch gestimmt. Im März 1871 schrieb er aus Lugano, wo er nach der Malaise seines Kriegsabenteuers zur Kur war, dass man hier «den Preußen» zuneige, während in der Nordschweiz «Deutschenhass» vorherrsche. So habe man sich in Lugano «neulich eine Geburtstagsfeier Kaiser Wilhelms [...] gestatten können und ‹lebende› Bilder gestellt, ohne fürchten zu müssen, daß man auf dieselben schießt».[5] Und er berichtet mit erkennbarer Zufriedenheit von preußischen Offizieren, die in Lugano kurten und an Feiertagen beim Spaziergang am See ihre Uniform trügen, ohne dass man sie dafür anfeinde. Zu dieser Zeit stiegen in ihm jedoch die ersten Zweifel auf: Er halte, schrieb er schon im November 1870, «das jetzige Preußen für eine der Cultur höchst gefährliche Macht»; man müsse «in dem allgemeinen Rausch besonnen [...] bleiben – damit nicht der Dieb komme und uns stehle oder verringere, was für mich mit den größten militärischen

Thaten, ja selbst mit allen nationalen Erhebungen nicht in Vergleichung kommen darf».[6] Und einen Monat später: «Für den jetzigen deutschen *Eroberungs*krieg nehmen meine Sympathien allmählich ab. Die Zukunft unser deutschen *Cultur* scheint mir mehr als je gefährdet.»[7] Und ein paar Wochen darauf: «Möge vor allem die staatliche Machtentfaltung Deutschlands nicht mit *zu erheblichen* Opfern der *Kultur* erkauft werden! Einiges werden wir jedenfalls einbüßen und hoffentlich auch dies nur in der Hoffnung auf eine spätere reichliche und vielfältige Wiedererstattung.»[8]

Nietzsche legte eine bemerkenswerte Sensibilität für politische Entwicklungen an den Tag: Ungefähr zur selben Zeit, als auch Marx gegenüber der deutschen Kriegführung auf Distanz ging, weil er sie nicht länger als Verteidigung gegen den bonapartistischen Militarismus, sondern als Eroberungsfeldzug ansah, sprach auch Nietzsche von einem Eroberungskrieg der Deutschen. In der Beschreibung des politisch-militärischen Geschehens standen sich beide ganz nahe, aber sie zogen unterschiedliche Schlüsse daraus. Nietzsche sorgte sich, die Kultur in Deutschland könne zum Leidtragenden der Reichsgründung werden, und diese Sorge wurde schon bald zum Hauptthema seiner Deutschenkritik; Marx dagegen befürchtete, dass im Gefolge der militärischen Siege ein protestantisch angeleiteter Nationalismus entstehen werde, der den Aufschwung eines revolutionär-sozialistischen Bewusstseins blockieren und Deutschland zum neuen Bollwerk gegen die Revolution machen werde. «‹Jesus meine Zuversicht!›, gesungen von Wilhelm I., Bismarck zur Rechten und Stieber [Marxens alter Kontrahent aus der Zeit des Kölner Kommunistenprozesses] zur Linken, ist die deutsche Marseillaise! Wie 1812 sqq. Der deutsche Philister scheint förmlich entzückt, dass er seiner eingeborenen Servilität jetzt ungeniert Luft machen kann. Wer hätte es für möglich halten sollen, dass 22 Jahre nach 1848 ein Nationalkrieg in Deutschland *solchen* theoretischen Ausdruck besitzen würde!»[9]

Offenbar ist Marx zunächst davon ausgegangen, dass das deutsche Bürgertum im Verlauf der 48er-Revolution die Illusionen der Befreiungskriege hinter sich gelassen habe und die Verwirklichung seiner

Im Rund der Frankfurter Paulskirche trat 1848 die Deutsche Nationalversammlung zusammen. Sie repräsentierte etwas, das es bis dahin politisch nicht gab: die deutsche Nation. Diese wird symbolisiert durch die Farben Schwarz-Rot-Gold, die in den Fahnen über dem Präsidium und den Girlanden des oberen Rangs zu sehen sind, sowie in der Germania oberhalb des Präsidententischs. Das Bild der Germania verdeckt die Orgel der Kirche.

politischen Ziele nicht noch einmal in die Hände seiner Fürsten legen werde. Weiterhin hatte er geglaubt, die Religionskritik der 1830er und 1840er Jahre habe dazu geführt, dass man politische Schritte nicht mehr mit religiösen Bekenntnissen verbinden würde, wie etwa dem Singen christlicher Lieder. Mit Erstaunen stellte er nun fest, dass dem keineswegs so war. Marx hatte die Folgen der Revolution für die Mentalität der Deutschen überschätzt, denn die soziopolitische Welt war bei weitem nicht so «entzaubert», wie er im *Manifest* geglaubt hatte.[10] So wurden die Ereignisse von 1870/71 zur zweiten Enttäuschung: Nach dem Scheitern des revolutionären Aufbruchs selbst, der Zögerlichkeit des Paulskirchenparlaments und den Erfolgen der Konterrevolution bestand diese darin, dass die erste Enttäuschung so wenig Spuren in der politischen Mentalität der Deutschen hinterlassen hatte, dass sie aus dem Scheitern der Revolution so ganz und gar nichts gelernt hatten. So wurde «1870/71» für Marx zum Dementi von «1848/49». Die Revolution hatte sich bloß als Episode und nicht als politischer Einschnitt erwiesen.

Marx hatte einen guten Blick für die Verbindung bestimmter Formen des politischen Protestantismus mit nationalem Stolz oder auch nationalistischer Selbstüberhebung. Das Lied «Jesus meine Zuversicht», seit Mitte des 17. Jahrhunderts im reformierten Gesangbuch der Mark Brandenburg nachweisbar und in pietistischen Kreisen von großer Beliebtheit, ist nur ein Beispiel dafür; Marx hätte auch «Nun danket alle Gott» erwähnen können, den «Choral von Leuthen», der bei der Ausrufung Wilhelms zum deutschen Kaiser im Spiegelsaal von Versailles gesungen wurde.[11] Adolf Stoecker, später Hofprediger Wilhelms II., sprach damals von der Gründung des «Heiligen evangelischen Reichs deutscher Nation» und stellte dieses Ereignis in die Nachfolge von Luthers Wittenberger Thesenanschlag im Jahre 1517.[12] Damit wurde das Reich nicht nur ins Licht protestantischer Sakralität gerückt, sondern die Reformation, von Hegel und Heine als Revolution beschrieben, auch zur Vorgeschichte einer politischen Machtbildung, die dezidiert gegenrevolutionär angelegt war. Nietzsche war wegen der Amalgamierung von Protestantismus und Reich, Religion und Macht besorgt, Marx wegen des sich abzeichnenden Bündnisses von Religion und Gegenrevolution. Außerdem befürchtete er, dass der Rückbezug auf 1848, der die politische Vorstellungswelt vieler Liberaler bis dahin geprägt hatte, nun durch die Erinnerung an die Befreiungskriege von 1813 und die Niederringung der beiden Napoleons überlagert würde – und damit die Verfassungsfrage von der Beschäftigung mit den europäischen Machtkonstellationen.

Bernhard Rogge, preußischer Hofprediger, hatte den Ton dafür vorgegeben. Seine Predigt in dem Gottesdienst, mit dem die Kaiserproklamation begann, wurde für das Selbstverständnis des Kaiserreichs ausschlaggebend: «Was unsere Väter in der Erhebung der Befreiungskämpfe vergeblich sehr ersehnt haben, wofür deutsche Jugend in edler Begeisterung geschwärmt, was die Sänger jener Tage in immer neuen Weisen umsonst gesungen, was die Lieder und Sagen unseres Volkes nur als einen fernen Traum uns verkündet haben: wir sehen es heute zur

Wirklichkeit geworden, sehen das Deutsche Reich wieder auferstanden in alter Herrlichkeit, ja in einer Macht und Größe, die es vielleicht nie zuvor besessen hat, sehen dem Deutschen Reiche seinen Kaiser wiedergegeben und dürfen als solchen einen König begrüßen, dessen greises Haar mit frischen Lorbeerkränzen geschmückt ist, in denen wir die ruhmvollsten Zeiten der deutschen Vergangenheit erneuert, ja übertroffen sehen.»[13] An die Stelle des Kampfes gegen die Fürsten trat der Kampf gegen die tatsächlichen wie vermeintlichen Feinde des Reichs.

Marx war sich darüber im Klaren, dass das von Rogge und Stoecker entwickelte politische Projekt nicht nur die Revolution von 1848/49 im Kollektivgedächtnis der Deutschen marginalisieren, sondern auch all dem entgegenlaufen würde, was er im *Manifest* als die von der Bourgeoisie vorangetriebene Entzauberung der Welt prognostiziert hatte: Das Heilige kehrte zurück, mit ihm «das Ständische und Stehende», und die ökonomische Ausbeutung der Menschen wurde wieder «mit religiösen und politischen Illusionen» verhüllt.[14] So hatte er sich das zu Beginn des Krieges nicht vorgestellt, als er Engels gegenüber erklärte, «die Franzosen brauchen Prügel»,[15] und offenbar davon ausging, die französische Politik werde von den verbündeten Streitkräften der deutschen Staaten in die Schranken gewiesen, und dabei werde es dann bleiben. Marx' Ehefrau Jenny brachte die Vorstellung vom Krieg als politischer Erziehungsmaßnahme noch deutlicher zum Ausdruck: «Wie verdienen sie alle die preußischen Prügel; denn alle Franzosen, selbst das winzige Häufchen der Bessern, haben doch alle im fernsten Winkel des Herzens den Chauvinismus stecken. Der wird einmal herausgeklopft.»[16] Es war die Hybris von Intellektuellen; man glaubte nicht nur zu wissen, wie die Geschichte verlaufen werde, sondern war zudem noch überzeugt, die kriegführenden Mächte seien Werkzeuge der eigenen Vorstellungen.

Das war bei Wagner ganz ähnlich. In einem langen Brief an zwei französische Anhänger, Catulle Mendès und Judith Mendès-Gautier, geschrieben Mitte August 1870, sprach er davon, die kalte Betrachtung der gegenwärtigen Lage könne eher Trost bieten als die Flucht in Sentimentalitäten, wie er sie aus dem Brief herauszulesen glaubte, den die beiden an ihn gerichtet hatten. Er selbst habe, wenn er sich in einer «elegischen, trauervollen Seelenverfassung» befunden habe, die Rettung nicht in der «Berauschung an der Kunst», sondern in der «Kaltwasserkur der Philosophie» gesucht. Bediene man sich dieser, so zeige sich ein zentraler Unterschied zwischen Franzosen und Deutschen: Die Franzosen würden als «sanguinische Nation» bloß die Gegenwart kennen, die aktuelle politische Lage, die ihnen in den letzten Jahrhunderten zumeist geschmeichelt habe. «Der Deutsche hingegen hat die Geschichte zur Amme gehabt: Auf das Geschichtliche zurückzugehen war unser Bildungsgang, der uns Trost gab, indem er uns stark machte. Die Zustände vor zwei Jahrhunderten sind uns so gegenwärtig wie Euch kaum Eure große Revolution.»[17]

Wagner spielte damit auf die Eroberungskriege Ludwigs XIV. an, in denen große Teile Südwestdeutschlands zerstört und das Elsass sowie Lothringen endgültig Frankreich zugeschlagen worden waren. Der Deutsch-Französische Krieg und das Vordringen deutscher Truppen nach Frankreich waren demnach nur die Umkehrung dessen, was den Deutschen in der Vergangenheit von den Franzosen zugefügt worden war. Wagner beschrieb das als historische Vergeltung: «Darum erscheint uns jetzt alles, was selbst Eure höchsten Geister uns zu sagen haben, als Meisterstück falscher Logik, mit übel angebrachter Beredsamkeit verbrämt. Der Geist der Geschichte ist gleichsam die weltliche Gerechtigkeit. Da heißt es: *Jede Schuld rächt sich auf Erden*! Und dieser Geist schafft sich seine Werkzeuge.»[18] Dementsprechend forderte Wagner die beiden auf, das «Los, wie es geworfen ist, als ein Gottesurteil» hinzunehmen.[19]

Wagner beließ es jedoch nicht bei diesen allgemeinen Überlegungen, aus denen die Spuren seiner früheren Hegel-Lektüre herauszuhören sind sowie ein Nachklang von Schillers «Die Weltgeschichte ist das Weltgericht».[20] Ohne ihn beim Namen zu nennen, geht er auf Napoleon III. ein, dessen politischer Aufstieg für Wagner zu einer ebenso bitteren Enttäuschung geworden war wie für Marx. Dass die Franzosen ihn zum Präsidenten gewählt hatten, bevor er sich zum Kaiser machte, zeige, schreibt Wagner, dass sie eine notorisch leichtsinnige Nation seien, die in der Politik dem Theatralen mehr Kredit einräume als dem der Lage Angemessenen. Darum seine Aufforderung: «Sucht einen echten Staatsmann zu finden! Nur der geht Euch ab, der könnte Frankreich aus seiner Lage befreien. Ein Staatsmann voll echten Mutes, der der öffentlichen Meinung nicht schmeichelt, die so irregleitet ist, seit sie von unwissenden Journalisten und frivolen Tribünenkomödianten regiert wird, einen Staatsmann braucht Ihr, der es vor allem verstünde, der französischen Nation zu erklären, was die deutsche Nation ist und was sie will: denn diese ist es, sie, in Unwissenheit und Selbstgefälligkeit verdächtigte, die nun an Eure Pforten pocht, und keineswegs sind es die ‹Preußen›, als welche man uns zu betrachten beliebt, um uns einem tief verachtenden Hasse gegenüber anzuprangern.»[21]

Was Wagner so ähnlich sah wie Marx: Die Deutschen waren ein Werkzeug der Geschichte, und darin sind sie die Strafe dafür, dass die Franzosen über zwei Jahrzehnte ihre politischen Geschicke einem Mann wie Louis Bonaparte anvertraut hatten. Dass der jetzt von der politischen Bühne verschwand, schuf Klarheit und Übersichtlichkeit. Für Wagner lief das auf die Wiederherstellung der einstigen machtpolitischen Konstellation hinaus, als das Deutsche Reich, wie er meinte, noch die beherrschende Macht Europas war, jene Zeit also, die er in König Heinrichs Auftritt im *Lohengrin* beschworen hat: «Nun ist es Zeit des Reiches Ehr' zu wahren; / Ob Ost, ob West, das gelte Allen gleich! Was deutsches Land heißt, stelle Kampfesschaaren, / dann schmäht wohl Niemand mehr das deutsche Reich!»[22] Wagner stellte sich die machtpolitische Wende von 1870 als Neubelebung dessen vor, was in der Vergangenheit einmal war und was er selbst im *Lohengrin* wie in der Schlussszene der *Meistersinger* als guten und gerechten Zustand beschworen hatte. Die Konstellationen eines idealisierten Mittelalters kehrten nach seiner Auffassung mit der Wiedererrichtung des deutschen Kaiserreichs zurück.

Marx dagegen richtete den Blick statt auf die Vergangenheit in die Zukunft, und diese zu gestalten war für ihn eine Angelegenheit der deutschen Arbeiterklasse. Das Hauptergebnis des Krieges sah er darin, dass die revolutionäre Führungsrolle, die seit 1789 bei Frankreich und dort vor allem bei den unteren Schichten von Paris gelegen habe, nun auf die deutsche Arbeiterbewegung übergegangen sei. Diese Diagnose löste das ein, was Heine in den 1830er Jahren vorausgesagt hatte und worin Marx ihm gefolgt war.[23] Ende August 1870 las sich das bei Marx so: «Der jetzige Krieg eröffnet dadurch eine neue weltgeschichtliche Epoche, daß Deutschland bewiesen hat, daß es selbst mit Ausschluß von Deutsch-Österreich fähig ist, *unabhängig vom Auslande*, seine eigenen Wege zu gehen. Daß es zunächst seine *Einheit* in der *preußischen Kaserne* findet, ist eine Strafe, die es reichlich verdient hat. [...] Die Verhältnisse werden sich auf großem Maßstab entwickeln und vereinfachen. Wenn die deutsche Arbeiterklasse dann nicht die ihr zukommende historische Rolle spielt, ist es ihre Schuld. Dieser Krieg hat den Schwerpunkt der kontinentalen Arbeiterbewegung von Frankreich nach Deutschland verlegt. Damit haftet größere Verantwortlichkeit auf der deutschen Arbeiterklasse.»[24]

Für beide, Wagner wie Marx, ist «die Geschichte» eine Größe, die Aufträge erteilt und Verantwortung überträgt, wobei Wagner darunter eine idealisierte Vergangenheit und Marx eine philosophisch gedeutete Entwicklung versteht. Man kann diesen Aufträgen genügen, aber ebenso auch vor «der Geschichte» versagen. Die Aufgaben, die sie den Deutschen zuweist, sind bei Wagner nationaler, bei Marx klassenkämpferischer Art, bei Wagner romantisches Erbe, bei Marx geschichtsphilosophische Antizipation. Aber auf diese Unterschiede soll es hier nicht ankommen. Vielmehr geht es um die von beiden vorgenommene Verwandlung machtpolitischer Ergebnisse in ethische Verpflichtungen. Die Transformation von Faktizität in Normativität findet statt, indem Ereignisse und Entwicklungen von allem Zufälligen und Zeitweiligen gelöst und als eine Macht angesprochen werden, der sakrale Würde eignet.[25] Der Beobachter und Interpret des Geschehens verschwindet mitsamt seiner Subjektivität in einer vorherbestimmten Verbindlichkeit, gegen die anzukämpfen nur ein Symptom von Borniertheit wäre.

Dass dies ein semantisches Manöver ist, eine «Falschmünzerei», hat keiner stärker offengelegt als Nietzsche, vor allem in den moralistischen Schriften seiner mittleren Zeit und den genealogischen Texten seiner Spätphase, die sich um die Macht der Sprache und die Verwechslung von Begriff und Metapher drehen. Ein frühes Beispiel dieser Sensibilität Nietzsches für semantische Manöver mit politischen Folgen findet sich in den *Unzeitgemäßen Betrachtungen* mit dem Titel *Vom Nutzen und Nachtheil der Historie für das Leben* aus dem Jahre 1874: «Wahrhaftig, lähmend und verstimmend ist der Glaube, ein Spätling der Zeiten zu sein: furchtbar und zerstörend muss es aber erscheinen, wenn ein solcher Glaube eines Tages mit kecker Umstülpung diesen Spätling als den wahren Sinn und Zweck alles früher Geschehenen vergöttert, wenn sein wissendes Elend einer Vollendung der Weltgeschichte gleichgesetzt wird. Eine solche Betrachtung hat die Deutschen daran gewöhnt, vom ‹Weltprozess› zu reden und die eigne Zeit als das nothwendige Resultat dieses Weltprozesses zu rechtfertigen; eine solche Betrachtungsart hat die Geschichte an Stelle der anderen geistigen Mächte, Kunst und Religion, als einzig souverän gesetzt, insofern sie ‹der sich selbst realisirende Begriff›, insofern sie ‹die Dialektik der Völkergeister› und das ‹Weltgericht› ist.»[26]

Das ist explizit gegen Hegel gerichtet, trifft aber ebenso die zitierten Passagen von Wagner und Marx. Hegel, so Nietzsche weiter, habe «in die von ihm durchsäuerten Generationen jene Bewunderung vor der ‹Macht der Geschichte› gepflanzt, die praktisch alle Augenblicke in nackte Bewunderung des Erfolges umschlägt und zum Götzendienste des Thatsächlichen führt: [...] Wer aber erst gelernt hat, vor der ‹Macht der Geschichte› den Rücken zu krümmen und den Kopf zu beugen, der nickt zuletzt chinesenhaft-mechanisch sein ‹Ja› zu jeder Macht, sei dies nun eine Regierung oder eine öffentliche Meinung oder eine Zahlen-Majorität, und bewegt seine Glieder genau in dem Takte, in welchem irgend eine ‹Macht› am Faden zieht.»[27] Auch das war eine Äußerung über Deutschland – und als was es zu betrachten sei. Vor allem war es eine Äußerung, die Wagners Brief an seine beiden französischen Anhänger unmittelbar widersprach: Hatte Wagner darin den Franzosen vorgehalten, sich an den Augenblick und ans Theatrale gebunden zu haben, so macht Nietzsche spiegelbildlich den Deutschen zum Vorwurf, sich durch die Vergöttlichung der Geschichte der Macht des Tatsächlichen unterworfen zu haben.

Marx' tiefsitzende und Wagners revisionsoffene Preußenfeindschaft

Bei Wagner und Marx ist neben Deutschland immer auch von Preußen die Rede: Wagner wehrte sich dagegen, dass das den Franzosen nunmehr entgegentretende Deutschland als «Preußen» bezeichnet und damit in eine bestimmte Ecke gestellt wurde; und Marx sah in der absehbaren Borussifizierung Deutschlands die Strafe dafür, dass die Einigung nicht «von unten», etwa in der Revolution von 1848/49, erfolgt sei, sondern durch Bismarck «von oben» und gestützt auf das preußische Militär. Hier kommt die Distanz des Rheinländers Marx und des Sachsen Wagner gegenüber der preußischen Politik während und nach der 48er-Revolution zum Ausdruck: Deutschland war und blieb für sie mit dem revolutionären Aufbruch verbunden, während Preußen Inbegriff von dessen Niederschlagung war. Preußen, das war für sie vor allem das Militär, mit dem Wagner 1849 bittere Erfahrungen gemacht hatte und das in Marx' Analysen das wichtigste Instrument der Gegenrevolution in Deutschland darstellte.

In diesem Punkt unterschieden sich Wagner und Marx von Engels und Nietzsche, die beide in der preußischen Armee «gedient» und dabei eine gewisse Anhänglichkeit zu ihr entwickelt hatten: Nietzsche bezeichnete sich gelegentlich als «reitender Artillerist», und Engels verbarg seine Bewunderung erst gar nicht, etwa wenn es um Moltkes Kriegführung von 1870 ging. «Angreifen gehört zu meinen Instinkten», schrieb Nietzsche und sprach dann von «Geschmeidigkeit und Waffen-Meisterschaft», die es einzusetzen gelte, wenn man es mit einem gleichen Gegner zu tun habe.[28] «Wenn General Moltke auch ein alter Mann ist», so Engels Mitte August 1870 über den Fortgang der Kriegshandlungen, «seine Pläne atmen die ganze Energie der Jugend.»[29] Eine solche Formulierung wäre Marx nie in den Sinn gekommen, und eine Selbstapostrophierung ähnlich der Nietzsches war Wagner schon aus biographischen Gründen nicht möglich.

Nicht von ungefähr kamen Marx und Wagner in den zitierten Passagen auf Preußen zu sprechen, hatten sie doch in den Jahren zuvor

Straßenkampf in der Inneren Altstadt von Dresden: Preußisches Militär stürmt die von Aufständischen auf dem Neumarkt errichteten Barrikaden; an dem auf der linken Bildhälfte zu sehenden Hotel Stadt Rom sind zahlreiche Einschusslöcher zu erkennen; vermutlich ist aus den Fenstern auf die Soldaten geschossen worden, woraufhin diese das Hotel unter Kartätschenfeuer genommen haben.

keineswegs auf die «preußische Lösung der deutschen Frage» gesetzt, sondern sich deutlich gegen sie positioniert – auch noch, als Preußen 1866 in einem kurzen Krieg Österreich aus Deutschland herausgedrängt hatte und viele von denen, die 1848 auf der Seite der Revolution gestanden hatten, sich mehr oder weniger offen dem Bismarckschen Kurs der Reichseinigung anschlossen.

Das Verhältnis zu Preußen war für Marx keine zweitrangige Frage, war es darüber doch zum Streit zwischen ihm und Lassalle gekommen. Während dieser schon früh auf Preußen als gestaltende Macht in Deutschland und Bismarck als den dabei maßgeblichen Akteur gesetzt hatte – einer der Hauptstreitpunkte in dem notorisch schwierigen Verhältnis der beiden –,[30] bestand Marx noch 1869 darauf, dass es eine deutsche Vereinigung erst nach dem Sturz der Hohenzollern in Berlin geben könne: «Sie könnte nur erreicht werden durch eine deutsche Revolution, die die preußische Dynastie hinwegfegt, die Diener des Moskowiters war, ist und immer sein muß.»[31] Dass Bismarck schon seit Längerem mit einer «Revolution von oben» begonnen hatte,[32] spielte für Marx keine Rolle. Marx übersah oder wollte nicht wahrhaben, dass Bismarck an sich zog, was er selbst der Revolution zudachte. Die Entthronung des Welfenkönigs in Hannover und des Kurfürsten von Hessen-Kassel nach dem preußisch-österreichischen Krieg, dazu die Arrondierung des preußischen Staatsgebiets um die hannoverschen, kurhessischen und nassauischen Territorien mitsamt der Freien Stadt Frankfurt hatten nicht nur die innerdeutschen Machtverhältnisse verändert; sie stellten auch eine Abkehr vom Legitimitätsgrundsatz der dynastischen Ordnung dar, wie sie in dieser Radikalität eigentlich nur in den Vorstellungen der Revolutionäre zu finden war. Hinzu kam Bismarcks Vorschlag, die Repräsentativkörperschaften des Norddeutschen Bundes nach dem Allgemeinen Wahlrecht (freilich auf Männer beschränkt) wählen zu lassen. Das hatte zur Folge, dass viele, die zuvor dem Gedanken einer revolutionären Veränderung «von unten» anhingen, nun ihre Hoffnungen auf Bismarck setzten, weil sie ihm von allen deutschen Politikern am ehesten zutrauten, die Einigung Deutschlands zustande zu bringen – und dabei auch den politischen Partizipationsvorstellungen der 48er-Revolutionäre zu genügen.

Die Sturheit, mit der Marx an seiner Position festhielt, ist erklärungsbedürftig, war er doch sonst jemand, der zu taktischen Koalitionen bereit war, auch wenn der Koalitionspartner ganz andere Ziele verfolgte als er. Die gewaltaffine Politik Bismarcks musste ihn dabei vom Grundsatz her nicht stören. In der Frage der Reichseinigung jedoch blieb er gegenüber Preußen und Bismarck auf Distanz, wie die zitierte Bemerkung über die «preußische Kaserne» zeigt. Daran änderte auch das allgemeine Wahlrecht nichts, ein weitgehendes Zugeständnis an Liberale und Demokraten, das neben der politischen Neuordnung Deutschlands, die durchaus «napoleonische» Züge trug, als der zweite Pfeiler einer «Revolution von oben» anzusehen ist. Die politischen Chancen, die sich mit dem allgemeinen Männerstimmrecht für die deutsche Arbeiterbewegung verbanden, hat Marx erst sehr viel später erkannt, und es war vor allem Engels, der daraus strategische Konsequenzen zog. – Warum also verhielt sich Marx in der zweiten Hälfte der 1860er Jahre wie ein Dogmatiker, der er ansonsten keineswegs war?

Es lassen sich mehrere Erklärungen finden, warum Marx gegenüber Preußen und Bismarck so deutlich auf Distanz blieb: Sie haben mit politischer Nostalgie, den europäischen Machtverhältnissen, aber auch mit Marx' Eitelkeit und seinem Misstrauen zu tun. Mitte der 1840er Jahre, als Marx während des ersten Parisaufenthalts seine sozialistischen Grundüberzeugungen festigte,[33] entwickelte er eine auf der Trennung von *sozialer* und *politischer* Revolution beruhende Strategie, in der beide Revolutionen je nach Umständen und Möglichkeiten variabel verfolgt werden sollten. Die politische konnte dabei zum Movens der sozialen, die soziale zum Startzeichen der politischen Revolution werden. Die soziale Revolution lief auf die Abschaffung der Klassenherrschaft hinaus und war eine internationale Angelegenheit; die politische Revolution sollte mit dem Sturz der Monarchie und der Errichtung einer Republik die politischen Konstellationen im Innern der Staaten ändern, wozu auch die Einigung Deutschlands gehörte. Dessen politische Zersplitterung war in Marx' Augen auf die Fürstenherrschaft und das ihr zugrundeliegende Legitimitätsprinzip zurückzuführen, was zur Folge hatte, dass die deutsche Arbeiterbewegung ebenfalls zersplittert war. Diese Revolution war ein genuin nationales Vorhaben und wurde von Marx auch als solches verstanden.

Die Komplementarität von sozialer und politischer Revolution, Internationalität und nationalen Aufgaben war die Grundlage dafür, dass Marx nach dem Scheitern der 48er-Revolution nicht, wie viele andere Mitrevolutionäre, in Resignation verfiel; er setzte auf die sich untergründig vorbereitende soziale Revolution, zugleich aber auch, wenn diese ins Stocken geriet, auf das Wiederaufflammen der politischen Revolution.[34] Neben den Deutschen fiel dabei Polen, Ungarn und Italienern eine zentrale Rolle zu, da sich bei ihnen die Errichtung einer Republik mit der Herstellung nationaler Selbständigkeit verband. Hätte Marx unter dem Eindruck der Bismarckschen Strategie im Bereich der politischen Revolution auf eine Veränderung «von oben» gesetzt, so hätte er die gesamte Strategie aufgeben müssen, weil dann einer ihrer zwei Stränge lahmgelegt worden wäre. Und es hätte dann auch keinen Grund mehr gegeben, bei der sozialen Revolution nicht ebenfalls auf Veränderung von oben zu setzen – was für Lassalle ja durchaus im Bereich des Denkbaren lag.[35] Für Marx war das ausgeschlossen. Er begriff die politische Strategie Bismarcks als Einfallstor des Revolutionsverzichts, und dieses Tor wollte er fest verschlossen halten. Bismarck verkörperte für ihn eine neue Variante des Bonapartismus, der zu Beginn der 1850er Jahre die Revolutionserwartung durchkreuzt hatte. Etwas anderes war hingegen der Ausbruch eines großen Krieges, den Marx als Initialzündung für eine Revolutionierung der politischen wie sozialen Verhältnisse zu nutzen hoffte.

In der Theorie ist es Marx gelungen, die beiden Hälften der revolutionären Zange zusammenzuhalten, nicht jedoch in der politischen Praxis der Arbeiterbewegung. Und in der Theorie auch nur um den Preis, dass diese sich mit der Zeit in eine Ideologie verwandelte, eben in den Marxismus.[36] Marx' Distanz gegenüber dem «weißen Revolutionär» Bismarck diente dazu, seine Strategie aufrechterhalten zu können. Marx spürte das, und dementsprechend ungehalten war er, wenn die Rede auf Bismarck kam. Er entledigte sich der Herausforderung, indem er sie mit einem Denkverbot belegte. Die Folge war, dass die strategische Neuausrichtung in den Jahren 1870/71 von Engels angestoßen wurde, nicht von Marx.

Eine weitere Erklärung dafür, dass Marx einer von Preußen getragenen Einigung Deutschlands so ablehnend gegenüberstand, hat mit seiner Sicht auf die Machtkonstellation in Europa zu tun: Preußen sei seit jeher der verlängerte Arm des russischen Zaren gewesen, im europäischen Kräftespiel abhängig von der russischen Rückendeckung und ohne diese nicht in der Lage, seinen Großmachtanspruch geltend zu machen. Als Argument führte Marx das Jahr 1807 an, als Zar Alexander sich in Tilsit mit Napoleon zum Nachteil Preußens verständigte und Preußen prompt auf das Niveau einer allenfalls mittleren Macht zurückgefallen war. Und er konnte auf die Heilige Allianz verweisen, jenes aus Russland, Preußen und Österreich bestehende Bündnis der konservativen Mächte Ost- und Mitteleuropas, das gegen die liberalen Mächte Westeuropas, gegen Frankreich und England, gerichtet war. Die Heilige Allianz hatte dafür gesorgt, dass jede sich von Frankreich, von Paris her nach Mitteleuropa ausbreitende Revolution unterdrückt und zurückgedrängt wurde, wie das im Verlauf der 48er-Revolution der Fall gewesen war.[37] Einmal mehr wird hier die traumatische Dimension der Ereignisse von 1848/49 in Marx' Denken deutlich.

Die Heilige Allianz war jedoch im Verlauf des 1853 ausgebrochenen und bis 1856 andauernden Krimkriegs zerfallen, als weder Österreich noch Preußen dem von Frankreich und England in der Schwarzmeerregion zurückgedrängten Zarenreich zu Hilfe kam. Seither waren die europäischen Mächtekonstellationen nicht mehr bipolar, sondern standen opportunistischen Koalitionswechseln offen. Die Erosion der Bipolarität war die Voraussetzung von Bismarcks Politik. Das hat Engels genauer gesehen als Marx. Der hielt an seiner Vorstellung fest, dass Preußen von Russland abhängig sei. Schließlich steigerte sich dies bei ihm zu einer regelrechten Obsession, als er etwa zu zeigen versuchte, dass die Russen seit dem 18. Jahrhundert mit Bestechung und Erpressung selbst die führenden englischen Politiker manipuliert hätten.[38] Sobald die Sprache auf Russland kam, wurde Marx zum «Verschwörungstheoretiker». Dass ausgerechnet Russland im 20. Jahrhundert zur Feuerglut des Revolutionären werden sollte, gehört zu den großen Ironien der politischen Ideen- und Realgeschichte.

Preußen war in Marx' Augen aber nicht nur ein vom zaristischen Russland abhängiger Staat, sondern obendrein ein Lakai des bonapartistischen Frankreich – ein Land, das jede gegen Napoleon III. gerichtete Parteinahme sorgfältig vermied und deswegen auch, so Marx' Annahme, niemals zur Vormacht bei der deutschen Einigung werden konnte, sofern sie Süddeutschland umfasste. Das sollte sich 1870 als Fehleinschätzung erweisen. Marx dachte zu sehr in historischen Kontinuitäten und politischen Mentalitäten, als dass er den Machtopportunismus Bismarcks, der tatsächlich allen preußischen Traditionen zuwiderlief, hätte begreifen können. Für ihn war Louis Napoléon Bonaparte der politische Abenteurer, der sich aufgrund der inneren Labilität seiner Macht gezwungen sah, immer neue politisch-militärische Projekte in Gang zu setzen, bei denen sich kaum voraussehen ließ, wie sie enden würden. Das hatte sich bei seinem Mexiko-Abenteuer ebenso gezeigt wie bei den Interventionen auf der italienischen Halbinsel, wo der Kaiser durch militärische Unterstützung des piemontesischen Königshauses die Machtstellung der Habsburger zurückdrängte und damit die Position Frankreichs als europäische Hegemonialmacht festigte.[39] Solange Napoleon III. dabei Erfolg hatte, war ein Wiederaufflammen der Revolution in Frankreich nicht zu erwarten.

Neben dem Zaren war Louis Napoléon Bonaparte für Marx die entscheidende Stütze der Konterrevolution in Europa. Mit seiner Herrschaft, so hatte er schon 1852 erklärt, seien die Revolutionsparolen «liberté, égalité, fraternité» ersetzt worden «durch die unzweideutigen Worte: Infanterie, Cavallerie, Artillerie!»[40] Seit den 1860er Jahren setzte Marx darauf, dass dieser Louis Napoléon Bonaparte sich irgendwann in ein Abenteuer verstricken würde, aus dem er nicht mehr heil herauskam. Das war im Krieg mit Preußen und den süddeutschen Staaten dann tatsächlich der Fall – und das vor allem erklärt, warum Marx, angetrieben durch Engels, zu Beginn des Krieges für Preußen-Deutschland Partei ergriff.

Engels' geopolitische Analysen

Diese Parteinahme war eine weitgehende Revision der bisherigen Position, nicht nur bezüglich Marx' Vorstellung, dass die Einigung Deutschlands nur revolutionär und von unten erfolgen könne, sondern auch mit Blick auf die großdeutschen Präferenzen, die er bis dahin gepflegt hatte: also eine Einigung Deutschlands unter Einbezug der zu Österreich gehörenden deutschsprachigen Territorien. Engels hatte diese der Marxschen Revolutionstheorie verpflichtete Idee in seiner Schrift *Po und Rhein* im Frühjahr 1859 geopolitisch unterfüttert. Ausgangspunkt der Überlegungen war die Frage, ob die Rheingrenze unter Einschluss der linksrheinischen Gebiete in dem Dreieck Landau – Trier – Köln in Norditalien verteidigt werden müsse, also in Form einer preußischen Intervention an der Seite Österreichs in den Krieg gegen Napoleon III., oder ob die habsburgischen Besitzungen dort für Nord- wie Süddeutsche gleichgültig seien und sie darum in einem Krieg zwischen Österreich und der piemontesisch-französischen Koalition neutral bleiben konnten. Konkret: Konnte Preußen als die neben Österreich zweite Vormacht des Deutschen Bundes tatenlos zusehen, wenn den Österreichern die norditalienischen Gebiete abgenommen wurden? Oder war es angezeigt, dass preußisches Militär den Österreichern zu Hilfe kam, um sicherzustellen, dass ein möglicher Erfolg Napoleons am Po nicht zum Auftakt für eine französische Annexionspolitik am Rhein wurde, wie viele befürchteten?

Das war eine politisch überaus heikle Frage, zu deren Beantwortung Marx den in militärstrategischen Fragen versierten Engels drängte. Heikel, weil beide immer die nationalstaatliche Umgestaltung Mittel- und Südeuropas verfochten hatten, die ein zentraler Bestandteil von Marx' Revolutionsstrategie war – aber sie hatten darunter einen vom Volk getragenen revolutionären Prozess verstanden und nicht ein dynastisches Projekt, wie es jetzt vom piemontesischen König mit französischer Rückendeckung in Gang gesetzt wurde und mit dem die Franzosen ihre Hegemonialposition in Europa festigten. Engels löste dieses Dilemma auf, indem er sich auf Napoleon III. konzentrierte und die nationale Einheit Italiens nur am Rande streifte, mehr noch: Er sprach sogar vom «Gerede um die Befreiung Italiens», wies ihm also die Bedeutung von etwas bloß Vorgeschobenem zu. Die Angliederung der Poebene sei für Louis Napoléon Bonaparte nur der Vorwand, das eigentliche Ziel sei ein Krieg um die Herrschaft am Rhein. Engels begründet das mit den inneren Zwängen, denen das bonapartistische Regime ausgesetzt war: «Nur ein Krieg um die Rheingrenze kann möglicherweise den Blitzableiter abgeben gegen die beiden den Bonapartismus im Innern Frankreichs bedrohenden Elemente: die ‹patriotische Überkraft› der revolutionären Massen und das gärende Mißbehagen der ‹Bourgeoisie›.

Friedrich Engels, der als Einjährig-Freiwilliger bei der Königlich Preußischen Garde-Artillerie in Berlin gedient hatte, interessierte sich insbesondere für Fragen der Strategie und der Geopolitik, was ihm bei Marx' Töchtern den Spitznamen «The General» eintrug. Er war stolz darauf, dass man seine anonym veröffentlichten Strategieanalysen in einschlägigen Kreisen für Arbeiten eines preußischen Generals gehalten hatte.

Den einen gäbe es nationale Beschäftigung, den andern die Aussicht auf einen neuen Markt.»[41]

Von dieser Überlegung ausgehend, spielte Engels dann diverse strategische Varianten durch und kam dabei zu dem Ergebnis, dass Österreich in seiner Position als europäische Großmacht auf die Mincio-Linie mit der Festung Mantua im Zentrum angewiesen sei; für ein vereintes Deutschland gelte das nicht, wiewohl es durchaus von geopolitischem Vorteil sei, wenn es die Mincio-Linie kontrolliere. Diesem Vorteil stehe jedoch der Hass gegenüber, den die Italiener auf die Deutschen hätten, solange sie im Besitz der Lombardei seien. Für die Sicherheit Deutschlands sei es alles in allem besser, mit Italien auf gutem Fuß zu stehen, als auf Festungslinien zu pochen, die nur für Österreich von existenziellem Interesse seien. Man kann das als verborgen propreußische Haltung ansehen, da eine Schwächung Habsburgs die preußische Position im Deutschen Bund stärken würde. Falls Engels diesen Hintergedanken gehabt haben sollte, so hat er ihn nicht ausgesprochen.

Im Anschluss an die Norditalien betreffenden Überlegungen kehrt Engels den Blick um und erklärt das französische Interesse an der Rheingrenze damit, dass die französische Nordgrenze nur schlecht zu verteidigen sei, weshalb sich Belgien als Operationsbasis für Angriffe auf Frankreich anbiete. Das war, wenn man so will, eine Antizipation des späteren Schlieffenplans. Um ihre Verteidigungsfähigkeit zu erhöhen, könnten die Franzosen, analog zur österreichisch-deutschen Argumentation hinsichtlich der Mincio-Linie, die Rheinlinie mitsamt einigen Vorposten auf der rechtsrheinischen Seite beanspruchen. Und nicht nur das: Die «von den mitteleuropäischen Großmachtspolitikern aufgestellte Theorie der natürlichen Grenzen» könne zuletzt dazu führen, dass Russland «mit demselben Recht, auf das Deutschland sich am Po stützt», «die Anforderung stellen könne, daß die Oder die natürliche Grenze Russisch-Polens sei».[42]

An die Stelle von Geographie und Topographie, die ein ständiger Streitpunkt seien, will Engels Sprache, Kultur und politisches Zugehörigkeitsempfinden als Grundlage einer politischen Neugestaltung Europas gesetzt wissen, besteht aber darauf, dass dies nicht zu einer bunten Fragmentierung der europäischen Landkarte führen dürfe. Deswegen spricht er auch von den «großen und lebensfähigen europäischen Nationen» und «ihren *wirklichen* natürlichen Grenzen [...], die durch Sprache und Sympathie bestimmt werden, während gleichzeitig die Völkertrümmer, die sich hier und da noch finden und die einer nationalen Existenz nicht mehr fähig sind, den größeren Nationen einverleibt bleiben und entweder in ihnen aufgehen oder sich nur als ethnographische Denkmäler ohne politische Bedeutung erhalten.»[43] Die mit Marx' und Engels' Revolutionskonzept verbundene Vorstellung von der politischen Neuordnung Europas war jedenfalls von einem bemerkenswerten machtpolitischen Realismus geprägt.

Was aber bedeuteten diese geopolitischen Überlegungen für die deutsche Frage? Das Prinzip der nationalen Selbstbestimmung, das Engels – unter der Voraussetzung politischer und wirtschaftlicher Lebensfähigkeit der politischen Akteure – einer europäischen Neugestaltung zugrunde legt, würde, nimmt man zur Frage der italienischen Territorien noch die der Ungarn und Slawen hinzu, auf das Ende des Habsburgerreichs hinauslaufen. Das wiederum hieß, dass dessen deutschsprachige Gebiete zum Bestandteil einer «großdeutschen» Lösung wurden. Eine «großdeutsche» Lösung sei aber nur möglich, so Engels' damals explizite Position, wenn sie nicht unter preußischer Führung, nicht als Überwältigung der Süddeutschen durch die Norddeutschen erfolge und auch nicht auf militärischem Weg. Das war für Engels – und wohl auch für Marx – die politische Alternative zur Verknüpfung des nationalen Selbstbestimmungsanspruchs mit der Machtpolitik Napoleons III., von dessen prinzipieller Unersättlichkeit er aufgrund der inneren Widersprüche des Zweiten Kaiserreichs zutiefst überzeugt war.

Dass Bismarck die verfeinerte Variante der bonapartistischen Karte ausspielen würde, hat Engels damals, 1859, nicht vorausgesehen, wenn man nicht von der erwähnten, im Text verborgenen propreußischen Volte ausgeht. Sein Resümee: «Soll [...] die Karte Europas revidiert werden, so haben wir Deutsche das Recht zu fordern, daß es gründlich und unparteiisch geschehe und daß man nicht, wie es beliebte Mode ist, verlange, Deutschland allein solle Opfer bringen, während alle anderen Nationen von ihnen Vorteil haben, ohne das geringste aufzugeben. Wir können manches entbehren, das an den Grenzen unsres Gebiets herumhängt und uns in Dinge verwickelt, in die wir uns besser nicht so direkt einmischten. Aber geradeso geht es andern auch; mögen sie uns das Beispiel der Uneigennützigkeit geben oder schweigen.» Für Engels heißt das, «daß wir Deutsche einen ganz ausgezeichneten Handel machen würden, wenn wir den Po, den Mincio, die Etsch und den ganzen italienischen Plunder vertauschen könnten gegen die *Einheit*, die [...] allein uns nach innen und außen stark machen kann.»[44]

Aber damit blieb die Frage offen, wer als politische Vormacht Deutschlands diesen «Handel» machen sollte: Wien oder Berlin? Oder vielleicht doch einer der Mittelstaaten? Oder gar Revolutionäre in Nachfolge des Paulskirchenparlaments? Engels' anonym veröffentlichter Essay *Po und Rhein* ist eher eine Studie über geopolitische Grundsätze als ein politischer Handlungsvorschlag. Ein Text von beeindruckender Klarsichtigkeit über das, was auf Europa zukommen würde, wenn man sich weiterhin am Grundsatz der militärischen Verteidigbarkeit seiner Grenzen und nicht an dem nationalkultureller Zugehörigkeit orientierte – aber er gab keinerlei Auskunft darüber, wie eine solche Verständigung über die Zugehörigkeit beziehungsweise Nichtzugehörigkeit umstrittener Gebiete zustande gebracht werden sollte. Es spricht durchaus für Engels' realpolitischen Sinn, dass er darauf verzichtete, all diese Probleme mit einem revolutionären Umbruch in Europa für gelöst zu halten. Womöglich schwebte ihm so etwas wie ein großer europäischer Kongress vor, bei dem freilich nicht die Dynastien und ihre Repräsentanten die Verhandlungen führten und auch nicht ihr Selbsterhaltungsinteresse den Ausschlag gab, wie auf dem Wiener Kongress, sondern demokratische Republiken Verhandlungsführer entsandten, die an innerer Einheit statt äußerer Machtentfaltung orientiert waren. Wer dabei festlegen sollte, was als «lebensfähige Nation» und was als «Völkertrümmer» anzusehen war, blieb indes ebenfalls offen.

Bemerkenswert ist, dass Engels hier in nuce eine politische Strategie entwarf, die ungeklärte Machtfragen, die das Potenzial zum Krieg hatten, mit einer Neugestaltung der inneren Verhältnisse der europäischen Staaten verknüpfte, nämlich der Verwandlung traditionalistischer Dynastien oder bonapartistischer Regime zu demokratischen Republiken. Die ungelösten Fragen der europäischen Mächteordnung sollten zum Hebel der inneren Veränderung werden. Das war zugleich eine Reaktion darauf, dass am Ende der 1850er Jahre die revolutionäre Dynamik in Europa abgeebbt war oder sich nationalistisch eingefärbt hatte. Dass Bismarck sich dieses Hebels bedienen würde, kam Engels zunächst nicht in den Sinn.

Was aber bedeutete diese Studie *konkret* für die deutsche Frage? Engels wollte sie 1859 nicht machtpolitisch gelöst wissen, also in einem Krieg, aus dem dann Preußen oder Österreich als Sieger hervorging. Er appellierte an ein gesamtdeutsches Interesse, für das weder dynastische Vorgaben, die nationalen Zugehörigkeiten zuwiderliefen, noch geographisch-topographische Gegebenheiten («natürliche Grenzen») ausschlaggebend sein sollten. Will man es zuspitzen, so skizzierte Engels' Entwurf einen politischen Weg, der eine Alternative zu der dann von Bismarck verfolgten Lösung darstellte. Ob Bismarck die von ihm 1870/71 erreichte Lösung so, wie sie eintrat, angestrebt und konzipiert hat oder ob dies das Ergebnis eines bedenkenlosen Opportunismus war, ist unter Historikern bis heute umstritten,[45] spielt aber für die hier zu beantwortende Frage keine Rolle. Engels' Problem bestand darin, dass er keinen Träger für die von ihm skizzierte Alternative benennen konnte, keinen, der machtpolitisch in der Lage gewesen wäre, den beschriebenen Weg tatsächlich zu gehen. Immer mehr Liberale und selbst Revolutionsteilnehmer von 1848 schlossen sich daher dem Bismarckschen Lösungsweg an, sobald dieser erkennbar wurde.

Dass Marx nicht zu ihnen gehörte, ja nicht einmal Erwägungen in diese Richtung anstellte, hatte wohl auch mit seinem ausgeprägten Rivalitätsbewusstsein, seiner rheinischen Distanz zu «Berlin» und den Erinnerungen an seine Verfolgung durch die preußischen Behörden in den 1840er und 1850er Jahren zu tun: Sich mit Preußen, zumal mit Bismarck, einzulassen wäre für Marx einem Verrat an sich selbst gleichgekommen. An Versuchen, ihn für eine preußische Lösung der deutschen Frage zu gewinnen, hat es nicht gefehlt, doch vermutlich haben sie ihn in seinem Widerstand dagegen nur bestärkt. Er neigte dazu, sich gerade dem zu verweigern, wovon er den Eindruck hatte, dass man es von ihm erwartete oder ihn dazu bewegen wollte. Marx hatte ein geradezu obsessives Misstrauen gegenüber äußeren Einflussnahmen und hielt Distanz zu Entwicklungen, an denen sich mit einem Mal viele beteiligten, zumal solche, mit denen Marx politisch eigentlich am selben Strick zog.

So hatte ihn Ferdinand Lassalle für eine preußenfreundlichere politische Linie zu gewinnen versucht, aber gerade Lassalle gegenüber war Marx' Rivalität so groß, dass er bloß deswegen, weil dieser dafür war, dagegen sein musste. Später versuchte Lothar Bucher, ebenfalls ein ehemaliger 1848er und nunmehr Vertrauter Bismarcks, ihn als Autor für eine preußenfreundliche Zeitung zu gewinnen (was Marx' Geldsorgen vermindert hätte),[46] doch Marx lehnte ab. Im Fall Lassalles war es Konkurrenzdenken, im Fall Buchers, mit dem Marx zeitweise auf vertrautem Fuß gestanden hatte,[47] Misstrauen, das ihn absagen ließ. So führten die Revolutionsstrategie, die Analyse der europäischen Machtverhältnisse und ihrer politischen Optionen sowie persönliche Eitelkeit dazu, dass Marx in der deutschen Frage politisch nicht auf Preußen setzte.

Wagners großes Projekt: Politik auf ästhetischer Grundlage

Das war bei Wagner zunächst nicht anders. Ende der 1860er Jahre schlug er dann jedoch eine propreußische Linie ein, die ihn während des Krieges von 1870/71 zum wortmächtigen Apologeten einer deutschen Kriegs- und Eroberungspolitik werden ließ. Als Sachse, der mit dem preußischen Militär keine guten Erfahrungen gemacht hatte, und jemand, der seit 1864 informell im Dienste des bayerischen Königs stand, jedenfalls von diesem alimentiert wurde, war von ihm eine solche Parteinahme eigentlich nicht zu erwarten gewesen.

Wagner stand auch der österreichischen Politik skeptisch gegenüber, da sie viel zu oft mit anderen Problemen als der deutschen Frage beschäftigt war. Fast zwangsläufig fiel damit Bayern und seinem König eine größere Rolle zu. Nun sollte man annehmen, dass Fragen der operativen Politik einen Künstler, dem es vor allem um die Aufführung seiner Musikdramen geht, nicht beschäftigten – doch das war bei Wagner anders. Als aktiver Teilnehmer der Revolution von 1848/49 hatte er ein ausgeprägtes politisches Interesse, das er trotz aller Bekundungen nach der Flucht aus Dresden, er wolle von jetzt an nur noch Künstler sein, nicht verlor; sodann konnte ihm als Künstler, der eine genuin «deutsche» Musik machen und diese gegen die italienische und französische Oper durchsetzen wollte,[48] die Lösung der deutschen Frage nicht gleichgültig sein; und schließlich hatte er ein grenzenloses Bedürfnis, sich in politische Fragen einzumischen, sobald sich ihm die Gelegenheit dazu bot. Er war zutiefst davon überzeugt, dass er es besser wusste als andere und man auf seinen Ratschlag angewiesen war. In diesem Fall nutzte Wagner den vertrauensvollen Umgang mit Ludwig II., den er in seinem Sinne dirigieren zu können glaubte. Das hatte zwar früher bereits zu Reibereien mit der bayerischen Ministerialbürokratie geführt, die sich gegen Einmischungen von inkompetenter Seite wehrte,[49] aber diesmal glaubte Wagner, Ludwig dem Einfluss der Ministerialen entziehen zu können.

Auch nach 1866, als Bismarck Österreich bereits aus Deutschland herausgedrängt hatte, hielt Wagner an einer nicht von Preußen ausgehenden und vor allem nicht zu preußischer Dominanz in Deutschland führenden Lösung fest, über die er sich schon vor dem 1866er-Krieg mehrfach mit dem Publizisten Constantin Frantz ausgetauscht hatte. Der hatte die Idee eines Staatenbundes ins Spiel gebracht, in dem alle deutschen Staaten gleichberechtigt vertreten waren. Keinem von ihnen sollte eine Führungsrolle zufallen.[50] Das hatte vor 1866 eine gewisse Attraktivität, da es die preußisch-österreichische Rivalität aus dem Spiel nahm, die bis zur Entscheidungsschlacht von Königgrätz/Sadowa jeglichen Fortschritt bei der Beantwortung der deutschen Frage blockierte. Das von Frantz' vorgeschlagene Modell lief auf eine starke Position der Mittelstaaten hinaus, und man konnte sich vorstellen, dass Bayern unter ihnen besonderes Gewicht haben würde. Aber dazu brauchte es eines Mannes an der Spitze des Landes, der dies zu nutzen verstand – und das war der bayerische König Ludwig II. mit Sicherheit nicht. Dazu fehlten ihm der Machtwille, der strategische Blick und auch die Entschlossenheit, eine sich bietende Gelegenheit zu ergreifen. Ludwig war ein Träumer, der in seiner eigenen Welt lebte und dessen Energie sich darin erschöpfte, Schlösser zu bauen und Wagners Projekte zu fördern. Wagner kannte Ludwig gut genug, um sich diesbezüglich keine Illusionen zu machen. «Einer unbegreiflich sinnlosen Erziehung», schrieb er an Frantz, «ist es gelungen, in dem Jünglinge einen tiefgehenden, bis jetzt noch ganz unüberwindlich sich zeigenden Widerwillen gegen ernstliche Beschäftigung mit Staatsinteressen zu erwecken, welche er, verachtungsvoll gegen alle hierbei Beteiligten, ganz nur nach der vorgefundenen Routine durch die vorgefundenen Beamten, wie mit Ekel, abtun läßt. Seine Familie, der ganze Hof ist ihm widerwärtig, das Armee- und Soldatenwesen verhaßt, der Adel lächerlich, die Volksmasse verächtlich.»[51] Aus eigenem Antrieb würde Ludwig kaum bereit sein, die Aufgaben eines führenden Akteurs in Deutschland zu übernehmen, und aus eigener Kraft würde er dazu auch nicht in der Lage sein. «Seine so liebenswürdige, ja so vielversprechende Unkenntnis des realen Lebens», so Wagner weiter, «muss, wie Sie wohl leicht denken können, den königlichen Jüngling in Konflikte verwickeln, die, unter drängenden Umständen, ihn zu offener Bezeugung von Schwäche treiben.»[52]

Der Einzige, der wirklich Einfluss auf den König habe, gibt Wagner zu verstehen, sei er selbst, und das nicht durch unmittelbar politische Ratschläge, sondern mittels der Kunst, der Poesie und der Musik. Damit ist Wagner bei seinem Thema angekommen: «Mit dem Heil Deutschlands steht und fällt auch mein Kunstideal; ohne Deutschlands Größe war [wäre] meine Kunst ein Traum: soll dieser Traum in Erfüllung gehen, so muß notwendig Deutschland auch zu seiner vorbestimmten Größe gelangen.»[53] Die hier von Wagner hergestellte Verbindung zwischen seiner Kunst und Deutschlands Einheit erklärt, warum er sich trotz mehrfachen Schiffbruchs in politischen Angelegenheiten weiterhin mit ihnen beschäftigte.

Aber wie sollte eine Verbindung zwischen dem «Heil Deutschlands», dem Wagnerschen Kunstideal und dem Tätigwerden des in seine Phantasien versponnenen Bayernkönigs zustande kommen? Wagner sah darin seine ureigene Aufgabe; so schrieb er an Frantz: «Vernunft und Vorstellen hilft, das sehe ich nun deutlich, gar nichts, und mir bleibt schließlich immer nur der eine Weg, auf ihn zu wirken, übrig, durch meine Kunst – auf seine Vorstellung, durch seine Liebe zu mir – auf seinen Willen. Sie erkennen somit, daß in diesem ganz einzigen Verhältnisse mir zugleich auf ganz unvergleichliche Weise der Weg zu meiner Wirksamkeit auf Deutschland, dem man ebenfalls durch Vernunft nicht beikommen kann, selbst vorgezeichnet ist. Daß ich hier durch meine Kunst einen König luzid und völlig clairvoyant zu machen imstande bin, der sonst das Gewöhnlichste des realen Lebens nicht richtig zu erkennen vermag; daß ich diesen König durch seine begeisterte Liebe zu mir zu den großartigsten und weitreichendsten Entschlüssen und Handlungen zu treiben hoffen darf – dies muß in erhabener Stimmung mich fast mit bedeutungsvoller Ahnung davon erfüllen, in welchem Sinne und auf welche Weise ich auf Deutschland selbst zu wirken berufen sein möchte.»[54]

Wagners Vorhaben war an eitler Selbstüberschätzung kaum zu überbieten. Den Sinn der Revolution oder der Reichsgründung dem Publikum durch die Aufführung des *Rings* vor Augen zu führen, war das Eine – mittels der Kunst einen König zu lenken und jemanden, der eigentlich der Politik und ihren Tücken abgeneigt war, auf diese Weise zum Steuermann der deutschen Einigung zu machen, etwas ganz anderes. Hier tritt die Naivität Wagners in politischen Fragen zutage. Er zog weder Zufälle noch das Agieren von Kontrahenten in Betracht, sondern behandelte die Angelegenheit, als ließe sich Politik machen, wie man ein Theaterstück oder eine Oper inszeniert. Wo Marx und Engels nicht weiterwussten, Marx sich auf illusionäre Erwartungen an die Revolution und ihren baldigen Ausbruch zurückzog und Engels machtpolitische Szenarien ausarbeitete, da brachte Wagner sich selbst und seine Kunst ins Spiel. König Ludwig war das Instrument, durch das Wagner selbst politisch wirksam werden wollte: Er hatte nicht nur den Plan entworfen, nach dem das Geschehen ablaufen sollte; er meinte auch die Fäden für dessen Fortgang ziehen zu können.

Stellt man ideengeschichtliche Verbindungen her,[55] drängt sich die Vorstellung auf, Wagners Vorhaben, Politik durch Kunst zu lenken, stehe in einer Linie zu Schillers Überlegungen in den *Briefen über die ästhetische Erziehung des Menschen*. Schiller hatte diese Gedanken zu Papier gebracht, als er vom Verlauf der Französischen Revolution enttäuscht war: Die Revolution war gescheitert, aber nicht, weil sie, wie Marx und Wagner es für 1848/49 sahen, den Widerstand ihrer Gegner nicht hatte brechen können, sondern weil sie mehr versprochen hatte, als sie halten konnte. Schillers Erklärung für das Scheitern – «der freigebige Augenblick findet ein unempfängliches Geschlecht»[56] – und sein Vorschlag, auf ästhetische Erziehung als Lösung zu setzen – «hier also, in dem Reiche des ästhetischen Scheins, wird das Ideal der Gleichheit erfüllt, welches der Schwärmer so gerne auch dem Wesen nach realisiert sehen möchte»[57] –, waren als kompensatorische Entlastung von Politik angelegt. Offen blieb, ob der nächste «freigebige Augenblick» auf ein besser vorbereitetes Geschlecht treffen konnte oder ob das, was die Franzosen auf *politischem Terrain* hatten verwirklichen wollen, von Schiller definitiv auf das *Feld der Kultur* verlegt wurde. Wagner hat das alles zusammengezogen und auf seine eigene Person fixiert: Die Kunst sollte zur Lenkerin der Politik werden, und an die Stelle der Revolution trat er selbst.[58]

Was Wagner hier entwickelt, ist keine bloße Angeberei gegenüber Constantin Frantz; schon bald danach versuchte er tatsächlich, sein Projekt umzusetzen. Die Gelegenheit dazu bot ein Brief Ludwigs II., in dem dieser den Gedanken ausbreitete, er könne auf den Thron verzichten und sich ausschließlich seinen romantischen Bau- und Kunstinteressen widmen. Grund für die Resignation des Königs war die politisch-militärische Niederlage im Krieg gegen Preußen, auf den sich das Königreich 1866 gemeinsam mit anderen süddeutschen Staaten an der Seite Österreichs eingelassen hatte. Bayern kam politisch weit-

König Ludwig II. von Bayern. Das Bild aus dem Jahre 1867 zeigt einen versonnenen jungen Mann, der sich mehr für Wagners Werk und ein romantisches Ambiente als für den Staatsbetrieb interessierte. Riskanten Entscheidungen wich er gern aus. Wagner war zeitweilig der Überzeugung, er könne als Ideengeber und Berater des Königs die Politik Bayerns aus dem Hintergrund lenken.

gehend ungeschoren aus dem militärischen Desaster heraus und musste bis auf einen kleinen Zipfel von Franken nichts an Preußen abtreten. König Wilhelm I. hatte mit Blick auf alte Besitztümer der Hohenzollern in diesem Raum weitreichende Forderungen erhoben, die Bismarck jedoch mit Blick auf eine künftig preußenfreundlichere Politik Bayerns abgelehnt hatte.[59] Dass Bismarck sich gegen den König hatte durchsetzen können, verdankte er der Unterstützung des Kronprinzen, der, wie der Preußische Ministerpräsident, langfristig dachte.

Bayern, potenzieller Anführer des «Dritten Deutschland», hätte nämlich nach dem Ausscheiden des Habsburgerreichs aus dem Kreis der um die «deutsche Frage» gescharten Staaten zum Wortführer der süddeutschen Staaten aufsteigen können, und Bismarck wollte vermeiden, dass es zu einem Störfaktor seiner Politik wurde. So blieb es bei einer Kriegsentschädigung von dreißig Millionen Gulden, die Bayern an Preußen zu zahlen hatte. Für Ludwig II. war das durchaus schmerzlich, weil es seine Mittel zum Bau neuer Schlösser – und auch zur Finanzierung der Vorhaben Richard Wagners – einschränkte. Zudem stieß der in München eingeschlagene preußenfreundliche Kurs in großen Teilen der bayerischen Bevölkerung auf Widerstand; man wollte das stammesbezogene Sonderbewusstsein und die katholische Konfession gegen das protestantische Preußen geschützt wissen. Ludwig musste zwischen der Staatsräson, die eine engere Anlehnung an Preußen nahelegte,[60] und einer preußenfeindlichen Mentalität in der Bevölkerung vermitteln, was ihm politisch mehr abverlangte, als er aufzubringen in der Lage war. Deswegen dachte er über einen Thronverzicht nach.

Für Wagner war das in höchstem Maße alarmierend, denn es war unklar, ob Ludwig nach einem Thronverzicht weiterhin in der Lage sein würde, Wagners aufwendigen Lebensstil und die Aufführung seiner Werke zu finanzieren. Aber das war kein Argument, mit dem Wagner den König von der befürchteten Entscheidung hätte abhalten können. In dieser Situation griff er auf den gegenüber Frantz geäußerten Gedanken zurück, den König mit seiner Kunst zu beeinflussen, und schlug ihm die Übersiedlung nach Nürnberg vor, wo Ludwig als «junger Volksfürst» mit Hilfe von Wagners Werk zu einem eigenständigen Zentrum bei der Einigung Deutschlands werden könne. Gäbe es nicht den wenige Monate zuvor an Frantz gerichteten Brief, könnte man Wagners Schreiben an Ludwig als seelische Aufmunterung für den König begreifen, in dem ausgefallene Ideen entwickelt wurden, ohne dass damit eine ernsthafte Perspektive verbunden gewesen wäre. So aber sind die Sätze: «Ja! Es gibt noch ein edleres Los, als jetzt König von Bayern zu sein. Wollen Sie dieser Krone entsagen so können Sie etwas noch Höheres sein als König von Bayern. Aber nur, wenn Sie dies werden wollen, darf ich ihnen raten, diesen Entschluß auszuführen»[61], als Eröffnung zur Darlegung eines politischen Projekts zu verstehen, in dem Wagners Musikdramen die zentrale Rolle spielen sollten.

Zunächst beschreibt Wagner, was er für das kommende Jahr vorgehabt hätte, wenn es nicht zum Krieg gekommen wäre: «Folgender Plan war in mir entstanden. Die ‹Meistersinger› wurden zu Rettern in der Not. Sie weisen nach ‹Nürnberg›, dorthin gehören sie, und dort sollen sie zuerst der Welt vorgeführt werden. Welche Schicksalsweisung! Nürnberg, der alte, echte Sitz deutscher Kunst, deutscher Originalität und Herrlichkeit, die kräftige alte Reichsstadt, wohlerhalten wie ein edler Schmuck, lebt von neuem durch den Fleiß seiner heitren, körnigen, aufgeklärten und freisinnigen Bevölkerung unter dem Schutz der bayerischen Krone auf. Dorthin, mein Geliebter, wollte ich Sie im nächsten Jahre berufen: dort sollte Sie ein Volk, verstärkt durch herbeigewanderte Freunde meiner Kunst aus ganz Deutschland, jubelnd begrüßen, welches sich hochgeehrt und glücklich geschätzt hätte, Uns in seinen Mauern bewillkommnen zu dürfen: nichts trat uns dort entgegen; Eifer und Liebe hätten uns getragen, denn es galt zugleich der Wiederherstellung, der Erhebung des alten teuren Nürnbergs.»[62] Wagner erläutert dann, wie er die *Meistersinger* in Nürnberg abseits aller Residenztheater und Repertoirebühnen seinen Vorstellungen entsprechend zur Aufführung gebracht und Ludwig in der nahen Bayreuther Residenz einen Lieblingsort gefunden hätte; mit der Zeit – Ludwig wäre im Gegensatz zu den vorher angestellten Überlegungen in diesem Fall noch König gewesen – wäre ihm die Regierung des Landes dorthin gefolgt.

Der Umzug nach Franken wäre, so Wagner weiter, für Ludwig zur Befreiung von dem durch «Pfaffen verhetzten schwerblütigen Münchener Pöbel» geworden: «Ja! Die Meistersinger – ‹in Nürnberg› – sollten den König von Bayern aus seiner ‹Münch›-residenz [Anspielung auf Mönch] hinaus in das frische, freiatmige Franken entführen – in dasselbe ‹Franken›, wo mein ‹Walther› sich heimisch weiß, da, ‹wo er Meister im Haus› – und Hans ‹Sachs› – der Sachse – sollte den Walther in Nürnberg krönen.»[63] Wagner verbindet hier in der für ihn typischen Art sein politisches Vorhaben mit der *Meistersinger*-Handlung und rekurriert dabei auf die Etymologie und Semantik der beiden *Meistersinger*-Protagonisten: Walther von Stolzing, der waltet, also Herr des Geschehens ist, und Hans Sachs, dessen vermeintlich sächsische Herkunft Wagner betont, so dass die beiden als musikdramatische Parallele zu Ludwig und Wagner anzusehen sind. Wenn Sachs seinen Walther krönt, wie Wagner schreibt, so ist das einerseits auf die Handlung der Oper bezogen, andererseits aber auch auf Wagners Idee, dass die Kunst den Legitimations- und Orientierungsrahmen der Politik abgeben solle, und schließlich auf die von ihm 1848 vor der Dresdner Revolution entwickelte Vorstellung von der Einbettung des Monarchen in eine republikanische Ordnung.[64] Das von Wagner in dem Brief an Ludwig entworfene Projekt war tief in seiner politisch-kulturellen Gedankenwelt verwurzelt. Darin unterscheidet sich Wagners Vorhaben deutlich von Schillers *Briefen über die ästhetische Erziehung*: Wollte Schiller das Ästhetische als Kompensation einer überforderten Politik ins Spiel bringen, so ging es Wagner um den Gebrauch der Kunst zwecks Lenkung der Politik.

Im Anschluss an die Beschreibung des für 1867 vorgesehenen «Nürnberg-Projekts» bat Wagner Ludwig um Geduld, konkret darum, seine Entscheidung über Thronverzicht oder Verbleib im Amt bis ins kommende Frühjahr aufzuschieben; dann wolle er mit den *Meistersingern* fertig sein und die Aufführung in Nürnberg könne stattfinden. Er würde aber, schreibt er, nur dann fertigwerden, wenn keine Störung eintrete, und der Thronverzicht Ludwigs, so legt er dem König nahe, wäre eine solche Störung. Man muss schon ein übergroßes Ego haben, um zu erwarten, dass ein Herrscher eine weitreichende politische Entscheidung unter den Vorbehalt der Arbeitsfähigkeit eines ihm nahestehenden Künstlers stellt. Wagner tat das in der Annahme, Ludwig sei ohnehin mehr an der Aufführung seiner Opern interessiert als an Entscheidungen über die politische Zukunft des Landes.

Doch damit ließ Wagner es nicht bewenden, sondern brachte noch einige politische Fragen ins Spiel, einer Rangordnung folgend, von der er annahm, dass sie vom König geteilt wurde. Er eröffnet die Passage mit der salvatorischen Klausel, selbstverständlich sei das nun Angesprochene viel wichtiger als die Beziehung zwischen König und Künstler, und diese Beziehung habe zurückzutreten, wenn politische Fragen ins Spiel kämen. «Kurz und ohne Rückhalt will ich bezeichnen, was ich meine.» Und Wagner fährt fort: «Der deutsche Bund [die aus dem Wiener Kongress hervorgegangene Kooperationsverfassung der deutschen Länder, die 1866 beendet wurde] hat sich elend bewährt; es kann kein wohltätiges Gefühl sein, den Fürsten dieses Bundes, die nur ihre dynastischen Interessen, nicht aber die großen Anliegen der deutschen Völker erkennen, einfach als gleich beigezählt zu sein; auf lange Zeit wird preußische Willkür Deutschland für seine Zwecke ausbeuten: bekennen Sie offen, daß die Würde des Königs des ältesten Stammlandes der Deutschen Ihnen dies nicht gestattet, so ist ein großer, hochehrender Grund angegeben.»[65]

Wichtiger als «preußische Willkür» ist Wagner jedoch der Umstand, dass «römische Priesterintrigen» die bayerischen Könige seit jeher zum «willenlosen Werkzeug» ihrer Interessen gemacht hätten und dass er, Ludwig, diese Rolle nicht weiter spielen könne. Die «ganze bayerische Staatsmaschine» befinde sich nun einmal in den Händen der römischen Kamarilla. Das war zugleich eine scharfe Wendung gegen den Ultramontanismus, die Orientierung eines Teils der deutschen Katholiken an den Vorgaben aus Rom, wie er in den Debatten seit den 1840er Jahren in Deutschland eine erhebliche Rolle spielte.[66] Vermittler dieser ultramontanen Einstellung waren in Wagners Sicht die Jesuiten, die er – neben den Juden – als die großen Verschwörer im Hinter- und Untergrund ansah. «Hiergegen können nur große, gründliche Umänderungen der deutschen Gesamtgeschichte das Heilmittel bringen: der einzelne vergeudet seine Kraft in einem nutzlosen Kampfe mit einer unnahbaren und doch überall tätigen, finsteren Macht.»[67] Das wäre der, nach dem Verweis auf die «preußische Willkür», zweite Grund, den Ludwig in seiner Rücktrittserklärung anführen könne – für Wagner der unübersehbar wichtigere als die Dominanz Preußens, die er nur kurz andeutet, während er sich über die Herrschaft der Priester und Mönche in München breit auslässt.

Berlin und München, das waren die Orte, von denen sich Ludwig distanzieren sollte, und als Ort, von dem aus er diese Distanz symbolisch zum Ausdruck bringen konnte, bot sich Nürnberg an. Verzichte Ludwig mit dieser doppelten Begründung auf den bayerischen Thron, würde er sich, so hofft Wagner, damit nicht seines Einflusses auf das politische Geschehen begeben – denn als Finanzier und Gesprächspartner Wagners könne er zur politischen Regeneration Deutschlands entscheidend mit ästhetischen Mitteln beitragen: «Während Deutschland politisch sich vielleicht in einen langen Winterschlaf unter preußischer Obhut begibt, bereiten *Wir* wohl und ruhig und still den edlen Herd, an dem sich einst die deutsche Sonne wieder entzünden soll.»[68] Das war der am stärksten politisch geprägte Brief Wagners an Ludwig. Der König gab seinen Thron nicht auf, alimentierte Wagner weiter und folgte meist den politischen Vorschlägen und Entscheidungen Bismarcks, etwa, als er in einem von Bismarck vorformulierten Brief den preußischen König Wilhelm aufforderte, die deutsche Kaiserkrone anzunehmen. Diese symbolische Geste war vonnöten, um den zögerlichen Wilhelm zur Annahme des Kaisertitels zu bringen; zugleich machte sie den Unterschied zu jener Situation gut zwanzig Jahre zuvor sinnfällig, als die Abgeordneten der Paulskirchenversammlung dem damaligen Preußenkönig Friedrich Wilhelm die Kaiserkrone angetragen und dieser sie zurückgewiesen hatte, weil sie aus den Händen gewählter Parlamentarier kam. Die Kaiserwürde, so schrieb Friedrich Wilhelm damals an den Schriftsteller Ernst Moritz Arndt, sei «das eiserne Halsband der Knechtschaft», mit dem er an die Revolution gefesselt werde.[69] Wenn die Krone aber von den deutschen Fürsten kam und der vornehmste und mächtigste unter ihnen, eben Ludwig II., das Angebot vortrug, konnte sich der preußische König dem nicht entziehen, so bitter ihn das auch ankommen mochte.[70] All das war das Werk Bismarcks, in dem Wagner keine Rolle spielte. Im Briefwechsel zwischen ihm und Ludwig ging es fortan nur noch um Fragen der persönlichen Befindlichkeit und das Wagnersche Schaffen. Politische Fragen wurden nicht mehr angesprochen; Wagner hatte begriffen, dass Ludwig sich nicht dazu eignete, mittels der Kunst politischen Einfluss auszuüben.

Nach der Reichseinigung nahm Wagner Kontakt zu Bismarck auf, wurde bei einem Berlinbesuch in Bismarcks Privatwohnung eingeladen – aber dabei blieb es dann auch. Zu einer finanziellen Unterstützung der Bayreuther Festspiele hat Wagner den Reichskanzler nicht bewegen können, und als Rat- und Ideengeber, der er gerne sein wollte, kam er für Bismarck schon ganz und gar nicht in Frage. Bismarck war sein eigener Rat- und Ideengeber, obendrein ein brillanter Stilist, der keine Verwendung für einen politisch ambitionierten Künstler hatte.

Nietzsche, den die Vorgeschichte der Reichsgründung wenig beschäftigte – jedenfalls ist in seinem Briefwechsel davon nirgendwo die Rede –, hat die grundlegende Veränderung zwischen 1866 und 1870, bis hin zur Amalgamierung von Intellektualität und Machtpolitik, rückblickend präzise erfasst, als er in der *Götzen-Dämmerung* (1889) schrieb: «Die Deutschen langweilen sich jetzt am Geiste, die Deutschen misstrauen jetzt dem Geiste, die Politik verschlingt allen Ernst für wirklich geistige Dinge – ‹Deutschland, Deutschland über Alles›, ich fürchte, das war das Ende der deutschen Philosophie ... ‹Giebt es deutsche Philosophen? giebt es deutsche Dichter? giebt es gute deutsche Bücher?› fragt man mich im Ausland. Ich erröthe, aber mit der Tapferkeit, die mir auch in verzweifelten Fällen zu eigen ist, antworte ich: ‹Ja, Bismarck!›»[71] Wo einst Philosophie und Kunst das Denken und Handeln der Deutschen bestimmt hatten, herrschte nun Bismarck – und nur er allein.

Marx und Engels entdecken Bismarck

Marx hat sich über den Kollektivcharakter der Deutschen nicht geäußert, außer dass er, wenn es um «die Deutschen» ging, regelmäßig zum Begriff «Philister» Zuflucht nahm, um ihre Denk- und Lebensweise zu charakterisieren.[72] In seinen Briefen an Engels beschäftigte er sich viel mit tagespolitischen Fragen, seit Mitte der 1860er Jahre zunehmend auch mit Bismarck. Umgekehrt kümmerten sich Wagner und Nietzsche nur selten um Tagespolitik; stattdessen ergründeten sie das Wesen der Deutschen, um daraus Schlussfolgerungen zu ziehen, die auch politisch relevant sein konnten. Wenn sich einer der beiden überhaupt einmal auf Aktuelles einließ, so war das Wagner, aber auch er bloß, um daran allgemeine Überlegungen zu veranschaulichen. «Gewiß aber war es für meine Untersuchung charakteristisch», schrieb er 1864, «daß ich hierbei nie auf das Gebiet der eigentlichen Politik herabstieg, namentlich die Zeitpolitik, wie sie mich trotz der Heftigkeit der Zustände nicht wahrhaft berührte, auch von mir gänzlich unberührt blieb.»[73] Im Grunde genommen hatten Wagner und Nietzsche an Tagespolitik so wenig Interesse wie Marx an der Ergründung eines deutschen Nationalcharakters, von dem er wohl gesagt hätte, dass es ihn gar nicht gebe. Auf die Frage, was deutsch sei, hätten weder Marx noch Engels eine kohärente Antwort gehabt. Es fällt aber auf, dass Deutschland und vor allem Preußen in ihrer Korrespondenz seit Mitte der 1860er Jahre immer wichtiger wurden und dass sie sich Gedanken darüber machten, wer Bismarck sei und womit man bei ihm rechnen müsse.

Dabei ist es zwischen April und Juli 1866 zu einem deutlichen Wandel in der Beurteilung des preußischen Ministerpräsidenten gekommen:[74] Waren Marx und Engels zunächst der Überzeugung, es mit einem einfältigen ostelbischen Krautjunker zu tun zu haben, der durch politisches Ungeschick dem französischen Kaiser die Chance eröffnet habe, einen Teil des linken Rheinufers unter Kontrolle zu bekommen, und der außerdem eine politische Marionette der Russen sei, kamen sie nun zu dem Ergebnis, dass Bismarck seine Macht sehr gut kenne, sie, weil «gewissenlos genug», einzusetzen wisse und «bis auf letzte Stückchen» ausbeuten werde.[75] Ein größeres Kompliment, als dass Bismarck augenscheinlich selbst mit den Russen fertigwurde, konnten Marx und Engels nicht machen.

Auch ihre Einschätzung der militärischen Leistungsfähigkeit Preußens änderte sich innerhalb dieses Vierteljahres: War Engels zunächst der Überzeugung, dass Preußen eine militärische Auseinandersetzung mit Österreich verlieren werde und alle Zeichen auf ein neues Jena hinwiesen,[76] wo Preußen im Jahre 1806 die schwerste Niederlage seiner Geschichte erlitten hatte, schrieb er drei Monate später über die Schlacht von Königgrätz / Sadowa: «Solch eine Entscheidungsschlacht in 8 Stunden abgemacht, ist noch nicht dagewesen; unter anderen Umständen hätte sie 2 Tage gedauert. Aber das Zündnadelgewehr [ein Hinterlader mit erhöhter Schussfrequenz] ist eine heillose Waffe, und dann schlagen sich die Kerle mit einer Bravour, die ich an solchen Friedenstruppen nie gesehen habe.»[77]

In der Zwischenzeit hatte man auf ein Wiederaufflammen der revolutionären Energien gehofft. So schrieb Marx an Engels: «Gesetzt, was wahrscheinlich ist, daß die preußischen Hunde wieder rückkriechen, so bleibt klar und muß selbst den deutschen Philistern klarwerden, daß *ohne Revolution* in Deutschland die Hunde von Hohenzollern und Habsburgern unser [sic!] Land durch Bürgerkrieg (dynastischen) wieder für 50–100 Jahre zurückwerfen.»[78] Das war eine Anspielung auf die Folgen des Dreißigjährigen Krieges, dessen Wiederholung nur durch eine Revolution zu verhindern sei. Die Aussichten dafür betrachtete Engels optimistisch: «In Deutschland sieht es täglich revolutionärer aus.»[79] Dazu trat bei ihm die Erwartung, es werde bei den mobilisierten Truppen infolge Untätigkeit zu Rebellion kommen, und das Erstaunen darüber, dass Bismarck mit der Einführung des allgemeinen Männerwahlrechts politische Mitwirkungsmöglichkeiten in Aussicht stellte, gegen die Preußen in der Revolution von 1848/49 noch mit Militär vorgegangen sei.[80] Schließlich kam Engels zu dem Schluss, dass Bismarck der bessere Bonapartist sei als Louis Napoléon Bonaparte selbst.[81]

Man hatte mit den politischen Prognosen in jeder Hinsicht danebengelegen, und eigentlich wäre eine kritische Beschäftigung mit den Gründen für diese Fehlurteile an der Zeit gewesen. Eine solche Analyse fand jedoch nicht statt; vielmehr stellten sich Marx und Engels auf die neue Lage ein, analysierten die Vor- und Nachteile und machten sich über andere lustig, die öffentlich weiter die Auffassungen vertraten, denen sie ausweislich ihres Briefwechsels zuvor selbst angehangen hatten. In diesem Fall traf es Wilhelm Liebknecht: «Daß brother Liebknecht sich in eine fanatische Östereicherei hineinreden würde, [...] das konnte gar nicht anders sein.»[82] So stand man da, als hätte man von Anfang an gewusst, welchen Gang die Geschichte nehmen würde. Marx und Engels hatten eine ausgeprägte Neigung, ihre politische Lernfähigkeit hinter der spöttischen Kritik an anderen zu verstecken.

Was lässt sich aus diesem Teil des Briefwechsels für das Deutschlandbild von Marx (und Engels) schlussfolgern? Deutschland war für Marx ein Land der Spießbürger, die behagliche Selbstzufriedenheit mit Renommisterei verbanden und dabei eine notorisch antirevolutionäre Haltung einnahmen. Das diente zugleich als Erklärung dafür, warum eine latent revolutionäre Situation, die Marx und Engels seit dem Frühjahr 1866 festzustellen glaubten, nicht zu revolutionären Handlungen geführt hatte – was in Frankreich mit Sicherheit der Fall gewesen wäre. Marx' Deutschlandbild entwickelte sich also nach wie vor im Kontrast zu seinem Frankreichbild, nur dass statt der philosophischen Gründlichkeit, die er den Deutschen im Anschluss an Heine attestiert hatte,[83] nunmehr die Kräfte der Beharrung und des Abwartens im Vordergrund standen. Der philosophische Schwung früherer Jahrzehnte war verlorengegangen. Dennoch deutet sich hier bereits an, was einige Jahre später für Marx zur Grundlage seiner Analyse werden sollte: dass sich die politischen Gewichte von Frankreich nach Deutschland verschoben und der Takt des revolutionären Prozesses nicht mehr von den Franzosen, sondern von den Deutschen vorgegeben wurde – trotz oder auch gerade wegen der Pariser Commune. Nicht schnell aufflammender Enthusiasmus, Empörung und Barrikadenbau würden hinfort für die revolutionäre Veränderung maßgeblich sein, sondern die wissenschaftliche Analyse der langfristigen Trends, eine langfristig angelegte Strategie und nicht zuletzt sorgfältige Organisationsarbeit.

Genau das verband sich in Marx' Sicht mit den Deutschen, denen er damit, ohne dies genauer auszuführen, doch einen Nationalcharakter zuschrieb. Und das hieß für ihn auch, dass an die Stelle Proudhons als führender Theoretiker des Sozialismus er selbst und seine sehr viel gründlicheren Studien zur Entwicklung des Kapitalismus traten. Für den Fall eines preußischen Sieges im gerade begonnenen Krieg bedeutete das: «Das deutsche Übergewicht würde ferner den Schwerpunkt der westeuropäischen Arbeiterbewegung von Frankreich nach Deutschland verlegen, und man hat bloß die Bewegung von 1866 bis jetzt in den beiden Ländern zu vergleichen, um zu sehn, daß die deutsche Arbeiterklasse theoretisch und organisatorisch der französischen überlegen ist. Ihr Übergewicht auf dem Welttheater über das französische wäre zugleich das Übergewicht *unsrer* Theorie über die Proudhons etc.»[84]

Als Ursache für diese Schwerpunktverschiebung machen Marx und Engels nicht etwa eine Verlagerung der *revolutionären* Aktivitäten von Frankreich nach Deutschland aus, sondern die Verlagerung der *bonapartistischen* Aktivität von Paris nach Berlin; oder anders formuliert: die

Otto von Bismarck um das Jahr 1870 in Uniform mit dem Eisernen Kreuz. Das Porträt mit dem Autogramm am unteren Bildrand zeigt die Entschlusskraft und das Durchsetzungsvermögen Bismarcks, aber auch einen Politiker, der sich auf dem Weg befindet und sein Ziel noch nicht erreicht hat.

Überbietung des hektischen Abenteurers Napoleon III. durch Bismarck als Politiker des beherrschten Risikos. Wie kontrolliert Bismarck politische Risiken einging, war für Marx und Engels bei Beginn des preußisch-österreichischen Krieges noch nicht absehbar; damals gingen sie davon aus, seine Bereitschaft zum Krieg gegen Österreich sei auf russische Rückendeckung zurückzuführen. Doch der Umstand, dass Bismarck die weitreichenden Annexionsforderungen des preußischen Königs und des Militärs blockierte und künftigen politischen Optionen größeres Gewicht beimaß als einem hemmungslosen Ausbeuten des Sieges im Rausch des Augenblicks, brachte Marx zu der Einsicht, dass man es hier mit einem neuen Typ von Machtpolitiker zu tun habe. Sich darauf einzustellen konnte nicht folgenlos für die strategischen Optionen der Arbeiterbewegung bleiben: Diese orientierten sich nicht länger am französischen Vorbild, sondern wurden nach und nach dem deutschen Modell angepasst.

In der 1895 verfassten Einleitung zu Marx' Schrift *Die Klassenkämpfe in Frankreich*[85] ließ Engels die Marxschen Analysen zu den Aufständen in Frankreich noch einmal Revue passieren und kam zu dem Ergebnis, dass die Ära der auf Barrikaden gestützten revolutionären Kämpfe vorüber sei.[86] Im Bereich der revolutionären Strategie sei das französische durch das deutsche Vorbild abgelöst worden. «Die Zeit der Überrumpelungen, der von kleinen bewußten Minoritäten an der Spitze bewußtloser Massen durchgeführten Revolutionen ist vorbei. Wo es sich um eine vollständige Umgestaltung der gesellschaftlichen Ordnung handelt, da müssen die Massen selbst mit dabei sein, selbst schon begriffen haben, worum es sich handelt, für was sie mit Leib und Leben eintreten. Das hat uns die Geschichte der letzten fünfzig Jahre gelehrt. Damit aber die Massen verstehen, was zu tun ist, dazu bedarf es langer, ausdauernder Arbeit, und diese Arbeit ist es gerade, die wir jetzt betreiben, und das mit einem Erfolg, der die Gegner zur Verzweiflung bringt.»[87]

Das liest sich wie eine modifizierte Rückkehr zu Heines Vorstellung von der Philosophie, die nicht als Ersatz *für* die oder ein Ausweichen *vor* der Revolution zu begreifen sei, sondern als deren gründliche und systematische Vorbereitung. Das «Schmettern des gallischen Hahns», für den jungen Marx der Inbegriff französischer Revolutionsaffinität, steht nun nicht mehr im Gegensatz zur «Eule der Minerva», dem Symbol der Philosophie, von der Hegel in der Vorrede zur *Rechtsphilosophie* gemeint hatte, sie beginne ihren Flug erst in der Dämmerung, wenn «eine Gestalt des Lebens alt geworden» und eine Etappe der geschichtlichen Entwicklung an ihr Ende gelangt sei.[88] An die Stelle von Hahn und Eule trat die nun von Marx häufig gebrauchte Metapher der untergründigen Arbeit des Maulwurfs (ein Bild, das Marx von Shakespeare, und zwar aus der deutschen Übersetzung des *Hamlet*, übernommen hatte): Die Wühlarbeit des Maulwurfs war nicht spektakulär, sie erfolgte lautlos und im Verborgenen, war aber ungemein effektiv.[89] An diese veränderte Metaphorik des Revolutionären bei Marx konnte Engels anschließen, als er den fundamentalen Strategiewandel der Arbeiterbewegung propagierte.

Über die Verschiebung des strategischen Zentrums von Frankreich nach Deutschland schrieb Engels: «Auch in den romanischen Ländern sieht man mehr und mehr ein, daß die alte Taktik revidiert werden muß. Überall hat man das deutsche Beispiel der Benutzung des Wahlrechts, der Eroberung aller uns zugänglichen Posten, nachgeahmt, überall ist das unvorbereitete Losschlagen in den Hintergrund getreten. In Frankreich, wo doch der Boden seit über hundert Jahren durch Revolution auf Revolution unterwühlt ist, [...] – selbst in Frankreich sehen die Sozialisten mehr und mehr ein, daß für sie kein dauernder Sieg möglich ist, es sei denn, sie gewinnen vorher die große Masse des Volks, d.h. hier die Bauern.»[90] Das wiederum hieß: «Was aber auch in andern Ländern geschehen möge, die deutsche Sozialdemokratie hat eine besondere Stellung und damit wenigstens zunächst eine besondere Aufgabe.»[91]

Spezifisch deutsch, so lassen sich Marx' und Engels' Überlegungen zusammenfassen, war, womöglich in Verbindung mit einer gewissen Neigung zum Spießerhaften und Philiströsen, die Bereitschaft, weite Wege zu gehen, in langen Linien zu denken und sich den Mühen einer Organisationsarbeit zu unterziehen, die nicht auf spektakuläre Erfolge, sondern auf eine schrittweise Eroberung der politischen Macht hin angelegt war – bei einem gleichzeitigen kontinuierlichen Kampf um die Verbesserung der Lebens- und Arbeitsbedingungen. Das war gewissermaßen die deutsche Variante der von Marx Mitte der 1840er Jahre konzipierten Doppelstrategie von politischer und sozialer Revolution.

Wagners Antwort auf die Frage: «Was ist deutsch?»

Wagners Antwort auf die selbstgestellte Frage, was deutsch sei,[92] ist sehr viel weniger gegenwartsbezogen als die Überlegung von Marx, und durch die weit ausholende historische und etymologische Bewegung ist sie auch sehr viel weniger deskriptiv. Eigentlich ist es gar keine Antwort auf die Frage, was deutsch *ist*, sondern darauf, was als deutsch bezeichnet werden *soll* – und wer den Deutschen zuzurechnen sei und wer nicht. Die Bestimmung dessen, was Deutsch sein soll, zeichnet sich in erster Linie durch eine geschichtsmythologische Betrachtungsweise aus, die historisch zu sein vorgibt, tatsächlich aber ahistorisch ist und in erster Linie durch Feindsetzungen bestimmt wird. Sie steht damit ganz in der Tradition der «Vaterlandsdefinitionen» durch Feinderklärung, wie sie in Deutschland mit Ernst Moritz Arndt zunehmend an Raum gewonnen hatte.[93]

Als «deutsch», so Wagners erste These, seien jene Stämme der Völkerwanderung bezeichnet worden, die diesseits von Rhein und Alpen blieben und nicht, wie Goten, Vandalen und Langobarden, Reiche jenseits davon gründeten. Dabei geht Wagner davon aus, dass die diesseits des Rheins und der Alpen verbliebenen Stämme in ihren «Ursitzen» geblieben seien und weiter ihre «Urmuttersprache» gesprochen hätten, während die in romanischem Gebiet siedelnden Stämme ihre Sprache und ihre Sitten aufgegeben hätten. Die «eigentlichen Deutschen» habe es in ihre Heimat zurückgezogen oder sie seien von vornherein dort geblieben und hätten kein Interesse daran gehabt, sich, wie Goten, Vandalen und Langobarden, mit den romanischen Völkern zu vermischen. Zudem sei ihnen der römische Staatsgedanke fremd geblieben.

Im Gefolge dieser – ethnogenetisch abseitigen – Überlegungen zieht Wagner zwei Trennlinien, die sich nur als Feindsetzungen begreifen lassen: die erste gegen die «Welschen», die romanische Welt; und die zweite gegen die Juden, die sich das Staatsleben immer mehr angeeignet haben sollen, nachdem sich die Deutschen davon zurückgezogen hätten. Damit stoßen wir auf Wagners Antisemitismus, um den es später noch ausführlich gehen soll.[94] Dieser Antisemitismus tritt hier nicht auf kulturellem oder wirtschaftlichem Terrain hervor, sondern im «Staatsleben» selbst. Während, so Wagner, gegenüber den Welschen eine räumliche Trennung möglich gewesen sei, habe sich dies bei den Juden als unmöglich erwiesen. Mit Blick auf sie spricht Wagner vom «Eindringen eines allerfremdartigsten Elementes in das deutsche Wesen».[95] Dabei sei nicht nur das «Staatsleben», sondern auch der «Nationalwohlstand» und die «Geistesarbeit» in die Hände der Juden gefallen, womit diese auch über das Selbstbild der Deutschen verfügt und es nach Belieben aus- und umgestaltet hätten.[96] Wagners Bild des Deutschen definierte sich aus der Abgrenzung gegenüber der von ihm entworfenen Chimäre jüdischer Herrschaft.

Dem entsprechend schrieb er dem Deutschen außer der Heimatliebe die Fähigkeit zu, das, was er in der Fremde gehört und gesehen hat, den eigenen Vorstellungen anzuverwandeln und es auf diese Weise zu veredeln. So verwandle der Deutsche das Zufällige und Äußerliche in dem aus der Fremde Mitgebrachten ins «Reinmenschliche» und schaffe so «poetische Werke von unvergänglichem Werthe».[97] Was für die Kunst gelte, gelte auch für die bürgerlichen Einrichtungen. Wagner fasst das so zusammen: «Der Deutsche ist konservativ: sein Reichthum gestaltet sich aus dem Eigenen aller Zeiten; er spart und weiß alles Alte zu verwenden. Ihm liegt am Erhalten mehr als am Gewinnen: das gewonnene Neue hat ihm nur dann Werth, wenn es zum Schmucke des Alten dient.»[98]

Deutschland hat es geschafft, bis zur Jahrhundertwende das Mutterland der Industrialisierung, England, in zentralen Parametern der Industrie zu überholen. Was Wagner als Beschreibung des Ganzen ausgibt, ist tatsächlich nur die romantisierte Präferenz eines Teils der Deutschen, nämlich der traditionalistischen Bevölkerungsgruppen –

im Wesentlichen jener, die von Wagner sonst als «Philister» bezeichnet wurden. Wagners Antwort auf die Frage «Was ist deutsch?» kann als Versuch gelesen werden, «das Deutsche» zur Widerstandsbastion gegen den von Marx im *Manifest* beschriebenen Modernisierungsprozess und seine Folgen zu stilisieren – ergänzt um einen tiefsitzenden Antisemitismus. Wagner bestreitet die für Marx zentrale These, dass die Geschichte aufgrund der Industrialisierung in zwei unterschiedliche Abschnitte zerbrochen und aus der früheren Geschichte für die Gegenwart nichts mehr zu lernen sei.[99] Nur so ließ sich im Übrigen die von Wagner behauptete gegenwartsbezogene Relevanz seiner Musikdramen geltend machen.

Andererseits wollte Wagner aber für Kunst, Literatur und Musik das allgemein über die Deutschen Gesagte nicht gelten lassen – nicht da, wo er selbst als ein das Zukünftige antizipierender Akteur auftrat, wie schon in seinem 1861 veröffentlichten Essay *Zukunftsmusik*.[100] In der Kunst galten andere Grundsätze, denn die Masse des Volkes sei träge und konservativ, und nur wenige hochbefähigte Künstler seien in der Lage, in die Zukunft zu schauen: «Daß aus dem Schooße des deutschen Volkes Goethe und Schiller, Mozart und Beethoven erstanden, verführt die große Zahl der mittelmäßig Begabten gar zu leicht, diese großen Geister als von Rechts wegen zu sich gehörig zu betrachten, und der Masse des Volkes mit demagogischem Behagen vorzureden, sie selbst sei Goethe und Schiller, Mozart und Beethoven. Nichts schmeichelt dem Hange zur Bequemlichkeit und Trägheit mehr, als [...] die Meinung, [...] man [sei] ganz von selbst etwas Großes, und habe sich, um es zu werden, gar keine Mühe erst zu geben. Diese Neigung ist grunddeutsch.»[101]

Das glich Nietzsches einige Jahre später gemachten Bemerkungen über den Bildungsphilister.[102] Vor allem ist in diesen Passagen bemerkenswert, dass Wagner eine Kluft sieht zwischen dem hochbefähigten Künstler, der sich selbst zu neuen und außerordentlichen Leistungen anstachle, und der Masse eines trägen Volkes, das in Deutschland dominiere – hatte er doch in *Die Kunst und die Revolution* die Auffassung vertreten, das Volk sei der wahre und eigentliche Künstler, sei es in der

Vergangenheit gewesen und werde es in Zukunft wieder sein, und dies sei gerade bei den Deutschen besonders ausgeprägt.[103] Die Deutschen als die eigentlichen Künstler, die Deutschen als eine träge Masse – dieser Widerspruch in Wagners Denken ist unübersehbar: Entweder wir haben es bei ihm, wie bei Nietzsche, mit der Entwicklung von einem positiven zu einem negativen Bild der Deutschen zu tun, oder wir stoßen hier auf einen Bruch zwischen dem frühen revolutionären und dem älteren konservativen Wagner, der das Volk das eine Mal als Quelle des Wissens und der Wahrheit und das andere Mal als großen Dummkopf und Tölpel apostrophiert. Welche Möglichkeit man wählt, hängt davon ab, ob man in den zitierten Passagen eher «die Deutschen» oder stärker «das Volk» herausliest.

Die Stellen, an denen von der eitlen Selbstzufriedenheit des Volkes der Deutschen und der Erfordernis der An- und Aufstachelung die Rede ist, stehen im Übrigen unmittelbar vor den Passagen, mit denen sich Wagner der Politik zuwendet, der politischen Erregtheit, die mit der Französischen Revolution in Deutschland Einzug gehalten habe: Alles, was von da an über den Rhein herüberkam, sei den Deutschen nämlich wesensfremd geblieben, und deswegen hätten sich Revolution und Demokratie in Deutschland auch nicht zu verwurzeln vermocht.

Wagner wird hier zum Ziehvater eines intellektualistischen Antidemokratismus, der im Deutschland des 20. Jahrhunderts eine verhängnisvolle Rolle gespielt hat. Zunächst spricht er davon, die deutschen Fürsten hätten die Bevölkerung lange «nach dem Maaße der französischen Zustände» beurteilt, also von oben herab und durchweg verächtlich, bis sich dann seit der Revolution in Frankreich auch in Deutschland «Unternehmer» eingefunden hätten, «welche vom Standpunkt des unterdrückten deutschen Volksgeistes aus nach französischer Maxime zu den Regierungen hinaufblickten».[104] Wagner insinuiert anschließend, es seien ‹volksfremde› Elemente gewesen, die «jede neue Pariser Revolution [...] in Deutschland alsbald auch in Scene gesetzt» hätten. «Ich stehe nicht an, die seitdem vorgekommenen Revolutionen in Deutschland als ganz undeutsch zu bezeichnen.» Das wäre bei dem Dresdner Ex-Revolutionär, der sich bereits 1830 in Leipzig an gewalttätigen Straßenumtrieben beteiligt hatte,[105] auch eigentümlich gewesen. Aber: «Die ‹Demokratie› ist in Deutschland ein durchaus übersetztes Wesen. Sie existirt nur in der ‹Presse›, und was diese deutsche Presse ist, darüber muß man sich eben klar werden. Das Widerwärtige ist nun aber, daß dem verkannten und verletzten deutschen Volksgeiste diese übersetzte französisch-jüdisch-deutsche Demokratie wirklich Anhalt, Vorwand und eine täuschende Umkleidung entnehmen konnte.»[106] Aus dem Revolutionär Wagner war, zumindest in diesen Passagen, ein antidemokratischer und antisemitischer Reaktionär geworden.

War das die Folge von Wagners Beschäftigung mit Schopenhauer? Die zitierten Stellen sind zunächst ganz im Geist und Duktus Schopenhauers formuliert, bei dem sich ebenfalls antidemokratische und pressefeindliche Äußerungen zuhauf finden lassen – etwa in seiner Charakterisierung der Pressefreiheit als «Erlaubniß Gift zu verkaufen»[107] oder der Beschreibung der demokratischen Republik als «widernatürlich, künstlich gemacht und aus der Reflexion entsprungen»[108]. Doch Wagner geht darüber hinaus und macht – unter Rückgriff auf seinen Volksbegriff – eine weitere politische Frontlinie auf: «Um Anhang im Volke zu haben, gebärdete sich die ‹Demokratie› *deutsch* und ‹Deutschthum›, ‹deutscher Geist›, ‹deutsche Redlichkeit›, ‹deutsche Freiheit›, ‹deutsche Sittlichkeit› wurden nun Schlagwörter, die Niemanden mehr anwidern konnten, als den, der wirkliche deutsche Bildung in sich hatte, und nun mit Trauer der sonderbaren Komödie zusehen mußte, wie Agitatoren aus einem nichtdeutschen Volksstamme für ihn plädirten, ohne den Verteidigten auch nur zu Worte kommen zu lassen.»[109] Antidemokratische Einstellung und Antisemitismus gehen damit bei Wagner eine enge Verbindung ein. «Der wahrhafte Deutsche» sei gegenüber der Aneignung seines Geistes durch ‹Fremdvölkische› immer auf Distanz geblieben: «Die erstaunliche Erfolglosigkeit der so lärmenden Bewegung von 1848 erklärt sich leicht aus diesem seltsamen Umstande, daß der eigentliche wahrhafte Deutsche sich und seinen Namen so plötzlich von einer Menschenart vertreten fand, die ihm ganz fremd war.»[110]

Wagner schließt die 1865 niedergeschriebenen Überlegungen mit Feststellungen, die zwischen Demokratiedistanz und Kritik deutscher

Spießigkeit changieren: «Und wirklich sind wir soweit, das deutsche Volk damit bald gänzlich zum Narren gemacht zu sehen: die Volksanlage zu Trägheit und Phlegma wird zur phantastischen Selbstgefallsucht verführt; bereits spielt das deutsche Volk zum großen Teil in der beschämenden Komödie selbst mit, und nicht ohne Grauen kann der sinnende deutsche Geist jenen thörigen [sic!] Festversammlungen mit ihren theatralischen Aufzügen, albernen Festreden und trostlos schalen Liedern sich zuwenden, mit denen man dem deutschen Volke weis machen will, es sei etwas ganz besonderes, und brauche gar nicht erst etwas anderes werden zu wollen.»[111]

Wagners über die Konstruktion einer idealen Identität vermittelte Kritik an den Deutschen hat auf den ersten Blick einige Ähnlichkeiten mit dem zwischen Verzweiflung und Verachtung schwankenden Deutschenbild Nietzsches. Die Verachtung des philiströs Spießigen ist allen dreien gemein, Marx eingeschlossen; doch schon bei der Konkretisierung dessen, was denn das Spießige an den Deutschen sei, zeigen sich erhebliche Unterschiede. So findet sich der in eine Verschwörungsobsession eingebundene Antisemitismus Wagners weder bei Marx noch bei Nietzsche. Freilich hält Wagner Abstand zu einem bierseligen Nationalismus («alberne Festreden», «schale Lieder»), was auch für Marx und Nietzsche gilt – Marx hat darin eine Blockade der revolutionären Entwicklung gesehen, für Nietzsche lief ein solcher Nationalismus dem von ihm geforderten «Pathos der Distanz» entgegen. Warum aber diese Distanz gegenüber dem Nationalismus bei Wagner? Sicherlich waren die angesprochenen «Festversammlungen» das Gegenteil dessen, was er sich unter Festspielen vorstellte, aber vor allem störte solch folgenlose Bierseligkeit aus seiner Sicht das nationale Einigungswerk: Statt zu Taten an- und aufzustacheln verbreitete sich hier die Vorstellung, mit gemeinsamem Singen und Klatschen sei alles getan. Das den Deutschen nicht nur von Wagner nachgesagte Phlegma feierte sich gerade in solchen Veranstaltungen.

In gewisser Hinsicht sind Wagner und Marx bei ihrem Nachdenken über Deutschland und die Deutschen auf dieselben Eigenschaften gestoßen – nur dass sie diese unterschiedlich beschrieben und bewertet haben. Was für Wagner der deutsche Hang zum Phlegma ist, taucht bei Marx als spezifische Neigung zu Sorgfalt und Gründlichkeit auf, die dazu führe, dass etwas lange durchdacht und vorbereitet werde, bevor man zur Tat schreite. In politischen Fragen hat Wagner den Hang zum Phlegmatischen durchaus für gut befunden, habe er doch bei einigen Stämmen der Völkerwanderung dazu geführt, dass sie diesseits von Rhein und Alpen geblieben und nicht weitergezogen seien, wodurch sie, wie Wagner meint, ihre ethnische und linguale Identität behalten hätten. In ästhetischen Fragen dagegen hat er, den Elogen über das Volk als den wahren Dichter zum Trotz, auf die Überwindung des Phlegmas durch eine kleine Elite von Intellektuellen und Künstlern gesetzt, die als Stachel im Fleisch der Phlegmatiker wirken. Darin nähert sich der mittlere Wagner dem späten Nietzsche. Marx wiederum beklagte über lange Zeit die Revolutionsunlust der Deutschen, aber mit der Veränderung der Strategie haben er und Engels schließlich einen positiven Begriff von Zurückhaltung und Bedachtsamkeit, Gründlichkeit und Sorgfalt entwickelt und darin die Grundvoraussetzung für eine Revolution der gesellschaftlichen und politischen Ordnung gesehen. Damit wurden die Deutschen in ihrer Sicht zu Protagonisten der revolutionären Veränderung.

In seiner Nachbemerkung von 1878 ist Wagner zu den 1865 verfassten Ausführungen auf Distanz gegangen: Er sei bei der Beantwortung der Frage, was deutsch sei, immer stärker in Verwirrung geraten und habe deshalb das Begonnene abgebrochen. Dann kommt er, freilich ohne ihn beim Namen zu nennen, auf Bismarck zu sprechen: Seine Verwirrung sei noch gesteigert worden durch «die Eindrücke der ereignißvollen Jahre, welche der Zeit folgten, in der jener Aufsatz entstand. Welcher Deutsche hätte das Jahr 1870 erlebt, ohne in ein Erstaunen über die Kräfte zu gerathen, welche hier, wie plötzlich, sich offenbarten, sowie über den Muth und über die Entschlossenheit, mit welcher der Mann, der ersichtlich etwas kannte, was wir Alle nicht kannten, diese Kräfte zur Wirkung brachte?»[112] Auch für Wagner hatte der Auftritt Bismarcks verändert, was er bislang über die Deutschen gedacht hatte. Darin war er Marx durchaus ähnlich. Was Wagner jedoch von ihm unterschied, war die Veröffentlichung dieses vor Jahren geschriebenen Textes. Marx hätte ihn mit großer Wahrscheinlichkeit «der nagenden Kritik der Mäuse» überlassen. Dafür aber war Wagners Mitteilungsbedürfnis zu groß.

Zwischen Hoffnung und Verachtung: Nietzsche und die Deutschen

Nietzsche hat sich erst nach 1870 über die Deutschen geäußert, und insofern spielt bei ihm Bismarck nicht die Rolle eines großen Veränderers im deutschen Nationalcharakter. Für ihn kommen die Deutschen erst als «Reichs-Deutsche» in den Blick, als jene, von denen er meint, sie hätten sich der Macht zu- und von den geistigen Dingen abgewandt. Die Befürchtung, dass die Aufmerksamkeit für die Politik die für die Kultur aufzehren werde, hat Nietzsche in Briefen schon früh geäußert,[113] und spätestens zwei Jahre nach der Reichsgründung war er sich sicher, dass eingetreten war, was er befürchtet hatte. Es war im Übrigen eine spezifisch deutsche Vorstellung, dass Politik und Kultur zueinander in Konkurrenz um die seelische Energie eines Volkes stünden und dass diese Konkurrenz auf ein Nullsummenspiel hinauslaufe. Der entgegengesetzte Standpunkt, wonach politische Macht und kulturelle Blüte zusammenfallen, sich mithin wechselseitig befördern könnten, ließ sich unter Verweis auf die Antike durchaus auch behaupten, und in Frankreich etwa oder auch in England war diese Vorstellung durchaus verbreitet. Nietzsche nahm den in der Weimarer Klassik aufgekommenen Gedanken einer Alternative zwischen politischer Machtentfaltung und kulturellem Glanz, mit dem man sich über die Bedeutungslosigkeit Deutschlands im europäischen Machtgefüge hinweggetröstet hatte, als quasi physikalisches Gesetz. Schon bald nach der Reichsgründung glaubte er, eine Reihe von Indizien entdeckt zu haben, die dieses Gesetz bestätigten; von da an hing er dieser Vorstellung bis in seine letzten Schriften hinein an.

Zunächst jedoch hatte Nietzsche darauf gesetzt, dass die «Wiedergeburt» Deutschlands mit der Wiedergeburt der hellenischen Welt einhergehen werde. In einem unveröffentlicht gebliebenen «Vorwort an Richard Wagner», das er der *Geburt der Tragödie* ursprünglich voranstellen wollte, sprach er von einem «zukünftigen Helden der tragischen Erkenntniß [...], auf dessen Stirne der Abglanz jener griechischen Heiterkeit liegt, jener Heiligenschein, mit dem eine noch bevorstehende Wiedergeburt des Alterthums inaugurirt wird, die *deutsche* Wiedergeburt der hellenischen Welt».[114] Das entsprach dem im Tragödienbuch breit entwickelten Gedanken, wobei mit dem «zukünftigen Helden der tragischen Erkenntiß» offensichtlich Wagner gemeint war.

Bemerkenswert an diesem Widmungsschreiben ist jedoch eine Eloge auf Preußen, die im Widerspruch zu Nietzsches späterer Sicht auf den deutschen Hegemon steht: «Die einzige produktive *politische* Macht in Deutschland, die wir Niemanden [sic!] näher zu bezeichnen brauchen, ist jetzt in der ungeheuersten Weise zum Siege gekommen und sie wird von jetzt ab das deutsche Wesen bis in seine Atome hinein beherrschen. Diese Thatsache ist vom äußersten Werthe, weil an jener Macht etwas zu Grunde gehen wird, das wir als den eigentlichen Gegner jeder tieferen Philosophie und Kunstbetrachtung hassen, ein Krankheitszustand, an dem das deutsche Wesen vornehmlich seit der großen Französischen Revolution zu leiden hat und der in immer wiederkehrenden gichtischen Zuckungen auch die bestgearteten deutschen Naturen heimsucht, ganz zu schweigen von der großen Masse, bei der man jenes Leiden, mit schnöder Entweihung eines wohlgemeinten Wortes ‹Liberalismus› nennt.»[115] Preußen-Deutschland als Bollwerk gegen die Revolution – Nietzsche feierte hier, was Marx stets geargwöhnt hat.

Die Veränderung von Nietzsches Deutschlandbild wurde sichtbar in seiner Schrift über David Friedrich Strauß, in der alle Invektiven gegen den Typ des Philisters auf die Deutschen zielten. Das Beste, was Nietzsche über die Deutschen zu sagen hatte, führte von nun an zu einem ambivalenten Bild. «Wenn die Deutschen», schreibt er in *Richard Wagner in Bayreuth*, «seit einem Jahrhundert besonders den historischen Studien obgelegen haben, so zeigt diess, dass sie in der Bewegung der neueren Welt die aufhaltende, verzögernde, beruhigende Macht sind.»[116] Damit stellte Nietzsche sich in die Nähe von Wagners Lob des deutschen Hangs zum Konservativen. Das ist, wenngleich weit entfernt von der Vorstellung einer Wiedergeburt der hellenischen Welt durch die Deutschen, eher anerkennend gemeint. Nietzsche war kein Anhänger der Fortschrittsvorstellung, und er kannte wohl die Idee vom *Katechon*, dem Aufhalter und zeitweiligen Verhinderer des Weltendes, wie sie in der politischen Theologie des Mittelalters dem Reich angesonnen worden war. Er beließ es jedoch nicht dabei, sondern verwies auf die negativen Seiten der Beschäftigung mit der Historie; es sei «ein gefährliches Anzeichen, wenn das geistige Ringen eines Volkes vornehmlich der Vergangenheit gilt, ein Merkmal von Erschlaffung, von Rück- und Hinfälligkeit».[117] Damit meinte er offenbar den Nationalismus.

Für eine weitere Zäsur in Nietzsches Bild der Deutschen steht der Aphorismus 475 in *Menschliches, Allzumenschliches* mit der Überschrift «Der europäische Mensch und die Vernichtung der Nationen»: «Der Handel und die Industrie, der Bücher- und Briefverkehr, die Gemeinsamkeit aller höheren Cultur, das schnelle Wechseln von Ort und Landschaft, das jetzige Nomadenleben aller Nicht-Landbesitzer, – diese Umstände bringen nothwendig eine Schwächung und zuletzt eine Vernichtung der Nationen, mindestens der europäischen, mit sich.»[118] Das klingt wie eine Wiederholung dessen, was Marx dreißig Jahre zuvor im *Kommunistischen Manifest* über den Siegeszug der Bourgeoisie geschrieben hatte – mit dem Unterschied freilich, dass der Untergang, den Marx für Herkommen und Tradition prognostizierte, von Nietzsche auf die nationale Vielfalt in Europa bezogen wurde.

Aus dieser Entwicklung, so Nietzsches Schlussfolgerung, werde «eine Mischrasse [...] des europäischen Menschen» hervorgehen. Er stellte aber auch die gegenläufigen Kräfte heraus: «Diesem Ziele wirkt jetzt bewusst oder unbewusst die Abschliessung der Nationen durch Erzeugung *nationaler* Feindseligkeiten entgegen, aber langsam geht der Gang jener Mischung dennoch vorwärts, trotz jener zeitweiligen Gegenströmungen: dieser künstliche Nationalismus ist [...] in seinem Wesen ein gewaltsamer Noth- und Belagerungszustand, welcher von

Wenigen über Viele verhängt ist, und braucht List, Lüge und Gewalt, um sich in Ansehen zu halten. Nicht das Interesse der Vielen (der Völker), wie man wohl sagt, sondern vor allem das Interesse bestimmter Fürstendynastien, sodann das bestimmter Classen des Handels und der Gesellschaft, treibt zu diesem Nationalismus; hat man diess einmal erkannt, so soll man sich nur ungescheut als *guten Europäer* ausgeben und durch die That an der Verschmelzung der Nationen arbeiten.»[119] Bei dieser Entwicklung hat Nietzsche den Deutschen eine besondere Rolle zugedacht, dieses Mal die eines Beschleunigers und nicht eines Aufhalters, könnten sie doch «durch ihre alte bewährte Eigenschaft, *Dolmetscher und Vermittler der Völker* zu sein», daran tatkräftig mitwirken.[120]

Nietzsches Distanz gegenüber den Deutschen wurde von Buch zu Buch größer. In *Die fröhliche Wissenschaft* (1882) hat er sich noch einmal der Frage «Was ist deutsch?» zugewandt und dabei Leibniz, Kant und Hegel als typisch deutsche Philosophen bezeichnet. Schopenhauer und der von ihm vertretene Pessimismus seien kein spezifisch deutsches, sondern ein europäisches Ereignis gewesen – nicht bloß, weil Schopenhauer in Deutschland zunächst kaum Beachtung gefunden habe; die Deutschen hätten sich seinem Atheismus auch am energischsten entgegengestellt: Sie haben «diesen Sieg des Atheismus am längsten und gefährlichsten *verzögert*».[121] War Schopenhauer, so fragt Nietzsche, womöglich «ein Ausnahme-Fall unter Deutschen», bei denen alles, was sie sonst beschäftigt, «unsre tapfre Politik, unsre fröhliche Vaterländerei, welche entschlossen genug alle Dinge auf ein wenig philosophisches Princip hin (‹Deutschland, Deutschland über Alles›) betrachtet, [...] mit grosser Deutlichkeit das Gegentheil bezeugt»?

Schopenhauer, so seine Antwort, habe «als guter Europäer und *nicht* als Deutscher» gedacht.[122] Überhaupt kehrt Nietzsche hier Wagners Konstruktion des typisch Deutschen mitsamt den verbundenen Exklusionen ins Gegenteil um, wenn er fragt, ob nicht «Goethe's Heidenthum mit gutem Gewissen» oder «Bismarck's Macchiavellismus [sic!] mit gutem Gewissen, seine sogenannte ‹Realpolitik›», unter den Deutschen eine «*Ausnahme* vom Geiste der Rasse» sei.[123] Er kommt zu dem Ergebnis, dass alle bedeutenden Deutschen Ausnahmen unter den

Deutschen gewesen seien. Alles, was ihm missfällt, was er für falsch hält und als Gegenposition zu seiner Sicht ausgemacht hat, wird für Nietzsche zuletzt von den Deutschen verkörpert. Ex negativo weist er ihnen so doch noch einen die Geschichte übergreifenden Nationalcharakter zu.

1870/71

Nietzsche hat am Krieg teilgenommen – freiwillig und unbewaffnet. Da er keine preußische Staatsbürgerschaft mehr hatte, war er zu nichts verpflichtet, und als Basler Professor unterlag er dem Schweizer Neutralitätsgebot, so dass er nur als Sanitäter Dienst tun konnte. Auf dem Schlachtfeld von Wörth, wo am 6. August 1870 eine der Grenzschlachten des Krieges stattgefunden hatte,[124] sah er Schreckliches. Bayerische Truppen hatten die auf einem Höhenzug über der Lauter positionierten französischen Einheiten frontal angegriffen und dabei große Verluste erlitten. Dass die Schlacht dennoch mit einem deutschen Sieg endete, war der schnell herangeführten Verstärkung zu verdanken, vor der die Franzosen schließlich zurückwichen. Der deutsche Sieg hatte psychologische wie strategische Bedeutung: In Wörth (und bei Spichern) endete der Glaube, die französische Armee sei unbesiegbar, und hier entschied sich auch, dass der Krieg auf französischem und nicht auf deutschem Territorium ausgetragen wurde. Der Sanitätsfreiwillige Nietzsche wurde also im Zentrum des militärischen Geschehens tätig – freilich erst, als alles schon entschieden war.

Als Nietzsche im Raum Wörth ankam, lag die Schlacht bereits drei Wochen zurück; die Verwundeten waren längst versorgt und in Lazarette gebracht.[125] Zusammen mit dem Hamburger Maler Adolf Mosengel, wie Nietzsche freiwilliger Sanitäter, besuchte er das Schlachtfeld. An seine Mutter schrieb er tags darauf: «Gestern haben wir in 11-stündigem Tagesmarsch unsere Aufträge in Gersdorf und Langensulzbach und auf dem Schlachtfeld von Wörth abgemacht. Ein Andenken an das furchtbar verwüstete, mit zahllosen traurigen Überresten übersäte und

Gescheiterte Revolution, gelungene Reichsgründung. Deutschland als politisch-kulturelle Projektionsfläche 193

Nietzsche als Einjährig-Freiwilliger eines in Naumburg stationierten preußischen Feldartillerieregiments mit blankem Säbel in der Rechten, die Linke selbstbewusst in die Seite gestützt, den Helm eines Artilleristen als Signum der Waffengattung auf dem Tisch. Die Uniformjacke wölbt sich über Verbänden, die Nietzsche nach einem Reitunfall angelegt worden sind. Wegen dieser Verletzungen wurde er bald danach aus dem Militär entlassen.

stark nach Leichen riechende Schlachtfeld folgt mit diesem Briefe.»[126] Bei dem «Andenken» dürfte es sich um einen Granatsplitter oder Chassepotkugeln gehandelt haben. Ein solches «Erinnerungszeichen an das entsetzliche Schlachtfeld von Wörth» schickte er auch seinem akademischen Lehrer Friedrich Ritschl nach Leipzig.[127] Am Rande des Schlachtfelds hat Nietzsche, so jedenfalls erzählte er seiner Schwester, einem Begräbnis toter Soldaten beigewohnt. Außerdem half er beim Verladen von Gewehren und Tornistern Gefallener. Bald darauf erkrankte er jedoch und musste in die Heimat zurück. Sein Einsatz war somit kurz. Ende Oktober war er nach einmonatigem Genesungsaufenthalt bei seiner Mutter in Naumburg wieder in Basel. An Ritschl schrieb er, alle seine militärischen Leidenschaften seien wieder erwacht, aber er habe sie nicht befriedigen können. Er stellte sich vor, er sei bei der Artillerieeinheit gewesen, in der er ausgebildet worden sei, und hätte an der Entscheidung bei Sedan teilgenommen.[128] Daraus ist nichts geworden; Nietzsches Kriegsteilnahme beschränkte sich auf das Einsammeln französischer Gewehrkugeln, die Begleitung von Verwundeten und eine schwere Infektion, die er sich einfing – sowie die noch lange präsente Erinnerung an den Geruch des Schlachtfelds von Wörth.

Wenn vom Krieg die Rede war, so hatte Nietzsche – im Vergleich zu Wagner, Marx und Engels – die zuverlässigsten Eindrücke von dessen unmittelbaren Folgen. Alles in allem führte das bei ihm zu einer ambivalenten Haltung. Voll Bewunderung sprach er gegenüber Dritten von seinem Freund Carl von Gersdorff, der als Offizier am Krieg teilgenommen hatte und hochdekoriert zurückgekommen war; für Nietzsche war Gersdorff der Held, der er offenbar selbst gern geworden wäre. Aber er fragte sich auch, und das mit wachsendem Zweifel, ob sich die Opfer des Krieges gelohnt hätten. Nationale Ehre, die Einigung Deutschlands oder die Annexion Elsass-Lothringens spielten für ihn dabei keine Rolle; was ihn stattdessen interessierte, war die Frage, ob der Krieg die Kultur befördert habe oder nicht. «Es gilt unsrer Kultur! Und da giebt es kein Opfer, das groß genug wäre!», hatte er unmittelbar vor der französischen Kriegserklärung an seine Mutter geschrieben.[129] Wenige

Jahre später stand für ihn fest, dass der Sieg und die Reichsgründung der deutschen Kultur mehr geschadet als genutzt hatten. Die Opfer hatten sich, gemessen an Nietzsches eigenem Maßstab, nicht gelohnt. Dennoch wurde er kein Pazifist – im Gegenteil: Je mehr sich die Erinnerung an den Verwesungsgeruch über dem Schlachtfeld von Wörth verlor, desto mehr sprach er von Kriegen, die bevorstünden und die viel größer sein würden als alle bisherigen. «Es wird Kriege geben, wie es noch keine auf Erden gegeben hat.»[130] Vor allem verachtete er die deutschen Bildungsphilister, die meinten, die deutsche Kultur habe in diesem Krieg mitgesiegt.[131] Gleichzeitig verachtete er aber auch den Nationalismus, von dem er annahm, er werde der Hauptantrieb künftiger Kriege sein.

Richard Wagner steigerte sich 1870/71 in eine nationale Euphorie hinein, bis zu einer imaginierten Vernichtungsorgie. Dabei hatte er es vor allem auf Paris abgesehen und verlangte, die Stadt, die damals zu den weltweit stärksten Festungen gehörte (die Befestigungsanlagen waren nach 1830 noch einmal auf den neuesten Stand gebracht worden), solle mit schwerem Geschütz beschossen und in Schutt und Asche gelegt werden. Das forderte auch Bismarck, jedoch aus ganz anderen Gründen als Wagner. Bismarck wollte mit Blick auf die internationale Lage den Krieg so schnell wie möglich beenden, und eine Voraussetzung dafür war für ihn die Kapitulation von Paris. Danach, so seine Erwartung, würde die französische Regierung zu Friedensverhandlungen bereit sein. Bismarck wollte die Kapitulation schnellstmöglich erreichen, um eine internationale Friedenskonferenz zu vermeiden, bei der seine Verhandlungsposition mit Sicherheit schwächer gewesen wäre als bei bilateralen Friedensverhandlungen zwischen Deutschland und Frankreich. Generalstabschef Helmuth von Moltke hingegen wollte mit dem Beschuss von Paris warten, bis die militärische Lage es erlaubte, den Einschließungsring um die Stadt enger zu ziehen und Ausbruchsversuche der Eingeschlossenen zuverlässig abzuwehren.[132] Es handelte sich um einen Konflikt zwischen militärischer Lagebeurteilung und politischer Zwecksetzung, bei der es Bismarck in der Sache nicht um die Zerstörung von Paris, sondern um die Erzwingung französischer

Friedensbereitschaft ging. Nach der Kapitulation von Sedan und der Gefangennahme Napoleons III. mitsamt seiner Armee hatte sich in Paris eine republikanische Regierung gebildet, die den Krieg als Volkskrieg weiterführte – in der Erwartung, das Jahr 1792, als die Preußen bei Valmy kehrtmachten, werde sich wiederholen.

Wagner ging es tatsächlich um die Zerstörung von Paris,[133] jener Stadt, wo die Aufführung seines *Tannhäuser* mit Zwischenrufen und einem Pfeifkonzert gestört worden war und wo er sich Anfang der 1840er Jahre mit von ihm als demütigend empfundenen Tätigkeiten hatte über Wasser halten müssen. Für all das sollte die Stadt jetzt büßen. Das war eine Obsession Wagners, denn genauso gut hätte er sich sagen können, dass er nirgendwo außerhalb Deutschlands mehr Bewunderer hatte als in Frankreich. Schon zwanzig Jahre zuvor hatte er von einer «Feuerkur» gesprochen – wie er das in Analogie zu der von ihm regelmäßig aufgesuchten «Wasserkur» nannte –, der er die französische Hauptstadt unterziehen wollte, freilich in Form einer Revolution und nicht eines Krieges. «Wie wird es uns aber erscheinen», schrieb er damals an seinen Freund Theodor Uhlig, «wenn das ungeheure Paris in Schutt gebrannt ist, wie der Brand von Stadt zu Stadt hinzieht, wir selbst schließlich in wilder Begeisterung diese unausmistbaren Augiasställe anzünden, um gesunde Luft zu gewinnen? – Mit völligster Besonnenheit und ohne allen Schwindel versichere ich Dir, daß ich an keine andere Revolution mehr glaube als an die, welche mit dem Niederbrande von Paris beginnt.»[134] Die Vorstellung vom alles verzehrenden Feuer im Sinne einer großen Reinigung hat Wagner nicht auf den Schluss des *Rings* beschränkt.

Im August 1870, zwei Wochen nach Beginn der deutsch-französischen Kampfhandlungen, war ebendiese Vorstellung von der großen «Feuerkur» wieder da. «R. [Richard] sagt», so trug Cosima am 18. August in ihr Tagebuch ein, «er hoffe, daß Paris, ‹die Femme entretenue der Welt› [die große Mätresse], verbrannt würde, er habe Blücher in der Jugend nicht verstanden, der das gewollt, und habe es mißbilligt, jetzt verstünde er ihn, der Brand von Paris würde das endliche Symbol der Befreiung der Welt von dem Druck alles Schlechten. 1815 hätten es

Die französische Karikatur von Jules Draner, 1870 in «L'Eclipse» veröffentlicht, zeigt Wagner als Tambour, der mit seiner lauten Musik die Franzosen in die Flucht schlagen will. Der Zeichner hat die Opern «Rienzi» und «Tannhäuser» für Wagners Geräuschangriff ausgewählt, Letztere als Revanche für die Störung der Pariser Aufführung durch Mitglieder des dortigen Jockeyclubs.

die Alliierten recht vermieden, der Stadt etwas anzutun, denn sie wollten sich bald da wieder amüsieren. R. möchte an Bismarck schreiben, um ihn zu bitten, Paris niederzuschießen.»[135] Zu diesem Zeitpunkt waren die deutschen Truppen jedoch noch zu weit von Paris entfernt, um die Stadt unter Beschuss nehmen zu können. Wagner hoffte weiter mit Inbrunst auf die Zerstörung. Am 4. November 1870 notierte Cosima: «Gerüchte vom Waffenstillstand, die uns keine Freude machen; R. wünscht das Bombardement.»[136] Und am 22. Dezember: «Es heißt jetzt, Paris wäre bis im April verproviantiert, und an ein Bombardement wäre kaum zu denken, da die Geschütze nicht weit genug reichten. Das ist freilich schlimm; R. sagt: ‹Jetzt erst könnten die Deutschen zeigen, was sie sind; durch Geduld und Beharrlichkeit haben sie sich immer ausgezeichnet.›»[137] Schließlich am 5. Januar 1871 im Ton der Erleichterung: «Das Bombardement von Paris hat ernstlich begonnen.»[138]

Wagner hat für den Artilleriebeschuss von Paris das ihm Mögliche getan. Er hat sogar ein Gedicht geschrieben, in dem es darum geht. Zunächst brachte er dort seinen Unmut über einige Lieder zum Ausdruck, die zu dieser Zeit von den deutschen Truppen in Frankreich und an deutschen Stammtischen zu Hause immer wieder gesungen wurden.[139] Bereits im Herbst 1870 hatte er sich mehrfach verärgert über die «Wacht am Rhein» geäußert, ohne dass Cosima festgehalten hätte, was ihn an dem 1840 von Max Schneckenburger verfassten Text und der Melodie von Karl Wilhelm störte – wohl kaum, was Georg Herwegh gestört hatte, als er gegen Schneckenburgers Lied gedichtet hatte: «Und singt die Welt: Der *freie* Rhein! / So singet: Ach! Ihr Herren, nein! / Der Rhein, der Rhein könnt freier sein, / Wir müssen protestieren.»[140] Vermutlich ging es Wagner darum, dass die Wacht hinfort nicht mehr am Rhein, sondern weiter im Westen, tief in linksrheinischem Gebiet, gehalten wurde und dass dies auch in den Liedern zum Ausdruck gebracht werden sollte. Das im Januar 1871 vollendete Gedicht «An das deutsche Heer vor Paris», in dem Wagner das Heer als «Siege-Fried» apostrophierte, also auf seine eigene Dichtung bezog, lautet:

Was schweigt es doch im deutschen Dichterwald?
Versang ‹Hurrah Germania!› sich so bald?
Schlief bei der Liedertafel-Wacht am Rhein
beruhigt sanft ‹lieb Vaterland› schon ein?
   Die deutsche Wacht,
da steht sie nun in Frankreich's eitlem Herzen;
   von Schlacht zu Schlacht
vergießt ihr Blut sie unter heißen Schmerzen:
   mit stiller Wucht
   in frommer Zucht
   vollbringt sie nie geahnte Thaten,
zu groß für euch, nur ihren Sinn zu rathen.

Das eitle Wort, das wußte freilich Rath,
da im Geleis es sich gemüthlich trat:

Der Deutschen Lieder-Klang und Singe-Sang,
man wähnte, selbst Franzosen macht' er bang.
Du treues Heer,
hast du's mit deinen Siegen nun verbrochen,
  daß jetzt nur mehr
in Kammerreden wird von dir gesprochen?
  Das hohe Lied
  Dem Siege-Fried
jetzt singen ängstlich Diplomaten,
vereint mit ärgerlichen Demokraten!

«Zu viel des Sieg's! Mög't ihr bescheid'ner sein:
begnügt euch friedlich mit der Wacht am Rhein!
Laßt uns Paris, wo sich's so hübsch verschwört,
und seid zufrieden mit der Schlacht bei Wörth!» –
  Doch unbethört,
in ernstem Schweigen schlägst du deine Schlachten:
  was unerhört,
das zu gewinnen ist dein männlich Trachten.
  Dein eig'nes Lied
  in Krieg und Fried'
    wirst du, mein herrlich Volk, dir finden,
mög' drob auch mancher Dichterruhm verschwinden!

Das Lied, blick' ich auf deine Thaten hin,
aus ihrem Werthe ahn' ich seinen Sinn:
fast klingt's wie: «Muth zeigt auch der Mameluck»,
dem folgt: «Gehorsam ist des Christen Schmuck». –
  Es ruft der Herr:
und ihn versteht ein ganzes Volk in Waffen,
  dem Ruhmgeplärr'
des Übermuth's ein Ende da zu schaffen.
  Es rafft im Krampf
  zu wildem Kampf

sich auf des eitlen Wahns' Bekenner:
der Welt doch züchtet Deutschland nur noch Männer.

Drum soll ein Deutscher auch nur Kaiser sein
im welschen Lande sollt ihr ihn weih'n:
der treuen Muth's sein Werbeamt erfüllt,
dem sei nun seiner Thaten Werth enthüllt.
Die uns geraubt,
die würdevollste aller Erdenkronen,
auf seinem Haupt
soll sie der Treue heil'ge Thaten lohnen.
So heißt das Lied
vom Siege-Fried,
von deutschen Heeres That gedichtet.
Der Kaiser naht: in Frieden sei gerichtet![141]

Hat sich Nietzsche mit dem Begriff des «Bildungsphilisters» über jene echauffiert, die im Krieg zu Hause geblieben waren, nie den Leichengestank eines Schlachtfelds gerochen hatten und jetzt erklärten, in diesem Krieg habe vor allem die deutsche Kultur gesiegt – also sie selbst als deren Träger und Repräsentanten –, so hält Wagner derselben Gruppe vor, sie habe in diesem Krieg zu bescheidene Ziele verfolgt und sich mit der Abwehr eines französischen Angriffs zufriedengeben wollen. Was Wagner hier kritisiert, war freilich keineswegs eine Position, die im deutschen Bürgertum vorherrschte. Es war eher die Linie der politischen Linken.

Auch Marx und Engels hielten solche Zurückhaltung mit Blick auf die längerfristigen Folgen des Krieges für vernünftig. Ohnehin ging es bei ihnen während des Krieges deutlich gelassener zu als bei den Wagners in Luzern: Engels war damit beschäftigt, aus den nach Manchester gelangenden Informationen die Feldzugspläne beider Seiten zu entschlüsseln, um auf dieser Grundlage eine Artikelfolge – es wurden insgesamt vierzig – für die *Pall Mall Gazette* zu schreiben. Auf das

Zutreffen seiner Vorhersagen hielt er sich viel zugute. Vor Beginn der Kampfhandlungen prognostizierte er nach einer Analyse des Aufmarschs beider Seiten bereits: «Der schließliche Erfolg – daß die Deutschen am Ende siegen – ist mir ganz unzweifelhaft, der Plan von Moltke verrät aber die absolute Gewißheit, in der ersten Schlacht mit erdrückender Überlegenheit auftreten zu können. Wir werden wohl schon Dienstagabend wissen, ob er sich nicht verrechnet hat. Der Moltke rechnet oft ohne seinen Wilhelm [König Wilhelm von Preußen, Oberbefehlshaber der deutschen Truppen].»[142]

Grundlage von Engels' Prognose war, dass das französische Heer als Berufsarmee schneller zu mobilisieren war als die – kräftemäßig deutlich überlegenen – Wehrpflichtarmeen der Deutschen. Die Franzosen hatten also einen Zeitvorsprung, den sie nutzen mussten. Gelang ihnen das nicht, was Ende Juli erkennbar war, wurden sie mit einem überlegenen Gegner konfrontiert, dem sie, so Engels' Annahme, nicht gewachsen sein würden. Engels hatte sich damit festgelegt; er publizierte entsprechende Voraussagen, und im Verlauf des August wuchs von Woche zu Woche sein Stolz, dass er damit richtiggelegen hatte. Die *Pall Mall Gazette* musste seine Artikel nun so schnell wie möglich veröffentlichen, damit sie gelesen wurden, bevor das Kriegsgeschehen sie einholte.

Das hatte keineswegs nur mit Engels' persönlicher Eitelkeit zu tun, sondern auch mit dem Anspruch, über die richtige Theorie zu verfügen: Wer die richtige Theorie hatte, dessen Analysen waren genauer; Engels' Vorhersagen trafen in höherem Maße zu als die der Konkurrenten. Was im Umkehrschluss hieß: Wer zutreffende Vorhersagen machte, hatte offenkundig die richtige Theorie. Es ging also nicht nur um Engels' Sensibilität für strategische Fragen, sondern auch um die Bedeutung einer Theorie, die nicht den «Geist» der Soldaten in den Mittelpunkt rückte, sondern deren materielle Ausstattung und die Organisation des Heeres, bei der es sich somit um eine «materialistische» Theorie des Krieges handelte.[143] All das spielte in Engels' Analysen eine zentrale Rolle, und darin unterschied er sich von den meisten der mit ihm konkurrierenden Beobachter. Wenn er richtig lag, so die Vorstellung, war das auch ein Triumph der Marxschen Theorie insgesamt.

Daneben ging es aber auch um den politischen Führungsanspruch in der Arbeiterbewegung, darum, wer aus der im Prinzip richtigen Theorie die richtigen Schlussfolgerungen zog. Vor allem Marx hatte in der Vergangenheit einen antipreußischen Kurs verfolgt und eher eine große als die kleine Lösung der deutschen Frage präferiert: Er hatte auf die Einbeziehung Österreichs gesetzt, was eine preußische Vorherrschaft in Deutschland ausschloss. Nach 1866 ging Engels zu dieser Linie auf Distanz, während Wilhelm Liebknecht in Deutschland bedingungslos an ihr festhielt und als leitender Redakteur des *Volksstaats* und des *Vorwärts* einen dezidiert antiborussischen Ton anschlug. Mitte August 1870 kam Engels gegenüber Marx darauf zu sprechen, dass er die von Liebknecht vertretene Position für grundsätzlich falsch halte: zum einen, weil das Festhalten an der deutschen Kleinstaaterei die Abwehr des französischen Chauvinismus unmöglich mache; zum anderen, weil sie die Organisation der Arbeiterbewegung in Deutschland erheblich erschwere. Der Bonapartismus beruhe nun einmal auf einer Mischung aus Chauvinismus und Imperialismus, die zerschlagen werden müsse. «Man konnte erwarten, daß eine proletarische Revolution diese Arbeit übernehmen werde; seitdem aber der Krieg da, bleibt den Deutschen nichts übrig, als dies selbst und sofort zu tun.»[144]

Dass ein deutscher Sieg zunächst der Bourgeoisie zugutekam – Liebknechts Hauptargument gegen den Krieg –, gestand Engels ohne weiteres zu. «Darum aber den Antibismarckismus zum alleinleitenden Prinzip erheben, wäre absurd. Erstens tut B[ismarck] jetzt, wie 1866, immer ein Stück von unserer Arbeit, in seiner Weise und ohne es zu wollen, aber er tut's doch. Er schafft uns reineren Bord als vorher. [...] Die Süddeutschen treten jetzt notwendig in den Reichstag ein und damit erwächst dem Preußentum ein Gegengewicht. Dazu die nationalen Pflichten, die ihm zufallen und die, wie du [Marx] schon schriebst, die russische Allianz von vornherein verbieten. Überhaupt, à la Liebk[necht], die ganze Geschichte seit 1866 rückgängig machen zu wollen, weil sie ihm nicht gefällt, ist Blödsinn. Aber wir kennen ja unsere Mustersüddeutschen. Mit den Narren ist nichts aufzustellen.»[145]

Da Engels nun schon dabei war, rechnete er grundsätzlich mit Lieb-

Nach der Kapitulation seiner in der Festung Sedan eingeschlossenen Armee begab sich Napoleon III. in preußisch-deutsche Kriegsgefangenschaft, wo er von Bismarck empfangen wurde. Der Holzstich nach einem Gemälde von Wilhelm Camphausen zeigt Sieger und Besiegte: Bismarck mit Pickelhaube und Säbel im Augenblick seines wohl größten Triumphes, Napoleon mit Militärkäppi, langem Mantel, ohne Waffen, in niedergeschlagener Haltung. Die Kapitulation der Armee war gleichbedeutend mit dem Ende seines Kaisertums: Kurz danach wurde Frankreich zur Republik erklärt.

knecht und seiner antipreußisch-antibismarckschen Linie ab: «Amüsant ist bei Wilh[elm Liebknecht] die Behauptung, weil Bismarck ein ehemaliger Spießgeselle des Badinquet [eine abfällige Bezeichnung für Napoleon III.], sei der wahre Standpunkt, sich neutral zu halten. Wenn das die allgemeine Haltung in Deutschland, hätten wir bald wieder den Rheinbund, und der edle Wilhelm [Liebknecht] sollte einmal sehen, was er in dem für eine Rolle spielte und wo die Arbeiterbewegung bliebe. Ein Volk, das immer nur Hiebe bekommt und Tritte, ist allerdings das wahre, um eine soziale Revolution zu machen, und noch dazu in Wilhelms geliebten X-Kleinstaaten!»[146] Marx, der zuvor die Erklärung von Bebel und Liebknecht gegen den Krieg gebilligt hatte, schwenkte auf Engels' Linie ein und stimmte zu, dass «Wilhelms Antipathie gegen Preußen» in einem national gewordenen Krieg unangebracht sei. «Es wäre geradeso, als wenn wir, weil wir im passenden Moment unsere Stimme gegen die ‹bonapartistische› Befreiung Italiens erhoben, – die relative Unabhängigkeit, die Italien infolge dieses Krieges erhalten hat, redressieren wollten.»[147] Insgesamt war Marx in seinen prodeutschen/propreußischen Ausführungen zurückhaltender als Engels. Das dürfte auch damit zu tun haben, dass seine Töchter Jenny und Laura, beide mit Franzosen verheiratet und in Frankreich lebend, eine eher profranzösische Haltung an den Tag legten. «Jenny fühlt sich besser», schrieb ihre Mutter Jenny an Engels, «leidet aber tief für die grrande nation [sic!], in die beide Mädchen [Jenny und Laura] rein vernarrt sind. Mit der Zeit wird's anders werden. Wir alle hatten ja diesen raptus.»[148] Marx selbst versuchte, die Präferenz für Frankreich mit einer kühlen Lageanalyse zu dämpfen. «Ich meinerseits», schrieb er noch vor Beginn der Kampfhandlungen an Laura, «wäre dafür, daß beide, Preußen und Franzosen, sich abwechselnd schlagen, und daß – wie ich annehme – die Deutschen schließlich siegen. Ich wünsche das deshalb, weil die definitive Niederlage Bonapartes wahrscheinlich eine Revolution in Frankreich hervorruft, während durch die definitive Niederlage Deutschlands nur die gegenwärtige Lage um 20 Jahre hinausgezogen würde.»[149]

Marx' Zurückhaltung gegenüber Preußen und Bismarck hatte auch mit seiner Vorstellung zu tun, Preußen sei nach wie vor eine von Russland abhängige Macht, und da Preußen der mächtigste Staat in Deutschland sei, werde auch das von Bismarck geeinte Deutschland sich nicht aus dieser Abhängigkeit befreien können. Hier folgte er, trotz beschwörenden Einredens, nicht Engels' Linie. «Der Mann», schrieb Marx noch nach der Reichsgründung, «ist durch die russische Kanzlei in ein Netz verstrickt, das nur ein Löwe zerreißen könnte, und er ist kein Löwe.»[150]

Nach der Kapitulation des in der Festung Sedan eingeschlossenen französischen Heeres und Napoleons Weg in preußische Kriegsgefangenschaft änderte sich die Beurteilung der Lage durch Marx und Engels. Sie gingen auf Distanz zu Deutschland: «Überhaupt», so Engels, «nimmt der Krieg mit der Zeit eine unangenehme Gestalt an.

Die Franzosen haben noch nicht Prügel genug, und die deutschen Esel haben schon viel zu viel gesiegt.»[151] «Preußen», so Marx, «das erklärt hat, gegen Louis Bonaparte und nicht gegen das französische Volk Krieg zu führen, kämpft jetzt gegen das französische Volk und macht Frieden mit Bonaparte.»[152] Damit trat in Marx' Vorstellung die Dimension des Klassenkampfes wieder stärker hervor und löste die zeitweilige Konzentration auf den Kampf der Nationen ab: Nach seinen Informationen, so Marx, ziehe die französische «Bourgeoisie im ganzen die preußische Eroberung dem Sieg einer Republik mit sozialistischen Tendenzen» vor.[153] Die Zeit, da die Deutschen mit Bismarck an der Spitze das Werk der ausgebliebenen Revolution verrichteten, war vorbei, und Marx stellte sich auf ein Wiederaufleben der Revolution in Frankreich ein.[154]

KAPITEL 5

ZWISCHEN RELIGIONSKRITIK UND RELIGIONSSTIFTUNG

«Durch den Feuer-Bach»

Wagner und Marx sind zutiefst geprägt durch die Religionskritik der 1830er und 1840er Jahre, weiterhin durch die Leben-Jesu-Forschung, in der die Evangelien einer historisch-philologischen Analyse unterzogen wurden, um das Leben des «historischen Jesus» zu rekonstruieren, sodann den Zerfall der Hegel-Schule in eine linke und eine rechte Fraktion und schließlich durch die Vorherrschaft der Philosophie Ludwig Feuerbachs, der in *Das Wesen des Christentums* (1841) und *Das Wesen der Religion* (1845) die religionskritischen Überlegungen der Zeit zusammengefasst und daraus das Projekt eines religionsfreien Denkens entwickelt hatte.[1] Der junge Marx gehörte der Hegelschen Linken an, und im Berliner «Doktorclub» entwickelte er die Grundzüge eines eigenständigen Denkens;[2] Wagner wiederum hatte nicht nur Hegel gelesen und sich mit Feuerbach beschäftigt, sondern verstand sich selbst auch lange Zeit als «Feuerbachianer», weswegen er seine Schrift *Das Kunstwerk der Zukunft* dem Philosophen widmete.[3] Nietzsche, bereits der darauffolgenden Generation angehörend, hat ebenfalls Feuerbach gelesen.[4] Sie alle sind «durch den Feuer-Bach gegangen», wie Engels die Auseinandersetzung mit der Religionskritik genannt hat.

Die Spuren, die das bei ihnen hinterließ, waren jedoch recht verschieden, ebenso wie die gezogenen Konsequenzen. So verstand Marx Feuerbachs Philosophie generell als Religionskritik und machte sie als solche zu einer Etappe seines eigenen Denkens; Nietzsche spitzte seine Beschäftigung mit Feuerbach später zu einer grundsätzlichen Kritik des Christentums zu; und Wagner legte Wert auf Distanz des reli-

Der Philosoph Ludwig Feuerbach, hier in einem Stich von August Weger, beeinflusste in den 1840er Jahren durch seine Religionskritik eine ganze Generation von Philosophen und Künstlern, unter ihnen auch Marx und Wagner. Mit ihm trat eine materialistische Strömung philosophischen Denkens dem in Deutschland bis dahin vorherrschenden Idealismus entgegen.

giösen Denkens zum kirchlich institutionalisierten Christentum, hielt Religion aber grundsätzlich für unabdingbar, auch in einer Gesellschaft freier Menschen.

Marx blieb sein Leben lang zu jeglicher Religion auf Abstand; schon in jungen Jahren war er zu dem Ergebnis gelangt, in der Religion sei das Bild einer befreiten Menschheit entworfen worden, jedoch projiziert ins Jenseits und insofern für die Menschen unerreichbar. Die Kritik der Religion verband er seitdem mit dem Ziel, die religiösen Versprechen ins Diesseits zu verlagern. Er folgte darin Feuerbach, bei dem es heißt: «Die Religion ist der Traum des menschlichen Geistes. Aber auch im Traum befinden wir uns nicht im Nichts oder im Himmel, sondern auf der Erde – im Reich der Wirklichkeit, nur daß wir die wirklichen Dinge nicht im Lichte der Wirklichkeit und Notwendigkeit, sondern im entzückenden Scheine der Imagination und Willkür erblicken.»[5]

Damit wollte Marx es aber nicht bewenden lassen; die interpretierende Kritik der religiösen Texte musste in die praktische Kritik der gesellschaftlichen Verhältnisse überführt werden, wie er das in der elften seiner Thesen über Feuerbach formulierte. Er folgte darin den ersten Strophen von Heinrich Heines Versepos *Deutschland. Ein Wintermärchen*. Auf der Reise nach Deutschland trifft Heine nach Passieren der Grenze auf ein Mädchen, das zum Spiel der Harfe einige Lieder singt: «Sie sang von Liebe und Liebesgram, / Aufopfrung und Wiederfinden / Dort oben, in jener besseren Welt, / Wo alle Leiden schwinden. // Sie sang vom irdischen Jammertal, / Von Freuden, die bald zerronnen, / Vom Jenseits, wo die Seele schwelgt, / Verklärt in ewigen Wonnen. // Sie sang das alte Entsagungslied, / Das Eiapopeia vom Himmel, / Womit man einlullt, wenn es greint, / Das Volk, den großen Lümmel. // Ich kenne die Weise, ich kenne den Text, / Ich kenn auch die Herren Verfasser; / Ich weiß, sie tranken heimlich Wein / Und predigten öffentlich Wasser. // Ein neues Lied, ein besseres Lied, / O Freunde, will ich euch dichten! / Wir wollen hier auf Erden schon / Das Himmelreich errichten.»[6]

Wie Heine ging auch Marx davon aus, dass man die Religion wie eine abgetane Hülle hinter sich lassen könne und die Sache damit erledigt sei. Jetzt war es an der Zeit, zur Kritik der realen Verhältnisse überzugehen. «Für Deutschland ist die *Kritik der Religion* im Wesentlichen beendet», schrieb er im Jahr 1844, und «die Kritik der Religion ist die Voraussetzung aller Kritik».[7] Damit unterschätzte er freilich die Beharrungskraft des Religiösen, das fortdauernde Bedürfnis der Menschen nach Trost und Halt, das über eine Verbesserung der Lebensverhältnisse hinausging, und er hatte zunächst auch keinen Blick für die Wiederkehr religiöser Denkformen in anderer Gestalt, in einer Form, in der es nicht mehr um Gott und Götter, sondern um weltliche Gegenstände ging, die sich mit einer Hülle des Undurchschaubaren umgaben und dabei zum Faszinosum wurden: zu einer vortheologischen Gestalt des Religiösen, zum Fetisch.[8] Im *Kapital*, erweitert in der zweiten Auflage, hat Marx dem ein eigenes Unterkapitel gewidmet, in dem er den «Fetischcharakter der Ware» behandelt und das zum Ausgangspunkt des Forschungsstrangs «Kapitalismus als Religion» geworden ist.[9] Marx, der den fortschreitenden Kapitalismus im *Manifest* als Ursache für die Desakralisierung, für ein «Entweihen des Religiösen» bezeichnet hat,[10] wäre trotz des Fetischkapitels von einer Betrachtung des Kapitalismus als Religion wohl überrascht gewesen; wie auch von einer Interpretation, die seine Theorie als Säkularisat der christlichen Heilsgeschichte versteht und ihn mit Orosius und Augustinus verbindet.[11]

Im Unterschied zu Marx ging Wagner davon aus, dass der Zerfall der Religion eine Leerstelle hinterlassen habe, die gefüllt werden musste, auch dann, wenn das Leben der Menschen nicht mehr durch Armut und Elend gekennzeichnet,[12] somit verwirklicht war, was Heine als Forderung aufgestellt hatte: «Wir wollen auf Erden glücklich sein, / Und wollen nicht mehr darben; / Verschlemmen soll nicht der faule Bauch / Was fleißige Hände erwarben. // Es wächst hienieden Brot genug / Für alle Menschenkinder, / Auch Rosen und Myrten, Schönheit und Lust, / Und Zuckererbsen nicht minder. // Ja, Zuckererbsen für jedermann, / Sobald die Schoten platzen! / Den Himmel überlassen wir / Den Engeln und den Spatzen.»[13]

Wagner ging von einem fortbestehenden metaphysischen Bedürfnis der Menschen aus und machte sich Gedanken darüber, inwieweit die Kunst die Rolle der Religion übernehmen und der Künstler den Geistlichen ersetzen könne. Die Kritik der Religion wurde von ihm in eine Theorie der ästhetischen Religionskompensation überführt. Für Wagner war die Befriedigung ästhetischer Bedürfnisse in der religiösen Malerei, der Architektur der «Gotteshäuser» und nicht zuletzt in religiösen Zeremonien selbst ein wichtiges Element des Religiösen, das nicht einfach durch die Religionskritik abgelöst werden konnte.[14] Die Frage nach dem Sinn des Lebens blieb nach dem «Gang durch den Feuer-Bach» unbeantwortet, und unbefriedigt blieb auch das Bedürfnis nach dem ästhetischen Erlebnis im Religiösen. Das rechtfertigte in Wagners Augen aber nicht, die Kritik der Religion auf jene zu begrenzen, die das Fehlen von Religion zu ertragen vermochten, während die Masse der einfachen Gemüter weiterhin mit Religion «versorgt» werden sollte, wie das einige französische Religionskritiker des 18. Jahrhunderts, namentlich Voltaire, vorgeschlagen hatten. Vielmehr wollte Wagner – jedenfalls in seiner mittleren Phase – eine Kunst für alle schaffen, die an die Stelle der Religion treten sollte. Darin blieb er ein Feuerbachianer: Sinnlichkeit und sinnliche Erkenntnis sollten die Position des bloßen Bewusstseins übernehmen.[15]

Dazu war freilich nicht irgendeine Kunst fähig, kein einzelnes Kunstwerk wie ein Gemälde, ein Gedicht oder ein Musikstück; solches vermochte in Wagners Vorstellung nur das Gesamtkunstwerk, das Text und Musik, Raumerfahrung und Bildintensität zusammenführte – so hat Wagner das in seinen Züricher Kunstschriften beschrieben. Dazu brauchte er ein eigenes Gebäude, das für die Aufführung dieses Gesamtkunstwerks konzipiert war, und außerdem Festspiele, zu denen die Menschen zusammenkamen, um sich auf die Aufführung der Musikdramen zu konzentrieren.[16] Diese Festspiele sollten ein Gemeinschaftserlebnis, ein Gefühl von Zusammengehörigkeit vermitteln, wie es sonst nur religiösen Veranstaltungen eigen war. Denkt man dies alles zusammen, lässt sich verstehen, wie Wagner zu der Überzeugung gelangen konnte, das Festspielerlebnis werde einen neuen Menschen schaffen. Das war ein zutiefst religiöser Gedanke, wie er sich sonst im eschatologischen Vorgang der Schaffung einer neuen Erde am Ende aller Tage fand und außerdem in der (katholischen) Vorstellung vom Abendmahl als Realtranssubstantiation, bei der aus Mehl und Wasser der Leib und aus Wein das Blut Christi wurden. Diese Aufgabe sollte die Kunst übernehmen: Nicht nur sollte das ästhetische Ereignis an die Stelle der religiösen Feier treten und die Religion in Kunst aufgelöst werden, sondern aus dem Kunsterlebnis sollte auch ein neuer Mensch hervorgehen.

Schon bald stellte sich die Frage, ob die Substitution nicht zu einer Identifikation von Kunst und Religion führen müsse, die Kunst also nicht nur an die Stelle der Religion trat, sondern selbst zur Religion wurde: Aufführungen von Wagners Musikdramen gerieten zu religiösen Akten, und Wagner selbst wurde nicht mehr nur als Künstler, sondern auch als Religionsstifter angesehen; schließlich wurden die regelmäßig zu den Festspielen Anreisenden zu einer gefügten Gemeinde mit gemeinsamen Werten und Überzeugungen.[17] Das war die Richtung, die Wagners Projekt in Bayreuth nahm – nicht von ungefähr sprach man von einer «Bayreuther Theologie», die Sektencharakter hatte[18] – und die erst nach Wiedereröffnung der Festspiele im Jahre 1951 schrittweise zurückgedrängt wurde. Nach Wagners Tod 1883 war es in Bayreuth zu einer sukzessiven Sakralisierung gekommen, bei der Cosima und Winifred Wagner als Hohepriesterinnen agierten. Erst in den 1950er Jahren kam ein Prozess der Desakralisierung in Gang, der zunächst von Wieland und dann von Wolfgang Wagner vorangebracht wurde.[19]

Nietzsche hat die Entwicklung, dass aus dem Kunsterlebnis eine Art von Gottesdienst wurde, schon früh vorhergesehen, und auch das dürfte bei seiner Distanzierung von Wagner eine Rolle gespielt haben. Es erklärt zugleich, warum er den *Parsifal* abgelehnt und mit einer Fülle von Schmähungen belegt hat, obwohl er die Musik des *Parsifal* zutiefst bewunderte, ja liebte. Er nennt Wagners Musik eine Verschwörung gegen die «freien Geister», gegen diejenigen, die sich aus dem Bann der Religion gelöst haben. Er wusste, wovon er sprach, denn er war Wagner selbst erlegen und spürte bis zuletzt eine Neigung, rückfällig zu werden.

Das ist der Grund, warum Nietzsche auch nach der Trennung von Wagner immer wieder auf ihn zu sprechen kam und der letzte Text vor dem Zusammenbruch in Turin noch einmal von ihm handelte.[20] In der

Nachschrift zum «Fall Wagner» hat er Wagners Musik als Verführung zur Religion beschrieben und das insbesondere auf den *Parsifal* gemünzt: Wagner «schmeichelt jedem nihilistischen [...] Instinkte und verkleidet ihn in Musik, er schmeichelt jeder Christlichkeit, jeder religiösen Ausdrucksform der décadence. Man mache die Ohren auf: Alles, was je auf dem Boden des *verarmten* Lebens aufgewachsen ist, die ganze Falschmünzerei der Transscendenz und des Jenseits, hat in Wagner's Kunst ihren sublimsten Fürsprecher – *nicht* in Formeln: Wagner ist zu klug für Formeln – sondern in einer Überredung der Sinnlichkeit, die ihrerseits wieder den Geist mürbe und müde macht. Die Musik als Circe... Sein letztes Werk ist hierin sein grösstes Meisterstück. Der Parsifal wird in der Kunst der Verführung ewig seinen Rang behalten, als der *Geniestreich* der Verführung... Ich bewundere dies Werk, ich möchte es selbst gemacht haben; in Ermangelung davon *verstehe ich es* ... Wagner war nie besser inspirirt als am Ende.»[21]

Nietzsche hat die Kritik des Christentums viel radikaler gefasst als Marx, und die Folgen der Religionserosion hat er als sehr viel schwerwiegender beurteilt als Wagner. Der glaubte, den Schwund des Religiösen durch die Kunst kompensieren zu können, Nietzsche bezweifelte genau das – freilich erst, nachdem er über längere Zeit selbst dieser Vorstellung angehangen hatte. Wenn selbst er als «freier Geist» sich durch Wagners Musik zu etwas verführen ließ, was er als religiöses Erlebnis begriff, so hieß das, dass er umso heftiger dagegen ankämpfen musste. Nietzsches unausgesetzte Beschäftigung mit Wagner, seine Angriffe *gegen* ihn bei fortdauernder Bewunderung *für* ihn, erklärt sich wesentlich daraus. Für Nietzsche war seit der Distanzierung von Wagner nicht die Kunst, sondern die Evolutionstheorie, nicht Wagner, sondern Darwin die Alternative zur Religion, und damit verbanden sich ganz andere Probleme für das Selbstverständnis des Menschen: Die Kunst konnte das religiöse Bedürfnis des Menschen aufnehmen und befriedigen, die Evolutionstheorie konnte das nicht. Also kam es darauf an, ein Leben ohne Religion und eine Welt ohne Sinn auszuhalten.

«Ehemals suchte man zum Gefühl der Herrlichkeit des Menschen zu kommen, indem man auf seine göttliche *Abkunft* hinzeigte: diess ist jetzt ein verbotener Weg geworden, denn an seiner Thür steht der Affe, nebst anderem greulichen Gethier, und fletscht verständnissvoll die Zähne, wie um zu sagen: nicht weiter in diese Richtung!»[22] Wenn man sich durch die Herkunft, die Vorstellung, ein Geschöpf Gottes zu sein, seiner Würde nicht länger versichern konnte, dann vielleicht durch den Blick in die entgegengesetzte Richtung, in die Zukunft? Doch da stößt man nur auf den Tod, den eigenen wie den der Gattung. Nach dem «Tod Gottes» liest sich für Nietzsche die Geschichte der Menschheit nämlich so: «In irgend einem abgelegenen Winkel des in zahllosen Sonnensystemen flimmernd ausgegossenen Weltalls gab es einmal ein Gestirn, auf dem kluge Thiere das Erkennen erfanden. Es war die hochmüthigste und verlogenste Minute der ‹Weltgeschichte›: aber doch nur eine Minute. Nach wenigen Athemzügen der Natur erstarrte das Gestirn, und die klugen Thiere mussten sterben.»[23]

Wie konnte man es in einer derart trostlosen Welt aushalten? – Diese Frage wurde zum bestimmenden Element in Nietzsches Denken: Von nun an wurde seine Philosophie davon beherrscht, wie sich – erstens – eine Rückkehr aus der kalten Welt des Erkennens in die Geborgenheit des Religiösen verhindern ließ, wie man an der «Redlichkeit» sich selbst gegenüber festhalten konnte, ohne in abgründige Verzweiflung zu versinken, und wie – zweitens – eine Moral aussehen musste, die ohne religiösen Unter- und Hintergrund auskam und die trotzdem einen gewissen Verpflichtungsgrad hatte. Von der *Morgenröthe* und der *Fröhlichen Wissenschaft* bis zur *Genealogie der Moral* und zum *Antichrist* trieben diese Fragen Nietzsche um, und er suchte nach immer neuen Antworten auf sie.

Der «Tod Gottes» und seine Folgen für den Menschen

Mit der Aufklärung über den illusionären Charakter der religiösen Tröstungen verband sich für Nietzsche nicht die Aussicht auf eine dadurch möglich gewordene Selbstverwirklichung des Menschen, wie bei Marx;

der damit in Gang gesetzte Fortschritt der Wissenschaften – Nietzsche hatte hier vor allem Astrophysik und Evolutionsbiologie vor Augen – führte auf direktem Wege in die «transzendentale Obdachlosigkeit», wie Georg Lukács das später genannt hat. Ohne Gott war der Mensch «sinnlos» – oder er verschaffte sich selbst einen Sinn. Die Junghegelianer und der ihren Reihen entstammende Marx hatten in der selbstbezogenen Sinngebung des Menschengeschlechts kein Problem gesehen. Für sie trat der Mensch kurzerhand an die Stelle Gottes. Wenn sich, wie die Hegelsche Geschichtsphilosophie lehrte, Gott in der Geschichte und durch sie entfaltete, dann konnte dieser Gott, so die junghegelianische Schlussfolgerung, nur der Mensch selbst sein. Es kam also darauf an, die an den Himmel verschleuderten Gattungskräfte zurückzuholen und in das Selbstbewusstsein des Menschengeschlechts zu integrieren. Gott war danach nur eine Gestalt der Entfremdung, deren Überwindung in die Selbstaneignung des Menschen mündete.[24]

«Der Mensch», so Feuerbach, «vergegenständlicht sein Wesen und macht dann wieder sich zum Gegenstand dieses vergegenständlichten, in ein Subjekt, eine Person verwandelten Wesens; er denkt sich, ist sich Gegenstand, aber als Gegenstand eines Gegenstands, eines anderen Wesens. So hier. Der Mensch ist ein Gegenstand Gottes.»[25] An diesem Punkt ging Marx über Feuerbachs anthropologische Dechiffrierung der Religion hinaus, indem er «den Menschen» durch die «gesellschaftlichen Verhältnisse» ersetzte und damit die Perspektive eines Verschwindens der Religion nicht allein durch Aufklärung im Gefolge einer materialistischen Philosophie, sondern vor allem durch die revolutionäre Umgestaltung der Gesellschaft eröffnete. Feuerbachs «anthropologischer Materialismus» wurde von Marx in den «historischen Materialismus» überführt.[26]

Für Nietzsche war das nicht so einfach: Seitdem die Vorstellung von der Menschwerdung Gottes zu einer fragwürdigen Angelegenheit geworden war, konnte die Antwort darauf nicht mehr die Selbstvergottung des Menschen sein, wie von den Junghegelianern und dem jungen Marx vorgeschlagen – schon aus epistemologischen Gründen, denn wenn Gott tot war, dann konnte man ihn nicht wiederbeleben, indem man kurzerhand behauptete, der Mensch sei nunmehr Gott. Nietzsche nahm das Denken eines Gottes beziehungsweise des Göttlichen sehr viel ernster als die Junghegelianer, für die «Gott» nur eine Chiffre des Vergegenständlichungs- und Entfremdungsprozesses war; das konnte durch Dechiffrierung rückgängig gemacht und in die Selbstbefreiung des Menschen überführt werden. Für Nietzsche hing am Denken Gottes dagegen das Selbstbewusstsein und die Selbstanerkennung des Menschen. Ohne Gott war der Mensch nur «das Thier, das rothe Backen hat», wie er den Menschen zoologisch bestimmte.[27]

Daraus erwuchs der zweite Einwand, den er gegen die junghegelianische Lösung – und damit auch gegen Marx – ins Feld führte: Das Tier, das sich von den anderen Tieren allein durch seine Gesichtsfarbe unterscheidet, ist der Selbstvergottung nicht fähig. Es musste sich vielmehr selbst überwinden. «Der Mensch ist etwas, das überwunden werden soll.»[28] Aber wie sollte das vonstattengehen? Und würde das ein Vorhaben für die Gattung, also für alle, oder nur für Einzelne sein? Letzten Endes kam Nietzsche zu dem Ergebnis, dass die wirkliche Selbstbefreiung des Menschen von der Religion nur wenigen möglich sei, die dadurch zu *Über-Menschen* würden, und dass diese Selbststeigerung auf einer psychologischen Veränderung ihres Verhältnisses zum Dasein beruhe – und nicht auf einer Veränderung der Gesellschaft oder des Grads der Naturbeherrschung. Das macht die grundlegende Differenz zwischen Marxens Denken und dem Nietzsches aus. Die Grundlage dieser Differenz ist die Religionskritik.

Nietzsche hat die ungeheure Herausforderung, die der «Tod Gottes» für die Menschen darstellte, in der Gestalt des «tollen Menschen» versinnbildlicht, der «am hellen Vormittage eine Laterne anzündete, auf dem Markt lief und unaufhörlich schrie: ‹Ich suche Gott! Ich suche Gott!› – Da dort gerade viele von Denen zusammenstanden, welche nicht an Gott glaubten, so erregte er ein grosses Gelächter. Ist er denn verloren gegangen? sagte der Eine. Hat er sich verlaufen wie ein Kind? sagte der Andere. Oder hält er sich versteckt? Fürchtet er sich vor uns? Ist er zu Schiff gegangen? ausgewandert? – so schrien und lachten sie durcheinander.»[29] Der «tolle Mensch» trifft am Markt auf die, denen die Aufklärung eine Lizenz zur Vergleichgültigung der Religion verschafft hat. Sie glauben, das Problem los zu sein, und haben sich in dieser Vorstellung bequem eingerichtet. Aber der «tolle Mensch», dessen augenscheinliche Verrücktheit für ein verschärftes Problembewusstsein gegenüber den Folgen der religiösen Aufklärung steht, lässt sich so nicht abspeisen. «Wohin ist Gott? rief er, ich will es euch sagen! *Wir haben ihn getödtet*, – ihr und ich! Wir alle sind seine Mörder! Aber wie haben wir diess gemacht? Wie vermochten wir das Meer auszutrinken? Wer gab uns den Schwamm, um den ganzen Horizont wegzuwischen? Was thaten wir, als wir diese Erde von ihrer Sonne losketteten? Wohin bewegt sie sich nun? Wohin bewegen wir uns?»[30]

Der «tolle Mensch» stellt exakt die Fragen, die nach Nietzsches Auffassung mit dem Verschwinden der Religion verbunden sind. Und er bringt nicht nur die Herausforderung der «metaphysischen Obdachlosigkeit»[31] zur Sprache, sondern macht auch die unterschiedlichen Reaktionsmuster darauf zum Problem: «‹Das Heiligste und Mächtigste, was die Welt bisher besass, es ist unter unseren Messern verblutet, – wer wischt diess Blut von uns ab? Mit welchem Wasser können wir uns reinigen? Welche Sühnfeiern, welche heiligen Spiele werden wir erfinden müssen? Ist nicht die Grösse dieser That zu gross für uns? Müssen wir nicht selber zu Göttern werden, um nur ihrer würdig zu erscheinen? Es gab nie eine grössere That, – und wer nur immer nach uns geboren wird, gehört um dieser That willen in eine höhere Geschichte, als alle Geschichte bisher war!› – Hier schwieg der tolle Mensch und sah wieder seine Zuhörer an: auch sie schwiegen und blickten befremdet auf ihn.»[32] Er hatte all jene zum Schweigen gebracht, die gerade noch lachten und spotteten; er hatte ihnen deutlich gemacht, dass der Tod Gottes für sie keine Erleichterung, sondern eine Erschwernis war – nur dass die Masse das noch nicht begriffen hatte: Nichtbegreifenwollen, Nichtbegreifenkönnen war die zentrale Strategie ihres Selbstschutzes.

In Nietzsches kleiner Erzählung ist der «tolle Mensch» das Gegenteil eines Verrückten, eines Wahnsinnigen; er ist derjenige, der begriffen hat, welche Anforderungen die Erosion des Religiösen und das Schwinden des Glaubens an die Menschen stellt: Sie können nicht bleiben, was sie sind, und nicht werden, was sie zu werden hoffen; sie müssen sich vielmehr selbst «überwinden». Aber dem verweigern sie sich im Modus der Vergleichgültigung. So bleibt vorerst nur, dass die Kirchen, «Gotteshäuser» genannt, Charakter und Bestimmung ändern: Aus Orten des Glaubens an Gott müssen sie zu Stätten der Erinnerung werden, dass es früher einmal einen Gott gegeben hat, der aber nun tot ist. «Man erzählt noch, dass der tolle Mensch des selbigen Tages in verschiedene Kirchen eingedrungen sei und darin sein Requiem aeternam deo angestimmt habe. Hinausgeführt und zu Rede gesetzt, habe er immer nur diess entgegnet: ‹Was sind denn diese Kirchen noch, wenn sie nicht Grüfte und Grabmäler Gottes sind?›»[33] Unter der heiteren Ironie, mit der Nietzsche den «tollen Menschen» auftreten lässt, verbirgt sich der Ernst einer Herausforderung, der die meisten nicht gewachsen sind.

Überfordert, redlich zu leben: die «letzten» und die «höheren Menschen»

Der Tod Gottes greift tief ins Leben ein – für Nietzsche jedoch nicht als Möglichkeit zur Selbstbefreiung nach dem Ende der religiösen Entfremdung, wie bei Marx, und auch nicht als Chance, noch einmal ganz von vorn anzufangen, wie es Wagners *Götterdämmerung* am Ende seines *Rings* nahelegt, sondern als Zwang zur Selbstüberwindung. «Der Mensch ist ein Seil, geknüpft zwischen Thier und Übermensch, – ein Seil über einem Abgrunde», lässt er seinen Zarathustra dem in der Stadt mit Namen «Bunte Kuh» versammelten Volk erklären. Der Tod Gottes hat den Menschen vor die Entscheidung gestellt, entweder ein Tier zu *bleiben* beziehungsweise nach dem Verlust der Religion als bisheriger Distinktion zwischen Mensch und Tier selbst zum Tier zu *werden* oder aber den Versuch zu machen, das Seil über dem Abgrund zu besteigen und dabei Erfolg zu haben – oder abzustürzen. Für Nietzsche ist Letzteres das Wahrscheinliche. Es sind die Starken und Mutigen, die den Weg über das Seil wagen, aber ob sie ankommen, bleibt offen. Zarathustra lässt keinen Zweifel an den damit verbundenen Risiken: «Ein gefährliches Hinüber, ein gefährliches Auf-dem-Wege, ein gefährliches Zurückblicken, ein gefährliches Schaudern und Stehenbleiben.»[34]

Bei der Thematisierung der Aufklärung und ihrer Folgen, der Erosion des Glaubens und dem Schwinden des Religiösen, stoßen wir auf einen Gegensatz zwischen Marx und Nietzsche, der tiefer reicht als dessen Beschreibung – bei Marx als Befreiung aus den Fesseln der Religion, bei Nietzsche als Eintritt in einen Zustand «metaphysischer Obdachlosigkeit». Die Wiederaneignung der entfremdeten Gattungskräfte des Menschengeschlechts, wie Marx sie entworfen hat, ist ein Vorgang, der alle betrifft und von dem alle profitieren – ob sie wollen oder nicht. Es ist ein Vorgang der Befreiung, und die mit ihm gewonnene Freiheit steht allen zur Verfügung, gleichgütig, ob sie damit etwas anzufangen wissen oder nicht. Es ist dies ein Vorgang von universaler Qualität, bei dem eine kleine Avantgarde (die der Aufklärer) etwas geleistet hat, von dessen Vorteilen keiner ausgeschlossen werden kann.

Das ist beim «Tod Gottes» in der Sichtweise Nietzsches grundlegend anders; hier muss ein jeder sich entscheiden, wie er es mit der «metaphysischen Obdachlosigkeit» hält: ob er sich darin einrichtet und es sich mit allerhand «Giftchen» und «Pülverchen» erträglich macht, wie Nietzsche es am Beispiel der «letzten Menschen» beschreibt, oder ob er sich auf das Seil über dem Abgrund begibt – und dabei abstürzt oder auf der anderen Seite ankommt. Es ist eine Zweiteilung des Menschengeschlechts, die für Nietzsche aus dem Tod Gottes resultiert, in die «Vielzuvielen» auf der einen und die «Aufrichtigen und Redlichen» auf der anderen Seite, die den gefährlichen Weg zum redlichen Leben riskieren. Redlichkeit ist ein zentraler Begriff in Nietzsches Denken, und er besagt, dass man sich auf der Höhe dessen bewegt, was man wissen kann. Nietzsches Diagnose lautet, dass die meisten das nicht ertragen, dafür zu schwach sind. Unter den «Aufrichtigen und Redlichen» interessiert sich Nietzsche vor allem für jene, die angekommen sind: die «Übermenschen». Mit anderen Worten: Es war Gott beziehungsweise die Vorstellung von Gott, die die Einheit des Menschengeschlechts und mit ihr auch die Gleichheit aller Menschen, nämlich die vor Gott, sicherstellte. Der «Tod Gottes» hat diese Einheit aufgesprengt und eine tiefe Kluft zwischen den «letzten Menschen» und den «Übermenschen» sowie denen irgendwo dazwischen aufgerissen. Nietzsches Weg zu einer vom «Pathos der Distanz» geprägten neuen Elite und ihrem Ethos – keiner Avantgarde im Übrigen, denn sie handelt nicht für andere – beginnt damit, dass er die Folgen der Religionskritik erheblich ernster nimmt als seine Zeitgenossen, Marx und Wagner eingeschlossen.

Die es sich im Zustand tierischen Lebensgenusses bequem gemacht haben, sind in Nietzsches Sprache die «letzten Menschen», das Verächtlichste, wovon er sprechen kann. «Die Erde ist dann klein geworden, und auf ihr hüpft der letzte Mensch, der Alles klein macht. Sein Geschlecht ist unaustilgbar, wie der Erdfloh; der letzte Mensch lebt am längsten.»[35] Es ist ein am Wohlsein ausgerichtetes Leben, das die «letzten Menschen» führen, eines, in dem das «Reich der Notwendigkeit», wie Marx es nennen würde, weit zurückgedrängt ist und das «Reich der Freiheit» viel Raum erlangt hat. «Man arbeitet noch», beschreibt Zarathustra die Verhältnisse bei den «letzten Menschen», «denn Arbeit ist eine Unterhaltung. Aber man sorgt, dass die Unterhaltung nicht angreife. / Man wird nicht mehr arm und reich: Beides ist zu beschwerlich. Wer will noch regieren? Wer noch gehorchen? Beides ist zu beschwerlich. / Kein Hirt und Eine Heerde! Jeder will das Gleiche, Jeder ist gleich.»[36]

Die Gesellschaft der Egalität ist eine der Konformität, eine, bei der die vormals nur religiöse Gleichheit zur realen Gleichheit geworden ist. Doch während die Gleichheit vor Gott eine war, die zu Anstrengungen anspornte, ist die Gleichheit der «letzten Menschen» eine der notorischen Bequemlichkeit, weil es nichts mehr gibt, was der Anstrengung lohnt, und auch keiner mehr da ist, der dies einfordern könnte. Das liest sich wie eine Parodie auf die sozialistischen Zukunftsentwürfe, ebenso aber auch als eine bittere Antizipation des Konformismus in den kapitalistischen Konsumgesellschaften.[37] «Man zankt sich noch, aber man versöhnt sich bald – sonst verdirbt es den Magen. / Man hat sein Lüstchen für den Tag und sein Lüstchen für die Nacht: aber man ehrt die

Gesundheit.› / ‹Wir haben das Glück erfunden› – sagen die letzten Menschen und blinzeln.»[38] Den Gegensatz zu den «letzten Menschen» beziehungsweise «kleinen Leuten» stellen die «höheren Menschen» dar, für die es nicht ratsam ist, sich auf den Märkten und Plätzen der Städte sehen zu lassen, weil das dort versammelte Volk vor ihnen keinen Respekt hat: «Auf dem Markt», so Zarathustra, «glaubt Niemand an höhere Menschen. Und wollt ihr dort reden, wohlan! Der Pöbel aber blinzelt ‹wir sind Alle gleich.› / ‹Ihr höheren Menschen, – so blinzelt der Pöbel – es giebt keine höheren Menschen, wir sind Alle gleich, Mensch ist Mensch, vor Gott – sind wir Alle gleich!› / Vor Gott! – Nun aber starb dieser Gott. Vor dem Pöbel aber wollen wir nicht gleich sein.»[39] Die «höheren Menschen» sind jene, die sich der Gleichheitsbehauptung der «kleinen Leute» verweigern und sich selbst für etwas Besseres halten. Es ist die Gesellschaft der «höheren Menschen», die Zarathustra später in seiner Höhle im Gebirge versammelt – alles Leute, von denen er annimmt, sie hätten das religiöse Bedürfnis überwunden und hinter sich gelassen: die zwei Könige, der Papst außer Dienst, der alte schlimme Zauberer (in dem sich Richard Wagner verbirgt), der traurige Wahrsager, der freiwillige Bettler, der Schatten und der Gewissenhafte des Geistes.[40]

Als Zarathustra sie für kurze Zeit in seiner Höhle allein lässt, feiern sie ein Fest, in dessen Verlauf sie einen Esel anbeten und zu ihrem neuen Gott erklären. Dabei rufen sie allerhand Unfug, der sich bei genauerem Hinhören als Persiflage der religiösen Litanei sowie der Bergpredigt ausnimmt, und der Esel schreit dazu sein übliches I-A, das von den in der Höhle Versammelten als große Bejahung des Daseins verstanden wird. «Er trägt unsre Last, er nahm Knechtsgestalt an, er ist geduldsam von Herzen und redet niemals Nein; und wer seinen Gott liebt, der züchtigt ihn.»[41] – Auch die «höheren Menschen», so Nietzsche, sind nicht frei von religiösen Bedürfnissen und entsprechenden Anwandlungen, und sobald sie nach Weingenuss die Gelegenheit dazu haben, feiern sie religiöse Feste, bei denen sich zweierlei zeigt: dass sie nicht mehr an Gott glauben, seit sie wissen, dass der tot ist, und dass sie gleichzeitig eines Gottes und der Verehrung bedürfen und ihnen dabei alles recht ist, was sich dafür anbietet. So feiern sie die Persiflage eines Gottesdienstes. Es bleibt jedoch unklar, ob sie sich dessen bewusst sind. Was Marx im *Achtzehnten Brumaire* als Farce bezeichnet hat, taucht bei Nietzsche als ebenjene Persiflage auf. Es ist ein frei flottierendes religiöses Bedürfnis, das die «höheren Menschen» vom «Übermenschen» trennt. Der aber ist noch nicht da; sein Erfordernis wird postuliert, aber das Postulat ist noch nicht eingelöst. So Nietzsches Bescheid zum Zustand der «metaphysischen Obdachlosigkeit»: ein Warten, über dessen Trostlosigkeit sich die einen mit Betäubungsmitteln und sinnlichem Vergnügen und die anderen mit einer Persiflage des Entbehrten hinwegzuretten versuchen.

Die ausweglose Verstrickung der Götter in ihrer eigenen Ordnung

In seinen theoretischen Schriften hat sich Wagner mehrfach über das Christentum im Speziellen und die Religion im Allgemeinen geäußert, und dabei hat er sich seit Mitte der 1850er Jahre eng an die Philosophie Schopenhauers angelehnt.[42] Bei Schopenhauer spielen Gott und das Göttliche keine Rolle, es herrscht ein unvernünftiger, stets nur sich selbst wollender Wille, der den Gang der Welt bestimmt. Wagner will Schopenhauers *Die Welt als Wille und Vorstellung* mehrere Male gelesen haben, und er bezeichnet sich selbst als einen Anhänger Schopenhauers.[43] Er pflegte freilich einen ebenso selektiven wie kreativen Umgang mit Schopenhauers Philosophie; er interessierte sich weniger für eine sorgfältige Interpretation, sondern suchte sich aus Schopenhauers Denksystem heraus, was ihm zupass war, während er anderes kurzerhand beiseiteließ. Wagners kreativer Umgang mit Schopenhauers Philosophie ist hier jedoch von geringerem Interesse;[44] vielmehr soll es um Wagners Dramatisierung des Götterhandelns im *Ring* gehen, tritt hier doch seine Vorstellung des Religiösen jenseits der kunsttheoretischen Darlegungen hervor.

Im Prinzip konstruiert Wagner im *Ring* nämlich eine religiöse Welt, und dabei gestattet er dem Zuschauer einen Blick in den Maschinenraum des Religiösen. Sicherlich arbeitet er dabei mit Quellen, dem Nibelungenlied und den altnordischen Liedern,[45] die ihn in mancher Hinsicht festlegen, hinzu kommt die Orientierung an der griechischen Tragödie, zumal an Aischylos' *Promethie* und *Orestie*, in der zutiefst religiöse Themen behandelt werden. Aber Wagner hält sich keineswegs eng an diese Quellen, sondern zerlegt sie in einzelne Mytheme, die er dann seinen eigenen Vorstellungen gemäß wieder zusammenfügt. Er ist im Sinne von Claude Lévi-Strauss ein *bricolateur*, ein Bastler, der die vorgefundenen Mythen dekonstruiert und sie anschließend neu arrangiert.[46] Das verschafft ihm die Freiheit, eine Welt der Götter und ihrer Gegenspieler zu entwerfen, in die er dann einen Kampf um die Weltherrschaft einschreibt, der von den Anfängen bis zu dem großen Feuer reicht, in dem die Götter mitsamt ihren Widersachern zugrunde gehen.[47]

Man kann den *Ring*, Wagners Hauptwerk, an dem er ein Vierteljahrhundert gearbeitet hat, unter verschiedenen Gesichtspunkten analysieren: unter poetischen und musikalischen, unter politischen und gesellschaftlichen; die nachfolgende Fragestellung ist wesentlich religionstheoretischer Art. Als Erstes fällt auf, dass Wagner, darin seinen Quellen folgend, auf einen allmächtigen und allwissenden Gott verzichtet und stattdessen ein im weiteren Sinn gewaltenteiliges Göttersystem analog zu dem der Griechen entwickelt. So sind im *Ring* Wissen und Handeln strikt voneinander getrennt: Auf der einen Seite stehen Erda und die Nornen, die über ein nahezu vollständiges Wissen des Vergangenen, Gegenwärtigen und Zukünftigen verfügen, und auf der anderen Seite die Lichtalben, Schwarzalben und Riesen, die nur eine begrenzte Erinnerung an die Vergangenheit haben, in der unmittelbaren Gegenwart tastend agieren, dabei zumeist ihren Trieben und Affekten folgen und grundsätzlich nicht wissen, was die Zukunft bringen wird. Nur Wotan, der an der Spitze der Lichtalben steht, hat Zugang zu Erda und den Nornen, einen teuer erkauften, denn er hat ihn mit dem Verlust eines Auges bezahlt. Das aus der Befragung der Erda gewonnene Wissen hat ihm jedoch einen entscheidenden Vorsprung im Kampf um die Weltherrschaft verschafft: Es eröffnete ihm die Möglichkeit, komplexere Zukunftspläne zu schmieden als seine Gegenspieler. Dadurch ist Wotan der Einzige, der strategiefähig ist, während die Riesen Fasolt und Fafner, aber auch der Schwarzalbe Alberich sich von Lage zu Lage tastend voranbewegen. Wotan verfügt über Wissen, alle anderen nur über die Macht, die ihnen aus ihren Fähigkeiten und Ressourcen zuwächst. Das ist einer der Gründe, warum die Sympathien der Zuschauer eher bei Wotan als bei seinen Widersachern liegen.[48]

Die Präferenz für Wotan ist indes keineswegs selbstverständlich, denn die Welt der Götter und ihrer Gegenspieler ist, wenn man die Riesen einmal beiseitelässt, durchweg symmetrisch konstruiert: auf der einen Seite die Licht-, auf der anderen die Schwarzalben, die einen in der Höhe der Gebirge zu Hause, die andern in den Tiefen der Erde lebend. Solche Orts- oder Raumangaben sind mit einer auf- und abwertenden Semantik verbunden, von der die anfängliche Symmetrie aufgelöst wird – was als Anfang alles Religiösen angesehen werden kann. Der wertenden Semantik folgen ästhetische Wertungen, die Lichtalben gelten als hochgewachsen und schön (wenngleich Wotan durch den Verlust des Auges entstellt ist), während die Schwarzalben als klein und hässlich beschrieben werden. Das hätte auch Empfindungen des Mitleids auf sie lenken können. So spricht Wagner gegenüber Cosima davon, «daß er einst völlige Sympathie mit Alberich gehabt, der die Sehnsucht des Häßlichen nach dem Schönen repräsentiere».[49] Umgekehrt hätte das arrogante Auftreten der Lichtalben zu Distanz gegenüber ihnen führen können, doch das semantisch und ästhetisch strukturierte Religionssystem hat das verhindert.

Schließlich kommt in Wagners *Ring* noch die Musik hinzu, die die Verteilung von Sympathien und Antipathien steuert und einen nüchternen Blick auf die Konstruktion der religiösen Ordnung erschwert – ein Blick, der dem kritischen Betrachter durchaus möglich ist, jedenfalls so lange, wie er sich allein mit dem Text beschäftigt und die Musik nicht auf sich wirken lässt. Wagner hat – wie beim *Parsifal* – durch die Separation von Textveröffentlichung und Uraufführung einer derart

Zwischen Religionskritik und Religionsstiftung

Franz Stassens Gouache sucht der Komplexität des Geschehens im Ring durch die Verdoppelung der Ebenen gerecht zu werden: Auf der ersten, der metaphysischen Ebene weben die drei Nornen das Seil des Schicksals, und Erda am unteren Bildrand vermag zu sehen, was wird, wobei sie Wotan gelegentlich an diesem Wissen teilhaben lässt. Auf der darüberliegenden zweiten Ebene, die das vordergründige, gleichsam empirische Geschehen darstellt, sind Wotan und Loge zu sehen, die Alberich zur Herausgabe seiner Schätze einschließlich Ring und Tarnkappe gezwungen haben. Man könnte meinen, Wotan beherrsche das Geschehen, und für diese Herrschaft steht sein das innere Bild dominierender Speer. Tatsächlich aber steht all das in Beziehung zu den das Schicksalsseil webenden Nornen.

getrennten Beschäftigung mit dem Werk Vorschub geleistet; erst bei der Aufführung als Gesamtkunstwerk, also dem Ineinandergreifen von Text, Theatralität und Musik, verwandelt sich die Konstruktion in eine Genese, die den kritischen Blick in eine sympathetische Inanspruchnahme verwandelt. Nietzsche hat diese, wenn man so will, Erkenntniserschwernis durch die Musik den «Zauber» Wagners genannt. Wagner ist für ihn ein «Verzauberer» der Welt.

Doch von einer Metaebene aus betrachtet zeigt der *Ring* auch, warum die «Entzauberung der Welt» keineswegs so schnell vonstattengegangen ist und so vollständig und endgültig war, wie Marx sich das vorgestellt hat: Natürlich könnte der Besucher einer *Ring*-Aufführung die Konstruktion eines religiösen Systems analytisch beobachten – aber in der Regel fällt er der Faszination des musikalisch-poetischen Geschehens zum Opfer. Er kann die Distanz zu ihm nicht wahren. Auf Wagners Kunst des Distanzentzugs hat vor allem Nietzsche aufmerksam gemacht.

So entwickelt der Zuschauer und Zuhörer eine Präferenz für die in «lichten Höhen» wohnenden «Götter», obwohl doch die Strukturanalogie zwischen Licht- und Schwarzalben, die beide Seiten gleichstellt, eigentlich schlagend ist: Alberich, zunächst nur *einer* der Schwarzalben, der später zu deren Tyrann wird, greift tief in die unbeschädigte Natur ein, als er dem Rhein das auf einem Unterwasserriff befindliche Gold entreißt. Die Folge ist, dass die einfallenden Sonnenstrahlen nicht mehr reflektiert, sondern vom «entgoldeten» Felsen geschluckt werden. Von nun an ist es unter Wasser finster, und das zuvor sorglose Spiel der Rheintöchter ist unmöglich geworden. Alberichs Machtgier und seine Herrschsucht, bei ihm Kompensation eines unbefriedigten Liebesverlangens, haben die natürliche Harmonie zerstört und ein Streben nach Dominanz in die Welt gebracht, das in einen Kampf um die Weltherrschaft mündet. Von diesem Kampf erzählt der *Ring*.

Doch Alberich ist nicht der Einzige, der die ursprünglich heile Natur versehrt und ihr Wunden schlägt, an denen sie fortan leidet. Auch der Lichtalbe Wotan ist auf Macht aus, und das Wissen, das er von Erda erlangt, lässt ihn nicht zu einem kontemplativen Weisen werden, der in ruhiger Gelassenheit den Weltlauf betrachtet. Wotans Griff nach Erdas Wissen ist durchweg instrumenteller Art: Wie Alberich geht es ihm vor allem um Macht. Dafür ist der oberste Lichtalbe zu vielem bereit, nicht nur dazu, ein Auge zu opfern; er bricht auch einen starken Ast aus dem Stamm der Weltesche, um aus ihm jenen Speer anzufertigen, der zum Signum seiner Weltherrschaft wird. In den Schaft dieses Speeres schnitzt Wotan Runen, mit denen er die Geltung seiner Vertragsordnung besiegelt und sich das zuvor herrschaftslose, anarchische Wirken der Natur unterwirft. Doch indem er den starken Ast aus dem Stamm der Esche bricht, fügt er dem Baum eine Wunde zu, an der dieser sterben wird. Das allmähliche Verdorren der Esche steht für das Verkümmern einer Natur, der eine ihr fremde Ordnung, eben das System der Verträge, aufgezwungen wurde. Das zeigt sich jedoch nicht sofort, wie dies bei der Verfinsterung des Rheins nach Alberichs Goldraub der Fall ist, sondern erstreckt sich über einen längeren Zeitraum. Das Absterben der Weltesche ist folgenreicher als die Verfinsterung des Rheins, die bloß das erotische Spiel der Rheintöchter beendet: Das Sterben des Baums steht für das Sterben der Natur.

Es bleibt freilich nicht bei der Verfinsterung des Rheins, da die von dem liebeshungrigen Alberich bedrängten Rheintöchter diesem törichterweise das Geheimnis des Goldes verraten: Wird es nämlich zum Ring geschmiedet, so verleiht es grenzenlose Macht. Die Fähigkeit, einen solchen Machtring zu schmieden, hat jedoch nur, wer der Liebe für immer entsagt – und genau das tut Alberich. Was für Wotan der Verlust des Auges, ist für Alberich der definitive Liebesverzicht – also auch hier eine Symmetrie. Zwar hat Wotan nicht explizit auf Liebe verzichtet, sondern reagiert nur auf ihr Verblassen: «Als junger Liebe / Lust mir verblich; verlangte nach Macht mein Mut», gesteht er Brünnhilde.[50] Alberichs Liebesverzicht ist eine Versehrung der Natur, zunächst der inneren des Schwarzalben, zu der sein Liebesverlangen gehört, dann aber auch der äußeren, weil die grenzenlose Macht des zum Ring geschmiedeten Goldes das Gleichgewicht der natürlichen Ordnung auflöst. Von nun an beginnt ein von ständig neuen Aufrüstungsanstrengungen begleiteter Machtkampf zwischen Wotan und Alberich, dem zuletzt beide

Das liebeslustig-verführerische Spiel der Rheintöchter hat ein jähes Ende genommen. Was sie, weil sie derlei nicht für möglich hielten, leichtfertig ausgeplappert haben, hat Alberich realisiert: Er hat der Liebe um purer Macht willen abgeschworen, und so ist es ihm gelungen, das auf einem Felsen befindliche Rheingold an sich zu reißen. Er hält die Beute in der erhobenen Hand. Die Wassernixen sind entsetzt, sie haben als Wächterinnen versagt und müssen nun im Dunkel der Rheintiefe schwimmen, weil das Gold nicht länger das Wasser erleuchtet.

zum Opfer fallen. Von diesem Machtkampf wird später noch die Rede sein;[51] hier, wo es um das religiöse System geht, steht nicht der Kampf im Vordergrund, sondern dessen religiöse Überschreibung, die dafür sorgt, dass das Bühnengeschehen nicht als das Ringen zweier Clans um die Vorherrschaft, sondern als ein Ringen der Götter mit der aufständischen Unterwelt erscheint; die Sympathien liegen dabei auf Seiten der Lichtalben und der von Wotan gezeugten Walküren und Heldengestalten.

Warum ist das so, wo doch zunächst alles auf eine strukturelle Symmetrie im Kampf um die Macht angelegt war? Religiöse Systeme, in denen die eine Partei zu Göttern und die andere zur rebellischen Unterwelt werden, verwandeln ursprüngliche Machtsymmetrien in asymmetrische Konstellationen, indem sie eine Seite als schön und die andere als hässlich darstellen und die Schönen als den Menschen zugetan zeigen, wohingegen die Hässlichen ihnen Feind sind. So werden aus bloßen Betrachtern des Machtkampfs Parteiergreifende. Auch das lässt sich aus einer Metaperspektive beobachten: Für den, der es sehen will, ist der *Ring* eine Genealogie, eine Entstehungsanalyse der religiösen Ordnung. Wer Wagner so liest, nimmt ihn als Aufklärer wahr und folgt der Feuerbach-Linie in seinem Werk. Er beschränkt die Inspiration, die die Philosophie Feuerbachs für Wagner bedeutete, nicht auf den Schluss der *Götterdämmerung*, wie vom Literaturwissenschaftler Hans Mayer ins Gespräch gebracht, sondern begreift den gesamten *Ring* als durch den Religionskritiker Feuerbach angeleitet.

Aber wie geht das vonstatten? Worauf hat zu achten, wer die Genese eines religiösen Systems beobachten will? Da ist zunächst die narrative Struktur: Wir sehen der Naturzerstörung durch Alberich zu und werden Augen- und Ohrenzeugen ihrer Folgen, während wir über Wotans Tun erst nachträglich, außerdem nach und nach und eher beiläufig unterrichtet werden, zumeist durch Rückblicke Wotans selbst. Hier hat sich alles in der Vergangenheit abgespielt, und was daraus entstanden ist, wird mit Verweis auf Wotans Vertragssystem unter dem Begriff der Ordnung verhandelt. Alberichs Tat dagegen stellt sich als Zerstörung von Ordnung dar, einer Ordnung zumal, deren zentraler Effekt die Bindung und Begrenzung von Wotans Macht ist. Dass diese Macht durch ebendiese Ordnung erst konstituiert wurde, wird zwar nicht verheimlicht, spielt im Gang der Handlung aber keine größere Rolle und gerät darüber in den Hintergrund. Man könnte es wissen, da Wagner die Vertragstheorien von Hobbes und Locke, die Legitimationen des Staates und der bürgerlichen Eigentumsordnung, zutiefst abgelehnt hat und diese Vertragstheorien die Folie für Wotans Vertragsordnung bilden, aber man wird von der Erzählung nicht darauf gestoßen. Als Problem, um das sich das Geschehen dreht, tritt nicht Wotans Macht hervor, sondern deren Beschränkung.

Die Struktur der Erzählung, ihr narratives Muster, legt die Gewichtung von Wissen und Aufmerksamkeit fest, und diese Gewichtung bestimmt die Sympathieverteilung der Zuhörenden. Der Mechanismus der Selbstimmunisierung gegen Nachfragen und Zweifel ist ein Wesensmerkmal religiöser Systeme. Je nachdem, wie man es sehen will, kann man sagen: Wagner führt diese Mechanismen den zu subtiler Beobachtung Fähigen vor Augen – oder Wagner macht die Schauenden und Hörenden durch die Art seiner Erzählung, vor allem aber durch die Musik, zu mental und kognitiv Gefangenen eines religiösen Systems. Letzteres ist die Sicht Nietzsches, während Ersteres in jüngeren Inszenierungen des *Rings* herauszuarbeiten versucht wird.

Ein weiteres Element der Überformung des Machtkampfs mit religiösen Konnotationen sind die immer wieder eingestreuten rückerinnernden Vergegenwärtigungen, die Wagner einsetzt, um das sich über lange Zeiträume erstreckende Geschehen erzählerisch zusammenzuhalten und das Frühere wieder präsent zu machen. Doch das, was als bloße Erinnerung daherkommt, ist durchweg Deutung aus der Sicht einer Partei. Indem sie an etwas erinnert, wird sie zum Interpreten ihrer eigenen Rolle und immunisiert sich gegen missliebige Gegenerinnerungen. Paradigmatisch ist das in der Wissenswette zwischen Wotan und Mime im *Siegfried*: Wotan hat Mime, den Bruder Alberichs, in einen Wettstreit des Wissens hineingezwungen, bei dem jeder dem anderen drei Fragen vorlegt, die dieser beantworten muss – ansonsten verliert er seinen Kopf, wie es als Wetteinsatz festgelegt worden ist. Alle Aufmerksamkeit richtet sich dabei auf das Frage-Antwort-Spiel und damit auf das Ungeschick Mimes, der Wotan nur das fragt, was er selbst schon weiß, und so die Chance zur Schließung seiner eigenen Wissenslücken vergibt. Das aber hätte er tun müssen, nicht nur um Wotans letzte Frage beantworten zu können, sondern auch um in Erfahrung zu bringen, worin die Lösung für das ihn bedrängende Problem besteht: zu wissen, wer Nothung neu schmieden könne. Das zerbrochene Schwert Siegmunds für dessen Sohn neu zu schweißen ist nämlich die Aufgabe, an der Mime bis dahin gescheitert ist. Mime verspielt sein Leben, denn als Wotan ihm die Frage nach dem endlich erfolgreichen Schmied Nothungs stellt, kann Mime sie nicht beantworten. Er selbst hätte die Frage stellen müssen.

Bei der Konzentration auf das Frage-Antwort-Spiel bleibt unbemerkt, wie Wotan das Verhältnis zwischen Licht- und Schwarzalben darstellt: Was als einfache Beschreibung der Konstellation daherkommt, dient der Legitimation der Lichtalbenherrschaft, der sich die anderen zu fügen haben. Die Deutung der Verhältnisse schleicht sich unbemerkt ein, und je öfter sie das qua erinnernder Vergegenwärtigung tut, desto mehr erscheint die Deutung als Beschreibung. In der Wissenswette ist das besonders evident, weil Mime, der als Schwarzalbe zu den Gegnern von Wotans Herrschaft gehört und dem als Wanderer dahergekommenen Lichtalben rundum misstraut, dessen Antworten als richtig hinnimmt und keinen Einspruch gegen sie einlegt. Das ist der zweite Strang bei der Genese religiöser Ordnungen, der im *Ring* entfaltet wird. Auch für ihn gilt, was über den ersten gesagt wurde: Es ist offen, ob man in Wagner einen Analytiker oder einen Produzenten religiöser Wahrnehmung zu sehen hat.

Als dritter Strang bei der emotionalen Präferenzverteilung für und gegen die Licht- und Schwarzalben (sowie die Riesen) ist schließlich der Einsatz der Musik zu sehen. In den Züricher Kunstschriften hat Wagner mehrfach herausgestellt, dass in seinen Musikdramen das Orchester die Rolle übernehme, die in der antiken Tragödie, zumal bei Aischylos, der Chor innehatte: Er kommentierte das Geschehen, stellte heraus, was als richtig oder falsch anzusehen war, und war auf diese Weise ein die Bühnenhandlung begleitender und überwachender Fingerzeig ans Publikum. Der Chor erklärt, wie das, was die Zuschauer sehen, zu bewerten und was daraus zu lernen ist. Er steuert nicht nur die Aufmerksamkeit der Zuschauer, sondern ist auch der Sachwalter ihrer religiösen und politischen Erziehung im Theater und durch das Theater. Diese Aufgabe übernimmt bei Wagner das Orchester, und dessen Wirkung wird noch dadurch gesteigert, dass es im «mystischen Abgrund» des Bayreuther Festspielhauses versenkt und dadurch unsichtbar geworden ist. Es lenkt die Aufmerksamkeit und verteilt Wertungen, ohne dass dies sichtbar gemacht wird. Das lässt sich an dem Wechsel und der Variation der Tonarten ablesen, mit denen Wagner die emotionale Wahrnehmung des Bühnengeschehens steuert, etwa wenn er gegen das C-Dur des Rheingoldmotivs das h-Moll von Alberichs Herrschaftsanspruch stellt.

Gegen die Reinheit und Klarheit des natürlichen Ursprungs stellt er das Düstere von Alberichs Projekt.[52] Auch das hatte Nietzsche im Blick, als er vom alten Zauberer und Verführer Wagner sprach.

Was bei einer Betrachtung von Wagners Absichten in der Schwebe bleiben muss – ob er ein Aufklärer oder ein Verklärer sein wollte –, lässt sich durch Dramaturgie und Inszenierung seines Werks eindeutig machen. In den letzten Jahrzehnten sind Wagners Musikdramen, namentlich der *Ring*, im Sinne einer Aufklärung über die Macht der Verzauberung auf die Bühne gebracht worden: Entzauberung des Zaubers durch den Einsatz bühnentechnischer Mittel soll die kritische Distanz bei den Schauenden und Hörenden befördern.[53] Aber derlei ist und bleibt ein Balanceakt, weil fortgesetzte Desillusionierung auf Dauer Theater und Oper in Frage stellt. Das Problem ist, dass auf der Bühne zunächst Illusionen erzeugt werden müssen, um anschließend über sie aufklären zu können. Desillusionierung pur läuft leer.

Nun geht im *Ring* die Sache für die Protagonisten des religiös überformten Machtkampfs nicht gut aus – nicht für die Lichtalben, die sich als Götter anerkannt wissen wollen, nicht für die mit ihnen verbündeten Walküren und Helden, nicht für die Riesen, die als Erste dem Machtkampf der Alben zum Opfer fallen, aber auch nicht für Alberich und seinen Sohn Hagen, wobei offenbleibt, ob die Nibelungen die Katastrophe unter Tage überleben und, von Alberichs tyrannischem Regiment befreit, wieder in Schächten und Gruben nach Edelmetallen graben, um daraus Schmuck für ihre Frauen anzufertigen. Ob sie also in den Zustand zurückkehren, in dem sie sich vor Alberichs Machtergreifung befunden haben – was ihrer Befreiung gleichkäme. Im ursprünglichen Entwurf hat Wagner das so notiert, aber in der endgültigen Fassung ist davon nicht mehr die Rede.

Während Wotan resigniert, als Siegfried auf dem Weg zu Brünnhilde den Speer der Gesetze und Verträge zerschlägt und sich damit als der wirklich freie Mensch erweist, setzt Alberich bis zum Schluss darauf, in den Besitz des Rings zu kommen und die Weltherrschaft an sich zu reißen. Aber dieses Vorhaben scheitert am Widerstand Brünnhildes; sie handelt dabei nicht als Tochter Wotans, sondern als die den toten Siegfried über alles Liebende. Die Mensch gewordene Göttertochter schleudert die Brandfackel in den Holzstoß, auf dem der tote Siegfried aufgebahrt ist, und sorgt so für die Götterdämmerung. Das Feuer greift nicht nur auf die Halle der Gibichungen, sondern auch auf Walhall über, wohin sich Wotan mitsamt den anderen Lichtalben sowie den Walküren und den von ihnen zur Verteidigung Walhalls auf den Schlachtfeldern eingesammelten Helden zurückgezogen hat. Die Herrschaft der Lichtalben endet im großen Feuer. Und mit ihr auch die Ordnung der Verträge.

Der Gott, dessen Macht auf dem Wissen des Künftigen und der Ordnung der Verträge beruhte, scheitert an seinem Projekt uneingeschränkter Weltherrschaft, als er von Erda kein Zukunftswissen mehr erlangt und die Gottheit des Wissens ihn stattdessen an die Nornen beziehungsweise die gemeinsame Tochter – Brünnhilde – verweist. Von da an – und keineswegs früher, wie einige Interpreten des *Rings* meinen –, also erst am Ende des *Siegfried*, ist Wotans Plan gescheitert, seine Herrschaft mit einem System von Aushilfen aufrechtzuerhalten. Er muss Erda gegenüber nämlich eingestehen, dass er sich im Gewirr der Verträge und seiner Aushilfen hoffnungslos verstrickt und obendrein auch noch Brünnhilde, die ihm jetzt als Einzige noch helfen könnte, verstoßen hat.[54] So ist er einem Geschehen ausgeliefert, das er nicht voraussehen und in das er nicht mehr zielsicher eingreifen kann.

Wotans Entmachtung beginnt mit seinem Bekenntnis, dass er nichts vermag ohne Erdas Wissen, ohne ihren Rat, den auch die Nornen nicht ersetzen können: «Im Zwange der Welt / weben die Nornen: / sie können nichts wenden noch wandeln; / doch deiner Weisheit / dankt' ich den Rat wohl; wie zu hemmen ein rollendes Rad?»[55] Aber Erda verweist ihn an Brünnhilde: «Was weckst du mich und frägst nach Kunde / nicht Erdas und Wotans Kind?»[56] Nun muss Wotan eingestehen, dass er Brünnhilde, die gemeinsame Tochter, mit dem Entzug ihrer Göttlichkeit bestraft hat und nicht damit rechnen kann, dass sie ihm Antwort gibt, woraufhin Erda ihm die innere Widersprüchlichkeit seines Regiments vorhält: «Der den Trotz lehrte / straft den Trotz? / Der die Tat entzügelt / zürnt um die Tat? / Der das Recht wahrt / wehret dem

Recht? / Der die Eide hütet / herrscht durch Meineid?«[57] Die Göttin des Wissens und der Gott der Tat zerstreiten sich und werfen sich gegenseitig vor, nicht zu sein, was zu sein sie beanspruchen. Das religiöse System zerbricht, noch bevor die Herrschaft der Götter im Feuer untergeht.

Unter diesen Umständen bleibt Wotan als einzige Option, Brünnhilde durch Vermittlung einer der ihm verbliebenen Walküren um Rückgabe des Rings an die Rheintöchter zu bitten: Nur das könne verhindern, dass Alberich in den Besitz des Rings komme und die Weltherrschaft übernehme. Doch Brünnhilde weist Wotans Wunsch schroff zurück; der Ring ist für sie ein Unterpfand der Liebe Siegfrieds und nicht der Schlüssel zur Weltherrschaft – warum also sollte sie ihn hergeben? Wotan reagiert darauf, wie es einem Schopenhauerianer geziemt, und entsagt allem Wollen. Von nun an nimmt er hin, dass geschieht, was geschehen wird, und sucht keinen Einfluss mehr darauf zu nehmen. Im Sinne der Schopenhauerschen Philosophie befreit er sich damit von der Herrschaft eines unvernünftigen Willens, der immer weiter will und dabei nichts als eine Spur der Verwüstung und des Unglücks hinterlässt. Man kann darin Wagners Absage an die religiöse Ordnung sehen, insofern diese auch nichts anderes ist als eine bloß vernünftig erscheinende Vorstellung des unvernünftigen Wollens. Das wäre ganz schopenhauerisch gedacht. Man kann den *Ring* aber auch als das Scheitern einer in sich falschen religiösen Ordnung lesen, das den Weg frei macht für eine richtige religiöse Ordnung, die eines Gottes, der allem Wollen entsagt und reines Mitleid ist. Das wäre der Weg zum *Parsifal*.

Walhall geht in dem von Brünnhilde entfachten Feuer unter, und mit ihm lösen sich die Götter in nichts auf, als handele es sich um Spukgestalten, um Mächtige, die nur so lange Macht haben, wie andere an sie glauben. Das große Feuer, das Walhall verzehrt, so erzählt Wagner es, hat vor allem darum eine so große Vernichtungskraft, weil Wotan geraume Zeit davor die verdorrte Weltesche fällen und deren Scheite um die Burg herum aufschichten ließ. Die Ursprünge seines Herrschaftsprojekts feuern den Brand an; Wotans Herrschaft war, unabhängig vom vordergründigen Geschehen – dem Bau der Burg, den daraus erwachsenen Schulden, dem Raub des Goldes –, von Anfang an auf Untergang angelegt. Nur wenn die Weltesche unversehrt geblieben wäre, hätte alles anders kommen können. Das Herausschlagen des Asts für den Speer war Wotans «Sündenfall».

Was bei all dem offenbleibt, ist die Frage, ob das Feuer, das den Untergang der Götter besiegelt, auf die Vernichtung all dessen hinausläuft, was zuvor unter großen Kosten aufgebaut wurde, ob es also ein «Weltenbrand» ist – oder ob es eine reinigende, aufklärende Funktion hat, so dass der Brand von Walhall zum Garanten wird, dass die das Geschehen beobachtenden Menschen bei einem Neuanfang nach der Katastrophe kein zweites Mal dem verführerischen Schein und den Illusionen eines religiösen Systems erliegen. Letzteres kann man mit Hans Mayer den Bakunin-Schluss des *Rings* nennen: Das große Feuer wäre dann praktisch gewordene Aufklärung.[58]

Schleichende Rückkehr des Religiösen: Marx über den Fetischcharakter der Ware

Karl Marx hat mit Bakunins Feier der Zerstörung und seinem Ideal einer sich selbst regulierenden natürlichen Ordnung nicht viel anfangen können, und zuletzt mündeten die Differenzen der beiden in einen heftigen Konflikt, der mit dem Ausschluss Bakunins und seiner Anhänger aus der Ersten Internationale endete.[59] Die Vorstellung, man müsse die Organisation der Gesellschaft so schlank wie möglich halten und wesentlich auf selbstregulative Strukturen setzen, war Marx zwar nicht fremd, aber je länger er sich mit diesen Fragen beschäftigte, desto mehr bezweifelte er, dass die Selbstregulation für Gesellschaften mit hoher Arbeitsteilung geeignet war. Heute würde man gegen Bakunins Vorstellungen wohl einwenden, dass das, was anarchisch vorgedacht war, auf längere Sicht neoliberale Konsequenzen hatte.

Entsprechend distanziert hätte Marx auch Wagners Idee gegenübergestanden, wonach die Rückkehr in einen Zustand der natürlichen Harmonie, in einen Zustand *vor* der dynamischen Entfaltung der Produktivkräfte, wie er am Schluss des *Rings* als Antwort auf die Machtkämpfe zwischen Lichtalben, Schwarzalben und Riesen ins Spiel gebracht wird, die Menschheit erlösen und Unterdrückung, Ausbeutung und Entfremdung – damit auch das Erfordernis religiöser Vorstellungen – überwinden werde. Eher war er der gegenteiligen Auffassung, dass ein niedriges Niveau der Naturbeherrschung das Aufkommen magisch-mythischer Vorstellungen begünstige. Die Natur müsse unter diesen Umständen als verzaubert wahrgenommen werden, um den Schrecken ihrer Unbeherrschtheit seitens der Menschen zu mindern. Eine unbeherrschte Natur müsse mit magisch-mythischen Vorstellungen überzogen werden, um sie ertragen zu können, und dieser narrative Zauber löse sich erst auf, wenn der Mensch zum «maître et possesseur de la nature» (Descartes) geworden sei.

Das zuverlässigste Mittel zur «Entzauberung der Welt» war danach die Entwicklung der Produktivkräfte, in deren Folge der Mensch an die Stelle der imaginierten Götter trat, denen er all das angesonnen hatte, wozu er (noch) nicht fähig war.[60] Gegen Wagners Utopie eines Neuanfangs, aus dem eine alternative Gesellschaft erwachsen kann, wie sie sowohl im Feuerbach- als auch im Bakunin-Schluss des *Rings* enthalten ist, hätte er wohl eingewandt, dass dann alles noch einmal von vorn anfange, um erneut bei einem ähnlichen Ergebnis zu enden; das, was beim ersten Mal eine Tragödie gewesen sei, werde sich in der Wiederholung als bloße Farce erweisen. Marx hat in seinen Analysen der Geschichte zwar verschiedentlich mit der Vorstellung einer zyklischen Wiederholung gearbeitet, wie sie von den Stoikern als *anakýklosis* des politischen Geschehens gedacht worden war,[61] aber er hat darin kein unveränderliches Geschichtsgesetz gesehen, sondern nur einen Indikator dafür, dass die politischen und sozialen Akteure nicht geleistet hatten, was objektiv möglich gewesen wäre. Wiederholung war, so gesehen, die Strafe für politisches Versagen. Geht man davon aus, dass Marx den *Ring* gekannt, zumindest während seiner Karlsbader Kur viel über ihn erfahren hat,[62] so könnte sich die Bezeichnung «Narrenspiel» auch auf diese Utopie des Neuanfangs bezogen haben.

Dass der entscheidende Schritt bei der Überwindung religiöser

Verzauberungen die Entwicklung der Produktivkräfte war, hatte Marx bereits im *Kommunistischen Manifest* herausgestellt,[63] und bei dieser Sicht ist er lange geblieben. Seitdem hatte er sich über einen Zeitraum von zwei Jahrzehnten mit Fragen der Religionskritik nicht mehr beschäftigt. Dass die Religionskritik ihr Werk verrichtet hatte, gehörte für ihn während dieser Zeit zu den unverrückbaren Überzeugungen, und nicht zuletzt deshalb konnte er sich auch religiöser Begriffe bedienen, um das Erledigte und Abgetane von Personen und Konstellationen zu markieren, etwa wenn er von «Sankt Max» sprach, womit er Max Stirner meinte, oder von «Sankt Bruno», was auf Bruno Bauer zielte, oder vom «Leipziger Konzil», von der «heiligen Familie», der «Ökonomie des Neuen Bundes» oder der «Offenbarung Johannis des Theologen».[64]

In der Vorrede zu den Fragment gebliebenen Überlegungen, die erst später unter dem Titel *Die deutsche Ideologie* veröffentlicht wurden, schreiben Marx und Engels, den Stand der Religionskritik aus ihrer Sicht zusammenfassend und kommentierend: «Die Menschen haben sich bisher stets falsche Vorstellungen über sich selbst gemacht, von dem, was sie sind oder sein sollen. Nach ihren Vorstellungen von Gott, von dem Normalmenschen usw. haben sie ihre Verhältnisse eingerichtet. Die Ausgeburten ihres Kopfes sind ihnen über den Kopf gewachsen. Vor ihren Geschöpfen haben sie, die Schöpfer, sich gebeugt. Befreien wir sie von den Hirngespinsten, den Ideen, den Dogmen, den eingebildeten Wesen, unter deren Joch sie verkümmern. Rebellieren wir gegen diese Herrschaft der Gedanken. Lehren wir sie, diese Einbildungen mit Gedanken zu vertauschen, die dem Wesen des Menschen entsprechen, sagt der Eine, sich kritisch zu ihnen verhalten, sagt der Andere, sie sich aus dem Kopf schlagen, sagt der Dritte, und – die bestehende Wirklichkeit wird zusammenbrechen.»[65]

Es sind die fortbestehenden idealistischen Vorstellungen, die von Marx und Engels nach einer zunächst zustimmenden und sich dann kritisch wendenden Referierung der Religionskritik aufs Korn genommen werden: Die Kritik der Religion ist für sie, wie bereits erwähnt, nicht der Endpunkt, sondern der Anfang der Gesellschaftskritik; bleibt man jedoch bei der Religionskritik stehen, wird sich an der Ordnung der Gesellschaft nichts ändern, sondern alles wird sich in zyklischen Wiederholungen erschöpfen. Es kommt somit darauf an, die Religionskritik als Voraussetzung der Gesellschaftskritik zu nutzen, mit der umgehend zu beginnen ist. Das ist der Punkt, an dem Marx sich von den Junghegelianern trennt: «Diese unschuldigen und kindlichen Phantasien bilden den Kern der neuern junghegelschen Philosophie, die in Deutschland [...] von den *philosophischen Heroen* selbst mit dem feierlichen Bewußtsein der weltumstürzenden Gefährlichkeit und der verbrecherischen Rücksichtslosigkeit ausgegeben wird.» Es handele sich bei ihnen aber um «Schaafe, die sich für Wölfe halten oder dafür gehalten werden» und von denen «die Vorstellungen der deutschen Bürger» nachgeblökt werden. Tatsächlich spiegelten sie «nur die Erbärmlichkeit der wirklichen deutschen Zustände» wider.[66] Dementsprechend belegen Marx und Engels die Junghegelianer mit Bezeichnungen, die sie der christlichen Religion entnommen haben und die sie als Denker kennzeichnen sollen, die bei aller Kritik doch der Religion verbunden geblieben sind. Diese Art des Denkens ließ Marx Mitte der 1840er Jahre hinter sich. Er hielt die Religionskritik, wie gesagt, für erledigt.

Das änderte sich freilich, als Marx im *Kapital* zu erklären versuchte, inwiefern die Ware, mit deren Analyse das Werk beginnt, sich keineswegs in dem erschöpft, als was sie physisch erscheint, sondern die vergegenständlichte Form komplexer gesellschaftlicher Beziehungen ist. Man sieht ihr das freilich nicht an, denn sie tritt als ein selbständiges Ding auf. Die Folge ist eine Mystifikation der gesellschaftlichen Strukturen. Um den Doppelcharakter der Ware aufzuklären, die gleichzeitig physische und metaphysische Eigenschaften hat, bedient sich Marx religionstheoretischer Begriffe, die seine Analyse der Ware zu einer Variante der Religionskritik werden lassen. Dabei sollen jedoch nicht mehr Gott und Götter, sondern das Geheimnis der kapitalistischen Gesellschaftsform «entzaubert» werden. «Eine Ware scheint auf den ersten Blick ein selbstverständliches, triviales Ding. Ihre Analyse ergibt, daß sie ein sehr vertracktes Ding ist, voll metaphysischer Spitzfindigkeit und theologischer Mucken.»[67] Wie in der Religion, wo die entäußerten und in Gott und Göttern, Engeln und Heiligen vergegenständlichten Kräfte den Menschen als eine fremde Macht gegenübertreten, ist es auch in der kapitalistischen Ökonomie, wo die entäußerte und entfremdete Arbeit den Menschen in Gestalt der Ware als «sinnlich übersinnliches Ding» gegenübertritt und Macht über sie hat. Was die Religionskritik geleistet hat, muss die «Kritik der politischen Ökonomie», wie der Untertitel des *Kapitals* lautet, noch einmal leisten.

Marx hat hier ausdrücklich eine Parallele zwischen religiöser und ökonomischer Welt hergestellt, zwischen dem Reich des Göttlichen und dem der Waren: «Um daher eine Analogie zu finden, müssen wir in die Nebelregion der religiösen Welt flüchten. Hier scheinen die Produkte des menschlichen Kopfes mit eigenem Leben begabte, untereinander und mit den Menschen im Verhältnis stehende selbständige Gestalten. So in der Warenwelt die Produkte der menschlichen Hand. Dies nenne ich den Fetischismus, der den Arbeitsprodukten anklebt, sobald sie als Waren produziert werden, und der daher von der Warenwelt unzertrennlich ist.»[68]

«Sobald sie als Waren produziert werden» – das ist die entscheidende Formulierung in Marx' Überlegungen, denn als *Waren* treten die Arbeitsprodukte den Menschen erst in entwickelten kapitalistischen Produktionsverhältnissen gegenüber. Waren die Imaginationen der Religion ein Ausdruck unentwickelter Produktionsverhältnisse und verloren sie an gesellschaftlicher Relevanz, je weiter die Steigerung der Produktivkräfte voranschritt, so ist es bei dem «sinnlich übersinnlichen Ding» der Ware genau umgekehrt: Je fortgeschrittener die Produktionsverhältnisse sind, desto stärker nehmen die Produkte menschlicher Arbeit Warenform an, und desto schwieriger wird es, das Warenverhältnis zu durchschauen. Das macht die Angelegenheit für Marx so ungemein vertrackt: Konnte er im Fall der Religionskritik auf die unterstützende Wirkung des gesellschaftlichen Fortschritts setzen – die Intellektuellen bewegten sich gleichsam im Schlepptau der gesellschaftlichen Entwicklung –, so ist es bei der Warenanalyse genau umgekehrt: Je weiter sich die kapitalistischen Produktionsverhältnisse entfalten, je stärker die Warenform damit das gesellschaftliche Leben durchdringt, desto mehr ist die Kritik auf sich allein gestellt, und der Aufklärer muss gegen einen dichter werdenden «Verblendungszusammenhang» ankämpfen. Diesen Verblendungszusammenhang hat dann vor allem die Kritische Theorie der Frankfurter Schule thematisiert.[69] Marx hat vermutlich gespürt, dass seiner Theorie damit ein Problem erwuchs, das sich im materialistischen Basis-Überbau-Schema nicht bearbeiten ließ, und griff daher auf das abgetane Modell der Religionskritik aus den frühen 1840er Jahren zurück. Damit hat er das Problem freilich nicht in seinem ganzen Umfang erfasst, und die veränderte Rolle der Intellektuellen hat er auch nur beiläufig thematisiert. Das tat erst Antonio Gramsci, als er den Intellektuellen eine neben der Produktivkraftentwicklung zentrale Rolle bei der revolutionären Veränderung der Welt zuwies.[70] Einen anderen Ansatz wählte die Kritische Theorie der Frankfurter Schule, die den Intellektuellen keine Avantgardeposition zuwies, sondern sie als die begriff, von denen die fortbestehende «Erlösungsbedürftigkeit» der bestehenden Welt notiert wurde.[71] Sie sind gleichsam ihre melancholischen Notare. Vor allem Horkheimer und Adorno haben die pessimistische, um nicht zu sagen: tragische Dimension des von Marx ansatzweise erkannten Problems ausgearbeitet, und insofern kommt es auch nicht von ungefähr, dass bei ihnen Schopenhauer und Nietzsche zu einem Recht kommen, das ihnen im orthodoxen Marxismus versagt blieb.[72] Je orthodoxer der Marxismus wurde, also alles auf Produktivkräfte und Produktionsverhältnisse setzte, desto eher konnte er sich das Problem des Warenfetischismus und die Frage nach der Rolle der Intellektuellen bei der Umgestaltung der Welt vom Halse halten. Je offener er dagegen die Beziehung zwischen Intellektuellen und politischer Bewegung oder vielmehr «Proletariat» thematisierte, desto stärker wurde er mit Fragen konfrontiert, die sich durch Verweis auf die Entwicklung der Produktivkräfte und die Ausgestaltung der Produktionsverhältnisse nicht beantworten ließen.[73]

Aber noch einmal zurück zum Fetischcharakter der Ware: In den früheren, weniger komplexen und in geringerem Maß vergesellschafteten Formen der Produktion zeigten sich die Arbeitsprodukte als Erzeugnisse derer, die sie hervorgebracht hatten. Die wenig entwickel-

Zwischen Religionskritik und Religionsstiftung

Mit der industriellen Produktion wuchs das Warenangebot, und Güter des gehobenen Bedarfs wurden auch für die mittleren Schichten der Gesellschaft erschwinglich. Wenngleich Marx' Beschäftigung mit dem Fetischcharakter der Ware auf die abstrakten Größen des kapitalistischen Zirkulationsprozesses abzielte, dürfte er dabei doch auch an die Entstehung der großen Kaufhäuser gedacht haben, die zu Beschleunigern der kapitalistischen Zirkulation wurden. Das Bild zeigt ein Londoner Kaufhaus um 1840, dessen Geschäftsbedingungen auf den Deckenbalken zu lesen sind.

ten, häufig auf hohem Gewaltniveau beruhenden Verhältnisse hatten eine deutlich geringere Tendenz, die Arbeitsprodukte zu mystifizieren – und offenbar auch eine entsprechend geringere Erfordernis dazu. Marx beschreibt das am Beispiel der mittelalterlichen «Leibeigenen und Grundherrn, Vasallen und Lehnsgebern, Laien und Pfaffen. Persönliche Abhängigkeit charakterisiert ebensosehr die gesellschaftlichen Verhältnisse der materiellen Produktion als die auf ihr aufgebauten Lebenssphären. Aber eben weil persönliche Abhängigkeitsverhältnisse die gegebne gesellschaftliche Grundlage bilden, brauchen Arbeiten und Produkte nicht eine von ihrer Realität verschiedne phantastische Gestalt anzunehmen. Sie gehen als Naturaldienste und Naturalleistungen in das gesellschaftliche Getriebe ein. Die Naturalform der Arbeit, ihre Besonderheit, und nicht, wie auf Grundlage der Warenproduktion, ihre Allgemeinheit, ist hier ihre unmittelbare gesellschaftliche Form. Die Fronarbeit ist ebensogut durch die Zeit gemessen wie die warenproduzierende Arbeit, aber jeder Leibeigne weiß, daß es ein bestimmtes

Quantum seiner persönlichen Arbeitskraft ist, die er im Dienste seines Herrn verausgabt. Der dem Pfaffen zu leistende Zehnte ist klarer als der Segen des Pfaffen.»[74]

Auch beim vergleichenden Blick auf die mittelalterliche Welt und ihre Produktionsweise stellt Marx eine Analogie zwischen Arbeitsprozess und religiöser Praxis, Mehrarbeit und Segen her. In der kapitalistischen Welt hat der Segen seine Bedeutung verloren, aber die Mehrarbeit ist geblieben – nur dass sie nicht mehr so ohne weiteres erkennbar ist wie unter feudalistischen Verhältnissen, weil sie im «Fetischcharakter der Warenwelt» verschwindet. War in der alten Gesellschaft die Differenz zwischen notwendiger Arbeit und Mehrarbeit, dem, was für die Erhaltung des eigenen Lebens vonnöten war, und dem, was die Grundherrn und Geistlichen für sich einforderten, unmittelbar erkennbar, so ist Vergleichbares seit der Entwicklung der Warenproduktion nicht mehr der Fall: Die Ware ist ein Produkt gesellschaftlicher Arbeit, das auf der Grundlage der in ihr enthaltenen «abstrakten Arbeit» gegen andere Waren getauscht wird, also Produkte, in denen ein gleiches Maß an abstrakter Arbeit enthalten ist. Sie tritt freilich dem Produzenten in ihrer Naturalform entgegen, die unsichtbar werden lässt, dass sie durch gesellschaftliche Arbeit hervorgebracht ist. Exakt das nennt Marx den «Fetischcharakter der Ware».

Dass er sich dabei eines Begriffs bedient, der auf religiöse Konstellationen ohne Theologie bezogen ist,[75] deutet die Probleme einer systematischen Kritik des Fetischismus an; sie kann nämlich nicht an den immanenten Widersprüchen eines systematischen Denkens des Religiösen ansetzen, wie es von der Theologie geleistet wird, und kann auch keine diesbezüglichen Erzählungen einer philosophischen oder historischen Kritik unterziehen. Nun ist bei der Kritik der Warenwelt der Ansatzpunkt die ökonomische Theorie, an deren Inkonsistenzen sich Marx ein halbes Leben lang abgearbeitet hat, um die Widersprüche des Kapitalismus aufzuweisen. Fetischismus aber ist kein ökonomischer Begriff, und das damit Bezeichnete ist in ökonomischen Kategorien nicht zu fassen. Deswegen musste Marx in die «Nebelregion der religiösen Welt» ausweichen. Im Fetischkapitel des *Kapitals* zeigt sich, dass er der kapitalistischen Ware ohne Rückgriff auf religionstheoretische Begriffe nicht habhaft werden konnte.

Marx spricht vom «mystischen Charakter der Ware» und erklärt ihn folgendermaßen: «Die Form des Holzes z. B. wird verändert, wenn man aus ihm einen Tisch macht. Nichtsdestoweniger bleibt der Tisch Holz, ein ordinäres sinnliches Ding. Aber sobald er als Ware auftritt, verwandelt er sich in ein sinnlich übersinnliches Ding. Er steht nicht nur mit seinen Füßen auf dem Boden, sondern er stellt sich allen andren Waren gegenüber auf den Kopf und entwickelt aus seinem Holzkopf Grillen, viel wunderlicher, als wenn er aus freien Stücken zu tanzen begänne.»[76] Das ist der Grund für die Unfassbarkeit des Warenfetischs mit ökonomischen Theorien.

Doch das erweist sich nur als das eine der Marxschen Probleme; das andere besteht darin, dass die Undurchschaubarkeit der gesellschaftlichen Verhältnisse im Kapitalismus erst verschwunden sein wird, wenn der Kapitalismus überwunden ist: «Der religiöse Widerschein der wirklichen Welt kann überhaupt nur verschwinden, sobald die Verhältnisse des praktischen Werkeltagslebens den Menschen tagtäglich durchsichtig vernünftige Beziehungen zueinander und zur Natur darstellen. Die Gestalt des gesellschaftlichen Lebensprozesses, d.h. des materiellen Produktionsprozesses, streift nur ihren mystischen Nebelschleier ab, sobald sie als Produkt frei vergesellschafteter Menschen unter deren bewußter planmäßiger Kontrolle steht. Dazu ist jedoch eine materielle Grundlage der Gesellschaft erheischt oder eine Reihe materieller Existenzbedingungen, welche selbst wieder das naturwüchsige Produkt einer langen und qualvollen Entwicklungsgeschichte sind.»[77]

Dieses Dilemma der Theorie wird zum Dilemma der politischen Praxis, denn die Kritik, nach Marx das aufklärende Instrument der politischen Intervention ins Geschehen,[78] ist hier weitgehend machtlos. An ihre Stelle muss das Vertrauen in den naturwüchsigen Entwicklungsprozess treten, gegenüber dessen selbständiger Richtungsfindung Marx zuvor doch erhebliche Zweifel angemeldet hat. Also muss er nun an die Durchsetzungskraft dieses Prozesses *glauben*. Gegen den «religiösen Widerschein» der Verhältnisse und deren Verzauberung durch diesen Widerschein hilft zuletzt nur der feste Glaube an einen vorherbestimmten Gang der Geschichte – oder aber die Rückkehr zu einem aktivistischen Voluntarismus, den zu überwinden das Ziel von Marx' Theorieprojekt seit den 1850er Jahren war.[79] Das macht den die marxistische Theorie prägenden immanenten Zwang zur Orthodoxie verständlich, konkret: den Zwang zur Aufladung der Theorie mit religionsaffinen Elementen. Vermutlich hatte Walter Benjamin dieses Problem im Auge, als er von einem Automaten erzählte, der alle Schachspiele gewann, weil in seinem Innern ein Zwerg saß, der ein großer Meister des Schachs war und die Hand des Automaten an Schnüren bewegte. «Zu dieser Apparatur kann man sich ein Gegenstück in der Philosophie vorstellen. Gewinnen soll immer die Puppe, die man ‹historischen Materialismus› nennt. Sie kann es ohne weiteres mit jedem aufnehmen, wenn sie die Theologie in ihren Dienst nimmt, die heute [wie der Zwerg im Schachautomat] bekanntlich klein und häßlich ist und sich ohnehin nicht darf blicken lassen.»[80]

Wagners Sorge um die Zukunft der Religion in einer areligiösen Welt

Richard Wagner hat die Entstehung seines poetischen und musikalischen Werks durchgängig mit größeren und kleineren Essays begleitet. In ihnen hat er seine Vorstellungen von Kunst und Kultur sowie von Politik und Gesellschaft dargelegt. Im Rahmen dieser Schriften hat er sich auch immer wieder zur Religion geäußert, und zwar vorzugsweise mit Blick auf ihr Verhältnis zum Staat und zur Kunst.[81] Verschiedentlich sind diese Essays als authentische Interpretationen des künstlerischen Werks verstanden worden und haben seine Deutung beeinflusst. Dabei ist jedoch Vorsicht geboten, denn mitunter hat Wagner in diesen Essays Ziele verfolgt, die mit seinem künstlerischen Werk kaum zusammenstimmen.[82]

Über Staat und Religion (1864) etwa ist ein Text, mit dem Wagner seine Beziehung zu König Ludwig festigen und sich vom «Ludergeruch» eines an der Revolution von 1848/49 Beteiligten befreien wollte. Und in dem Essay *Religion und Kunst* (1880) wird die Kunst von ihm zur Retterin der Religion ernannt – doch nach dieser Eröffnung ist davon kaum noch die Rede; stattdessen geht es um die Regeneration der Gesellschaft. Als Wagner diesen Essay schrieb, war die poetische Fassung des *Parsifal* abgeschlossen, und er blickte auf ein weitgehend vollendetes Werk zurück. Unübersehbar wollte er sich in dieser Abhandlung selbst als letzten Halt gegen den Niedergang Europas positionieren und Hinweise zur Regeneration der Menschheit geben. In der Nachschrift stellt er zwar in Abrede, ein Religionsstifter werden zu wollen,[83] aber faktisch tritt er in dem Text als solcher auf. In den beiden genannten Essays jedenfalls ging es Wagner mehr um sich selbst als Person und darum, in den Gang der Geschichte einzugreifen, als um das Verständnis seines Werks.

Die Überlegungen in *Über Staat und Religion* beginnen ganz konventionell: Die Aufgabe des Staates sei die Herstellung von Sicherheit und Stabilität, weswegen «Politiker von praktischem Erfolge» seit jeher «bloß dem augenblicklichen Bedürfnisse Rechnung trugen, nie aber fern liegende, allgemeine Bedürfnisse in das Auge faßten, welche heute noch nicht empfunden werden, und für welche daher der Masse der Menschen der Sinn in der Weise abgeht, daß auf ihre Mitwirkung zur Erreichung derselben nicht zu rechnen ist».[84] Die Zukunft und das Interesse aller haben in einer Politik, die sich als Aufsummierung der auf die Gegenwart bezogenen Bedürfnisse und Interessen versteht, keine Fürsprecherin. Das könnte Wagner direkt aus einschlägigen Überlegungen Schopenhauers übernommen haben. Wie stark er sich hier an Schopenhauer orientiert, zeigen auch die dem Zitat folgenden Gedanken zur öffentlichen Meinung und zur Presse: Wagner bestreitet schlankweg, dass diese Sachwalter des Allgemeinen und der Zukunft sein können.[85] Er ist vielmehr davon überzeugt, «daß mit der Erfindung der Buchdruckerkunst, ganz gewiß aber mit dem Aufkommen des Zeitungswesens, die Menschheit unmerklich von ihrer Befähigung zu gesundem Urtheile verloren hat».[86] Einzig der Patriotismus sei in der Lage, die Bürger für allgemeine Zwecke in Anspruch zu nehmen, doch er bleibe auf Ausnahmefälle beschränkt. All das interessiert Wagner aber eigentlich nicht; er zeigt die Grenzen von Staat, öffentlicher Meinung und Patriotismus nur auf, um den Ort und die Aufgaben der Religion abstecken zu können.

Für Wagner – darin weicht er von Schopenhauer ab – ist die Religion das Gegenteil von Staat und Politik, und das macht sie für die Zukunft der Menschheit unverzichtbar. Damit trennt Wagner sich auch von der junghegelianischen Idee einer Aufhebung des Religiösen in Gesellschaften, die keine Entfremdung mehr kennen.[87] «Der religiösen Vorstellung», schreibt er, «geht die Wahrheit auf, es müsse eine andere Welt geben, als diese, weil in ihr der unerlöschliche Glückseligkeitstrieb nicht zu stillen ist, dieser Trieb somit eine andere Welt zu seiner Erlösung fordert.»[88] Das ist die grundsätzliche Absage an eine Welt ohne Religion, denn selbst in der bestmöglichen aller Welten halten es die meisten Menschen nur aus, wenn sie sich eine noch bessere Gegenwelt vorstellen können. Da die physische Welt, in der wir leben, «der Quell unserer Unseligkeit ist, muß daher jene andere Welt der Erlösung von dieser Welt genau so verschieden sein, als diejenige Erkenntnißart, durch welche wir sie erkennen sollen, verschieden von derjenigen sein muß, welcher einzig diese täuschende leidenvolle Welt sich darstellt».[89] Damit ist das Jenseits als notwendige Komplementärfigur zum Diesseits begründet sowie der Glaube als unverzichtbare Ergänzung des Wissens.

Das ist eine dezidiert antiaufklärerische Sicht, nach der das Jenseits niemals im Diesseits und der Glaube niemals im Erkennen aufgehen kann. Wagner unterscheidet sich jedoch von den explizit konservativen oder reaktionären Positionen seiner Zeit dadurch, dass er sich ausdrücklich dagegen ausspricht, die Religion wieder zum Fundament des Staates zu machen, wie dies die Zeitgenossen de Bonald, de Maistre und Donoso Cortés gefordert haben.[90] Vielmehr will er die Religion als Raum des «freien Wähnens» vom Zugriff des Staates freigehalten wissen, und das heißt: Er will die Sorge für sie bei der Kunst und den Künstlern ansiedeln. Der Staat hat sich von ihr fernzuhalten. Die Aufgabe des Monarchen – hier wendet sich Wagner unmittelbar an Ludwig, den Adressaten der Schrift – bestehe deswegen darin, die Bereiche von Staat und Religion voneinander getrennt zu halten, nur sich selbst als Vereinigungspunkt beider zu wissen und in dieser Rolle dafür zu sorgen, dass die Künstler als Sachwalter des Allgemeinen und Zukünftigen gut leben und arbeiten können.[91] Vermutlich hat Wagner dabei nicht zuletzt an sich selbst gedacht beziehungsweise dem König vermitteln wollen, warum es sinnvoll sei, ihn, Wagner, zu alimentieren. Aber er hat sich dabei nicht auf die persönlichen Vorlieben des Königs für eine romantische Wiederverzauberung der Welt, wie er sie in Wagners Poetik und Musik fand, gestützt, sondern daraus ein grundsätzliches, ebenso politik- wie kulturtheoretisches Argument gemacht.

Eineinhalb Jahrzehnte später wendet sich Wagner diesem Thema noch einmal zu, diesmal fokussiert auf das Verhältnis von Religion und Kunst, das er in der früheren Schrift nur am Rande behandelt hat. Wo die Religion im Verschwinden begriffen sei und nur noch durch das institutionelle Gerüst der Kirche aufrechterhalten werde, so beginnt er seine Überlegungen, da sei es die Aufgabe der Kunst, «den Kern der Religion zu retten, indem sie die mythischen Symbole, welche die erstere im eigentlichen Sinn als wahr geglaubt wissen will, ihrem sinnbildlichen Werthe nach erfaßt, um durch ideale Darstellung derselben die in ihnen verborgene tiefe Wahrheit erkennen zu lassen».[92]

Nicht um das theologische Dogma geht es dem Künstler, zumal ihn das im kreativen Umgang mit Mythen und Symbolen nur einschränkt, sondern um die Ausgestaltung und Fortentwicklung der Mythen. «Während dem Priester Alles daran liegt, die religiösen Allegorien für thatsächliche Wahrheiten angesehen zu wissen, kommt es dagegen dem Künstler hierauf ganz und gar nicht an, da er offen und frei sein Werk als seine Erfindung ausgiebt.»[93] Solange die Kunst unter Kontrolle der Priester stand, die ihr die Aufgabe zuwiesen, jene «vorgebliche reale Wahrhaftigkeit des Symbols» zu veranschaulichen, war sie auf die Hervorbringung fetischartiger Götzenbilder für die sinnliche Anbetung festgelegt und konnte keinerlei kreativen Umgang mit dem seitens der Theologie zum Dogma Erhobenen entwickeln.[94] Das wurde erst möglich, als sich die Kunst aus der Umklammerung durch die Kirche und damit von den dogmatischen Vorgaben der Theologie befreit hatte. – Auch Wagner spricht hier vom Fetisch, doch ist das für ihn eine religiöse Figuration der Vergangenheit und kein Problem der Gegenwart, wie für Marx in der Analyse des Warenfetischs. Die Kreativität des Künstlers ist in Wagners Sicht der Feind aller Fetischisierungen und löst diese auf, sobald sie entstehen.

Wagners lebenslange Skepsis der institutionalisierten Religion gegenüber, sein Kampf gegen Theologie und Kirche, kommt in den Überlegungen zur Sünde zum Ausdruck, die er ganz ähnlich wie Nietzsche[95] als die wichtigste Erfindung des Christentums begreift; erst die Vorstellung von Sünde und Strafe habe für die Langlebigkeit der christlichen Kirche gesorgt. Hier steht die Argumentation des Essays im Spannungsverhältnis zum *Parsifal*, der sich um den «sündigen» Sexualverkehr zwischen Kundry und Amfortas dreht. Durch die Sünde, so Wagner, habe sich die Religion in ein Herrschaftssystem verwandelt, das, analog zur weltlichen «Herrschaft über die Leiber eine Herrschaft über die Geister» begründet habe.[96] Damit verbleibt Wagner zunächst noch in den Bahnen der junghegelianischen Religionskritik. Im Unterschied zu den Junghegelianern geht es ihm jedoch nicht um die Wiederaneignung der menschlichen Gattungskräfte, und anders als Nietzsche stellt er die Geschichte der religiösen Kämpfe nicht als eine der mit Hilfe des Ressentiments zuletzt siegreichen Schwachen und Unterdrückten dar. Vielmehr spricht er davon, dass die brutalen und gewalttätigen Völker zunehmend Einfluss auf die Religion gewonnen und sie für ihre Eroberungszüge und Unterwerfungspraktiken dienstbar gemacht hätten. Das hat Nietzsche genau umgekehrt gesehen.[97]

Von Marx' Theorie unterscheiden sich Wagners Überlegungen in diesem zentralen Text seiner Regenerationsschriften[98] dadurch, dass sie durchgängig einer Degenerationsperspektive verpflichtet sind, zu der auch die Entwicklung von Wissenschaft und Technik sowie die Entfaltung der Produktivkräfte beitragen: «Von den sogenannten Naturwissenschaften, namentlich der Physik und Chemie, ist den Kriegs-Behörden weis gemacht worden, daß in ihnen noch ungemein viel zerstörende Kräfte und Stoffe aufzufinden möglich wäre, wenn auch leider das Mittel gegen Frost und Hagelschlag sobald noch nicht herbeizuschaffen sei.»[99] Die von Wagner hier im Spott über die Naturwissenschaften angedeutete radikalökologische Position hat nichts mit dem zu tun, was der späte Marx im Auge hatte, als er auf die Begrenztheit der für den menschlichen Fortschritt notwendigen Ressourcen hinwies.[100] Für Marx handelte es sich um Probleme, die nur durch weiteren wissenschaftlich-technischen Fortschritt zu lösen waren, während Wagner eine grundlegende Veränderung der menschlichen Lebensweise einforderte.

Zentrales Element in Wagners Vorstellung von einer ökologischen Regeneration ist der Vegetarismus, dessen Durchsetzung er für die Zukunft menschlichen Lebens als entscheidend ansah. Eine vegetarische Ernährung wirklich verbindlich zu machen, ist nach seiner Auffassung aber nur dann möglich, wenn sie als eine neue Religion daherkommt. Nur eine Religion könne die Menschen dazu verpflichten, auf Fleisch auch in schwierigen Ernährungslagen zu verzichten. Ausnahmefälle seien nämlich das Einfallstor für den Rückfall in alte Gewohnheiten – und nur die Religion könne dem Einfluss der Ausnahmefälle einen Riegel vorschieben. Dafür beruft Wagner sich auf ein Beispiel, das sich auch in Marx' Kapitalismusanalysen finden könnte, freilich in anderem Kontext und mit anderen Schlussfolgerungen: «Wir erfahren, daß um die Mitte des vorigen Jahrhunderts [des 18. Jahrhunderts] englische Spekulanten die ganze Reis-Ernte Indiens aufgekauft hatten, und dadurch eine Hungersnoth im Lande herbeiführten, welche drei Millionen der Eingeborenen dahinraffte: keiner dieser Verhungernden war zu bewegen gewesen, seine Hausthiere zu schlachten und zu verspeisen; erst nach ihren Herren verhungerten auch diese. Ein mächtiges Zeugniß für die Ächtheit eines religiösen Glaubens, mit welchem die Bekenner desselben allerdings auch aus der ‹Geschichte› ausgeschieden sind.»[101] Marx hätte darin ein Exempel religiöser Torheit und kapitalistischer Gier gesehen.

Auch behauptet Wagner, der historische Jesus – hierbei nimmt er den Strang der «Leben-Jesu-Forschung» auf – habe eine vegetarische Lebensform bevorzugt, und in diesem Sinn interpretiert er das letzte

Abendmahl als die zentrale kultische Handlung des Christentums: «Unter den Ärmsten und von der Welt Abgelegensten erschien der Heiland, den Weg der Erlösung nicht mehr durch Lehren, sondern durch das Beispiel zu weisen: sein eignes Fleisch und Blut gab er, als letztes höchstes Sühneopfer für alles sündhaft vergossene Blut und geschlachtete Fleisch dahin, und reichte dafür seinen Jüngern Wein und Brot zum täglichen Mahle: – ‹solches allein genießet zu meinem Angedenken.› Dieses [ist] das einzige Heilamt des christlichen Glaubens: mit seiner Pflege ist alle Lehre des Erlösers ausgeübt.»[102] Dass die christliche Kirche nicht in der Lage oder nicht willens war, «die unausgesetzte Befolgung dieser Verordnung des Erlösers durch vollständige Enthaltung von thierischer Nahrung bei allen Bekennern durchzuführen»,[103] dient Wagner als Erklärung dafür, weshalb das Christentum schon bald in Niedergang und Verfall geraten sei – neben dem jüdischen Erbe, das dafür gesorgt habe, dass die Gemeinden schon bald von Jesu Vorbild abgewichen seien. So mokiert sich Wagner darüber, dass der Sündenfall «nach jüdischer Tradition keineswegs von einem verbotenen Genusse von Thierfleisch, sondern dem einer Baumfrucht sich herleitet, womit in einer nicht minder auffälligen Verbindung steht, daß der Judengott das fette Lammopfer Abel's schmackhafter fand als das Feldfrüchteopfer Kain's».[104]

Man müsse, so Wagner, eine neue Religion schaffen, zumindest zu einer Religion finden, die sich am Vorbild Jesu orientiere, um die Regeneration des Menschengeschlechts in Gang setzen zu können. Die Gewissheit, dass dies möglich sei, solle in Gestalt eines «täglichen Speise-Mahls» gefestigt werden, das als «ein weihevoll reinigender religiöser Akt» zu vollziehen sei.[105] Die religiöse Aufladung des Vegetarismus erhöht dessen Verpflichtungsgrad. Wagner hat die Religion als Instanz sozialer Disziplinierung nicht nur kritisiert – er wollte sie auch als Instrument ebendafür einsetzen. Ein weiteres Mal zeigt sich darin seine ideenpolitische Ambivalenz.

Wagners Arbeit an der Erlösung: von Jesus zu Parsifal

Zu der Zeit, als Wagner an den Grundlinien seines Nibelungen-Dramas arbeitete, beschäftigte er sich auch mit einem Musikdrama über Jesus: einer Oper über dessen letzte Tage, vom Verlassen Galiläas über den Einzug in Jerusalem bis zur Kreuzigung. Die Auferstehung ließ Wagner beiseite, weil sie für ihn nicht zum Vorbildcharakter Jesu und seiner Mitleidsethik gehörte; mit der Auferstehungserzählung, das sah er ganz ähnlich wie Nietzsche, hatten sich bereits andere des beispielhaften Lebens und Sterbens Jesu bemächtigt und es für ihre Zwecke dienstbar gemacht. Bei dem Jesus-Entwurf handelte es sich keineswegs um eine flüchtige Idee, die Wagner schnell wieder verwarf, sondern um ein relativ sorgfältig ausgearbeitetes Stück in fünf Akten.[106] Es ist ein Stück über das Unverständnis, auf das Jesu Opfergang in seiner engsten Umgebung stößt: bei seinen Jüngern, seinen Brüdern und selbst bei der ihm nahestehenden Maria Magdalena; sie alle verstehen nicht, dass er sich in Jerusalem nicht als Messias ausrufen lassen will, um die Juden von der Herrschaft der Römer zu befreien. Die Chancen dazu, so Wagners Entwurf, sind gut, denn «das Volk» steht überwiegend auf seiner Seite, und Pontius Pilatus, der römische Statthalter in Jerusalem, verfügt zu diesem Zeitpunkt kaum über Truppen in Judäa und wäre nicht in der Lage, einen Volksaufstand niederzuwerfen.

Jesus als politischer Revolutionär mit religiöser Legitimation – das ist die Alternative zum Opfergang, die ihm aus seiner Umgebung angesonnen wird. So jedenfalls hat Wagner sein Jesus-Drama angelegt. Doch gegen die Abstammung von David, die einen politischen Anspruch Jesu auf die Macht in Jerusalem begründet hätte, setzt Jesus auf seine Herkunft von Adam. Dies heißt, er verweigert sich dem nationalrevolutionären Projekt und stellt sich in den Dienst der gesamten Menschheit.

Um die Bereitschaft Jesu zu erkunden, sich am Kampf gegen die römische Oberherrschaft und die mit ihr kollaborierenden Gruppen der jüdischen Gesellschaft zu beteiligen, ist Barrabas, ein politischer Verschwörer, nach Galilea gereist. Er trifft dort auf einen Jesus, der Wunder tut, sich gegen die herrschende Moral stellt und ein Idol des

Volkes ist – aber nicht die Absicht hat, sich auf einen Machtkampf in Jerusalem einzulassen. Dort beraten Pilatus, der Hohepriester Kaiphas sowie Gemeindeälteste und Männer aus vornehmen Kreisen darüber, wie man den drohenden Aufstand unterdrücken kann. Kaiphas und die Ältesten sehen in Rom eine Schutzmacht der bestehenden religiösen Ordnung, die einen sehr weltlichen Charakter hat, und die besseren Kreise der Stadt fürchten, dass ein antirömischer Aufstand schnell sozialrevolutionäre Züge annehmen könne. Beide Seiten machen Jesus von Nazareth als den «gefährlichsten Volksverführer» aus, denn «das Volk [...] hänge mit dem festen Glauben an ihm, er sei der Messias».[107]

Wagner hat in seiner Beschreibung der Ausgangslage das, was er aus der Leben-Jesu-Forschung kannte, mit der revolutionären Stimmung von 1848 aufgeladen und in sie einen Jesus hineinprojiziert, der partout kein politischer Revolutionär sein will. Zwar verjagt er die Händler und Geldwechsler aus dem Tempel, was sich wie der Auftakt zu «revolutionären Säuberungen» ausnimmt, aber gleich darauf erklärt er gegenüber dem Volk, er strebe keine irdische Macht an und die Erlösung, die er bringe, sei eine für alle Völker der Erde. Gegen die politische Idee der Befreiung stellt er sich in den Dienst des religiösen Projekts der Erlösung. Die hat zwar durchaus eine politische und soziale Dimension – es sind die Armen und aus der Gesellschaft Ausgestoßenen, in deren Kreisen er sich bewegt, während die Mächtigen und Arrivierten ihm feindlich gegenüberstehen –, aber wie die Erlösung von irdischem Leid aussehen soll, wird nicht konkretisiert. Die politische Seite des Religiösen hängt in der Luft, und Wagner hat sich auch nicht weiter um sie bemüht. Die Befreiung war für ihn ein untergeordneter Aspekt der Erlösung.

Das Geschehen nimmt in Wagners «dichterischem Entwurf» den aus den Evangelien bekannten Verlauf: Das Volk, das eben noch den Einzug Jesu in Jerusalem bejubelt hat, zieht sich mehr und mehr auf eine Beobachterrolle zurück und erweist sich als anfällig für die Einflüsterungen der Priesterschaft; unter den Jüngern verfolgt Judas, der in Galiläa mit dem zwischenzeitlich festgenommenen Barrabas konspiriert hat, das Ziel, Jesus zu einer politischen Aktion zu zwingen, weshalb er nun seinerseits mit Kaiphas konspiriert und bei Jesu Gefangennahme mitwirkt, um ihn in eine politische Rolle zu drängen. Die Jünger verstehen das Verhalten ihres Herrn nicht und schwanken zwischen Gefolgschaftstreue und verängstigtem Rückzug; und Jesus selbst wird verhört, gegeißelt, gegen den Willen eines zögernden Pilatus' verurteilt und schließlich gekreuzigt. Nur Maria Magdalena hat Wagner eine besondere, gegenüber den Evangelien herausgehobene Rolle zugesprochen: Sie versucht mehrfach, Einfluss auf den Gang des Geschehens zu nehmen, um Jesus zu retten. Von der Jesus-Gefolgschaft ist sie die aktivste, und sie hängt dem Mann aus Nazareth in einer Mischung aus Ergebenheit, Bewunderung und Liebe an. Sie wäre wohl, hätte Wagner den Entwurf des Musikdramas weiter ausgearbeitet, die zentrale Gestalt des Geschehens geworden, und Wagner hätte ihr ein Schicksal zugewiesen, wie es Senta im *Holländer*, Elisabeth im *Tannhäuser* und Brünnhilde in der *Götterdämmerung* haben: das Schicksal der Erlöserin des geliebten Mannes. Damit aber hätte Wagner das biblische Erlösungsgeschehen verkehrt, und Jesu Weg zum Kreuz wäre konterkariert worden. Das hätte sich nicht auf die Bühne bringen lassen. So blieb es beim Entwurf, und Wagner nahm die Arbeit daran nicht mehr auf.

Das Thema der Erlösung ließ Wagner dennoch nicht los. In *Jesus von Nazareth* hatte er es als Alternative zur Befreiung herausgestellt, zu der politischen Perspektive, auf die ein sozialrevolutionäres Auftreten Jesu in Jerusalem hinausgelaufen wäre. Aber nicht nur die politische Dimension hängt in der Luft, das tut auch der Erlösungsanspruch Jesu, der bei Wagner allein durch sein Vorbild Einfluss nehmen will – und damit, wie der späte Wagner moniert, folgenlos geblieben ist. Immer wieder hat Wagner *weibliche* Erlösergestalten auftreten lassen, die dem Geschehen die entscheidende Wendung gaben, doch die von ihnen ausgehenden «Erlösungen» bewegten sich auf der Ebene persönlicher Beziehungen – eine menschheitsgeschichtliche Relevanz wies er ihnen nicht zu. Um die aber ging es Wagner eigentlich: Er wollte die Erlösung als große Alternative zur Befreiung präsentieren, und damit stellte er zwangsläufig das Religiöse höher als das Politische. Politische Lösungen, so seine Überzeugung, waren im Hinblick auf Menschheitsfragen allenfalls von *zeitlich begrenzter* Wirkung, und obendrein waren sie *vorläufig*, während das Religiöse grundsätzlich und endgültig war.

In dieser Hinsicht war Wagner nicht unbescheidener als Marx, dem es ebenfalls um endgültige Antworten ging, wenn er die angestrebte sozialistische Revolution als Übergang von der «Vorgeschichte in die Geschichte» bezeichnete.[108] Damit verwandelte Marx die Befreiungsvorstellung unter der Hand in eine Erlösungsidee. Meist war er jedoch pragmatisch und dachte über Schritte der Befreiung nach. Wagner ging in eine andere Richtung. Er blieb gegenüber einer Auflösung der Erlösungsidee in Einzelschritte auf Distanz – mit gutem Grund, denn das hätte die Vorstellung der Erlösung desavouiert. Und während für Marx die sozioökonomischen Veränderungen grundsätzlich und irreversibel waren, traute Wagner solches nur dem Religiösen zu. Diese Vorstellung hat er in dem Entwurf eines Jesus-Dramas erstmals «durchgespielt».[109]

In den Dresdner Revolutionstagen und auch noch danach, unter anderem bei Abfassung der Züricher Kunstschriften, scheinen Revolution und Erlösung für Wagner freilich noch keine prinzipiellen Gegensätze gewesen zu sein. Zwar hat er sie in *Jesus von Nazareth* im Auftreten Jesu als solche stilisiert, den Entwurf aber dann liegen lassen. Für eine gewisse Zeit dachte Wagner die Revolution *als* Erlösung, womöglich nur als ersten Schritt bei der Erlösung, aber nicht als etwas von ihr substanziell Unterschiedenes, ihr gar Entgegengesetztes. Das änderte sich, nachdem Wagner die Philosophie Arthur Schopenhauers rezipiert hatte und schließlich seinem eigenen Verständnis nach Schopenhauerianer wurde. Nun standen Revolution und Erlösung in einem dezidierten Gegensatz zueinander; die Revolution war für Schopenhauer nämlich – Wagner folgte ihm darin – ein *Ausdruck des unvernünftigen Willens*, wenn nicht ein besonders heftiger Ausbruch der Unvernunft, wohingegen die Erlösung eine *von diesem Willen* war: bei Schopenhauer durch Entsagung, bei Wagner durch Liebe, freilich im Schopenhauerschen Sinn wesentlich als mitleidende Liebe, als *agape*, verstanden.[110] Obendrein wurde die Revolution von ihren Anhängern – das war in der Geschichte des Revolutionsgedankens nicht immer der Fall[111] – seit dem

Sturz Robespierres als eine Beschleunigung des Fortschritts begriffen, während die Erlösung bei Wagner eine Befreiung von der bisherigen Geschichte mitsamt ihren Ergebnissen war.

Man kann die Entwicklung bei Wagner – von einer gewissen Affinität zum Revolutionären bis zur Ablösung durch den Erlösungsgedanken im *Ring* – nachzeichnen: Bis in den *Siegfried* hinein sucht Wotan, der sich in seiner eigenen Ordnung der Verträge verfangen hat, nach einem revolutionären Ausweg, unter anderem durch die Zeugung von Helden, die an seine Vertragswelt nicht gebunden sind und denen die Möglichkeit offensteht, sich den Ring gewaltsam anzueignen; dann begreift er schließlich, dass die revolutionäre Lösung in seinem eigenen Sturz enden wird. Das aber will er, darin ganz Schopenhauerianer, nur hinnehmen, wenn das Ende seiner Herrschaft mit der Rückgabe des Rings an die Rheintöchter und insofern mit der Auflösung der weltbeherrschenden Macht des Rings verbunden ist. An die Stelle der durch Siegfried verkörperten Revolution tritt damit die Erlösung durch Brünnhilde. In diesem Sinn hat Nietzsche die Geschichte der Entstehung von Wagners *Ring* erzählt.[112] Für ihn sind sämtliche Opern Wagners «Opern der Erlösung».[113]

Aber der *Ring* wurde trotz seiner Schlusswendung kein Erlösungsdrama, sondern blieb im Wesentlichen das, als was Wagner ihn angelegt hatte: die Geschichte der Verstrickung des Lichtalben Wotan in die von ihm selbst geschaffene Ordnung. Der *Ring* ist die Tragödie eines politischen Macht- und Gestaltungswillens. Wagner konnte und wollte sein Gesamtwerk damit nicht abschließen; er musste sich noch einmal als Poet und Komponist beweisen und eine Oper der Erlösung schreiben. Also griff er einen Stoff auf, mit dem er sich bereits früher beschäftigt und den er während seiner Schweizer Zeit in Grundzügen ausgearbeitet hatte: Wolframs von Eschenbach *Parzival*, der bei ihm zu *Parsifal* wurde. Damit schuf er das Musikdrama der Erlösung, das «Bühnenweihfestspiel», wie die definitive Fassung von 1877 untertitelt ist.[114] Der Parsifal-Stoff hatte gegenüber dem Jesus-Stoff den Vorzug, dass er dem Fundus der mittelalterlichen Literatur und ihrer mythischen Erzählungen entstammte und nicht zum Gegenstand der Theologie geworden, also dogmatisch festgezurrt worden war. Mit ihm war Wagner seit langem vertraut (mit dem Parzival-Thema hatte er sich 1845 erstmals in Marienbad beschäftigt), und bei solchem Stoff verfügte er über einige Erfahrung im bastelnden Umgestalten. Die war schon deswegen vonnöten, weil Wagner mit der Dichtung Wolframs unzufrieden war, sie für weitschweifig hielt und aus einer Abenteuererzählung eine dramatische Handlung machen musste.[115] Dazu waren weitreichende Veränderungen des Ausgangsmaterials vorzunehmen.

Die antagonistische Konstruktion des «Parsifal»

Die Struktur der *Parsifal*-Bricolage folgt einem Muster, dessen sich Wagner bereits im *Tannhäuser* und im *Ring* bedient hat, als er zwei sich antithetisch gegenüberstehende Zentren des Geschehens entwickelte. Im *Tannhäuser* geht es um einen ritterlichen Minnesänger und die Frage, ob er dem Venusberg und dessen Sinnenfreuden zugehören will – oder aber der auf der Wartburg versammelten Gesellschaft christlicher Ritter, die ein anderes Liebesverständnis als das der sinnlichen Lustbefriedigung pflegt, für die nicht *eros*, sondern *agape* von besonderer Bedeutung ist. Der *Parsifal* dreht sich darum,[116] welche Seite den «reinen Toren» Parsifal zu sich ziehen kann: die Gralsburg Monsalvat, in der eine Schar christlicher Mönchsritter um ihren König Amfortas versammelt ist und auf Anweisungen des Grals wartet, der sie für die bedrängte Christenheit in aller Welt kämpfen lässt – oder das Schloss des Zauberers Klingsor, der sich in den Besitz des in Monsalvat gehüteten Grals bringen will. Das tut Klingsor nicht aus Pietät und Frömmigkeit, sondern weil er sich davon eine deutliche Steigerung seiner Macht verspricht. Vor allem will er Monsalvat als Kraftzentrum der Christenheit ausschalten, denn sobald der Gral in seine Hände gefallen ist, werden die in aller Welt bedrängten Christen vergeblich auf die Hilfe der Gralsritter warten.

Beide Anführer der miteinander in Konflikt befindlichen Zentren, Klingsor wie Amfortas, sind verwundet: Klingsor hat sich vor längerem

Parsifal

Die Gouache von Franz Stassen zeigt die Schlussszene von Wagners Parsifal: Der christusgleich gezeichnete Parsifal präsentiert den Gral mit dem darin enthaltenen Blut des Gekreuzigten. Die Gralsritter im rechten unteren Bildrand haben dazu den Chor «Höchsten Heiles Wunder: Erlösung dem Erlöser» angestimmt. Die im Bildvordergrund auf die Knie gesunkene Kundry, das dämonische Weib, weiß sich erlöst und kann in Frieden sterben.

selbst entmannt, was er für erforderlich hielt, um Herr des Grals zu werden. An der Spitze der Gralsburg kann nämlich nur einer stehen, der sich in sexueller Enthaltsamkeit übt – und das glaubte Klingsor nur durch Selbstkastration sicherstellen zu können. Er kennt die Kräfte der Verführung, denn im Kampf um Macht bedient er sich ihrer: Er verfügt über eine Anzahl schöner Frauen, die regelmäßig Gralsritter verführen, sie dadurch der Gralsburg entziehen und zu Verteidigern von Klingsors Schloss machen. Auch Amfortas, der König des Gralsreichs, ist einer solchen Verführungsattacke erlegen, hat im Kampf mit Klingsor die Heilige Lanze eingebüßt und ist dabei durch ebendiese Lanze an der Seite beziehungsweise am Schenkel schwer verwundet worden. Infolge des Schmerzes, den er seitdem zu erleiden hat, ist er des Lebens müde, kann jedoch nicht sterben, weil der in Monsalvat gehütete Gral alle, die an seiner Enthüllung teilnahmen, nicht sterben lässt.

Es besteht somit keine vollständige, aber tendenzielle Symmetrie zwischen Monsalvat und dem Zauberschloss:[117] Amfortas hat gesündigt und ist infolgedessen invalid, während Klingsor sich entmannt hat, um nicht sündigen zu können. Amfortas leidet an seiner Wunde, Klingsor offensichtlich nicht. Diese tendenzielle Symmetrie beider Machtzentren hat ursprünglich nicht bestanden, denn beide Reliquien befanden sich in der Gralsburg: *der Gral*, jener Kelch, in dem Jesus beim Abendmahl den Wein an die Jünger verteilt hatte und mit dem Joseph von Arimathia das Blut Jesu am Kreuz aufgefangen hat,[118] und die *Heilige Lanze*, die der römische Hauptmann Longinus dem gekreuzigten Jesus in die Seite gestoßen hat, um in Erfahrung zu bringen, ob er tot ist. Die Lanze ist jedoch in Klingsors Hände geraten, als Amfortas sich auf den für ihn unglücklich ausgegangenen Kampf gegen den Zauberer einließ; seitdem befindet sie sich in Klingsors Schloss. So die durch Amfortas' Versagen – dass er im Kampf gegen Klingsor, aber auch, dass er zuvor Kundrys Verführungskünsten erlegen war – symmetrisierte Ausgangslage.

Die Waage der Macht konnte sich nach der einen wie nach der anderen Seite neigen, und das sollte sich im Aufeinandertreffen von Parsifal und Kundry entscheiden. Parsifal, der noch vor der Geburt seinen Vater verloren hatte und von seiner Mutter aufgezogen worden war, fand schon bald das Ritterleben attraktiver, als zu Hause zu bleiben, und zog, darin dem Siegfried des *Rings* ganz ähnlich, in die Welt, um in ihr als Ritter allerhand Abenteuer zu bestehen. In anderer Hinsicht ist Parsifal aber auch das genaue Gegenteil von Siegfried. Wagners Parsifal ist Typ und Antityp in einem, und darin steht er für die Verwandlung des Revolutionärs in den Erlöser.[119] Beide stehen abseits der Gesellschaft, beide sind «fremd» in der Welt, in der sie sich bewegen, womit sie eben das sind, was Wagner «Toren» nennt: Sie sind in die Konventionen und Gepflogenheiten der bestehenden Ordnung nicht einsozialisiert und dementsprechend mit ihnen unvertraut. Aber während der Revolutionär – Siegfried – niederwirft, was sich ihm in den Weg stellt, um sich den Raum zu verschaffen, den er für sich und die Durchsetzung seiner Vorstellungen braucht, spielt für den Erlöser – Parsifal, der das freilich nicht von Anfang an ist, sondern erst allmählich dazu wird – die Unterscheidung zwischen Gut und Böse eine entscheidende Rolle: Er bekämpft die Bösen und steht auf der Seite der Guten. Solches behauptet der Revolutionär von sich womöglich auch, aber tatsächlich geht es ihm nur um sich selbst – so Wagners aus der Gegenüberstellung von Siegfried und Parsifal herauszulesende Revolutionskritik.

Dass der Revolutionär letzten Endes zwischen Gut und Böse hin und her schwankt und dabei keine verlässliche Orientierung hat, hängt mit seinem areligiösen Charakter zusammen, mit seiner «metaphysischen Obdachlosigkeit». Er weiß nicht wirklich um den Unterschied von Gut und Böse, sondern orientiert sich an seinen je eigenen Vorstellungen; er ist deshalb aber auch, wie das Schicksal Siegfrieds zeigt, leicht zu täuschen und zu betrügen. Dagegen steht der Erlöser im Dienst des Guten; er hat eine klare Orientierung, denn er ist Diener höherer Mächte. Diese Indienstnahme stellt Wagner in seinem *Parsifal* dar, und das gelingt ihm sehr viel überzeugender als im Entwurf *Jesus von Nazareth*, wo sich die Indienstnahme auf Jesu Entscheidung gegen die Revolution und für den Opfergang beschränkte.

Erziehung zum Erlöser

Parsifal wächst bei seiner Mutter Herzeleide allein im Wald auf. Da sein Vater Gamuret im Kampf erschlagen wurde, hält die Mutter ihn von allen Waffen fern und erzieht ihn zur Weltfremdheit: «Den Vaterlosen gebar die Mutter, / als im Kampf erschlagen Gamuret: / vor gleichem frühen Heldentod / den Sohn zu wahren, waffenfremd / in Öden erzog sie ihn zum Toren – / die Törin.»[120] Törin, wie Kundry, die von Parsifals Kindheit berichtet, sie hier nennt, ist Herzeleide deswegen, weil sie nicht bedenkt, dass Parsifal schließlich der Sohn seines Vaters ist: Waffen üben auf ihn eine große Faszination aus, und es drängt ihn bereits als Knabe, in ritterlichem Kampf die Kräfte zu messen. Er weiß über all das eigentlich nichts, beobachtet aber sehr genau: Im Wald hat er Ritter gesehen, und nun will er auch einer werden. Da seine Mutter ihm das versagt, zieht er auf eigene Faust los und lässt sie zurück. Die Mutter stirbt bald darauf an «gebrochenem Herzen», weil sie fürchtet, ihren Sohn werde dasselbe Schicksal ereilen wie zuvor ihren Gemahl. Vom Tod der Mutter erfährt Parsifal freilich erst, nachdem er aus einer Reihe von Kämpfen siegreich hervorgegangen ist. Er, anfangs waffenlos, hat sich einen Bogen gebaut, mit dem er trefflich umzugehen weiß: Wer sich Parsifal in den Weg stellt, fällt seinen tödlichen Pfeilen zum Opfer.

Dabei unterscheidet er zunächst nicht zwischen Gut oder Böse, Freund oder Feind und kämpft auch nicht mit ritterlichen Waffen, sondern eben mit dem unritterlichen Bogen. Parsifal folgt also nicht dem ritterlichen Ehrenkodex, sondern erweist sich, wie Kundry ihn nennt, als «freislicher» Kämpfer. – In all dem gleicht er Siegfried, wie Wagner ihn gezeichnet hat: elternlos und ahnungslos, weil nicht einsozialisiert in die Gepflogenheiten «der Welt», einer, der sich seine Waffe selbst schafft, der keine Furcht kennt, der nicht lange fragt, wenn es zum Kampf geht, und der das auch nicht braucht, weil er im Kampf über Fähigkeiten verfügt wie sonst keiner.

Im Unterschied zum *Siegfried* und zur *Götterdämmerung* erzählt Wagner dem Publikum Parsifals Geschichte im Rückblick. Kundry spielt dabei eine wichtige Rolle, denn sie weiß vieles, auch vom Tod der

Mutter erfährt Parsifal erst durch ihren Bericht. Er ist zutiefst erschüttert und fühlt sich schuldig. Das unterscheidet ihn von Siegfried, der Mime, von dem er großgezogen worden ist, ohne Zögern erschlägt, keine Reue empfindet und sich danach des Zwerges auch nicht mehr erinnert. Auch unterscheidet sich Parsifal von Siegfried durch ein anderes Verhältnis zur Natur – freilich erst nach der Begegnung mit Gurnemanz, dem Senior der Gralsritter, der ihn das Leben und Weben der Natur zu respektieren lehrt. Das ist dann schon nicht mehr Rückblick auf Vergangenes, sondern findet vor den Augen der Zuschauer auf der Bühne statt: Parsifal ist auf seinem Weg von Abenteuer zu Abenteuer am See von Monsalvat angekommen und macht, seinen Gepflogenheiten entsprechend, von Pfeil und Bogen Gebrauch und erlegt einen Schwan. Der hat Parsifal weder attackiert, noch hat Parsival ihn getötet, um sein Fleisch zu verzehren; es gehört eben zu Parsifals Gewohnheiten, auf alles zu schießen, was sich ihm als Ziel darbietet. In diesem Fall eben auf einen Schwan, der mit dem Weibchen zusammen am See lebte. All das erklärt Gurnemanz einem zutiefst betroffenen Parsifal: Der hört ihm, wie es in der Regieanweisung heißt, «mit wachsender Ergriffenheit zu: jetzt zerbricht er seinen Bogen und schleudert die Pfeile von sich».[121]

Eine solche Konversion gibt es bei Siegfried nicht. Er hat zwar ein mitunter sentimentales Verhältnis zur Natur, etwa wenn er vor dem Kampf mit Fafner versucht, mit den Vögeln zu reden, begreift sich aber nicht als Teil dieser Natur. Nach der Tötung Fafners versteht er plötzlich die Sprache der Vögel, jedoch nicht deswegen, weil er den Tod des Drachen-Riesen bedauert, sondern weil er etwas von dessen Blut auf die Lippen bekommen hat, was ihm einen Zugang zur Natur verschafft. Dieser Zugang wird ihm nicht durch Verhaltensänderung, sondern auf magische Weise zuteil.

Parsifal, so lässt sich festhalten, ist auf ganz andere Weise ein «reiner Tor» als Siegfried. Er ist lernfähig und lernbereit, und bei Modifikation seiner Torheit behält er seine Reinheit. So wird er zu dem, der Amfortas als Erlöser von seinen Leiden und als Retter der Gralsritterschaft angekündigt worden ist: «durch Mitleid wissend / der reine Tor, / harre sein, / den ich erkor.»[122] Gurnemanz berichtet einigen Knappen der Gralsritterschaft von dieser Verheißung kurz vor Parsifals Ankunft am See. Gurnemanz, beeindruckt von dem, was er über Parsifals bisheriges Schicksal erfährt, ebenso aber auch von dessen Reue und Mitleidensfähigkeit, lässt Parsifal am Zentralereignis der Gralsgemeinschaft teilhaben: der Versammlung der Ritter zur liturgischen Präsentation und Enthüllung des Heiligen Grals, die der seelischen wie leiblichen Stärkung dient. Die Gralsritter können sich ihren rücksichtsvollen Umgang mit der Natur und die herrschaftsfreie Beziehung zu ihrer sozialen Umgebung nämlich nur leisten, weil sie sich weder von der sie umgebenden Natur ernähren noch auf Arbeitsleistungen anderer angewiesen sind. Es ist der Gral, der ihnen Nahrung spendet: In einer umgekehrten Realtranssubstantiation wird hier nicht aus Brot der Leib und aus Wein das Blut Jesu, sondern die Schale spendet der versammelten Ritterschaft bei ihrer Enthüllung Brot und Wein. Im Wechselgesang begleitet die ritterliche Gemeinschaft das Ereignis: «Wein und Brot des letzten Mahles / wandelt' einst der Herr des Grales, / durch des Mitleids Liebesmacht, / in das Blut, das er vergoß, / in den Leib, den dar er bracht'. // Blut und Leib der heil'gen Gabe / wandelt heut zu eurer Labe / sel'ger Tröstung Liebesgeist, / in den Wein, der nun euch floß, / in das Brot, das heut euch speist. // Nehmet vom Brot, / wandelt es kühn / zu Leibes Kraft und Stärke; / treu bis zum Tod, / fest jedem Müh'n, / zu wirken des Heilands Werke. // Nehmt vom Wein, / wandelt ihn neu / zu Lebens feurigem Blute, / froh im Verein, / brüdergetreu / zu kämpfen mit seligem Mute.»[123]

Nietzsche hat auf solche und ähnliche Stellen im *Parsifal* mit einem Goethe-Zitat reagiert: Gefragt, «was die Gefahr sei, die über allen Romantikern schwebe: das Romantiker-Verhängnis», habe Goethe zur Antwort gegeben: «am Wiederkäuen sittlicher und religiöser Absurditäten zu ersticken». Und fügt dann selbst noch hinzu: «Kürzer: *Parsifal*.»[124] Marx dagegen hätte wohl, wäre ihm diese Passage des *Parsifal* zu Gesicht gekommen, auf jene (wenigen) Stellen seines Werks verwiesen, in denen er sich mit einem Leben ohne Arbeit und Mühe beschäftigt hat, einem Leben, das möglich werden würde, wenn sich die Natur an sich selbst abarbeitet und dem Menschen all das zur Verfügung stellt, wessen er bedarf. Man kann das als Wiederkehr paradiesischer Verhältnisse oder des Goldenen Zeitalters bezeichnen. Das aber war für Marx in der Realität allenfalls durch wissenschaftlich-technischen Fortschritt möglich, und er bezweifelte, dass dieser in absehbarer Zeit in dem erforderlichen Maße erfolgen werde, um Arbeit grundsätzlich überflüssig zu machen. Deswegen äußerte er sich darüber nur im Konjunktiv.

Nur in den *Grundrissen* hat er einen solchen Fortschritt einmal indikativisch beschrieben, sein Eintreten aber so in Zweifel gezogen, dass er den Gedanken im *Kapital* nicht mehr aufgenommen und weitergeführt hat. Er beschreibt hier einen Zustand, in dem nicht länger die aufgewandte Arbeit, sondern die Anwendung von Wissenschaft und Technik die Produktion dominiert: «Die Arbeit erscheint nicht mehr so sehr als in den Produktionsprozeß eingeschlossen, als sich der Mensch vielmehr als Wächter und Regulator zum Produktionsprozeß selbst verhält. [...] Es ist nicht mehr der Arbeiter, der modifizierten Naturgegenstand als Mittelglied zwischen das Objekt und sich einschiebt; sondern den Naturprozeß, den er in einen industriellen umwandelt, schiebt er als Mittel zwischen sich und die unorganische Natur, deren er sich bemeistert. Er tritt neben den Produktionsprozeß, statt sein Hauptagent zu sein.»

Eine solche Verwandlung des Produktionsprozesses hatte in Marx' Augen revolutionäre Folgen für das gesellschaftliche Leben und eröffnete die Chance zu einem in jeder Hinsicht freien Zusammenleben: «Damit», so fährt er fort, den Gedanken einer Produktion ohne menschliche Arbeit zu Ende führend, «bricht die auf dem Tauschwert ruhnde Produktion zusammen, und der unmittelbare materielle Produktionsprozeß erhält selbst die Form der Notdürftigkeit und Gegensätzlichkeit abgestreift. Die freie Entwicklung der Individualitäten, und daher nicht das Reduzieren der notwendigen Arbeitszeit in Surplusarbeit zu setzen, sondern überhaupt die Reduktion der notwendigen Arbeit zu einem Minimum, der dann die künstlerische, wissenschaftliche etc. Ausbildung der Individuen durch die für sie alle freigewordne Zeit und geschaffnen Mittel entspricht.»[125]

Man kann Monsalvat und das Leben der Gralsritterschaft durchaus als eine Sozialutopie lesen, doch führen dorthin, folgt man Marx, weder religiöse Konversion noch Wunder oder liturgische Rituale, sondern allein der Fortschritt von Naturwissenschaft und Technik – also genau das, was Wagner in *Religion und Kunst* so vehement ablehnte, als er von den Gesellschaften seiner Gegenwart als «unserer stumpfsinnigen Zivilisation mit ihren kleinlichen mechanischen und chemischen Hilfsmitteln» sprach und über «die Aufopferung der besten Menschenkräfte für die Herstellung derselben» klagte.[126] In ideologiekritischer Perspektive hätte Marx Monsalvat und seine Gesellschaft als großen (Selbst-)Betrug beschrieben, bei dem sich die regelmäßig Brot und Wein Genießenden durch die Inszenierung eines Wunders darüber hinwegtäuschen, dass ihr Leben auf der ihnen offenbar unbekannten Ausbeutung der zur Burg gehörenden leibeigenen Bauern und einer im Hintergrund tätigen Schar eifriger Bediensteter beruht.

Wagner hatte sich schon früher mit dem Gral beschäftigt; bereits im *Lohengrin* ist von ihm als der Instanz die Rede, die den Schwanenritter entsandt hatte, um den in Brabant tobenden Machtkampf zwischen der heidnischen und der christlichen Partei, der Zauberin Ortrud und der auf Gott vertrauenden Elsa zugunsten Letzterer zu entscheiden. Aber der Gral ist eine aus dem Verborgenen heraus agierende Macht, weshalb Lohengrin darauf bestehen muss, dass Elsa ihn nicht nach Namen und Herkunft fragt: «Nie sollst du mich befragen, / noch Wissens Sorge tragen, / woher ich kam der Fahrt, / noch wie mein Nam' und Art!»[127] Elsa kann sich der Frage jedoch nicht enthalten, und so nennt der Schwanenritter, bevor er sie verlässt, seinen Namen Lohengrin und berichtet vom Gral als einer geheimen Instanz, die die christliche Ordnung stabilisiere.

Was Lohengrin preisgibt, lässt sich auch verschwörungstheoretisch verstehen, und das erklärt, warum er danach nicht länger in Brabant bleiben kann: «In fernem Land, unnahbar euren Schritten, / liegt eine Burg, die Monsalvat genannt; / ein lichter Tempel stehet dort inmitten, / so kostbar, wie auf Erden nichts bekannt: / drin ein Gefäß von wundertät'gem Segen / wird dort als höchstes Heiligtum bewacht, / es ward, daß sein der Menschen reinste pflegen, / herab von einer Engelschar gebracht; / alljährlich naht vom Himmel eine Taube, / um neu zu stärken seine Wunderkraft: / es heißt der Gral, und selig reinster Glaube / erteilt durch ihn sich seiner Ritterschaft. / Wer nun dem Gral zu dienen ist erkoren, / den rüstet er mit überird'scher Macht; / an ihm ist jedes Bösen Trug verloren, / wenn ihn er sieht, weicht dem des Todes Nacht.»[128]

Vom Unterstützungsregime des Grals ist im *Parsifal* nur nebenbei und eher andeutungsweise die Rede, aber man muss sich die vom Gral gesteuerten geheimen und permanenten Interventionen in die europäischen und nahöstlichen Machtverhältnisse hinzudenken, um nachvollziehen zu können, warum Klingsor so versessen darauf ist, sich in den Besitz dieser Schale zu bringen. Amfortas' Verwundung hat verheerende Folgen, denn sie hat dazu geführt, dass die Gemeinschaft der Ritter völlig mit sich selbst beschäftigt ist – anstatt aktive Interventionspolitik zu betreiben. Im *Parsifal* geht es um die Binnenverhältnisse der Gralsritterschaft und die existenzielle Bedrohung durch die Machenschaften Klingsors. Parsifal hat das Wunder der Ritterspeisung miterlebt, aber er hat auch das Leiden des Amfortas gesehen, der sterben will, infolge der Speisung durch den Gral jedoch nicht sterben kann. Der Gralskönig steckt in einem Dilemma: Lässt er den Gral verhüllt, so muss sein Vater Titurel sterben, und die Gralsritterschaft hat ein Ernährungsproblem; enthüllt er hingegen den Gral, so nimmt sein eigenes Leiden kein Ende. Er ist auf das Mitleid des reinen Toren angewiesen, der ihm als Retter verheißen ist: Parsifal ist ein reiner Tor, er könnte Amfortas wohl helfen, aber er verfolgt bei seinem ersten Besuch in der Burg das Geschehen nur schweigend und stellt nicht die Frage, die den leidenden Amfortas erlösen würde.

Amfortas, um auf ihn einen genaueren Blick zu werfen, hat einige Ähnlichkeiten mit dem gekreuzigten Jesus, ist in anderer Hinsicht aber auch dessen Gegenteil. So leidet er, und sein Durchhalten trotz unerträglicher Schmerzen sichert den Fortbestand der Gralsritterschaft. Um die Jesus-Ähnlichkeit des leidenden Königs zu betonen, hat Wagner Wolframs Vorlage verändert: Amfortas' Wunde befindet sich nicht wie die Klingsors im Genitalbereich, sondern seitlich am Körper. Aber Jesus litt ohne jede Schuld, während Amfortas schuldig geworden ist: Als er zum Kampf gegen Klingsor auszog, hat er sich von einer Frau – Kundry – verführen lassen, und während er mit ihr Geschlechtsverkehr hatte, so berichtet Gurnemanz, entwendete ihm Klingsor den Speer: «Schon nah dem Schloß, wird uns der Held entrückt: / ein furchtbar schönes Weib hat ihn entzückt: / in seinen Armen liegt er trunken, / der Speer ist ihm entsunken; / ein Todesschrei! – ich stürm' herbei: – / von dannen Klingsor lachend schwand, / den heil'gen Speer hat er entwand. / Des Königs Flucht gab kämpfend ich Geleite: / doch eine Wunde brannt ihm in der Seite: / die Wunde ist's, die nie sich schließen will.»[129]

Was für Siegfried der Drachenkampf, ist für Parsifal der Angriff auf Klingsors Zauberschloss. Zunächst war es nur von einer Schar junger Frauen bewohnt, Blumenmädchen, von denen es heißt, sie seien das Schönste und Wohlgestaltetste, was man auf Erden zu sehen bekomme. Der reinen Männergesellschaft der Gralsburg steht also eine reine Frauengesellschaft im Zauberschloss gegenüber. Im *Parsifal* werden die Frauen als Klingsors gefährliche Waffe eingeführt, denn sie sorgen für beständige Verluste unter den Gralsrittern. Sobald diese nämlich die Burg verlassen, um zum Kampf auszuziehen und für die Mehrung des Guten und die Bekämpfung des Bösen in der Welt zu sorgen, geraten sie in die Nähe von Klingsors Schloss und erliegen der Verführungskraft der Blumenmädchen: Sobald sie das Gelübde sexueller Enthaltsamkeit brechen, verfallen sie der Macht des Zauberers. So ist mit der Zeit eine schlagkräftige Besatzung des Schlosses entstanden, die sehr wohl in der Lage ist, Angriffe gegen seine Mauern abzuwehren. Auch das sind ähnliche Verhältnisse wie im *Ring*, wo Wotan Kämpfer sammeln lässt, die Walhall bei einem Angriff verteidigen sollen, während Alberich die Goldschätze nutzt, um seinerseits ein Heer zusammenzubringen, das zum Angriff auf Walhall imstande ist.

Wagners Mythen-Bricolage verarbeitet nicht nur die mittelalterliche Literatur zum Gral, sondern bezieht auch die Sündenfallerzählung des

Die Farblithographie hält die Schlussszene des Parsifal in der Bayreuther Uraufführung von 1882 fest: im Zentrum Parsifal, der den Gral erhebt; von oben fällt auf ihn heller Lichtschein, wie er in der christlichen Ikonographie für den Heiligen Geist steht. Die Anordnung der Gralsritter im Halbrund um Parsifal erinnert sowohl an das letzte Abendmahl als auch an das Pfingstwunder.

Alten Testaments mit ein, der zufolge die Schlange Eva und Adam verführt, eine Frucht vom Baum der Erkenntnis zu essen, was Gott, der Herr des Gartens, ausdrücklich untersagt hat. Das endet gemäß Altem Testament mit der Vertreibung der beiden aus dem Paradies. Der Sündenfall der Gralsritter besteht im Bruch des Keuschheitsgelübdes, und er führt dazu, dass sie die Seiten wechseln und von da an zu Klingsors Zauberschloss gehören. Zugleich finden sich in der Konstellation Monsalvat gegen Klingsors Schloss auch Anklänge an den Engelssturz, als eine Gruppe ursprünglicher Lichtträger von Dienern Gottes zu solchen des Satans wurden. Der Engelssturz ist die biblische Erklärung dafür, wie das Böse in die Welt gekommen ist – neben der Sündenfallerzählung somit das zentrale Element der Theodizee, der Rechtfertigung Gottes angesichts des Bösen in der Welt.[130]

Aus der ursprünglich guten Ordnung ist so eine antagonistische Konstellation geworden, in der das Gute permanent mit dem Bösen ringt.

Auch Satan selbst ist nämlich ein gefallener Engel, einer, der so sein wollte wie Gott. Diese Vorstellung von Selbstüberhebung und Abfall als Ätiologie des Bösen taucht andeutungsweise im ersten Prosaentwurf zum *Parzival*, wie er damals noch hieß, aus dem Jahr 1865 auf: Klingsor sei vermutlich derselbe, «der einst als Einsiedler fromm jene jetzt so veränderte Gegend bewohnte, – es heißt, er habe sich selbst verstümmelt, um die sinnliche Sehnsucht in sich zu töten, welche zu bekämpfen durch Gebet und Buße ihm nie vollständig gelungen sei. Von der Gralsritterschaft, der er sich [hatte] anschließen wollen, sei er durch Titurel [bei Wagner Amfortas' Vater] zurückgewiesen worden, und zwar aus dem Grunde, daß die Entsagung und Keuschheit aus innerster Seele fließen, nicht aber durch Verstümmelung erzwungen sein dürfe.»[131]

Betrachtet man Wagners Arbeit am Parzival-/Parsifal-Stoff gemäß Lévi-Strauss' Bricolage-Modell und folgt dabei einem von diesem selbst gegebenen Hinweis,[132] so ist der Schlüssel zum Verständnis des *Parsifal* weder im Rekurs auf Wolframs *Parzival* oder eine der anderen mittelalterlichen Quellen noch auf Schopenhauers *Die Welt als Wille und Vorstellung* und auch nicht in Ernest Renans *Leben Jesu* oder August Friedrich Gfrörers *Geschichte des Urchristentums* zu finden,[133] sondern in eigenen theologischen Überlegungen Wagners, denen gemäß er seine Quellen dekonstruiert hat. «Ich muß durchaus einmal meine eigne Theologie schreiben», notiert Cosima unter dem Datum des 15. November 1878 als eine von Wagners Äußerungen und fügt hinzu, er habe dies «halb ernst, halb scherzend, oder vielmehr vom Ernst zum Scherz übergehend» gesagt.[134] Wagner hat diese Theologie nicht geschrieben, aber sie ist schemenhaft hinter dem *Parsifal* und den Regenerationsschriften erkennbar. So viel lässt sich über sie sagen: An die Stelle des Schöpfungsgedankens tritt die Vorstellung einer prinzipiellen Erlösungsbedürftigkeit der Welt und des Menschen, und die Annahme eines allmächtigen, allwissenden und gütigen Gottes, der nach Vollendung der Schöpfung meinte, es sei alles gut gelungen, wird aufgegeben zugunsten eines Jesus, der sich darum bemüht, das Misslungene der Schöpfung auszugleichen.[135] Dieser Jesus ist für Wagner nicht der Sohn Gottes, sondern ein Mensch, der das Mitleid mit anderen in einer Weise gelebt hat, die ans Göttliche heranreicht. Mit Sicherheit wäre diese Theologie Wagners, hätte er sie denn niedergeschrieben, mit einer Reihe antisemitischer Stereotype durchsetzt gewesen,[136] bei denen er sich wohl auf seine Lektüre Renans berufen hätte.

Parsifals Enthaltsamkeit

Zurück zu Parsifal, der sich Klingsors Zauberschloss nähert – und damit vor den Pforten der Hölle steht. Auch das ist eine Kontrafaktur von Jesus, und so, wie dieser umstandslos die Pforten der Hölle aufgesprengt hat, gelingt es auch Parsifal, ohne große Mühe die Mauern des Klingsor-Schlosses zu ersteigen; die zur Verteidigung heranstürmenden Kämpfer, allesamt ehemalige Gralsritter, die zu Gespielen von Klingsors Blumenmädchen geworden sind, können ihn nicht am Eindringen hindern. Selbst zu Beginn waffenlos (wie Siegmund und Siegfried), entwindet er dem Ersten, der sich ihm entgegenstellt, das Schwert und schlägt danach alles kurzerhand zusammen, bis sich die Verteidiger ins Burginnere zurückziehen. Das ist der Augenblick, in dem die Blumenmädchen eingreifen, um Parsifal dasselbe Schicksal zu bereiten wie allen seinen Vorgängern. Sie umschmeicheln und umspielen ihn, doch er zeigt für sie kein Interesse: «Laßt ab, ihr fangt mich nicht!», scheucht er sie zurück.[137] Jetzt muss Kundry eingreifen, also die Frau, die zuvor bereits Amfortas sexuell gefügig gemacht hatte. Sie ist die dritte und letzte Verteidigungslinie Klingsors, bevor er sich selbst Parsifal entgegenstellt.

Kundry ist im Wesentlichen eine Neuschöpfung Wagners, auch wenn sich bei Wolfram bereits die Gralsbotin Cûndrie findet. Sie ist eine Verbindung dieser Gralsbotin mit Wolframs Orgeluse, dazu der Schlange, die im Paradies zum Sündenfall verführt hat, weiterhin des «Ewigen Juden», der nicht sterben kann, sondern ewig auf der Suche nach Erlösung die Welt durchwandern muss, und obendrein gehen in sie Züge der Maria Magdalena aus dem Neuen Testament ein.[138]

Aber in einigen Eigenheiten ist Kundry auch eine neue Venus aus dem Hörselberg des *Tannhäuser*. Zunächst geht es um die Rolle der Schlange, die Eva im Paradies versprach, wenn sie vom Baum der Erkenntnis esse, werde sie sein wie Gott.[139] «O Tor!», so Kundry in der Parzival-Fassung von 1865, «umfange mich nun in Liebe, so bist du heute noch Gott selbst!»[140] Er werde von ihr alles erfahren, was er erfahren wolle; als Gegenleistung verlangt sie von ihm «eine Stunde Liebe».[141] Wagners Kundry ist indes nicht nur die Paradiesschlange, die Versprechungen macht, um zu Handlungen gegen Gottes Gebot zu verleiten, sondern kämpft auch um ihre eigene Erlösung. Sie hat nämlich einst den leidenden Christus verlacht und ist seitdem dazu verdammt, unerlöst die Welt zu durchstreifen und weiterleben zu müssen – außer sie finde Jesus wieder, der ihr vergebe und sie erlöse. Mit der Verurteilung zu ewiger Wanderschaft ist Kundry auch in die hässlichste Frau verwandelt worden, die es je gegeben hat. Seitdem sie in die Macht Klingsors geraten ist, besitzt sie indes die Fähigkeit, sich in die schönste Frau zu verwandeln und in dieser Gestalt alle zu verführen, die sie verführen will oder soll. Das ist ihr bei Amfortas gelungen.

Der einzige Weg zur Erlösung, den Kundry sich vorstellen kann, ist der des Sexualverkehrs mit einem sie erlösenden Mann. So sagt sie zu Parzival im Text von 1865: «In dir allein soll ich Erlösung finden, in dir allein vergehen! Dich erharrte ich während Ewigkeiten des Elends: um dich zu lieben, nur eine Stunde dein zu sein, kann einzig mich entschädigen für Qualen, wie sie noch kein Wesen litt.»[142] In der Bühnenfassung hat Wagner diese Konzentration aufs Sexuelle zurückgenommen und die Jesus-Parsifal-Linie starkgemacht: Kundry berichtet in hastig hervorgestoßenen Sätzen, wie sie einst über den leidenden Jesus gelacht habe und nun auf der Suche nach dem sei, der sie erlöse, nach dem, der den bannenden Blick Jesu aufhebe. Sie nähert sich Parsifal mit einem Kuss. Der jedoch widersteht ihr, ihrem Werben wie ihrem Flehen, ihrem erotischen Reiz wie ihrem Zugriff auf sein Mitleid. Kundrys Kuss nämlich löst bei ihm die Erinnerung an Amfortas' Schmerz und Leid aus. Er erkennt in Kundry diejenige, die Amfortas verführt hat: «Verderberin! Weiche von mir! / Ewig – ewig – von mir!»[143] Und auch

Kundrys letzter Versuch, Parsifals Mitleid auf sich umzulenken, indem sie ihre eigene Erlösungsbedürftigkeit ins Spiel bringt, schlägt fehl. Sie hat keine Macht über ihn.

Klingsor muss erkennen, dass Kundry Parsifal nicht bezwingen kann, deswegen setzt er seine letzte Waffe ein und schleudert die Heilige Lanze gegen Parsifal. Doch der Speer versagt gegen den rein gebliebenen Toren seinen Dienst: Er schwebt über Parsifals Haupt, der ergreift die Lanze und schlägt mit ihr das Kreuzzeichen. Die Regieanweisung lautet: «Wie durch ein Erdbeben versinkt das Schloß; der Garten verdorrt zur Einöde: die Mädchen liegen als verstreute Blumen am Boden umhergestreut.»[144] Klingsors Zaubermacht ist gebrochen, und mit seinem Schloss versinkt auch er selbst.

Die antagonistischen Konstellationen sind damit aufgelöst, die Macht des Bösen ist gebrochen, die Widersacher von Monsalvat und der Gralsritterschaft sind dahin – Parsifals Standhaftigkeit gegenüber Kundrys verführerischen wie mitleidheischenden Avancen hat die feindliche Macht zerstört. So könnte man jedenfalls meinen, wenn es allein um die Niederwerfung des Bösen ginge. Aber die Erlösung von Amfortas – und auch Kundry – steht noch aus, ebenso wie die Erneuerung der dahinsiechenden Gralsritterschaft. Parsifals Erlösungswerk ist zweistufig: Die Zerschlagung des Bösen muss durch die Wiederherstellung des Guten ergänzt werden. Doch Parsifal findet nach dem Untergang von Klingsors Reich den Weg nach Monsalvat nicht und verirrt sich in «der Welt», wo er allerhand Kämpfe zu bestehen hat. Das ist die Folge eines Fluchs, den Kundry über ihn ausgesprochen hat,[145] als er ihrem Zugriff widerstand. «Lieb und Erlösung soll dir lohnen, – / zeigst du / zu Amfortas mir den Weg», hatte er ihr versprochen, nachdem er ihren Verführungskünsten widerstanden hatte.[146] Aber Kundry hatte darauf in Wut geantwortet: «Nie – sollst du ihn finden! / Den Verfallnen, laß ihn verderben, – den Unseligen, / Schmach-lüsternen, den ich verlachte – lachte – lachte!»[147] Kundry hatte sich von Amfortas' Verführung Erlösung erhofft, und als die nicht erfolgte, hatte sie ihr Verhalten gegenüber dem leidenden Jesus zwanghaft wiederholt: Sie hatte gelacht. Die Schadenfreude, die sie gegenüber Jesus an den Tag gelegt hatte, richtete sich nun gegen sie selbst. Diese Schadenfreude wirkte weiterhin, genauso wie der Fluch, den sie über Parsifal gesprochen hatte, denn der fand den Weg zurück nach Monsalvat und zu Amfortas zunächst nicht. Parsifals vergebliche Suche nach dem Gralsschloss erweist sich als eine weitere Prüfung, ob er der Erlöserrolle würdig ist, und das Objekt, an dem dies geprüft wird, ist sein Umgang mit der zurückgewonnenen Heiligen Lanze. Da er keine andere Waffe hatte, hätte es nahe gelegen, sich ihrer im Kampfe zu bedienen, womit er die Lanze jedoch entweiht hätte. Jahre sind vergangen, als Parsifal im Wald unterhalb von Monsalvat wieder auftaucht und dort auf einen deutlich gealterten Gurnemanz trifft, dem er berichtet: «Der Irrniss und der Leiden Pfade kam ich; / soll ich mich denen jetzt entwunden wähnen, / da dieses Waldes Rauschen / wieder ich vernehme, / dich guten Alten neu begrüße? / Oder – irr' ich wieder? / Verwandelt dünkt mich alles.» Gurnemanz antwortet auf diese Fragen zunächst mit der Gegenfrage, zu wem denn Parsifal den Weg gesucht habe. Parsifal darauf: «Zu ihm [Amfortas], des tiefe Klagen / ich törig staunend einst vernahm, / dem nun ich Heil zu bringen / mich auserlesen wähnen darf. / Doch – ach! – / den Weg des Heils nie zu finden, / in pfadlosen Irren / jagt' ein wilder Fluch mich umher: / zahllose Nöten / Kämpfe und Streite / zwangen mich ab vom Pfade, / wähnt ich ihn recht schon erkannt. / Da mußte Verzweiflung mich fassen, / das Heiltum [die Lanze] heil mir zu bergen, / um das zu hüten, das zu wahren / ich Wunden jeder Wehr mir gewann. / Denn nicht ihn selber / durft ich führen im Streite; / unentweiht / führt ich ihn mir zur Seite, / den ich nun heimgeleite, / der dort dir schimmert heil und hehr, – / des Grales heil'gen Speer.»[148]

Gurnemanz berichtet daraufhin vom Niedergang der Gralsgesellschaft seit Parsifals Verschwinden: Amfortas habe den Gral seitdem nicht mehr enthüllt, und kein Flehen der Ritter habe ihn dazu bewegen können, den Schrein noch einmal zu öffnen. So habe er versucht, «sein Ende zu erzwingen, / und mit dem Leben seine Qual zu enden. / Die heil'ge Speisung bleibt uns nun versagt, / gemeine Atzung muß uns nähren; / darob versiechte unsrer Helden Kraft: / nie kommt uns Botschaft mehr, / noch Ruf zu heil'gen Kämpfen aus der Ferne; / bleich und elend wankt umher / die mut- und führerlose Ritterschaft.»[149] Gurnemanz' «alter Waffenherr» Titurel, Amfortas' Vater, sei inzwischen verstorben, da er die Nahrung des Grals nicht mehr genossen habe. Mit einem Wort: Die Verhältnisse auf Monsalvat sind katastrophal. Aus innerer Kraft kann sich die Gralsritterschaft nicht erneuern. Wenn nicht ein Retter von außen kommt, ist ihr Untergang unabwendbar.

Erlösung auch der Natur – aber wie?

Wagner hat seinen *Parsifal* so aufgebaut, dass der erste und dritte Aufzug symmetrisch aufeinander bezogen sind: Beide Male beginnt das Geschehen im Wald unterhalb der Gralsburg, seine Protagonisten sind Gurnemanz, Parsifal und Kundry, und beide Aufzüge enden mit der Präsentation des Grals und der Speisung der Ritterschaft. Dem theatromanen Wagner war klar, dass dies ein Problem für den Spannungsbogen der Darstellung war; diese Aufgabe übernimmt im *Parsifal* die Musik, die das Geschehen von der Ankündigung des «reinen Toren», der die Probleme auf Monsalvat lösen könne, bis zur tatsächlichen Heilung des Amfortas und der Rettung der Gralsritter miteinander verbindet.[150] Wagner bedient sich dazu der im *Ring* und im *Tristan* erprobten Leitmotivtechnik, die nun nicht nur als Erkennungszeichen und Kommentar eingesetzt wird, sondern außerdem durch subtile Übergänge die Differenzen in der Symmetrie zu entwickeln hat. Wagners «Kunst des Übergangs» hat im *Parsifal* ihren Höhepunkt erreicht, wie sich gerade im musikalischen Auftritt der drei Protagonisten in der je ersten Hälfte des ersten und des dritten Aufzugs zeigt: Parsifal und Gurnemanz sind nicht nur älter und Kundry ist nicht nur ruhiger geworden, sie sind auch in ihrer musikalischen Zeichnung der Erlösung nähergekommen. Das alles ist von unendlicher Subtilität, so dass selbst jene, die mit dem religiösen Geschehen wenig anzufangen wussten oder es, wie Nietzsche, zutiefst ablehnten – «Denn was ihr hört, ist *Rom – Roms Glaube ohne Worte*!»[151] –, die Musik Wagners zutiefst bewundert haben.

Nach Gurnemanz' Bericht über den trostlosen Zustand der Gralsgemeinschaft macht sich Parsifal Vorwürfe, den Weg zurück zur Burg nicht früher gefunden zu haben. Kundry will ihn mit Wasser aus dem nahen See besprengen, um zu verhindern, dass er aus Trauer und Bestürzung ohnmächtig wird. Nicht nur Parsifal ist ein anderer geworden – statt des tödlichen Pfeilschusses auf den Schwan jetzt der Bericht, die Heilige Lanze nicht als Waffe verwendet zu haben –, auch Kundry – Parsifal erkennt sie nicht als die, die ihn verführen wollte – hat sich verändert. Als Parsifal von Gurnemanz zum See geleitet wird, wo man ihn vom Staub der langen Irrwege reinigt, wäscht ihm die zuvor hochfahrende und widerborstige Kundry die Füße, trocknet sie mit ihren Haaren und salbt sie anschließend mit kostbaren Spezereien: Sie wiederholt das Handeln der Maria Magdalena gegenüber Jesus und begrüßt Parsifal damit als den verheißenen Erlöser. Sie wusste schon immer mehr als die anderen, aber während dies früher ein zusammengetragenes Wissen über das Geschehen in der Welt war, weiß sie nun, was für sie selbst wichtig ist und zu ihrer Erlösung führen wird. Während der gesamten Begegnung schweigt sie; nur Parsifal und Gurnemanz sprechen und kommentieren ihr Tun. Spätestens jetzt, da Kundry zu Maria Magdalena geworden ist, begreift Gurnemanz, dass Parsifal der Verheißene ist, nimmt Kundrys Salböl, übergießt Parsifals Haupt, faltet die Hände und spricht: «So ward es uns verheißen, / so segne ich dein Haupt, / als König dich zu grüßen. / Du – Reiner, – / mitleidvoll Duldender, / heiltatvoll Wissender! / Wie des Erlösers Leiden du gelitten, / die letzte Last entnimm nun seinem Haupt.»[152] Damit inauguriert er Parsifal als den neuen Gralskönig.

Dessen erste Amtshandlung besteht darin, dass er das Haupt der neben ihm knienden Kundry mit Wasser aus dem See benetzt und sie tauft. So wird ihr die über Jahrhunderte erstrebte Erlösung schließlich doch noch zuteil, freilich auf ganz andere Art, als sie erwartet hat. Währenddessen entfaltet die Natur ihre ganze Schönheit; Gurnemanz bezeichnet dies als «Karfreitags-Zauber», womit deutlich wird, dass das, was bislang als der «höchste Schmerzenstag» der Christenheit gegolten hat, zum Tag der Versöhnung zwischen Mensch und Mensch sowie Mensch und Natur geworden ist. Gurnemanz ist der Erste, der das begreift: «Nun freut sich alle Kreatur / auf des Erlösers holder Spur, / will ihr Gebet ihm weihen. / Ihn selbst am Kreuze kann sie nicht erschauen: / da blickt sie zum erlösten Menschen auf; / der fühlt sich frei von Sünden-Angst und Grauen, / Durch Gottes Liebesopfer rein und heil: / das merkt nun Halm und Blume auf den Auen, / daß heut' des Menschen Fuß sie nicht zertritt, / doch wohl, wie Gott mit himmlischer Geduld / sich sein' erbarmt und für ihn litt, / der Mensch auch heut' in frommer Huld / sie schont mit sanftem Schritt. / Das dankt dann alle Kreatur, / was all' da blüht und bald erstirbt, / da die entsündigte Natur / heut' ihren Unschuldstag erwirbt.»[153]

Der Politikwissenschaftler Udo Bermbach hat die im «Karfreitagszauber» sichtbar und hörbar gemachte Versöhnung zwischen Mensch und Natur als Darstellung eines alten utopischen Gedankens interpretiert und dies als Argument dafür gebraucht, dass die religiöse Dimension im *Parsifal* nicht die Rolle spielt, die ihr später zugewiesen wurde. Vereinfacht lassen sich seine Überlegungen zu der These zusammenfassen, im *Parsifal* sei mehr Feuerbach als Schopenhauer, mehr revolutionärer Geist als pessimistischer Grundton.[154] Das lässt sich, wie Bermbach zeigt, im Text des *Parsifal* und an Äußerungen Wagners während dessen Entstehungszeit gut belegen. Auch Marx hat, wie bereits erwähnt,[155] in den *Ökonomisch-philosophischen Manuskripten* vom «Naturalismus des Menschen» und «Humanismus der Natur» als Ziel der revolutionären Umgestaltung gesprochen. Daraus lässt sich schlussfolgern, Marx und Wagner stünden hier ganz eng beieinander. Ernst Bloch hat Marx' Formulierung als das Projekt einer «Naturalisierung des Menschen und Humanisierung der Natur» gedeutet[156] und damit bei Marx ein utopisches Projekt identifiziert, als dessen Einlösung sich Wagners *Parsifal* lesen lässt.

Das Problem dieser Deutung steckt jedoch im Begriff der Utopie selbst, der nicht weiter zwischen einer religiösen und einer sozialorganisatorisch-technologischen Tradition utopischen Denkens unterscheidet. Letztere geht auf Thomas Morus und Francis Bacon zurück und ist in ihren Grundzügen Ausdruck eines gesteigerten «Könnens-Bewusstseins» (Christian Meier) des Menschen; Erstere findet sich hingegen bereits bei dem Propheten Jesaja, der einen Zustand verheißt, in dem nicht nur allgemeiner Frieden herrsche, weil die Schwerter zu Pflugscharen umgeschmiedet worden seien, sondern es auch innerhalb der Tierwelt friedlich zugehe, seitdem der Wolf mit den Lämmern weide.[157] Ähnliche Vorstellungen finden sich in Vergils vierter Ekloge, wo der Eintritt allgemeinen Friedens mit der Geburt eines Kindes verknüpft ist, was christlicherseits dann auf die Geburt Jesu bezogen wurde.[158] In der Vorstellung eines Goldenen Zeitalters, wie sie sich in der griechischen Mythologie findet, oder der des Paradieses in der jüdischen Überlieferung stößt man immer wieder auf die Idee eines friedlichen Zusammenlebens von Mensch und Natur ohne Gewalt und Unterdrückung. Allen diesen Vorstellungen ist gemeinsam, dass es sich um eschatologische Utopien handelt, solche also, in denen die entscheidende Veränderung «Gotteswerk» ist – und nicht das Ergebnis menschlicher Tätigkeit. Das ist auch bei Wagners «Karfreitagszauber» der Fall.

So hat sich Marx indes die Veränderung der Gesellschaft nicht vorgestellt; sie war seinem Entwurf zufolge reines «Menschenwerk», ein Vorhaben, das nach der Religionskritik kam und nicht – auf welche Weise auch immer – aus göttlichem Eingreifen in die Natur resultierte. Insofern hat Marx die Formulierung vom «Humanismus der Natur» und «Naturalismus des Menschen» auch nur einmal gebraucht – sonst spielt sie bei ihm keine Rolle. Im Gefolge der Ausarbeitung ökonomischer Analysen hat er sich immer weiter von der «romantisierenden Anthropologie» der *Pariser Manuskripte* entfernt – und damit auch von den Feuerbachschen Elementen, die in dieser generalisierten Aufhebung der Entfremdung und der Versöhnung von Mensch und Natur noch enthalten waren.[159] Im Unterschied dazu, so kann man mit Bermbach festhalten, denkt Wagner ganz im Rahmen Feuerbachs. Darüber hinausgehend arbeitet er eine religiöse Utopievorstellung aus, bei der nicht die Auferstehung, sondern die Erlösung im Zentrum steht und durch die Verknüpfung des Naturgeschehens mit dem Karfreitag der Todestag Jesu zu einem großen Ostern wird. Es ist ein zutiefst religiöses Geschehen, das sich zunächst außerhalb der Gralsburg abspielt und anschließend mit der Heilung des Amfortas durch die Berührung seiner Wunde mit der Heiligen Lanze sowie der Enthüllung des Grals noch einmal gesteigert wird. Christliche Heilsbotschaft und Resurrektion der Natur werden hier eins miteinander. «Höchsten Heiles Wunder: Erlösung dem Erlöser!»[160] Wagner hat bezweifelt, dass eine Lösung der ihn bedrängenden gesellschaftlichen Probleme, wie er sie seit den späten 1870er Jahren immer wieder angesprochen hat, durch eine Reorganisation der sozialen und ökonomischen Strukturen und eine durchgreifende Besserung der allgemeinen Verhältnisse infolge weiteren wissenschaftlich-technischen Fortschritts erreichbar sei. Er war vielmehr der Überzeugung, dass es dafür einer Rückbindung an die Natur bedürfe, insbesondere an die Tierwelt, und dass dies ohne Glauben an das Göttliche (das Wagner freilich nie genauer bestimmt hat) nicht möglich sei. Der Vorstellung eines welttranszendenten Gottes stand er indes distanziert gegenüber, auch wenn im *Parsifal* verschiedentlich auf die Macht der Transzendenz verwiesen wird. Hier ist Wagner gedanklich nicht immer konsistent. Dennoch wird man seine «Theologie» am ehesten noch mit Spinozas Vorstellung des «deus sive natura», der Einheit von Gott und Natur, in Verbindung bringen können – bei Hinnahme von einigem, was nicht als «natura naturans» gedacht werden kann.

Was Wagners religiöse Vorstellungswelt durchgängig prägt, ist seine Distanz gegenüber allen Formen der Institutionalisierung des Religiösen, also gegenüber der Kirche und einer dogmatischen Theologie. Auch wenn er bestritt, eine neue Religion stiften zu wollen, so lief das von ihm verfolgte Vorhaben einer Revitalisierung religiösen Denkens durch den Rückgriff auf Mythen und Empfindungen doch auf eine neue Religion hinaus. Die von Wagner angestrebte «Verflüssigung» des Religiösen durch eine Neu- und Weitererzählung von Mythen hatte in jedem Fall zur Folge, dass die Theologen als Hüter des Religiösen durch die Künstler ersetzt wurden. Denen hat Wagner in seinem Essay *Religion und Kunst* ja auch das Religiöse anvertraut wissen wollen.

Nietzsche über den Nutzen der Religion

Nietzsches Kritik gilt nicht der Religion als solcher, sondern dem Christentum und zentral dem Erlösungsgedanken. Um es zu pointieren: Nietzsche war kein Religionskritiker im Anschluss an Feuerbach und die Junghegelianer, umso mehr dagegen ein Kritiker christlichen Denkens und des mit ihm, wie er meinte, in die Welt gekommenen Ressentiments. In puncto Religionskritik hielt er es eher mit Voltaire, der die Armen in Unwissenheit lassen wollte, um zu vermeiden, dass sie in einer zwangsläufig in Reiche und Arme, Herrschende und Beherrschte gespaltenen Gesellschaft Ansprüche erhoben, die diese Ordnung in Frage stellten. Als das am besten geeignete Mittel, das Volk zu Gehorsam und Respekt gegenüber der Eigentumsordnung anzuhalten, erschien ihm eine einfache Religiosität, die zu bewahren und zu fördern er dringend nahelegte.[161] Es ist darum kein Zufall, dass Nietzsche Wert darauf gelegt hat, sein Buch *Menschliches, Allzumenschliches* zu Voltaires hundertstem Todestag erscheinen zu lassen.[162] Nietzsche zitiert darin Voltaire: «quand la populace se mêle de raisonner, tout est perdu».[163] – Wenn das Volk zu räsonieren beginnt, ist alles verloren. Das musste Nietzsche interessieren, seitdem er alle egalitären Vorstellungen zurückgewiesen hatte. Auch für ihn war die Religion ein probates Instrument, um inegalitäre Gesellschaften zu stabilisieren.

«Der Philosoph», schreibt er in *Jenseits von Gut und Böse*, «wird sich der Religionen zu seinem Züchtungs- und Erziehungswerke bedienen, wie er sich der jeweiligen politischen und wirthschaftlichen Zustände bedienen wird.»[164] Dabei ist jedoch – auch darin folgt Nietzsche Voltaire – zu unterscheiden zwischen den «gewöhnlichen Menschen» einerseits und den «Starken, Unabhängigen, zum Befehlen Vorbereiteten und Vorherbestimmten» andererseits, zu denen als dritte Gruppe noch die hinzukommen, die sich aus einer niederen in eine höhere Position hocharbeiten wollen. Den Gewöhnlichen «giebt die Religion eine unschätzbare Genügsamkeit mit ihrer Lage und Art, vielfachen Frieden des Herzens, eine Veredelung des Gehorsams, ein Glück und Leid mehr mit Ihres-Gleichen und Etwas von Verklärung und Verschönerung,

Etwas von Rechtfertigung des ganzen Alltags, der ganzen Niedrigkeit, der ganzen Halbthier-Armuth ihrer Seele. Religion und religiöse Bedeutsamkeit des Lebens legt Sonnenglanz auf solche immer geplagte Menschen und macht ihnen selbst den eigenen Anblick erträglich, sie wirkt [...] erquickend, verfeinernd, das Leiden gleichsam *ausnützend*, zuletzt gar heiligend und rechtfertigend.»[165]

Aber noch mehr als für die Befriedung der breiten Masse mit Hilfe der Religion interessiert Nietzsche sich für die Bedeutung des Religiösen bei der Härtung derer, die herrschen wollen, «in denen die Vernunft und Kunst einer regierenden Rasse leibhaft wird». Für sie «ist Religion ein Mittel mehr, um Widerstände zu überwinden, um herrschen zu können: als ein Band, das Herrscher und Unterthanen gemeinsam bindet und die Gewissen der Letzteren, ihr Verborgenes und Innerlichstes, das sich gerne dem Gehorsam entziehen möchte, den Ersteren verräth und überantwortet.»[166] Das liest sich wie die Zusammenfassung eines aufs Herrschaftstechnische reduzierten Machiavelli, den Nietzsche – wie auch Marx – studiert und geschätzt hat.

Aber Nietzsche geht über einen so verstandenen Machiavelli hinaus, wenn er sich über die Rolle der Religion beim Auf- und Abstieg von Nationen und sozialen Klassen Gedanken macht und damit vermutlich Elitetheoretikern wie Vilfredo Pareto und Robert Michels eine Reihe von Stichworten geliefert hat: Sie sei eine «Anleitung und Gelegenheit» für «Theile der Beherrschten», «sich auf einstmaliges Herrschen und Befehlen vorzubereiten»; «ihnen bietet die Religion Anstösse und Versuchungen genug, die Wege zur höheren Geistigkeit zu gehen, die Gefühle der grossen Selbstüberwindung, des Schweigens und der Einsamkeit zu erproben: – Asketismus und Puritanismus sind fast unentbehrliche Erziehungs- und Veredelungsmittel, wenn eine Rasse über ihre Herkunft aus dem Pöbel Herr werden will und sich zur einstmaligen Herrschaft emporarbeitet.»[167] Hier schafft Nietzsche die Grundlagen für eine Religionssoziologie, wie sie dann von Max Weber in differenzierter Form ausgearbeitet worden ist.[168]

Nietzsche hat aber noch eine weitere Variante des Nutzens von Religion im Auge, und zwar gelinge es durch sie, «sich Ruhe vor dem

Lärm und der Mühsal des *gröberen* Regierens und Reinheit vor dem *nothwendigen* Schmutz alles Politik-Machens zu schaffen».[169] Vermittels der Religion nämlich können Schichten, denen an einem beschaulichen Leben mehr gelegen ist, als dass sie sich den tagtäglichen Mühen des Politikbetriebs unterziehen wollen, sich daraus zurückziehen, ohne den Einfluss darauf zu verlieren. Sie herrschen aus dem Hintergrund und haben «ihre Leute», die sich für sie die Finger schmutzig machen. Sie müssen jedoch, auch wenn sie sonst fast alles delegieren, die Religion unter ihrer Kontrolle behalten: «Es bezahlt sich immer theuer und fürchterlich, wenn Religionen *nicht* als Züchtungs- und Erziehungsmittel in der Hand des Philosophen, sondern von sich aus und *souverän* walten, wenn sie selber letzte Zwecke und nicht Mittel neben anderen sein wollen.»[170] Bei solcher Nachlässigkeit nämlich übernimmt die Religion die Macht, und dann, so Nietzsche, überfluten das Mitleid und die Sorge für die Leidenden das Denken und Handeln der Menschen. Dann ist es aus mit der Herrschaft der Herrschenden.

Das ist ein weiterer Punkt, an dem sich Nietzsche von Schopenhauer – und damit auch von Wagner – trennt. Gegen den sich selbst und nur sich selbst wollenden Willen, den Egoismus, hatte Schopenhauer das Mitleid mit anderen, Mensch wie Tier, gestellt und daraus eine Ethik entwickelt, in der nicht, wie bei Kant, die Universalisierbarkeit der Maximen über zulässig und unzulässig entscheiden sollte, sondern die sich auf die sinnliche Beziehung zum Nächsten gründet und das Mitleiden mit dem Anderen zum ethischen Leitprinzip erhebt.[171] Diesen Gedanken hatte Wagner im *Parsifal* auf die Bühne gebracht und dargestellt, wie Parsifal durch das Mitleiden mit Amfortas sowie überhaupt mit der geschundenen Kreatur zum Retter und Erlöser der Gralsgemeinschaft wird. – Genau umgekehrt, so Nietzsches Gegenposition, müsse es eigentlich sein, denn gerade bei dem «höher gearteten Typus eines Menschen» sei es ganz unwahrscheinlich, dass er sich zufällig und von selbst erhalte, also ohne den regulierenden Eingriff der auf die Reproduktion dieses «höheren Typus» Bedachten. Und dabei steht eine souverän gewordene Religion einer an «Höherzüchtung» des Menschen orientierten Politik entgegen. Spricht Nietzsche von Züchtung, hat er vor allem kulturelle und moralische Aspekte im Auge.[172] Nietzsche zieht hier die radikale Konsequenz aus dem, was er als den «Tod Gottes» bezeichnet hat, und verabschiedet alle moralischen Imperative, die mit einer «Religion für Leidende» verbunden sind. An ihre Stelle setzt er die Evolutionstheorie, wobei er Darwin dahingehend versteht, dass die «Höherzüchtung» des Menschen der einzige Sinn sei, den das Menschengeschlecht nach dem «Tod Gottes» noch habe. Diesem einzigen und letzten Sinn sei auch die Religion zu unterwerfen. Deswegen sei eine grundlegende «Umwertung» vonnöten, in der rückgängig gemacht werden soll, was das Christentum an Wertungen durchgesetzt hat. Es habe nämlich, als es sich innerhalb des Römischen Reiches ausbreitete, alle bisherigen «Werthschätzungen *auf den Kopf*» gestellt und damit *«an der Verschlechterung der europäischen Rasse»* gearbeitet.[173] Dabei sei es den Imperativen gefolgt: «die Starken zerbrechen, die grossen Hoffnungen ankränkeln, das Glück in der Schönheit verdächtigen, alles Selbstherrliche, Männliche, Erobernde, Herrschsüchtige, alle Instinkte, welche dem höchsten und wohl gerathensten Typus ‹Mensch› zu eigen sind, in Unsicherheit, Gewissens-Noth, Selbstzerstörung umknicken, ja die ganze Liebe zum Irdischen und zur Herrschaft über die Erde in Hass gegen die Erde und das Irdische verkehren».[174] In der Folge habe das Christentum «aus dem Menschen eine *sublime Missgeburt»* gemacht: Menschen ohne Stärke und ohne Härte, ohne Weitsicht und ohne Vornehmheit hätten seit bald zweitausend Jahren die Entwicklung des europäischen Menschen gesteuert – *«solche* Menschen haben, mit ihrem ‹Gleich vor Gott›, bisher über dem Schicksale Europa's gewaltet, bis endlich eine verkleinerte, fast lächerliche Art, ein Heerdenthier, etwas Gutwilliges, Kränkliches und Mittelmäßiges, herangezüchtet ist, der heutige Europäer ...»[175]

Nietzsches fundamentale Kritik am Erlösungsgedanken

In seiner Kritik am Christentum bezieht Nietzsche seit *Menschliches, Allzumenschliches* eine Wagner entgegengesetzte Position; gegen die Vorstellung der sich stets erneuernden Erlösungsbedürftigkeit von Welt und Mensch stellt er, seit dem *Zarathustra* verdichtet in der Idee des Übermenschen und der Ewigen Wiederkehr,[176] die Bejahung dessen, was ist und wie es ist, und bestreitet damit grundsätzlich, dass irgendetwas überhaupt der Erlösung bedarf. «Ich beschwöre euch, meine Brüder, *bleibt der Erde treu* und glaubt denen nicht, welche euch von überirdischen Hoffnungen reden! Giftmischer sind es, ob sie es wissen oder nicht. Verächter des Lebens sind es, Absterbende und selbst Vergiftete, denen die Erde müde ist: so mögen sie dahinfahren!»[177] Nietzsche bezeichnet jene, die «der Erde» all ihre Fehler und Mängel vorrechnen und sie deswegen als ein bestenfalls Vorläufiges hinnehmen wollen, als «Hinterweltler», als solche, denen eine Welt hinter der Welt mehr gilt als die bestehende, und die Letzterer darum nur Negatives nachsagen. So begründen sie die Erlösungsbedürftigkeit der Welt. Die Welt sei verbesserbar und bedürfe durchaus der Veränderung. Doch *erlösungsbedürftig* sei sie nicht.[178]

Über nichts, so Nietzsche, habe Wagner «so tief wie über die Erlösung nachgedacht: seine Oper ist die Oper der Erlösung. Irgendwer will bei ihm immer erlöst sein: bald ein Männlein, bald ein Fräulein – dies ist *sein* Problem.»[179] Und dann lässt er Wagners Opern vom *Holländer* bis zum *Parsifal* Revue passieren, um die Erlösungsbedürftigen darin vorzuführen: «Wer lehrte uns, wenn nicht Wagner, dass die Unschuld mit Vorliebe interessante Sünder erlöst? (der Fall im Tannhäuser) Oder dass selbst der ewige Jude erlöst wird, *sesshaft* wird, wenn er sich verheirathet? (der Fall im Fliegenden Holländer) Oder dass alte verdorbene Frauenzimmer es vorziehn, von keuschen Jünglingen erlöst zu werden? (der Fall Kundry) Oder dass schöne Mädchen am liebsten durch einen Ritter erlöst werden, der Wagnerianer ist? (der Fall in den Meistersingern) Oder dass auch verheirathete Frauen gerne durch einen Ritter erlöst werden? (der Fall Isoldens).»[180] Die Vorstellung der Erlösung, so insinuiert Nietzsche, ist ein zutiefst weibliches Problem, eines der Unzufriedenheit und der flottierenden Wünsche, das auf die Welt als Ganzes projiziert wird. Das Standhalten im Hier und Jetzt, das große Ja zur Erde sei, so Nietzsche, hingegen eine zutiefst männliche Haltung. Aber die männlichen Männer seien immer seltener geworden, denn das Feminine habe um sich gegriffen.

Nietzsche identifiziert zwei «physiologische Realitäten, auf denen, aus denen die Erlösungs-Lehre gewachsen ist»:[181] einen instinktiven Hass gegen die Realität und eine instinktive Ablehnung von Feindschaften, Grenzziehungen und Distanznahmen. Die Folge der ersten ist eine «extreme Leid- und Reizfähigkeit, welche überhaupt nicht mehr ‹berührt› werden will, weil sie jede Berührung zu tief empfindet».[182] Und auch aus der zweiten folgt eine «extreme Leid- und Reizfähigkeit», in diesem Fall jedoch deswegen, weil sie «jedes Widerstreben, Widerstreben-Müssen bereits als unerträgliche *Unlust* […] empfindet und die Seligkeit (die Lust) allein darin kennt, nicht mehr, Niemandem mehr, weder dem Übel, noch dem Bösen, Widerstand zu leisten, – die Liebe als einzige, als *letzte* Lebens-Möglichkeit».[183] Die Suche nach physiologischen Ursachen für Wertungen und Forderungen ist typisch für den mittleren und späten Nietzsche, den an der französischen Moralistik orientierten Analytiker des Menschen. Und ebenso typisch ist auch, dass er zwei einander entgegengesetzte Dispositionen, die extreme Distanz zur Welt und die unbedingte Ablehnung dieser Distanz, für dasselbe Ergebnis verantwortlich macht: eine starke Reizbarkeit und ein Mitleiden mit allem und jedem. Beides ist in seinen Augen die Ursache für die Vorstellung, Welt und Mensch bedürften der Erlösung.

Solch zwanghafte Fixierungen auf den Erlösungsgedanken hinter sich zu lassen ist für Nietzsche der wichtigste Schritt auf dem Weg einer Selbstüberwindung des Menschen, eines Menschen, der einerseits an die Vorstellung von der Verderbtheit seiner Natur gekettet ist und andererseits an ein Bedürfnis nach Rache für all das, was nicht so ist, wie er sich das vorgestellt hat, nach Wiedergutmachung für das ihm Versagte und Angetane, kurzum: der gefesselt ist ans Ressentiment. So nimmt Nietzsche sich im *Zarathustra* die Psychologie und Physiologie des Priesters vor und bestimmt ihn als einen, der selbst viel gelitten hat und darum «andere leiden machen» will. «Es jammerte mich dieser Priester», sagt Zarathustra. «Sie gehen mir auch wider den Geschmack; aber das ist nur das Geringste, seit ich unter Menschen bin. / [...] Der, welchen sie Erlöser nennen, schlug sie in Banden: – / In Banden falscher Werthe und Wahn-Worte! Ach, dass einer sie noch von ihrem Erlöser erlöste!»[184] Es ist der Schlusssatz von Wagners *Parsifal* – «Erlösung dem Erlöser» –, den Nietzsche hier aufnimmt und durch eine kleine Veränderung mit einem entgegengesetzten Sinn versieht: Erlösung vom Erlöser.

Voraussetzung für die Erlösung vom Erlösungsgedanken ist freilich die Befreiung vom Ressentiment, das all jene beherrscht, die sich als Zurückgesetzte und Zukurzgekommene fühlen. «Denn *dass der Mensch erlöst werde von der Rache:* das ist mir die Brücke zur höchsten Hoffnung und ein Regenbogen nach langen Unwettern», erklärt Zarathustra an anderer Stelle.[185] Auch beobachtet Zarathustra ein Sichwohlfühlen des Menschen im Leid wie im Mitleid. Erneut begegnen wir hier dem Physiologen Nietzsche, dem, der die psychologischen Erklärungen nach den ihnen zugrundeliegenden physiologischen Dispositionen absucht. «Der Mensch ist nämlich das grausamste Thier. / Bei Trauerspielen, Stierkämpfen und Kreuzigungen ist es ihm bisher am wohlsten geworden auf Erden; und als er sich die Hölle erfand, siehe, da war das sein Himmel auf Erden. / Wenn der große Mensch schreit –: flugs läuft der kleine hinzu; und die Zunge hängt ihm aus dem Halse vor Lüsternheit. Er aber heisst es sein ‹Mitleiden›. / Der kleine Mensch, sonderlich der Dichter – wie eifrig klagt er das Leben in Worten an! Hört hin, aber überhört mir die Lust nicht, die in allen Anklagen ist!»[186] – In der Vorstellung vom Übermenschen kondensiert Nietzsche seine Diagnose, dass der Mensch nichts ist, was erlöst, sondern überwunden werden muss.

Nietzsche trägt eine ganze Reihe von psychologisch-physiologischen Gründen zusammen, um zu erklären, warum ausgerechnet das Christentum sich innerhalb des Römischen Reichs durchgesetzt und über so lange Zeit die Einstellung der Menschen beherrscht habe. Auch hier dreht er Wagners Problem kurzerhand um: Fragte dieser nach den

Gründen, warum das Christentum, kaum entstanden, schon wieder im Niedergang begriffen war,[187] ist für Nietzsche das Gegenteil erklärungsbedürftig: der Aufstieg des Christentums und seine Dauerhaftigkeit. Der erste Grund, den Nietzsche für den Sieg des Christentums anführt, ist das Gelangweiltsein an Rom, die Dauerhaftigkeit des Reichs und seine Ewigkeitsbehauptungen. «Nichts ermüdet vielleicht so sehr als der Anblick eines beständigen Siegers, – man hatte Rom zweihundert Jahre lang ein Volk nach dem andern sich unterwerfen sehen, der Kreis war umspannt, alle Zukunft schien am Ende, alle Dinge wurden auf einen ewigen Zustand eingerichtet.»[188] Auch das ein «Ende der Geschichte»: Der feinsinnige Beobachter Nietzsche meint, es gebe nicht nur eine «Ruinenmelancholie», wie sie bei den Rombesuchern seiner Zeit vorherrschte, sondern auch eine *Melancholie der ewigen Bauten*, an der die Menschen der Antike gelitten hätten. «Dieser jahrhundertalte wortlose Hass der ermüdeten Zuschauer gegen Rom, so weit nur Rom herrschte, entlud sich endlich im *Christenthume*, indem es Rom, die ‹Welt› und die ‹Sünde› in Eine Empfindung zusammenfasste: man rächte sich an ihm, indem man den plötzlichen Untergang der Welt sich in der Nähe dachte: man rächte sich an ihm, indem man wieder eine Zukunft vor sich stellte.»[189] Nachdem Rom alles vereinnahmt und zu seiner Vorgeschichte gemacht hatte, wurde seine eigene Geschichte nun zur Vorgeschichte des Jüngsten Gerichts erklärt. Das weckte neue Hoffnung, zumal bei den Unterdrückten und Geknechteten – «und der gekreuzigte Jude als Symbol des Heils war der tiefste Spott auf die prachtvollen römischen Prätoren in der Provinz».[190] Langeweile und Rachsucht fanden zusammen.

Mit der Verachtung Roms ging die Verachtung der «Welt» einher – so die zweite Erklärung für die Persistenz des Christentums. Im Unterschied zu Wagner verliert Nietzsche über die Institutionalität der Kirche kein Wort. Für ihn ist der christliche Gedanke das Problem – und deswegen hilft weder Entinstitutionalisierung noch Remythisierung. Das Christentum «verarmt, verblasst, verhässlicht den Werth der Dinge», es «*verneint* die Welt. ‹Welt› ein christliches Schimpfwort.»[191] Um die Welt zum Schimpfwort zu machen, mussten alle Empfindungen und Leidenschaften, die sich auf sie bezogen, als «böse und tückisch» beschrieben werden. «So ist es dem Christenthum gelungen, aus Eros und Aphrodite – grossen idealfähigen Mächten – höllische Kobolde und Truggeister zu schaffen, durch die Martern, welche es in dem Gewissen der Gläubigen bei allen geschlechtlichen Erregungen entstehen liess.»[192] Das Gefühl des Sündigen und, in seinem Gefolge, das schlechte Gewissen verdarben von da an den menschlichen Charakter: Indem sie ihn als böse dachten, machten sie ihn böse.

Das war der zweite nach Nietzsche entscheidende Schlag, den eine jenseitsversessene Religion gegen die Bejahung des Diesseits führte – eine tief ins Lebensgefühl der Menschen eingreifende «Umwertung der Werte». Diese sei festgeschrieben worden, als überall Kruzifixe errichtet wurden, durch die man die Erde als den Ort kennzeichnete, «wo der Gerechte zu Tode *gemartert* wird».[193] Und schließlich sei – drittens – das schlechte Gewissen noch um das Gefühl der Schuld ergänzt worden: Die Kontingenz eines Unglücks wurde geleugnet und eine dahinterstehende schwere Schuld behauptet. Die antike Welt kannte noch «reines, unschuldiges Unglück; erst im Christenthum wird alles Strafe, wohlverdiente Strafe: es macht die Phantasie des Leidenden auch noch leidend, so dass er bei allem Übel-ergehen sich moralisch verwerflich und verworfen fühlt.»[194]

Nietzsches Resümee lautet: «Im Christenthum kommen die Instinkte Unterworfner und Unterdrückter in den Vordergrund; es sind die niedersten Stände, die in ihm ihr Heil suchen.»[195] Indem es jedem «eine ‹unsterbliche Seele›» zusprach, habe das Christentum «alles Missrathene, Aufständisch-Gesinnte, Schlechtweggekommene, den ganzen Auswurf und Abhub der Menschheit [...] zu sich überredet».[196] Es «hat aus dem Ressentiment der Massen sich seine *Hauptwaffe* geschmiedet gegen *uns*, gegen alles Vornehme, Frohe, Hochherzige auf Erden, gegen unser Glück auf Erden ... Die ‹Unsterblichkeit› jedem Petrus und Paulus zugestanden war das bisher grösste, das bösartigste Attentat auf die *vornehme* Menschlichkeit.»[197]

Mit der Genealogie des Christentums und der vom Christentum vorgenommenen Umwertung, der Entwertung der alten aristokratischen Werte, der Untergrabung des «Pathos der Distanz», will Nietzsche aber nicht nur die tieferen Ursachen der europäischen Psychopathologie in der Vergangenheit aufdecken, sondern zugleich eine Diagnose der Gegenwart liefern. Marx ist zu dem Ergebnis gelangt, die Religion stehe der politischen wie sozialen Revolution entgegen, sie sei eine Bastion des Bestehenden, weswegen die Religionskritik die entscheidende Voraussetzung der Gesellschaftsveränderung sei; Nietzsche bezieht die entgegengesetzte Position: «Der Aristokratismus der Gesinnung wurde durch die Seelen-Gleichheits-Lüge am unterirdischsten untergraben; und wenn der Glaube an das ‹Vorrecht der Meisten› Revolutionen macht und *machen wird*, das Christenthum ist es, man zweifle nicht daran, *christliche* Werthurteile sind es, welche die Revolution bloss in Blut und Verbrechen übersetzt! Das Christenthum ist ein Aufstand alles Am-Boden-Kriechenden gegen das, was *Höhe* hat: das Evangelium der ‹Niedrigen› *macht* niedrig.»[198] Darin leistet das Christentum freilich nur, was Nietzsche der Religion generell als Aufgabe zugewiesen hat. Er kritisiert, was er in anderem Zusammenhang als Voraussetzung einer inegalitären Gesellschaft postuliert hat. Man kann darin einen Selbstwiderspruch Nietzsches sehen, doch dazu muss man ihn auf eine Weise lesen, die er selbst zutiefst abgelehnt hat: als Systematiker, der den Anspruch erhebt, dass alles, was sich in seinen Schriften findet, haargenau zusammenpasst. Diesem Anspruch hat sich Nietzsche durch seine aphoristische Denk- und Darstellungsweise entziehen wollen. Alternativ zur Systemerwartung hat man daher vom Perspektivismus Nietzsches gesprochen: Das je Ausgesagte hängt von dem Blickwinkel ab, aus dem ein Problem ins Auge gefasst wird.[199] Eine Wahrheit jenseits dessen gibt es nicht. Auch darin unterscheidet sich Nietzsche von Marx – und wohl auch von Wagner.

KAPITEL 6

ANALYSE UND ERZÄHLUNG

Mythos und Logos I: Marx' analytische Darstellungsweise

Die große Herausforderung, vor der Marx, Wagner und Nietzsche standen, lag darin, ihre Überlegungen so darzustellen, dass sie für jeden und jede verständlich und nachvollziehbar waren. Das jedenfalls war ihr Anspruch. Marx etwa wollte auch jene erreichen, die nicht den gebildeten Klassen angehörten und es nicht gewohnt waren, dicke Bücher zu studieren. Was sie lasen, waren eher Zeitschriften und Broschüren. Marx hat sich darauf eingestellt: Blättert man die Inhaltsverzeichnisse der Werks- und Gesamtausgaben seiner Schriften durch, so fällt auf, dass ein Großteil seiner Veröffentlichungen aus Zeitungsartikeln besteht, in denen es um aktuelle Entwicklungen geht oder die Erläuterung historischer und ökonomischer Zusammenhänge. Für Marx trafen sich im Format des längeren Zeitungsartikels zwei Anforderungen: die, mit einer gewissen Regelmäßigkeit Einkünfte zu erzielen,[1] was für ihn durch journalistische Tätigkeit am ehesten möglich war, und die, ein möglichst breites Publikum zu erreichen und im allgemeinen Sinne aufklärend zu wirken oder die eigene Anhängerschaft von einer bestimmten Sichtweise zu überzeugen. Marx hat diese Zeitungsartikel zumeist mit großer Sorgfalt ausgearbeitet und nicht selten dafür aufwendige Recherchen angestellt. Mit Hilfe pointierter Rhetorik versuchte er, ihnen politische Durchschlagskraft zu verleihen. Das ist ihm nicht immer, aber meistens gelungen. Das bevorzugte rhetorische Mittel dabei war die Darlegung eines Geschehens nach dem Grundsatz, dass das Handeln der Akteure ihren Interessen entsprach (wenn nicht, dann war diese «Dummheit» erklärungsbedürftig) und die Entwick-

Über Jahre hinweg arbeitete Marx regelmäßig im Lesesaal des British Museum, dessen Inneres sich als eine Kathedrale des Weltwissens präsentiert – ein Raum, dessen Sakralität auf keine andere Transzendenz verweist als auf jene des menschlichen Wissens und der damit verbundenen Schöpferkraft, die den Mythos wegarbeitet und das mythisch Imaginierte, sofern es als Fortschritt der Naturbeherrschung verstanden wird, Wirklichkeit werden lässt.

lung der Ereignisse einer immanenten Gesetzmäßigkeit der Geschichte folgte. Beides legte Marx in seinen Artikeln dann offen. So konnte der Leser den Eindruck haben, einen Blick hinter die Kulissen zu werfen und zu durchschauen, was auf den ersten Blick oft unverständlich war. Seine Zeitungsartikel sind Miniaturen, in denen die innere Logik des Weltgeschehens am je behandelten Problem exemplarisch aufgezeigt wird. Marx dechiffriert den Logos der Welt und sein Voranschreiten in der Geschichte. Die Gesetzmäßigkeit hinter den Ereignissen liegt zwar nicht offen zutage, aber sie lässt sich aufspüren – wenn man eine Vorstellung davon hat, wo man sie suchen muss. Marx' Rhetorik suggeriert, er habe diesen Logos gefunden und der Leser könne, wenn er ihm folge, sich diesen Schlüssel zum Verständnis der Welt aneignen. Der Schlüssel selbst wird nicht weiter beschrieben. Er wird eingesetzt. Die rhetorische Suggestion lautet: klares Denken – klare Verhältnisse; Geschichte und Gesellschaft sind kein Sammelsurium willkürlicher Entscheidungen und kontingenter Umstände, sondern weisen eine Struktur auf, die mittels sorgfältiger Analyse aufgedeckt werden kann.

Die von Marx verfassten Broschüren, ein Mittelstück zwischen Zeitungsartikel und Buch, folgen weitgehend demselben Konstruktionsprinzip, zumal einige davon aus Zeitungsartikeln oder Vorträgen entstanden sind. Zu nennen sind etwa *Lohn, Preis, Profit*; *Die Klassenkämpfe in Frankreich*; *Der achtzehnte Brumaire des Louis Bonaparte* sowie *Der Bürgerkrieg in Frankreich*.[2] In diesen Broschüren verfügte Marx über mehr Platz, um einen Gedanken zu entwickeln, und er begnügte sich hier auch nicht mit der rhetorisch suggerierten Annahme, wonach, frei nach Hegel, derjenige, der die soziopolitische Welt vernünftig anschaue, auch die Vernunftstrukturen in ihr erkennen könne. Vielmehr erläutert er an einigen Stellen diese Grundannahme, etwa wenn er die Interessenlagen der Klassen mit dem Agieren ihrer Protagonisten vergleicht und dabei Korrespondenzen wie Divergenzen aufzeigt, Erfolge wie Misserfolge beschreibt und all dies auf der Folie dessen analysiert, was er auf der Grundlage einer strikten Logik der Entwicklung als richtiges beziehungsweise angemessenes Handeln annimmt.

Das gelingt Marx umso besser, je mehr er sich an geschichtliche

Ereignisse und politische Kämpfe anlehnen kann, also zunächst erzählt und das Erzählte anschließend auf das ihm zugrunde Liegende hin analysiert: Dabei wird im Gewirr der Vorgänge und Handlungen eine Struktur erkennbar, die es erlaubt, das Geschehen zu beurteilen. Es ist die Erzählung, mit der die Analyse eröffnet wird, und zu dieser Erzählung kehrt Marx zurück, sobald die Analyse einen gewissen Grad an Tiefe erreicht hat. Die Erzählung sichert den Spannungsbogen der Analyse, und die Analyse lässt erwarten, was in der Erzählung als Nächstes folgt. Der Leser verwandelt sich dabei aus einem bloßen Zeitgenossen in einen, der in das eingeweiht ist, was anderen unverständlich ist oder ein Geheimnis bleibt. Er versteht nicht nur, was er sieht und hört, sondern wird dadurch auch – jedenfalls, wenn ihn die Dechiffrierung überzeugt – zum Anhänger der von Marx vorgeschlagenen Sichtweise. Beschränken sich die Zeitungsartikel darauf, bestimmte Konstellationen verständlich zu machen, so verfolgen die Broschüren darüber hinaus den Zweck, eine Anhängerschaft zu gewinnen. Sie haben nicht nur eine explikative, sondern auch eine initiatorische Funktion: Sie erklären und führen zugleich ein in die Gemeinschaft der in diesen Erklärungen Denkenden.

Deutlich anders ist das bei Marx' ökonomischen Analysen, in denen er auf die historische Erzählung als narratives Rückgrat des Textes verzichtet. Narrative Exkurse haben hier allenfalls eine illustrative Funktion. Dieser Verzicht war nicht zwingend, sondern das Ergebnis einer Entscheidung. Marx ging es hier nicht darum, die Geschichte des Kapitalismus zu erzählen, sondern dessen «Wesen» zu analysieren, und er wollte vermeiden, sich in bestimmten Phasen der kapitalistischen Geschichte zu verfangen.[3] Demgemäß hat er das einzige Kapitel des *Kapitals*, in dem er sich mit der Geschichte des Kapitalismus beschäftigte – das über die «sogenannte ursprüngliche Akkumulation», in dem er die Vor- und Frühgeschichte des Kapitalismus darstellt –, nicht an den Anfang, sondern an den Schluss des Buches gestellt. Die Analyse folgt also nicht der Chronologie. Die Orientierung an historischen Etappen, so Marx' Überzeugung, hätte die Aufdeckung der «logischen Struktur des Kapitalbegriffs»[4] nur behindert, wenn nicht gar verhindert. So tat er sich mit der Niederschrift seiner Überlegungen ausgesprochen schwer. Immer wieder setzte er an, verfasste Entwürfe, in denen er den Gang der Argumentation umriss, veränderte diese dann wieder, ließ sie liegen oder verwarf sie. Von den in Paris verfassten *Ökonomisch-philosophischen Manuskripten*[5] über die sogenannten *Londoner Hefte* und die *Grundrisse der Kritik der Politischen Ökonomie* bis zu den diversen unmittelbaren Vortexten zum *Kapital* zieht sich eine lange, aber auch breite Spur der Entwürfe, wie man das Wesen des Kapitalismus jenseits seiner historischen Erscheinungsformen fassen und darstellen könne. Zeitweise plante Marx, diese Analyse in sechs Bänden vorzulegen, dann dampfte er das Vorhaben auf drei Bände ein, und von diesen hatte er bei seinem Tod nur den ersten veröffentlicht. Engels publizierte den zweiten und den dritten Band, und die von Karl Kautsky veröffentlichten *Theorien über den Mehrwert* können als «inoffizieller» vierter Band angesehen werden.[6] In der *Marx-Engels-Gesamtausgabe* ist den ökonomischen und ökonomietheoretischen Schriften von Marx eine eigene Abteilung gewidmet, die, inzwischen abgeschlossen, fünfzehn Bände sowie zusätzlich noch einmal so viele Kommentarbände umfasst.[7] Marx hat keine fertige Analyse des Kapitalismus hinterlassen, sondern eine unabgeschlossene Folge von Anläufen und Vorschlägen dazu.

Dass Marx die ökonomischen Analysen nicht vollendete, lässt sich aus seiner Biographie heraus erklären: aus den Geldsorgen, der Inanspruchnahme durch die Tilgung der Schulden und das Abtragen der Kredite, den Zwang zur journalistischen Arbeit, schließlich den vielen Krankheiten.[8] Man kann auch Marx' akribische Arbeitsweise, das ausgiebige Recherchieren und Exzerpieren[9] sowie die Sorge, etwas übersehen zu haben, dafür verantwortlich machen – aber all das erklärt nicht, warum er mit anderen Texten, die im Hinblick auf seine politischen Ziele nachrangig waren, fertig geworden ist, nicht aber mit dem Vorhaben, das seit Mitte der 1840er Jahre im Zentrum seines Forschens und Schreibens stand. Die plausibelste Erklärung läuft darauf hinaus, dass ihm bei der Darstellung gesellschaftlicher Strukturen unter der Dominanz des Kapitals die Erzählung fehlte, an der er sich orientieren konnte – sei diese nun an historische Entwicklungen angelehnt, an

Gesellschaftsformationen oder an die Theoriegeschichte. Der Verzicht auf ein solches narratives Rückgrat der Analyse ist auch als Reaktion darauf zu verstehen, dass die Ökonomietheorie sich immer stärker mathematisierte und parallel dazu die Wirtschaftsgeschichte in ökonomischen Analysen an Relevanz verlor. Marx hielt an dem Anspruch fest, seine Analyse auf der Höhe der *fachlichen* Debatte anzusiedeln, und das legte nahe, die Geschichte in den Hintergrund zu stellen – oder an den Schluss der Darstellung zu verbannen – und sich auf die komplexen Zusammenhänge der Kapitallogik zu konzentrieren.

Es kam indes noch eine weitere Vorgabe hinzu, die das Vorhaben in seiner Darstellung prägen sollte, und das war der Anspruch, die Logik des Kapitals allgemeinverständlich darzulegen. Nicht zuletzt sollten die Zusammenhänge für die eigenen Anhänger und die führenden Köpfe der sozialistischen Bewegung nachvollziehbar sein. Marx wollte kein Fachbuch schreiben, sondern der sozialistischen Bewegung einen Orientierungspunkt liefern, an dem sie die Ziele und Mittel ihres Kampfes ausrichten konnte. Es sollte also nicht nur eine wissenschaftliche Analyse sein, sondern zugleich eine politische Intervention. Marx erwartete, dass das Buch große Verbreitung finden, den fachlichen wie den politischen Diskurs grundlegend bestimmen und noch dazu hohe Honorare abwerfen würde, von denen er für längere Zeit den Lebensunterhalt seiner Familie würde bestreiten können. Dementsprechend enttäuscht war er, als all das nicht der Fall war: Kaum ein Anführer der sozialistischen Parteien hat das *Kapital* gelesen, Reaktionen der Fachvertreter blieben zunächst aus, und auch nennenswerte Honorare hat Marx zu Lebzeiten damit nicht erzielt. Erst nach seinem Tod entfaltete das Werk die Wirkung, die er sich davon erhofft hatte. Das wäre vermutlich anders gewesen, wenn er sich auf ein historisch-narratives Rückgrat der Analyse eingelassen hätte. Aber er hatte nun einmal auf den *Logos* gesetzt und die Erzählung hintangestellt.

Mythos und Logos II: Nietzsches Zarathustra-Erzählung

Auch Nietzsche war, für einen Philosophen keineswegs selbstverständlich, daran interessiert, seine Überlegungen in einer möglichst für alle verständlichen Weise zu präsentieren. Das zeigen schon die Untertitel einiger seiner Werke – bei *Menschliches-Allzumenschliches* etwa: «Ein Buch für frei Geister», oder bei *Zarathustra*: «Ein Buch für Alle und Keinen». Nietzsche wollte verstanden werden, denn seine Bücher sollten Wirkung zeitigen. Er schrieb nicht für Fachkollegen, sondern für ein breites Publikum, auch wenn dieses Publikum ihn erst nach seinem Sturz in den Wahnsinn tatsächlich zur Kenntnis nahm. Das hatte auch mit seiner Absage an die «Universitätsphilosophie» zu tun, wie sie erstmals von Schopenhauer verkündet worden war. «*Die Philosophie selbst*», so hält Nietzsche in dem Vortrag *Ueber die Zukunft unserer Bildungsanstalten* fest, sei «von der Universität verbannt».[10] Worin besteht also der «Bildungswerth der Universitäten»? Sie dienten nicht der Gelehrsamkeit oder dem selbständigen Denken, sondern hätten die Aufgabe, Staatsbedienstete auszubilden, die dann entweder an den Gymnasien oder an der Universität selbst dafür Sorge tragen, dass neue Generationen von Staatsbediensteten herangezogen werden.[11] Die Universitäten sind für Nietzsche ein Element in der Selbstreproduktion des Staates und kein Ort des freien und selbständigen Denkens. Letzteres findet, so eine in der zweiten Hälfte des 19. Jahrhunderts häufig anzutreffende Auffassung, außerhalb der Universität statt. Wer an diesem Denken teilhaben wollte, durfte nicht für die Universität und ihre Professoren schreiben, sondern musste sich an ein breiteres Publikum wenden. Das hat Nietzsche seit den 1890er Jahren eine große Leserschaft beschert.

Es gehört zu den Paradoxien, denen man bei Nietzsche so häufig begegnet, dass er sich seiner geistesaristokratischen Distanzierung von dem Staat und seinen Institutionen, von der Demokratie und einer Gesellschaft der Massen zum Trotz auf eine Art des Schreibens eingelassen hat, die sehr viel breiter und inklusiver angelegt war, als man das von der an den Universitäten betriebenen Philosophie sagen kann. Die nämlich war schulgebunden, und die von diesen Schulen forcierten Publikationen drehten sich zumeist um die spezifischen Probleme eines Denksystems, die ausführlich traktiert und gegen die Einwände anderer Schulen verteidigt wurden. Es handelte sich um einen «Spezialdiskurs», der für alle, die nicht in ihm sozialisiert wurden, kaum anschlussfähig war. Einer der Schritte, mit denen sich Nietzsche von der philosophischen Fachdebatte entfernte, war seine Abkehr vom philosophischen System und vom systematischen Denken. «Ich misstraue allen Systematikern und gehe ihnen aus dem Weg. Der Wille zum System ist ein Mangel an Rechtschaffenheit.»[12] Und «Vorsicht vor den Systematikern! – Es giebt eine Schauspielerei der Systematiker: indem sie ein System ausfüllen wollen und den Horizont darum rund machen, müssen sie versuchen, ihre schwächeren Eigenschaften im Stile ihrer stärkeren auftreten zu lassen, – sie wollen vollständige und einartig starke Naturen darstellen».[13]

Solche Überlegungen sind typisch für den mittleren und den späten Nietzsche. Von vornherein verzichtete er darauf, die Leerstellen und Schwachpunkte eines Systems zu suchen und dort kritisch anzusetzen, weil er davon ausging, dass man sich damit schon auf das System einließ und nicht mehr aus ihm herauskam. Stattdessen beschäftigte er sich mit der körperlichen und seelischen Konstitution derer, die diese Systeme entworfen hatten. Er bezeichnet das als seine physiologisch-psychologische Herangehensweise. Die von ihm vorgeschlagene Faustregel lautete: Der Systemdenker entwirft das System, weil er es ohne ein solches System in der Welt nicht aushalten würde. Er ist ein in physiologischer wie psychologischer Hinsicht schwacher Mensch. Er kann Kontingenz nicht ertragen. Das System ist für ihn Religionsersatz: Wenn schon kein Gott, dann wenigstens ein System. Ohne System zu denken kann sich nur der Starke leisten.[14]

Nietzsches Abkehr vom System findet ihren Ausdruck darin, dass er seine Gedanken nicht länger entwickelte, Einwände aufnahm und diskutierte, Begründungen zusammenstellte, Folgen abwog, sondern sie in aphoristischer und apodiktischer Verknappung vortrug.[15] Man musste nicht seiner Meinung sein, konnte ihm widersprechen, aber das war nichts, was ihn berührte oder irritierte. Im Gegenteil: Nietzsche nutzte den aphoristischen Stil, um eine Beobachtung, einen Einfall, einen größeren Gedanken immer weiter zuzuspitzen und damit gezielt zu vereinseitigen und den Leser zu provozieren. Dabei konnte es vorkommen, dass ein Gedanke einem andernorts vorgetragenen widersprach. Für den Systemdenker wäre das ein Problem gewesen, nicht so für Nietzsche: Die Welt war widersprüchlich – warum sollte es nicht auch der sein, der ihr auf die Spur zu kommen suchte? Nietzsche pflegte dabei keine Rhetorik der Überzeugung oder eines auf Zustimmung angelegten Argumentierens, sondern eine der Überwältigung durch Wiederholung und Zuspitzung: Man stimmte ihm zu oder eben nicht. Genau das wollte er; eine den Kopf hin und her wiegende Bedenklichkeit, ein Sowohl-als-auch, ein «audiatur et altera pars» war ihm zuwider. Diese Haltung ließ Nietzsche, nachdem er erst einmal «entdeckt» worden war, zu einem der meistgelesenen und meistzitierten Philosophen werden.

Nietzsche ist einen ganz anderen Weg gegangen als Marx, der an der systematischen Argumentation und Darstellung festgehalten hat, auch als er seine Analyse nicht mehr durch ein narratives Rückgrat strukturieren und erzählbar machen konnte. Nun war Marx' Anspruch sicherlich nicht, ein System aus der Kohärenz des Denkens heraus zu entwerfen, sondern es ging ihm darum, das System des Kapitals, das dem jeweils räumlich und zeitlich real existierenden Kapitalismus zugrunde lag, für die zeitgenössischen Leser erkennbar zu machen. Diese Systematik wollte er seinerseits systematisch offenlegen. Nietzsche hat ein solches den Beobachtungen vorgängiges System entweder in Frage gestellt oder sich darauf konzentriert, es nadelstichartig bemerkbar zu machen. Das Äußerste an Kohärenz, das er zugestand, war das genealogische Verfahren, bei dem nicht das System in seiner Gänze und seinen Verzweigungen aufgedeckt, sondern mehr skizzenhaft als durchgängig die Herkunft seiner zentralen Elemente herausgearbeitet wird. Im Poststrukturalismus französischer Prägung hat Nietzsche eine Fülle von Nachfolgern gefunden, die dieselbe Herangehensweise wählten.

Aber auch Nietzsche hat sich von der Möglichkeit, disparate Beobachtungen und Ratschläge mit den Mitteln der Erzählung zusammenzubinden, nicht gänzlich verabschieden wollen. Sein Buch *Also sprach*

Zarathustra, von vielen als Nietzsches Hauptwerk angesehen, ist eine Rückkehr zur Narration und sogar zum Mythos, mit denen die diversen Äußerungen Zarathustras zu einem Ganzen verbunden werden. Nietzsche erzählt von den Wanderungen Zarathustras, die diesen aus der Einsamkeit des Gebirges in die große Stadt und wieder zurück, aufs Meer und zu fernen Inseln und abermals wieder zurück führen, und diese Erzählung bildet den Rahmen für Zarathustras Beobachtungen, seine Wertungen und Hinweise, Ratschläge und Sprüche. Zarathustra ist eine mythische Gestalt, die den Namen eines persischen Religionsstifters trägt, in mancher Hinsicht aber auch einen Gegenentwurf zu Jesus und dessen Lehren darstellt – analog zu den vier Evangelien, die vom Leben und Wirken Jesu berichten, umfasst auch der *Zarathustra* vier Bücher – und in die Nietzsches Vita, vor allem aber seine Philosophie eingeschrieben ist. Deswegen bezeichnet er in späteren Schriften Zarathustra auch als seinen Sohn. Über Zarathustra selbst erfährt der Leser nur, dass er, als er dreißig Jahre alt war, seine Heimat verlassen und sich ins Gebirge zurückgezogen hat, das er nach zehnjährigem Aufenthalt wieder verlässt, um sich unter die Menschen zu begeben. Es sind im weiteren Sinne soziologische Beobachtungen und moralische Urteile, Neugier auf die Menschen, aber auch Ekel vor ihnen, die sich in der Erzählung miteinander verbinden. Nach den ersten Erfahrungen, die Zarathustra mit größeren Menschenmassen in der großen Stadt gemacht hat, entschließt er sich, nicht deren Hirte zu werden, sondern bestenfalls Einzelne zu versammeln, sie zu belehren und aus ihnen eine Anhängerschaft zu formen. Doch auch daraus wird nichts, und so bleibt er allein. Seine einzigen dauerhaften Gefährten sind zwei Tiere, ein Adler und eine Schlange, das, wie er sagt, stolzeste und das klügste Tier. Sie begleiten ihn nicht nur, sondern sind auch seine Gesprächspartner und Berater. Zarathustra ist in mancher Hinsicht eine Parodie, eine Gegenerzählung zu der über das Leben und Wirken Jesu,[16] beginnend mit der Verweigerung des Hirtenamtes über seine der Bergpredigt entgegengesetzten Urteile und Ratschläge bis hin zu den beiden Tieren, die an die Stelle der Evangelistensymbole von Löwe, Ochse, Adler und Engel treten.[17]

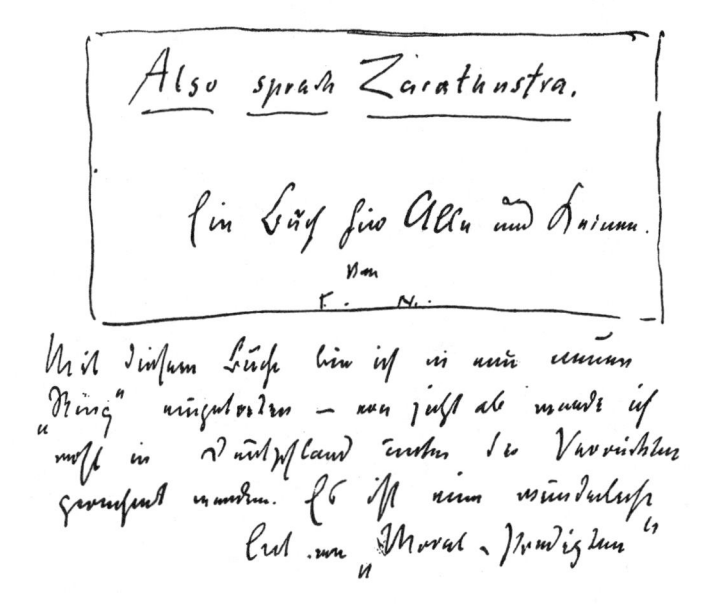

Auf dieser und den folgenden Seiten zu sehen: Nietzsches Ankündigung seines neuen Buchs «Also sprach Zarathustra» in einem Brief an Heinrich Köselitz vom 1. Februar 1883 (oben); eine eilig beschriebene und korrigierte Manuskriptseite des «Kommunistischen Manifests» in Marx' kaum leserlicher Handschrift von Ende 1847 (links); die erste Seite von «Das Kunstwerk der Zukunft» (1849), in der Wagner die revolutionäre Idee des Gesamtkunstwerks entwirft (rechts).

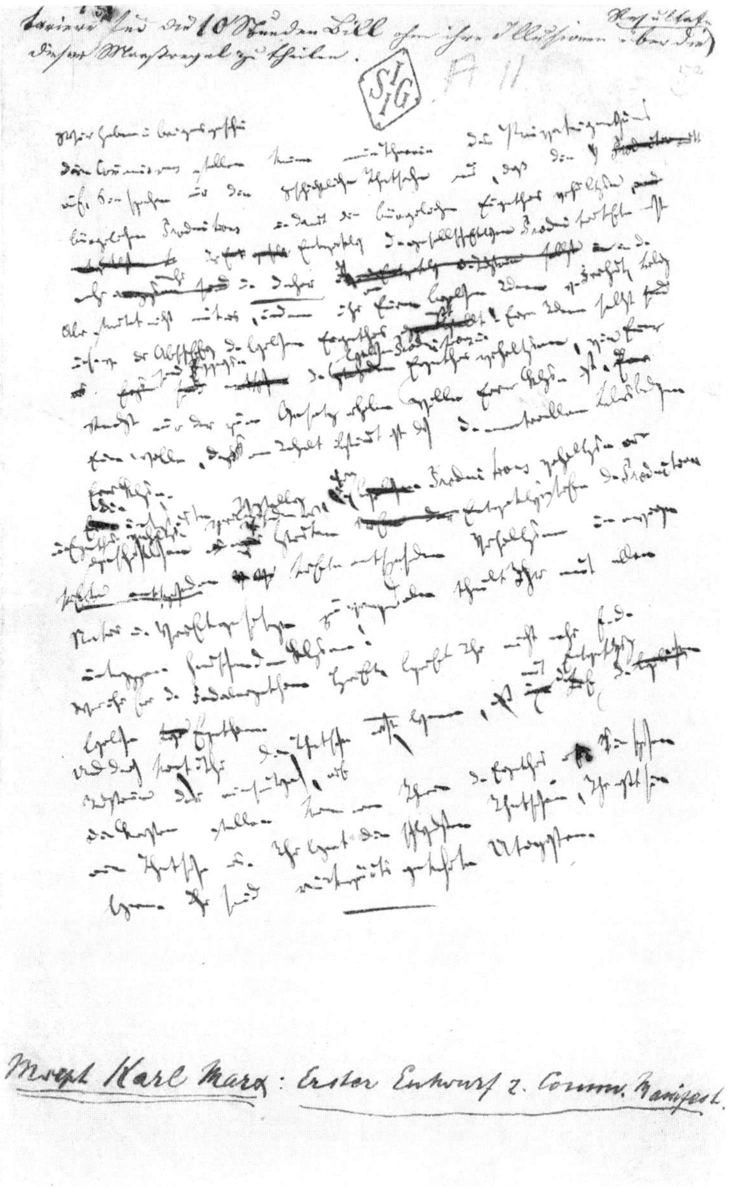
Mscpt Karl Marx: Erster Entwurf z. Comm. Manifest.

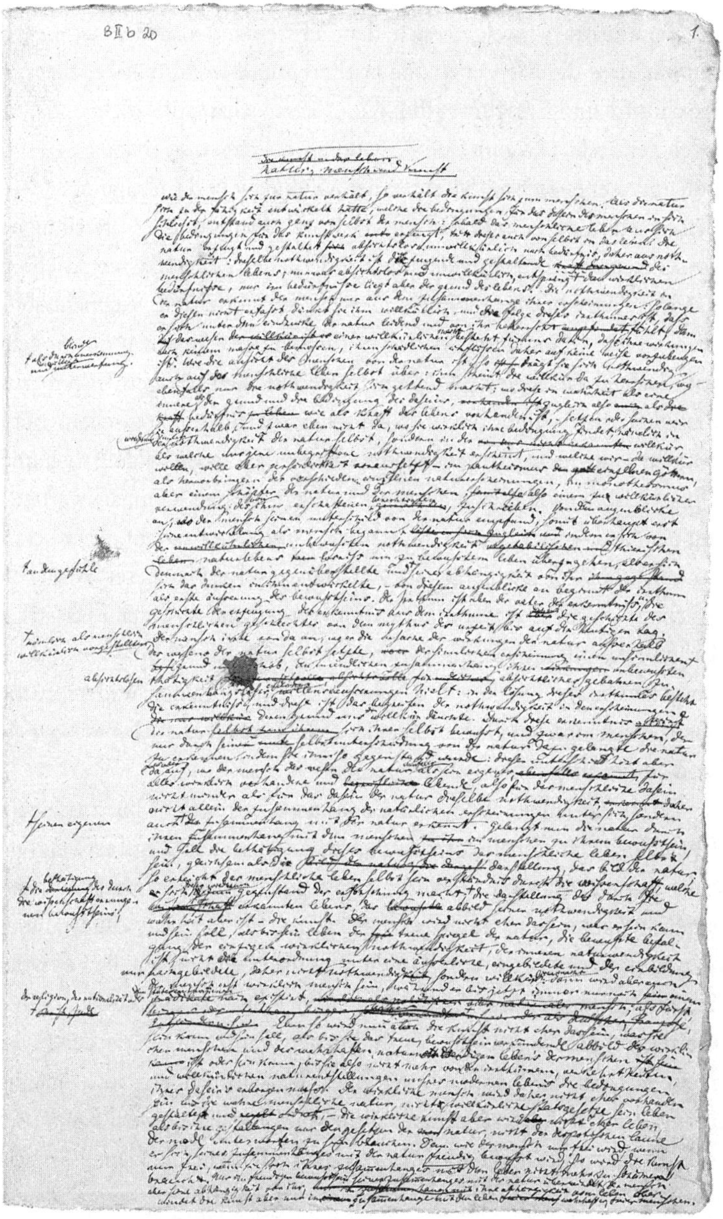

Zarathustra verweigert sich dem Hirtenamt, nachdem er begriffen hat, dass die Menschen, die er führen und leiten müsste, allesamt Erschöpfte und Ermattete sind, die «Vielzuvielen», die «Schwindsüchtigen der Seele»: «Kaum sind sie geboren, so fangen sie schon an zu sterben und sehnen sich nach Lehren der Müdigkeit und Entsagung.»[18] Mit diesen Müdigkeits- und Entsagungslehren meint er die Vorstellungen von Gleichheit, Gerechtigkeit und Brüderlichkeit. Die Massen zu lehren, das Dasein zu bejahen, lohne sich nicht, so sein Urteil. Vielmehr solle man sie den «Predigern des Todes» überlassen, die ihnen die Abkehr vom Leben nahelegen: «Möge man sie mit dem ‹ewigen Leben› aus diesem Leben weglocken.»[19] Nietzsches sozialpsychologischem Blick entgeht indes nicht, dass auch jene, «denen das Leben wilde Arbeit und Unruhe ist» – von denen also nicht gesagt werden kann, sie warteten auf den Tod –, «sehr müde des Lebens» sind und bestrebt, «sich selbst zu vergessen».[20] Die Erde, so Zarathustras Resümee, sei «voll von Solchen, welchen der Tod gepredigt werden muss. Oder ‹das ewige Leben›: das gilt mir gleich, – wofern sie nur schnell dahinfahren!»[21] Das unsystematische Denken und Schreiben hält nicht nur Widersprüche aus; die behaupteten Gegensätze des Lebens lassen sich damit sogar als in Wahrheit zusammengehörig zeigen.

Es ist ein langer Weg, den Zarathustra zurücklegt bis zu seinem Entschluss, das Leben vorbehaltlos zu bejahen, ein Weg mit Verzögerungen und Rückschritten, der nicht auf argumentative Belehrung, sondern katharsische Teilhabe angelegt ist. Bei der Darstellung dieses Weges, dieser Entwicklung Zarathustras, ist Nietzsche auf die Form der Erzählung angewiesen; erst in ihr wird der Prozess des Zu-sich-selbst-Gelangens sichtbar.[22] Doch es geht bei der Wahl der literarischen Form nicht nur um die Selbstfindung eines Weisen, sondern auch um die Frage, wer der Adressat seiner Lehren und Ratschläge sein kann, sein soll. Es ist nicht die breite Masse, aber auch nicht die kleine Gruppe der von Zarathustra Auserwählten, die in seine Höhle eingeladenen «höheren Menschen», die gleichwohl Probleme haben, sich auf der Höhe von Zarathustras Erkenntnis zu halten. Mit Heinrich Meier lässt sich Zarathustras Weg zu sich selbst als schrittweise Verwandlung des

Propheten in den Philosophen beschreiben. Überwunden wird dabei derjenige, der unter die Menschen geht, um sie zu belehren; übrig bleibt einer, der mit seinen Tieren allein ist und dessen Wahrheit eigentlich nur ihn selbst erreicht. Mit einigem Recht lässt sich darin Nietzsches eigener Lebensweg bis zum Jahre 1876 erkennen.

Nietzsche hat in *Ecce homo*, auf den *Zarathustra* zurückblickend, davon gesprochen, dass sein Begriff des Dionysischen hier «höchste That» geworden sei,[23] und das heißt für ihn, dass Zarathustra das verkörpert, was er sonst eher ex negativo – nämlich gegen den Menschen abgesetzt – beschreibt. «Hier ist in jedem Augenblick der Mensch überwunden, der Begriff ‹Übermensch› ward hier höchste Realität, – in einer unendlichen Ferne liegt alles das, was bisher gross am Menschen hiess, *unter* ihm.» In Zarathustra sei «die höchste Art alles Seienden» verkörpert, und das bezeichnet Nietzsche als den «Begriff des Dionysischen selbst».[24] Das Dionysische, von dem er hier spricht, ist nicht mehr Gegenbegriff oder Gegenprinzip zum Apollinischen, wie im Tragödienbuch, sondern steht für sich allein als die äußerste Entschlossenheit und Fähigkeit zur Bejahung des Lebens – «wie der, welcher die härteste, die furchtbarste Einsicht in die Realität hat, welcher den ‹abgründlichsten Gedanken› gedacht hat, trotzdem darin keinen Einwand gegen das Dasein, selbst nicht gegen dessen ewige Wiederkunft findet, – vielmehr einen Grund noch hinzu, das ewige Ja zu allen Dingen *selbst zu sein*, das ungeheure unbegrenzte Ja-und Amen-sagen»[25]. Das vorzuführen war nicht mit den Mitteln des Logos möglich, sondern nur mit denen des Mythos. Im *Zarathustra* hat Nietzsche einen neuen Mythos erfunden: den des Übermenschen und den der ewigen Wiederkehr.[26] Dahinter verbirgt sich eine psychologisch-pädagogische Absicht: die Menschen zum Wollen ihrer selbst zu erziehen. Aber nicht nur das: Der Mythos ist, zumindest für den frühen Nietzsche, auch die belebende und erneuernde Kraft einer jeden Kultur: «Ohne Mythos [...] geht jede Cultur ihrer gesunden schöpferischen Naturkraft verlustig: erst ein mit Mythen umstellter Horizont schließt eine ganze Culturbewegung zur Einheit ab.»[27] Das war ganz aus dem Geiste Wagners gedacht.

Mythos und Logos III: Wagner über Volk und Mythos

Auch Wagners Werk stützt sich auf Mythen. Wagner erfindet keine neuen Mythen, aber er übernimmt die in der *Edda* und in den deutschen Heldensagen aufgefundenen auch nicht einfach, sondern ordnet und erzählt sie neu. Dabei orientiert er sich zumeist am Vorbild der griechischen Tragödie, die ja ebenfalls verbreitete Mythen der griechischen Vorstellungswelt aufgegriffen und für die Bühne aufbereitet hat.[28] Er geht davon aus, dass dem athenischen Publikum die den jeweiligen Tragödien zugrundeliegenden Mythen bekannt waren, die Verständlichkeit des Dargestellten also vorausgesetzt werden konnte. Die Mythen werden von Wagner als eine Forterzählung durch das Volk verstanden, das er als deren eigentlichen Schöpfer ansieht. Nicht einzelne Ereignisse sind das Thema des Mythos, sondern das Wesen der soziopolitischen Konstellationen, auf denen die Mythen basieren, so dass der Blick nicht auf Besonderes und Kontingentes fällt, sondern Grundsätzliches erfasst. In *Oper und Drama* schreibt Wagner: «Aller Gestaltungstrieb des Volkes geht im Mythos somit dahin, den weitesten Zusammenhang der mannigfaltigsten Erscheinungen in gedrängtester Gestalt sich zu versinnlichen [...]. Durch die Fähigkeit, so durch seine Einbildungskraft alle nur denkbaren Realitäten und Wirklichkeiten nach weitestem Umfange in gedrängter, deutlicher plastischer Gestaltung sich vorzuführen, wird das Volk im Mythos daher zum Schöpfer der Kunst; denn künstlerischen Gehalt und Form müssen notwendig diese Gestalten gewinnen, wenn, wie es wiederum ihre Eigentümlichkeit ist, sie nur dem Verlangen nach *faßbarer* Darstellung der Erscheinungen, somit dem sehnsüchtigen Wunsche, sich und sein eigenstes Wesen [...] selbst in dem dargestellten Gegenstande wieder zu erkennen, ja überhaupt erst zu erkennen, entsprungen ist.»[29]

Wagner ist davon überzeugt, dass die doppelte Positionierung des Volkes gegenüber dem Mythos – einerseits als Schöpfer und Fortgestalter der Erzählung, andererseits als Rezipient dessen, was die Dichter in den Tragödien aus dem Mythos gemacht haben – sicherstellt, dass wir es hier nicht mit einer Ästhetik sozialer Klassen zu tun haben, die er zutiefst ablehnt. Diese Klassenästhetik ist für ihn das beherrschende Moment in der Kunst der vergangenen Jahrhunderte, sei es in der Hofkunst, die an den Erwartungen des Adels und der Fürstenhöfe orientiert war, oder auch in der bürgerlichen Kunst, die sich in einer antagonistisch gespaltenen Gesellschaft entwickelt hat.[30] Wenn Wagner in den 1850er Jahren vom «Volk» spricht, dann ist damit die Gesamtheit der Bürger gemeint, die, nicht länger durch ständische Unterschiede und Klassengegensätze getrennt, sich als Einheit weiß und erfährt, wie das für die Bürger Athens bei den alljährlichen Tragödienaufführungen der Fall war. «Der tragische Dichter», so resümiert er, «teilte den Inhalt und das Wesen des Mythos nur am überzeugendsten und verständlichsten mit, und die Tragödie ist nichts anderes, als die künstlerische Vollendung des Mythos selbst, der Mythos aber das Gedicht einer gemeinsamen Lebensanschauung.»[31]

Wagner hat das Augenmerk vor allem auf die Verbindung des Mythos zum Volk gelegt – aber wie stellt er sich die Verbindung des Mythos zum Logos vor? Ist der Mythos für ihn bloß eine Erzählung, die den Vorteil hat, dem Volk gut bekannt zu sein, oder hat er auch eine analytische Komponente, indem er etwa die soziopolitischen Konstellationen der Gegenwart zeigt und das Volk damit über sich und seine Lage aufklärt? Mit anderen Worten: Wie viel Logos steckt im Mythos? Diese Frage hatten sich auch die drei Tübinger Stiftler Hegel, Hölderlin und Schelling gestellt, als sie im *Ältesten Systemprogramm* die Forderung nach einer neuen Mythologie der Vernunft aufstellten. Sie erkannten darin eine doppelte Herausforderung: Man müsse «die Ideen ästhetisch, d. h. mythologisch machen», sonst blieben sie für das Volk, von dem auch sie sprechen, bedeutungslos; aber man müsse umgekehrt auch die Mythologie vernünftig machen, damit die Philosophie, also der Logos, sich ihrer nicht schämen müsse.[32]

Wagner scheute jedoch davor zurück, die Philosophie als etwas von außen auf den Mythos Einwirkendes ins Spiel zu bringen, wie er überhaupt Mythen-exogene Kontrollinstanzen zurückwies. Die Mythen entwickelten ihre Wahrheit, indem sie sich selbst erzählten. Zwar spielte die Philosophie für ihn in ihren unterschiedlichen Ausprägungen bei

Feuerbach und Schopenhauer durchaus eine solche Rolle, aber das war eine Ebene, auf der sich die Umgestaltung des Mythos zur Tragödie oder zum Musikdrama nicht vollzog. Andernfalls wäre der Künstler ja ein Belehrer des Volkes gewesen, und das Volk wäre in die Position eines Objekts der Belehrung durch den Künstler geraten. Für Wagner war der Logos nicht das Andere des Mythos; vielmehr enthielt der Mythos die Wahrheit des Logos in sich. Er war eine Abstraktion von der historischen Vielfalt und Zufälligkeit und stellte das sonst nur in der Einzelheit konkretisierte Allgemeine dar. «Was ich hier ersah», erläuterte Wagner seine Suchbewegung in den Dichtungen des Mittelalters, die ihn «bis auf den Grund des alten urdeutschen Mythos» führte, den vom Helden Siegfried nämlich, «war nicht mehr die historisch konventionelle Figur, an der uns das Gewand mehr als die wirkliche Gestalt interessieren muß; sondern der wirkliche, nackte Mensch, an dem ich jede Wallung des Blutes, jedes Zucken der kräftigen Muskeln, in uneingeengter, freiester Bewegung erkennen durfte: der *wahre Mensch* überhaupt.»[33] «Das Unvergleichliche des Mythos», so fasste er seine Überlegungen zusammen, «ist, daß er jederzeit wahr, und sein Inhalt, bei dichtester Gedrängtheit, für alle Zeiten unerschöpflich ist.»[34]

Wagners Arbeit am Mythos I: «Der fliegende Holländer»

Die Trias von Mythos, Tragödie und Volk glaubte Wagner ausschließlich an den griechischen Werken studieren zu können. Dementsprechend avancierten die griechischen Mythen sowie die auf ihnen fußenden Tragödien zu dem Vorbild, an dem er sich in seinem Kunstschaffen orientiert hat. In *Eine Mitteilung an meine Freunde*, einem Text aus dem Jahr 1851, in dem Wagner nach dem durch seine Flucht aus Dresden erfolgten Bruch auf sein Leben und sein bisheriges Schaffen zurückblickt, parallelisiert er die von ihm bearbeiteten Mythen mit denen der Griechen. Er beginnt mit dem *Fliegenden Holländer*, der Oper, mit der er fortan sein eigentliches Werk anfangen lässt. Die Wahl des Stoffs begründet er damit, dass dieser allgemein bekannt sei und sich das Volk an der Ausgestaltung der mythischen Erzählung schöpferisch beteiligt habe. Schließlich nennt er eine Parallele zur griechischen Mythenwelt: «Die Gestalt des ‹fliegenden Holländers› ist das mythische Gedicht des Volkes: ein uralter Zug des menschlichen Wesens spricht sich in ihm mit herzergreifender Gewalt aus. Dieser Zug ist, in seiner allgemeinsten Bedeutung, die Sehnsucht nach Ruhe aus den Stürmen des Lebens. In der heitern hellenischen Welt[35] treffen wir ihn in den Irrfahrten des Odysseus und in seiner Sehnsucht nach der Heimat, Haus, Herd und – Weib, dem wirklich Erreichbaren und endlich Erreichten des bürgerfreudigen Sohnes des alten Hellas. Das irdisch heimatlose Christentum faßte diesen Zug in die Gestalt des ‹ewigen Juden›: diesem immer und ewig, zweck- und freudlos zu einem längst ausgelebten Leben verdammten Wanderer blühte keine irdische Erlösung; ihm blieb als einziges Streben nur die Sehnsucht nach dem Tode, als einzige Hoffnung die Aussicht auf das Nichtmehrsein.»[36]

Es ist eine auf den ersten Blick überaus gewagte Parallele, die Wagner hier zieht, bei der eher die Unterschiede als die Gemeinsamkeiten ins Auge fallen. Diese Unterschiede, so Wagner, seien den veränderten Konstellationen geschuldet, unter denen dieser im Mythos gefasste «uralte Zug des menschlichen Wesens» seine erzählerische Ausgestaltung gefunden hat beziehungsweise vom Volk erzählt worden ist. «Am Schlusse des Mittelalters lenkte ein neuer, tätiger Drang die Völker auf das *Leben* hin: weltgeschichtlich am erfolgreichsten äußerte er sich als Entdeckungstrieb. Das Meer ward jetzt der Boden des Lebens, aber nicht mehr das kleine Binnenmeer der Hellenenwelt, sondern das erdumgürtende Weltmeer. Hier war mit einer alten Welt gebrochen; die Sehnsucht des Odysseus nach Heimat, Herd und Eheweib zurück, hatte sich, nachdem sie an den Leiden des ‹ewigen Juden› bis zur Sehnsucht nach dem Tode genährt worden, zu dem Verlangen nach einem Neuen, Unbekannten, noch nicht sichtbar Vorhandenen, aber im Voraus Empfundenen, gesteigert. Diesen ungeheuer weit ausgedehnten Zug treffen wir im Mythos des fliegenden Holländers, diesem Gedicht des Seefahrervolkes aus der weltgeschichtlichen Epoche der Entdeckungsreisen.

Wir treffen auf eine, vom Volksgeiste bewerkstelligte, merkwürdige Mischung des Charakters des ewigen Juden mit dem des Odysseus.»[37] Die veränderten geoökonomischen Konstellationen, die Ersetzung des Mittelmeeres durch die Weltmeere und die Überformung eines der ägäischen Inselwelt entsprechenden Vorstellungsvermögens durch eine globalisierte Phantasie – die freilich, wie Wagner einschränkend hinzufügt, zunächst auf Seefahrervölker beschränkt bleibt – haben den Raum und die Richtung der Sehnsucht verändert. Das hat in der mythischen Erzählung seinen Niederschlag gefunden: Es gibt keine Rückkehr, keine Ankunft mehr; nicht mehr die lange Rückreise mit ihren Abenteuern und Unterbrechungen, Gefahren und Bedrohungen, Ablenkungen und Vergnügungen ist Gegenstand der Erzählung, sondern das grundsätzliche Nichtankommen, die Endlosigkeit der Seefahrt in einer unendlich gewordenen Welt. Wagner führt das in der zitierten Passage nicht weiter aus, aber man kann in der Verwandlung von Odysseus in den fliegenden Holländer auch den Einfluss des sich entwickelnden Kapitalismus sehen, die Grenzenlosigkeit des Akkumulationsstrebens, die Unsicherheit der Kapitalvermögen im Vergleich zum herkömmlichen Grundbesitz, die permanente Unruhe und Ungewissheit des Lebens. Sozialbeziehungen und Emotionen werden marktförmig, also an den Austausch von Waren angepasst. Wagner zeigt das im Gespräch zwischen dem Holländer und dem Kaufmann Daland, in dem über Geld und Gold gesprochen wird, als es um die Zuneigung Sentas zu einem «fremden Mann» geht. Unruhe und Ungewissheit des Lebens trägt Wagner Rechnung, indem er einen anderen Mythos in die große Seefahrererzählung einbezogen hat: den Mythos von Ahasver, dem «ewigen Juden». Damit wird ein mittelalterlich-christlicher Mythos in das hellenische Mythengeflecht um Odysseus[38] eingebracht, der von der Begegnung des kreuztragenden Jesus auf seinem Weg zur Hinrichtungsstätte erzählt. Unter der drückenden Last des Kreuzes soll Jesus vor der Tür des Ahasver angehalten und ihn um eine kurze Rast gebeten haben. Die habe ihm Ahasver jedoch verwehrt, woraufhin Jesus gesagt habe: «Ich will stehen und ruhen, du aber sollst gehen.» Damit war Ahasver zu ewiger Wanderschaft in Verbindung mit dem Nicht-sterben-Können verdammt. Seitdem irrte er auf der Suche nach dem Tod durch die Welt, und da er ihn nicht finden konnte, musste er immer weiterwandern.[39] Die Beschäftigung mit dem Holländer-Mythos, so Wagner, habe sein bisheriges Schaffen als «Verfertiger von Operntexten» beendet und seine «Laufbahn als Dichter» eingeleitet.[40] Diese Bemerkung ist der Grund dafür, dass Wagners Werke üblicherweise als mit dem *Holländer* beginnend und mit dem *Parsifal* endend dargestellt werden.

Was aber meint Wagner damit, wenn er den «Dichter» so scharf gegen den «Verfasser von Operntexten» kontrastiert? Handelt es sich dabei um eine bloße Selbststilisierung, wie sie bei Wagner ja nicht selten anzutreffen ist, oder steckt mehr dahinter? Betrachten wir dazu noch einmal Wagners Bericht über die Verbindung des Ahasver-Mythos mit dem von Odysseus. «Der holländische Seefahrer ist zur Strafe seiner Kühnheit vom Teufel (das ist hier sehr ersichtlich: dem Elemente der Wasserfluten und der Stürme) verdammt, auf dem Meere in alle Ewigkeit rastlos umherzusegeln. Als Ende seiner Leiden ersehnt er, ganz wie Ahasveros, den Tod; diese, dem ewigen Juden noch verwehrte Erlösung kann der Holländer aber gewinnen durch – *ein Weib*, das sich aus Liebe ihm opfert: die Sehnsucht nach dem Tode treibt ihn somit zum Aufsuchen dieses Weibes; dies Weib ist aber nicht mehr die heimatlich sorgende vor Zeiten gefreite Penelope des Odysseus, sondern es ist das Weib überhaupt, aber das noch unvorhandene, ersehnte, geahnte, unendlich weibliche Weib, sage ich es mit einem Wort heraus: das Weib der Zukunft.»[41]

Die Hundertachtzig-Grad-Wendung des Blicks von der Vergangenheit in die Zukunft, die Ersetzung der Penelope als Repräsentantin des Früheren, die Odysseus vor zwei Jahrzehnten verlassen hat, um in den Krieg gegen Troja zu ziehen, durch «das Weib der Zukunft», was auch immer man sich darunter vorstellen mag, reklamiert Wagner als seinen eigenen Beitrag zur «Arbeit am Mythos», und diese verbindet er mit dem Beruf des Dichters. Der *Rienzi* hatte einen historischen Stoff aus der Mitte des 14. Jahrhunderts behandelt, und auch wenn Wagner dabei vermutlich allerhand Bezüge zur vorrevolutionären Gegenwart in Deutschland im Kopfe hatte, so war der Stoff doch an das spätmittelalterliche Italien gebunden.[42] Nicht so beim *Holländer* und den nachfolgenden Opern und Musikdramen, für die Wagner Mythen nutzte, die er wiederum mit anderen Mythen verknüpfte, wodurch er ihnen eine neue Wendung gab, die sie zur Behandlung von Menschheitsfragen – Wagner spricht vom «Reinmenschlichen» – werden ließ. Das aber hieß, dass, mochte das Geschehen selbst auch in der Vergangenheit spielen, die Probleme und Herausforderungen von Gegenwart und Zukunft immer mit thematisiert wurden. Dem Theatermann Wagner dürfte klar gewesen sein, welche Spielräume sich damit für die Inszenierung öffneten. Dass die Regisseure seiner Werke die Offenheit des Mythos lange Zeit nicht nutzten und die Dramaturgie das Geschehen in irgendeine historische Epoche verlegte, hat nichts mit Wagners Vorstellungen zu tun. Seit den 1980er Jahren haben Regisseure und Dramaturgen Wagners Wendung zum Mythos sehr viel besser verstanden – und umgesetzt – als ihre vergangenheitsfixierten Vorgänger.

Wie der Umgang mit dem Mythos zu handhaben sei, hat Wagner in der *Mitteilung* wenige Seiten nach seinen Erklärungen zum Mythos vom Fliegenden Holländer anlässlich seines Entschlusses zur Rückkehr aus Frankreich nach Deutschland dargelegt. Er berichtet, wie ihn nach dem zügigen Abschluss der Arbeit am *Holländer* die Nachricht erreicht habe, dass der *Rienzi* in Dresden zur Aufführung kommen solle. Wagner erkennt darin «einen freundlichen Gruß aus Deutschland», der ihn «um so wärmer für die Heimat» eingestimmt habe, «als die Pariser Weltluft mich mit immer eisigerer Kälte anwehte».[43] Umgehend fügt er jedoch hinzu, dass es nicht politischer Patriotismus gewesen sei, der ihn nach Deutschland heimgezogen habe, denn in dieser Hinsicht habe das Land für ihn nicht die geringste Anziehungskraft besessen. Er nutzt den am Holländer-Mythos entwickelten Gedanken, um seine Regung zu erklären: «Es war die Sehnsucht meines fliegenden Holländers nach dem Weibe, – aber, wie gesagt, nicht nach dem Weibe des Odysseus, sondern nach dem erlösenden Weibe, dessen Züge mir in keiner sicheren Gestalt entgegentraten, das mir nur wie das weibliche Element überhaupt vorschwebte; und dies Element gewann hier den Ausdruck *der Heimat*, d. h. des Umschlossenseins von einem innig vertrauten Allgemeinen, aber

Anlässlich der ersten Bayreuther Festspiele erschien in der Berliner Zeitschrift «Ulk» eine Karikatur, die Wagner auf der Festspielbühne zeigt, wo ihm Aischylos und Shakespeare die Aufwartung machen. Beide tragen vorschriftsmäßig einen Frack. Die Karikatur bezieht sich auf eine Äußerung des Wagner-Bewunderers Heinrich Porges, wonach dem Bayreuther Meister nur die beiden zur Seite gestellt werden könnten.

einem Allgemeinen, das ich noch nicht kannte, sondern eben erst mir ersehnte, nach der Verwirklichung des Begriffs ‹Heimat›.»[44] Man kann das, wovon Wagner hier spricht, auch als das bestimmte Unbestimmte bezeichnen, etwas, von dem man akut glaubt, dass es möglich sei, ja vielleicht schon existiere, ohne es aber genauer bestimmen oder beschreiben zu können. Der Mythos ist eine Form des Ausdrucks dafür.

Wie sehr die griechische Verbindung von Mythos und Tragödie für Wagner paradigmatisch, will sagen: beispielhaft und vorbildlich, geworden ist, zeigt der in der *Mitteilung* anschließende Bericht über seine Beschäftigung mit dem Tannhäuser-Mythos. Wagner erzählt, wie er schon früher durch die Erzählungen E. T. A. Hoffmanns sowie ein Gedicht Ludwig Tiecks damit in Berührung gekommen sei, wie ihn aber erst das Volksbuch mit seiner Verbindung zwischen Tannhäuser und dem Sängerkrieg auf der Wartburg so angesprochen habe, dass ihm schlagartig die Vorstellung von einem für das Genre der Oper geeigneten Stoff vor Augen getreten sei. Nachdem er die Oper *Tannhäuser und der Sängerkrieg auf der Wartburg* vollendet habe, sei ihm von Freunden nahegelegt worden, etwas Leichteres zu schreiben, eine komische Oper, die beim deutschen Publikum womöglich größeren Erfolg hätte. Dazu seien ihm die Wettbewerbe der Nürnberger Meistersinger eingefallen – ein Stoff, den Wagner erst sehr viel später, mehr als ein Jahrzehnt nach der Niederschrift der *Mitteilung*, tatsächlich aufgegriffen hat. Er konnte, als er die nachfolgenden Passagen schrieb, somit noch gar nicht wissen, dass er diesen Stoff einmal zu seiner bekanntesten, jedenfalls meistgespielten Oper verarbeiten würde, den *Meistersingern von Nürnberg*. Dennoch begnügte er sich in der *Mitteilung* nicht mit der Parallelisierung zwischen dem Sängerwettbewerb auf der Burg und dem in der Stadt, zwischen adligen Rittern und unter bürgerlichen Handwerksmeistern, sondern stellte als Erstes eine Beziehung zur athenischen Tragödie her: «Wie bei den Athenern ein heiteres Satyrspiel auf die Tragödie folgte, erschien mir auf jener Vergnügungsreise plötzlich das Bild eines komischen Spieles, das in Wahrheit als beziehungsvolles Satyrspiel meinem ‹Sängerkrieg auf der Wartburg› sich anschließen konnte. Es waren dies ‹die Meistersinger von Nürnberg›, mit *Hans Sachs* an der Spitze. Ich faßte Hans Sachs als die letzte Erscheinung des künstlerisch produktiven Volksgeistes auf, und stellte ihn mit dieser Geltung der meistersingerlichen Spießbürgergesellschaft entgegen.»[45] Wir begegnen hier erneut dem legitimatorischen Bezug auf das antike Athen, dazu der Apostrophierung des Volksgeistes als Quellgrund künstlerischer Kreativität, aber auch der Gefahr seiner Erschöpfung durch die Ausbreitung einer spießbürgerlichen Gesinnung, der Dominanz des Philiströsen, dem die Pflege des Überkommenen und die Beachtung der Vorschriften alles und das schöpferisch Neue nichts ist. Die Kraft des Mythos kann auch versiegen, wenn die Energie des Volkes erschöpft ist.

In den geschichtstheoretischen Überlegungen, die Wagner immer wieder in seine kunsttheoretischen Schriften einstreut, behauptet er, dass der Verlust von ästhetischer Kreativität mit dem Verlust der bürgerlichen Tugend einhergehe. Die Entwicklungszyklen von Kreativität und Tugendhaftigkeit, verstanden als Bereitschaft der Bürger, die je eigenen Interessen den Anforderungen der Gemeinschaft unterzuordnen, laufen in Wagners Vorstellung parallel, und die Entstehung des

Staates als bürokratischer, reglementierender Anstalt ist eine Reaktion auf das Schwinden der bürgerlichen Tugend; nun muss von oben durchgesetzt werden, was zuvor die Gemeinschaft selbst geregelt hat, so lange politische Tugend eine selbstverständlich verfügbare sozialmoralische Ressource war. Das ist eine alte Vorstellung des politischen Republikanismus, der sich mehr für die sozialmoralischen Dispositionen der Bürgerschaft interessierte als für die sozioökonomischen Konstellationen der Gesellschaft, die der Liberalismus hervorhob. Ja, der Republikanismus ging so weit, die Beschäftigung mit den wirtschaftlichen Interessen als den Todeskeim einer auf bürgerlicher Tugend begründeten freiheitlichen Ordnung anzusehen.[46] Die Ablehnung einer Ersetzung von Tugend durch Eigeninteresse, die den politischen Abwehrkampf des Republikanismus gegen den Liberalismus geprägt hat, findet ihren Ausdruck in der Luxuskritik, die auch bei Wagner anzutreffen ist[47] – im Übrigen auch dann noch, als er selbst als Zuwendungsempfänger des bayerischen Königs längst ein Leben führte, das nur als luxuriös bezeichnet werden kann. Das ist ein weiterer der für Wagners Leben und Denken typischen Widersprüche: dass er in seinen Schriften über lange Zeit der Sichtweise eines konsequenten Republikanismus anhing, aber später einen Lebensstil pflegte, der dieser Haltung geradezu entgegengesetzt war.

Wagners Arbeit am Mythos II: Antigone

In Wagners Geschichtstheorie ist es der Triumph des Lasters über die Tugend, aus dem das Erfordernis des Staates resultiert: «Der politische Staat lebt einzig von den *Lastern der Gesellschaft*, deren *Tugenden* ihr einzig von der *menschlichen Individualität* zugeführt werden.»[48] Wagner sieht darin aber keine Entwicklung, die zwangsläufig aus der moralischen Korruption der Gesellschaft erwächst. Vielmehr hebt er darauf ab, dass der Staat zum Zwecke seiner Rechtfertigung eine Politik der Wahrnehmungs- und Aufmerksamkeitslenkung betreibt, bei der die aufkommenden Laster hervorgehoben und die fortbestehenden Tugenden in den Hintergrund gedrängt werden. «Vor den Lastern der Gesellschaft, die er einzig erblicken kann, vermag er ihre Tugenden, die sie von jener Individualität gewinnt, nicht zu erkennen. In dieser Stellung drückt er auf die Gesellschaft in dem Grade, daß sie ihre lasterhafte Seite auch auf die Individualität hinkehrt, und sich somit endlich jeden Nahrungsquell verstopfen müßte, wenn die Notwendigkeit der individuellen Unwillkür nicht stärkerer Natur wäre, als die willkürlichen Vorstellungen des Politikers.»[49] Diese in Anlehnung an Rousseau entworfene Konstellation, bei der die Verweigerung und der Widerstand eines oder einer Einzelnen die Wende zur Überwindung des Egoismus und zur Wiederherstellung einer auf dem Gemeinschaftsgefühl der Bürger beruhenden soziopolitischen Ordnung einleiten, erläutert Wagner am Mythos der Ödipustochter Antigone beziehungsweise an seiner dichterischen Aufbereitung in der Tragödie des Sophokles. Das im Mythos gespeicherte Wissen um Ödipus und sein Schicksal erklärt genauer als alle Theorien, was die Probleme der Gegenwart sind.

Ödipus hat seinen Vater Laios erschlagen und mit seiner Mutter Jokaste, die ihm als Preis für die Lösung des Sphinxrätsels zugefallen ist, vier Kinder gezeugt. Nach Bekanntwerden seines frevelhaften, wenn auch unwissentlichen Tuns verlässt er Theben, und seine beiden Söhne vereinbaren daraufhin, sich die Herrschaft über die Stadt zu teilen: Zunächst soll Eteokles für einige Zeit herrschen, danach sein Bruder Polyneikes. Als der Zeitpunkt des Machtwechsels gekommen ist, weigert Eteokles sich jedoch, den Vertrag einzuhalten, woraufhin Polyneikes ein Heer versammelt, um Theben zu erobern. Eteokles' Weigerung, die Macht abzugeben, ist ohne jeden Zweifel ein Eidbruch, der die Strafe der Götter nach sich ziehen muss.

Wagner wirft die in der bisherigen Bearbeitung des Mythos unbeantwortete Frage auf, warum die Bürger Thebens in dieser Situation an Eteokles festhalten und ihn nicht in einem Volksaufstand stürzen, um Polyneikes vereinbarungsgemäß als neuen König einzusetzen und so den Zorn der Götter abzuwenden. Die Bürgerschaft, so seine Erklärung, sei offenbar mehr an Ruhe und am Erhalt des Bestehenden interessiert gewesen als an dem, was die sittliche Ordnung verlangt. Dafür macht Wagner den Aufstieg der Eigentumsvorstellung verantwortlich: «Trotz des bösen Gewissens ließen sich aber die Bürger Thebens Eteokles' Verfahren gefallen, weil der *Gegenstand* des Eides, der von den Brüdern beschworene Vertrag, ihnen jetzt bei weitem lästiger schien, als die Folgen eines Eidbruchs, die durch Opfer und Spenden an die Götter vielleicht beseitigt werden konnten. Was ihnen nicht gefiel, war der Wechsel der Herrschaft, die beständige Neuerung, weil die Gewohnheit bereits zur wirklichen Gesetzgeberin geworden war. Auch bekundete sich in dieser Parteinahme der Bürger für Eteokles ein praktischer Instinkt vom Wesen des Eigentums, das jeder gern allein genießen, mit einem Anderen aber nicht teilen wollte: jeder Bürger, der im Eigentume die Gewährleistung gewohnter Ruhe erkannte, war ganz von selbst der Mitschuldige der unbrüderlichen Tat des obersten Eigentümers Eteokles.»[50] Die Auslegung des im Mythos enthaltenen Wissens fördert zutage, dass die Entstehung von Eigentumsvorstellungen und moralische Korruption miteinander Hand in Hand gehen.

Um einen langen Krieg zu vermeiden, entschließen sich die Brüder zu einem Zweikampf, in dem beide den Tod finden. Daraufhin übernimmt ihr Onkel Kreon in Theben die Macht. Er ordnet für den toten Eteokles ein Staatsbegräbnis an, während Polyneikes unbestattet auf der Walstatt liegen bleiben soll, um von Vögeln und wilden Tieren zerhackt und gefressen zu werden. «Der kluge Kreon», kommentiert Wagner, «überschaute nun den Zusammenhang der Vorfälle, und erkannte aus ihm das Wesen der öffentlichen Meinung, als deren Kern er die Gewohnheit, die Sorge und den Widerwillen vor der Neuerung erfaßte.»[51] Wagner konstatiert einen Verfall der Sittlichkeit in Theben, den es in dieser Form bei der bürgerschaftlichen Reaktion auf die unwissentlich begangenen Verbrechen des Ödipus noch nicht gab: Ödipus hatte Theben – aus eigenem Antrieb oder auf bürgerschaftlichen Druck – verlassen. Als ursächlich für diese Korrumpierung der Sittlichkeit macht Wagner einen zunehmenden Widerspruch zwischen sittlicher Bindung und wachsendem Eigennutz aus, und damit verbindet er eine bemerkenswerte These über die Genese der Religion. «Dieses sittliche Bewußtsein trennte sich überall da, wo es mit der Praxis der Gesellschaft in Widerspruch geriet, von dieser ab und setzt sich als *Religion* fest, wogegen sich die praktische Gesellschaft zum *Staate* gestaltete. In der Religion blieb die *Sittlichkeit*, die vorher in der Gesellschaft etwas Warmes, Lebendiges gewesen war, nur noch etwas *Gedachtes*, Gewünschtes, aber nicht mehr Ausführbares: im Staate handelte man dagegen nach praktischem Ermessen des Nutzens, und wurde hierbei das sittliche Gewissen verletzt, so beschwichtigte man dies durch staatsunschädliche Religionsübungen.»[52] Wie der Wahrheit des Mythos von Wagner angesonnen, war das eine Beobachtung, die auch für die Gegenwart gelten sollte.

Wagner interessiert sich an dieser Stelle nicht für die Entstehung und Entwicklung der Religion, sondern für die des Staates mitsamt seinen Protagonisten. Das verweist ihn auf Kreon als Politiker: «Kreon erkannte aber auch aus der eigentlichen Ursache des tragischen Schicksals der Läiden, wie grundnachsichtig die Thebäer gegen wirkliche Frevel seien, wenn diese nur die ruhige bürgerliche Gewohnheit nicht störten.»[53] Der Wunsch nach Ruhe und das Bedürfnis, ein Leben nach eingeübten Gewohnheiten führen zu können, also ein im Wesentlichen konservativer Reflex auf gesellschaftliche Veränderungen und politische Herausforderungen, sind in Wagners Sicht dafür ausschlaggebend, dass sich eine bürgerschaftlich-partizipative Ordnung in autoritärbürokratische Herrschaft verwandelt – und das heißt für ihn, dass der Staat an die Stelle einer zur Selbstorganisation zunehmend unfähigen Gesellschaft tritt. Wagner erläutert das am Läiden-Mythos: «Dem Vater [des Ödipus] Laios war von der Pythia verkündigt worden, ein ihm zu gebärender Sohn würde ihn dereinst umbringen. Nur um kein öffentliches Ärgernis zu bereiten, gab der ehrwürdige Vater heimlich den Befehl, das neugeborene Knäblein in irgendwelcher Waldecke zu töten, und bewies sich hiermit höchst rücksichtsvoll gegen das Sittlichkeitsgefühl der Bürger Thebens, die, wäre der Mordbefehl öffentlich vor ihren Augen ausgeführt worden, nur den Ärger dieses Skandals und die Aufgabe, ungewöhnlich viel zu den Göttern zu beten, keineswegs aber den nötigen Abscheu empfunden haben würden, der ihnen die praktische Verhinderung der Tat und die Strafe des bewußten Sohnesmörders eingegeben hätte.»[54] Das politische Problem besteht nach Wagners Auffassung aber nicht nur darin, dass Laios die Ermordung seines Sohnes heimlich vollziehen lassen will (wozu es nicht kommt, weil der beauftragte Exekutor das Kind aus Mitleid an einen Hirten aus dem benachbarten Herrschaftsgebiet weitergibt), sondern auch darin, dass selbst bei einer öffentlichen Tötung des Kindes die Bürger dagegen keinen Widerstand geleistet hätten, «denn die Kraft des Abscheues wäre ihnen sogleich durch die Rücksicht erstickt worden, daß durch diese Tat ja die Ruhe im Orte gewährleistet war, die ein – in Zukunft jedenfalls ungeratener – Sohn gestört haben müßte».[55]

Wagner liest Sophokles' *Antigone* also vor dem Hintergrund eines Verfalls von bürgerschaftlichem Ethos in Theben. Die Tragödie ist die Folge politisch-moralischer Korruption. Davon ausgehend stellt Wagner grundsätzliche Überlegungen zu gesellschaftlichen und politischen Entwicklungen an, bei denen er immer auch die Verhältnisse seiner eigenen Zeit im Auge hat. «*Ruhe* und *Ordnung*, selbst um den Preis des niederträchtigsten Verbrechens gegen die menschliche Natur und selbst die gewohnte Sittlichkeit [...] waren jedenfalls berücksichtigenswerter, als die natürlichste menschliche Empfindung, die dem Vater sagt, daß er sich seinen Kindern, nicht aber diese *sich* aufzuopfern habe. – Was war nun diese Gesellschaft, deren natürliches Sittlichkeitsgefühl ihre Grundlage gewesen war, geworden? Der schnurgerade Gegensatz dieser eigenen Grundlage: die Vertreterin der Unsittlichkeit und Heuchelei. Das Gift, das sie verdarb, war aber – *die Gewohnheit*. Der Hang zur Gewohnheit, zur unbedingten Ruhe, verleitete sie, den Quell zu verstopfen, aus dem sie sich ewig frisch und gesund hätte erhalten können; und dieser Quell war das freie, aus seinem Wesen sich selbst bestimmende Individuum.»[56]

Am Beispiel der Antigone, der Schwester von Eteokles und Polyneikes, entwickelt Wagner den Gegensatz, der fortan nahezu alle seine Äußerungen zur Politik und zu deren Rationalität prägen und die Grundstruktur seiner Musikdramen bestimmen wird: den zwischen Staat und Liebe. Antigone bestattet Polyneikes, indem sie seinen Körper symbolisch mit Erde bedeckt. Zu dem Kampf, der zwischen Antigone und Kreon ausgetragen wird, gibt es eine Reihe von Deutungen. So soll das Handeln der Antigone etwa von chthonischen Gottheiten bestimmt sein, die sich der Staatsräson Kreons widersetzen. In fast allen Interpretationen folgt Antigone einer von außen an sie herangetragenen Verpflichtung, die sie zur Widerständlerin werden lässt, aber eben nicht ihre Individualität zur Leitlinie des Gegenhandelns macht. Gerade darauf jedoch kommt es Wagner an, und demgemäß stellt er die Liebe als Antrieb ihres Handelns heraus: Nicht aus politischen Motiven, sondern aus Gründen der Menschlichkeit widersetze sie sich Kreon – und damit dem Staat. Wagner geht weitere Motive durch, die ihr Handeln hätten bestimmen können: «Suchte sie den Polyneikes zu verteidigen? Forschte sie nach Rücksichten, Beziehungen, Rechtsstandpunkten, die seine Handlungsweise erklären, entschuldigen oder rechtfertigen konnten? – Nein; – sie liebte ihn. – Liebte sie ihn, *weil* er ihr Bruder war? – War nicht Eteokles auch ihr Bruder, – waren nicht Ödipus und Jokaste ihre Eltern? Konnte sie nach den furchtbaren Erlebnissen anders als mit Entsetzen an ihre Familienbande denken? Sollte sie aus ihnen, den gräßlich zerrissenen Banden der nächsten Natur, Kraft zur Liebe gewinnen können? – Nein, sie liebte Polyneikes, weil er unglücklich war, und nur die höchste Kraft der Liebe ihn von seinem Fluche befreien konnte.»[57] Diese Liebe bezeichnet Wagner als «reine Menschenliebe».[58]

Die reine Menschenliebe führt, selbst wenn sie wie hier nur von einer einzigen Person, freilich in äußerster Entschlossenheit und Konsequenz, praktiziert wird, zum Untergang des Staates. So jedenfalls deutet Wagner das Scheitern Kreons und seiner Staatsräsonpolitik. Der Untergang des Staates hat jedoch das Selbstopfer der Antigone zur Voraussetzung: Durch die symbolische Bestattung des Polyneikes zwingt sie Kreon, das dafür angedrohte Todesurteil an ihr zu vollstrecken. Wenn Wagner an diesem Punkt der Antigone doch noch ein politisches Kalkül zuschreibt, dann ist es eines in Analogie zu der Marxschen Vorstellung, man müsse den versteinerten Verhältnissen ihre Felsenmelodie vorspielen, um sie zum Tanzen zu bringen: «Antigone sagte den gottseligen Bürgern von Theben: – ihr habt mir Vater und Mutter verdammt, weil sie unbewußt

Antigone hat sich an den schlafenden Wachen vorbeigeschlichen und bestreut den Leib ihres im Kampf getöteten Bruders Polyneikes mit Erde, um ihn auf diese Weise symbolisch zu bestatten. Genau das hatte Kreon, der neue Herr über Theben, bei Strafe des Todes verboten. Der Kampf zwischen Antigone und Kreon um die Frage, was Recht und Menschenpflicht sei, führt zum Tod Antigones und zum Zusammenbruch von Kreons Herrschaft.

[ohne Wissen um ihren Verwandtschaftsgrad] sich liebten; ihr habt den bewußten Sohnesmörder Laios aber nicht verdammt, und den Bruderfeind Eteokles beschützt: nun verdammt *mich*, die ich aus reiner Menschenliebe handle, – so ist das Maß eurer Frevel voll!»[59] Nicht nur Kreon wird durch Antigones Handeln immer tiefer in Selbstwidersprüche und Schuld verstrickt, sondern auch die auf Ruhe und Ordnung versessene Bürgerschaft Thebens: «Keine Hand rührte sich, als sie zum Tode geführt ward. Die Staatsbürger weinten und beteten zu den Göttern, daß sie die Pein des Mitleidens für die Unglückliche von ihnen nehmen möchten; sie geleiteten sie, und trösteten sie damit, daß es nun doch einmal nicht anders sein könnte: die staatliche Ruhe und Ordnung forderten nun leider das Opfer der Menschlichkeit!»[60] Nicht nur über den

Staat fällt Wagner ein vernichtendes Urteil, sondern auch über dessen Bürger.

Das Selbstopfer der Antigone wäre indes vergeblich gewesen, wenn ihr nicht ein junger Mann, in Liebe zu ihr entbrannt, in den Tod gefolgt wäre. Als Haimon, Sohn des Kreon, Antigone erhängt in der Höhle findet, in der man sie lebendig eingeschlossen hatte, stößt er sich sein Schwert ins Herz. Kreon, der «personifizierte Staat», wie Wagner ihn nennt,[61] bricht beim Anblick des toten Sohnes zusammen. Er fühlt jetzt ganz als Vater, und als solcher ist er am Ende – womit auch der Staat in sich zusammenstürzt. Ein grundlegender Neuanfang wäre möglich, doch davon berichtet der Mythos nicht mehr; die Erzählung endet mit dem Zusammenbruch des bestehenden Systems. Wie es weitergeht, ist eine offene Frage, die an die Hörer des Mythos oder die Zuschauer der Tragödienaufführung gerichtet ist. Darin gleicht der Mythos von Antigone dem Schluss von Wagners *Ring*, wo ebenso offen bleibt, ob die im Vordergrund der Bühne stehenden Menschen aus dem Zusammenbruch des alten Systems etwas machen – oder nicht. Eine Chance zum Neuanfang bietet sich indes nur dann, wenn die vorherige Ordnung restlos zerstört ist. Eine sozialmoralische Wiederherstellung des Sozialverbands ist anders nicht möglich. Das war über lange Zeit Wagners politische Grundüberzeugung, und erst im *Parsifal* findet sich die Möglichkeit einer Reform ohne disruptiven Bruch.

Unter Wagners Zugriff ist der Mythos nicht nur eine Erzählung, die «jederzeit wahr» und deren Inhalt «bei dichtester Gedrängtheit, für alle Zeiten unerschöpflich ist».[62] Sie besitzt auch einen Appellcharakter: Der Mythos ruft dazu auf, die Verhältnisse zu ändern und dafür zu sorgen, dass sich das Erzählte nicht noch einmal wiederholt. In dem und durch den Mythos vollzieht sich damit Aufklärung, wie dies Max Horkheimer und Theodor W. Adorno in ihrer *Dialektik der Aufklärung* eindrucksvoll beschrieben haben.[63] Wagner zeigt diese Verbindung am Antigone-Mythos: «Der Staat, als Abstraktum, ist die fixe Idee wohlmeinender, aber irrender Denker, – als Konkretum die Ausbeute für die Willkür gewaltsamer oder ränkevoller Individuen gewesen, die den Raum unserer Geschichte mit dem Inhalt ihrer Taten erfüllen.

Mit diesem konkreten Staate [...] wollen wir uns hier nicht weiter mehr befassen; auch sein Kern geht uns aus der Oidipussage auf: als den Kern aller Verbrechen erkennen wir die *Herrschaft* des Laios, um deren ungeschmälerten Besitzes willen dieser zum unnatürlichen Vater ward. Aus diesem zum *Eigentum* gewordenen Besitze, der wunderbarerweise als die Grundlage jeder guten Ordnung angesehen wird, rühren alle Frevel des Mythos und der Geschichte her.»[64] Zur aufklärenden kommt die appellative Dimension, wenn Wagner im Ödipus-Mythos «ein verständliches Bild der ganzen Geschichte der Menschheit vom Anfang der Gesellschaft bis zum notwendigen Untergange des Staates» findet. «Die Notwendigkeit dieses Untergangs ist im Mythos voraus empfunden; an der wirklichen Geschichte ist es, ihn auszuführen.»[65]

Kleine Mythengalerie I: Prometheus

An Prometheus scheiden sich seit Hesiod und Aischylos die Geister: Für die einen ist er der große Freund der Menschen, der ihnen ein ums andere Mal gegen die olympischen Götter und deren Eifersucht zur Seite gestanden hat; für die anderen ist er derjenige, der für die Entfremdung der Menschen von der Natur gesorgt und sie zum Widerstand gegen die Götter verleitet hat. Da kann es kaum überraschen, dass Elemente des Prometheus-Mythos, vor allem die Vorstellung von der Menschwerdung des Göttlichen, in das Christus-Bild des Apostels Paulus eingegangen sind, während sich ein anderer Bestandteil der Prometheus-Erzählung, der Diebstahl des Feuers und dessen Weitergabe an die Menschen, in der Figur des Luzifer findet, des Fackelträgers und Lichtbringers, der einen Aufstand gegen Gott angeführt hat und danach gestürzt und zum Teufel geworden ist.[66] Immer wieder legt dieser Teufel mit prometheischen Zügen es darauf an, die Menschen zu überreden, wie Gott werden zu wollen. Es gehört zur Ambivalenz des Prometheus, im einen Fall als der gesehen zu werden, der für die Trennung des Menschen von den Tieren gesorgt hat – und nichts anderes ist das Ende des Goldenen Zeitalters beziehungsweise die Vertreibung aus dem Paradies, dem «Garten der Tiere», wie es bei Kant heißt –, während er von den anderen als der angesehen wird, der damit Unglück, Arbeit, Schmerz und beständige Sorge über die Menschen gebracht hat. Welche Seite herausgestellt wird, hängt offensichtlich vom «Geist der Zeit» und der Positionierung des Deuters in der Gesellschaft ab. Wie nicht anders zu erwarten findet sich bei Marx, Wagner und Nietzsche ein sehr unterschiedliches Prometheus-Bild.

Von der Entstehungsgeschichte des Mythos her betrachtet, ist das vielgestaltige und in sich widersprüchliche Prometheus-Bild leicht zu erklären. In Prometheus verbinden sich unterschiedliche Mythenkreise: der des Helfers und der des Aufständischen, der eines Retters der Götterherrschaft wie der eines gegen die Willkür der Götter Aufbegehrenden, der des Vorausschauenden, der die zukünftige Entwicklung antizipiert und Vorsorge trifft, und der des Bestraften und Leidenden, der zu einem weiteren Archetypus einer Erlösung durch Schmerz geworden ist.[67] Hier soll es freilich nicht um die Geschichte des Mythos gehen, sondern um den Umgang mit der Prometheusfigur bei Wagner, Marx und Nietzsche, und zwar entlang der Leitidee, dass jeder von ihnen das, was ihm als das Charakteristische seiner Gegenwart erschien, in Prometheus hineingelegt hat: Marx hat ihn als Befreier gesehen, als den, der die Macht der Götter zurückdrängte und den Menschen mit dem Feuer einen ersten wichtigen Schritt bei der Beherrschung der Natur ermöglichte; Nietzsche hat in ihm den großen Künstler erkannt, der das Kunstwerk Mensch schuf; Wagner schließlich hat auf die Ambivalenz der Figur abgehoben, indem er Züge des Titanen aus der griechischen Mythologie in die Gestalt des Loge, des Feuergotts im *Ring*, einarbeitete und die Brünnhilde im *Ring* in Analogie wie Kontrast zu Prometheus gestaltete.[68]

Marx beendet die Vorrede zu seiner Dissertation über die «Differenz der demokritischen und epikureischen Naturphilosophie» mit dem emphatischen Ausruf: «Prometheus ist der vornehmste Heilige und Märtyrer im philosophischen Kalender.»[69] Dabei hat er den Prometheus in der Bearbeitung durch Aischylos im Auge, den er zum ersten Philosophen stilisiert, einen, der sich der Herrschaft der Götter und ihrer Verehrer unter den Menschen entgegenstellt. Marx zitiert Aischylos im griechischen Original, was in der deutschen Übersetzung lautet: «Mit einem Wort: ganz hass' ich all' und jeden Gott!» Dieses Bekenntnis des Prometheus, so interpretiert Marx Aischylos, sei das Bekenntnis der Philosophie, «ihr eigener Spruch gegen alle himmlischen und irdischen Götter, die das menschliche Selbstbewußtsein nicht als die oberste Gottheit anerkennen».[70] Prometheus sagt das in dem Augenblick, als er zur Strafe für den Raub des Feuers und dessen Weitergabe an die Menschen von Hephaistos an einen Felsen des Kaukasusgebirges geschmiedet wird, wo ihm anschließend tagtäglich der von Zeus entsandte Adler einen Teil seiner Leber zerhacken und fressen wird. Der Götterbote Hermes weist ihn auf die damit verbundenen Schmerzen hin, doch Prometheus antwortet bloß – von Marx abermals zitiert: «Mit deinem Frondienst möchte ich dies mein Jammerlos / Vertauschen nimmer, hör es deutlich, nimmermehr! / Ja schöner ist es, da dem Fels fronhaft zu sein, / Denn Vater Zeus zu dienen als ein Bote treu.»[71]

Die mythische Gestalt des Prometheus hat Marx ein Leben lang begleitet. In seinen Veröffentlichungen dient sie freilich eher illustrativen Zwecken und spricht dabei ein gebildetes Publikum an, etwa im *Kapital*, wo Marx bemerkt, «die relative Überbevölkerung oder industrielle Reservearmee» schmiede «den Arbeiter fester an das Kapital als den Prometheus die Keile des Hephästos an den Felsen».[72] Ein früherer Bezug auf den Prometheus-Mythos (wobei Marx sich durchweg an die Tragödie *Der gefesselte Prometheus* des Aischylos hält) findet sich an einer Stelle aus «Zur Kritik der Hegelschen Rechtsphilosophie / Einleitung». Hier nutzt Marx, wie er das später auch im *Achtzehnten Brumaire des Louis Bonaparte* tun wird, die athenische Theaterpraxis, bei der auf die Tragödie eine Komödie folgte, um den Verlauf der Weltgeschichte zu charakterisieren: «Die Geschichte ist gründlich und macht viele Phasen durch, wenn sie eine alte Gestalt zu Grabe trägt. Die letzte Phase einer weltgeschichtlichen Gestalt ist ihre *Komödie*. Die Götter Griechenlands, die schon einmal tragisch zu Tode verwundet waren im gefesselten

Prometheus des Aeschylus: mußten noch einmal komisch sterben in den Gesprächen Lucians. Warum dieser Gang der Geschichte! Damit die Menschheit *heiter* von ihrer Vergangenheit scheide.»[73] Das ist, wenn auch ironisch grundiert, die gegenteilige Auffassung zur Feier des tragischen Bewusstseins bei Nietzsche.[74] Auch in den *Ökonomisch-philosophischen Manuskripten* taucht Prometheus auf, hier sogar nicht nur illustrativ, lässt sich die nachfolgende Passage über die Lebenswelt des Arbeiters doch als Rücknahme der von Prometheus den Menschen gemachten Geschenke unter kapitalistischen Lebensverhältnissen lesen. Auf die Wohnsituation der Arbeiter anspielend, spricht Marx von einer «Höhlenwohnung», die «von dem mephytischen [offenbar meint er mesophytischen, womit in feuchtwarmer Umgebung angesiedelte Pflanzen bezeichnet werden] Pesthauch der Civilisation» erfüllt sei, und stellt dagegen «die *Lichtwohnung*, welche Prometheus bei Aeschylus als eines der grossen Geschenke, wodurch er d[en] Wilden zum Menschen gemacht, bezeichnet [...]. Licht, Luft, etc. die einfachste *thierische* Reinlichkeit hört auf, ein Bedürfniß für d[en] Menschen zu sein. Der Schmutz, diese Versumpfung, Verfaulung des Menschen, der Gossenablauf (dieß ist wörtlich zu verstehen) der Civilisation wird ihm ein Lebenselement.»[75]

Marx, der mit Aischylos und dessen Tragödie *Der gefesselte Prometheus* bestens vertraut war, hat auf eine «Arbeit am Mythos» verzichtet. Er konzentriert sich auf den Menschenfreund und Götterfeind Prometheus, dem er sich verbunden fühlt, während ihn die Ambivalenz und Vieldeutigkeit des Mythos nicht weiter beschäftigt. Prometheus ist für ihn ein mythologisch-literarisches Element in der Fortschrittsgeschichte des Menschen, die zwar immer wieder Blockaden und Rückschläge aufweist, auf längere Sicht aber unaufhaltsam ist. Das Leid, das Prometheus als Strafe zu ertragen hat – nicht auszuschließen, dass Marx es mit seinem eigenen notorischen Leberleiden in Verbindung brachte –, wird von ihm unter den «Kosten» des Fortschritts verbucht: Es sind, marxistisch gesprochen, die Kräfte der Reaktion, die sich des Titanen bemächtigt und ihn an den Kaukasus geschmiedet haben, aber Marx weiß auch, dass nach einiger Zeit Herakles kommen wird,

Die Karikatur zeigt den an eine Druckerpresse geketteten Marx, dessen Leber von dem preußischen Adler zerhackt wird – eine Anspielung auf Marx' gut halbjährige Tätigkeit als Redakteur der «Neuen Rheinischen Zeitung», die immer wieder zensiert wurde und schließlich eingestellt werden musste. Marx ist der neue Prometheus, der den Menschen Perspektiven der Freiheit aufzeigt und sie gegen die Obrigkeit unterstützt, wofür er von deren Schergen in Ketten gelegt und gequält wird.

um Prometheus zu befreien. Dann kann die von ihm in Gang gesetzte Unterwerfung der Natur unter die Herrschaft des Menschen weitergehen, und zwar so lange, bis durch den Fortschritt von Wissenschaft und Technik das Reich der Notwendigkeit auf ein Minimum reduziert und das der Freiheit maximal ausgeweitet ist. Dass der Mensch dadurch einmal überfordert sein könnte, wie es Günther Anders im Begriff des «prometheischen Gefälles» ausgedrückt hat, der emotionalen wie kognitiven Überforderung des Menschen durch das, wozu er technisch in der Lage ist,[76] ist Marx nicht in den Sinn gekommen.

Auf den ersten Blick hat Prometheus in Wagners «Arbeit am Mythos» keine Rolle gespielt – was auf den zweiten Blick freilich nicht verwundert, da Wagner sich auf germanisch-nordische Mythen konzentriert. Zwar zieht er die Götter und Helden der griechisch-römischen Mythologie parallelisierend heran, aber auch darauf hat Wagner im Fall des Prometheus verzichtet. Dafür sind einige Charakterzüge des Titanen, der sich dem Aufstand seiner Brüder gegen die olympischen Götter nicht anschloss, sondern auf Seiten der Götter in den Kampf eingriff und der schon früh Zeus vor dem Ende seiner Herrschaft gewarnt hatte, der jedoch nie zur Götterfamilie gehörte oder in sie aufgenommen wurde, in die Gestalt des Loge im *Ring* eingegangen. Das beginnt damit, dass Loge der Feuergott ist, eigentlich eine selbständige Größe, der sich aber den Lichtalben, wie die Götter hier heißen, zeitweilig angeschlossen hat und für Wotan bei dem Kampf um die Weltherrschaft eine unverzichtbare Hilfe darstellt. Dabei bleibt indes offen, ob diese Hilfe die Herrschaft der Götter festigt oder sie nur noch tiefer ins Verhängnis verstrickt. Und es endet damit, dass Loge das Element verkörpert, in dem die Götterwelt am Ende des *Rings* untergeht. Kurzum: Wie Prometheus – jedenfalls als vielgestaltiger Mythos vor seiner Vereindeutigung in der Tragödie des Aischylos – ist Loge zutiefst ambivalent.[77]

Ohne Loges Rat und seine tätige Hilfe wären die Götter mit Wotan an der Spitze schon im *Rheingold* an das Ende ihrer Weisheit gelangt. Für den Bau von Walhall hatte Wotan den Riesen, von denen die Burg errichtet wurde,[78] die Mitgöttin Freia, Schwester seiner Gemahlin Fricka, als Sicherheit verpfändet, dabei aber nicht bedacht, dass deren Verlust die Lichtalben schnell altern lassen, also ihrem Ende zuführen würde.

Etwa zur gleichen Zeit hatte sich Alberich, der dadurch zum Gegenspieler Wotans wird, in den Besitz des Goldes gebracht und seinen Bruder Mime gezwungen, daraus einen Ring zu schmieden, der ihm, Alberich, grenzenlose Macht verleihen sollte. So stand die Herrschaft der Götter vor dem Zusammenbruch. Der Einzige, der ihn abzuwenden vermochte, war Loge, dem es in einem intriganten Gespräch gelang, das Interesse der Riesen von der verpfändeten Freia auf den Goldhort der Nibelungen hinzulenken, und der anschließend mit Wotan gemeinsam Alberich überlistete und ihm Hort, Tarnkappe und Ring raubte. Damit war der Schwarzalbe entmachtet, und Freia konnte im Tausch gegen den Hort mitsamt Tarnkappe und Ring ausgelöst werden. Wotan und die Lichtalben waren vorerst gerettet. Zwar waren damit bei weitem nicht alle Probleme gelöst, aber Wotan hatte erst einmal Zeit gewonnen, um sich zu überlegen, wie er den nunmehr von einem Lindwurm, in den sich der Riese Fafner verwandelt hatte, gehüteten Ring wieder in seinen Besitz bringen konnte.

Zunächst aber ziehen die Götter über einen Regenbogen, den der Gewitterzauber des Lichtalben Donner hat entstehen lassen, in die prachtvoll von der Abendsonne beschienene Burg ein. Für Wotan ist Walhall Symbol wie Garant seiner neu befestigten Macht. In den Anblick der Burg versunken, erklärt er: «Abendlich strahlt / der Sonne Auge; / in prächt'ger Glut / prangt glänzend die Burg: / in des Morgens Scheine / mutig erschimmernd / lag sie herrenlos / hehr verlockend vor mir. / Von Morgen bis Abend / in Müh und Angst / nicht wonnig ward sie gewonnen! / Es naht die Nacht: / vor ihrem Neid / biete sie Bergung nun. / So – grüß' ich die Burg, / sicher vor Bang und Grau'n.»[79] Loge, der Vorausschauende, weiß indes nur zu gut, dass das Sicherheitsversprechen der Burg eine Illusion ist und Wotan schwerlich in der Lage sein wird, die Probleme zu lösen, in denen er steckt. Zu sich selbst sagt er: «Ihrem Ende eilen sie zu, / die so stark im Bestehen sich wähnen. / Fast schäm' ich mich / mit ihnen zu schaffen; zur leckenden Lohe / mich wieder zu wandeln / spür' ich lockende Lust. / Sie aufzuzehren, / die einst mich gezähmt;/statt mit den blinden/blöd zu vergehn –/und wären's göttliche Götter –/nicht dumm dünkte mich das!/Bedenken will ich's:/wer weiß was ich tu'!»[80] Loge nimmt hier also dieselbe Rolle ein wie Prometheus in der Promethie des Aischylos:[81] Er hilft den Göttern, deren Herrschaft bedroht ist, weiß aber auch, dass sich diese Herrschaft nicht auf Dauer aufrechterhalten lässt – und eigentlich hat er daran auch kein Interesse.[82] Wagners Loge muss den Lichtalben vorerst noch dienen, denn auch er ist an die Verträge gebunden, mit denen Wotan die gesamte Natur, also auch das Element Feuer, unter seine Kontrolle gebracht hat. Aber da Wotan, um seine Macht zu behaupten, immer mehr auf Aushilfen angewiesen ist, löst sich auch seine Macht über den Feuergott allmählich auf. Loge ahnt das, und womöglich hat er durch Rat und Tat – den Vorschlag, Walhall zu bauen, und den Raub des Goldes zwecks Begleichung der Schulden – diese Entwicklung sogar absichtlich vorangetrieben. Seine Rolle ist ausgesprochen undurchsichtig. Das schließt nicht aus, dass er an der Wiederherstellung einer unversehrten Natur interessiert ist, da er Wotan mehrfach bedrängt, Hort und Ring den Rheintöchtern zurückzugeben. Das wäre die Deutung Loges als eine dem Wasser und seinen Bewohnern komplementäre und insofern befreundete Elementargottheit.[83] Andererseits weiß Loge aber auch, dass Wotan Hort und Ring gar nicht zurückgeben kann, da er sie zur Auslösung Freias braucht. Das wiederum läuft auf die Deutung Loges als listiger Intellektueller hinaus, der allen anderen Göttern an vorausschauend kombinatorischen Fähigkeiten weit überlegen ist[84] – was mehr zum Typus des Prometheus passt als die Interpretation Loges als zunächst erfolgloser Wiederhersteller einer heilen Natur. Auch die Sechzehntelläufe der Musik, die Loge charakterisieren, verweisen auf seine «politische» Beweglichkeit, um nicht zu sagen: Unzuverlässigkeit. Wagner hat in dem prometheusaffinen Loge einen anderen gesehen als Marx in Prometheus selbst.[85]

Für Nietzsche hatte Prometheus eine herausragende Bedeutung; schon deswegen wünschte er sich einen Holzschnitt des entfesselten Prometheus auf dem Titelblatt seiner Tragödienschrift – was das Erscheinen des Buches erheblich verzögerte.[86] Auch für ihn war Prometheus ein Rebell gegen die Herrschaft der Götter, doch während Marx es damit bewenden ließ, begann für Nietzsche hier erst die Beschäftigung mit der Figur. In der Zeit seiner Basler Professur für klassische Philologie fiel dies unmittelbar in seine akademische Zuständigkeit. Dabei kam er zu dem Ergebnis, in der Prometheusgestalt rage die Erinnerung an eine frühere Zeit, an die noch prekäre Herrschaft der olympischen Götter, in jene Kultur hinein, in der «das homerische Epos die Dichtung der olympischen Cultur ist, mit der sie ihr eignes Siegeslied über die Schrecken des Titanenkampfes gesungen hat».[87] Es ist die Erinnerung an die Ära der permanenten Revolte und der Unsicherheit, die mit dem Sieg der Olympier über die rebellierenden Titanen zu Ende gegangen ist. Aber die Olympier haben in diesem Kampf nur gesiegt, weil sich einer der Titanen, nämlich Prometheus, auf ihre Seite geschlagen hat, und dieser Prometheus war fortan ein Element der Unruhe in einer sonst befriedeten Welt. Nicht das von ihm durch den Raub des Feuers in Gang gesetzte Projekt der menschlichen Naturbeherrschung interessierte Nietzsche, sondern ihm geht es um Prometheus als verkörperte Unruhe, als Personifikation des schwankenden Bodens, auf dem die Herrschaft der olympischen Götter stand: Er war ein Symbol für das Dionysische in einer apollinisch wohlgeordneten Welt. Deswegen ist Prometheus für Nietzsche keine mythische Episode, kein Repräsentant der Vergangenheit, sondern vielmehr der einer Zukunft, die durch Aufstände und Kriege gekennzeichnet ist. Prometheus, das heißt bei Nietzsche: Die Ära der großen Revolten und des Aufbegehrens liegt nicht hinter, sondern vor uns.

«Der trotzige Titan Prometheus hat es seinem olympischen Peiniger angekündigt, dass einst seiner Herrschaft die höchste Gefahr drohe, falls er nicht zur rechten Zeit sich mit ihm verbinden werde. In Aeschylos erkennen wir das Bündnis des erschreckten, vor seinem Ende bangenden Zeus mit dem Titanen.»[88] An diese Deutung hätten sich weitreichende Überlegungen zum Umgang mit potenziellen Aufrührern anschließen lassen, wie sie sich bei Elitetheoretikern finden, etwa bei Vilfredo Pareto und Robert Michels, die vorgeschlagen haben, die fähigsten und dynamischsten Vertreter des gesellschaftlichen Widerspruchs und politischen Widerstands in die bestehende Herrschaftsordnung zu integrieren und sie auf diese Weise zu stabilisieren.[89] Aber es ist nicht die politische, sondern die kulturelle Dimension der Prometheusfigur, um die es Nietzsche geht. Deswegen fährt er fort: «So wird das frühe Titanenzeitalter nachträglich wieder aus dem Tartarus ans Licht geholt. Die Philosophie der wilden und nackten Natur schaut die vorübertanzenden Mythen der homerischen Welt mit unverhüllter Miene der Wahrheit an: sie erblicken, sie zittern vor dem blitzartigen Auge dieser Göttin – bis sie die mächtige Faust des dionysischen Künstlers in den Dienst der neuen Gottheit zwingt.»[90] Nietzsche entwickelt daraus Überlegungen zum Auf- und Abstieg von Religionen, die dem nicht unähnlich sind, was Wagner einige Jahre später über die Rettung der Religion durch die Erneuerung der Mythen schreiben wird.[91] Dass Nietzsche dabei die revitalisierende Kraft des Mythischen mit der Musik verbindet, ist die Folge seiner intellektuellen wie menschlichen Verbundenheit mit Wagner zur Zeit der Abfassung seiner Tragödienschrift.

Über die Phase des ausschließlich Apollinischen und der uneingeschränkten Herrschaft der Olympier, die sich dann als politisch-kulturelle Illusion erweisen sollte, schreibt Nietzsche: «Die Griechen waren bereits völlig auf dem Wege, ihren ganzen mythischen Jugendtraum mit Scharfsinn und Willkür in eine historisch-pragmatische *Jugendgeschichte* umzustempeln. Denn dies ist die Art, wie Religionen abzusterben pflegen: wenn nämlich die mythischen Voraussetzungen einer Religion unter den strengen, verstandesmässigen Augen eines rechtgläubigen Dogmatismus als eine fertige Summe von historischen Ereignissen systematisiert werden und man anfängt, ängstlich die Glaubwürdigkeit der Mythen zu verteidigen, aber gegen jedes natürliche Weiterleben und Weiterwuchern derselben sich zu sträuben, wenn also das Gefühl für den Mythus abstirbt und an seine Stelle der Anspruch der Religion auf historische Grundlagen tritt.»[92] Die Pointe dieser Überlegungen lautet: Der Rebell ist der eigentliche Bewahrer der Ordnung, einer, der durch Aufbegehren und Widerstand den Prozess der Dogmatisierung aufhält und die Religion immer wieder in Phasen der Erneuerung hineinzwingt. Prometheus' Aufstand gegen die olympischen Götter war für diese die große Chance, durch Erneuerung und Integration Macht und Herrschaft über ihre Gegenwart hinaus zu befestigen. Die Rolle des Prometheus in der griechischen Mythologie ist das Vorbild für jene Wirkung, die Nietzsche einige Jahre später dem rebellischen Reformator Luther für die Erneuerung des Christentums zugeschrieben hat.[93] Und mehr noch: Der Mythos ist die Rekreationsquelle der Religion. Er ist der Statthalter des Wilden, des Dionysischen, während die Ordnung des Apollinischen Erstarren und Ableben zur Folge hat.

In Griechenland freilich führte die prometheisch-dionysische Rebellion nicht zu einer Erneuerung der Religion, sondern stattdessen zu einer Blüte des Kunstschaffens, die zwar kurz, aber kulturgeschichtlich einmalig war – so jedenfalls stellt Nietzsche es dar. «Diesen absterbenden Mythus ergriff jetzt der neugeborene Genius der dionysischen Musik: und in seiner Hand blühte er noch einmal, mit Farben, wie er sie noch nie gezeigt, mit einem Duft, der eine sehnsüchtige Ahnung einer metaphysischen Welt erregte. Nach diesem letzten Aufglänzen fällt er zusammen, seine Blätter werden welk, und bald haschen die spöttischen Luciane des Alterthums nach den von allen Winden fortgetragenen, entfärbten und verwüsteten Blumen.»[94] Auch Marx hatte auf Lukian verwiesen und ihn als Beleg dafür herangezogen, dass die Menschheit in der komischen Wiederaufführung der tragischen Themen auf heitere Weise von ihrer Vergangenheit Abschied nehmen könne.[95] Das sieht Nietzsche anders: Nicht die Heiterkeit beim Verschwinden des Überlebten prägt seinen Blick, sondern die düstere Stimmung des Spätherbstes, die erahnen lässt, dass man in eine lange Phase kultureller Erstarrung eintreten wird. Nur als ästhetisches Phänomen, hatte er geschrieben, lasse sich die Welt rechtfertigen. Das gilt auch hier: «Durch die Tragödie kommt der Mythus zu seinem tiefsten Inhalt, seiner ausdrucksvollsten Form; noch einmal erhebt er sich, wie ein verwundeter Held, und der ganze Ueberschuss von Kraft, sammt der weisheitsvollen Ruhe des Sterbenden, brennt in seinem Auge mit letztem, mächtigen Leuchten.»[96]

Es gibt aber noch eine andere Dimension, die Nietzsche am

Nietzsche legte großen Wert auf die sorgfältige Ausarbeitung der Prometheus-Vignette für das Titelblatt seiner «Geburt der Tragödie»: Die Fesseln, mit denen Prometheus an den Kaukasus geschmiedet war, sind zerbrochen, und der Adler, der regelmäßig seine Leber zerhackt hat, liegt tot unter seinem rechten Fuß. Die Tragödie des Prometheus ist zu Ende.

Mythos von Prometheus interessiert, und das ist die Differenz zwischen Götterfrevel und Sündenfall, eine im weiteren Sinne religionssoziologische Unterscheidung, die Nietzsche später in seiner Kritik des Christentums noch einmal beschäftigen wird. Der Mythos ist für ihn zunächst ein Beleg dafür, dass die freie Verfügung über das Feuer von den frühen Menschen nicht als erster Schritt auf einem langen Weg der Naturbeherrschung angesehen wurde, sondern als «Raub an der göttlichen Natur», als Frevel gegen die natürliche Ordnung, in der die Menschen das Feuer nur als ein «Geschenk vom Himmel» nach göttlichem Belieben empfangen durften. Für diesen Frevel hatten sie nun göttliche Rache zu ertragen, eine Strafe, die nicht nur den an den Kaukasus geschmiedeten Feuerräuber Prometheus ereilte, sondern in der Gestalt der Pandora und ihrer mit allen Übeln gefüllten Büchse auch die Menschheit insgesamt traf. Prometheus, der Vorausschauende, hatte den Menschen zwar davon abgeraten, Pandora bei sich aufzunehmen, aber die Menschen hatten auf seinen Bruder Epimetheus, den Hinterherdenker, gehört, und so hatten sich sämtliche Übel unter den Menschen verbreitet – «die ganze Fluth von Leiden und von Kümmernissen, mit denen die beleidigten Himmlischen das edel emporstrebende Menschengeschlecht heimsuchen».[97] Das Leid des Prometheus selbst betraf die von ihm unterstützte Menschheit allenfalls emotional, aber das, was der Büchse der Pandora entwich, wurde für sie zu einem physischen Problem.

Nietzsche parallelisiert den mythischen Frevel als Erklärung für das Leid der Menschen mit dem biblischen Sündenfall. «Es möchte nicht ohne Wahrscheinlichkeit sein», schreibt er, «dass diesem Mythus für das arische Wesen eben dieselbe charakteristische Bedeutung innewohnt, die der Sündenfallmythus für das semitische hat, und dass zwischen beiden Mythen ein Verwandtschaftsgrad existirt, wie zwischen Bruder und Schwester.»[98] Die Zuweisung der Begriffspaare arisch/semitisch und männlich/weiblich mag heutzutage befremden; sie ist der Vorstellungswelt der Zeit geschuldet und wohl auch den Wertungen, die bei den Wagners in Tribschen vorherrschten. Die von Nietzsche im Anschluss an diese Parallelisierung angestellten Überlegungen sind zentral für die Weiterentwicklung seiner Kultur- und Gesellschaftskritik. Es sei «ein herber Gedanke», schreibt er, «der durch die *Würde*, die er dem Frevel ertheilt, seltsam gegen den semitischen Sündenfallmythus absticht, in welchem die Neugierde, die lügnerische Vorspiegelung, die Verführbarkeit, die Lüsternheit, kurz eine Reihe vornehmlich weiblicher Affectionen als der Ursprung des Uebels angesehen wurde.»[99] In dieser Charakterisierung steckt zweifellos ein Element jenes Antisemitismus, dem Nietzsche später eine so entschiedene Absage erteilt hat.[100]

Was aber soll eigentlich die Würde des Frevels ausmachen? Nietzsche sieht sie in «der activen Sünde», die er auch als die «eigentlich prometheische Tugend» bezeichnet, als ein Tun, das sich als notwendig im buchstäblichen Sinne erweist und unvermeidlich ist, wenn es mit dem Menschengeschlecht aufwärts gehen soll. Der Sündenfall dagegen wäre vermeidbar gewesen, wenn sich Eva und Adam nicht durch die Schlange dazu hätten verführen lassen, vom Baum der Erkenntnis zu essen. Nietzsche bezeichnet das als «passive Sünde». In der «dem titanisch strebenden Individuum gebotenen Nothwendigkeit des Frevels» sieht er den innersten Kern der Prometheus-Sage.[101] Das aber ist der tiefere Grund für das tragische Bewusstsein der Griechen, «der ethische Untergrund der pessimistischen Tragödie» und zugleich «die *Rechtfertigung* des menschlichen Uebels, und zwar sowohl der menschlichen Schuld als auch des dadurch verwirkten Leidens».[102] Der Mensch konnte sich nicht vom Tier emanzipieren, ohne sich in Schuld zu verstricken, und das daraus resultierende Leiden musste er auf sich nehmen. Damit hat sich Nietzsche – ausgerechnet am Beispiel des Prometheus-Mythos – von einer an der Idee des Fortschritts orientierten Geschichte des Menschengeschlechts endgültig verabschiedet.

Kleine Mythengalerie II: Siegfried und Napoleon

Dass nach Prometheus hier Siegfried, der Held des *Nibelungenlieds*, als zweite Figur in der Mythengalerie auftaucht, hat wesentlich mit Wagner und dem *Ring des Nibelungen* zu tun – aber nicht nur. Zugestanden: Nietzsche hat sich nur am Rande mit dem Siegfried-Mythos und dessen Ausgestaltung durch Wagner beschäftigt, und Marx hat sich überhaupt nicht dafür interessiert, wie er ja mittelalterlichen Mythen gegenüber generell Distanz hielt; er betrachtete sie als ideologisches Rüstzeug der Konservativen und Reaktionäre. Obendrein war das Repertoire seines Wissens durch die klassisch-humanistische Bildung geprägt, und die mittelhochdeutsche Literatur spielte darin zunächst noch keine Rolle. Dennoch muss Marx bei einer vergleichenden Betrachtung des Siegfried-Mythos keineswegs eine Leerstelle bleiben, wenn man ihn in diesem Fall ausnahmsweise durch Engels ersetzt, der sich recht intensiv mit Siegfried beschäftigt und ihn sogar für kurze Zeit als mythischen

Repräsentanten des auf Freiheit bedachten Jungen Deutschland ins Spiel gebracht hat.

Zunächst waren die Siegfried-Sage und der Nibelungen-Mythos keineswegs ein fester Bestandteil im ideologischen Arsenal der Deutschtümler – wenngleich sie durchaus in den Reihen des Jungen Deutschland Aufmerksamkeit fanden.[103] «Siegfried ist der Repräsentant der deutschen Jugend», schrieb der zwanzigjährige Engels. «Wir alle, die wir ein von den Beschränkungen des Lebens noch ungebändigtes Herz im Busen tragen, wissen, was das sagen will. Wir fühlen Alle denselben Thatendurst, denselben Trotz gegen das Herkommen in uns, der Siegfrieden aus der Burg seines Vaters trieb; das ewige Überlegen, die philiströse Furcht vor der frischen That ist uns von ganzer Seele zuwider, wir wollen hinaus in die freie Welt, wir wollen die Schranken der Bedächtigkeit umrennen und ringen um die Krone des Lebens, die That. Für Riesen und Drachen haben die Philister auch gesorgt, namentlich auf dem Gebiete von Kirche und Staat.»[104] Engels schreibt das in einem Bericht über seinen Besuch in Xanten, von wo der Siegfried des *Nibelungenlieds* nach Worms aufgebrochen sein soll. Siegfried, «der größte deutsche Jüngling», ist Engels ein symbolischer Verbündeter im Kampf gegen den allgegenwärtigen Überwachungs- und Kontrollstaat.[105] Engels' Hommage an den Helden der Nibelungensage lag ganz im Geist der Zeit; im selben Jahr verfasste Heine sein Gedicht «Deutschland!», in dem Siegfried mit Deutschland identifiziert wurde.[106]

Aus diesem Geist des Jungen Deutschland heraus beschäftigte sich auch Wagner mit dem Siegfried-Mythos. Seit es im späten 18. Jahrhundert wiederentdeckt wurde, hatte das *Nibelungenlied* den Aufstieg der neuen akademischen Disziplin Germanistik begleitet, und die spezifische Ausarbeitung der Siegfried-Gestalt hatte in die Intellektuellendebatte über die politische Zukunft Deutschlands Eingang gefunden. Die Sammelarbeit der Germanisten führte gleichzeitig zur Entstehung eines breiten und vielgestaltigen Siegfried-Bildes,[107] so dass es aus künstlerischer Perspektive nahelag, die «Arbeit am Mythos» neu aufzunehmen und die Tiefenstruktur des Mythos für eine Neukonfiguration der Siegfriedgestalt zu nutzen. An dieser Arbeit beteiligten sich nicht nur Dichter, sondern auch Maler und Bildhauer, und in gewisser Hinsicht auch die Essayisten, die in ihren Texten zu kulturellen oder politischen Fragen Siegfried und den Wormser Hof, den Helden und seine Ermordung, die Strahlkraft des Heroischen und die Schmählichkeit des Verrats apostrophierten.[108] Der Vergleich zwischen Siegfrieds Schicksal und der Geschichte Deutschlands drängte sich auf, wie das Beispiel von Engels und Heine zeigt, und so verwundert es nicht, dass einige die Erzählung von Siegfried und den Nibelungen zum deutschen Nationalmythos ausriefen. 1848, im Jahr des revolutionären Umsturzes in Wien und Berlin und des Zusammentritts der Nationalversammlung in der Frankfurter Paulskirche, griff auch Wagner den Stoff auf – relativ spät, wenn man seine vorangegangene Beschäftigung mit den Mythen und Dichtungen des Mittelalters in Rechnung stellt. Für Siegfried und die Nibelungen bedurfte es bei Wagner offenbar eines Anstoßes, den die Revolution lieferte.

Von da an hat das Siegfried-Thema Wagner fast drei Jahrzehnte beschäftigt, wenn man als Schlusspunkt die Gesamtaufführung des *Rings* im Jahr 1876 annimmt, die Marx auf seiner Reise nach Karlsbad so sehr gestört hat. Dass Wagner damals glaubte, er könne mit der Aufführung seiner Tetralogie den Sinn der Reichsgründung erklären, ist nur nachvollziehbar vor dem Hintergrund der in den 1840er Jahren geführten Debatte darüber, wie die Einheit Deutschlands zu erreichen sei und welche Rolle dabei dem Siegfried-Mythos zukomme. Vergleicht man Wagners Entwurf «Der Nibelungen-Mythus» von 1848[109] mit der 1853 veröffentlichten Textfassung des *Rings*, so fällt vor allem auf, dass im Entwurf die Welt der Götter nach Siegfrieds Tod und Brünnhildes Selbstopfer fortbesteht, während beider Tod in der endgültigen Fassung den Auftakt zum Brand Walhalls und zum Untergang der Götter darstellt.[110] Die Sache geht in den beiden Fassungen also gänzlich anders aus: In der ersten Fassung werden die Götter durch den Tod des Menschenhelden Siegfried und der zum Menschen degradierten Walküre gerettet, während sie sich in der zweiten Fassung so sehr in Schuld und Vertragsbruch verstrickt haben, dass ihnen selbst Siegfried und Brünnhilde nicht mehr helfen können. Sie gehen mitsamt der von

Wotan errichteten Ordnung unter. Nicht die Herrschaft der Götter, sondern die Ordnung der Natur wird in der schließlich vertonten Fassung des *Rings* wiederhergestellt. Man kann das als Radikalisierung der Ursprungsidee ansehen, ebenso aber auch als Entpolitisierung, insofern hier nicht eine neue politische Ordnung entsteht, sondern die unversehrte Natur als Sprung zurück ins Goldene Zeitalter die Lösung der Probleme darstellt.

Siegfried tritt damit etwas zurück, und das Geschick der Götter, der Kampf der Lichtalben mit den Schwarzalben, wird ins Zentrum gestellt. Man kann das auch an der Benennung der einzelnen Teile des Gesamtwerks ersehen: Sollte der letzte Teil ursprünglich «Siegfrieds Tod» heißen, so ist daraus dann die «Götterdämmerung» geworden. Eine solche Götterdämmerung sollte im Entwurf vermieden werden durch Siegfrieds Tod und Brünnhildes anschließendes Selbstopfer, das in der Apotheose der beiden endet. Mit Siegfrieds Tod, heißt es da, sei Brünnhilde die Erinnerung an ihr früheres Wissen zurückgekommen, zudem habe sie die Runen des Rings wieder erkannt: «Des Urgesetzes Runen kenn' ich nun auch, der Nornen alten Spruch! Hört denn, ihr herrlichen Götter, euer Unrecht ist getilgt: dankt ihm, dem Helden, der eure Schuld auf sich nahm. Er gab es nun in meine Hand, das Werk zu vollenden: gelöset sei der Nibelungen Knechtschaft, der Ring soll sie nicht mehr binden. Nicht soll ihn Alberich empfangen; der soll nicht mehr euch knechten; dafür sei er aber selbst auch frei wie ihr. [...] Nur einer herrsche, Allvater, herrlicher, du! Daß ewig deine Macht sei, führ' ich dir diesen [Siegfried] zu: empfange ihn wohl, er ist des wert!»[111] Siegfrieds Opfer ist eine Parallele wie eine Umkehrung zu Jesu Tod am Kreuz: Beide opfern sich und nehmen die Schuld anderer auf sich – Jesus freilich die der Menschen, Siegfried dagegen die der Götter.[112] Und auf beider rettendes Selbstopfer folgt die Auferstehung. Im Dramenentwurf lesen wir: «Über einem düsteren Wolkensaume erhebt sich der Glanz, in welchem Brünnhild, im Waffenschmuck zu Roß, als Walküre Siegfried an der Hand von dannen geleitet.»[113]

Der Schluss der *Götterdämmerung* im *Ring* ist ein anderer. Auch hier ist Brünnhilde nach Siegfrieds Tod innerlich allein und rekapituliert im

Selbstgespräch die jüngsten Ereignisse und deren Folgen. Dass Siegfried ihr gegenüber «der Treuste der Treuen» war und sie doch verriet – «Ächter als er / schwur keiner Eide; / treuer als er / hielt keiner Verträge; / lautrer als er / liebte kein andrer: / und doch alle Eide, / alle Verträge, / die treuste Liebe – / trog keiner wie er! / Wißt ihr wie das ward?»[114] –, begreift sie als Folge der Verstrickungen, in denen die Götter gefangen sind. Der Welt und den Menschen war nicht zu helfen, solange diese Götter herrschten; Erlösung aus all den Verstrickungen konnte es nur geben, wenn die von Wotan geschaffene Ordnung unterging: «O ihr, der Eide / heilige Hüter! / Lenkt euren Blick / auf mein blühendes Leid: / erschaut eure ewige Schuld! / Meine Klage hör, / du hehrster Gott! / Durch seine [Siegfrieds] tapferste Tat, / dir so tauglich erwünscht, / weihtest du den, / der sie gewirkt, / des Verderbens dunkler Gewalt: – / mich – mußte / der Reinste verraten, daß wissend würde ein Weib! – / Weiß ich nun, was dir frommt? – / Alles! Alles! / Alles weiß ich: / alles wird mir nun frei! / Auch deine Raben / hör' ich rauschen: / mit bang ersehnter Botschaft / send' ich die beiden nun heim. / Ruhe! Ruhe, du Gott!»[115]

Weil dieser Gott und die von ihm geschaffene Ordnung nicht zu retten sind, sorgt Brünnhilde dafür, dass Siegfrieds Ermordung und ihr eigener Freitod im Feuer des Scheiterhaufens, auf dem Siegfrieds Leichnam verbrennt, zum Untergang der Götterwelt werden – gleichgültig, ob Wotan dies nun wünscht und ersehnt oder nicht: «Fliegt heim, ihr Raben! / Raunt es eurem Herrn; / was hier am Rhein ihr gehört! / An Brünnhilds Felsen / fahret vorbei: / der dort noch lodert, / weiset Loge nach Walhall! / Denn der Götter Ende / dämmert nun auf: / so – werf' ich den Brand / in Walhalls prangende Burg.»[116]

Nietzsche hat, als er sich noch als treuer Wagner-Anhänger sah, in seiner kurzen Nacherzählung des *Rings* den Akzent auf Wotan gelegt und den Gang des Geschehens aus dessen Sicht referiert: «Im Ring des Nibelungen ist der tragische Held ein Gott, dessen Sinn nach Macht dürstet, und der, indem er alle Wege geht, sie zu gewinnen, sich durch Verträge bindet, seine Freiheit verliert, und in den Fluch, welcher auf der

Macht liegt, verflochten wird. [...] Die Furcht vor dem Ende und der Dämmerung aller Götter überkommt ihn und ebenso die Verzweifelung darüber, diesem Ende nur entgegensehen, nicht entgegenwirken zu können.»[117] Wotan sucht nach Aushilfen und muss zusehen, wie diese der Reihe nach scheitern. «Da ekelt ihn endlich vor der Macht, welche das Böse und die Unfreiheit im Schoosse trägt, sein Wille bricht sich, er selber verlangt nach dem Ende, das ihm von ferne her droht.»[118] Wotan, so könnte man meinen, wird Schopenhauerianer und entsagt dem Wollen. Siegfried erscheint in dieser Sicht als der Exekutor von Wotans Willen: Vom Schmieden des Schwerts und der Tötung des Drachens über die Erlangung des Rings und die Erweckung Brünnhildes bis zur Verstrickung des Helden am Gibichungenhof und zu seinem Tod beobachtet Wotan das Geschehen, und er ist damit zufrieden. «Das alles schaut der Gott, dem der waltende Speer im Kampfe mit dem Freiesten zerbrochen ist und der seine Macht an ihn verloren hat, voller Wonne am eigenen Unterliegen, voller Mitfreude und Mitleiden mit seinem Ueberwinder: sein Auge liegt mit dem Leuchten einer schmerzlichen Seligkeit auf den letzten Vorgängen, er ist frei geworden in Liebe, frei von sich selbst.»[119] Das ist keine bloße Wiedergabe des *Rings*, sondern ein Blick auf die Ereignisse aus einer mit Wotan sympathisierenden Perspektive. Siegfried spielt dabei nur eine Nebenrolle, nämlich die eines Instruments: zunächst für Wotans Willen, sich aus seinen Verstrickungen zu befreien, und sodann für dessen Willen zum Nichtwollen.

Ganz anders stellt sich das Geschehen im *Ring* für Nietzsche nach dem Bruch mit Wagner dar. Auch der *Ring*, so beginnt Nietzsche, sei eine Erlösungsgeschichte, «nur dass dies Mal Wagner es ist, der erlöst wird».[120] Im Hintergrund steht indes Nietzsches Ablehnung der Revolution sowie aller mit ihr verbundenen sozialistischen Utopien. «Wagner hat, sein halbes Leben lang, an die *Revolution* geglaubt, wie nur irgend ein Franzose an sie geglaubt hat. Er suchte nach ihr in der Runenschrift des Mythus, er glaubte, in *Siegfried* den typischen Revolutionär zu finden. – ‹Woher stammt alles Unheil in der Welt?› fragte sich Wagner. Von ‹alten Verträgen›: antwortete er, gleich allen Revolutions-Ideologen. Auf deutsch: von Sitten, Gesetzen, Moralen, Institutionen, von

Alledem, worauf die alte Welt, die alte Gesellschaft ruht. ‹Wie schafft man das Unheil aus der Welt? Wie schafft man die alte Gesellschaft ab?› Nur dadurch, dass man den ‹Verträgen› (dem Herkommen, der Moral) den Krieg erklärt. *Das thut Siegfried.* Er beginnt früh damit, sehr früh: seine Entstehung ist bereits eine Kriegserklärung an die Moral – er kommt aus Ehebruch, aus Blutschande zur Welt ... *Nicht* die Sage, sondern Wagner ist der Erfinder dieses radikalen Zugs; an diesem Punkte hat er die Sage *corrigirt* ... Siegfried fährt fort, wie er begonnen hat: er folgt nur dem ersten Impulse, er wirft alles Ueberlieferte, alle Ehrfurcht, alle *Furcht* über den Haufen. Was ihm missfällt, sticht er nieder. Er rennt alten Gottheiten unehrerbietig wider den Leib. Seine Hauptunternehmung aber geht dahin, *das Weib zu emancipiren* – ‹Brünnhilde zu erlösen› ... Siegfried und Brünnhilde; das Sakrament der freien Liebe; der Aufgang des goldnen Zeitalters; die Götterdämmerung der alten Moral – *das Uebel ist abgeschafft* ...»[121] Wohlgemerkt: nicht aus der Perspektive Wotans, sondern aus der Siegfrieds erzählt Nietzsche hier den *Ring*, und damit trifft er zweifellos die Intentionen Wagners aus der Entstehungszeit des Vorhabens.

Statt weiter zu erzählen und dabei zu Siegfrieds Scheitern zu gelangen, vollzieht Nietzsche dann jedoch einen Wechsel der Ebene, um von Wagners Scheitern sprechen zu können. «Wagners Schiff lief lange Zeit lustig auf *dieser* Bahn. Kein Zweifel, Wagner suchte auf ihr sein höchstes Ziel.»[122] Nietzsche wendet sich also von der Aussage zu dem Aussagenden und zu dessen physiologisch-psychologischer Disposition. Dabei interessiert ihn nicht länger, was der Mythos über die soziopolitische Welt und deren Kultur verrät, sondern vielmehr, was von ihm über seinen Bearbeiter Wagner zu erfahren ist. Wenn man so will, handelt es sich hier um eine Vorwegnahme der Psychoanalyse Sigmund Freuds, aber auch Carl Gustav Jungs, die in Träumen und Ängsten wie auch in Mythen und deren Bearbeitung den Schlüssel zum seelischen Innenleben der Menschen gefunden zu haben glaubten.[123] «Was geschah? Ein Unglück. Das Schiff fuhr auf ein Riff; Wagner sass fest. Das Riff war die Schopenhauerische Philosophie; Wagner saß auf einer *conträren* Weltansicht fest. Was hatte er in Musik gesetzt? Den Optimismus. Wagner

Franz Stassens «Ring»-Illustration zeigt Siegfried im Kampf mit Fafner – im Unterschied zu vielen Darstellungen, die Fafner eher als ein großes Haustier zeigen, handelt es sich hier um einen gewaltigen Drachen. Je größer das Ungeheuer, desto größer Siegfrieds Heldenmut. In der Darstellung des Drachen spiegelt sich das Bild, das von Siegfried entworfen wird. Die Bildunterschrift: «Nothung trägst du im Herzen.»

schämte sich. Noch dazu einen Optimismus, für den Schopenhauer ein böses Beiwort geschaffen hatte – den *ruchlosen* Optimismus. Er schämte sich noch einmal. Er besann sich lange, seine Lage schien verzweifelt ... Endlich dämmerte ihm ein Ausweg: das Riff, an dem er scheiterte, wie? Wenn er es als *Ziel*, als Hinterabsicht, als eigentlichen Sinn seiner Reise interpretirte? *Hier* zu scheitern – das war auch ein Ziel. [...] Und er übersetzte den Ring in's Schopenhauerische. Alles läuft schief, Alles geht zu Grunde, die neue Welt ist so schlimm wie die alte.»[124]

In diesem zweiten Teil der *Ring*-«Nacherzählung» geht es nicht mehr um den Text oder das Geschehen auf der Bühne, sondern um einen Blick in Wagners Innenleben – dementsprechend kreativ geht Nietzsche mit dem Inhalt des *Rings* um. Von einer neuen Welt, die entstanden sei, kann nicht die Rede sein, denn tatsächlich bewegen sich Siegfried und Brünnhilde bis zum Schluss in der alten. Was Nietzsche beschreibt, ist seine Vorstellung, wie Wagner das Ganze wohl zu Ende gebracht hätte, wenn er bei seiner vormals optimistischen Sicht geblieben und nicht unter dem angeblichen Einfluss Schopenhauers in eine depressive Stimmung verfallen wäre: Brünnhilde hätte «nach der ältern Absicht sich mit einem Liede zu Ehren der freien Liebe» verabschiedet und «die Welt auf eine socialistische Utopie» vertröstet, «mit der ‹Alles gut wird›».[125] – Auch das war Arbeit am Mythos.

Man kann Napoleon als historische Verkörperung des mythischen Siegfried ansehen, als einen, der lange von Sieg zu Sieg geeilt ist, dem keiner gewachsen war – und der am Schluss doch scheiterte. Darüber ist Napoleon selbst zum Mythos geworden.[126] In der Wahrnehmung von Wagner, Marx und Nietzsche war Napoleon etwas Prometheisches eigen, und alle drei bewunderten ihn als den großen Schöpfer und Veränderer, aber auch als einen, der tragisch endet, insofern er schließlich seinem Streben nach immer weiter reichenden Zielen sowie den von ihm in Gang gesetzten Veränderungen in Mittel- und Westeuropa zum Opfer gefallen ist.

In jungen Jahren hatte Wagner den Plan, eine Napoleon-Ouvertüre zu komponieren; darin wollte er, wie er sehr viel später Cosima erzählte, zunächst Napoleons Aufstieg bis zum Russlandfeldzug und dann seinen unaufhaltsamen Niedergang darstellen. Da er sich über die musikalische Ausgestaltung des Höhepunkts in der Geschichte des Kaisers jedoch keine Klarheit verschaffen konnte, gab er das Projekt auf.[127] Wagner ist im weiteren Verlauf seines künstlerischen Schaffens nie mehr auf das Napoleon-Sujet zurückgekommen, sicherlich auch deswegen, weil er sich nach dem *Rienzi* grundsätzlich an Gestalten aus der mittelalterlichen Literatur hielt und bei seinen zwei längeren Parisaufenthalten einen regelrechten antinapoleonischen Affekt entwickelte. Dieser bezog sich allerdings nicht auf den großen Napoleon, sondern auf seinen Neffen Louis Bonaparte, den Wagner nicht nur für den Misserfolg seiner Pariser *Tannhäuser*-Aufführung im Jahr 1860 verantwortlich machte; ähnlich wie Marx betrachtete er Louis Bonaparte wegen des Abwürgens der Revolution von 1848 und der imperialen Umlenkung der Volksenergie nach außen als politischen Feind. So stand bei Wagner nicht zuletzt die politische Ablehnung Napoleons III. einer weitergehenden Beschäftigung mit Napoleon I. entgegen. Vom Sujet her hätte sie ohnehin in die Zeit der Arbeit am *Rienzi* fallen müssen.

Auch bei Marx sind Äußerungen über den großen Napoleon eher rar: In der *Heiligen Familie* bemerkt er einmal, Napoleon I. sei der letzte Akt des revolutionären Terrors gegen die bürgerliche Gesellschaft,[128] womit er die Permanenz des Krieges vom Beginn des napoleonischen Konsulats bis zum Ende des Kaiserreichs meinte. Im *Achtzehnten Brumaire* nimmt er diesen Gedanken wieder auf, wenn er Danton, Robespierre und Saint-Just in einem Atemzug mit Napoleon nennt und über Erstere schreibt, sie «schlugen den feudalen Boden in Stücke und mähten die feudalen Köpfe ab, die darauf gewachsen waren», und mit Blick auf Napoleon hinzufügt, dieser habe «jenseits der französischen Grenzen [...] überall die feudalen Gestaltungen» hinweggefegt, «so weit es nöthig war, um der bürgerlichen Gesellschaft in Frankeich eine entsprechende, zeitgemäße Umgebung auf dem europäischen Kontinent zu verschaffen».[129] Gegen Napoleon Bonaparte nimmt sich Louis Bonaparte bloß lächerlich aus, und an die Stelle der «großen Tragödie» tritt mit ihm die «lumpige Farce». Napoleon I., den Marx als «politisches Genie» bezeichnet, dient als Vergleichsfolie, vor der sich der Aufstieg des Neffen, «des Idioten», als ein lächerlicher Vorgang darstellt.[130] Es ist nicht unbedingt der historische Napoleon, sondern dessen zum Mythos gewordener Schatten, den Marx in dieser Schrift heraufruft, um den Aufstieg des Louis Bonaparte als «weltgeschichtliche Todtenbeschwörung» zu beschreiben.[131] Aber die Mehrheit der französischen Wähler, die Louis Bonaparte Ende 1851 zum Präsidenten wählte, habe «nicht nur die Karrikatur des alten Napoleon» hochgehalten, sondern auch «den alten Napoleon selbst karrikirt, wie er sich ausnehmen muß in der Mitte des 19. Jahrhunderts».[132] Auch dieser Mythos hatte sich in Marx' Augen also überlebt.

Marx' Arbeit am Mythos läuft hier einmal nicht auf dessen Zerstörung durch Entzauberung oder Realisierung des in ihm Antizipierten hinaus. Ganz im Gegenteil steigert Marx den Mythisierungsgrad Napoleons, um seinen Neffen, der sich bald nach der Veröffentlichung des *Achtzehnten Brumaire* zum Kaiser krönen ließ und damit für jedermann sichtbar in die Fußstapfen seines großen Onkels trat,[133] umso leichter abwerten zu können. Für Marx war die mythische Stilisierung Napoleon Bonapartes also vor allem ein rhetorischer Kniff, auch um der politischen Linken in Frankreich und den auf Paris schauenden Akteuren in ganz Europa deutlich zu machen, dass man mit dem Aufstieg Louis Bonapartes zwar ein Gefecht verloren habe, der Klassenkampf aber weitergehen und für die Arbeiterbewegung siegreich enden werde. Dass die Herrschaft Napoleons III. zwei Jahrzehnte dauern würde, hat Marx bei der Abfassung seiner Schrift sicherlich nicht erwartet. Louis Bonaparte wurde zum entscheidenden Faktor, der Marx veranlasste, die revolutionäre Naherwartung, die er wie die meisten 1848er, unter ihnen auch Wagner, zu Beginn der 1850er Jahre noch hegte, durch eine langfristig angelegte Revolutionsperspektive zu ersetzen.[134]

Nietzsche ist den entgegengesetzten Weg gegangen; er hielt Napoleon für eine überragende Figur, einen, der im beginnenden Zeitalter der Massen ein großer Einzelner war, der den Massen seinen Willen aufzuprägen und sich gegen sie durchzusetzen vermochte, eine Gestalt, wie es sie in der Antike und der Renaissance häufiger gegeben hatte, während sie inzwischen zur absoluten Ausnahme geworden war.[135] In einer Epoche des Denkens und Redens, so Nietzsche, sei Napoleon ein Mensch der Tat gewesen. Er beruft sich auf Goethe, um die Ausnahmestellung des Tatmenschen in der Kultur des 19. Jahrhunderts zu unterstreichen: «Wenn Goethe einmal zu Eckermann, mit Bezug auf Napoleon, äussert: ‹Ja mein Guter, es giebt auch eine Productivität der Thaten›, so hat er, in anmuthig naiver Weise, daran erinnert, dass der nicht theoretische Mensch für den modernen Menschen etwas Unglaubwürdiges und Staunenerregendes ist.»[136] Wäre es Nietzsche freilich nur um die Tat in der Politik gegangen, so müssten sich in seinem Werk mehr positive Bemerkungen über Bismarck finden, auch wenn dieser die europäischen Verhältnisse keineswegs so grundlegend umgestülpt hat wie Napoleon. Es waren *bestimmte* Taten, die Nietzsche an Napoleon schätzte und die er zum Mythos Napoleon stilisierte. Diesen zugrunde liegt Napoleons Wertschätzung für Agonalität: Politik und Leben seien nicht nur ihrem Wesen nach ein Kampf – sie *sollten* auch ein Kampf sein. Darin weist der mythische Napoleon, aus Antike und Renaissance kommend und die Gegenwart überspringend, für Nietzsche in die Zukunft: «Napoleon verdankt man's (und ganz und gar nicht der französischen Revolution, welche auf ‹Brüderlichkeit› von Volk zu Volk und allgemeinen blumichten Herzens-Austausch ausgewesen ist), dass sich jetzt ein paar kriegerische Jahrhunderte auf einander folgen dürfen, die in der Geschichte nicht ihres Gleichen haben, kurz das wir in's *klassische Zeitalter des Kriegs* getreten sind.»[137]

Nietzsches Bemerkungen haben sich für die erste Hälfte des 20. Jahrhunderts als zutreffend erwiesen, sehr viel mehr jedenfalls als die der Soziologen Auguste Comte und Herbert Spencer, die unter Verweis auf Industrie und Handel eine umfassende Pazifizierung der Politik vorausgesagt haben. Dabei befürwortet Nietzsche diese Entwicklung, wenn er schreibt, man verdanke es Napoleon, «dass der *Mann* in Europa wieder Herr über den Kaufmann und Philister geworden ist; vielleicht sogar über ‹das Weib›, das durch das Christenthum und den schwärmerischen Geist des achtzehnten Jahrhunderts, noch mehr durch die ‹modernen

Ideen›, verhätschelt worden ist».[138] Es waren diese und ähnliche Stellen im Werk Nietzsches, auf die sich jene deutschen Intellektuellen berufen haben, die 1914 den Beginn des Ersten Weltkriegs mit der Formel begrüßten, dies sei «der Krieg Nietzsches».[139] Dass er es nicht war, hätten sie bei einer genaueren Lektüre leicht feststellen können. Wenn Nietzsche im Hinblick auf Napoleon von zukünftigen Kriegen spricht, meint er nicht solche, die von den Europäern gegeneinander geführt werden, sondern Kriege eines politisch geeinten Europa gegen den Rest der Welt. Der europäische Nationalismus, so konzediert er, sei zwar eine Reaktion auf die napoleonischen Eroberungen, «der Gegen-choc gegen Napoleon», setze aber zugleich auf «ein ganzes Stück antiken Wesens», das in Napoleon wiederbelebt worden sei. «Und wer weiss, ob nicht dies Stück antiken Wesens auch endlich wieder über die nationale Bewegung Herr werden wird und sich im *bejahenden* Sinne zum Erben und Fortsetzer Napoleon's machen muss: – der das Eine Europa wollte, wie man weiss, und dies als *Herrin der Erde*.»[140]

Der zum Mythos stilisierte Napoleon dient Nietzsche vor allem dazu, den Deutschen einen Spiegel vorzuhalten, in dem sie sehen können, was sie alles falsch gemacht haben und warum sie ein Unglück für Europa sind. Wie sie mit Luther und der Reformation das Christentum gerettet und damit die Renaissance um ihren Sinn gebracht hätten,[141] so hätten sie durch die antinapoleonischen Befreiungskriege Europa um den Ertrag des napoleonischen Werks gebracht: «Die Deutschen haben endlich, als auf der Brücke zwischen zwei décadence-Jahrhunderten eine force majeure von Genie und Wille [Napoleon] sichtbar wurde, stark genug, aus Europa eine Einheit, eine politische *und wirtschaftliche* Einheit, zum Zwecke der Erdregierung zu schaffen, mit ihren ‹Freiheits-Kriegen› Europa um den Sinn, um das Wunder von Sinn in der Existenz Napoleon's gebracht, – sie haben damit Alles, was kam, was heute da ist, auf dem Gewissen, diese *culturwidrigste* Krankheit und Unvernunft, die es giebt, den Nationalismus, diese *névrose nationale*, an der Europa krankt, diese Verewigung der Kleinstaaterei Europa's, der *kleinen* Politik: sie haben Europa selbst um seinen Sinn, um seine *Vernunft* – sie haben es in eine Sackgasse gebracht.»[142] Mit «großer Politik»

Jacques-Louis Davids Bild zeigt Napoleon in Helden- und Herrscherpose. Er weist seinen unter dem Pferdebauch erkennbaren Soldaten, die sich den Alpenpass hinaufquälen, den Weg nach Italien, darin dem Vorbild Hannibals folgend, weswegen beider Namen auf den Felsbrocken im linken unteren Rand zu lesen sind: Einschreibungen ins Buch der Geschichte, die unauslöschlich sind.

und dem Kampf um die Erdherrschaft meinte Nietzsche freilich nicht Kolonialkriege, sondern die politisch-wirtschaftliche Selbstbehauptung West- und Mitteleuropas gegen die großen Flügelmächte Russland und Großbritannien beziehungsweise das britische Empire, von denen, so eine damals weitverbreitete geopolitische Vorstellung,[143] das kleine Europa in die Zange genommen zu werden drohte.

Nietzsche hat in Napoleon einen Zwischenschritt auf dem Weg zum Übermenschen gesehen, «ein Stück ‹Rückkehr zur Natur›, so wie ich sie verstehe». Dabei dachte er nicht an eine Rückverwandlung in den ursprünglich guten Menschen im Sinne Rousseaus, vielleicht auch Wagners am Schluss der *Götterdämmerung*, sondern an die Bereitschaft zu einer durch keinerlei Moralität beschränkten Selbstbehauptung.[144] Daher bezeichnet er Napoleon auch als «Synthesis von *Unmensch und Übermensch*». Gegen die Idee vom *«Vorrecht der Meisten»*, den Kerngedanken der Demokratie, habe Napoleon «die furchtbare und entzückende Gegenlosung vom *Vorrechte der Wenigsten*» vertreten, den Kerngedanken einer aus dem Agon, dem Wettstreit, hervorgegangenen Aristokratie. «Wie ein letzter Fingerzeig zum *andren* Wege» sei Napoleon erschienen, «jener einzelste und spätestgeborene Mensch», der «das fleischgewordene Problem des *vornehmen Ideals an sich*» gewesen sei.[145] In Napoleon hat Nietzsche einen neuen Mythos erschaffen, mit dem er sich immer stärker identifizierte. So behauptete er, denselben langsamen Puls zu haben wie Napoleon, und zeitweilig erwog er auch eine Übersiedlung nach Korsika, der Herkunftsinsel der Bonapartes, weil er meinte, dort die Kraft zum Schreiben finden zu können.[146] Nietzsche hat in Napoleon eine prometheische Gestalt gesehen.

KAPITEL 7

BOURGEOIS, PROLETARIER, MITTELMÄSSIGE: DREI GESELLSCHAFTSANALYSEN

Grundzüge der Gesellschaftsanalyse

Seit seiner Hinwendung zu ökonomischen Theorien in der Mitte der 1840er Jahre hat sich Marx zunehmend weniger mit der Sozialpsychologie gesellschaftlicher Gruppen beschäftigt. Deren Handeln betrachtete er fortan als im Wesentlichen durch die sozioökonomischen Konstellationen determiniert. Am deutlichsten kommt das in dem Begriff «Charaktermaske» zum Ausdruck, der bei Marx dafür steht, dass das Verhalten Einzelner im gesellschaftlichen Verkehr durch die ökonomischen Verhältnisse geprägt ist: ob es sich um die Eigentümer von Produktionsmitteln handelt, um Rentiers, also Bezieher von arbeitslosem Einkommen in Form von Kapitalzins oder Grundrente, oder schließlich um diejenigen, die auf dem Markt nichts anderes anzubieten haben als ihre Arbeitskraft. Den Begriff der Charaktermaske hat Marx der Theatersprache des 18. Jahrhunderts entnommen, zumal der *Commedia dell'arte*, wo die von den Schauspielern getragenen Masken mit bestimmten Rollen und den ihnen zugeschriebenen Charaktereigenschaften auf der Bühne verbunden waren. Die Maske stand also nicht für die Individualität des Schauspielers, und es ging auch nicht um Mimik und Expressivität, sondern ausschließlich um die Verkörperung eines Typus, in dem eine bestimmte Position in der Gesellschaft bis zur Karikatur hin zugespitzt war.[1] «Die Personen», so Marx, «existieren hier nur für einander als Repräsentanten von Ware und daher als Warenbesitzer. Wir werden überhaupt im Fortgang der Entwicklung finden, daß die ökonomischen Charaktermasken der Personen nur die Personifikationen der ökonomischen Verhältnisse sind, als deren Träger sie sich gegenübertreten.»[2] Diese Reduktion individueller wie sozialer Vielfalt bildet die Grundlage der Marxschen Gesellschaftsanalyse.

Marx' materialistische Grundthese, wonach das (gesellschaftliche) Sein das (individuelle) Bewusstsein bestimmt, hat weitreichende Folgen für seine Gesellschaftsanalyse: Soziokulturelle Prägungen treten zurück, religiöse Zugehörigkeiten spielen eine nachgeordnete Rolle, persönliche Einstellungen, Großzügigkeit und Freigebigkeit etwa oder auch Geiz und Knausrigkeit, mögen in Einzelfällen relevant sein, haben aber für die Struktur der ökonomischen Austauschprozesse keine Bedeutung. Die Einstellungen und Handlungsoptionen des Einzelnen werden letzten Endes durch die Frage bestimmt, ob er industrielle Produktionsmittel besitzt oder eben nur Eigner seiner Arbeitskraft ist, die er verkaufen muss, um mit dem dafür erhaltenen Lohn seinen Lebensunterhalt – und den seiner Familie – zu bestreiten. Die Formel vom Sein, welches das Bewusstsein bestimmt, ist also für Marx dahingehend zu präzisieren, dass es die ökonomische Rolle und die soziale Stellung sind, die das Bewusstsein ausschlaggebend prägen.

Im Prinzip handelt es sich hier um ein analytisches Reduktionsmodell, das den Blick auf das Wesentliche der gesellschaftlichen Strukturen lenken soll: weder landsmannschaftliche Zugehörigkeit noch konfessionelle Prägung, weder die Erziehung noch der Grad der Bildung, weder ethnische Bindungen noch ethische Orientierungen sind für das Handeln der Menschen maßgeblich, sondern allein das Verhältnis zu den Produktionsmitteln. Das ist eine durchaus rabiate Reduktion der vielfältigen und zumeist miteinander konkurrierenden Einflüsse und Prägungen, die den Charakter eines Menschen und seine Präferenzentscheidungen bestimmen. Sie hat indes den Vorteil, dass sie für Übersichtlichkeit sorgt und das durchschnittliche Verhalten in hohem Maße vorhersagbar macht – und vor allem darum ging es Marx. Dementsprechend hat er sein Hauptwerk auch «Das Kapital» und nicht etwa «Die Kapitalisten» genannt. Dahinter stand die Annahme, dass die Verwertungsgesetze des Kapitals «letztinstanzlich» das Denken und Handeln der Menschen bestimmten, so dass, wer mit diesen Verwertungsgesetzen vertraut war, auch eine verlässliche Vorstellung davon hatte, wie sich wer unter

Bourgeois, Proletarier, Mittelmäßige: Drei Gesellschaftsanalysen

Berliner Bilder: In der Börse. Originalzeichnung von E. Thiel.

Im 19. Jahrhundert wird die Börse zum Treffpunkt der Bourgeoisie. Hier, wo die Kurse der Aktien steigen und fallen, befindet sich das Zentrum einer Volkswirtschaft. Der am 12. Januar 1889 in der «Illustrirten Zeitung» veröffentlichte Holzstich zeigt das Innere der Berliner Börse in der Burgstraße, abwartende Beobachter der Kursentwicklung auf der rechten Seite, aufgeregt agierende Bieter auf der linken Seite.

welchen Umständen verhalten würde. Die Richtigkeit von Marx' Beobachtungen und Prognosen steht und fällt mit diesem Analysemodell.

Das ist in Wagners impliziter, jedenfalls nicht als solche ausformulierter und demgemäß auch nicht methodisch reflektierter Gesellschaftsanalyse ganz anders. Machtgier und Eifersucht, aber auch Niedergangsängste und Bedrohungsgefühle spielen hier eine zentrale Rolle; das gesellschaftliche Geschehen entwickelt sich weitgehend aus solchen psychischen Dispositionen und ist nicht durch gesellschaftliche Strukturen festgelegt. Neid etwa spielt sowohl in Wagners gesellschaftskritischen Essays als auch im Geschehen seiner Musikdramen eine große Rolle.[3] Marx dagegen hat dem Neid keine besondere Bedeutung beigemessen, sieht man von seiner frühen Auseinandersetzung mit dem «rohen Kommunismus» ab, den er als «Vollendung des Neids» bezeichnete. Es ist indes typisch für die Art des Marxschen Denkens, dass er sogleich hinzufügt, es handele sich dabei um eine «Erscheinungsform der Niedertracht des Privateigentums»,[4] also umgehend die gesellschaftliche Organisationsform als bestimmenden Faktor individueller Dispositionen ins Spiel bringt. Das Geschehen im *Ring* dagegen wird über weite Strecken von Habgier und Neid angetrieben, also von moralischen Lastern, die schließlich auch dafür sorgen, dass Besitz in Eigentum, die begrenzte Nutzung einer Sache in die ausschließende Verfügung darüber, verwandelt wird. Während es bei Marx die Rechtsverhältnisse sind, die der gesellschaftlichen Ordnung eine verlässliche Struktur verschaffen und zu Regulatoren menschlichen Verhaltens werden, sind es bei Wagner moralisch-psychologische Dispositionen, die bestimmte Rechtsverhältnisse, etwa die der bürgerlichen Gesellschaft, hervorbringen. Indem aus zeitweiligem Besitz dauerhaftes Eigentum wurde, so Wagner, nahm auch das zu, was in Mythos und Geschichte als «Frevel» angesehen wird. Die Laster begannen das gesellschaftliche Leben zu bestimmen, und die Tugenden wurden zu einer im Selbstverständnis des Staates sowie zunehmend auch der Gesellschaft bedeutungslosen Größe.[5]

Man kann diesen unterschiedlichen Blick auf die treibenden Kräfte der Gesellschaft damit erklären, dass sich Marx als Wissenschaftler diesen Fragen genähert hat und Wagner als Künstler, wobei ihn obendrein das Problem der Darstellbarkeit auf der Bühne umtrieb. Auch wenn der von Marx verwandte Begriff der Charaktermaske dem Theater entstammte, war für Wagner derlei nicht anschlussfähig: erstens, weil er die italienische Tradition durch eine Reform des Musiktheaters hinter sich lassen wollte, und zweitens, weil es ihm um die Vielschichtigkeit und den Wandel der Charaktere ging, die bei Charaktermasken grundsätzlich ausgeschlossen waren. Wagner wollte gerade das zeigen, was Marx für irrelevant hielt und deshalb nicht weiter beachtete. Wenn Wagner von Masken spricht, dann vorwiegend in einem antisemitischen Kontext, in dem es darum geht, die Rolle des Poseurs zu durchschauen, die von Juden häufig eingenommen werde.[6] Nietzsche ist ihm darin zeitweise gefolgt. Wagner ging es um Demaskierung, Marx keineswegs. Dennoch lässt sich hier keine Kontroverse rekonstruieren, weil die Maskenthematik bei Wagner keine zentrale Rolle spielt.

Marktökonomie versus Moralökonomie

Zu einer Kontroverse kommt es erst dann, wenn Marx als ein der Marktökonomie verpflichteter Gesellschaftsanalytiker und Wagner als Anhänger einer moralökonomischen Gesellschaftsvorstellung einander gegenübergestellt werden. Die Debatte über den Vorrang von Markt oder Moral, in der sich durchweg normative und empirische Überlegungen miteinander verbinden, ist während des 18. Jahrhunderts in der schottischen Moralphilosophie ausgetragen worden. Spätestens mit Adam Smith hat sich dabei eine Sichtweise durchgesetzt, in der nicht länger die Leitdifferenz von Tugenden und Lastern die Gesellschaftsanalyse bestimmte, sondern die Verfolgung von Eigeninteressen und deren Vermittlung durch den Markt den Zusammenhalt der Gesellschaft und die Prosperität der Wirtschaft sicherstellten.[7] Marx folgte der marktökonomischen Sicht, und sein Anspruch war, auf der Grundlage dieser – bürgerlichen – Wirtschaftstheorie die Zwangsläufigkeit des Sozialismus herzuleiten, ohne dabei Anleihen bei moralischen Appellen und ethischen Imperativen machen zu müssen. Wagner hingegen hing, wie viele Vertreter der älteren Sozialismuskonzeptionen, einer Gesellschaftskritik an, die der herkömmlichen Moralökonomie sowie deren Leitunterscheidung von Tugenden und Lastern verpflichtet war. Das aber hieß, dass er, unabhängig davon, ob er als Künstler Figuren und Konstellationen entwarf oder als Gesellschaftskritiker Essays verfasste, nicht umhin kam, Personen und Personengruppen im Hinblick auf ihr sozialmoralisches Verhalten darzustellen und zu bewerten. In seinen Essays findet sich dementsprechend immer wieder eine scharfe Kritik an Macht- und Habgier, an Luxusstreben und einer anderen Lebewesen gegenüber gleichgültigen Einstellung, und unter Wagners Musikdramen ist vor allem der *Ring* eine Auseinandersetzung mit den Folgen von Habgier und Machtstreben. Das ist strukturell eine völlig andere Kritik als diejenige, die Marx in seiner Analyse der kapitalistischen Verwertungsgesetzlichkeit übt.[8] Habgier und Machtstreben sind für Marx ein systemisch funktionelles Verhalten, notwendige sozialmoralische Ingredienzien des kapitalistischen Betriebs. Diese zu kritisieren läuft auf die Empfehlung hinaus, aus dem kapitalistischen Wettkampf auszuscheiden. Das mögen einige sich leisten können, während die meisten gezwungen sind, den Anforderungen des Systems zu genügen, selbst wenn ihnen das aus moralischen Gründen zuwider ist. Man muss, so der Grundtenor bei Marx, das System ändern – erst dann ändern sich auch die Menschen. Und nur dann ist diese Änderung verlässlich und dauerhaft.

Die sozialistische Theorie ist Mitte des 19. Jahrhunderts durch einen tiefen Gegensatz gekennzeichnet, der von der Analyse der bestehenden Gesellschaft bis zum Entwurf der zukünftigen Gesellschaft reicht. Während die einen unter Sozialismus die modifizierte Wiederherstellung früherer moralökonomisch geprägter Konstellationen verstanden, also auf die Möglichkeit vertrauten, die kapitalistische Dynamik mit Hilfe moralischer Imperative und eines berufsständischen Ethos zu bändigen, waren die anderen davon überzeugt, dass erst die Dynamik des Kapitalismus und die durch sie bewirkte Zerstörung der alten Gesellschaft die Chance zur Errichtung einer sozialistischen Gesellschaft herbeiführen würde. Für Erstere lief Sozialismus auf die Ordnung einer Gesellschaft hinaus, in der ein mittleres Leben vorherrschte und gesellschaftliche wie politische Eingriffe dafür sorgten, dass Unter- wie Überschreitungen, bittere Armut wie großer Reichtum, zumindest nicht von Dauer waren. Auf Luxuskritik begründete Einschränkungen der Repräsentation und Begrenzungen des Verschwenderischen auf der einen Seite sowie öffentliche Beschäftigungsprogramme («Nationalwerkstätten») mitsamt sozialen Absicherungen in Notlagen auf der anderen Seite sollten dazu dienen, eine zwischen gutem und hinlänglichem Auskommen oszillierende Gesellschaft zu stabilisieren. Sozialismus hatte hier einen unüberhörbar nostalgischen Grundton. Das schloss in Verbindung mit regulierenden Staatseingriffen eine Reihe von Beschränkungen der individuellen Freiheit ein. Es gibt Leute, die das heute noch – inzwischen zumeist in kritisch-ablehnendem Verständnis – als Sozialismus ansehen.

Wagners Vorstellungen vom Sozialismus, denen er zeitweilig mit großer Überzeugtheit anhing,[9] sind durchweg eklektisch. Damit bilden sie die andere Seite der Inkonsequenz, mit der er seine Gesellschaftskritik betrieb, insofern seine eigene Lebensführung zumeist im Widerspruch zu seiner Luxuskritik und der Propagierung eines gemäßigten Lebens stand. Feinde und Zerstörer einer überwiegend handwerklich-bäuerlichen, allenfalls kleinindustriellen Gesellschaft, wie Wagner sie sich wünschte, waren ihm zufolge Großindustrielle, Großkaufleute und vor allem Spekulanten, also im Wesentlichen das Großkapital und die Börse. Wagners rabiater Antisemitismus war nicht zuletzt in der Vorstellung begründet, es seien vor allem «die Juden», von denen die von ihm bevorzugte Gesellschaft «von Mitte und Maß» bedroht werde. Davon wird später ausführlicher die Rede sein.[10]

In Wagners Wahrnehmung waren die jüngsten sozioökonomischen Entwicklungen mitsamt ihren sozialmoralischen Auswirkungen – auch das ist ein Unterschied zu Marx – keineswegs ein neuartiger, eigentlich erst mit der industriellen Revolution einsetzender Prozess. Vielmehr glaubte er, derlei in der Geschichte immer wieder vorfinden zu können. Seine Beschreibungen verband er in einer für sein Denken charakteristischen Art mit der Spiegelung dieser Entwicklungen im mythischen Denken und dessen Auswirkungen auf die Kunst. In dem 1849 verfassten Essay *Die Revolution und die Kunst*, auf dem Höhepunkt seines revolutionären Engagements also, kommt Wagner auf den römischen Gott Merkur als Pendant des griechischen Gottes Hermes zu sprechen: «Seine geflügelte Geschäftigkeit gewann bei ihnen [den Römern] aber eine praktische Bedeutung: sie galt ihnen als die bewegliche Betriebsamkeit jener schachernden und wuchernden Kaufleute, die von allen Enden in den Mittelpunkt der römischen Welt zusammenströmten, um den üppigen Herren dieser Welt gegen vorteilhaften Gewinn alle sinnlichen Genüsse zuzuführen, welche die nächst umgebende Natur ihnen nicht zu bieten vermochte. Dem Römer erschien der Handel beim Überblick seines Wesens und Gebarens zugleich als Betrug, und wie ihn diese Krämerwelt bei seiner immer steigenden Genußsucht ein notwendiges Übel dünkte, hegte er doch eine tiefe Verachtung vor ihrem Treiben; und so ward ihm der Gott der Kaufleute, Merkur, zugleich zum Gott der Betrüger und Spitzbuben.»[11]

Aber diese moralische wie ästhetische Distanz gegenüber dem im Zeichen des Merkur in die gesellschaftliche Ordnung eindringenden Schacher und Wucher vermochte dessen zersetzende Wirkung nicht zu blockieren. Am Schluss überwältigte er die eingebildeten und unbedachten Römer: «Dieser verachtete Gott [Merkur] rächte sich aber an den hochmütigen Römern und warf sich statt ihrer zum Herren der Welt auf: denn krönet sein Haupt mit dem Heiligenscheine christlicher Heuchelei, schmückt seine Brust mit dem seelenlosen Abzeichen abgestorbener feudalistischer Ritterorden, so habt ihr ihn, den Gott der modernen Welt, den heilig-hochadeligen Gott der fünf Prozent, den Gebieter und Festordner unserer heutigen – Kunst. Leibhaftig seht ihr ihn in einem bigotten englischen Bankier, dessen Tochter einen ruinierten Ritter vom Hosenbandorden heiratete, vor euch, wenn er sich von den ersten Sängern der italienischen Oper, lieber noch in seinem Salon, als im Theater (jedoch auch hier um keinen Preis am heiligen Sonntage) vorsingen läßt, weil er den Ruhm hat, hier noch teurer bezahlen zu müssen, als dort. Das ist *Merkur* und seine gelehrige Dienerin, die *moderne Kunst*.»[12]

Da das Thema des Essays die von Wagner erhoffte Veränderung des künstlerischen Betriebs durch die politische Revolution ist, kann es nicht verwundern, dass er auch dort, wo er Gesellschaftskritik übt, immer wieder auf die Kunst zu sprechen kommt. Die Rolle und die Wirkmächtigkeit der Kunst im gesellschaftlichen Leben sind das, was Wagner fortan und bis zu seinem Tod beschäftigen wird. Dabei ist bemerkenswert, dass er sich in der Endphase der 1848er-Revolution nicht auf die möglichen Folgen einer Konstitutionalisierung der staatlichen Ordnung konzentrierte, sondern auf sozioökonomische Fragen, die in der Revolution so (noch) gar nicht zur Debatte standen. Wagner sah sich damit vor demselben Problem, mit dem sich auch Marx herumgeschlagen hat, aber während Marx die *politische* Revolution in einem zweistufigen Prozess als Einstieg in die Vorbereitung der *sozialen* Revolution begriff und dementsprechend nutzen wollte,[13] ging es Wagner um die Verknüpfung von Kunst und Gesellschaft. Wichtiger als die Revolutionierung der Politik war für ihn die Revolutionierung der Gesellschaft. Nicht so sehr die politische, sondern vor allem die soziale Revolution war schließlich in seiner Sicht die Voraussetzung für eine Revolution des Theaters. Man wird nicht in Abrede stellen können, dass Wagner einen Blick für die materielle Not eines Teiles der Bevölkerung hatte, doch mehr als die «soziale Frage» ließ ihn die «ästhetische Frage» zum Anhänger eines moralökonomisch ausgerichteten Sozialismus werden.

Die Kunst, so Wagners Diagnose, habe sich, «statt sich von immerhin respektablen Herren, wie die geistige Kirche und geistreiche Fürsten es waren, zu befreien, einer viel schlimmeren Herrin mit Haut und Haar [verkauft]: *der Industrie*».[14] «Das ist die Kunst, wie sie jetzt die ganze zivilisierte Welt erfüllt! Ihr wirkliches Wesen ist die Industrie, ihr moralischer Zweck der Gelderwerb, ihr ästhetisches Vorgeben die Unterhaltung der Gelangweilten. Aus dem Herzen unserer modernen Gesellschaft, aus dem Mittelpunkte ihrer kreisförmigen Bewegung, der Geldspekulation im großen, saugt unsere Kunst ihren Lebenssaft, erborgt sich eine herzlose Anmut aus den leblosen Überresten mittelalterlich ritterlicher Konvention, und läßt sich von da – mit scheinbarer Christlichkeit auch das Schärflein des Armen nicht verschmähend – zu den Tiefen des Proletariats herab, entnervend, entsittlichend, entmenschlichend überall, wohin sich das Gift ihres Lebenssaftes ergießt.»[15] Man könnte bei der Lektüre dieser Passagen meinen, mehr noch als die Gesellschaft sei für Wagner die Kunst das Problem. Das ist in gewisser Hinsicht auch so. Doch Wagner ist sich sehr wohl darüber im Klaren, dass die Politik das Theater benutzt, um in revolutionären Krisen die Gesellschaft zu stabilisieren. Als 1848 die Februarrevolution den Pariser Theatern die Unterstützung durch öffentliche Mittel entzog und infolgedessen «viele von ihnen drohten einzugehen», habe die Konterrevolution in Gestalt des Generals Cavaignac die Subventionierung der Theater erneuert. «Warum? Weil die *Brotlosigkeit*, das *Proletariat* durch das Eingehen der Theater vermehrt werden würde. Also bloß dieses Interesse hat der Staat am Theater! Er sieht in ihm die industrielle Anstalt; nebenbei wohl aber auch ein geistschwächendes, Bewegung absorbierendes, erfolgreiches Ableitungsmittel für die gefahrdrohende Regsamkeit des erhitzten Menschenverstandes, welcher im tiefsten Mißmut über die Wege brütet, auf denen die entwürdigte menschliche Natur wieder zu sich selbst gelangen soll, sei es auch auf Kosten des Bestehens unserer – sehr zweckmäßigen Theaterinstitute!»[16] Es ist das Theater als unmoralische Anstalt, gegen das Wagner hier zu Felde zieht.

Die «Gier nach Geld» bestimmt in Wagners Sicht das gesellschaftliche Treiben seiner Gegenwart, so wie es in früheren Zeiten das «Verlangen nach absoluter Herrschaft» gewesen sei. Der revolutionäre Wagner des Jahres 1849 stellt in der Manier Heines die Institutionen und Mechanismen von Vertröstung und Betrug heraus, mit denen die Menschen davon abgehalten werden sollen, sich aus dem Zustand von Sklaverei, Unterdrückung und Ausbeutung herauszuarbeiten: Wie einst «christliche Apostel und Kaiser Konstantin rieten, ein elendes Diesseits geduldig um ein besseres Jenseits hinzugeben», so werde den Unterdrückten und Ausgebeuteten «heute von Bankiers und Fabrikbesitzern gelehrt [...], den Zweck des Daseins in der Handwerksarbeit um das tägliche Brot zu suchen».[17] Darum könne es nicht verwundern, «wenn auch die Kunst nach Gelde geht, denn nach seiner Freiheit, seinem Gotte strebt alles: unser Gott aber ist das Geld, unsere Religion der Gelderwerb.»[18]

Ein Jahr zuvor bereits hatte Wagner das Geld als die zentrale Ursache des gesellschaftlichen Zerfalls und der moralischen Verderbnis ausgemacht. Die Überwindung der nationalen Zersplitterung und ständischen Teilung Deutschlands, wie man sie jetzt als Ziele der Revolution propagiere, seien erst der Beginn der Veränderungen, und danach «wollen wir erst recht anfangen! Dann gilt es, *die Frage nach dem Grunde alles Elends in unserem jetzigen gesellschaftlichen Zustande* fest und tatkräftig in das Auge zu fassen, – es gilt zu entscheiden, ob der Mensch, diese Krone der Schöpfung, ob seine hohen geistigen, sowie seine so künstlerisch regsamen leiblichen Fähigkeiten und Kräfte von Gott bestimmt sein sollen, dem starresten, unregsamsten Produkt der Natur, dem bleichen Metall, in knechtischer Leibeigenschaft untertänig zu sein? Es wird zu erörtern sein, ob diesem geprägten Stoffe die Eigenschaft zuzuerkennen sei, den König der Natur, das Ebenbild Gottes, sich dienst- und zinspflichtig zu machen – ob dem Gelde die Kraft zu lassen sei, den schönen freien Willen des Menschen zur widerlichsten Leidenschaft, zu Geiz, Wucher und Gaunergelüste zu verkrüppeln?»[19] Das war ganz in moralökonomischem Geist formuliert.

Wagners gesellschaftsanalytische Überlegungen sind weniger durch analytische Schärfe als von rhetorischem Schwung gekennzeichnet. Auf der einen Seite macht er religiöse Vorstellungen zu dem Maßstab, an dem er die Gesellschaft misst, um diese als verfehlt, verkommen und auf den «sündhaftesten Zustand» heruntergekommen zu beschreiben, und auf der anderen Seite sind es Gold und Geld, die er für das Elend verantwortlich macht, einen «Zustand von Zerrüttung und Verarmung, daß ihr am Ende dieser Jahre [der mehr als drei Jahrzehnte des Friedens seit dem Ende der napoleonischen Kriege] rings um euch die entsetzlichen Gestalten des bleichen Hungers erblickt!».[20] Diesen Tonfall haben eineinhalb Jahrzehnte zuvor schon Georg Büchner und Friedrich Ludwig Weidig in ihrem *Hessischen Landboten* angeschlagen; auch sie haben sich der Imaginationen des Religiösen bedient, um diese gegen den bestehenden Zustand auszuspielen.[21] Das enthebt Wagner zunächst der tieferen Analyse gesellschaftlicher Entwicklungen, etwa der Unterscheidung zwischen Geld als ein dem Austausch von Waren dienendes Zahlungsmittel und Kapital, das die Gesellschaft seiner Verwertungslogik unterwirft. Stattdessen bedient er sich einer manichäischen Rhetorik, der zufolge die Gesellschaft in einen Kampf zwischen Gut und Böse verwickelt ist. Dabei werden das Geld und diejenigen, die mit ihm jonglieren, zu Widersachern des Guten. «Wir werden erkennen», so Wagner, «daß die menschliche Gesellschaft durch die *Tätigkeit ihrer Glieder*, nicht aber durch die vermeinte Tätigkeit *des Geldes* erhalten wird: wir werden den Grundsatz in klarer Überzeugung feststellen, – Gott wird uns erleuchten, das richtige *Gesetz* zu finden, durch das dieser Grundsatz in das Leben geführt wird, und wie ein böser nächtlicher Alp wird dieser dämonische Begriff des Geldes von uns weichen mit all seinem scheußlichem Gefolge von öffentlichem und heimlichem Wucher, Papiergaunereien, Zinsen und Bankiersspekulationen.»[22]

Der Rückgriff auf die herkömmliche Moralökonomie und der Anspruch auf «die *Erfüllung der reinen Christuslehre*», also die Gebote und Verheißungen der Bergpredigt, genügen Wagner, um «die *volle Emanzipation des Menschengeschlechtes*» in Aussicht zu stellen.[23] Hier wird die Differenz zu Marx sehr deutlich, der, weil ihm als Religionskritiker[24] der Rückgriff auf religiöse Versprechungen verwehrt war, den steinigen Weg der Gesellschaftsanalyse und einer systematischen Gesellschaftskritik gehen musste, um sich ein halbes Leben lang daran abzuarbeiten und schließlich doch nicht zu Ende zu kommen. Der junge Marx, der sich wesentlich als Philosoph verstand und dessen Gesellschaftskritik noch nicht durch das Säurebad der ökonomischen Theorie gegangen war, hatte durchaus eine gewisse Nähe zu Wagner, nur dass bei ihm nicht religiöse Vorstellungen, sondern Elemente einer in die Zukunft verlängerten Hegelschen Geschichtsphilosophie die Quelle des gesellschaftlichen Gegenentwurfs bildeten. An Stelle einer Kontrastierung von religiösen Verheißungen und schlechter Wirklichkeit arbeitete Marx bis in die Mitte der 1840er Jahre mit dialektischen Umkehrungen, die ihm als Garant für die Denkbarkeit und Möglichkeit des «ganz Anderen» dienten. So wurde das Proletariat zum Vorboten und Träger einer Emanzipation der gesamten Menschheit, weil es die am meisten erniedrigte, geknechtete und ausgebeutete Klasse war, eine Klasse, die nichts zu verlieren hatte als ihre Ketten. Man kann darin, wie es Karl Löwith und andere getan haben,[25] eine quasi-religiöse Vorstellung ohne Rückbezug auf Religion oder Theologie sehen, aber damit zielt man am Zentrum der Marxschen Denkbewegung vorbei.

Im Verlauf der zweiten Hälfte der 1840er Jahre verabschiedete sich Marx Schritt für Schritt von der Denkfigur einer dialektischen Umkehrung, und das tat er nicht zuletzt unter dem Einfluss der modernen Nationalökonomie, auf die Engels ihn in einer knappen Skizze der ökonomischen Theorieentwicklung aufmerksam gemacht hatte.[26] Marx trennte sich von einer im weiteren Sinne moralökonomischen Fundierung des Sozialismus, in deren Tradition man die philosophische Konstruktion des Proletariats sehen kann, und ersetzte sie durch marktökonomische Analysen im Anschluss an Adam Smith und David Ricardo.

Frauen und Kinder drängen sich «vor einem Laden, in welchem Fleischabfälle für die Armen verkauft werden», wie es im Begleittext zum Holzstich nach einer Zeichnung von Emil Rosenstand von 1891 heißt. Die Bilder des Elends zeigen nicht das selbstbewusste und kampfbereite Proletariat, das Marx vor Augen hatte und über das Georg Herwegh dichtete: «Alle Räder stehen still, wenn dein starker Arm es will.» Hier herrschen bloße Not und die Sorge um den nächsten Tag.

Die Kritik an Reichtum und Luxus trat damit zurück, ebenso wie die im Frühsozialismus verbreitete Konzentration auf egalitäre Gesellschaftsvorstellungen, die nicht selten mit asketischen Idealen einhergingen. Stattdessen widmete sich Marx ganz dem Vorhaben, die Möglichkeit wie Wahrscheinlichkeit einer sozialistischen Gesellschaft aus den Bewegungsgesetzen des Kapitalismus herzuleiten. Das veranlasste ihn einige Male zu einer harschen und bitteren Kritik an Sozialisten, die am moralökonomischen Modell festhielten und sich, wie auch Wagner, auf die Rhetorik der dichotomischen Konstruktionen von Sein und Sollen verließen. Oft äußerte sich Marx über die «bürgerlichen Nationalökonomen» mit deutlich größerem Respekt als über all jene, die sich Gedanken über einen schnellen Weg zur sozialistischen Gesellschaft machten. Das lag nicht nur daran, dass die Ökonomen für ihn *Vorläufer* waren, die Sozialisten hingegen *Konkurrenten* um die richtige Theorie;

Marx bewunderte auch die akribische Akkuratesse und die intellektuelle Kreativität, mit denen Smith, Ricardo und andere die Fragen der ökonomischen Gesellschaftsanalyse angingen. Bei vielen Sozialisten hatte er den Eindruck, ihre dichotomische Rhetorik diene bloß dazu, sich den Herausforderungen einer systematischen Gesellschaftsanalyse nicht stellen zu müssen. In diesem Punkt war er von einer unerbittlichen Hartnäckigkeit.

Nun hat Marx selbst sich bis ins *Kommunistische Manifest* hinein einer dichotomisch-antagonistischen Gesellschaftsbeschreibung bedient, indem er Proletariat und Bourgeoisie als die großen Gegenspieler im Kampf um die gesellschaftliche Ordnung herausstellte, und an diesem Gegensatz hielt er auch in seinen ökonomischen Studien fest – etwa in der Entgegensetzung von Expropriateuren und Expropriierten, Enteignern und Enteigneten. Aber er ließ diesen Gegensatz gesellschaftsanalytisch in den Hintergrund treten, indem er ihn dem antagonistischen Bewegungsprinzip der Geschichte zurechnete. In seiner soziologischen Klassenanalyse verfuhr Marx spätestens seit dem *Achtzehnten Brumaire* sehr viel differenzierter, denn weder das Proletariat noch die Bourgeoisie behandelte er als soziopolitisch geschlossenen Block. Soziologische Beschreibung und geschichtsphilosophische Erwartung treten fortan auseinander. Marx hatte eine klare Vorstellung davon, dass das, was er als geschichtlichen Antagonismus identifiziert hatte, nicht mit dem identisch war, was die Analyse der bestehenden Gesellschaft an sozialgeschichtlichen Eigentümlichkeiten zeigte. Bei vielen seiner Nachfolger führte das Festhalten an einer geschichtsphilosophisch begründeten Revolutionserwartung zu einer Immunisierung gegen die Beschäftigung mit der tatsächlichen Gesellschaftsentwicklung, wohingegen es Marx darum ging, an einer auf lange Sicht angelegten Revolutionsperspektive festzuhalten und sich gleichzeitig den Blick auf die Strukturen der bestehenden Gesellschaft nicht zu verstellen.

Das dürfte auch einer der Gründe sein, warum Marx in seinen ökonomischen Analysen fortan auf eine Argumentation mit Sozialcharakteren verzichtet und sich über die sozialmoralischen Dispositionen der

Bourgeoisie nicht weiter geäußert hat. Viele Bourgeois, so seine Grundannahme, würden gerne ein verschwenderisches Leben in Luxus und Müßiggang führen, aber die Bewegungsgesetze des Kapitals erlaubten ihnen das nicht; würden sie notorisch gegen diese verstoßen, gingen sie in der Konkurrenz mit anderen daran zugrunde. Verschwendung und Müßiggang waren im Kapitalismus nur denen möglich, die sich aus dem aktiven Wirtschaftsgeschehen verabschiedet hatten und von ihrem Vermögen beziehungsweise den daraus bezogenen Zinsen oder Grundrenten lebten. Wer so im und vom Kapitalismus lebte, gestaltete ihn nicht und war deswegen seinen Krisen wie Konjunkturen ausgeliefert. Die tatsächlichen Akteure der kapitalistischen Ökonomie dagegen führten ein von Arbeit und Selbstdisziplin geprägtes Leben, was Marx mit den Bewegungsgesetzen des Kapitals erklärte und nicht, wie Max Weber, unter Verweis auf religionssoziologische Prägungen, etwa den Einfluss von Protestantismus und Puritanismus auf das Wirtschaftsgebaren.[27] Der Kapitalist, so Marx, kann den von ihm erwirtschafteten Mehrwert nicht müßiggängerisch verzehren, wie dies die Herrschenden der Sklavenhalter- und der Feudalgesellschaft tun konnten; vielmehr muss er bei Strafe seines wirtschaftlichen Scheiterns einen Großteil davon in die Produktionsausstattung reinvestieren.[28] Er tut das nicht aus freien Stücken, sondern weil ihn die Konkurrenz mit anderen Kapitalisten dazu zwingt. Das macht die Dynamik des Kapitalismus aus, der deshalb auch nie auf einem bestimmten Entwicklungsniveau zum Stillstand kommt und sich permanent selbst revolutioniert. Zugleich liegt hier der Grund für Marx' Vertrauen in die Endlichkeit des Kapitalismus und seine weltgeschichtliche Ablösung durch den Sozialismus, in dem dann tatsächlich die Marktökonomie ihre Bedeutung verliere und zunehmend durch moralökonomische Distributionsprinzipien, wie Fähigkeiten und Bedürfnisse, ersetzt werde.

Nietzsches Blick auf die Gesellschaft folgt grundlegend anderen Vorhaben als der von Wagner und Marx. Deren Ausgangspunkt sind materielle Not und physisches Elend, bei Marx wesentlich konzentriert auf die Arbeiterschaft, bei Wagner ohne weitere Differenzierung auf «das Volk» bezogen, das von altem Adel und neuer Finanzaristokratie ausgeplündert werde. Nietzsche hingegen pflegt einen durch Distanz und Verachtung gegenüber dem Konformismus der großen Masse geprägten ethisch-ästhetischen Blick auf die Gesellschaft. Eine näher ausgeführte Vorstellung von einer alternativen Gesellschaftsordnung gibt es bei ihm nicht. Vielmehr konzentriert er sich darauf, die Voraussetzungen und Möglichkeiten von Individualität gegenüber dem Anpassungsdruck der Massen zu erkunden. An die Stelle gesellschaftlicher Veränderung tritt bei ihm die Selbstbehauptung des Individuums in der Massengesellschaft.[29] Die Chance zum Individuellen ist bei Nietzsche das Pendant dessen, was bei Wagner und Marx die Perspektive einer freien und gerechten Gesellschaft ist. Dementsprechend konnte Nietzsche sich mit seiner Kritik des Gleichheitsgedankens nicht genugtun, die in heftigen Attacken gegen sämtliche Vorstellungen von Sozialismus gipfelt und die Sättigung der Massen als einen Beitrag zu deren Ermüdung und Ermattung begreift.[30] Vor allem ging es ihm um das diesen Massen beziehungsweise ihren Anführern und intellektuellen Parteigängern zugeschriebene Projekt, die eigenen Ansprüche und Sichtweisen, Werte und Erwartungen mit Hilfe der Moral durchzusetzen. So beschrieb er das, was er den «Sklavenaufstand der Moral» nennt, als Fesselung der großen Einzelnen, die mit den Mitteln der Moral verkleinert und gedemütigt werden sollen. Nietzsches Gegenentwurf lief auf die ungebändigte Kraftentfaltung des Einzelnen hinaus, der die Fesseln der Moral sprengt und sich in seinem Willen zum Leben verwirklicht. Auch der in den Massen vorherrschende Neid spielt dabei eine Rolle, und zwar als Ressentiment gegen alles Große und Besondere. Das Ressentiment ist nach Nietzsche eine besondere Form des Neids, eines Neids, der sich nicht offen äußert, aber als Groll untergründig stets präsent ist. Sonderlich differenziert ist Nietzsches Gesellschaftsanalyse nicht; sie beruht letztlich auf der Entgegensetzung von breiter Masse und großen Einzelnen und läuft im Weiteren auf einen Kampf beider Seiten gegeneinander hinaus. Diesen Kampf kann man mit einem von Nietzsche nicht gebrauchten Begriff als «asymmetrisch» bezeichnen: Die Massen kämpfen mit anderen Mitteln und auf anderem Terrain als die großen Einzelnen, und Nietzsches Gesellschaftsanalyse will Letztere darauf aufmerksam machen, vor wem und was sie sich unbedingt hüten müssen.

Die Gesellschaft in Wagners «Ring»

Es sind drei Gruppen – eine vierte, die Menschen, kommt erst später ins Spiel –, die in Wagners *Ring* miteinander um Macht und Einfluss kämpfen: die göttergleichen Lichtalben, die sich vorzugsweise in der Höhe aufhalten, auf Bergrücken wohnen oder durch die Wolken reiten; die Schwarzalben, zwergenhaft klein, die unter Tage leben; und die Riesen, die «der Erde Rücken» bevölkern. Schon ihre Benennung und die bevorzugten Aufenthaltsorte sagen etwas aus über die zwischen den Gruppen bestehende Hierarchie. Aber die Machtverhältnisse sind instabil, da weder die Schwarzalben noch die Riesen sich der Herrschaft Wotans auf Dauer fügen wollen. Diese besteht nämlich keineswegs von alters her, sondern ist jüngeren Datums, von Wotan begründet, der mit Hilfe und auf der Grundlage von Verträgen stabile und verlässliche Verhältnisse hergestellt hat. Dabei ging es dem Anführer der Lichtalben freilich auch darum, seine bis dahin prekäre Position zu festigen und gegen drohende Aufstände der Riesen wie der Zwerge abzusichern.[31]

Es sind unterschiedliche Fähigkeiten und Ressourcen, mit denen die drei Gruppen, die durchaus als gesellschaftliche Klassen angesehen werden können, ihren Kampf um Macht und Einfluss austragen. Die in diesem Ringen wichtigste Ressource Wotans ist seine Rationalität, das Wissen, das er im Umgang mit der älteren Göttin Erda erworben hat, und die Bereitschaft, sein Handeln an diesem Wissen zu orientieren. Wotan hat sich damit im Machtkampf die Überlegenheit verschafft, während sich die Riesen beim Geltendmachen ihrer Ansprüche auf körperliche Überlegenheit, ihre gewaltige Kraft, stützen können und die Zwerge, die mit ungeheurem Eifer die Erde nach Schätzen durchwühlen, Kunstfertigkeit und Schläue miteinander verbinden.[32] Riesen wie Zwerge waren, für sich genommen, keine wirkliche Bedrohung für Wotans Herrschaft: Dafür waren die Riesen, wie Fasolt gegenüber Wotan eingesteht, zu dumm («Ein dummer Riese / rät dir das»[33]), und die Zwerge, ohnehin weitgehend mit sich selbst beschäftigt («Sorglose Schmiede, / schufen wir sonst wohl / Schmuck unsern Weibern, / wonnig Geschmeid, / niedlichen Nibelungentand: / wir lachten lustig der Müh'»[34]), waren physisch zu schwach, um die Herrschaft der Lichtalben entscheidend in Frage zu stellen. Wenn beide sich jedoch miteinander verbündeten, konnten sie durchaus den Göttern gefährlich werden. Damit war freilich vorerst nicht zu rechnen, da sie sich in heftiger Abneigung und Rivalität gegenüberstanden. So sagt Fasolt zu seinem Bruder Fafner, nachdem er mitbekommen hat, dass der Nibelunge Alberich sich in den Besitz des Rheingolds gebracht hat: «Nicht gönn' ich das Gold dem Alben; / viel Not schuf uns der Niblung, / doch schlau entschlüpfte immer / unserem Zwang der Zwerg.»[35] Wotan hätte seine Macht auch dadurch sichern können, dass er Zwerge und Riesen immer wieder aufs Neue gegeneinander ausspielte und so deren Rivalität beförderte, aber er zog es vor, durch ein System von Verträgen seine Macht in Herrschaft zu verwandeln. So musste er nicht ständig auf der Hut sein – glaubte er jedenfalls.

Für diese Verstetigung seiner Macht hatte Wotan indes einen nicht unbeachtlichen Preis zu entrichten, nämlich sich selbst an diese Verträge halten zu müssen. Aus dem Widerspruch zwischen Wotans unbändigem Machtanspruch und seiner Bindung an das System der Verträge entspinnt sich das Geschehen im *Ring*. Auf die Verfassungsdebatte des 19. Jahrhunderts bezogen, war Wotan also ein konstitutioneller Herrscher, genau das somit, was die Verfassungsbewegung der 1848er-Revolution erreichen wollte: Der Wille des Machthabers sollte durch ein Rechtssystem, eine Verfassung, gezähmt und in die Bahnen des Berechenbaren gelenkt werden. Man kann den *Ring* als das Leiden des Herrschers an seiner Selbstbindung deuten und den Ausgang des Geschehens als Prognose verstehen, dass eine solche Ordnung auf Dauer nicht funktionieren werde: wegen der voluntaristischen Neigungen der Mächtigen, aber auch unter dem Druck der Herausforderungen, denen

An seinem Speer markiert Wotan die Höhe, bis zu der hin das Gold aus Alberichs Besitz aufgeschichtet werden muss, um Freia für die Riesen unsichtbar zu machen. Der Gebrauch des Speeres für diesen Zweck ist bemerkenswert, sind doch in seinen Schaft die Runen eingeschnitten, die für die vertragsbasierte Weltordnung Wotans stehen. Die nackte Göttin, deren sich die Riesen bemächtigt haben, muss völlig mit Gold «umkleidet» werden, um die beiden Riesen den lustvoll liebenden Umgang mit ihr vergessen zu lassen. Fafner interessiert sich ausschließlich für die Höhe der Markierung, während Fasolts auf Freias oberes Becken gelegte Hand zeigt, dass er nicht wirklich Liebe und Lust gegen Gold eintauschen will. Schließlich lassen sich beide von Wotan und Loge übertölpeln und erliegen der Verführungskraft des Goldes.

sie bei Befolgung ihrer Selbstbindungen nicht gewachsen waren.[36] Doch dieses Problem hätte sich durch einige Ausnahmeregeln, wie sie in den Verfassungen bis heute vorgesehen sind, lösen lassen – Wotan hätte angesichts der Bedrohung durch den von Alberich geschmiedeten Ring den Ausnahmezustand erklären können, um nach Bearbeitung des Problems zum Regelzustand zurückzukehren. Das legt nahe, das von Wotan geschaffene Vertragssystem bei der Deutung des *Rings* nicht auf den labilen Konstitutionalismus des 19. Jahrhunderts, sondern auf die Rechtsordnung der bürgerlichen Gesellschaft zu beziehen, also den *Ring* als Reflexion der *gesellschaftlichen* und nicht der *politischen* Ordnung zu begreifen. Die Verträge, von denen im *Ring* immer wieder die Rede ist, konstituieren dann keine Verfassungsordnung, sondern ein bürgerliches Rechtssystem.

Wotans Problem besteht darin, dass er mehr will, als das Vertragssystem ihm zu wollen erlaubt. Es handelt sich bei ihm und überhaupt der Sippe der Lichtalben nicht um rationale Bourgeois, die durch Religion oder kapitalistische Konkurrenz auf Asketismus und Bescheidenheit festgelegt sind. Vielmehr frönen sie im Gefühl der Macht ihren Neigungen und Leidenschaften, wobei sie ihre gesellschaftliche Stellung in eindrucksvollen Herrschaftszeichen repräsentiert sehen wollen. Die Lichtalben leben über ihre Verhältnisse, stürzen sich in Schulden, von denen sie nicht wissen, wie sie diese jemals begleichen sollen. Zugleich sind sie hinsichtlich des Lebensstils, den sie pflegen, nicht immer derselben Auffassung: Wotan lässt seinen Neigungen und seinem Begehren freien Lauf und beginnt, darin nicht unähnlich dem Zeus der griechischen Mythologie, ständig neue Amouren, während seine Gemahlin Fricka die Zweierbindung von Mann und Frau im Institut der Ehe als Bestandteil der vertraglich geschaffenen Rechtsordnung hochhält. Es sind Bourgeois mit feudalaristokratischen Allüren – Alberich nennt sie einmal «ewige Schwelger»[37] –, die Wagner im *Ring* als gesellschaftlich herrschende Klasse auftreten lässt. Gesellschaftsanalytisch betrachtet, positioniert Wagner sich damit in einem Gegensatz zu Marx.[38] Das hat weitreichende Folgen für das politische Schicksal der Bourgeoisie: Bei Wagner scheitert sie zuletzt daran, dass ihre sozialmoralischen Dispositionen nicht mit der von ihr geschaffenen Ordnung zusammenpassen, während Marx den erwarteten Untergang der Bourgeoisie auf die strukturellen Mechanismen des Kapitalismus zurückführt. Die Bourgeoisie Wagners könnte ihren Untergang vermeiden, wenn sie rationaler und vorausschauender wäre; die Bourgeoisie Marx' geht gerade infolge der konkurrenzgestählten Rationalität ihres Handelns dem Untergang entgegen.

Man kann durchaus darüber streiten, welches Bild der Bourgeoisie das realitätsnähere ist – vermutlich das Wagners, denn so manche Industriellen- oder Bankiersvilla, die im Deutschland der Gründerzeit errichtet wurde, hat Ähnlichkeiten mit Wotans Burg, von der dieser selbst sagt: «Der Wonne seligen Saal / bewachen mir Tür und Tor: / Mannes Ehre, / ewige Macht, / ragen zu endlosem Ruhm!»[39] Oder auch: «Prachtvoll prahlt / der prangende Bau! / Wie im Traume ich ihn trug, / wie mein Wille ihn wies, / stark und schön / steht er zur Schau: / hehrer, herrlicher Bau!»[40] – Aber Wotan hat sich, wie so mancher in der Gründerkrise, finanziell übernommen, denn um die riesigen Quader der Burg aufeinanderzutürmen, bedurfte er der Riesen und ihrer gewaltigen Kraft. «Lichtsohn du, leicht gefüger», nennt Fasolt Wotan einmal, auf dessen körperliche Konstitution anspielend. Nicht physische Kraft, sondern rationales Wissen ist die Grundlage von Wotans Macht, und wo harte physische Arbeit gefragt ist, muss er sich auf andere verlassen, die anschließend zu bezahlen sind.

In einer Mischung aus Repräsentationswahn, Selbstüberschätzung und Leichtsinn hat Wotan den Riesen als Lohn für den Burgbau seine Schwägerin Freia versprochen, wobei er offensichtlich davon ausging, dass er diesen Lohn nie zu bezahlen habe. Loge, der den Lichtalben nicht zugehörige Feuergott,[41] werde ihm dabei, so Wotans Vorstellung, schon aus der Patsche helfen. Bevor es dazu kommt, entspinnt sich ein Streit zwischen Wotan und Fricka um den Bau der Burg und den von Wotan zugesagten Lohn. Fricka, so Wotan auf die Vorhaltungen seiner Frau, habe doch selbst darum gebeten, die Burg errichten zu lassen. Aber niemals, entgegnet sie, habe das Haus so groß und teuer werden sollen. Schließlich gesteht Fricka ein, sie habe gehofft, mit «herrlicher

Wohnung, / wonnigem Hausrat» Wotan an sich binden zu können, um ihn von Liebesabenteuern abzuhalten. «Doch du bei dem Wohnbau sannst / auf Wehr und Wall allein: / Herrschaft und Macht / soll er dir mehren; / nur rastlosern Sturm zu erregen / entstand die ragende Burg.»[42] Beide haben offenbar sehr unterschiedliche Vorstellungen von einer angemessenen Behausung: Frickas Blick ist nach innen, der Wotans nach außen gerichtet. Und zusätzlich steht im Hintergrund der Konflikt um Wotans eheliche Treue. Dieser Konflikt innerhalb der Lichtalbensippe wird im Weiteren noch erhebliche Folgen haben.

Die bourgeoise Göttergesellschaft hat Gegenspieler, die durchaus proletarische Züge tragen. Einmal die Riesen, von denen Fasolt sagt, «wir Plumpen plagen uns / schwitzend mit schwieliger Hand»[43] – Leute also, die schwere körperliche Arbeit verrichten müssen, um ans Ziel zu gelangen. Und sodann die Zwerge, die tief in der Erde nach Schätzen wühlen – zunächst aus freien Stücken und zum eigenen Vergnügen, später aber, nachdem Alberich das Rheingold geraubt und zum Ring umgeschmiedet hat, um für diesen einen Hort zusammenzutragen, der Alberich helfen soll, den Lichtalben die Macht zu entreißen. Mime, Alberichs Bruder, berichtet, wie aus der zuvor arbeitsam-anarchischen Zwergengesellschaft ein Sklavenstaat wurde, in dem die Nibelungen nicht mehr aus eigenem Antrieb, sondern unter Alberichs Zwang arbeiten: «Nun zwingt uns der Schlimme / in Klüfte zu schlüpfen, / für ihn allein / uns immer zu mühn. / Durch des Ringes Gold / errät seine Gier, / wo neuer Schimmer / in Schachten sich birgt: / da müssen wir spähen, / spüren und graben, / die Beute schmelzen / und schmieden den Guß, / ohne Ruh' und Rast / den Hort zu häufen dem Herrn.»[44] Eine Gesellschaft zuvor freier, auf eigene Faust und eigene Kosten tätiger Handwerker ist in ein Heer proletarischer Berg- und Fabrikarbeiter verwandelt worden, das von einem brutal ausbeuterischen Herrn zu immer längerer Arbeit unter immer schlechteren Bedingungen gezwungen wird.

Wagner bringt im *Ring* zwei unterschiedliche «Proletariate» auf die Bühne. Bei den Riesen handelt es sich im Unterschied zu den Zwergen um nach wie vor freie Handwerker, die für ihre Arbeit jedoch nicht angemessen, jedenfalls nicht vertragsgemäß entlohnt werden, denn

Wotan ist von Anfang an bestrebt, sie um ihren Lohn zu betrügen: «Um den Sold sorge dich nicht», sagt er zu Fricka, als die ihn wegen ihrer Schwester Freia bedrängt. Hier zeigt sich Wotans Leichtsinn, seine Sorglosigkeit im Umgang mit Problemen, die er sich durch sein Repräsentationsbedürfnis eingehandelt hat, sein Vertrauen darauf, dass sich schon einer finden wird, der für ihn die Kastanien aus dem Feuer holt. Alberich charakterisiert Wotan und die Seinen einmal als jene, «die in linder Lüfte Weh'n / da oben ihr lebt, / lacht und liebt».[45] Und zu einem späteren Zeitpunkt: «Doch lacht nur zu, / ihr leichtsinniges, / lustgieriges / Göttergelichter.»[46] Das sind feindselige, aber keineswegs unzutreffende Bezeichnungen für die Lichtalben.

Das Leben der Götter ist in Wagners Darstellung durch konsumtiven Luxus gekennzeichnet; sie nehmen an der Produktion des Reichtums nicht teil, sondern eignen sich an, was andere geschaffen haben. Betrug und Raub sind ihnen die Mittel dazu. Das gilt für Walhall, aber im Weiteren auch für Hort und Ring, die sich in Alberichs Besitz befinden und ihm geraubt werden. Wenn es nicht noch mehr ist, was die Lichtalben auf diese Weise in ihren Besitz bringen, dann liegt das nur daran, dass sie durch die ihre Herrschaft sichernden Verträge daran gehindert werden. Im Verlauf des Geschehens aber wird Wotan die prekäre Grundlage seiner göttlichen Existenz klar, und er bemüht sich um deren Absicherung, während die anderen Lichtalben, einmal abgesehen von Fricka als Hüterin der Ehe, weiterhin sorglos vor sich hinleben. Die Sorge im Sinne des ständigen Bedenkens der Zukunft überlassen sie anderen, den Zwergen und den Riesen. «Da reitet er hin / auf lichtem Roß», sagt Alberich über Wotan, «mir läßt er Sorg' und Spott!»[47] Fafner, der den Hort mitsamt dem Ring gewann, hat sich aus Sorge um diesen Schatz in einen gewaltigen Drachen verwandelt und in eine Höhle zurückgezogen. Er führt die Existenz eines besorgten Auf-der-Hut-Seins. Wotan versucht seinerseits durch vorsorgende Maßnahmen, die von Alberich drohende Gefahr für die Herrschaft der Götter abzuwenden. Das ist die Zeit, in der er nicht mehr als «göttlicher Schwelger», sondern als Vorsorge treffender Wälse oder die Welt durchstreifender Wanderer auftritt. Die Sorge hat nunmehr auch von Wotan Besitz ergriffen.

Während Marx sich das Ende der Bourgeoisie als revolutionären Sieg des Proletariats vorgestellt hat, nachdem dieses durch die Selbstverkleinerung der Kapitalistenklasse infolge gegenseitigen Niederkonkurrierens immer größer und mächtiger geworden ist, scheitert die Götter-Bourgeoisie Wagners nicht an der Kraft und Gewalt ihrer Gegenspieler, sondern an der Aushöhlung der Ordnung, von der sie abhängig ist, also durch ihr eigenes Tun. Es gibt keinen Sieg der proletarischen und quasiproletarischen Gegenmächte. Die Riesen haben sich, von Loges Angebot betört, anstelle Freias den Hort als Lohn für ihre Arbeit zu erhalten, untereinander zerstritten; Fafner hat seinen Bruder Fasolt erschlagen und sich danach in besagten Drachen verwandelt, der schließlich von Siegfried getötet wird. Im Sterben berichtet er seinem Bezwinger noch vom Scheitern der Riesen als Herrscher der Welt: «Die einst der Welt gewaltet, / der Riesen ragend Geschlecht, / Fasolt und Fafner, / die Brüder fielen nun beide.»[48] Offenbar haben vor der vertragsbasierten Lichtalbenherrschaft die Riesen, die Klasse mit der größten physischen Kraft, die Welt beherrscht, bevor sie von den körperlich schwächeren, dafür mit größerem Wissen ausgestatteten Lichtalben aus dieser Position verdrängt wurden. Der Aufstieg der Lichtalben hat die Riesen proletarisiert; nur noch über körperliche Kraft als Ressource des Machtanspruchs zu verfügen erwies sich in Konkurrenz mit den Lichtalben als zu wenig. Selbst mit seinem Schatz, Hort und Ring, hat Fafner nichts anzufangen gewusst, sondern ihn nur bewacht und gehütet. Ohne Wissen sind selbst Gold und Geld keine tragfähigen Machtressourcen.

Doch nicht nur an fehlendem Wissen scheitern die Riesen, sondern auch an ihrer eigenen Uneinigkeit. Sie kennen keine anderen Mechanismen als den Einsatz von Kraft und Gewalt, um Meinungsverschiedenheiten untereinander zu klären; es mangelt ihnen an der Solidarität, die sie bräuchten, um Dritten gegenüber geschlossen aufzutreten. So können Wotan und Loge sie leicht gegeneinander ausspielen und sie dazu provozieren, ihre unterschiedlichen Lohnpräferenzen – Fasolt bevorzugt Freia, Fafner eher das Gold – zu einem offenen Streit ausarten zu lassen, der für Fasolt tödlich endet. Die vorangegangenen Dispute mit Wotan und Loge ebenso wie die der Riesen untereinander

Fafner erschlägt seinen Bruder Fasolt im Streit um die Aufteilung des Goldhorts. Die Baumstämme, die bei der Aufschichtung des Horts als Messlatte dienten, sind nun zu tödlichen Waffen geworden. Die das Geschehen beobachtenden Götter im oberen Bilddrittel sind erleichtert, dass sich ihre Kontrahenten gegenseitig massakrieren und nicht ihre maßlose Kraft gegen die Götter richten. Zugleich bemerken sie aber auch, dass Alberichs Verfluchung des Rings wirkt: Statt grenzenloser Macht bringt er dem, der ihn besitzt, nur Unheil.

legen nahe, dass Fasolt der Klügere, jedenfalls der weiter Blickende der beiden ist. Wotan kann davon ausgehen, dass ein auf sich allein gestellter Fafner, obgleich im Besitz von Hort und Ring, keine Bedrohung für die Herrschaft der Lichtalben darstellt.

Das ist bei den Zwergen anders. Sie können der Lichtalbenherrschaft tatsächlich gefährlich werden, weswegen Wotan eine Reihe von Vorkehrungen trifft, um ihrem Angriff begegnen zu können. Wotan und Loge gegenüber spricht ein überaus selbstbewusster, weil zu diesem Zeitpunkt im Besitz des Rings befindlicher Alberich offen aus, worum es ihm geht: «Schätze zu schaffen / und Schätze zu bergen, / nützt mir Nibelheims Nacht; / doch mit dem Hort, / in der Höhle gehäuft, / denk ich dann Wunder zu wirken: / die ganze Welt / gewinn' ich mit ihm mir zu eigen.»[49] Im Dunkel der Tiefe bereitet Alberich also den Griff nach der Weltherrschaft vor. Als Erstes will er die männlichen Lichtalben dazu bringen, nur noch nach Gold zu gieren und darüber die Liebe zu vergessen, um sich anschließend die weiblichen Lichtalben als Lustobjekte gefügig zu machen: «Denn dient ihr Männer / erst meiner Macht, / eure schmucken Frau'n – / die mein Frei'n verschmäht – / sie zwingt zur Lust sich der Zwerg, / lacht Liebe ihm nicht.»[50] Mit Gold und Gewalt will Alberich erlangen, was die Riesen durch Arbeit und Entlohnung zu erreichen hofften: «Die ihr durch Schönheit herrscht», hatte Fasolt Wotan entgegengehalten, «schimmernd hehres Geschlecht, / wie törig strebt ihr / nach Türmen von Stein, / setzt um Burg und Saal / Weibes Wonne zum Pfand! / Wir Plumpen plagen uns / schwitzend mit schwieliger Hand, / ein Weib zu gewinnen, / das wonnig und mild / bei uns Armen wohne.»[51] Auch den Riesen geht es also um Liebe und Lust, die ihnen vor allem die weiblichen Lichtalben zu bieten scheinen. Um Freia zu gewinnen, haben sie sich auf den Bau Walhalls eingelassen. Es ist der (männliche) Sexualtrieb, der das Verhalten der drei miteinander konkurrierenden Gesellschaftsklassen steuert und ihre Konkurrenz antreibt. Die Riesen versuchen auf dem Weg des Tausches, Alberich dagegen durch das Gold, das Begehrte in die Hand zu bekommen. Das sind Konstellationen, die eine psychoanalytische Betrachtung geradezu herausfordern, und dementsprechend sind in den letzten Jahrzehnten einige Inszenierungen des *Rings* dieser freudianischen Spur gefolgt.

Der beim Werben um die Gunst der Rheintöchter zutiefst gedemütigte Alberich[52] hat sich gegen die Liebe und für die Macht entschieden. So vermochte er sich in den Besitz des Rheingolds zu bringen, dabei durchaus mit dem Hintergedanken, die ihm versagt gebliebene Liebe durch pure Lust zu kompensieren. Es ist ein im Vergleich zu den Riesen sehr viel längerer Weg, den er zurückzulegen bereit ist, um sich Freias – und womöglich auch Frickas – zu bemächtigen. Aber bevor er zum Kampf gegen die männlichen und weiblichen Lichtalben antreten kann, muss er zunächst die Nibelungen, Schwarzalben wie er, unter seine Kontrolle bringen, um sie zur Fronarbeit zu zwingen. Sie müssen ihm den Goldhort verschaffen, der, neben dem von ihm selbst geschmiedeten Ring und der von seinem Bruder Mime gefertigten Tarnkappe, den Kampf um die Weltherrschaft entscheiden soll. Bevor er die Götter unterwerfen kann, muss Alberich also Seinesgleichen unterwerfen und ein brutales Ausbeutungsregime über sie errichten.

Nicht die selbstverliebte Aristokratie der Lichtalben, sondern einer aus den eigenen Reihen verwandelt die Nibelungen, zuvor selbständige Bergleute und Feinschmiede, in ein ausgebeutetes Proletariat. Wagners Vorstellung vom Kampf der Klassen geht somit in eine andere Richtung als die von Marx; bei ihm stehen, wenn man so will, klassen*interne* Auseinandersetzungen im Zentrum des Geschehens. Diese finden mit brutaler Gewalt statt: Fafner erschlägt seinen Bruder Fasolt im Streit um die Aufteilung des Nibelungenhorts, und Alberich unterwirft die Zwerge seinem Zwangsregime. Selbst die Lichtalben Fricka und Wotan streiten heftig um die Einhaltung der Eheverträge, und durch diesen Konflikt werden Wotans Vorsorgemaßnahmen für den Kampf gegen die Zwerge immer wieder durchkreuzt. Zum entscheidenden Duell zwischen Wotan und Alberich kommt es indes gar nicht, und ihr zweimaliges persönliches Aufeinandertreffen läuft allenfalls auf die Vorbereitung eines Endkampfes hinaus, der dann doch nicht stattfindet. Es bleibt bei «Stellvertreterkriegen», in denen mal die eine und dann wieder die andere Seite im Vorteil ist. Am Ende gehen dennoch beide Seiten unter.

Die Verhältnisse, die Alberich seit dem Raub des Rheingolds in der Nibelungengesellschaft geschaffen hat, zeigen sich bei Wotans und Loges Besuch in Nibelheim: Der Schwarzalbe hat eine Gewaltherrschaft errichtet, bei der die Magie des Rings ihm eine Überlegenheit verleiht, der die Nibelungen, selbst wenn sie gemeinsam gegen ihn Front machen würden, nicht gewachsen wären. Obendrein versetzt der Ring ihn in die Lage, die verborgenen Absichten und Hintergedanken der Unterworfenen zu durchschauen, wodurch er jede Opposition schon im Ansatz zerschlagen kann. Darin steht er einem Diktator unserer Tage, der mit brutaler Gewalt und geheimdienstlichen Mitteln eine Bevölkerung beherrscht, sehr viel näher als einem aus den Reihen der kleinen Geldverleiher aufgestiegenen Bankier, der mit Kapital und Schläue gesellschaftliche Macht und politischen Einfluss erlangt hat – wie dies die verbreitete Deutung Alberichs als Judenkarikatur nahelegt. Die Ironie der Geschichte besteht freilich darin, dass viele dieser modernen Diktatoren politischen Bewegungen entstammen, die sich ursprünglich einmal die Befreiung der Ausgebeuteten und Unterdrückten aufs Panier geschrieben haben. Im Rückblick auf das 20. Jahrhundert würde man Alberichs Herrschaft wohl eher mit der Geschichte der bolschewistischen Machtbildung assoziieren, von den «Bruderkämpfen» in der Führungsriege bis zu den sibirischen Arbeitslagern, als mit einer kapitalistischen Herrschaft, wie sie Wagner wohl vor Augen hatte, oder auch mit dem Aufstieg eines faschistischen Herrschers, der sich auf eine lumpenproletarisch-kleinbürgerliche Basis stützt. Es sind jedenfalls stärker assoziative als analytische Verbindungen, die man von Wagners *Ring* her zu den sozialen Konstellationen des 20. und 21. Jahrhunderts herstellen kann, aber das ist einem mit mythischem Material arbeitenden Künstler schwerlich zum Vorwurf zu machen.

Wotan und Loge haben sich nach Nibelheim eingeschlichen, und sie bekommen, da ihre Anwesenheit zunächst nicht bemerkt wird, in allen Details mit, wie Alberich mit seinem Bruder Mime umgeht. Ihm hat der neue «starke Mann» die Anweisung erteilt, ein «metallenes Gewirke» zu schmieden, das später als Helm oder Kappe bezeichnet wird und die magische Fähigkeit besitzt, seinen Träger unsichtbar zu machen oder ihm nach Wunsch jede andere Gestalt zu verleihen. Mime behauptet, mit dem Werk noch nicht fertig geworden zu sein, was ihm Alberich jedoch nicht glaubt. Er malträtiert seinen Bruder so lange am Ohr, bis Mime ihm das Gefertigte aushändigt. Darauf Alberich: «Schau, du Schelm! / Alles geschmiedet / und fertig gefügt, / wie ich's befahl! / So wollte der Tropf / schlau mich betrügen, / für sich behalten / das hehre Geschmeid, / das meine List / ihn zu schmieden gelehrt?»[53] Alberich bestraft Mime mit Geißelhieben und rühmt sich der neuen Macht, die ihm der Tarnhelm verleiht: «Niblungen all', / neigt euch Alberich! / Überall weilt er nun, / euch zu bewachen; / Ruh' und Rast / ist euch zerronnen; / ihm müßt ihr schaffen, / wo nicht ihr ihn schaut; / wo ihr nicht ihn gewahrt, / seid seiner gewärtig: / untertan seid ihr ihm immer!»[54] Alberichs Herrschaft über die Nibelungen gründet sich auf Gewaltandrohung und permanente Überwachung.

Wotan und Loge, die sich Mime gegenüber als Freunde der unterdrückten Nibelungen ausgeben – auf die Frage, wer sie seien, antworten sie: «Freunde dir; / von ihrer Not / befrein wir der Niblungen Volk»[55] –, erleben nun, wie Alberich Ring und Helm zu nutzen weiß, um den Goldhort zu mehren. Er treibt, so die Regieanweisung, «mit geschwungener Geißel aus der unteren, tiefer gelegenen Schlucht, aufwärts eine Schar Nibelungen vor sich her: diese sind mit goldenem und silbernem Geschmeide beladen, das sie, unter Alberichs stetem Schimpfen und Schelten, all auf einen Haufen speichern und so zu einem Horte häufen».[56] Er gibt Anweisungen, wie dieser Hort aufgeschichtet werden soll, und treibt die, die vor kurzem noch Seinesgleichen waren, mit finsteren Drohungen zur Arbeit an: «He! an die Arbeit! / Alle von hinnen! / Hurtig hinab! / Aus den neuen Schachten / schafft mir das Gold! / Euch grüßt die Geißel, / grabt ihr nicht rasch! / Daß keiner mir müßig, / bürge mir Mime, / sonst birgt er sich schwer / meines Armes Schwunge: / daß ich überall weile, / wo niemand es wähnt, / das weiß er, dünkt mich, genau. –»[57] Wir sehen hier Alberich auf dem Höhepunkt seiner Macht, die Nibelungen beherrschend, sie knechtend und ausbeutend. Das ist die Voraussetzung dafür, dass er sich zutrauen kann, mit den Göttern in den Kampf um die Weltherrschaft einzutreten.

Doch Alberichs Herrschaft hat nur kurzen Bestand, denn er lässt sich von Loge, der seine Eitelkeit geschickt ausnutzt, hereinlegen. Alberich wird überwältigt, gefesselt und über der «Erde Rücken» auf einen Walhall gegenüberliegenden Hügel geschafft. Als Preis für seine Freilassung verlangt Wotan den Goldhort; also muss Alberich, um seine Fesseln loszuwerden, die Nibelungen anweisen, den Hort heraufzuschaffen und ihn den Lichtalben auszuliefern. Die ärgste Tortur ist für ihn, dass dabei die, die er als seine Knechte ansieht, ihn als Gefangenen sehen: «O schändliche Schmach, / daß die scheuen Knechte / geknebelt selbst mich erschaun!»[58] Das Bild des allgegenwärtigen und machtvollen Herrschers wird erschüttert, und die gerade erst Unterworfenen könnten Befreiungsideen entwickeln.

Doch die Zwerge folgen weiterhin Alberichs harsch vorgetragenen Anweisungen; sie parieren aufs Wort auch dann, wenn der Anweisungen Gebende die Geißel nicht schwingen kann. Alberichs Weltherrschaftsprojekt ist mit der Auslieferung des Horts vorerst gestoppt, jedoch nicht für alle Zeit beendet. Zwar begnügt sich Wotan nicht mit dem Hort und verlangt auch noch Helm und Ring dazu, bevor er Alberich freigibt, aber das nutzt dem obersten Lichtalben nicht viel, da er all das bald danach an die Riesen weiterreichen muss, die erst dann Freia freigeben – und bei der Verteilung des Lohns in tödlichen Streit geraten. Das ist für die Herrschaft der Götter von Vorteil. Alberich jedoch sinnt darauf, den Lichtalben die erlittene Schmach heimzuzahlen. Er hat den Ring als der «Freiheit erster Gruß» verflucht – und dieser Fluch wird den weiteren Gang des Geschehens bestimmen: «Wie durch Fluch er mir geriet, / verflucht sei dieser Ring! / Gab sein Gold / mir – Macht ohne Maß, / nun zeug sein Zauber / Tod dem – der ihn trägt! / Kein Froher soll / seiner sich freu'n; / keinem Glücklichen lache / sein lichter Glanz; / wer ihn besitzt, / den sehre Sorge, / und wer ihn nicht hat, / nage der Neid! / Jeder giere / nach seinem Gut, / doch keiner genieße / mit Nutzen sein'; / ohne Wucher hüt' ihn sein Herr, / doch den Würger zieh' er ihm zu! / Dem Tode verfallen, / feßle den Feigen die Furcht; / so lang' er lebt, / sterb' er lechzend dahin, / des Ringes Herr / als des Ringes Knecht: / bis in meiner Hand / den geraubten wieder ich halte!»[59]

William T. Mauds 1890 entstandenes Bild «Walkürenritt» sucht das Wilde und Ungebändigte der Wagnerschen Walkürenmusik mit den Mitteln der Malerei darzustellen: geharnischte Frauen, die auf temperamentvollen Pferden durch die Wolken jagen, unterwegs zu einem Schlachtfeld, wo sie gefallene Helden für Wotans Heer einsammeln, das der Gott für den Endkampf gegen die Streitkräfte Alberichs aufstellt.

Bis ins Einzelne wird sich dieser Fluch Alberichs bestätigen. Aber es ist, genau betrachtet, kein Kampf der Proletarisierten gegen eine feudalaristokratische Bourgeoisie, der sich hier entwickelt, sondern der Kampf zweier Einzelner um die Herrschaft über alle anderen. Den geknechteten Nibelungen würde Alberichs Sieg kein Ende von Ausbeutung und Unterdrückung bringen, weil diesen ihr Schicksal nicht interessiert. Am ehesten noch wird man ihn als einen Revolutionär im Sinne Max Stirners bezeichnen können, dessen Buch *Der Einzige und sein Eigentum* Wagner zumindest in Grundzügen bekannt war – als einen, der sich in dem Streben nach der Erfüllung seiner Wünsche und Interessen allein auf sich selber konzentriert. Solidarität ist für ihn eine Zumutung, die ihn um sein Eigenes bringt – deswegen ist damit auch nicht zu rechnen. Wotan geht es um den Fortbestand seiner Macht, von dem die anderen Lichtalben profitieren würden. Aber die Sorge um diese Macht trägt Wotan allein. Die anderen Götter sind bloß die Nutznießer.

Wagner hat vom Proletariat sowie den ihm nahestehenden Schichten nicht viel erwartet. Die unter Proletarisierungsdrohung stehenden selbständigen Bauunternehmer, die Riesen, lassen sich gegeneinander ausspielen, während die durch einen der Ihren versklavten Zwerge sich als notorisch feige erweisen und nicht einmal an Arbeitsverweigerung denken, als ihr Herr nicht mehr in der Lage ist, sie dafür zu bestrafen.

Von beiden ist im buchstäblichen Sinne kein Aufstand zu erwarten. Und die Götter, die aktuellen Inhaber der Weltherrschaft? Sie ahnen, dass Alberichs Fluch wirksam sein wird, als sie beobachten, wie Fafner Fasolt erschlägt, aber zunächst wollen sie nach dem Rückkauf Freias ihre wiedererlangte Sorglosigkeit genießen. Über eine Regenbogenbrücke ziehen sie in die prangende Burg ein, von der sie Schutz und Schirm gegen Gefahren jeglicher Art erwarten: «Es naht die Nacht:», so Wotan, «vor ihrem Neid / biete sie Bergung nun. / So – grüß' ich die Burg, / sicher vor Bang und Grau'n.»[60] Loge freilich, dessen listiges Verhalten den Riesen wie Alberich gegenüber die Lichtalbenherrschaft gerettet hat, ist skeptisch und bezweifelt, dass diese Herrschaft noch von langer Dauer sein wird: «Ihrem Ende eilen sie zu, / die so stark im Bestehen sich wähnen. / Fast schäm' ich mich / mit ihnen zu schaffen; / zur leckenden Lohe / mich wieder zu wandeln / spür' ich lockende Lust. / Sie aufzuzehren, / die einst mich gezähmt, / statt mit den blinden / blöd zu vergehn – [...] / nicht dumm dünkte mich das!»[61] Loges Bedenken nehmen vorweg, was schließlich eintreten wird.

Marx' geschichtsphilosophische Aufladung von Bourgeoisie und Proletariat

Marx hat den Kapitalismus als großen Vereinfacher beschrieben: Was sonst die Aufgabe des Gesellschaftsanalytikers war, nämlich aus der Vielfalt sozialer Lagen die wichtigsten herauszugreifen und sie begrifflich so zu konturieren, dass daraus ein tendenziell vollständiges und doch differenziertes Bild der Gesellschaft entstand, hat nach Marx die sozioökonomische Dynamik übernommen, die aus der sozialen Vielfalt zwei große Lager hervortreten ließ, die sich antagonistisch gegenüberstanden. Mehr Übersichtlichkeit ging nicht. Das war freilich keine präzise Bestandsaufnahme der bestehenden Gesellschaft, sondern eine Tendenzbeschreibung, ein Bild dessen, wohin sich die Gesellschaft früher oder später entwickeln würde. Marx sah sie durch den Gegensatz von Bourgeoisie und Proletariat gekennzeichnet, wobei es keine Zwischen- und Mittelschichten mehr gab; einige wenige der ihnen vormals Zugehörenden würden in die Bourgeoisie aufsteigen, die große Mehrheit dagegen ins Proletariat absinken. Die Geschichte ist zwar schon immer eine von Klassenkämpfen gewesen, so Marx' zentrale These, aber deren Vielfalt und Widersprüchlichkeit hat sich erst im Kapitalismus antagonistisch zugespitzt. Das unterscheidet die kapitalistische Gesellschaft von allen vorangegangenen.

«In den früheren Epochen der Geschichte», so die wie in Stein gemeißelten Sätze des *Kommunistischen Manifests*, «finden wir fast überall eine vollständige Gliederung der Gesellschaft in verschiedene Stände, eine mannigfaltige Abstufung der gesellschaftlichen Stellungen. Im alten Rom haben wir Patrizier, Ritter, Plebejer, Sklaven; im Mittelalter Feudalherren, Vasallen, Zunftbürger, Gesellen, Leibeigene, und noch dazu in fast jeder dieser Klassen wieder besondere Abstufungen. Die aus dem Untergang der feudalen Gesellschaft hervorgegangene moderne bürgerliche Gesellschaft hat die Klassengegensätze nicht aufgehoben. Sie hat nur neue Klassen, neue Bedingungen der Unterdrückung, neue Gestaltungen des Kampfes an die Stelle der alten gesetzt. Unsere Epoche, die Epoche der Bourgeoisie, zeichnet sich jedoch dadurch aus, dass sie die Klassengegensätze vereinfacht hat. Die ganze Gesellschaft spaltet sich mehr und mehr in zwei große, einander direkt gegenüberstehende Klassen: Bourgeoisie und Proletariat.»[62]

Nicht die analytische Begabung des Beobachters hat also diese übersichtlichen Verhältnisse hervorgebracht, sondern die gesellschaftliche Entwicklung selber, und je weiter diese Entwicklung fortschreitet, desto deutlicher wird die antagonistische Grundstruktur der Gesellschaft. In einem frühen Stadium ihrer Geschichte mochte sie nur schwer zu erkennen gewesen sein, seit einiger Zeit aber sei die antagonistische Struktur auch für einen ungeschulten Beobachter erkennbar, und schließlich werde sie so offen zutage treten, dass eigentlich niemand mehr sie übersehen könne – so Marx' Überzeugung. Die Pointe seiner Gesellschaftsanalyse besteht in deren geschichtsphilosophischer Unterfütterung, durch die sie sich gegen empirische Einwände und Differenzierungsanforderungen immunisiert. Da Marx von national wie regional unterschiedlichen Entwicklungsstadien ausging, hatte er auf derlei Einwände immer eine Antwort: Wo das generell Angenommene nicht erkennbar sei, sei die Entwicklung lediglich noch nicht weit genug fortgeschritten. Nur wenn man ausgesprochen lange Beobachtungszeiträume zugrunde legte, war die Marxsche Gesellschaftsanalyse kritisierbar, und selbst dann ließ sich gegen die Kritik immer noch geltend machen, die zum Maßstab genommene Zeitspanne sei zu kurz, der gesellschaftliche Antagonismus sei noch im Entstehen begriffen, werde sich aber «mit Notwendigkeit» durchsetzen. Diagnose und Prognose sind auf eine Weise ineinander verflochten, dass sie tendenziell unwiderlegbar sind.

Die Plausibilität der Prognose wiederum wird bei Marx durch eine Reihe von Beobachtungen unterfüttert: «Die Bourgeoisie hat das Land der Herrschaft der Stadt unterworfen. Sie hat enorme Städte geschaffen, sie hat die Zahl der städtischen Bevölkerung gegenüber der ländlichen in hohem Grade vermehrt und so einen bedeutenden Teil der Bevölkerung dem Idiotismus des Landlebens entrissen. Wie sie das Land von der Stadt, hat sie die barbarischen und halbbarbarischen Länder von den zivilisierten, die Bauernvölker von den Bourgeoisvölkern, den Orient vom Okzident abhängig gemacht.»[63] Diese Beobachtungen waren für jeden Zeitgenossen von Marx sinnfällig. Auch bei Wagner tauchen sie auf, wenngleich nicht als Indikatoren des Fortschritts. Da nun die Bourgeoisie alle Macht- und Abhängigkeitsverhältnisse der Vergangenheit entweder aufgelöst oder in ihr Gegenteil verkehrt und damit etwas bewirkt hatte, was es zuvor nicht gegeben hatte, war ihr auch zuzutrauen, dass sie die bisherige Vielfalt der gesellschaftlichen Ordnung in eine streng antagonistische Konstellation verwandeln würde. Sieht man genau hin, so handelt es sich bei dem, was Marx als Bourgeoisie bezeichnet, also nicht nur um eine gesellschaftliche Klasse, sondern obendrein um einen geschichtlichen Vektor – eine Kraft, die alles, was bis dahin langsam und Schritt für Schritt vonstattengegangen ist, auf nie dagewesene Weise beschleunigt hat.

Indem Marx die Wucht und das Ausmaß der geschichtlichen Veränderung herausstellt, kann er die gesellschaftsanalytischen Leitbegriffe seiner Überlegungen, «Bourgeoisie» und «Proletariat», als sogenannte Containerbegriffe verwenden. Dabei geht es weniger um das differenzierte Auseinandersortieren des darin Enthaltenen als um die Sortierleistung des Containers: Entweder Bourgeoisie oder Proletariat, alles andere spielt keine Rolle. Die Überblendung von Gesellschaftsbeobachtung und Geschichtstheorie führt bei Marx zu einem Gesellschaftsbild, das letztlich nicht weniger impressionistisch ist als das Wagners. Marx zeichnet eine völlig andere Bourgeoisie, als Wagner das mit der selbstverliebten, auf Statik bedachten und letzten Endes konservativen Göttergesellschaft getan hat. Und doch treffen sich Marx' und Wagners Impressionen des Bourgeoisen darin, dass dieses in beiden Fällen seinem Untergang entgegengeht: Wagners feudalaristokratische Bourgeoisie, weil sie durch ihre Lebensweise die vertragsbasierte Herrschaftsordnung ruiniert hat, und Marx' kapitalistische Bourgeoisie, weil sie durch die in Gang gesetzte Dynamik die Grundlagen ihrer Herrschaft zerstören wird. «Die bürgerlichen Produktions- und Verkehrsverhältnisse, die bürgerlichen Eigentumsverhältnisse, die moderne bürgerliche Gesellschaft, die so gewaltige Produktions- und Verkehrsmittel hervorgezaubert hat, gleicht dem Hexenmeister, der die unterirdischen Gewalten nicht mehr zu beherrschen vermag, die er heraufbeschwor.»[64] Auch Marx bedient sich einer literarischen Assoziation, in seinem Fall einer zu Goethe, wenn er das Ende derer voraussagt, die gerade noch «so stark im Bestehen sich wähnen».

Um die Differenz zwischen Marx und Wagner zuzuspitzen: Wagners Bourgeoisie ist zu konservativ, um unter den von ihr geschaffenen Verhältnissen politisch überleben zu können; Marx' Bourgeoisie hingegen ist zu revolutionär, um nicht der von ihr selbst angestoßenen Entwicklung zum Opfer zu fallen. Hegel hatte in seiner Analyse der bürgerlichen Gesellschaft noch konstatiert, dass in Anbetracht der Pauperisierung ganzer Schichten die Vermehrung der Arbeit nur die Menge der Produkte vervielfachen würde, die keine Abnehmer fänden, und daraus geschlussfolgert: «Es kommt hierin zum Vorschein, daß bei dem *Übermaße des Reichtums* die bürgerliche Gesellschaft *nicht reich genug ist*, d. h. an dem ihr eigentümlichen Vermögen nicht genug besitzt, dem Übermaße der Armut und der Erzeugung des Pöbels zu steuern.»[65] Marx stellt knapp drei Jahrzehnte später fest: «Die bürgerlichen Verhältnisse sind zu eng geworden, um den von ihnen erzeugten Reichtum zu fassen. – Wodurch überwindet die Bourgeoisie die Krisen? Einerseits durch die erzwungene Vernichtung einer Masse von Produktivkräften; andererseits durch die Eroberung neuer Märkte und die gründlichere Ausbeutung alter Märkte. Wodurch also? Dadurch, dass sie allseitigere und gewaltigere Krisen vorbereitet und die Mittel, den Krisen vorzubeugen, vermindert.»[66] Hegel legte den Akzent auf die Stabilität einer Gesellschaft, von der er annahm, sie habe die großen Gegensätze, die in den zurückliegenden Jahrzehnten Europa zerrissen und in endlose Kriege geführt hatten, miteinander vermittelt, weswegen man das Problem der Pauperisierung mit den dieser Gesellschaft verfügbaren Mitteln lösen müsse und lösen könne. Marx dagegen erscheinen die Krisen der Gesellschaft immer tiefgreifender und umfassender, während die Mittel, sie abzufedern, im Schwinden begriffen sind. Für Hegel ist die Erzeugung von Armut und Elend das Problem, für Marx ist sie die Lösung. «Die Waffen, womit die Bourgeoisie den Feudalismus zu Boden geschlagen hat, richten sich jetzt gegen die Bourgeoisie selbst. Aber die Bourgeoisie hat nicht nur die Waffen geschmiedet, die ihr den Tod bringen; sie hat auch die Männer gezeugt, die diese Waffen führen werden – die modernen Arbeiter, die Proletarier.»[67]

Wie im Fall der Bourgeoisie sind auch in Marx' Begriff des Proletariats prognostische und diagnostische Elemente ineinander verwoben. Um zu bestimmen, was Proletarier ausmacht, genügt Marx die Feststellung, dass sie «sich stückweis verkaufen müssen», weswegen sie «eine Ware wie jeder andere Handelsartikel [sind] und daher gleichmäßig allen Wechselfällen der Konkurrenz, allen Schwankungen des Marktes ausgesetzt».[68] Der Proletarier unterscheidet sich vom Handwerker der alten Gesellschaft dadurch, dass «durch die Ausdehnung der Maschinerie und die Teilung der Arbeit» seine Tätigkeit «allen selbständigen Charakter und damit allen Reiz für den Arbeiter verloren» habe. Er sei zum «bloßen Zubehör der Maschine» geworden.[69] Wie aber kann aus diesen Arbeitern, die von ihren Produktionsmitteln getrennt und ihres Selbst-

KARL MARX - Le Moïse Moderne

Das Postkartenbild zeigt Marx als einen Moses, der sein Volk nach langer Wanderung durch die Wüste ins Gelobte Land zu führen verspricht. An die Stelle der Gesetzestafeln vom Berg Sinai sind das «Kommunistische Manifest» und das «Kapital» getreten, und die Marx zujubelnden Massen sollen zeigen, dass seine Forderung nach Vereinigung der Proletarier aller Länder gehört worden ist. Tatsächlich hat sich der späte Marx, den das Bild zeigt, nicht als Prophet und Anführer, sondern als Wissenschaftler gesehen, der die verborgenen Gesetzmäßigkeiten der Geschichte zu finden versucht.

bewusstseins beraubt sind, das Proletariat als ein geschichtsmächtiger Akteur werden? Je näher Marx an die Arbeitsprozesse und die Rolle der Proletarier darin herantritt, desto unwahrscheinlicher wird diese Verwandlung und desto ähnlicher wird seine Beschreibung des Proletariats Wagners Darstellung der Nibelungenexistenz unter Alberichs Geißel. Die Proletarier, so Marx, «werden als gemeine Industriesoldaten unter die Aufsicht einer vollständigen Hierarchie von Unteroffizieren und Offizieren gestellt. Sie sind nicht nur Knechte der Bourgeoisklasse, des Bourgeoisstaates, sie sind täglich und stündlich geknechtet von der Maschine, von dem Aufseher und vor allem von dem einzelnen fabrizierenden Bourgeois selbst».[70] Wie diese Menschen zu einer kampfbereiten Klasse umgeformt werden sollen, bleibt unklar, und auf den ersten Blick erscheint Wagners Schlussfolgerung, der zufolge solche Knechte immer Knechte bleiben, sehr viel plausibler als Marx' Vorstellung, es handele sich hier um die Männer, die den Kampf gegen die Bourgeoisie aufnehmen und ihr die Macht entwinden werden.

Es ist die enge Verknüpfung von Proletariat und Bourgeoisie, nicht nur ihr antagonistisches Verhältnis zueinander, sondern auch dessen geschichtstheoretische Unterfütterung, die es für Marx unausweichlich macht, dass die Proletarier die «Totengräber» der kapitalistischen Gesellschaft sein werden. Weil die Bourgeoisie gar nicht anders kann, als die Lebensbedingungen der Arbeiter immer weiter zu verschlechtern, richtet sie sich letztlich selbst zugrunde. Sie lebt vom Mehrprodukt der proletarischen Arbeit, aber wenn die Arbeiter nicht mehr überlebensfähig sind, kann auch die Bourgeoisie nicht weiterexistieren. Unter der Hand hat Marx hier seine Revolutionsperspektive durch eine Theorie des Zusammenbruchs ersetzt, in der nicht die politische Kampfkraft der Ausgebeuteten und Unterdrückten, sondern die strukturelle Unfähigkeit der Ausbeuter und Unterdrücker, ihre eigenen Lebensbedingungen aufrechtzuerhalten, den Untergang der kapitalistischen Gesellschaftsformation zur Folge hat. Das zeigt sich auch darin, dass Marx schließlich von «Totengräbern» spricht – und nicht mehr von Männern, die entschlossen ihre Waffen führen. Damit nähert er sich der Wagnerschen Prognose von der Selbstzerstörung einer Herrschaft. Das liest sich bei ihm dann wie folgt:

«Alle bisherige Gesellschaft beruhte, wie wir gesehen haben, auf dem Gegensatz unterdrückender und unterdrückter Klassen. Um aber eine Klasse unterdrücken zu können, müssen ihre Bedingungen gesichert sein, innerhalb deren sie wenigstens ihre knechtische Existenz fristen kann. Der Leibeigene hat sich zum Mitglied der Kommune in der Leibeigenschaft herangearbeitet wie der Kleinbürger zum Bourgeois unter dem Joch des feudalistischen Absolutismus. Der moderne Arbeiter dagegen, statt sich mit dem Fortschritt der Industrie zu heben, sinkt immer tiefer unter die Bedingungen seiner eigenen Klasse herab. Der Arbeiter wird zum Pauper, und der Pauperismus entwickelt sich noch rascher als Bevölkerung und Reichtum. Es tritt hiermit offen hervor, dass die Bourgeoisie unfähig ist, noch länger die herrschende Klasse der Gesellschaft zu bleiben und die Lebensbedingungen ihrer Klasse der Gesellschaft als regelndes Gesetz aufzuzwingen.» – Das ähnelt dem Problem Wotans bei Wagner. Marx schlussfolgert: Die Bourgeoisie ist «unfähig zu herrschen, weil sie unfähig ist, ihrem Sklaven die Existenz selbst innerhalb der Sklaverei zu sichern, weil sie gezwungen ist, ihn in eine Lage herabsinken zu lassen, wo sie ihn ernähren muss, statt von ihm ernährt zu werden. Die Gesellschaft kann nicht mehr unter ihr leben, d. h. ihr Leben ist nicht mehr verträglich mit der Gesellschaft.»[71]

Das war die Sichtweise des *Manifests*, an der Marx auch nach dem Scheitern der 48er-Revolution noch eine Zeitlang festgehalten hat. In seiner Beschäftigung mit dem postrevolutionären Frankreich hat sich dann aber die Empirie gegen die geschichtsphilosophische Konstruktion geltend gemacht, und die Containerbegriffe aus dem *Manifest* haben sich mehr und mehr aufgelöst. Das hatte Folgen für die gesamte Theoriebildung.

Kleinbürger, Bauern, Lumpenbourgeois: die (zeitweilige) Verschiebung der Kräfteverhältnisse von der Stadt aufs Land

Marx hat die Klassenanalyse des *Manifests* unter dem Eindruck revolutionärer Naherwartung formuliert. Diese Naherwartung verleitete ihn dazu, die polarisierende Dynamik der Gesellschaftsentwicklung durchweg als vereinfachenden Faktor der sozioökonomischen Analyse herauszustellen. Als er den Text unter Mitwirkung von Engels niederschrieb, waren in nahezu allen europäischen Hauptstädten die Anzeichen der Revolution bereits sichtbar. Freilich war auch erkennbar, dass es dabei vorrangig um Verfassungsfragen, die konstitutionelle Einbindung der Herrscher oder die Ausrufung der Republik, eine partizipatorische Teilhabe der Gesellschaft an der politischen Macht sowie nationale Einigung oder Separation aus einem multinationalen Herrschaftsverband gehen würde. Die Dynamik der Französischen Revolution zwischen 1789 und 1793 legte allerdings nahe, dass schon bald auch soziale Fragen auftauchen würden, mit denen der Antagonismus zwischen Bourgeoisie und Proletariat ins Spiel kam. Marx und Engels wollten damit die Perspektive für den weiteren Verlauf der Revolution markieren. Es ging ihnen aber nicht nur um die Deutungshoheit über eine spätere Etappe der revolutionären Veränderungen. Das ausschlaggebende Thema bereits dieser Revolution war für sie nicht die Verfassungsfrage oder die Neuordnung der politischen Landschaft gemäß dem Nationalitätenprinzip, sondern die Frage der Verfügung über die Produktionsmittel.

Das Abebben der 48er-Revolution im Sommer und Herbst 1848 war für Marx insofern nicht irritierend, als er, wie im Übrigen auch Wagner, mit ihrem baldigen Wiederaufflammen rechnete. Er setzte seine Erwartungen vor allem auf Paris, und auch in dieser Hinsicht war Wagner ähnlicher Auffassung. Man rechnete mit einer revolutionären Dynamik, die nicht mehr zum Stillstand kommen würde. Umso herber war die Enttäuschung, als die Revolution in Paris niedergeschlagen und noch dazu der Neffe des großen Napoleon, ein gewisser Louis Bonaparte, der bisher vor allem als politischer Abenteurer von sich reden gemacht hatte, zum Präsidenten der Republik gewählt wurde. Marx hat Louis Bonaparte, der sich schon bald als Napoleon III. zum Kaiser krönen ließ, bis zu dessen politischem Ende nach der Kapitulation von Sedan als seinen persönlichen Feind betrachtet.[72] Louis Bonaparte war für Marx eine politische Herausforderung, mit der er nicht gerechnet hatte: weder mit dessen Cäsarismus noch mit dem langen Abflauen der revolutionären Dynamik. Er nahm die Wahl Louis Bonapartes zum Anlass, seine Klassenanalyse grundlegend zu überarbeiten und dabei auch die Containerbegriffe «Bourgeoisie» und «Proletariat» einer kritischen Revision zu unterwerfen. Die Schrift *Der achtzehnte Brumaire des Louis Bonaparte* ist nicht nur sein rhetorisch glänzendstes Werk, sondern auch der Text, der sich den tatsächlichen Klassenverhältnissen der französischen Gesellschaft am weitesten annähert. Voraussetzung dafür war die Auflösung der vormaligen Verknüpfung von Gesellschaftsanalyse und Geschichtsphilosophie. Im *Achtzehnten Brumaire* hat Marx auf

Letztere nahezu gänzlich verzichtet und sich vollständig den gegenwärtigen Konstellationen gewidmet.[73]

Bereits im *Manifest* kommen auch jene in den Blick, die in den Containerbegriffen «Bourgeoisie» und «Proletariat» nur schwer unterzubringen waren oder die sich Bewegungen anschlossen, die gegen die Klasse auftraten, der sie ihrer sozialen Lage nach selber zugehörten. Marx hat das zunächst jedoch nicht als Einwand gegen sein Polarisierungstheorem aufgefasst, sondern darin ein Symptom für den sich zuspitzenden Klassenkampf gesehen. «Wie früher ein Teil des Adels zur Bourgeoisie überging, so geht jetzt ein Teil der Bourgeoisie zum Proletariat über, und namentlich ein Teil der Bourgeois-Ideologen, welche zum theoretischen Verständnis der ganzen geschichtlichen Bewegung sich hinaufgearbeitet haben.»[74] Damit meinte er nicht zuletzt sich selbst sowie seine Anhänger in Köln, mit denen er damals in regelmäßiger Korrespondenz stand. Es handelte sich dabei freilich um eine Gruppe, die von ihrer Größe her politisch nicht ins Gewicht fiel. Außerdem ist im *Manifest* auch vom «Lumpenproletariat» die Rede, «dieser passiven Verfaulung der untersten Schichten der alten Gesellschaft», das Marx zufolge «seiner ganzen Lebenslage nach [...] bereitwilliger sein [wird], sich zu reaktionären Umtrieben erkaufen zu lassen».[75] Für das politische Kräfteverhältnis misst Marx aber auch dieser Gruppe zunächst keine größere Bedeutung zu: Selbst wenn das «Lumpenproletariat» sich von der Bourgeoisie als Stoßtrupp der Konterrevolution anwerben lasse, werde dies an der Entwicklungsrichtung des historischen Prozesses nichts ändern.

Der Verlauf der 48er-Revolution in Frankreich, insbesondere die Niederschlagung des Juniaufstands, der von Teilen des Pariser Kleinbürgertums und der Arbeiterschaft getragen wurde, haben Marx zu Beginn der 1850er Jahre dann zu einer grundlegenden Revision seiner bisherigen Klassenanalyse genötigt. Diese Revision beginnt bereits vor dem *Achtzehnten Brumaire* in der Schrift über die *Klassenkämpfe in Frankreich*, die mit der Auflösung des Containerbegriffs «Bourgeoisie» einsetzt, wenn Marx in Analogie zum Lumpenproletariat von einer «Lumpenbourgeoisie» spricht, die dadurch gekennzeichnet ist, dass sie sich nicht nach den Regeln der kapitalistischen Akkumulation bereichert, sondern durch Betrug und die Aneignung fremden Vermögens.

Marx verortet die Lumpenbourgeoisie in den Reihen der Finanzaristokratie, mit deren Aufstieg «namentlich an den Spitzen der bürgerlichen Gesellschaft die schrankenlose mit den bürgerlichen Gesetzen selbst jeden Augenblick kollidirende Geltendmachung der ungesunden und liederlichen Gelüste» ausgebrochen sei, «worin der aus dem Spiele entspringende Reichtum naturgemäß seine Befriedigung sucht, wo der Genuß crapuleux [gemein, niederträchtig] wird, wo Geld, Schmutz und Blut zusammenfließen».[76] Diese Charakterisierung ist auch deswegen bemerkenswert, weil Marx sich in ihr dem Wagnerschen Bild der Götter-Bourgeoisie annähert, die ja auch betrügt und raubt sowie ständig damit beschäftigt ist, ihre eigenen Gesetze zu hintergehen. Dem Lumpenproletariat korrespondiert in den Reihen der Kapitalisten also die Lumpenbourgeoisie: «Die Finanzaristokratie, in ihrer Erwerbsweise wie in ihren Genüssen, ist nichts als die *Wiedergeburt des Lumpenproletariats auf den Höhen der bürgerlichen Gesellschaft.*»[77]

Vor dem Hintergrund der Missernten von 1845 und 1846 sowie der englischen Industrie- und Handelskrise hatte die Empörung über das Verhalten dieses Teils der Bourgeoisie zum Februaraufstand von 1848 in Paris geführt, der die Monarchie Louis-Philippes stürzte. Die Bourgeoisie, so Marx' neue Position, war eben doch kein in sich geschlossener Block, sondern zerfiel in unterschiedliche Fraktionen, die mal miteinander koalierten, dann wieder gegeneinander konkurrierten und sich gelegentlich auch bekämpften. Marx' Darstellung der moralischen Empörung in Paris über das Gebaren der Finanzaristokratie lässt sich auf unterschiedliche Weise deuten: als Coup der Industriebourgeoisie, durch den sie die Bevölkerungsmehrheit hinter sich zu bringen und die Empörung auf eine bestimme Gruppe von Kapitalisten abzulenken suchte – oder als eine Entwicklung, in der das Ethos der kapitalistischen Akkumulation gegen dessen Überwucherung durch die Spekulation wieder in Geltung gesetzt werden sollte. Man habe «Korruption» und «Nieder mit den großen Dieben! Nieder mit den Mördern!» geschrien, «als im Jahre 1847 auf den erhabensten Bühnen der bürgerlichen Gesellschaft dieselben Scenen öffentlich aufgeführt wurden, welche das Lumpenproletariat regelmäßig in die Bordells, in die Armen- und Irrenhäuser, vor den Richter, in die Bagnos [Strafanstalten] und auf das Schafott führen. Die industrielle Bourgeoisie sah ihre Interessen gefährdet, die kleine Bourgeoisie war moralisch entrüstet, die Volksphantasie war empört, Paris war von Pamphlets überflutet – ‹la dynastie Rothschild›, ‹les juifs rois de l'époque› etc. –, worin die Herrschaft der Finanzaristokratie mit mehr oder weniger Geist denunziert und gebrandmarkt wurde.»[78]

Auf Wagners Darstellung im *Ring* übertragen, würde das bedeuten, dass die Götterdämmerung bereits im Februar 1848 stattgefunden hat, wobei es, wagnerisch gesehen, zu einer Koalition von Teilen der Lichtalben mit den Riesen sowie den Schwarzalben gekommen ist und der Kitt dieser Koalition in der moralischen Empörung über Wotans betrügerisches und räuberisches Verhalten bestand. Es wäre aber auch klar, dass eine solche Koalition den Sturz Wotans und seines Beraters Loge nicht lange überdauert hätte. Ein nach Marx' Vorstellungen angelegter *Ring* hätte spätestens seit dem Ende des *Rheingolds* einen grundlegend anderen Verlauf genommen. Vor allem aber: In einem solchen *Ring*[79] wären Wotan und wohl auch Loge als Juden – Spekulanten und Börsenspieler – dargestellt worden und eben nicht Mime und Alberich, wie dies in der *Ring*-Deutung Theodor W. Adornos und anderer der Fall ist.[80] Dass auch Marx in den zitierten Passagen die Rolle von Juden bei den Spekulationsgeschäften vor der Revolution erwähnt (wobei dahingestellt bleiben muss, ob er diese Sicht bloß referiert oder selber teilt), hat auch damit zu tun, dass er hier das antagonistische Analysemodell von Bourgeoisie und Proletariat verlässt und die Wirtschaftsmentalität von Teilen der Bourgeoisie zum Thema macht. In diesem Zusammenhang kommt eine Ethos-Erwartung ins Spiel, die seiner marktökonomischen Analyse eigentlich fremd ist. Man kann von einer moralökonomischen Überschreibung der kapitalistischen Funktionslogik sprechen, durch die Marx' Analyse in die Nähe von Wagners Darstellung gerät. Oder anders formuliert: Die Analyse gerät in Probleme, wenn sich die Bourgeoisie realiter nicht so verhält, wie sie sich nach den Imperativen des von ihr geschaffenen Systems verhalten müsste. Marx reagierte darauf mit dem Begriff der Lumpenbourgeoisie, womit er das, was er im *Manifest* deskriptiv angelegt hat, in eine Präskription verwandelt. Die Bourgeoisie agiert nicht nur wie beschrieben, sondern hat sich auch so zu verhalten. Andernfalls versagt sie gegenüber ihrer historischen Aufgabe. Derlei ist fast immer ein Indikator dafür, dass die Theorie in eine Krise geraten ist: Man kann die Präskription nämlich dahingehend umkehren, dass nicht Teile der Bourgeoisie sich systemwidrig verhalten, sondern das bourgeoise System unzutreffend oder übermäßig vereinfacht beschrieben worden ist. Marx begegnet diesem Einwand, indem er die als real angenommene Komplexitätsreduktion relativiert. Er erkennt, dass die Verhältnisse komplexer sind, als er dies im polaren Antagonismus von Bourgeoisie und Proletariat unterstellt hat.

Erstmals treten in den *Klassenkämpfen in Frankreich* die Bauern als politischer Faktor und gesellschaftliche Klasse ins Blickfeld, das zuvor weitgehend auf die urbanen Zentren fokussiert war. Die am 10. Dezember 1848 in Kraft gesetzte Verfassung hatte durch das (auf Männer begrenzte) allgemeine und gleiche Stimmrecht die bis dahin politisch marginale Klasse der Bauern zur ausschlaggebenden Kraft werden lassen – während sich das politische Gewicht der Städte und der in ihnen konzentrierten Kleinbürger und Proletarier erheblich verringerte. «Die Landbevölkerung, über zwei Dritttheile der französischen Gesammtbevölkerung, besteht größtentheils aus s.g. freien *Grundeigenthümern*.»[81] Freie Grundeigentümer erhöhten freilich das Gewicht des Konservativen; sie lehnten sozialistische Vorstellungen ebenso ab, wie sie in Opposition zu den vom Staat erhobenen direkten und indirekten Steuern standen. Marx ahnte, dass mit der Einführung des allgemeinen Männerwahlrechts eine Revolution in Frankreich nicht mehr jenen Verlauf nehmen würde, den sie in den Jahren nach 1789 genommen hatte, als über Tempo und Richtung wesentlich in Paris entschieden wurde. Paris war damals die Avantgarde der Veränderung. Die Parzellenbauern würden nun dafür sorgen, dass das nicht mehr der Fall war. So wählten sie Louis Bonaparte zum Präsidenten, während der die Interessen der Bourgeoisie repräsentierende General Cavaignac, der den Juniaufstand blutig niedergeschlagen hatte, nur ein Sechstel der für Bonaparte abgegebenen Stimmen erhielt. «Der 10. Dezember 1848 war der Tag der *Bauerninsurrection*», so Marx' zusammenfassendes Urteil: Was die Februarrevolution für die anderen sozialen Klassen gewesen war, war das allgemeine Wahlrecht für die Parzellenbauern – und Marx war sich darüber im Klaren, dass die damit verbundene Erfahrung, politisch Einfluss nehmen zu können, nicht mehr rückgängig gemacht werden konnte. «Der 10. December war der coup d'état der Bauern, der die bestehende Regierung [Cavaignac] stürzte. Und von diesem Tage an, wo sie Frankreich eine Regierung genommen, eine Regierung [Bonaparte] gegeben hatte, war ihr Auge unverrückt auf Paris gerichtet. Einen Augenblick active Helden des revolutionairen Dramas, konnten sie nicht mehr in die that- und willenlose Rolle des Chors zurückgedrängt werden.»[82]

Damit war die bisherige, auf die urbanen Zentren fokussierte Gesellschaftsanalyse obsolet geworden – und Marx wusste das. Dementsprechend bitter fiel sein Kommentar über das politischen Erwachen der Parzellenbauern aus. «Das Symbol, das ihren Eintritt in die revolutionaire Bewegung ausdrückte [Bonaparte], unbeholfen-verschlagen, schurkisch-naiv, tölpelhaft-sublim, ein berechneter Aberglaube, eine pathetische Burleske, ein naiv-alberner Anachronismus, eine weltgeschichtliche Eulenspiegelei – unentzifferbare Hieroglyphe für den Verstand der Civilisirten trug dies Symbol unverkennbar die Physiognomie der Klasse, welche innerhalb der Civilisation die Barbarei vertritt.»[83] Louis Bonaparte und die Parzellenbauern passten zueinander, denn beide standen für die Vergangenheit: Bonaparte, indem er den Namen seines großen Onkels – Napoleon – annahm, um an dessen Glanz teilzuhaben,[84] und die Bauern, insofern sie eine Organisation der Produktion verkörperten, die Marx für historisch überholt hielt. Die im Februar 1848 entstandene Republik hatte den Bauern den Steuereintreiber auf den Hof geschickt; die Bauern antworteten darauf, indem sie der Republik die Erinnerung an den großen Kaiser um den Hals hängten. Dieser war «der einzige Mann, der die Interessen und die Phantasie der 1789 neugeschaffnen Bauernklasse erschöpfend vertreten hatte. Indem sie seinen Namen auf das Frontispiz der Republik schrieb, erklärte sie nach Außen den Krieg, nach Innen die Geltendmachung ihres Klasseninteresses. Napoleon, das war für die Bauern keine Person, sondern ein Programm.»[85]

Als neue Verkörperung dieses Programms präsentierte sich nun sein Neffe. Marx macht drei Gründe dafür geltend, dass es sich hier nur um ein politisches Intermezzo handele und nicht um eine grundstürzende Veränderung der politischen Konstellationen: Erstens sei Louis Bonaparte ein politischer Scharlatan, der sich nicht lange an der Macht halten werde. Zweitens hätten «Kleinbürgerschaft und Proletariat [...] en bloc *für* Napoleon gestimmt, um *gegen* Cavaignac zu stimmen [...]. Napoleon war der *Collectivname* aller gegen die Bourgeois-Republik coalisirten Partheien», und die kurzzeitige Unterstützung Bonapartes aus Gegnerschaft zu Cavaignac werde sich schnell wieder auflösen.[86] Drittens würden auch die Bauern begreifen, dass sie infolge der Hypotheken, die auf ihrem Grund und Boden lasteten, gar keine freien Grundeigentümer seien, sondern sozial eigentlich dem von den Produktionsmitteln enteigneten Industrieproletariat zugehörten. «Man sieht, daß ihre Exploitation von der Exploitation des industriellen Proletariats sich nur durch die *Form* unterscheidet. Der Exploiteur ist derselbe: *das Capital.* Die einzelnen Capitalisten exploitiren die einzelnen Bauern durch die *Hypotheke* und den *Wucher*, die Capitalistenklasse exploitirt die Bauernklasse durch die *Staatssteuer.* Der Eigenthumstitel der Bauern ist der Talisman, womit das Capital ihn bisher bannte, der Vorwand, unter dem es ihn gegen das industrielle Proletariat aufhetzte.»[87]

In den Anfang 1850 verfassten *Klassenkämpfen* war Marx also noch der Überzeugung, der Aufstieg Bonapartes stelle nur eine kurzzeitige Unterbrechung der revolutionären Entwicklung dar. Er hegte durchaus Zweifel am Fortgang der Revolution, doch die räumte er mit einer Reihe von Überlegungen aus.[88] Im *Achtzehnten Brumaire* treten die Zweifel dann ins Zentrum, und Marx revidierte mit seiner Klassenanalyse auch seine Revolutionsperspektive. Er tat das etwa zu derselben Zeit, in der auch Wagner sich von der Naherwartung einer politischen Revolution verabschiedete. Der Perspektivwechsel zeigt sich als Erstes darin, dass der zuvor nur als Übergangsfigur behandelte Louis Bonaparte nun zur titelgebenden Gestalt wird – wenngleich nur als «Karrikatur» des großen Napoleon: «Der Londoner Konstabler [Louis Bonaparte hatte im englischen Exil Zuträgerdienste für die Polizei geleistet] mit dem ersten besten Dutzend Schulden beladener Lieutenants für den kleinen Korporal mit seiner Tafelrunde von Marschällen! Der achtzehnte Brumaire des Idioten für den achtzehnten Brumaire des Genies!»[89] Standen für Marx bis dahin die Franzosen an der Spitze der europäischen Revolutionsgeschichte, so sah er in ihnen nun eine an ihre Vergangenheit gefesselte Nation, damit beschäftigt, die großen Augenblicke ihrer Geschichte ein ums andere Mal zu reinszenieren. «Ein ganzes Volk, das sich durch eine Revolution eine beschleunigte Bewegungskraft gegeben zu haben glaubt, findet sich plötzlich in eine verstorbene Epoche zurückversetzt [...]. Sie haben nicht nur die Karrikatur des alten Napoleon, sie haben den alten Napoleon selbst karrikirt, wie er sich ausnehmen muß in der Mitte des neunzehnten Jahrhunderts.»[90] Mit dem *Achtzehnten Brumaire* wendete sich Marx definitiv von dem Vorbild der großen französischen Revolution ab, das ihm bis dahin als Modell für revolutionäre Abläufe gedient hatte. Insofern war seine Kritik an den Pariser Ereignissen zwischen 1848 und 1852 auch eine Kritik am eigenen Revolutionsverständnis.[91] Wie es für Marx typisch war, transformierte er die Enttäuschung, die herber kaum hätte ausfallen können, in eine politische Programmatik der Zukunft: «Die soziale Revolution des neunzehnten Jahrhunderts kann ihre Poesie nicht aus der Vergangenheit schöpfen, sondern nur aus der Zukunft. Sie kann nicht mit sich selbst beginnen, bevor sie allen Aberglauben an die Vergangenheit abgestreift hat. Die früheren Revolutionen bedurften der weltgeschichtlichen Rückerinnerungen, um sich über ihren eigenen Inhalt zu betäuben. Die Revolution des neunzehnten Jahrhunderts muss die Todten ihre Todten begraben lassen, um bei ihrem eigenen Inhalt anzukommen. Dort ging die Phrase über den Inhalt, hier geht der Inhalt über die Phrase hinaus.»[92] Marx hat sich im Augenblick seiner bittersten Enttäuschung Mut zugesprochen, indem er das, woran er bislang selber gehangen hatte, für tot erklärte und dazu aufforderte, ein völlig neues Kapitel der Geschichte aufzuschlagen.

So verschaffte er sich die Kraft zu einer neuen Klassenanalyse. Diese beginnt mit der Feststellung, dass die Bourgeoisie nicht mehr in der

Das Gemälde Horace Vernets, das die Straßenkämpfe in der Pariser Rue Soufflot am 25. Juni 1848 zeigt, steht symbolisch für den Umschlagspunkt, an dem das in mehreren Revolutionen zuvor erfolgreich praktizierte Revolutionsmodell auf die Bahn seines Niedergangs gerät: Die von den Aufständischen verteidigte Barrikade mit der dort aufgepflanzten Roten Fahne wird vom Militär gestürmt. Der Aufstand der politischen Linken endet in einem Blutbad. Marx hielt das zunächst für einen Rückschlag, der bald überwunden sein werde. Seit den 1850er Jahren aber reagierte er auf den Zusammenbruch des Juniaufstands mit der Ausarbeitung einer neuen Revolutionstheorie.

Lage sei, ihre wirtschaftlichen Interessen in unmittelbarer Machtausübung zur Geltung zu bringen. Weil ihre diversen Fraktionen sich über den konkreten Fragen des Machtgebrauchs zerstritten hätten, sei man auf einen diesen gesonderten Interessen überhobenen Akteur angewiesen. Das sei der Staat, die Bürokratie, die Armee und im konkreten französischen Fall deren gemeinsames Symbol: Louis Bonaparte. «Indem also die Bourgeoisie, was sie früher als ‹liberal› gefeiert, jetzt als ‹sozialistisch› verketzert, gesteht sie ein, daß ihr eignes Interesse gebietet, sie der Gefahr des Selbstregierens zu überheben, daß um die Ruhe im Lande herzustellen, vor allem das Bourgeois-Parlament zur Ruhe gebracht, um ihre gesellschaftliche Macht unversehrt zu erhalten, ihre politische Macht gebrochen werden müsse, daß die Privatbourgeois nur fortfahren können, die anderen Klassen zu exploitiren und sich ungetrübt des Eigenthums, der Familie, der Religion und der Ordnung zu erfreuen, unter der Bedingung, daß ihre Klasse neben den anderen Klassen zu gleicher politischer Nichtigkeit verdammt werde, daß um ihren Beutel zu retten, die Krone ihr abgeschlagen und das Schwert, das sie beschützen solle, zugleich als Damoklesschwert über ihr eignes Haupt gehängt werden müsse.»[93]

Louis Bonaparte und die Parzellenbauern

Aus der politischen Machtverteilung, hieß das im Ergebnis, war nicht länger auf die gesellschaftlichen Machtverhältnisse zu schließen – und umgekehrt. Diesen Schritt sind keineswegs alle, die sich Marxisten nannten, mitgegangen. Indem von Marx' «Bonapartismusanalyse» die Rede war, wurden die hier angestellten Überlegungen auf einen historischen Sonderfall beziehungsweise eine Übergangssituation begrenzt.[94] Marx geht jedoch über Louis Bonaparte und das «Klassengleichgewicht» hinaus, das diesen an die Macht gebracht habe. Er verbindet das Problem unmittelbarer Klassenherrschaft mit den Folgen des allgemeinen Wahlrechts. Durch die Ende Mai 1850 vorgenommene Veränderung des Wahlgesetzes, die das Proletariat vom Wahlrecht ausschloss, habe sich die Bourgeoisie gegen die Ungewissheiten von Wahlausgängen abzusichern versucht: «Das Gesetz vom 31. Mai 1850 war der coup d'état der Bourgeoisie. Alle ihre bisherigen Eroberungen über die Revolution hatten einen nur provisorischen Charakter. Sie waren in Frage gestellt, sobald die jetzige Nationalversammlung von der Bühne abtrat. Sie hingen von dem Zufall einer neuen allgemeinen Wahl ab, und die Geschichte der Wahlen seit 1848 bewies unwiderleglich, daß in demselben Maße wie die faktische Herrschaft der Bourgeoisie sich entwickelte, ihre moralische Herrschaft über die Volksmassen verloren ging.»[95] Die Machtübertragung auf Bonaparte aber hatte einen nicht unerheblichen Preis – und der bestand zunächst in Geldgeschenken, die er diversen Gruppen der Gesellschaft machte, um ihre Unterstützung oder zumindest Folgebereitschaft zu erkaufen. Seine Finanzpolitik lief Marx zufolge darauf hinaus, «dem französischen Volke seine verborgenen Schätze zu spenden. So der Vorschlag, den Unteroffizieren eine tägliche Zulage von vier Sous zu dekretiren. So der Vorschlag einer Ehrenleihbank für die Arbeiter. Geld geschenkt und Geld gepumpt zu erhalten, das war die Perspektive, womit er die Massen zu ködern hoffte. Schenken und Pumpen, darauf beschränkt sich die Finanzwissenschaft des Lumpenproletariats, des vornehmen und des gemeinen.»[96] Das lässt sich als weitere Annäherung an die Marx damals nicht bekannte Gesellschafts- und Politikbeschreibung Wagners im *Ring* verstehen: Die Bourgeoisie kann ihre Herrschaft nicht länger gemäß ihren eigenen Regeln aufrechterhalten; sie muss zu den Mitteln der Bestechung greifen, um sich Unterstützer und Verbündete zu kaufen. Was Wotans Vertragsbrüche im *Ring*, sind die Korrumpierungsstrategien Bonapartes in Marx' *Achtzehntem Brumaire* – mit dem freilich nicht unbeachtlichen Unterschied, dass Wotan mit seinen Vertragsbrüchen nicht weit kommt, während Bonapartes System zunächst durchaus funktioniert. Marx setzt darauf, dass das nicht von Dauer sein kann.

Die Bourgeoisie hatte neben der Hinnahme Bonapartes noch einen weiteren Preis für den Erhalt ihrer wirtschaftlichen Stellung zu zahlen, und das war der Aufstieg der Armee, der Einstieg des Militärs in die innere Politik, die Verwandlung des Soldaten aus einem Instrument der Politik in eine selbständige politische Größe. Marx hat das dahingehend zugespitzt, «daß nur noch Eins fehle, um die wahre Gestalt dieser Republik zu vollenden: Seine [des Parlaments] Ferien permanent machen und ihre [der Republik] Aufschrift: Liberté, égalité, fraternité, zu ersetzen durch die unzweideutigen Worte: Infanterie, Cavallerie, Artillerie!»[97] Das ist sein Resümee einer Entwicklung, bei der die aus dem Kleinbürgertum und der Bourgeoisie der Hauptstadt rekrutierte Nationalgarde aufgelöst wurde, so dass schließlich die Armee (neben der Polizei) als die einzige bewaffnete Macht der Republik blieb. Die

Armee aber war Louis Bonaparte sehr viel enger verbunden als der Republik. Der hatte nämlich einiges von dem der Nationalversammlung abgetrotzten Geld dazu verwandt, die Armee mit Festen und Geschenken auf seine Seite zu ziehen: «Als Fatalist lebte er [Louis Bonaparte] der Ueberzeugung, daß es gewisse höhere Mächte gibt, denen der Mensch und insbesondere der Soldat nicht widerstehen kann. Unter diese Mächte zählte er in erster Linie Cigarre und Champagner, kaltes Geflügel und Knoblauchwurst. Er traktirt daher in den Gemächern des Elysée zuerst Offiziere und Unteroffiziere mit Cigarre und Champagner, mit kaltem Geflügel und Knoblauchwurst.» Dieses «Manöver» habe Louis Bonaparte anschließend mit den Truppenmassen bei verschiedenen Revuen wiederholt.[98] So wurde die Armee zum zentralen Instrument der napoleonischen Herrschaft, und die Bourgeoisie sah sich zu einer Apotheose des Säbels gezwungen, den sie nicht nur anzubeten, sondern dessen Träger sie auch unter ständig wachsenden Kosten bei Laune zu halten hatte. Dass sich «der zweite Bonaparte», «ein aus der Fremde herbeigelaufener Glücksritter, auf das [sic!] Schild gehoben von einer trunkenen Soldateska, die er durch Schnaps und Würste erkauft hat, nach der er stets von Neuem mit der Wurst werfen muß», politisch durchsetzen konnte, lässt sich nur dadurch erklären, dass sich «der Staat der Gesellschaft gegenüber verselbstständigt und sie unterjocht» hatte.[99] Das Proletariat hatte in der Revolution eine schwere Niederlage erlitten, beinahe ebenso aber auch die Bourgeoisie. – Um das zu erkennen, bedurfte es allerdings einer sorgfältigen Analyse.

Was heißt das in gesellschaftsanalytischer Perspektive? In Marx' Darstellung des Bonapartismus treten, wie sich das bereits in *Die Klassenkämpfe in Frankreich* angedeutet hat, zwei Klassen hervor, die im reduktiven Modell des Klassenantagonismus nicht vorgesehen waren: Bauernschaft und Lumpenproletariat. «Wie die Bourbons die Dynastie des großen Grundeigenthums, wie die Orleans die Dynastie des großen Geldes, so sind die Bonaparte's die Dynastie der Bauern, d.h. der französischen Volksmassen. Nicht der Bonaparte, der sich dem Bourgeoisparlamente unterwarf, sondern der Bonaparte, der das Bourgeoisparlament auseinanderjagte, ist der Auserwählte der Bauern.»[100] Insofern war der Staatsstreich vom 2. Dezember 1851, als Bonaparte das Parlament auflöste und das allgemeine Wahlrecht wiederherstellte, dessen er sich anschließend in Form von Plebisziten bediente, auch der Tag, mit dem die Herrschaft der Parzellenbauern begann, und der 2. Dezember 1852, an dem Bonaparte sich zum Kaiser der Franzosen ausrief und sich fortan Napoleon III. nannte, war die Erfüllung dessen, was die Bauern erhofft hatten.

Marx holt jetzt nach, was er bisher versäumt hatte: den auf dem Land lebenden Großteil der Bevölkerung genauer zu betrachten. Er hatte die Bauernschaft in seiner Gesellschaftsanalyse bis dahin schlichtweg übersehen. Dafür waren zwei Faktoren ausschlaggebend: seine wesentlich urbane Weltsicht,[101] in der den ländlichen Räumen keine Bedeutung zukam, und seine Fixierung auf den Revolutionsverlauf von 1789 bis 1794, in dem die Bauern seiner Wahrnehmung nach eine retardierende, aber keine gestaltende Rolle gespielt hatten. Der Aufstieg Louis Bonapartes zwang Marx, seine Aufmerksamkeit den Bauern zuzuwenden, aber er tat dies nur missmutig. Auch die anderen Gesellschaftstheoretiker des 19. Jahrhunderts haben sich für die Bauern nur am Rande interessiert; eine der wenigen Ausnahmen ist Wilhelm Heinrich Riehl, der Bauernschaft und Aristokratie als «die Mächte des Beharrens» dem Bürgertum und Proletariat als «Mächten der Bewegung» gegenübergestellt hat.[102] Bei Wagner und Nietzsche etwa kommen sie überhaupt nicht vor.[103] Sie sind die Untoten der politischen wie soziologischen Theorien des 19. Jahrhunderts. Insofern stellt Marx' Beschäftigung mit den französischen Parzellenbauern eine Ausnahme dar, die indes auch in seinem Werk insgesamt eine Ausnahme bleibt, sieht man einmal ab von der späteren Auseinandersetzung mit der russischen Dorfgemeinde, der sich Marx freilich ebenso unwillig zuwandte.[104] Beides passte nicht in das von ihm entwickelte Modell der gesellschaftlichen Entwicklung,[105] und Marx musste zusehen, wie er die französische Parzelle und die russische Dorfgemeinde, eigentlich Gegensätze bäuerlicher Produktionsorganisation, so passförmig machte, dass er nicht zu einer Totalrevision seiner Theorie gezwungen war.

«Die Parzellenbauern bilden eine ungeheure Masse, deren Glieder in gleicher Situation leben, aber ohne in mannichfache Beziehung zu einander zu treten. Ihre Produktionsweise isolirt sie von einander, statt sie in wechselseitigen Verkehr zu bringen. [...] Jede einzelne Bauernfamilie genügt beinahe sich selbst, produzirt unmittelbar selbst den größten Theil ihres Konsums und gewinnt so ihr Lebensmaterial mehr im brutalen Austausche mit der Natur, als im Verkehr mit der Gesellschaft. Die Parzelle, der Bauer und die Familie; daneben eine andre Parzelle, ein andrer Bauer und eine andre Familie. Ein Schock davon macht ein Dorf und ein Schock von Dörfern macht ein Departement. So wird die große Masse der französischen Nation gebildet durch eine einfache Addition gleichnamiger Größen, wie etwa ein Sack von Kartoffeln einen Kartoffelsack bildet.»[106] Diese Ansammlung von Bauern ist eigentlich keine Klasse, jedenfalls ist sie unfähig, «ihr Klasseninteresse im eigenen Namen, sei es durch ein Parlament, sei es durch einen Konvent, geltend zu machen. Sie können sich nicht vertreten, sie müssen vertreten werden. Ihr Vertreter muß zugleich als ihr Herr, als eine Autorität über ihnen erscheinen, als eine unumschränkte Regierungsgewalt, die sie vor den andern Klassen beschützt und ihnen von oben Regen und Sonnenschein schickt. Der politische Einfluß der Parzellenbauern findet also darin seinen letzten Ausdruck, daß die Exekutivgewalt sich das Parlament, der Staat sich die Gesellschaft unterordnet.»[107]

Es waren somit die Parzellenbauern, die durch ihr Stimmgewicht dazu beigetragen haben, dass sich der Staat gegenüber der Gesellschaft verselbständigte; der Schlüssel ihres politischen Aufstiegs war das allgemeine (Männer-)Wahlrecht, das sie zu einer Kraft machte, die sich vertreten lassen musste.[108] Solange die soziale und politische Umwälzung von Klassen vorangetrieben wurde, die ein gemeinsames Interesse hatten und dieses Interesse durch Massenaktionen zur Geltung bringen konnten, spielten die Parzellenbauern politisch keine Rolle, und über die Gestaltung der Gesellschaft wurde im Wesentlichen in den Städten, zumal in Paris, entschieden. Das allgemeine Wahlrecht führte zu einer Verschiebung der politischen Gewichte von der Stadt aufs Land, vom Zentrum in die Peripherie, von Bourgeoisie und Proletariat zu den Bauern. Marx stand damit vor dem Problem, dass ausgerechnet das neue

Wahlrecht sein ursprüngliches Revolutionsmodell in Frage stellte. Er hatte zwei Möglichkeiten, darauf zu reagieren: indem er, erstens, die in Frankreich entstandenen Konstellationen als eine räumlich wie zeitlich begrenzte Zwischenetappe begriff, eine Übergangssituation, die nach einiger Zeit wieder durch das antagonistische Modell von Bourgeoisie und Proletariat abgelöst werden würde; oder indem er, zweitens, versuchte, das allgemeine Wahlrecht in seine Revolutionsvorstellung einzubauen. Letzteres lief darauf hinaus, dass die direkte Aktion, die bisher in den Revolutionen des neuzeitlichen Europa die zentrale Rolle gespielt hatte, durch langfristige und über Vermittlungsinstanzen ablaufende Prozesse ersetzt wurde. Vor diese Alternative gestellt, vermied Marx eine definitive Entscheidung. Vielmehr votierte er einmal für die eine, ein anderes Mal für die andere Sichtweise. Die Verwirrung, die in den Schriften seiner Anhänger wie Interpreten in Sachen Revolutionstheorie vorherrscht, ist nicht zuletzt auf diese Nicht-Entscheidung zurückzuführen.[109]

Im *Achtzehnten Brumaire* geht Marx überwiegend von einer zeitlich begrenzten und auf Frankreich beschränkten Zwischenlage aus, denn, so seine Erwartung, wenn die Bauern erst einmal begriffen hätten, dass ihre eigentliche Existenzbedrohung aus den von der Bourgeoisie repräsentierten Verwertungsgesetzen des Kapitals resultierte, würden sie sich nicht länger Bonaparte, sondern dem Proletariat anschließen, womit dann auch die großen Städte wieder zu politischen Taktgebern würden. Marx eröffnet diese Überlegung mit einer Beschreibung der augenblicklichen Situation: «Die Dynastie Bonaparte repräsentirt nicht den revolutionären, sondern den konservativen Bauer, nicht den Bauer, der über seine soziale Existenzbedingung, die Parzelle, hinausdringt, sondern der sie vielmehr befestigen will, nicht das Landvolk, das durch eigne Energie im Anschlusse an die Städte die alte Ordnung umstürzen, sondern umgekehrt dumpf verschlossen in dieser alten Ordnung sich mit sammt seiner Parzelle von dem Gespenst des Kaiserthums gerettet und bevorzugt sehen will.»[110] Marx bezieht diese Beobachtung zunächst auf den Anspruch der Bourgeoisie, über die Gestaltung der sozialen Verhältnisse zu entscheiden – wenn auch nicht mehr aus eigener politischer Kraft, sondern über Staat, Bürokratie, Armee und Louis Bonaparte vermittelt. Vor die Frage gestellt, wie sie Einfluss auf die Bauern nehmen wolle, durch Aufklärung oder mit Hilfe des Aberglaubens, habe sie sich für das Zweite entschieden[111] und so die Konstellationen festgeschrieben, «die die Geburtsstätte dieser Bauernreligion bilden. Allerdings muß die Bourgeoisie die Dummheit der Massen fürchten, so lange sie konservativ bleiben, und die Einsicht der Massen, sobald sie revolutionär werden.»[112]

Letzteres, so Marx, werde zwangsläufig erfolgen, da die sozialen und ökonomischen Konstellationen nicht mehr so seien, wie sie waren, als der große Napoleon die revolutionäre Zerschlagung der ländlichen Feudalstrukturen in das im Code civil gesicherte Parzelleneigentum der Kleinbauern überführte. Es sei «die jugendliche Lust am Eigenthum», an dem die Kleinbauern nunmehr zugrunde gingen – und zwar durch die «progressive Verschlechterung des Ackerbaues» und eine «progressive Verschuldung des Ackerbauers». Was «im Anfange des neunzehnten Jahrhunderts die Bedingung für die Befreiung und die Bereicherung des französischen Landvolkes war, hat sich im Laufe dieses Jahrhunderts als das Gesetz ihrer [seiner] Sklaverei und ihres [seines] Pauperismus entwickelt».[113] Es sei indes nicht nur die Hypothek, die den Parzellenbauern ruiniere, sondern auch die Steuerlast, die mit der Entstehung eines verselbständigten Staatsapparats immer weiter gewachsen sei. Nicht zuletzt die Masse der Parzellenbauern müsse die Bürokratie und das Militär finanzieren, und an dieser Last werde der eigenständige Kleinbauer schließlich zugrunde gehen.[114] Marx' Resümee: «Das Interesse der Bauern befindet sich also nicht mehr, wie unter Napoleon, im Einklange, sondern im tödtlichsten Gegensatze mit den Interessen der Bourgeoisie, mit dem Kapital. Sie finden also ihren natürlichen Verbündeten und Führer in dem *städtischen Proletariat*, dessen Aufgabe der Umsturz der bürgerlichen Ordnung ist.»[115] Und: «Mit der Verzweiflung an der napoleonischen Restauration scheidet der französische Bauer von dem Glauben an seine Parzelle, stürzt das ganze auf diese Parzelle aufgeführte Staatsgebäude in sich zusammen, und erhält die *proletarische Nation das* [sic!] *Chor, ohne das ihr Sologesang in allen Bauernnationen zum Sterbelied wird.*»[116] Damit setzt Marx nicht auf eine normative Überhöhung der kapitalistischen Gesetzmäßigkeiten, wie im Fall der Bourgeoisie, sondern auf ein sich mittelfristig durchsetzendes Eigeninteresse der Bauern, das sie in eine Koalition mit dem Proletariat führen werde. So schob er all das in den Hintergrund, was er zuvor über die Macht des Ideologischen geschrieben hatte: Er traute dem Eigeninteresse zu, sich gegen die Ideologie durchzusetzen.

Lumpenproletariat und «white trash» in Marx' Klassenanalyse

Marx war überzeugt, dass eine generelle Revision seines Revolutionsmodells nicht vonnöten sei – zum einen, weil die Parzellenbauern nur *zeitweilig* ein Bollwerk der konservativen Kräfte bilden würden, zum anderen, weil das allgemeine Wahlrecht, auf längere Sicht gesehen, nicht in einem Gegensatz zum urban-proletarischen Revolutionsmodell stehen werde. In beidem hat Marx sich getäuscht, und einer aufmerksamen Lektüre des *Achtzehnten Brumaire* kann kaum entgehen, dass er sich damit selbst täuschen *wollte*. Bei beiden zuletzt zitierten Passagen handelt es sich um Prognosen, die dezidiert gegen die zuvor entfalteten Diagnosen formuliert wurden. Marx hat sich darin selbst zu der Auffassung überredet, das von ihm Beschriebene bilde lediglich eine historische Zwischenetappe ab und sei kein grundsätzlicher Einwand gegen sein geschichtsphilosophisch ausgedeutetes antagonistisches Gesellschaftsmodell.

Was ihm bei dem Parzellenbauern noch gelang, misslang ihm beim Umgang mit dem zweiten Einspruch gegen dieses Modell, der Thematisierung des Lumpenproletariats. Das Verbindungsglied zwischen Parzellenbauern und Lumpenproletariat war für ihn die Armee, die sich von Bonaparte bereitwillig mit Geschenken hatte bestechen lassen. Abermals beginnt Marx seine Analyse mit der Entgegensetzung des großen Napoleon und des Neffen, die das rhetorische Grundmuster der gesamten Schrift bildet:[117] «Der Kulminirpunkt der ‹idées napoléoniennes› endlich ist das Uebergewicht der *Armee*. Die Armee war der point d'honneur der Parzellenbauern, sie selbst in Heroen verwandelt, nach außen hin den neuen Besitz vertheidigend, ihre eben erst errungene Nationalität verherrlichend, die Welt plündernd und revolutionirend. Die glänzende Uniform war ihr eignes Staatskostüm, der Krieg ihre Poesie, die in der Phantasie verlängerte und abgerundete Parzelle das Vaterland und der Patriotismus die ideale Form des Eigenthumssinnes.»[118] Inzwischen seien es aber nicht mehr die äußeren und inneren Feinde, gegen die der Landbesitz verteidigt werden müsse, sondern die Zins- und Steuereintreiber, und auch der Charakter der Armee habe sich verändert: Sie «ist nicht mehr die Blüthe der Bauernjugend, sie ist die Sumpfblume des bäuerlichen Lumpenproletariats».[119] Das liege am System der «Ersatzmänner», bei dem einer, der für den Dienst in der Armee ausgelost wurde, einen Ersatzmann stellen könne, mit der Folge, dass die Depravierten der Dorfbevölkerung, die, welche für alles zu haben seien, das Gros der einfachen Soldaten stellten. Darin passten diese, so Marx' polemische Zuspitzung, bestens zu Napoleon III., der ebenfalls «der Ersatzmann für Napoleon» und obendrein der «Repräsentant des Lumpenproletariats» sei.[120]

Ausführlich beschäftigt sich Marx mit der «Gesellschaft des 10. Dezember», einer von Louis Bonaparte gegründeten Geheimorganisation, die ihm als Privatarmee diente. Die Bourgeoisie, so der Leitgedanke, kann sich nur noch an der Macht halten, wenn sie ein politisches Bündnis mit den Deklassierten und Kriminellen der Gesellschaft eingeht und diese als Schlägertruppe gegen das Industrieproletariat einsetzt. So wie Wagners Wotan die Walküren ausschickt, um die im Kampf gefallenen Helden nach Walhall zu schaffen, wo sie nach ihrer Wiederbelebung als Streitmacht für den Endkampf gegen Alberichs aus dem Untergrund heraufdrängendes Heer bereitstehen, hat Bonaparte die Halb- und Unterwelt versammelt, um an der Macht zu bleiben. Legt Wotan freilich Wert darauf, die Edelsten für sich kämpfen zu lassen, so begnügt sich Bonaparte mit all denen, die mit ehrlicher Arbeit wenig bis nichts im Sinn haben. Erneut zeigen sich bei Marx hier subkutane

Reste der alten Moralökonomie, die zur Grenzziehung zwischen Proletariat und Lumpenproletariat dienen.[121] So beschreibt er das Lumpenproletariat wie folgt: «Neben zerrütteten Roués der Aristokratie mit zweideutigen Subsistenzmitteln und von zweideutiger Herkunft, neben verkommenen und abentheuernden Ablegern der Bourgeoisie Vagabunden, entlassene Soldaten, entlassene Zuchthaussträflinge, entlaufene Galeerensklaven, Gauner, Gaukler, Lazzaroni [ital. Bettler], Taschendiebe, Taschenspieler, Spieler, Maquereaus [Zuhälter], Bordellhalter, Lastträger, Tagelöhner, Orgeldreher, Lumpensammler, Scheerenschleifer, Kesselflicker, Bettler, kurz die ganze unbestimmte, aufgelöste, hin- und hergeworfene Masse, die die Franzosen la Bohème nennen.»[122] Das ist sicherlich nicht als soziologisch präzise Beschreibung gedacht, sondern eine impressionistische Zusammenstellung all dessen, was aus der Normalstruktur der Gesellschaft herausgefallen ist oder in ihr nie einen Platz gefunden hat – allesamt Leute, die «wie Bonaparte das Bedürfniß fühlten, sich auf Kosten der arbeitenden Nation wohlzuthun». In «diesem Auswurfe, Abfall, Abhub aller Klassen» habe Bonaparte «die einzige Klasse» erkannt, «auf die er sich bedingungslos stützen» konnte.[123]

Aber eine Ordnung, die sich zuletzt auf ein solches Lumpenproletariat stützt, ist keine Ordnung, und eine Bourgeoisie, die im Verbund mit Kleinbürgern und Parzellenbauern ständig Finanzmittel bereitstellen muss, um das ihr als Hilfstruppe dienstbare Lumpenproletariat bei Laune zu halten, wird auf Dauer kaum in der Lage sein, diese Ordnung aufrechtzuerhalten. In der Krise seiner Revolutionserwartung zu Beginn der 1850er Jahre setzte Marx weniger auf die Kampfkraft des Proletariats – dieses hatte im Juni 1848 eine so schwere Niederlage erlitten, dass es vorerst politisch keine Rolle mehr spielte –, als er davon ausging, dass die gegenrevolutionäre Ordnung in sich so widersprüchlich und instabil war, dass sie schon bald zerbrechen werde. Gerade das Lumpenproletariat, das sich in dieser politischen Komödie als der Garant von Stabilität und Ordnung ausgab, war für Marx der Inbegriff des genauen Gegenteils. Das war seine rhetorische Pointe, als er nachzuweisen versuchte, dass die Ordnung der Bourgeoisie infolge ihres

Sieges einen großen Schritt zum Abgrund hin gemacht hatte. Bei allen Unterschieden, die Marx' und Wagners Gesellschaftsanalysen sonst aufweisen, nähern sie sich in dieser Frage einander bemerkenswert an: Die zur Aufrechterhaltung der bestehenden Ordnung unternommenen Maßnahmen machen deren Untergang, auch wenn sie ihn zeitweilig aufhalten, zuletzt unvermeidlich.

Marx hat sich mit der inklusiven Definition des Lumpenproletariats jedoch ein Problem eingehandelt, das seine Vorstellung vom Proletariat als revolutionärer Klasse in Frage stellt. Im Prinzip definiert er das Proletariat als die Klasse, die arbeitet und dabei ihre Arbeitskraft zu kapitalistischen Bedingungen verkauft, während das Lumpenproletariat nicht regelmäßig arbeitet, sondern allenfalls sporadischen Beschäftigungen nachgeht und sich ansonsten von denen aushalten lässt, für die das von Nutzen ist und die sich das leisten können. In gewisser Hinsicht verkaufen die Lumpenproleten ebenfalls ihre Arbeitskraft, nämlich ihr Schlägertum und ihre Präsenz auf der Straße, aber damit schaffen sie keinen Mehrwert, sondern schöpfen nur Teile dieses Mehrwerts ab. Das Lumpenproletariat bei der Stange zu halten verursachte Kosten, die Marx bei der Bestimmung von Mehrwert- und Profitrate im *Kapital* nicht eingerechnet hat. Bourgeoisie und Staat leben vom Proletariat, aber das Lumpenproletariat lebt von der Bourgeoisie. Das war auf Dauer ein Problem der Bourgeoisie, doch zugleich war es – was Marx nicht thematisiert – ein Problem, das den Zusammenhalt des Proletariats als Klasse betraf. Warum nämlich sollte sich ein Proletarier auf den uneigennützigen Kampf für die *allgemeinen* Interessen seiner Klasse einlassen, wenn er doch als Lumpenproletarier seine unmittelbaren *persönlichen* Interessen sehr viel schneller und umfassender befriedigen konnte?[124] Würde die Verbindung von Klasseninteresse und Klassenbewusstsein genügen, um eine kontinuierliche Abwanderung aus dem Proletariat in die lumpenproletarischen Schlägertrupps zu verhindern? Oder würde, sobald eine revolutionäre Veränderung anstand, eine Abwanderung von Proletariern in diese Trupps einsetzen und zur Niederwerfung der Revolution führen?

Dieses Problem stellte sich in veränderter Form für Marx erneut, als er sich mit dem Bürgerkrieg in den USA beschäftigte und dabei die Frage zu beantworten hatte, warum die armen Weißen des Südens die Politik einer Sklavenhalteroligarchie unterstützten, der sie doch selbst nicht angehörten und zu der sie – objektiv – konträre Klasseninteressen hatten. Diese Frage betraf nicht nur US-amerikanische Sonderprobleme, sondern den Kern der Marxschen Revolutionstheorie. Die Abhandlung *Der nordamerikanische Bürgerkrieg* beginnt mit der Feststellung, dass bereits lange vor Ausbruch des Bürgerkriegs ein amerikanisches Pendant des europäischen Lumpenproletariats im Kampf der Sklavenhalter gegen bäuerliche Siedler eine größere Rolle gespielt habe, nämlich Gangster, die «als bewaffnete Emissäre der Sklavenhalter, Grenzgesindel von Missouri und Arkansas, mit dem Bowiemesser in der einen Hand und dem Revolver in der andern, über Kansas herstürzten und seine Ansiedler durch die unerhörtesten Greueltaten aus dem von ihnen kolonisierten Territorium zu verjagen suchten».[125] Diese Banden waren «gekauft», um für die Interessen der Sklavenhalteroligarchie zu morden, zu rauben und zu vergewaltigen: «white trash», Abhub der weißen Gesellschaft, wie Marx sie nennt. Selbst ohne Grundbesitz, gehörten sie eigentlich dem Landproletariat an, verfolgten aber keine revolutionären Ziele. Offenbar genügten Armut und Elend nicht, um die Enteigneten zur Revolution anzutreiben; sie konnten auch kriminell werden oder sich von anderen für kriminelle Handlungen anwerben lassen.

Wie bereits in der Analyse der französischen Konstellationen nach 1848 sucht Marx die Parteinahme der armen Weißen für die Sklavenhalteroligarchie ökonomisch zu erklären, und dabei beschränkt er sich nicht auf die Gewaltbanden an der Grenze zwischen Arkansas und Kansas. Er weist darauf hin, dass «die Zahl der eigentlichen Sklavenhalter im Süden der Union nicht über 300 000» Personen betrage, «eine enge Oligarchie, der viele Millionen so genannter ‹armer Weißer› (poor whites) gegenüberstehen, deren Masse durch Konzentration des Grundbesitzes beständig wuchs und deren Lage nur mit der der römischen Plebejer in den Zeiten des äußersten Verfalls Roms zu vergleichen ist. Nur durch Erwerb und Aussicht auf Erwerb von neuen Territorien sowie durch Flibustierzüge [Freibeutertum] gelingt es, das Interesse dieser ‹armen Weißen› mit dem der Sklavenhalter auszugleichen, ihrem unruhigen Tatendrang eine gefahrlose Richtung zu geben, und sie mit der Aussicht, einst selbst Sklavenhalter zu werden, zu kirren.»[126]

Gewannen die Sklavenhalter keine neuen Territorien, um die Sklavenwirtschaft darauf auszudehnen, würde ihre Macht zwischen einer rückläufigen Zahl verfügbarer Sklaven und dem Erwartungsdruck der armen Weißen in die Zange genommen. Sie mussten expandieren, um überleben zu können. So erklärt Marx, warum der Süden den Krieg begann und der Norden zunächst in der Defensive war. Diese Erklärung hatte freilich für Marx' Theorie das Problem, dass der Antagonismus, der die Bourgeoisie immer kleiner und die Anzahl der Proletarisierten immer größer werden ließ, nicht genügte, um bei den «armen Weißen» ein revolutionäres Bewusstsein hervorzubringen. Anstatt eines eigenen politischen Willens der «armen Weißen» hat Marx die unter den Sklavenhaltern verbreitete Furcht herausgestellt, sie *könnten* revolutionär werden. Nicht das Quasi-Proletariat wird aktiv, sondern die Vertreter einer vorkapitalistischen Gesellschaftsformation ergreifen aus Furcht vor einer Revolution die Initiative und weiten den Raum der Sklaverei aus.

In dem mit Engels gemeinsam verfassten Artikel *Die Lage auf dem amerikanischen Kriegsschauplatze* – Engels dürfte die militärischen Überlegungen dazu beigesteuert haben – diskutieren beide die «Chancen eines Guerilla-Krieges», wie er in Europa während der Napoleonischen Kriege stattgefunden hatte. Einige Kommentatoren haben eine ähnliche Entwicklung beim Vordringen der Unionstruppen auf das Gebiet der Konföderierten vorausgesagt. Marx und Engels bezweifelten das: Man werde sich vielmehr «dem *Schicksal der großen Schlachten*» unterwerfen. «Die Renommage mit dem Krieg bis zum Messer löst sich in Dunst auf. Es ist zwar kaum zu bezweifeln, daß der white trash (der ‹weiße Schund›, wie die Pflanzer selbst die ‹armen Weißen› nennen) es mit Guerillakrieg und Brigandage versuchen wird. Ein solcher Versuch wird aber die besitzenden Pflanzer sehr rasch in *Unionisten* verwandeln. Sie werden selbst die Truppen der Yankees zur Hilfe rufen.»[127] Daraus schlussfolgern die beiden, wenn der «Zwiespalt zwischen den Pflanzern und dem ‹white

Fünf Jahre nach Beginn des Bürgerkriegs ist Charleston in South Carolina, wo die Sezession des Südens ihren Anfang genommen hat, ein Trümmerfeld. Die aufragende Säule in der Bildmitte verweist auf den früheren Reichtum und Glanz des Zentrums der Sklavenhaltergesellschaft. Die Kinder der per Dekret befreiten Sklaven sitzen auf dem Sockel der Säule; das von ihr früher getragene Tympanon ist, wie die Verteilung von Schatten und Licht verrät, herabgestürzt. Der Säulen- oder sonst oft auch Baumstumpf ist ein ikonisches Symbol für gescheiterte Pläne und enttäuschte Erwartungen.

trash› auf die Spitze» getrieben werde, dann werde daraus «finis Secessiae», das Ende der Sezession resultieren.[128] Letztendlich sei auch den Südstaatenpflanzern, wie der französischen Bourgeoisie im Jahre 1848, der eigene Besitz wichtiger als die politische Macht.

Marx' Blick auf den amerikanischen Bürgerkrieg ist mehr durch den Gegensatz zwischen müßiggehenden Abenteurern und den in die wirtschaftlichen Prozesse des Landes involvierten Bürgern geprägt, als dass er soziale Klassen und deren Interessen als die politische Textur des Krieges herausstellt. Der Süden habe militärisch nur eine Chance gehabt: «Dank der Massen abenteuernder Müßiggänger, die er birgt, hing für den Süden von einer raschen, kühnen, fast waghalsigen Offensive alles ab. [...] Dieser Punkt war richtig begriffen von den Männern, die in wahrhaft bonapartistischem Geist die sezessionistische Verschwörung organisiert haben. [...] Ihre Abenteurerbanden überrannten Missouri und Tennessee, während ihre mehr regulären Truppen Ost-Virginia überfielen und einen coup de main [Handstreich] auf Washington vorbereiteten. Mit dem Mißlingen dieses Coup war die südliche Kampagne *vom militärischen Standpunkt* aus verloren.»[129] Die Nordstaaten agierten spiegelverkehrt dazu: «Der Norden trat auf den Kriegsschauplatz, widerwillig, schläfrig, wie bei seiner höheren industriellen und kommerziellen Entwicklung zu erwarten war. [...] Die Verwandlung der Bürger in Soldaten mußte im Norden mehr Zeit kosten als im Süden. Einmal bewerkstelligt, konnte man auf die individuelle Überlegenheit des nördlichen Mannes zählen.»[130]

Diese Herausstellung des Bürgers als Citoyen, nicht zu verwechseln mit dem Bourgeois, findet sich auch, wenn Marx im Rückblick auf Abraham Lincoln zu sprechen kommt und, ganz im Hegelschen Tonfall, dessen geschichtliche Rolle zusammenfasst: «Die Vernunft siegt dennoch in der Weltgeschichte.»[131] Lincoln werde «in der Geschichte der Vereinigten Staaten und der Menschheit unmittelbar Platz nehmen nach Washington».[132] Marx beschreibt den amerikanischen Präsidenten als genaues Gegenteil von Louis Bonaparte, als einen, der ganz ohne «historische Draperie» auskommt. «Zögernd, widerstrebend, unwillig singt er die Bravour-Arie seiner Rolle, als ob er um Verzeihung bäte, daß die

Umstände ihn nötigen, ‹Löwe zu sein›. Die furchtbarsten, geschichtlich ewig merkwürdigen Dekrete, die er dem Feind entgegenschleudert, sehen alle aus und bestreben sich auszusehen wie alltägliche Ladungen, die ein Anwalt dem Anwalt der Gegenpartei zustellt, Rechtsschikanen, engherzig verklausulierte actiones juris [Rechtsakte]. Denselben Charakter trägt seine jüngste Proklamation, das bedeutendste Aktenstück der amerikanischen Geschichte seit Begründung der Union, die Zerreißung der alten amerikanischen Verfassung, sein Manifest für die Abschaffung der Sklaverei.»[133] Fast sieht es so aus, als würde Marx hier von seinem Geschichtsmodell der sozialen Klassen als Träger des revolutionären Fortschritts Abstand nehmen, um an deren Stelle den zielstrebig handelnden Einzelnen zu setzen – einen Einzelnen, der gerade nicht, wie bei Thomas Carlyle, ein Heros ist;[134] einen, der weder Uniform noch historisches Kostüm trägt, sondern bescheiden und unscheinbar daherkommt. Unverkennbar gegen den Komödianten Bonaparte gerichtet, heißt es dann: «Ist es denn heutzutage, wo das Unbedeutende diesseits des Atlantischen Ozeans sich melodramatisch aufspreizt, so ganz ohne Bedeutung, daß in der neuen Welt das Bedeutende im Alltagsrocke einherschreitet?»[135]

Als sei diese Eloge auf den Bürger Abraham Lincoln nicht genug, kommt Marx hier auch noch auf das allgemeine Wahlrecht zu sprechen, das Lincoln, der aus bescheidenen Verhältnissen kam, auch darin das Gegenteil Napoleons III., an die Macht gebracht hat: «Lincoln ist nicht die Ausgeburt einer Volksrevolution. Das gewöhnliche Spiel des allgemeinen Stimmrechts, unbewußt der großen Geschicke, über die es zu entscheiden, warf ihn an die Spitze, einen Plebejer, der sich vom Steinklopfer bis zum Senator in Illinois hinaufgearbeitet, ohne intellektuellen Glanz, ohne besondere Größe des Charakters, ohne ausnahmsweise Bedeutung – eine Durchschnittsnatur von gutem Willen. Niemals hat die neue Welt einen größeren Sieg errungen als in dem Beweis, daß mit ihrer politischen und sozialen Organisation Durchschnittsnaturen von gutem Willen hinreichen, um das zu tun, wozu es in der alten Welt der Heroen bedürfen würde!»[136] Das war eine Reprise des Anfangs seiner Überlegungen im *Achtzehnten Brumaire*, wo Marx meinte, bürgerliche

US-Präsident Abraham Lincoln wurde wegen seines bescheidenen Auftretens vor und nach der Umgestaltung, um nicht zu sagen: Revolutionierung der amerikanischen Gesellschaft von Marx sehr bewundert. Lincoln ist für Marx die Gegenfigur zu Louis Bonaparte, dem ein paar Wahl- und Abstimmungserfolge genügten, um sich als Napoleon III. zum Kaiser in der Nachfolge seines großen Onkels ausrufen zu lassen. Tatsächlich war er bloß ein, wie Marx meinte, retardierendes Element der Geschichte; der bescheiden zurückhaltende Lincoln hingegen hatte in Marx' Augen den Fortschritt der Menschheit forciert.

Revolutionen müssten sich in die Kostüme antiker Helden kleiden, um sich über die Begrenztheit ihrer Zwecke hinwegzutäuschen. Der Bürger Lincoln kam ganz ohne Verkleidung aus.

Nietzsches Respekt vor der gesellschaftlichen Mitte und seine Verachtung der Mittelmäßigen

Bei Marx und Nietzsche, weniger bei Wagner, ist die Beschäftigung mit dem Kleinbürgertum immer auch eine Auseinandersetzung mit Deutschland. Für Marx ist Deutschland wesentlich durch seine kleinbürgerliche Gesellschaftskonstellation geprägt, während es für Nietzsche ein Hort der Mittelmäßigkeit ist. Die relative Rückständigkeit gegenüber England oder Frankreich, so Marx, habe dazu geführt, dass der Prozess der gesellschaftlichen Polarisierung hier noch nicht so fortgeschritten sei wie andernorts, so dass sich die alten Strukturen vorerst erhalten haben. Marx ging aber davon aus, dass es auch in Deutschland nur eine Frage der Zeit sei, bis die gesellschaftliche Mitte verschwinde. Nietzsche dagegen war der Auffassung, dass sich die gesellschaftliche Mitte auf Dauer halten und keineswegs verschwinden werde – wo das doch der Fall sei, werde dies auch die Herausragenden und Außerordentlichen mit in den Abgrund reißen: Ohne Mittelmaß könne es nichts Herausragendes geben.

«Eine hohe Cultur ist eine Pyramide: sie kann nur auf einem breiten Boden stehn, sie hat zuallererst eine stark und gesund consolidirte Mittelmässigkeit zur Voraussetzung. Das Handwerk, der Handel, der Ackerbau, die *Wissenschaft*, der grösste Theil der Kunst, der ganze Inbegriff der Berufsthätigkeit mit Einem Wort, verträgt sich durchaus nur mit einem Mittelmaass im Können und Begehren: dergleichen wäre deplacirt unter Ausnahmen. [...] Es würde eines tieferen Geistes vollkommen unwürdig sein, in der Mittelmässigkeit an sich schon einen Einwand zu sehn. Sie ist selbst die *erste* Nothwendigkeit dafür, dass es Ausnahmen geben darf: eine hohe Cultur ist durch sie bedingt.»[137]

Nietzsche, der sich mit solchen Fragen nicht sonderlich beschäftigt hat, ging also offenbar nicht davon aus, dass die gesellschaftliche Mitte zwischen oben und unten zerrieben werde. Tatsächlich hat er mit seiner eher beiläufig aufgestellten These von der relativen Stabilität der sozialen Mitte die zukünftige Entwicklung treffender antizipiert als der auf das antagonistische Gesellschaftsmodell fixierte Marx.[138]

Nietzsche fasst die gesellschaftliche Mitte hier ausdrücklich nicht unter dem sonst häufig ins Spiel gebrachten Gegensatz zwischen kulturell Hochstehenden und Sklaven, mit dem er zu Beginn der 1870er Jahre sein Basler Publikum schockiert hat: «daß *zum Wesen einer Kultur das Sklaventhum gehöre*», sei eine Wahrheit, die grausam klingen möge, aber «über den absoluten Werth des Daseins keinen Zweifel übrig läßt. *Sie* ist der Geier, der dem prometheischen Förderer der Kultur an der Leber nagt. Das Elend der mühsam lebenden Menschen muß noch gesteigert werden, um einer geringen Anzahl olympischer Menschen die Produktion der Kunstwelt zu ermöglichen.»[139] Auch bei Marx findet sich mitunter die Vorstellung, Ausbeutung und Unterdrückung müssten noch gesteigert werden – freilich mit dem Ziel, damit der Revolution näherzukommen und letztlich Mühsal und Unterdrückung zu überwinden. Eine derartige Perspektive hat Nietzsche sich nicht zu eigen gemacht, im Gegenteil: Die Verstetigung des «Elends der mühsam lebenden Menschen» ist für ihn die Voraussetzung jeder kulturellen Höherentwicklung. Er lässt keinen Zweifel daran, dass er nicht nur antiegalitär und antisozialistisch, sondern auch antiliberal eingestellt ist.[140] Nietzsche fährt fort: «Hier liegt der Quell jenes Ingrimms, den die Kommunisten und Socialisten und auch ihre blasseren Abkömmlinge, die weiße Race der ‹Liberalen›, jeder Zeit gegen die Künste, aber auch gegen das klassische Alterthum genährt haben. Wenn wirklich die Kultur im Belieben eines Volkes stünde, wenn hier nicht unentrinnbare Mächte walteten, die dem Einzelnen Gesetz und Schranke sind, so wäre die Verachtung der Kultur, die Verherrlichung der Armuth des Geistes, die bilderstürmerische Vernichtung der Kunstansprüche *mehr* als eine Auflehnung der unterdrückten Masse gegen drohnenartige Einzelne: es wäre der Schrei des Mitleidens, der die Mauern der Kultur umrisse.»[141]

Nietzsche will hier einem bildungsbürgerlichen Publikum klarmachen, dass es die Voraussetzungen des eigenen Kulturgenusses, wenn nicht der eigenen Existenz, untergraben würde, wenn es sich auf eine Politik des Mitleids einließe. Er befürchtet, dass die Tür zu einer *Politik* des Mitleids durch eine *Ethik* des Mitleids geöffnet werde – eine erstaunliche Position für jemanden, der sich damals noch als Anhänger Schopenhauers begriffen hat. Schopenhauer war, jedenfalls nach der Revolution von 1848, zutiefst konservativ geworden und hatte sich entschieden gegen Demokratie, Pressefreiheit und all das positioniert, was als liberal oder gar sozialistisch angesehen werden konnte. Aber er vertrat eine Ethik des Mitleids, die es dem Einzelnen zur Aufgabe machte, sich der Unglücklichen und Elenden anzunehmen und ihnen zu helfen. Nietzsche hingegen war bereits in seiner Basler Zeit zu der Auffassung gelangt, eine Ethik des Mitleids könne politisch nicht folgenlos bleiben. Deswegen forderte er dazu auf, sich vom Elend nicht erweichen zu lassen, sondern es eher noch zu verstärken, um die Möglichkeit von Kultur offenzuhalten. Eine Politik der Macht wie eine Ethik des Mitleids saugten die Aufmerksamkeit und die Energie der Menschen auf, die der Kultur dann fehlten. Deren Höherentwicklung erfordere Grausamkeit und Härte: «Deshalb dürfen wir auch die herrliche Kultur mit einem bluttriefenden Sieger vergleichen», erklärte er seinem Basler Publikum, «der bei seinem Triumphzuge die an seinen Wagen gefesselten Besiegten als Sklaven mitschleppt: als welchen eine wohlthätige Macht die Augen verblendet hat, so daß sie, von den Rädern des Wagens fast zermalmt, doch noch rufen ‹Würde der Arbeit!› ‹Würde des Menschen!› [...] Aus der Verzärtelung des neueren Menschen sind die ungeheuren socialen Nothstände der Gegenwart geboren, nicht aus dem wahren und tiefen Erbarmen mit jenem Elende» – welches für Nietzsche offenbar nur dann «wahr und tief» war, wenn es politisch folgenlos blieb. Deswegen fährt er fort: «Wenn es wahr sein sollte, daß die Griechen an ihrem Sklaventhum zu Grunde gegangen sind, so ist das Andere viel gewisser, daß wir an dem *Mangel* des Sklaventhums zu Grunde gehen werden.»[142]

Das konnte bei dem für soziale Fragen stets offenen und für Not und Elend empfindlichen Wagner nicht auf Zustimmung stoßen, und das gilt erst recht für die nachfolgenden Passagen des Textes, in denen Nietzsche den Staat, von Wagner stets als höchster Ausdruck der Verderbnis angesehen, als die «eiserne Klammer» bezeichnet, die um die gesellschaftliche Pyramide gelegt worden sei, damit sie nicht auseinanderfällt. «Woher aber entspringt diese plötzliche Macht des Staates, dessen Ziel weit über die Einsicht und den Egoismus des Einzelnen hinausliegt? Wie *entstand* der Sklave, der blinde Maulwurf der Kultur? Die Griechen haben es uns in ihrem völkerrechtlichen Instinkte verrathen, der, auch in der reifsten Fülle ihrer Gesittung und Menschlichkeit, nicht aufhörte, aus erzenem Munde solche Worte auszurufen ‹dem Sieger gehört der Besiegte, mit Weib und Kind, Gut und Blut. Die Gewalt giebt das erste *Recht*, und es giebt kein Recht, das nicht in seinem Fundamente Anmaßung, Usurpation, Gewaltthat ist.›»[143]

In den später verfassten Überlegungen zu einer «gesund consolidirten Mittelmäßigkeit» als Voraussetzung jeder höheren Kultur hat Nietzsche einen ruhigeren Ton angeschlagen.[144] Auch hat er seine Vorstellung einer Gesellschaft von Herren und Sklaven, Sieger und Besiegten aus der Basler Zeit durch die einer zahlenmäßig wie funktional relevanten Mitte ersetzt, und diese mittlere Gesellschaftsschicht funktioniert weniger infolge äußeren Zwangs als auf der Grundlage innerer Selbstanerkennung. «Dass man ein öffentlicher Nutzen ist, ein Rad, eine Funktion, dazu giebt es eine Naturbestimmung: *nicht* die Gesellschaft, die Art *Glück*, deren die Allermeisten bloss fähig sind, macht aus ihnen intelligente Maschinen. Für die Mittelmässigen ist mittelmässig ein Glück; die Meisterschaft in Einem, die Spezialität ein natürlicher Instinkt.»[145] Die gesellschaftliche Mitte übernimmt hier Aufgaben, die Nietzsche zuvor wesentlich dem Staat als «eiserner Klammer» der Gesellschaft zugedacht hatte: Je stärker die Mitte einer Gesellschaft ist, desto weniger ist ein Staat in diesem Sinne vonnöten. Auch herrscht hier nicht die Distanz vor, mit der Nietzsche ansonsten von den «letzten Menschen» spricht, die «das Glück erfunden» haben; hier sind sie der Kitt der Gesellschaft. Was aber lässt die Mittelmäßigen ihr Glück empfinden und verschafft ihnen die behauptete Zufriedenheit? Nietzsche spricht von einem «Vorrecht der Mittelmässigen», das darin bestehe, sich der Härte und

Kälte eines Lebens in der Höhe nicht stellen zu müssen. Die Mittelmäßigen sind von dem Asketismus entbunden, den die wenigen ganz oben gegen sich üben müssen. Sie dürfen ein behagliches Leben führen. Es ist gut und in Ordnung, wenn sie nicht mehr wollen, als sie können. Das unterscheidet die ihre Mittelmäßigkeit als das ihnen zukommende Maß Annehmenden von den Vielzuvielen, wie Nietzsche sie nennt, die mehr wollen, als sie tatsächlich tragen und ertragen können.

Zunächst zu denen ganz oben, an der Spitze der Gesellschaft. Bei Nietzsche sind das nicht die Mächtigen und Reichen, sondern «die Geistigsten», die um die Vergeblichkeit großer Mühen und Anstrengungen wissen und diese dennoch auf sich nehmen, die das Leben bejahen, obwohl ihnen klar ist, wie es verläuft, die somit soziologisch dem am nächsten kommen, was in philosophischer Hinsicht von Nietzsche «Übermensch» genannt wird.[146] Was er hier vorträgt, ist keine wie auch immer empirisch rückgebundene Betrachtung der tatsächlichen gesellschaftlichen Ordnung, sondern eine an Platons *Politeia* und deren ständische Vorstellungen angelehnte Projektion, mit der er die Tiefenstrukturen der zeitgenössischen Gesellschaft sichtbar machen will. «Die geistigsten Menschen, als die *Stärksten*, finden ihr Glück, worin Andre ihren Untergang finden würden: im Labyrinth, in der Härte gegen sich und Andre, im Versuch; ihre Lust ist die Selbstbezwingung: der Asketismus wird bei ihnen Natur, Bedürfnis, Instinkt. Die schwere Aufgabe gilt ihnen als Vorrecht, mit Lasten zu spielen, die Andre erdrücken, eine *Erholung* ...»[147] Es sind weder «ewige Schwelger», wie bei Wagner, noch «Charaktermasken» der kapitalistischen Verwertung, wie bei Marx, die Nietzsche an der Spitze der Gesellschaft sieht – doch zu diesem Ergebnis gelangt er nur, weil er weder Macht noch Reichtum als relevante Kriterien beim Anspruch auf eine Spitzenposition betrachtet. Man könnte gegen dieses als Gesellschaftsanalyse daherkommende Bild einer sozialen Hierarchie auch einwenden, es sei der Höhepunkt einer auf die Kultur fixierten Selbsttäuschung.

Wie sehr Platon Nietzsche bei dieser Beschreibung der gesellschaftlichen Ordnung die Hand geführt hat – freilich so, dass das, was bei Platon ein *Sollen* ist, bei Nietzsche als *Sein* daherkommt –, zeigt sich in der Charakterisierung der «*Zweiten*»: «Das sind die Wächter des Rechts, die Pfleger der Ordnung und der Sicherheit, das sind die vornehmen Krieger, das ist der *König* vor Allem als die höchste Formel von Krieger, Richter und Aufrechterhalter des Gesetzes. Die Zweiten sind die Exekutive der Geistigsten, das Nächste, was zu ihnen gehört, das, was ihnen alles *Grobe* in der Arbeit des Herrschens abnimmt – ihr Gefolge, ihre rechte Hand, ihre beste Schülerschaft.»[148] Wenn die Verhältnisse so sind wie hier beschrieben, stimmt ihnen Nietzsche zu, und die tatsächliche Macht- und Vermögensverteilung spielt bei der Gesellschaftsanalyse keine Rolle. Die Machthabenden sind die ausführenden Organe der Geistigsten, und die Mittleren akzeptieren ihre Mittelmäßigkeit als Hinweis, dass sie ihren Platz in dieser Ordnung nicht in Frage stellen, sondern zufrieden hinnehmen sollen. Wenn «der Ausnahme-Mensch gerade die Mittelmässigen mit zarteren Fingern handhabt, als sich und seines Gleichen, so ist dies nicht bloss Höflichkeit des Herzens, – es ist einfach seine *Pflicht* ...»[149] Das klingt deutlich anders als in den Passagen über Herren und Sklaven, wo es vor allem darum ging, den Sklaven vor Augen zu führen, dass sie nicht mehr sind als das Eigentum dessen, der sie besiegt, unterworfen und ihnen anschließend das Leben gelassen hat.

Nicht sozioökonomische Entwicklungen, in deren Folge die gesellschaftliche Mitte aufgelöst und die ihr Angehörenden in den Abgrund geschleudert werden, bedrohen diesen Zustand, sondern der Auftritt von Ideologen, die diese Gesellschaft für unrecht erklären, die von Gleichheit und Brüderlichkeit sprechen und so bei den eben noch glücklichen Mittelmäßigen Unzufriedenheit erzeugen. «Wen hasse ich unter dem Gesindel von Heute am besten? Das Socialisten-Gesindel, die Tschandala-Apostel, die den Instinkt, die Lust, das Genügsamkeits-Gefühl des Arbeiters mit seinem kleinen Sein untergraben, – die ihn neidisch machen, die ihn Rache lehren ... Das Unrecht liegt niemals in ungleichen Rechten, es liegt im Anspruch auf ‹*gleiche*› Rechte.»[150] Doch wie kann man dem, was Nietzsche für Aufstachelung zu Neid und Rache hält, am besten entgegenwirken? Indem die Überlegen und Herausragenden, die Ausnahmemenschen eben, den Mittelmäßigen gegenüber nicht auftrumpfen und sie als das behandeln, was sie tatsächlich sind – mittelmäßig eben –, sondern indem sie sich selbst als Mittelmaß ausgeben – indem sie die Maske der Mediokrität tragen. «Die Mediocrität ist die glücklichste Maske, die der überlegene Geist tragen kann, weil sie die grosse Menge, das heisst die Mediocren, nicht an Maskirung denken lässt –: und doch nimmt er sie gerade ihretwegen vor, – um sie nicht zu reizen, ja nicht selten aus Mitleid und Güte.»[151] Nietzsche argumentiert aus der Perspektive einer Gesellschaft, die noch nicht in den Prozess der Industrialisierung eingetreten und deren Gefüge noch fest ist, offenbar mit Blick auf soziale Strukturen, wie sie ihm aus Naumburg und Basel sowie den von ihm geliebten italienischen Städten vertraut waren. Man wird insofern Urs Marti zustimmen können, für den Nietzsches Gesellschaftsverständnis «einem konservativ-romantischen Antikapitalismus verpflichtet» ist.[152]

Marx und Nietzsche gehen mit der gesellschaftlichen Mitte und dem dort versammelten Kleinbürgertum unterschiedlich um: Marx sieht für sie, politisch wie gesellschaftlich, keine Zukunft; Nietzsche dagegen macht die Zukunft der Kultur vom Fortbestand der Mittelmäßigen abhängig, die für die Herausragenden ein tragendes Fundament sind. Für Marx ist die Auflösung der Mitte im Prozess der sozioökonomischen Polarisierung ein Indikator dafür, dass der Zusammenbruch der kapitalistischen Ordnung bevorsteht und mit dem Aufbau einer Assoziation freier Menschen begonnen werden kann; für Nietzsche ist eine wie auch immer erfolgende Erosion der Mitte die Aufforderung, in einer solcherart polarisierten Gesellschaft auf die vormals angeratene Camouflage des Mediokren zu verzichten und einer unzufriedenen Masse die Entschlossenheit des Herrn entgegenzustellen, also eine Herrschaft auf Grundlage des Einverständnisses der Beherrschten in die offene Unterdrückung der Meisten zu verwandeln. Seine zahllosen Bemerkungen über den Gegensatz von Herren und Sklaven sind auf eine solche Entwicklung bezogen. Und doch bleiben beide, Marx wie Nietzsche, gegenüber Mitte und Mittelmaß ambivalent: Marx, weil er hier politische Verbündete für die Arbeiterklasse sucht; Nietzsche, weil er sich, sobald er über das Mittelmaß nachdenkt, nicht genugtun kann, darin eine schleichende Bedrohung des Herausragenden zu sehen. Selber dem eigenen Rat zu folgen und die Maske des Mediokren zu tragen, die Mittelmäßigen zumindest rhetorisch zu hegen und zu pflegen, war ihm nicht möglich. Sobald er auf das Mittelmaß zu sprechen kam, steigerte er sich in regelrechte Kaskaden der Ablehnung und Verachtung hinein.

Marx war politisch versiert genug, um zu wissen, dass die Arbeiterklasse vorerst auf Verbündete angewiesen war, die zumindest in einigen politischen Fragen auf ihrer Seite und nicht auf der der Bourgeoisie standen. Nach dem Stand der Dinge konnte das nur das Kleinbürgertum sein, das ja auch während der 1848er-Revolution im Pariser Juniaufstand mit dem Proletariat koaliert hatte. Demgemäß gestand Marx den Kleinbürgern zu, ihre Werte und Interessen politisch zu vertreten, jedoch nur in eigenen Organisationen und Journalen – und nicht in denen der Arbeiterbewegung. Er fürchtete, dass sie sonst deren politische Linie verwässern würden. Die Entwicklung einer eigenen politischen Interessenvertretung sollte obendrein dazu beitragen, dass nicht allzu viele aus den Reihen des Kleinbürgertums politisch reaktionäre Positionen bezogen oder sich den lumpenproletarischen Schlägertrupps der Reaktion anschlossen. Marx' Aufzählung derer, die seiner Vorstellung nach dem Pariser Lumpenproletariat zugehörten, zeigt indes, dass sich hier nicht nur depravierte Kleinbürger fanden, sondern vom Adel bis zum Proletariat alle Klassen vertreten waren. In Anbetracht dieser «hinterrücks» erfolgenden Stärkung der Bourgeois-Position, die, auch wenn Marx das nie so thematisiert hat, dem ständigen Schrumpfen der Bourgeoisie entgegenwirken musste, lag eine strategische Koalition mit dem Kleinbürgertum nahe. Es konnte sich dabei jedoch nur um ein Bündnis auf Zeit handeln, denn an seiner Auffassung, dass die gesellschaftliche Mitte unvermeidlich verschwinden werde, hat Marx festgehalten. Erst nach seinem Tod machte Eduard Bernstein, der in Engels' Auftrag den Marxschen Nachlass zu ökonomietheoretischen Fragen gesichtet und durchgearbeitet hatte, seine die Revisionismusdebatte in der deutschen Sozialdemokratie anstoßende Überzeugung öffentlich, wonach die alten Mittelschichten zwar dem Untergang geweiht seien, gleichzeitig aber neue Mittelschichten entstünden, so dass die kleinbürgerliche

Mitte keineswegs verschwinden werde. Infolgedessen müssten die Sozialisten eine Strategie entwickeln, mit der sie diese Klasse politisch an sich binden konnten.[153] Während Marx auf das Verschwinden der Mitte setzte, fürchtete Nietzsche, dass sich das Mittelmaß und die ihm Zuzurechnenden unter bestimmten Bedingungen zunehmend ausbreiten und schließlich die gesamte Gesellschaft prägen würden. Er sah diese Entwicklung darin begründet, dass Bedrohung und Gefahr immer weiter zurückgedrängt würden und ein gesellschaftliches Bedürfnis nach umfassender Sicherheit entstehe. Ihm ging es dabei nicht um ökonomische Veränderungen, wie Marx, sondern um einen Wandel in der moralischen Grundgestimmtheit der Gesellschaft. Ausgangspunkt für diesen Umschlag der Moral, die er als Medium der Selbstbeobachtung und Selbststeuerung einer Gesellschaft begriff, ist der folgende: «Nachdem das Gefüge der Gesellschaft im Ganzen festgestellt und gegen äussere Gefahren gesichert erscheint, ist es diese Furcht vor dem Nächsten, welche wieder neue Perspektiven der gesellschaftlichen Werthschätzung schafft.» Die Furcht vor äußerer Gefahr und Bedrohung habe die Mittelmäßigen dazu gebracht, die Herausragenden wertzuschätzen, weil sie sich von ihnen Schutz und Hilfe versprachen. Dann aber erfolgt der Umschlag: «Gewisse starke und gefährliche Triebe, wie Unternehmungslust, Tollkühnheit, Rachsucht, Verschlagenheit, Raubgier, Herrschsucht, die bisher in einem gemeinnützigen Sinne nicht nur geehrt […], sondern gross-gezogen und -gezüchtet werden mussten (weil man ihrer in der Gefahr des Ganzen gegen die Feinde des Ganzen beständig bedurfte), werden nunmehr in ihrer Gefährlichkeit doppelt stark empfunden […] und schrittweise, als unmoralisch, gebranntmarkt und der Verleumdung preisgegeben.»[154] Die Starken, auf die man bislang als Schutz nach außen gesetzt hatte, werden nun als innere Gefahr begriffen, und weil die Mittelmäßigen die offene Konfrontation mit ihnen scheuen, werden sie von ihnen mit den Mitteln der Moral in die Zange genommen. Modern formuliert könnte man sagen, Nietzsche begreife die Moral als ein Instrument im Kampf um die kulturelle Hegemonie, denn letzten Endes sind für ihn die Werturteile einer Gesellschaft im Kampf um Macht ausschlaggebend. Das ist eine grundlegend andere Gesellschaftsanalyse als die von Marx gepflegte, und insofern stellen Marx und Nietzsche tatsächlich, wie Max Weber im Gespräch mit einem Studenten gesagt haben soll,[155] die großen Alternativen der modernen Gesellschaftstheorien dar.

Im Anschluss an die zitierte Stelle, die vom Umschlag der Wertschätzung «starker» Tugenden in deren Verleumdung handelt, fährt Nietzsche fort: «Jetzt kommen die gegensätzlichen Triebe und Neigungen zu moralischen Ehren; der Heerden-Instinkt zieht, Schritt für Schritt, seine Folgerung. Wie viel oder wie wenig Gemein-Gefährliches, der Gleichheit Gefährliches in einer Meinung, in einem Zustand und Affekte, in einem Willen, in einer Begabung liegt, das ist jetzt die moralische Perspektive: die Furcht ist auch hier wieder die Mutter der Moral. An den höchsten und stärksten Trieben, wenn sie, leidenschaftlich ausbrechend, den Einzelnen weit über dem Durchschnitt und die Niederungen des Heerdengewissens hinaus und hinauf treiben, geht das Selbstgefühl der Gemeinde zu Grunde, ihr Glaube an sich, ihr Rückgrat gleichsam, zerbricht: folglich wird man gerade diese Triebe am besten brandmarken und verleumden. Die hohe unabhängige Geistigkeit, der Wille zum Alleinstehn, die grosse Vernunft schon werden als Gefahr empfunden; Alles, was den Einzelnen über die Heerde hinaushebt und dem Nächsten Furcht macht, heisst von nun an *böse*; die billige, bescheidene, sich einordnende Gesinnung, das *Mittelmaass* der Begierden kommt zu moralischen Namen und Ehren.»[156]

Soziologisch und wirtschaftlich betrachtet mögen Mitte und Mittelmaß nach wie vor die Voraussetzung dafür sein, dass Einzelne herausragen; in moralischer Hinsicht jedoch stehen von nun an Mittelmaß und Exzellenz in schroffem Gegensatz zueinander. Das Dilemma, das Nietzsche hier aufdeckt, dürfte der wichtigste Grund sein, warum er nunmehr die Maske des Mediokren, zu der er doch selbst geraten hatte, nicht aufsetzte, sondern gegen Mittelmaß und Mittelmäßigkeit zu Felde zog. Es war naheliegend, dabei die Kritik an der jüngeren Gesellschaftsentwicklung mit seiner Kritik am Christentum zu verbinden: «Endlich, unter sehr friedfertigen Zuständen, fehlt die Gelegenheit und

Nöthigung immer mehr, sein Gefühl zur Strenge und Härte zu erziehn; und jetzt beginnt jede Strenge, selbst in der Gerechtigkeit, die Gewissen zu stören; eine hohe und harte Vornehmheit und Selbst-Verantwortlichkeit beleidigt beinahe und erweckt Misstrauen, ‹das Lamm›, noch mehr ‹das Schaf›, gewinnt an Achtung.»[157] Nietzsche geht davon aus, dass eine Gesellschaft der Mittelmäßigen, kraftlos, aber sich schnell ausbreitend, die herausragenden Einzelnen erdrückt und schließlich zur Ansammlung der «letzten Menschen» wird.[158] «Wer das Gewissen des heutigen Europäers prüft, wird aus tausend moralischen Falten und Verstecken immer den gleichen Imperativ herauszuziehen haben, den Imperativ der Heerden-Furchtsamkeit: ‹wir wollen, dass es irgendwann einmal *Nichts mehr zu fürchten* giebt!› Irgendwann einmal – der Wille und Weg *dorthin* heisst heute in Europa überall ‹der Fortschritt›.»[159] Nietzsches Verwendung der Herdenmetapher hat zunächst in der Massenpsychologie (Le Bon, Freud, Ortega y Gasset) ihre Fortsetzung gefunden und spielt seit geraumer Zeit in evolutionsbiologisch inspirierten kulturtheoretischen Gesellschaftsbetrachtungen wieder eine Rolle.[160]

Nietzsche hat seine Diagnose dahingehend zugespitzt, dass den Mittelmäßigen die Zukunft gehöre, denn sie seien diejenigen, deren Zahl am schnellsten zunehme. Wenn die Moralphilosophen allenthalben von heraufziehendem Verderben und Untergang sprächen, so gebe es für sie doch eine Ausnahme: «die unheilbar *Mittelmässigen*. Die Mittelmässigen allein haben Aussicht, sich fortzusetzen, sich fortzupflanzen, – sie sind die Menschen der Zukunft, die einzig Ueberlebenden; ‹seid wie sie! werdet mittelmässig!› heisst nunmehr die alleinige Moral, die noch Sinn hat, die noch Ohren findet.» Aber warum reden die Moralphilosophen dann überhaupt von Verderben und Untergang? Nietzsches Antwort: «Sie ist schwer zu predigen, diese Moral der Mittelmässigkeit! – sie darf es ja niemals eingestehn, was sie ist und was sie will! sie muss von Maass und Würde und Pflicht und Nächstenliebe reden, – sie wird Noth haben, *die Ironie zu verbergen*!»[161]

Die wenigen Herausragenden, die noch verblieben sind, haben es unter diesen Umständen schwer. Sie müssen die Maske des Mediokren tragen, doch nicht wie vormals, um die Mittelmäßigen bei Laune zu halten, sondern um sich selbst und die eigene Exzellenz darunter zu verbergen, um sich zu schützen vor dem erdrückenden Zugriff des Mittelmaßes. Das betrifft im Übrigen nicht nur die tatsächlich Herausragenden, sondern auch jene, die nach Exzellenz streben oder sich diese zum Vorbild genommen haben: «Es kommt heute bisweilen vor, dass ein milder mässiger zurückhaltender Mensch plötzlich rasend wird, die Teller zerschlägt, den Tisch umwirft, schreit, tobt, alle Welt beleidigt – und endlich beiseite geht, beschämt, wüthend über sich, – wohin? wozu? Um abseits zu verhungern? Um an seiner Erinnerung zu ersticken? – Wer die Begierden einer hohen wählerischen Seele hat und nur selten seinen Tisch gedeckt, seine Nahrung bereit findet, dessen Gefahr wird zu allen Zeiten gross sein: heute aber ist sie ausserordentlich.»[162]

Es waren solche Beobachtungen, die Nietzsches Schriften zur bevorzugten Lektüre und Nietzsche selbst zum Idol der am Ende des 19. Jahrhunderts entstehenden Jugendbewegung Wandervogel werden ließen.[163] Und das erklärt auch, warum es das gesamte 20. Jahrhundert hindurch eine politisch rechte wie linke Nietzsche-Rezeption gab. «In ein lärmendes und pöbelhaftes Zeitalter hineingeworfen, mit dem er nicht aus Einer Schüssel essen mag, kann er [der rasend Gewordene] leicht vor Hunger und Durst, oder, falls er endlich dennoch ‹zugreift› – vor plötzlichem Ekel zu Grunde gehen. – Wir haben wahrscheinlich Alle schon an Tischen gesessen, wo wir nicht hingehörten; und gerade die Geistigsten von uns, die am schwersten zu ernähren sind, kennen jene gefährliche dyspepsia [Übelkeit, Völlegefühl, Erbrechen], welche aus einer plötzlichen Einsicht und Enttäuschung über unsere Kosten und Tischnachbarschaft entsteht, – den *Nachtisch-Ekel*.»[164]

Die Kritik der Mittelmäßigkeit geht bei Nietzsche Hand in Hand mit seiner Kritik der «beginnenden Pöbelherrschaft», die, wie auch das Mittelmaß, gegen alles Vornehme gerichtet sei.[165] Mittelmaß und Pöbel, Mediokrität und Ressentiment, Liberalität und Sozialismus fließen bei Nietzsche in eins, denn was ihn wirklich interessiert, was ihn fast ausschließlich umtreibt, ist die Verteidigung der Herausragenden und Vornehmen gegen ihr Verschwinden in der Masse. Nietzsches Blick auf die Gesellschaft ist vor allem ein ästhetischer, und dabei sticht der Gegensatz zwischen dem großen Einzelnen und der breiten Masse besonders heraus. Wie Marx für das Proletariat Partei ergreift, so stellt sich Nietzsche auf die Seite, an die Seite der großen Einzelnen. Das ist mehr als eine bloße Parteinahme, denn er rechnet sich diesen großen Einzelnen, den Herausragenden und Singulären, selber zu. Neben physiologischen Ursachen ist das vermutlich auch einer der Gründe für seinen geistigen Zusammenbruch in Turin: Sein Kampf gegen die Herrschaft der Masse schlug um in die Wahnsinnsphantasien von der Beherrschung der Masse als Voraussetzung für die Rettung der Kultur. Am 6. Januar 1889 schrieb er an Jacob Burckhardt: «Zuletzt wäre ich sehr viel lieber Basler Professor als Gott; aber ich habe es nicht gewagt, meinen Privat-Egoismus so weit zu treiben, um seinetwegen die Schaffung der Welt zu unterlassen. Sie sehen, man muß Opfer bringen, wie und wo man lebt.»[166] Oder drei Tage zuvor, am 3. Januar 1889, an Meta von Salis: «Die Welt ist verklärt, denn Gott ist auf der Erde. Sehen Sie nicht, wie alle Himmel sich freuen? Ich habe eben Besitz ergriffen von meinem Reich, werfe den Papst ins Gefängniß und lasse Wilhelm, Bismarck und Stöcker erschießen.»[167]

Vor allem führte Nietzsche einen polemischen Kampf gegen die intellektuellen Parteigänger des, wie er meinte, Mittelmaßes und Ressentiments, zumeist in dem Gefühl, der Einzige zu sein und auf einsamem Posten zu stehen, wartend auf die, für die er den Namen der «neuen Philosophen» prägte.[168] Aber noch hatten jene die Vorherrschaft, die Nietzsche als «die *Nivellirer*» bezeichnet, «diese fälschlich genannten ‹freien Geister› – als beredte und schreibfingrige Sklaven des demokratischen Geschmacks und seiner ‹modernen Ideen›: allesammt Menschen ohne Einsamkeit, [...] plumpe brave Burschen, welchen weder Muth noch achtbare Sitte abgesprochen werden soll, nur dass sie eben unfrei und zum Lachen oberflächlich sind, vor Allem in ihrem Grundhange, in den Formen der bisherigen alten Gesellschaft ungefähr die Ursache für *alles* menschliche Elend und Missrathen zu sehn: wobei die Wahrheit glücklich auf den Kopf zu stehn kommt! Was sie mit allen Kräften erstreben möchten, ist das allgemeine grüne Weide-Glück der Heerde, mit Sicherheit, Ungefährlichkeit, Behagen, Erleichterung des Lebens

Die um 1899 entstandene Ölskizze Hans Oldes zeigt Nietzsche auf dem Krankenlager der Villa Silberblick in Weimar. Die körperliche Hinfälligkeit ist vor allem an der auf dem Hosenbund liegenden schwachen Rechten erkennbar; Nietzsche ist nur noch eingeschränkt Herr seiner Gliedmaßen. Sein Gesicht jedoch steht im Gegensatz zum Verfall des Körpers: Der aufmerksam in die Ferne gerichtete Blick zeigt ihn als Seher des Zukünftigen, einen, der weiß, was die meisten Zeitgenossen nicht einmal ahnen. Das war ganz im Sinne von Nietzsches Schwester Elisabeth: So sollte man ihren Bruder sehen, so wollte sie ihn gesehen wissen.

für Jedermann; ihre beiden am reichlichsten abgesungnen Lieder und Lehren heissen ‹Gleichheit der Rechte› und ‹Mitgefühl für alles Leidende›, – und das Leiden selbst wird von ihnen als Etwas genommen, das man *abschaffen* muss.»[169]

Ging es Nietzsche zunächst um die Rettung der Kultur, die Verteidigung des Einzelnen gegen seine Vereinnahmung durch die Masse, die Möglichkeit des Nonkonformismus in einer sich zunehmend nivellierenden Massengesellschaft, so spricht er nunmehr von der Hoch- und Höherzüchtung einiger weniger, für die er so etwas wie ein politischpädagogisches Programm aufstellt. Das ist ein Schritt der Radikalisierung, denn nun geht er nicht länger davon aus, dass die zu rettenden

Herausragenden bereits da sind, sondern ist davon überzeugt, dass sie erst hervorgebracht – gepflanzt und gepflegt – werden müssen. «Wir Umgekehrten [umgekehrt in Relation zu den Nivellierern], die wir uns ein *Auge* und ein Gewissen für die Frage aufgemacht haben, wo und wie bisher die Pflanze ‹Mensch› am kräftigsten in die Höhe gewachsen ist, vermeinen, dass dies jedes Mal unter den umgekehrten Bedingungen geschehn ist, dass dazu die Gefährlichkeit seiner Lage erst in's Ungeheure wachsen, seine Erfindungs- und Verstellungskraft (sein ‹Geist› –) unter langem Druck und Zwang sich in's Feine und Verwegene entwickeln, sein Lebens-Wille bis zum unbedingten Macht-Willen gesteigert werden musste: – wir vermeinen, dass Härte, Gewaltsamkeit, Sklaverei, Gefahr auf der Gasse und im Herzen, Verborgenheit, Stoicismus, Versucherkunst und Teufelei jeder Art, dass alles Böse, Furchtbare, Tyrannische, Raubthier- und Schlangenhafte am Menschen so gut zur Erhöhung der Species ‹Mensch› dient, als sein Gegensatz – wir sagen sogar nicht einmal genug, wenn wir nur so viel sagen, und befinden wir uns jedenfalls, mit unserm Reden und Schweigen an dieser Stelle, am *andern* Ende aller modernen Ideologie und Heerden-Wünschbarkeit: als deren Antipoden vielleicht?»[170] Was Nietzsche hier andeutete, war sein politisches Programm gegen all das, was ihm an der jüngeren Gesellschaftsentwicklung verhängnisvoll erschien und verhasst war.

KAPITEL 8

DIE EUROPÄISCHEN JUDEN BEI MARX, WAGNER UND NIETZSCHE

Grassierender Antisemitismus

In den sich schnell verändernden Gesellschaften des 19. Jahrhunderts entwickelte sich auch ein Antisemitismus, der nicht mehr, wie im alten Europa, aus einer christlichen Judenfeindschaft erwuchs, sondern aus einer selten trennscharf auseinanderzuhaltenden Verbindung von kulturellen, nationalistischen, kapitalismuskritischen und nicht zuletzt rassistischen Motiven. In der Forschung hat sich für diesen Übergang die Unterscheidung zwischen Antijudaismus und Antisemitismus eingebürgert, wobei sich beides historisch überschnitt. Im Allgemeinen geht man davon aus, dass es in Deutschland einen Antisemitismus im strikt rassistischen Sinne erst seit 1879, dem Gründungsjahr der Antisemiten-Liga durch Wilhelm Marr, gegeben habe, doch steht das Jahr 1879 vor allem für die *politische Formierung* des Antisemitismus. Antisemitisches Denken, also eine Judenfeindschaft, die sich nicht auf das religiöse Bekenntnis und die zeremonielle Praxis konzentriert, sondern eine selbst durch die christliche Taufe nicht ablösbare Identität der Juden behauptet, hat es schon lange davor gegeben. 1879 wird freilich auch deswegen als die entscheidende Zäsur angesehen, weil im Jahr darauf der Berliner Antisemitismusstreit stattfand, eine im Wesentlichen unter Universitätsprofessoren ausgetragene Kontroverse, die für erhebliches Aufsehen sorgte und auf die dann eine breite Welle antisemitischer Schriften auch und gerade aus dem akademischen Milieu folgte. Ausgelöst wurde der Antisemitismusstreit durch den Historiker Heinrich von Treitschke mit der Artikelserie *Ein Wort über unser Judenthum*, auf die fünfundsiebzig Wissenschaftler unter Federführung Theodor

Mommsens antworteten, um den Antisemitismus Treitschkes zu verurteilen.[1] Ein weiterer Grund für die Datierung des Übergangs vom Antijudaismus zum Antisemitismus auf das Jahr 1879 ist die antisemitische Agitation des Berliner Hofpredigers Adolf Stoecker, die auch von den Wagners in Bayreuth aufmerksam verfolgt wurde. Am 11. Oktober 1879 hielt Cosima im *Tagebuch* fest, sie «lese eine sehr gute Rede des Pfarrers Stoecker über das Judentum. R[ichard] ist für völlige Ausweisung. Wir lachen darüber, daß wirklich, wie es scheint, sein Aufsatz über die Juden den Anfang dieses Kampfes gemacht hat.»[2] Folgt man diesem Eintrag, so haben sich die Wagners damals als Speerspitze der antisemitischen Bewegung gesehen. Die Bedeutung Stoeckers für die Ausbreitung des Antisemitismus in Deutschland zeigt sich auch in dem bereits zitierten «Wahnsinnsbrief» des Anti-Antisemiten Nietzsche vom 3. Januar 1889 an Meta von Salis, in dem er schrieb, er habe «den Papst ins Gefängniß» geworfen «und lasse Wilhelm, Bismarck und Stöcker [sic!] erschießen».[3] Gut möglich, dass Wagner, wenn er zu dieser Zeit noch gelebt hätte, von Nietzsche mit vors Erschießungspeloton beordert worden wäre. Immerhin hatte er laut Cosimas Zeugnis für die Ausweisung aller Juden aus Deutschland plädiert.

Zieht man eine strikte Trennlinie zwischen Antijudaismus und Antisemitismus im Jahr 1879, so würden fast alle diesbezüglichen Äußerungen von Wagner und Marx vor diesem Zeitpunkt in die Rubrik des Antijudaismus fallen, wohin sie indes nicht gehören, weil es darin nicht um religiöse, sondern um wirtschaftliche und kulturelle Fragen ging, mit denen beide die «Judenfrage» – der Begriff geht auf Bruno Bauer zurück – verbunden haben. Damit sind die Ähnlichkeiten zwischen Wagner und Marx aber auch schon erschöpft. Auch die Klügeren unter seinen Verteidigern gestehen zu, dass Wagner ein veritabler Antisemit war,[4] der zu Verschwörungsvorstellungen neigte, in denen «die Juden» notorisch die Rolle gefährlicher Verschwörer spielen. Bei Marx wiederum stößt man vor allem in den Briefen auf eine Reihe von Invektiven, mit denen Juden herabgesetzt und verächtlich gemacht werden. Zudem findet sich in frühen Jahren eine im weiteren Sinne antisemitisch eingefärbte Kapitalismuskritik, die jedoch in dem Maße aus Marx' Veröffentlichungen verschwand, wie er bei der Ausarbeitung seiner ökonomischen Theorie nicht mehr Personen und Personengruppen ins Auge fasste, sondern die Gesetzmäßigkeiten der kapitalistischen Gesellschaft herausstellte. Im Unterschied zu Werner Sombart, der in Deutschland die erste große Geschichte des Kapitalismus schrieb und sich dabei für die psychische Struktur der kapitalistischen Unternehmer interessierte,[5] oder auch zur religionssoziologischen Erklärung kapitalistischen Wirtschaftens bei Max Weber[6] hat sich Marx nach seiner Schrift *Zur Judenfrage* für eine religiös oder kulturell begründete Affinität ausgewählter gesellschaftlicher Gruppen zum kapitalistischen Wirtschaften nicht mehr interessiert. Wagner hingegen hat seinen Aufsatz *Das Judenthum in der Musik* knapp zwanzig Jahre nach dessen (anonymer) Erstveröffentlichung noch einmal publiziert, die antisemitischen Invektiven darin verschärft und seinen Antisemitismus, den er im Übrigen mit Cosima teilte, in den «Regenerationsschriften» ungehemmt ausformuliert.[7]

Die Juden in Marx' Kapitalismusanalyse

Die Frage nach einem latenten Antisemitismus bei Marx mag überraschen, da dieser selbst einer jüdischen Familie entstammte. Sein Großvater Mordechai (Marx) Levy war Rabbiner in Trier und sein Vater Heinrich (ursprünglich Heschel oder Hirschel) trat erst zum Protestantismus über, nachdem Trier auf dem Wiener Kongress Preußen zugeschlagen worden war und er Sorge hatte, dass seine Tätigkeit als Rechtsanwalt durch die Zugehörigkeit zur jüdischen Gemeinde erschwert, wenn nicht unmöglich gemacht würde. Er ließ seine Kinder evangelisch taufen, was im katholischen Trier in mehrfacher Hinsicht einem Bekenntnis zur Aufklärung und zu einem liberalen Politikverständnis gleichkam.[8] Karl Marx entstammte also einer im Judentum verwurzelten Familie, aber sein Vater war vermutlich auch aus Überzeugung und nicht bloß aus beruflichen Gründen zu einem liberalen Protestantismus übergetreten. Nun hatte Marx kein inniges Verhältnis zu seiner Familie,[9] und eine sonderlich positive Erinnerung an seine Herkunft ist im familiären Briefwechsel, so weit er erhalten ist, auch nicht zu entdecken. Er fühlte sich, wie sein Vater, zunächst einem aufgeklärten Protestantismus verbunden und danach einer atheistischen Weltsicht.

Die jüdische Herkunft ist in Marx' Schriften nur gelegentlich zu erahnen, etwa wenn er Passagen des Alten Testaments verballhornt und auf die gegenwärtige Gesellschaft anwendet: «Akkumuliert, akkumuliert! Das ist Moses und die Propheten!»[10] Marx spielt damit ironisch auf die strenge Gesetzesbefolgung im traditionellen Judentum an, was auf den Kapitalismus bezogen heißt: Wer nicht bedingungslos akkumuliert, verstößt gegen dessen Gesetzmäßigkeit und geht unter. Oder er thematisiert in eher abfälligen Formulierungen die Rolle von Juden in bestimmten Phasen der sozioökonomischen Entwicklung, etwa wenn er im *Kapital* schreibt: «Eigentliche Handelsvölker existieren nur in den Intermedien der alten Welt, wie Epikurs Götter oder wie Juden in den Poren der polnischen Gesellschaft.»[11] Beide Äußerungen sind freilich nicht antisemitisch; die erstere setzt auf eine Rhetorik der Veranschaulichung, die letztere verweist auf die wirtschaftliche Rückständigkeit der polnischen Gesellschaft. Weder beherrschen jüdische Händler diese Gesellschaft noch spielen sie in ihr eine sozioökonomisch umwälzende Rolle; sie sorgen nur für den Austausch zwischen den einzelnen wirtschaftlichen Sphären, die sonst voneinander getrennt blieben. Indirekt stellt Marx sogar heraus, dass alle, die den Kapitalismus mit den Juden identifizierten, ihn nicht begriffen hätten: «Jene alten gesellschaftlichen Produktionsorganismen», so erläutert er im unmittelbaren Anschluss an seine Bemerkung über die jüdischen Händler im polnischen Teil Russlands, «sind außerordentlich viel einfacher und durchsichtiger als die bürgerlichen [Verhältnisse], aber sie beruhen entweder auf der Unreife des individuellen Menschen, der sich von der Nabelschnur des natürlichen Gattungszusammenhangs mit andren noch nicht losgerissen hat, oder auf unmittelbaren Herrschafts- und Knechtschaftsverhältnissen. Sie sind bedingt durch eine niedrige Entwicklungsstufe der Produktivkräfte der Arbeit und entsprechend befangene Verhältnisse der Menschen innerhalb ihres materiellen Lebenserzeugungsprozesses, daher zueinander und zur Natur.»[12] Die Geldwirtschaft ist unter diesen rückständigen Verhältnissen auf die Händler begrenzt, die zwischen den auf Selbstversorgung beruhenden Formen der Haus- und Dorfwirtschaft vermitteln. Im Marxschen Verständnis ist das allenfalls protokapitalistisch. Im *Kapital* billigt Marx den Juden an den wenigen Stellen, an denen er überhaupt auf sie zu sprechen kommt, allenfalls eine Übergangsrolle zu. Als die Herren der kapitalistischen Welt, wie im linken Antisemitismus,[13] sieht er sie nicht.

Marx geht damit auf Distanz zu jener Sichtweise, die er im Herbst 1843, also *vor* der eingehenderen Beschäftigung mit ökonomischen Fragen, in seiner Schrift *Zur Judenfrage* eingenommen hatte.[14] In diesem als Rezension zweier Publikationen Bruno Bauers angelegten Text argumentiert er noch ganz im Bezugsrahmen der Hegelschen *Rechtsphilosophie*, was sich auch darin zeigt, dass der Text 1844 in den *Deutsch-Französischen Jahrbüchern* gemeinsam mit seinem Aufsatz *Zur Kritik der Hegelschen Rechtsphilosophie* erschien. Dieser Hegelsche Kontext ist in den meisten Interpretationen des Aufsatzes *Zur Judenfrage* nicht hinreichend beachtet worden, was zu gravierenden Fehldeutungen geführt hat. Das betrifft im Übrigen auch Bruno Bauer selbst, einen der führenden Köpfe des Junghegelianismus, der wenige Jahre zuvor mit dem am Vorbild der humanistischen «Dunkelmännerbriefe» orientierten Text *Die Posaune des jüngsten Gerichts über Hegel, den Atheisten und Antichristen* für erhebliches Aufsehen gesorgt hatte.[15] Dass Bauer zu einem rabiaten Antisemiten wurde, hat einige Interpreten von Marx' Text dazu verführt, diese Auffassungen in die frühere Schrift hineinzulesen beziehungsweise sie nach ihrer Maßgabe zu interpretieren. In der von Marx rezensierten Schrift *Zur Judenfrage* hatte Bauer die Forderung nach der staatsbürgerlichen Emanzipation der Juden mit der Feststellung gekontert, eine solche Emanzipation erfolge in eine Gesellschaft der Unfreien hinein, denn auch die angeblich emanzipierten Deutschen seien selbst unfrei. Also gehe es um mehr, nämlich die politische Emanzipation Deutschlands und die allgemeine Emanzipation des Menschen, und an dieser Vorgabe habe sich die Emanzipation der Juden zu orientieren. Bauer spitzt das zur Devise zu: Wie sich die Deutschen vom «christlichen Staat» (als der sich Preußen unter Friedrich Wilhelm IV. verstand) befreien müssten, um freie Bürger und freie Menschen zu werden, so müssten die Juden sich von den Vorschriften und Gepflogenheiten der jüdischen Gemeinde befreien, um in bürgerlicher und menschlicher Hinsicht frei zu sein.[16]

Hier setzt Marx an. Er führt Bruno Bauers Auseinandersetzung mit der Judenemanzipation weiter, indem er den Emanzipationsgedanken noch einmal radikalisiert: «Die politische Emancipation des Juden, des Christen, überhaupt des religiösen Menschen, ist die Emancipation des Staats vom Judenthum, vom Christenthum, überhaupt von der Religion.»[17] Die Konfessionen innerhalb des Staates sind grundsätzlich gleich zu behandeln, und der Staat emanzipiert sich von der Staatsreligion, indem er sich nicht mehr auf eine Religion beruft und zu keiner Religion bekennt. Worin besteht dann aber der Anspruch des Staates, das Verbindende zwischen allen Bürgern zu sein und nicht bloß, wie bei den Vertragstheoretikern mit Ausnahme Rousseaus, der Rahmen für eine Ansammlung von Menschen, die ihren je eigenen Interessen folgen, also wesentlich Egoisten sind? Und was ist die Emanzipation des Staates von der Religion wert, wenn sich die Menschen nicht selbst von der Religion emanzipieren, sondern diese nur als ihre Privatsache behandelt wird? Das ist ganz in den Bahnen der aufklärerischen Religionskritik gedacht.[18] Marx nimmt diese Religionskritik ernst und begnügt sich nicht mit einem liberalen Staat, der die Frage des religiösen Bekenntnisses zur Privatangelegenheit erklärt hat.

Das emanzipatorische Defizit einer bloßen «Privatisierung» der Religion erläutert Marx am Beispiel des Zensuswahlrechts, also der Zuweisung staatsbürgerlicher Rechte entsprechend dem Umfang des Vermögens und Einkommens. Mit der Abschaffung des Zensuswahlrechts, so könne man sagen, habe sich der Staat vom Privateigentum emanzipiert, weil es hinfort nicht mehr die Voraussetzung für staatsbürgerliche Rechte sei. Die politische Annullierung des Privateigentums, in deren Folge «der Nichtbesitzende zum Gesetzgeber des Besitzenden geworden» sei, weil Erstere gegenüber Letzteren nun einmal in der Mehrheit seien, bedeute jedoch keineswegs die Aufhebung des Privateigentums; dieses bleibe als Ordnungsprinzip der bürgerlichen Gesellschaft erhalten. Die für Marx' Stellung zur politischen Emanzipation der Juden entscheidende Formulierung lautet: «Der Staat hebt den Unterschied der *Geburt*, des *Standes*, der *Bildung*, der *Beschäftigung* in seiner Weise auf, wenn er Geburt, Stand, Bildung, Beschäftigung für *unpolitische* Unterschiede erklärt, wenn er ohne Rücksicht auf diese Unterschiede jedes Glied des Volkes zum *gleichmäßigen* Theilnehmer der Volkssouverainetät ausruft [...]. Nichts desto weniger läßt der Staat das Privateigenthum, die Bildung, die Beschäftigung auf *ihre* Weise, d. h. als Privateigenthum, als Bildung, als Beschäftigung wirken und ihr *besondres* Wesen geltend machen. Weit entfernt, diese *faktischen* Unterschiede aufzuheben, existirt er vielmehr nur unter ihrer Voraussetzung, empfindet er sich als *politischer* Staat und macht seine *Allgemeinheit* geltend nur im Gegensatz zu diesen seinen Elementen.»[19] Marx markiert hier die Differenz zwischen einer liberalen und einer radikaldemokratischen Sicht der politischen Ordnung und lässt keinen Zweifel daran, dass er selbst der Letzteren anhängt.

Diese Unterscheidung zwischen einer liberalen und einer radikaldemokratischen Position gilt aus Marx' Sicht auch für die Religion. Es geht dabei um den Gegensatz, den Marx in dieser Phase seines Denkens als einen zwischen *bourgeois* und *citoyen* beschrieben hat und in dem er die Spaltung zwischen Staat und Gesellschaft manifestiert sah. Der liberale Staat, so würden wir heute sagen, beruht auf dieser Spaltung, und seine *raison d'être* besteht in der Aufrechterhaltung dieser Differenz. Dagegen ist in einer Gesellschaft, wie Marx sie vor Augen hatte, diese Spaltung überwunden. Marx wirft Bauer deswegen vor, nur gegen den religiösen Ausdruck dieser Spaltung zu polemisieren und nicht die «Spaltung zwischen dem *politischen Staat* und der *bürgerlichen Gesellschaft*» selbst als eine zu überwindende thematisiert zu haben.[20] Diese langfristige Perspektive, gewissermaßen seine politische Zielvorgabe, entwertet für Marx nicht die Emanzipation der Juden, die er jedoch nur als einen

Schritt auf dem Weg zur menschlichen Emanzipation begreift: «Die *politische* Emancipation ist allerdings ein großer Fortschritt, sie ist zwar nicht die letzte Form der menschlichen Emancipation überhaupt, aber sie ist die letzte Form der menschlichen Emancipation *innerhalb* der bisherigen Weltordnung.»[21] Die radikaldemokratische Ordnung steht nicht im Gegensatz zu liberalen Politikauffassungen, sondern schließt als eine höhere Form deren Freiheitsvorstellungen durchaus mit ein – jedenfalls ihrem Ziel nach.

Die politische Emanzipation ist freilich, so Marx weiter, kein Vorgang, bei dem man es nach Belieben belassen kann, sondern sie setzt im Innern der Gesellschaft Kräfte frei, die auf die Emanzipation des egoistischen Menschen, die Befreiung des Menschen *zum Egoismus* hinauslaufen. Marx stellt die alte Gesellschaft mit ihren «Ständen, Corporationen, Innungen, Privilegien» noch einmal der bürgerlichen Gesellschaft gegenüber, in der die ständischen und korporativen Bindungen aufgelöst sind. Banden die Stände, Korporationen und Innungen den Einzelnen noch an ein partikulares Gemeinwohl, nämlich das der Standesgenossen oder der dem jeweiligen Berufsverband Angehörenden, wie es von Hegel in der *Rechtsphilosophie* noch einmal für die innere Ordnung herausgestellt worden ist, so haben sich diese Bindungen seiner Auffassung nach mit der «politischen Revolution» als «Revolution der bürgerlichen Gesellschaft» aufgelöst.[22] «Die Freiheit des egoistischen Menschen und die Anerkennung dieser Freiheit ist […] die Anerkennung der *zügellosen* Bewegung der geistigen und materiellen Elemente, welche seinen Lebensinhalt bilden.»[23] Man muss diese grundsätzliche und *für alle*, also nicht nur für Juden, geltende Aussage im Kopf behalten, um Marx' anschließende, speziell auf die Juden bezogene Überlegungen richtig zu verstehen.

Hatte Bruno Bauer die Emanzipationsfrage auf die Emanzipationsfähigkeit der jeweiligen Religion zugespitzt und dabei eine gewisse Zurückgebliebenheit der Juden gegenüber den Christen konstatiert, so dreht Marx die Betrachtungsrichtung um und fragt nach den Folgen, die die Auflösung der Gemeinschaftsbindungen für die Juden hat. Nimmt man Hegels *Rechtsphilosophie* als Hintergrund, so ist die Frage nach der

Emanzipation der Juden analog zu der nach dem Wegfall der Korporationen für das Wirtschaftsverhalten der Handwerker zu begreifen: als Entfesselung der Konkurrenz und Freisetzung des Egoismus. Aus einer religiösen wird damit eine soziopolitische Frage, nämlich die nach «der besondern Stellung des Judenthums in der heutigen geknechteten Welt». Oder anders formuliert: Welche Folgen hat die Auflösung der jüdischen Gemeinschaft als einem durch die gesellschaftliche Diskriminierung auf sich selbst verwiesenen Sozialverband für die einzelnen Juden? Auf diese Frage gibt Marx eine Antwort, die bis heute angeführt wird, um ihn des Antisemitismus zu bezichtigen.[24] «Betrachten wir den wirklichen weltlichen Juden, nicht den *Sabbaths Juden*, wie Bauer es thut, sondern den *Alltagsjuden*. Suchen wir das Geheimniß des Juden nicht in seiner Religion, sondern suchen wir das Geheimnis der Religion im wirklichen Juden. Welches ist der weltliche Grund des Judenthums? Das praktische *Bedürfniß*, der *Eigennutz*. Welches ist der weltliche Kultus des Juden? Der *Schacher*. Welches ist sein weltlicher Gott? Das Geld. Nun wohl! Die Emanciption vom *Schacher* und vom *Geld*, also vom praktischen realen Judentum wäre die Selbstemancipation unsrer Zeit. Eine Organisation der Gesellschaft, welche die Voraussetzungen des Schachers, also die Möglichkeit des Schachers aufhöbe, hätte den Juden unmöglich gemacht. Sein religiöses Bewußtsein würde wie ein fader Dunst in der wirklichen Lebensluft der Gesellschaft sich auflösen.»[25]

Man kann diese Passagen, sobald man sie aus dem hier nachgezeichneten Zusammenhang einer komplexen Argumentation herausgenommen hat, durchaus antisemitisch verstehen. Es handelt sich dann freilich um einen weder religiös noch kulturell begründeten und auch nicht um einen rassistischen, sondern einen antikapitalistischen Antisemitismus. Dabei lässt Marx offen, welchen Anteil die Juden selbst an der zugeschriebenen Rolle haben und in welchem Maße die Gesellschaft sie in diese Rolle hineingedrängt hat: «Der Jude hat sich auf jüdische Weise emancipiert, nicht nur, indem er sich die Geldmacht angeeignet, sondern indem durch ihn und ohne ihn, *das Geld* zur Weltmacht und der praktische Judengeist zum praktischen Geist der christlichen Völker geworden ist. Die Juden haben sich in so weit emancipirt, als die Christen zu Juden geworden sind.»[26] Das entspricht weithin dem, was Marx im *Kapital* über die Handelsvölker geschrieben hat. Er trennt dabei nicht das Christentum vom Judentum, auch dann nicht, wenn es um den Egoismus geht, den er der bürgerlichen Gesellschaft zuschreibt. Vielmehr begreift er, ohne den von ihm erst später in die Analyse eingeführten Begriff zu verwenden, die in der frühkapitalistischen Welt agierenden jüdischen Händler und Geldverleiher als «Charaktermasken»[27] des entstehenden Kapitalismus. In dieser Rolle sind sie, so Marx, inzwischen von den Christen eingeholt, wenn nicht überholt worden. «Das Judenthum erreicht seinen Höhepunkt mit der Vollendung der bürgerlichen Gesellschaft; aber die bürgerliche Gesellschaft vollendet sich erst in der *christlichen* Welt. Nur unter der Herrschaft des Christenthums, welches *alle* nationalen, natürlichen, sittlichen, theoretischen Verhältnisse dem Menschen *äußerlich* macht, konnte die bürgerliche Gesellschaft sich vollständig vom Staatsleben trennen, alle Gattungsbande des Menschen zerreißen, den Egoismus, das eigennützige Bedürfniß an die Stelle dieser Gattungsbande setzen, die Menschenwelt in eine Welt atomistischer feindlich sich gegenüberstehender Individuen auflösen.»[28]

Es ist die Religionskritik, wie Marx sie auf der Suche nach den Ursachen der Entfremdung zuvor auf das Christentum angewandt hatte, in die er nun auch das Judentum einbezieht und die er in Auseinandersetzung mit Bruno Bauer gesellschaftskritisch zuspitzt. Konkret: Nicht die Juden haben den Kapitalismus hervorgebracht, sondern die bürgerliche Gesellschaft hat in ihrer Entstehungsphase die Juden in eine bestimmte Rolle hineingedrängt, die sie sich, nachdem ihre Schuldigkeit getan ist, inzwischen mit Christen teilen müssen. Zusammenfassend lässt sich festhalten, dass Marx' Analyse selbst nicht antisemitisch geprägt ist, während einzelne seiner Formulierungen infolge seiner Neigung, einen Gedanken immer weiter zuzuspitzen, durchaus antisemitisch verstanden werden können. Wie wenig Marx jedoch – im Unterschied zu Wagner – von einer konstanten Sonderrolle der Juden im europäischen Wirtschaftsleben ausging, zeigt das vierundzwanzigste Kapitel des *Kapitals*, wo er die Schlüsselrolle bei der ursprünglichen Akkumulation als Voraussetzung des industriellen Kapitalismus den englischen Land-

Aus dem Finanzier der Könige ist der König der Könige geworden. Die Federlithographie von 1848 unter dem Titel «Anbetung der Könige» zeigt die Herrscher Europas vor dem Frankfurter Bankier Amschel Mayer Rothschild auf die Knie gesunken, um das Geld und den Herrn über das Geld anzubeten. Auf der linken Bildseite im Halbkreis von vorn nach hinten: Friedrich Wilhelm IV. von Preußen, der französische Bürgerkönig Louis-Philippe, Kaiser Ferdinand von Österreich, Zar Nikolaus I. von Russland und ein römisch-katholischer Kardinal, allesamt Gläubiger der Rothschild-Bank, dazu Esel und Schaf. Auf der rechten Seite beten auch arme Leute, Nachfahren der biblischen Hirten, das Geld an. Der Stern von Bethlehem hat den Königen den Weg gewiesen. Vor der Tür lärmendes Volk, das die Aufschrift «Liberté» hochhält, womit ein Zusammenhang zwischen Französischer Revolution, Judenemanzipation und dem Aufstieg des Kapitalismus insinuiert wird.

lords zugewiesen hat. Auch die Landlords fungieren nur als «Charaktermasken» in einem durch die Produktivkraftentfaltung dynamisierten System, das von einer auf Selbstversorgung ausgerichteten Haus- und Dorfwirtschaft in eine Ökonomie regionenübergreifender Warenproduktion transformiert wird. Von einer Sonderrolle der Juden ist in Marx' ökonomischen Analysen seit den 1850er Jahren nichts mehr zu finden.[29]

Das ist durchaus bemerkenswert, weil die Debatte über die Rolle der Juden im Kapitalismus, insbesondere im Finanzkapitalismus, nach der Veröffentlichung von *Zur Judenfrage* erst richtig Fahrt aufnahm. Ein Schlüsseltext der antisemitisch grundierten Kapitalismuskritik war Alphonse Toussenels Buch *Les Juifs. Rois de l'époque*, das ein Jahr nach Marx' Veröffentlichung erschien. Nicht nur Marx, sondern auch Wagner und Nietzsche dürften dieses Buch gekannt haben. Toussenels zentrale Aussage lautet, das Bankhaus Rothschild habe die französische Regierung «gekauft» und dafür gesorgt, dass sich in Frankreich ein finanzpolitischer Feudalismus entwickelt habe. Dieser bestehe darin, dass sich der Staat bei den Rothschilds immer weiter verschuldete und die Franzosen über Steuern für Zinsen wie Rückzahlung der Verschuldung aufkommen mussten. Ein Nachklang dessen findet sich in Marx' Charakterisierung der Ära des «Bürgerkönigs» Louis-Philippe als «Herrschaft des Finanzkapitals» und in seiner Kritik an der Finanzpolitik Louis Bonapartes nach der 48er-Revolution[30] – freilich nunmehr ohne jede Verknüpfung mit Juden als vermeintlichen Profiteuren der Verschuldung. Das ist eine Bestätigung dafür, dass mit Marx' Rezeption ökonomischer Theorien die Juden in seiner Kapitalismusanalyse keine herausgehobene Rolle mehr spielten. Festzuhalten ist das auch deshalb, weil sich dies in einem zu Marx' Werk alternativen Strang sozialistischer Theorie anders verhält – nicht nur in Frankreich, wo die Nachwirkungen von Charles Fourier und Pierre-Joseph Proudhon einen antisemitisch grundierten Sozialismus hervorgebracht hatten,[31] sondern auch in Deutschland, wo etwa Eugen Dühring für diese Linie stand.[32]

Alltagsantisemitismus bei Marx und Engels

Für herabsetzende antisemitische Äußerungen war Marx indes auch nach seiner theoretischen Wende empfänglich, und gelegentlich hat er sich ihrer auch selbst ausgiebig bedient – vor allem im Briefwechsel mit Engels und zumal dann, wenn sich beide über Ferdinand Lassalle echauffierten. Er sei ein «echter Jud von der slawischen Grenze», schrieb Engels über den aus Breslau stammenden Lassalle, stets bereit, «unter Parteivorwänden jeden für seine Privatzwecke zu exploitieren».[33] Ein typisch antijüdisches Klischee kam auch zum Einsatz, als Lassalle eine größere Arbeit über Heraklit und die griechische Philosophie veröffentlichte, ein Thema, das Marx mit Blick auf seine Dissertation über Demokrit und Epikur als sein ureigenstes Gebiet ansah. Dass Lassalle «ohne allen Anlaß» über griechische Philosophie geschrieben habe, genügte ihm, um Lassalle der «komischen Eitelkeit» zu bezichtigen und in ihm einen zu sehen, «der mit Gewalt berühmt werden will».[34] Sechs Jahre später sprach er dann in einer Mischung von Antisemitismus und Rassismus von dem «jüdischen Nigger Lassalle».[35] Marx befand sich wieder einmal in Geldnot und spekulierte darauf, dass Lassalle ihm aushalf; dieser aber hatte während eines Aufenthalts bei ihm in London fünftausend Taler verspekuliert – anstatt die Summe seinem notorisch in finanziellen Schwierigkeiten steckenden Gastgeber zu leihen. Marx brachte seine Empörung darüber in einem weiteren antijüdischen Klischee zum Ausdruck, als er von «der falschüberschnappenden Stimme» Lassalles sprach und sich über dessen «unästhetisch demonstrative Bewegungen» sowie «die geile Brunst dieses ‹Idealisten›» erregte. «Es ist mir völlig klar, daß er, wie auch seine Kopfbildung und sein Haarwuchs beweist, – von den Negern abstammt, die sich dem Zug des Moses aus Ägypten anschlossen (wenn nicht seine Mutter oder Großmutter von väterlicher Seite sich mit einem nigger kreuzten).»[36] Nachdem Lassalle an den Folgen eines Duells gestorben war, bei dem es um die Ehre der Adligen Helene von Dönniges ging, schrieb Engels: «Der Lassalle ist offenbar daran kaputt gegangen, daß er Helene von Dönniges nicht sofort in der Pension aufs Bett geworfen und gehörig hergenommen hat, sie wollte nicht seinen schönen Geist, sondern seinen jüdischen Riemen.»[37] Das Sexuelle hat in den antijüdischen Stereotypen seit jeher eine besondere Rolle gespielt. Aber auch sonst konnten die beiden sich nicht genugtun, Lassalle mit antijüdischen Invektiven zu überziehen: «das Jüdel», «Itzig Gescheit», «Baron Itzig» oder auch «Exz. Ephraim Gescheit».

Nun kann man, wenn man will, die antisemitischen Ausfälle im Briefwechsel zwischen Marx und Engels damit erklären, dass sich beide durch Lassalles Auftreten ein ums andere Mal provoziert fühlten, aus organisationspolitischen Gründen darauf aber nicht so reagieren konnten, wie vor allem Marx das sonst zu tun pflegte: in Form einer Abhandlung, in der die Theorie oder das politische Handeln des Betreffenden kritisch seziert und «erledigt» wurde. Die übliche intellektuelle Verarbeitung des Ärgers, den sowohl Lassalles persönliches Verhalten als auch seine theoretischen Positionen bei Marx und Engels verursachten, war den beiden verwehrt, weil sie auf ihn als Kopf des Allgemeinen Deutschen Arbeitervereins sowie als charismatischen Redner angewiesen waren. Marx beneidete Lassalle um die Fähigkeit, ein Massenpublikum zu begeistern, und mit Blick auf die eigene Lebenslage hegte er, um Nietzsches Begriff aufzunehmen, ein starkes Ressentiment gegen ihn.

Eine spezifische Judenfeindschaft lässt sich jedoch weder bei Marx noch bei Engels ausmachen. Moses Heß gegenüber hat Marx in den Zeiten wachsender Distanz (nachdem die beiden in den 1840er Jahren eng miteinander zusammengearbeitet hatten) keinerlei antisemitische Bemerkungen gemacht.[38] Seine Äußerungen zu Lassalle verweisen eher auf eine im 19. Jahrhundert weit verbreitete Sprache der Verächtlichkeit, die mit judenfeindlichen Stereotypen gespickt war. Anzutreffen war dieser durchaus bösartige Sprachgestus der Judenverachtung auch in gebildeten, liberalen oder konservativ-honorigen Kreisen, etwa bei den Brüdern Grimm oder auch bei Jacob Burckhardt,[39] und Marx hatte offenbar kein Sensorium dafür, welch gefährlicher Klischees er sich hier bediente. Das unterscheidet ihn von Nietzsche, der nach der Trennung von Wagner dafür ein sehr gutes Ohr hatte. Marx' Neigung, sich antisemitischer Stereotype zu bedienen, zeigt sich auch in seinem Bericht über ein Dinner, das Lassalle anlässlich von Marx' Berlinbesuch im Frühjahr 1861 veranstaltete. Unter den Gästen war Ludmilla Assing, die Nichte des angesehenen Karl August Varnhagen von Ense, und man hatte sie neben Marx platziert. Darüber berichtet er an seine holländische Verwandte Antoinette Philips: «Dieses Fräulein, das mich mit ihrem Wohlwollen direkt überschwemmte, ist das häßlichste Geschöpf,

In ihrer Rivalität zu Ferdinand Lassalle schreckten Marx und Engels nicht vor den übelsten antisemitischen Klischees zurück. Die Fotografie zeigt Lassalle zwei Jahre vor seinem Tod bei einem Duell. Der Gehrock, die karierte Hose und die Lederhandschuhe in der Linken zeigen seine Neigung zur Extravaganz, die Marx ein ums andere Mal provozierte.

das ich je in meinem Leben gesehen habe, mit einer garstigen jüdischen Physiognomie, einer scharf hervorspringenden dünnen Nase, ewig lächelnd und griensend, immer poetische Prosa sprechend, ständig bemüht, etwas Außergewöhnliches zu sagen, Begeisterung heuchelnd und während der Verzückungen ihrer Ekstasen ihr Auditorium bespuckend.»[40] Solcher Alltagsantisemitismus war durchaus nicht harmlos. Er belegt vielmehr, wie stark die Alltagssprache bereits vom Antisemitismus durchdrungen war. Wenn jemand wie Marx eine Person unangenehm fand, waren rasch antisemitische und rassistische Stereotype zur Hand, mit denen er seiner Ablehnung Ausdruck verlieh.

Ein ähnlicher Alltagsantisemitismus findet sich auch bei Richard Wagner, etwa in dem Bericht über seine Rückreise nach Deutschland im Frühjahr 1841. Zuerst sei man auf dem Weg von Paris nach Dresden nahe der deutschen Grenze in ein heftiges Schneetreiben geraten und dann zwischen Frankfurt und Leipzig «in den Strom der Meßreisenden [...], welche die Post um jene Zeit der Leipziger Ostermesse so stark in Anspruch nahmen, daß wir zwei Tage und eine Nacht über, bei unausgesetztem Sturm, Schnee und Regen, unaufhörlich die schlimmsten Beiwagen wechseln mussten».[41] Der rege Messebetrieb hat die Reise also beschwerlich gemacht, und Wagner vergisst nicht zu erwähnen, dass sich unter den Reisenden viele jüdische Kaufleute befanden. Der einzige Lichtblick sei ihm die erste Begegnung mit der Wartburg gewesen, die man, von Fulda kommend, lange vorteilhaft habe sehen können, was Wagner zum dritten Akt seines *Tannhäuser* inspirierte. Der Eindruck der Burg habe ihn «gegen Wind und Wetter, Juden und Leipziger Messe [...] innig erwärmt».[42] Was er mit der Erwähnung der Juden neben widrigem Wind und Wetter sagen wollte, wird klar, wenn man die ersten Seiten seines Pamphlets *Das Judenthum in der Musik*[43] liest: «Wir haben uns das *unwillkürlich Abstoßende*, welches die Persönlichkeit und das Wesen der Juden für uns hat, zu erklären, um diese instinktmäßige Abneigung zu rechtfertigen, von welcher wir doch deutlich erkennen, daß sie stärker und überwiegender ist, als unser bewußter Eifer, dieser Abneigung uns zu entledigen.»[44] Es war offenbar eine solche «instinktmäßige Abneigung», die Wagner im Frühjahr

1841 gegenüber den zur Leipziger Ostermesse reisenden Juden verspürte. Beachtenswert ist aber auch der Gegensatz, den er beiläufig zwischen der Wartburg, einem symbolisch hochaufgeladenen Ort des Deutschen,[45] und den Juden in der Postkutsche herstellte.

Richard Wagners manifester Antisemitismus

Marx hat sich, zumal wenn es um Lassalle ging, in antisemitische Anwürfe hineingeredet und hineingeschrieben; Wagner hat dazu weder eines besonderen Anlasses noch einer gesteigerten Erregtheit bedurft. Er beobachtete die Juden mit kaltem Blick und urteilte demgemäß über sie. Ein Beispiel dafür ist der Eintrag Cosimas im *Tagebuch* unter dem Datum des 1. November 1876. Die Wagners hielten sich nach den ersten Bayreuther Festspielen in Neapel auf; am 27. Oktober bekamen sie dort Besuch von Nietzsche und Paul Rée. Es war das erste Zusammentreffen seit Nietzsches missratenem Bayreuthaufenthalt im Sommer.[46] Die Konversation scheint mühsam gewesen zu sein: Wagner war innerlich mit dem geschäftlichen Debakel der Festspiele beschäftigt und kam von «Qualhall», wie er sich ausdrückte, nicht los; Nietzsche war immer noch indigniert darüber, dass er in Bayreuth als unwichtig behandelt worden war. Die Entfremdung von Wagner war zu spüren. Am Abend des 1. November kam Paul Rée noch einmal allein vorbei. Cosima notiert: «Abends besucht uns Dr. Rée, welcher uns durch sein kaltes pointiertes Wesen nicht anspricht, bei näherer Betrachtung finden wir heraus, daß er Israelit sein muß.»[47] Die Wagners spürten dem Jüdischen in ihrer Umgebung nach. Sie begnügten sich nicht damit, dass es ihnen durch Kleidung, Physiognomie oder Auftreten augenfällig wurde, sondern detektierten regelrecht, um herauszufinden, wo es sich befand. Ein kleines Indiz genügte, um sie Nachforschungen anstellen zu lassen. Man muss diesen Unterschied zu Marx, der in seiner Empörung zu antisemitischen Invektiven neigte, im Auge behalten, wenn nachfolgend neben den Unterschieden auch einige Ähnlichkeiten zwischen Marx' Schrift

Zur Judenfrage und Wagners *Das Judenthum in der Musik* zur Sprache kommen sollen.

Wagner eröffnet seine Schrift mit der Erklärung, auch er sei früher für die politische Emanzipation der Juden eingetreten, um sogleich hinzuzufügen, dass der eigene «Eifer für die Gleichberechtigung der Juden viel mehr aus der Anregung eines allgemeinen Gedankens, als aus einer realen Sympathie» entstanden sei – dann folgt die bereits zitierte Formulierung vom «unwillkürlich Abstoßenden» der Juden.[48] Für Wagner hat sich der Konflikt zwischen «allgemeinem Gedanken» und «realer Sympathie» inzwischen ohnehin aufgelöst, denn «der Jude ist nach dem gegenwärtigen Stande der Dinge dieser Welt wirklich zitierte mehr als emanzipiert: er herrscht, und wird so lange herrschen, als das Geld die Macht bleibt, vor welcher all unser Tun und Treiben seine Kraft verliert.» So sei «ganz unvermerkt» aus dem, wie man einst gesagt habe, «Gläubiger der Könige» der «König der Gläubiger» geworden.[49] Diese Umkehrung genügt Wagner, um vom (angeblichen) vormaligen Eintreten für die Juden zu deren Anklage überzugehen: «Was den Herren der römischen und mittelalterlichen Welt der leibeigene Mensch in Plack und Jammer gezinst hat, das setzt heut' zu Tage der Jude in Geld um: wer merkt es den unschuldig aussehenden Papierchen an, daß das Blut zahlloser Geschlechter an ihnen klebt? Was die Heroen der Künste dem kunstfeindlichen Dämon zweier unseliger Jahrtausende mit unerhörter, Lust und Leben verzehrender Anstrengung abrangen, setzt heute der Jude in Kunstwarenwechsel um: wer sieht es den manierlichen Kunststückchen an, daß sie mit dem heiligen Notschweiße des Genies zweier Jahrtausende geleimt sind?»[50] Das ist vom Grundduktus her eine völlig andere Sicht auf «die Judenfrage» als die von Marx.

Wie nun ist Wagner dazu gekommen, das Judentum in einem eigenen Aufsatz zu thematisieren? Bei Marx war der Anlass dazu die Rezension zweier Schriften Bruno Bauers, dem er als zeitweiligem Förderer einer ins Auge gefassten universitären Karriere verbunden war. Die Frage nach dem Anlass stellt sich bei Wagner umso dringlicher, als in den anderen Zürcher Kunstschriften, von ein paar kurzen Bemerkungen in *Oper und Drama* abgesehen, keine antijüdischen Invektiven zu finden sind.[51] In der Forschungsliteratur finden sich zwei Erklärungsstränge. Der erste hebt vor allem auf persönliche Enttäuschungen Wagners ab, insbesondere bei seinem Parisaufenthalt zwischen 1839 und 1841, sowie auf die gescheiterte Inszenierung seines *Rienzi* in Berlin, für die er eine angebliche Intervention Giacomo Meyerbeers verantwortlich machte. Daraus speiste sich ein wachsendes Ressentiment gegen Meyerbeer, einen Deutschen jüdischer Herkunft, der zur beherrschenden Gestalt des Pariser Opernbetriebs geworden war. Der zweite Strang stellt die von Wagner rezipierten sozialistischen Ideen ins Zentrum und macht die darin enthaltene Darstellung der Juden als Agenten des Kapitals für seine judenfeindliche Entwicklung verantwortlich.[52] August Röckel, einer der wichtigsten Ideengeber Wagners in dessen Dresdner Zeit, war selbst kein Antisemit, und auch später, als Wagner ihn mit antisemitischen Bemerkungen bedrängte, ließ er sich zu keinen derartigen Äußerungen verleiten. Bakunin dagegen, mit dem Wagner während der Dresdner Revolution engen Umgang hatte, pflegte einen ausgeprägten Judenhass, und auch bei Proudhon, von dem Wagner in dieser Zeit unter Röckels Einfluss einiges hörte,[53] stößt man immer wieder auf judenfeindliche Äußerungen. Selbst bei Feuerbach, den Wagner kursorisch las, finden sich Überlegungen, in denen das Judentum mit Blick auf dessen Gottesvorstellung zum Hort des Egoismus erklärt wird.[54]

Hat Wagner den Antisemitismus womöglich bei seiner Beschäftigung mit sozialistischen Schriften übernommen? Bei der Klärung dieser Frage ist freilich zu beachten, dass Wagner zwar ein Vielleser, aber kein besonders gründlicher und sorgfältiger Leser war. Oft beschäftigten ihn bei der Lektüre mehr eigene Assoziationen und Einfälle, als dass er sich um ein präzises Textverständnis bemühte. An Hegel ist er auf diese Weise trotz mehrfacher Anläufe gescheitert.[55] Und in der politisch aufgewühlten Lage der Jahre 1848/49 dürfte er, neben seinem revolutionären Engagement mit der Ausarbeitung eigener Projekte beschäftigt, ohnehin kaum zum Lesen gekommen sein. Das gilt auch für die sozialistische Literatur. Dass Bakunin ihm gegenüber die Juden als Ursache der sozialen Misere erwähnt hätte, wird in den die Dresdner Revolution betreffenden Abschnitten von *Mein Leben* nicht erwähnt. Im

Wesentlichen geht es dort um Bakunins Lust am Niederreißen und Verbrennen.[56] Was Wagner an Proudhon offenbar besonders fasziniert hat, waren dessen Vorstellungen von der Auflösung der Ehe und einer auf freier Selbstbestimmung beruhenden Beziehung zwischen den Menschen.[57] Da er aber, vom persönlichen Umgang mit Bakunin abgesehen, bei der Beschäftigung mit sozialistischen Ideen, wie er selbst berichtet, auf die Vermittlung Röckels angewiesen war, dem eine antijüdische Einstellung abging, ist es nicht sehr wahrscheinlich, dass Wagners Antisemitismus entscheidende Anstöße aus der sozialistischen Literatur bezogen hat. Gegen Letzteres spricht auch, dass Wagner nach den kapitalismuskritischen Bemerkungen am Anfang von *Das Judenthum in der Musik* nicht mehr auf sozioökonomische Fragen zurückkommt.

Sehr viel wahrscheinlicher ist, dass die Unterlegenheits- und Abhängigkeitsempfindungen gegenüber Meyerbeer, der Wagner in Paris sehr wohl protegiert und mit kleineren Geldbeträgen unterstützt, sich aber nicht uneingeschränkt für ihn eingesetzt hatte, den eigentlichen Anlass der Schrift bildeten.[58] Zudem könnte ein Aufsatz seines engen Bekannten Theodor Uhlig eine Rolle gespielt haben, der in einem Beitrag für die *Neue Zeitschrift für Musik* Meyerbeer musikalische Effekthascherei und einen kosmopolitischen Musikstil vorgeworfen hatte.[59] Das war ein Thema, zu dem Wagner nicht schweigen konnte. So sehr, wie er späterhin für sich in Anspruch nahm, Opfer einer von Juden beherrschten Presse geworden zu sein, womit er ein weiteres antisemitisches Klischee bediente,[60] dürfte ihn seine Eitelkeit dazu getrieben haben, den Angriff gegen Meyerbeer und den musikalischen Kosmopolitismus nicht Uhlig allein zu überlassen. Er veröffentlichte seine Schrift zwar unter Pseudonym, ließ aber gegenüber Freunden und Bekannten verlauten, er sei der Verfasser.

Tatsächlich ging es Wagner hier auch gar nicht um die Analyse einer Gesellschaft, die durch Egoismus und erodierende Moral geprägt ist,[61] sondern um einen Umbruch im Kultur- und Musikbetrieb, in dessen Folge der Markt und die über ihn erfolgende Steuerung der Aufmerksamkeit, also die Präferenzen eines bürgerlichen Publikums, eine größere Rolle spielten als die Protektion durch den Landesherrn, der das Musikleben in seiner Hauptstadt förderte. Im Vergleich zu Meyerbeer, der damals die europäische Opernszene beherrschte, fühlte sich Wagner systematisch benachteiligt, und das umso mehr, als er sich für den sehr viel originelleren und kreativeren Künstler hielt, der er tatsächlich auch war. Diese Benachteiligung führte er auf den Einfluss von Juden zurück. Andererseits hat Adorno in seinem *Versuch über Wagner* mit einigem Recht darauf hingewiesen, dass Wagner kein esoterischer Künstler war, der Werke nur für Eingeweihte schrieb, sondern einer, der sich sehr wohl am Massengeschmack zu orientieren wusste und es verstand, auf dem Markt der Musik präsent zu sein.[62] Neben dem Gefühl des Benachteiligt- und Zurückgesetztseins, nach dem Verlust seiner Dresdner Festanstellung besonders virulent, waren es schließlich wohl auch Wagners notorische Schulden im Vergleich zu Meyerbeers Reichtum, seine Abneigung gegen Juden im Allgemeinen sowie die Ablehnung einer Gesellschaft, deren wichtigste Vermittlungsinstanz das Geld geworden war, die Wagner zur Abfassung seines antijüdischen Pamphlets veranlasst haben.

Diese Mischung aus Angst und Ressentiment findet sich etwa in einem Brief an Franz Liszt aus dem Sommer 1849. Wagner schreibt darin, dass er trotz Liszts Unterstützung «mit einer wahren Todesangst auf das Schmelzen [seiner] Barschaft» sehe und sich «wie ein Kalb» fühle, das «nach dem Stalle und dem Euter der nährenden Mutter» blöke.[63] Er wünscht sich, «daheim in einem kleinen Hause am Walde» zu sitzen, und dafür wolle er gern «dem Teufel seine große Welt lassen»; er erklärt sich bereit zu arbeiten, so viel er könne, schränkt das aber sogleich wieder ein, denn «auf diesem Markte meine Ware [...] umzusetzen – ist mir unmöglich».[64] Danach kommt er auf Meyerbeer zu sprechen, dessen Unterstützung zu suchen Liszt ihm angeraten hatte: «Solltest Du nicht längst wissen, daß zwischen Dir und Meierbeer [sic!] nur ein Band bestehen konnte, was Deinerseits durch Großherzigkeit, seinerseits aber durch Klugheit geknüpft war: [...] Meierbeer ist klein, durch und durch, und leider begegne ich keinem Menschen mehr, der dies irgendwie zu bezweifeln Lust hätte.»[65] Bemerkenswert ist, dass Wagner von dieser Sichtweise auch nicht loskam, nachdem er ein erfolgreicher und wohlhabender Musikunternehmer geworden war, der obendrein, da er die Protektion eines Königs genoss, weithin unabhängig von den Aufmerksamkeitskonjunkturen des Marktes war, den er gleichwohl glänzend zu bewirtschaften wusste.[66] Was aus einem Ressentiment mit gesellschaftskritischen Einsprengseln erwachsen war, hatte sich mit der Zeit zu einer veritablen Ideologie verfestigt. Diese Ideologie brachte Wagner seit den späten 1870er Jahren in seinen «Regenerationsschriften» unter die Leute. Er suchte seine Anhängerschaft auf seinen Antisemitismus einzuschwören.

Wagner beginnt seine Überlegungen in *Das Judenthum in der Musik* mit der Sprache der Juden, die, gleich in welcher Nation sie lebten, immer die eines Ausländers bleibe. «Als durchaus fremdartig und unangenehm fällt unserem Ohr zunächst ein zischender, schriller, summsender und murksender Lautausdruck der jüdischen Sprechweise auf.»[67] Das gelte erst recht für den Gesang als «in höchster Leidenschaft erregte Rede». «Alles, was in seiner [des Juden] äußeren Erscheinung und seiner Sprache uns abstoßend berührte, wirkt in seinem Gesang auf uns endlich davonjagend, so lange wir nicht durch die vollendete Lächerlichkeit dieser Erscheinung gefesselt werden sollten.»[68] Doch wenn dem so war – wie hatten dann die Juden einen, wie Wagner es darstellt, übergroßen Einfluss auf das Musikleben erlangen, wie hatten gerade sie in der Musik «zur Beherrschung des öffentlichen Geschmackes gelangen» können? Es sei das Geld, «das Adelsdiplom der neueren, nur noch geldbedürftigen Gesellschaft», das ihnen diese Macht verschafft und gleichzeitig dazu geführt habe, dass die Kultur und vor allem die Musik zu einem «käuflichen Luxusartikel herabgesunken» seien.[69] An diesem Punkt führt Wagner die Unterscheidung zwischen dem gebildeten und dem ungebildeten Juden ein, die für ihn mit der zwischen einem an die westeuropäischen Gesellschaften assimilierten und einem durch seine traditionelle Kleidung und seine religiösen Gepflogenheiten geprägten osteuropäischen Juden identisch ist. Er verabschiedet sich damit von einer religiösen Beschreibung des Judentums und wechselt zu einer kulturalistischen beziehungsweise rassistischen Definition über. «Der gebildete Jude hat sich die undenklichste Mühe

Giacomo Meyerbeer, in Berlin geboren, feierte seine größten Erfolge in Paris. Wie kein Zweiter beherrschte er das Feld der Grand Opéra. Wagners Verhältnis zu ihm war ambivalent bis bösartig: Er ließ sich von ihm protegieren und künstlerisch anregen, nahm auch finanzielle Hilfe in Anspruch; zugleich diente Meyerbeer ihm als Projektionsfläche antisemitischer Ressentiments. Die Fotografie zeigt Meyerbeer im Jahr seines Todes 1864.

gegeben, alle auffälligen Merkmale seiner niederen Glaubensgenossen von sich abzustreifen: in vielen Fällen hat er es selbst für zweckmäßig gehalten, durch die christliche Taufe auf die Verwischung aller Spuren seiner Abkunft einzuwirken.»[70] Das habe aber nur dazu geführt, dass er «zum herzlosesten aller Menschen» geworden sei, der, nachdem er «den Zusammenhang mit seinen ehemaligen Leidensgenossen» zerrissen habe, zur neuen Gesellschaft keine andere Beziehung entwickeln könne als die des Geldes. Aber noch nie habe es «dem Gelde gelingen wollen, ein gedeihevolles Band zwischen den Menschen zu knüpfen».[71] Deswegen bleibe auch der gebildete Jude ein Fremder und letztlich Teilnahmsloser in der Gesellschaft, in der er lebe und deren Teil zu sein er beanspruche.

Verglichen mit Marx' Überlegungen ist das ein besonders bösartiger Beitrag zur «Judenfrage», ist den Juden damit doch der Weg zu bürgerschaftlicher Emanzipation und kultureller Assimilation versperrt. Wenn die im Sinne der Wagnerschen Definition als Juden Bezeichneten ihre Fähigkeiten in die Kultur des Landes einbringen, dann verderben sie, so Wagners Vorwurf, diese Kultur nur. Sie seien dabei, wie Wagner am Beispiel von Mendelssohn Bartholdy und Meyerbeer meint zeigen zu können, die gewachsene Kultur Europas zu «zersetzen»; dabei gewännen sie freilich erst Einfluss, wenn diese Kultur sich in einer Phase der Schwäche befinde oder in eine Periode des Niedergangs eingetreten sei. Um das zu veranschaulichen, bedient sich Wagner eines weiteren antisemitischen Stereotyps, das dann auch im Ausrottungsantisemitismus des 20. Jahrhunderts eine zentrale Rolle spielte: «Erst wenn der innere Tod eines Körpers offenbar ist, gewinnen die außerhalb liegenden Elemente die Kraft, sich seiner zu bemächtigen, aber nur um ihn zu zersetzen; dann löst sich wohl das Fleisch dieses Körpers in wimmelnde Vielebigkeit von Würmern auf: wer möchte aber bei ihrem Anblick den Körper selbst noch für lebendig halten?»[72]

In dem 1869 verfassten Nachwort zu seiner Schrift beklagt sich Wagner wortreich über die unzähligen Nachteile, die ihm aus seinem Pamphlet erwachsen seien. So habe ihm das systematische Beschweigen oder Schlechtreden seiner Werke den Weg zum Publikum erschwert, und obendrein habe man alle ihm freundschaftlich verbundenen Künstler, wie etwa Franz Liszt, wegen dieser Schrift benachteiligt und dafür gesorgt, «daß selbst die besonnenste Besprechung einer Lisztschen Komposition keinen Zugang zu den größeren Zeitungen fand, sondern daß hier Alles besetzt und im feindseligen Sinne in Beschlag genommen war».[73] In den knapp zwei Jahrzehnten seit Wagners erstem öffentlichen Angriff hatte sich seine Judenfeindschaft zu einer Verschwörungsobsession gesteigert, die sich durch gegenläufige Beispiele aus der realen Welt, an denen es kaum gefehlt hätte, nicht mehr erschüttern ließ. Es war ein durchweg antisemitisches Weltbild, aus dem heraus Wagner im letzten Lebensjahrzent seine «Regenerationsschriften» verfasste. Hatte er am Ende seines Nachworts von 1869 noch in Frage gestellt, ob es eine kulturelle Erneuerung geben werde und «der Verfall unsrer Kultur durch eine gewaltsame Auswerfung des zersetzenden fremden Elements aufgehalten werden könne»,[74] so nahm er das Projekt der «Auswerfung» in den Regenerationsschriften in die eigene Hand. Zwar hatte er im Anschluss an die zitierte Stelle noch skeptisch vermerkt, er wisse nicht, ob es Kräfte gebe, die der umrissenen Aufgabe einer «gewaltsamen Auswerfung des zersetzenden fremden Elements» gewachsen seien, aber vier Jahre zuvor hatte er sich in einer Aufzeichnung bereits selbst diese Rolle zugewiesen. Mit der Frage befasst, was deutsch sei, hatte er notiert: «Ich bin der deutscheste Mensch, ich bin der deutsche Geist. Fragt den unvergleichlichen Zauber meiner Werke, haltet sie mit allem Übrigen zusammen: Ihr könnt für jetzt nichts anderes sagen, als – es ist deutsch. Aber was ist dieses Deutsche? Es muss doch etwas wunderbares sein, denn es ist menschlich schöner als alles Übrige? – O Himmel! Sollte dieses ‹Deutsche› einen Boden haben! Sollte ich mein Volk finden können! Welch herrliches Volk müsste das werden? Nur diesem Volk könnte ich aber angehören.»[75]

Die Regenerationsschriften

Nachdem die Reichseinigung Wagner für kurze Zeit euphorisiert, aber schon bald zutiefst enttäuscht hatte, machte er sich in den «Regenerationsschriften» daran, das Projekt einer «Wieder-Eindeutschung» der Deutschen und der Umkehr einer kontinuierlichen, vor allem durch, wie er im Anschluss an Arthur de Gobineau glaubte, Rassenvermischung verursachten Degeneration ins Werk zu setzen. Dabei spielte die Judenfeindschaft eine wichtige Rolle, aber der Antisemitismus war keineswegs die einzige Leitidee, anhand deren Wagner die in diesen Essays angesprochenen Themen aussuchte und seine Vorschläge entwickelte.[76] Er war ein unruhiger Kopf, ständig damit beschäftigt, neue Ideen und Anregungen aufzunehmen und unter ihrem Eindruck den Gang der Geschichte zu erklären. Es fällt auf, dass der Blickwinkel, aus dem er die Menschheitsgeschichte betrachtet, immer weiter wird, dass die Zeiträume, zu denen er sich äußert, immer größer werden. Er äußert sich zu immer mehr Themen, reißt diese mitunter aber nur an, um Andeutungen zu machen und Fragezeichen zu setzen, kurzum: Er verfällt in einen Duktus des Raunens, in dem Verschwörungsvorstellungen, Niedergangsängste und Rettungsphantasien eine verhängnisvolle Verbindung eingehen. Die Mischungsverhältnisse dieser Verbindung verändern sich indes ständig. Unübersehbar sind Wagners Regenerationsschriften durch eitle Geschwätzigkeit geprägt; so macht er immer wieder geltend, er habe vieles von dem, was jetzt ans Licht komme, schon vor Jahrzehnten als Problem erkannt und davor gewarnt. Man habe jedoch nicht auf ihn gehört und seine Hinweise und Warnungen in den Wind geschlagen. Diese Mischung aus Eitelkeit und Boshaftigkeit erklärt, warum die meisten Wagner-Interpreten einen Bogen um das Spätwerk machen und sich auf wenige Bemerkungen dazu beschränken.[77] Das hat keineswegs damit zu tun, dass der darin anzutreffende Antisemitismus unter den Tisch gekehrt werden soll;[78] im Hinblick auf Intellektualität und Kreativität lohnt es sich nicht, diese Schriften mit all ihren Ideen und Einfällen ausführlich zu behandeln. Für heutige Inszenierungen von Wagners Werken haben sie ohnehin keine Bedeutung. Aber sie haben bei der Ausbreitung antisemitischer Einstellungen in Deutschland eine gewisse Rolle gespielt, und bei einer Parallelisierung von Wagner mit Marx und Nietzsche ist ein genauerer Blick auf sie unverzichtbar.

Wagners spätes Denken ist nicht nur durch die Auseinandersetzung mit dem philosophischen Pessimismus und der Mitleidsethik Schopenhauers geprägt, sondern auch durch Niedergangs- und Untergangsvorstellungen, die ihm aus der Lektüre von Gibbon und Gobineau zugewachsen sind. Edward Gibbon hat in seinem mehrbändigen Werk *Verfall und Untergang des römischen Imperiums* zu ergründen versucht, warum das über Jahrhunderte allen Herausforderungen gewachsene Römische Reich in seiner Spätzeit in einen unaufhaltsamen Niedergang geraten ist.[79] Niedergang war ein Thema, das sich wie ein roter Faden durch Wagners Spätschriften zieht. Des Weiteren hat Arthur de Gobineau in seinem *Versuch über die Ungleichheit der Menschenrassen* die These vertreten, dass mit der Vermischung von höheren und niederen Rassen eine Degeneration in Gang gekommen sei, die sich weder aufhalten noch umkehren lasse.[80] Schließlich ist Wagners Spätwerk, wie im Übrigen auch das von Marx und Nietzsche, durch Darwins Evolutionstheorie beeinflusst, wodurch ein szientistischer Ton in die Argumentation hineinkommt, der das Spekulative des zuvor eher philosophisch geprägten Denkens überformt. Freilich ging Wagner mit Schopenhauer, Gibbon, Gobineau und Darwin nicht viel anders um als mit den Büchern, die er für die Sujets seines poetisch-musikalischen Werks genutzt hat: Was ihm zusagte und in seine Vorstellungen passte, griff er auf, und was ihm nicht oder weniger zupass kam, ließ er beiseite, oder er modifizierte es in seinem Sinn. Wissenschaftliche Veröffentlichungen behandelte er, wie das Künstler mit entsprechendem Material häufig tun: Er ließ sich anregen. Hierin liegt ein weiterer Unterschied zu Marx, der das Gelesene sorgfältig exzerpierte, es mit Anmerkungen versah, in denen er seine eigene Position ansatzweise entwickelte, und der, wenn er in Veröffentlichungen darauf zu sprechen kam, seine Quellen korrekt zitierte. Das alles war bei Wagner nicht der Fall.

Mit einer ausschließlich pessimistischen Grundeinstellung wollte sich Wagner zuletzt aber nicht abfinden. So machte er eine Fülle von Vorschlägen zur «Regeneration» – vom Vegetarismus bis zum Pazifismus.[81] In vielerlei Hinsicht nimmt sich der Antisemitismus in seinem letzten Lebensjahrzehnt wie ein Fremdkörper aus, stehen diese Regenerationsideen doch unter der Direktive der Liebe und des Mitleids, eines eher leidendem Erdulden als gewaltsamem Durchsetzen verpflichteten Heroismus sowie der alles beherrschenden Vorstellung, der entscheidende Schritt bei der Regeneration der Menschheit sei eine Lebensführung, die sich konsequent an den Vorgaben der Natur orientiere. Ginge es nur um diese Ideen, würden wir Wagner heute als radikalen Ökologen ansehen. Und doch blieb der Antisemitismus ein ständiger Begleiter seines Denkens, und wie ein *Ceterum censeo* taucht er in den Beiträgen für die *Bayreuther Blätter* immer wieder auf – unabhängig davon, welches Thema gerade verhandelt wird. Das wiederum hat zur Folge, dass es sich bei Wagners Antisemitismus nicht um ein in sich geschlossenes System handelt; im einen Fall kommt er in religiösen Gewändern daher, im anderen Fall in kulturalistischer Draperie oder in der Verkleidung des Antikapitalismus, schließlich auch als nackter Rassismus. Dem im Einzelnen nachzugehen würde zu weit führen. Deswegen hier nur einige Beispiele.

In *Was ist deutsch?* geht es Wagner um die Identität der Deutschen, die er in prinzipieller Distanz zu Staat und Wirtschaftsleben sieht, dafür aber in enger Verbindung mit Dichtkunst, Musik und Philosophie. Er folgt darin ganz dem von Klassik und Romantik gepflegten Selbstverständnis der deutschen Intellektuellen, die aus der Not – dem fehlenden Einheitsstaat und der politischen Zersplitterung Deutschlands – eine Tugend gemacht und sich die antiken Griechen zum Vorbild ausgesucht hatten.[82] Bei der Veröffentlichung der Schrift im Jahr 1878, also nach der Reichsgründung und dem Wirtschaftsboom der Gründerjahre, war diese Identitätszuschreibung bereits von der Geschichte überholt. Das hinderte Wagner nicht daran, seine Charakterisierung der Deutschen für antijüdische Invektiven zu nutzen. Er erläutert, wie «das eigentlich deutsche Wesen» sich seit dem Ausgang des Mittelalters immer mehr vom «öffentlichen Staatsleben» zurückgezogen habe – «theils wendet er [der Deutsche] sich seiner Neigung zum Phlegma, theils der zur

Phantasterei zu; und die fürstlichen Rechte Preußen's und Österreich's haben sich allmählich daran zu gewöhnen, da der Junker und selbst der Jurist nicht mehr recht weiter kommt, sich durch – Juden vertreten zu sehen».[83] Das war auf die Zeit nach dem Dreißigjährigen Krieg bezogen. Drei der vier «J», die Wagner für die Misere Deutschlands verantwortlich macht, tauchen hier auf: Junker, Juristen, Juden. Hinzu kommen an anderer Stelle noch die Jesuiten.

Eine ähnliche Entwicklung wie nach dem Dreißigjährigen Krieg glaubt Wagner für das Wirtschaftsleben des 19. Jahrhunderts konstatieren zu können: «Sämmtliche europäische Völker ließen die unermeßlichen Vortheile unerkannt, welche eine dem bürgerlichen Unternehmungsgeiste der neueren Zeit entsprechende Ordnung des Verhältnisses der Arbeit zum Kapital für die allgemeine Nationalökonomie haben mußte: die Juden bemächtigten sich dieser Vortheile, und am verhinderten und verkommenden Nationalwohlstande nährt der jüdische Banquier seinen enormen Vermögensstand.»[84] Das ist Wirtschaftsgeschichte in äußerster Einfalt. Aber damit ist Wagner noch keineswegs am Ende seiner Erzählung davon, wie die flinken und umtriebigen Juden den schwerfälligen und versonnenen Deutschen ein ums andere Mal die Chance zur Gestaltung ihrer «Welt» genommen hätten. Nichts anderes habe sich nämlich in Dichtkunst und Musik abgespielt: «Es ist, als ob sich der Jude verwunderte, warum hier so viel Geist und Genie zu nichts anderem diente, als Erfolglosigkeit und Armuth einzubringen. [...] Der Jude korrigirte dieses Ungeschick der Deutschen, indem er die deutsche Geistesarbeit in seine Hand nahm; und so sehen wir heute ein widerwärtiges Zerrbild des deutschen Geistes dem deutschen Volke als sein vermeintliches Spiegelbild vorgehalten.»[85]

Wagners Vorstellung, die Deutschen seien den Juden an Raffinement nicht gewachsen, ist schon durch die teils kulturell, teils rassisch begründete Entgegensetzung von «Deutschen» und «Juden» zutiefst antisemitisch imprägniert. So erklärt er in seinem Essay *«Erkenne dich selbst»*: Das deutsche Volk – unter Ausschluss der als Juden Definierten – habe «nicht den natürlichen Instinkt für das, was ihm angenehm sein kann, was ihm wohl ansteht, was ihm hilft und wahrhaft förderlich ist»;[86]

deswegen seien die «Deutschen» den «Juden» wehrlos ausgeliefert. «Keinem wie ihm [dem deutschen Volk] sind originelle und große Geister gegeben worden, ohne daß es zur rechten Zeit sie zu schätzen wußte; setzt ihm jedoch der geistloseste Zeitungsschreiber oder Staatsrabulist mit lügnerischen Phrase frech zu, so bestellt es ihn zum Vertreter seiner wichtigsten Interessen; läutet aber gar der Jude mit der papierenen Börsenglocke, so wirft er ihm sein Geld nach, um mit seinen Sparpfennigen ihn über Nacht zum Millionär zu machen.»[87] Die angeblich notorische Unterlegenheit der «Deutschen» gegenüber den «Juden» dient Wagner schließlich als Argument gegen die politische Emanzipation und Gleichberechtigung der Letzteren: Bedenke man die Folgen der 1869 beziehungsweise 1871 erfolgten rechtlichen Zugeständnisse, so gerate man «in das höchste Erstaunen über den Leichtsinn, ja – die Frivolität unserer Staats-Autoritäten [...], die eine so ungeheuere, unabsehbar folgenschwere Umgestaltung unseres Volkswesens, ohne nur einige Besinnung von dem, was sie thaten, dekretiren konnten».[88]

In diesem Zusammenhang behauptet Wagner auch, es handle sich bei den deutschen Juden um Angehörige einer anderen Rasse. Doch selbst im Spätwerk ist sein Antisemitismus nicht durchgängig rassistisch begründet, immer wieder kommen auch religiöse Aspekte ins Spiel. So macht Wagner die theologische Verbindung des Christentums zum Judentum für die seit der Aufklärung einsetzende Erosion des christlichen Glaubens verantwortlich, etwa wenn er in *Publikum und Popularität* schreibt: «Daß der Gott unseres Heilandes uns aus dem Stammesgott Israel's erklärt werden sollte, ist eine der schrecklichsten Verwirrungen der Weltgeschichte; sie hat sich zu allen Zeiten gerächt, und rächt sich heute durch den immer unumwundener sich aussprechenden Atheismus der gröbsten wie der feinsten Geister. Wir müssen es erleben, daß der Christengott in leere Kirchen verwiesen wird, während dem Jehova immer stolzere Tempel mitten unter uns erbaut werden.»[89] Der Bau von Synagogen als Ausdruck für die Zugehörigkeit der deutschen Juden zum Kaiserreich war Wagner ein Grauen. Vorsichtig insinuierte er, Jesus sei wahrscheinlich gar kein Jude gewesen; die Vorstellung, es handle sich bei ihm um einen Arier, wurde erst später von

Die von Eduard Knoblauch und Friedrich August Stüler von 1859 bis 1866 erbaute Große Synagoge in der Oranienburger Straße in Berlin. In solchen repräsentativen Gebäuden zeigten sich Selbstbewusstsein wie Zugehörigkeitsanspruch der deutschen Juden. Richard Wagner empfand das als Provokation und polemisierte gegen den Synagogenbau.

dem Kreis um die *Bayreuther Blätter* offen vertreten.[90] Wagner beließ es dabei, Zweifel am Judentum Jesu zu streuen, und beschränkte sich auf das Argument, die Lehre der Evangelien sei durch die Rückbindung Jesu an den jüdischen Gott, die Vorstellung der «Gottessohnschaft», geschwächt und um ihr grundsätzlich Neues gebracht worden. Seiner Ansicht nach wäre es besser gewesen, die christliche Theologie hätte nicht nur die evangelische Lehre, sondern auch die Person Jesu grundsätzlich vom Judentum und dessen Gottesvorstellung getrennt. Nur dann wäre «die erhabene Gestalt des Erlösers» mitsamt der von ihm verkündeten neuen Gottesvorstellung in ihrer, wie Wagner behauptet, abgründigen Distanz zum jüdischen Gott sichtbar geworden. «Aber nur den Gott, den uns Jesus offenbarte, den Gott, welchen alle Götter, Helden und Weisen der Welt nicht kannten, und der nun den armen Galiläischen Hirten und Fischern mitten unter Pharisäern, Schriftgelehrten und Oberpriestern mit solcher seelendurchdringender Gewalt und Einfachheit sich kund gab, daß, wer ihn erkannt hatte, die Welt mit allen ihren Gütern für nichtig ansah, – diesen Gott, der nie wieder offenbart werden kann, weil er dieß eine Mal, zum ersten Male, uns offenbart worden ist, – diesen Gott sieht der Kritiker stets von Neuem mit Misstrauen an, weil er ihn immer wieder für den Judenweltmacher Jehova halten zu müssen glaubt!»[91]

Man ersieht aus diesen Passagen, wie eingehend sich Wagner mit theologischen Fragen beschäftigt hat. Das lässt sich als Bestätigung von Nietzsches Vorwurf werten, er sei fromm geworden – wenngleich nicht im konventionellen Sinn, sondern derart, dass aus seinen theologischen Bemühungen ein eigenes Bild des Erlösers resultierte. Aber Wagner begnügte sich damit nicht, sondern verband seine Suche nach dem von Jesus verkündeten Gott sogleich mit antijüdischen Angriffen. Das zeigt sich vor allem in *Religion und Kunst*. Zunächst stellt er hier erneut einen Jesus heraus, der den Gesetzmäßigkeiten und Gepflogenheiten der jüdischen Welt gegenüber das «Andere» als das «Reich Gottes» verkörpert und von einem gänzlich anderen Gott als dem der Juden gesprochen habe: «Der die Mühseligen und Belasteten, Leidenden und Verfolgten, Duldsamen und Sanftmüthigen, Feindesfreundlichen und Allliebenden zu sich berief, war ihr ‹himmlischer Vater›, als dessen ‹Sohn› er zu ihnen, ‹seinen Brüdern›, gesandt war.»[92] Dass diese Gottesvorstellung seit der Aufklärung durch einen «immer stärker sich aussprechenden ‹Atheismus›» verdrängt worden sei, habe zu tun mit dem «durch Herrscherwuth eingegebenen Gedanken der Zurückführung dieses Göttlichen am Kreuze auf den jüdischen ‹Schöpfer des Himmels und der Erde›, mit welchem, als einem zornigen und strafenden Gotte, endlich mehr durchzusetzen schien, als mit dem sich selbst opfernden allliebenden Heiland der Armen».[93] Das ist zunächst ein Blick auf das Bündnis der Herrschenden mit dem Christentum, bei dem Antijüdisches eher beiläufig zur Sprache gebracht wird. Dann kommt Wagner auf die darstellende Kunst zu sprechen: «Jener Gott wurde durch die Kunst gerichtet: der Jehova im feurigen Busche, selbst auch der weißbärtige ehrwürdige Greis, welcher etwa als Vater segnend auf seinen Sohn aus den Wolken herabblickte, wollte, auch von meisterhaftester Künstlerhand dargestellt, der gläubigen Seele nicht viel sagen; während der leidende Gott am Kreuze, das ‹Haupt voll Blut und Wunden›, selbst in der rohesten künstlerischen Wiedergebung, noch jeder Zeit uns mit schwärmerischer Regung erfüllt.»[94] Angelehnt an Schopenhauers Forderung, den Willen zum Leben zu überwinden, beschreibt Wagner Jesus als den, dem von Geburt an der «Willen zur Erlösung eingegeben sein mußte» und eben nicht «der Wille zum Leben»,[95] womit er seinem Jesus-Bild eine eindeutig antijüdische Wendung gibt.

Es sind Wagner zufolge drei Elemente, deren Eindringen in den Erlösungsgedanken das Christentum kontaminiert habe: die Vorstellung der Hölle, die Aufstachelung zum Krieg und die Verdrängung des von Jesus gepredigten Vegetarismus durch eine neue Lust am Verzehr von Fleisch. Alle diese Entwicklungen hätte Wagner mit guten Gründen auch aus der Geschichte des Christentums herleiten können; er führte sie jedoch auf jüdischen Einfluss zurück. Zunächst spricht er davon, dass «der Kirche» mehr an der Vorstellung des «Weltrichters» als an der des «Weltüberwinders» gelegen sei, weswegen sie den Gedanken einer «Erlösung durch die Liebe», mit der sich machtpolitisch nicht viel anfangen ließ, in den Hintergrund gestellt habe. Wagner verweist auf das Jüngste Gericht und die Vorstellung einer Hölle als Ort der Verdammten in den Predigten Jesu: Dort sei es «nur ein Sinnbild gewesen», nämlich das den «lieblichen Bergeshöhen», wo Jesus predigte, entgegengesetzte «grauenhafte todesöde Thal Gehenna». Von der Kirche dagegen sei es zu einem durchaus als real imaginierten «Orte der ewigen Verdammnis» gemacht worden.[96] Hier findet sich zwar keine direkte antijüdische Stoßrichtung, aber auch für die Höllenvorstellung gilt Wagners allgemeine Direktive, «den Verderb der christlichen Religion von der Herbeiziehung des Judenthums zur Ausbildung ihrer Dogmen herzuleiten». Die «Befähigung zu Macht und Herrschaft» habe die Kirche ein ums andere Mal aus der Rückbindung der Lehre Jesu ans Judentum bezogen.[97]

Ein weiteres Element, das die christliche Lehre verdorben habe, sei der Geist des Krieges und der kriegerischen Bestrafung der Feinde gewesen, den das Christentum, da gibt es für Wagner keinen Zweifel, aus der jüdischen Vorstellungswelt übernommen hat. «Wo wir christliche Heere, selbst unter dem Zeichen des Kreuzes, zu Raub und Blutvergießen ausziehen sahen, war nicht der Alldulder anzurufen, sondern *Moses, Josua, Gideon*, und wie die Vorkämpfer Jehova's für die israelitischen Stämme sonst hießen, waren dann die Namen, deren Anrufung es zur Befeuerung des Schlachtenmuthes bedurfte.»[98] Und: «Offenbar ist es nicht Jesus Christus, der Erlöser, den unsere Herren Feldprediger vor dem Beginne der Schlacht den um sie versammelten Bataillonen empfehlen; sondern, nennen sie ihn, so werden sie wohl meinen: Jehova, Jahve, oder einen der Elohim, der alle Götter außer sich haßte, und sie deßhalb von seinem treuen Volke unterjocht wissen wollte.»[99] Als Wagner das schrieb, hatte er offenbar seine eigenen Aufrufe zum Beschuss von Paris und seine enthusiastische Einstellung zum Krieg von 1870/71 vergessen.[100] Wie auch immer: Der überzeugte Pazifist von 1881 gab dem Judentum die Schuld dafür, dass das Christentum bisher eher bellizistisch als pazifistisch aufgetreten war.

Und schließlich nannte der Vegetarier Wagner antisemitisch gefärbte Gründe dafür, dass das Christentum keinen Respekt vor dem Leben der Tiere entwickelt habe. Zwar habe Christus «sein eigenes

Fleisch und Blut [...] als letztes höchstes Sühneopfer für alles sündhaft vergossene Blut und geschlachtete Fleisch» dahingegeben und dafür «seinen Jüngern Wein und Brot zum täglichen Mahle» gereicht, ihnen also eine vegetarische Ernährung nahegelegt,[101] aber die Kirche habe diesen Vorgang in einen von Priestern vollzogenen symbolischen Akt und ein bloß zeitweiliges Fasten verwandelt. Vom Judentum habe sie die Idee einer Herrschaft über Reiche und Staaten übernommen, für die sich die «vollständige Enthaltung von thierischer Nahrung» nicht eigne. Den Hauptgrund für die Absage an den Vegetarismus sieht Wagner aber darin, dass der Sündenfall «nach der jüdischen Tradition keineswegs von einem verbotenen Genusse von Thierfleisch, sondern dem einer Baumfrucht sich herleitete, womit in einer nicht minder auffälligen Verbindung steht, daß der Judengott das fette Lammopfer Abel's schmackhafter fand als das Feldfruchtopfer Kain's».[102] Auch deshalb wollte Wagner das jüdische Erbe tilgen und ein antikapitalistisches, pazifistisches und vegetarisches Christentum stiften. Er ist in den Regenerationsschriften zu einigen seiner früheren revolutionären Ideen zurückgekehrt[103] – allerdings nur um den Preis, dass er dabei die Juden zum eigentlichen Feind erklärt hat.

Gibt es in Wagners Opern Judenkarikaturen?

Hat dieser in den Essays geäußerte Antisemitismus Wagners in sein künstlerisches Werk Eingang gefunden? In der Forschungsliteratur ist man dieser Frage erst nach dem vom nationalsozialistischen Deutschland begangenen Völkermord an den europäischen Juden nachgegangen. Unter dem Eindruck dieses ungeheuerlichen Verbrechens wurde die deutsche Kultur nach den «Vordenkern» des Völkermords durchforstet, wobei teilweise auch Wagners Werk in den Blick geriet. Solche Kontinuitätslinien sind nicht nur von orthodoxen Wagnerianern bestritten, sondern auch von einer akribisch verfahrenden Wissenschaft in Zweifel gezogen worden. Dabei ging es nicht um den unbestreitbaren Antisemitismus in Wagners Abhandlungen und Essays, sondern um den «Fussabdruck» der antisemitischen Pamphlete im künstlerischen Werk. Umstritten war in den dazu ausgetragenen Kontroversen vor allem die exakte Bedeutung von Wagners Begriffen. Einer denotativen stand eine konnotative Begriffsanalyse gegenüber: Die einen bestanden darauf, dass Wagner weder zur Ermordung noch zur Ausrottung der Juden aufgerufen habe und sich solche Begriffe bei ihm auch nicht fänden, während die anderen geltend machten, Begriffe wie «Ausstoßung» oder «Untergang» trügen sehr wohl die Idee der Ausrottung in sich. Aus der Diskussion über Wagner wurde eine Diskussion über philologische Methoden. Dabei sind Forscher, die eine direkte Verbindungslinie zwischen Wagner und Hitler ziehen, in der Minderheit. Zuletzt hat Saul Friedländer darauf hingewiesen, dass Hitler sich bei den Bekundungen seiner Verehrung für Wagner nie auf dessen Antisemitismus, sondern stets entweder auf die Idee der Volksgemeinschaft (*Meistersinger*) oder auf Tod und Todeskult (*Rienzi* und *Götterdämmerung*) bezogen habe.[104] Als Ergebnis dieser Debatte ist festzuhalten: Man kann Wagners Antisemitismus thematisieren, ohne Wagner deswegen als Stichwortgeber für die Ermordung der europäischen Juden ansehen zu müssen. Das ist einmal mehr eine Parallele zu Marx: Auch dessen Überlegungen zur «Diktatur des Proletariats» kann man thematisieren,[105] ohne ihn deswegen als intellektuellen Ziehvater totalitärer Herrschaft dingfest machen zu müssen.

Sehr viel diffiziler ist indes die Frage, ob es in Wagners Werk Judenkarikaturen gibt. Als einer der Ersten hat Theodor W. Adorno sich diese Frage vorgenommen – und sie positiv beantwortet. Mime vor allem, aber auch Alberich im *Ring*, Beckmesser in den *Meistersingern* und schließlich Kundry im *Parsifal* weisen für ihn Züge auf, die als Judenstereotype anzusehen sind. «Der Widerspruch zwischen der Verhöhnung des Opfers und der Selbstdenunziation definiert den Wagnerschen Antisemitismus. Der Gold raffende, unsichtbar-anonyme, ausbeutende Alberich, der achselzuckende, geschwätzige, von Selbstlob und Tücke überfließende Mime, der impotente intellektuelle Kritiker Hanslick-Beckmesser, all die Zurückgewiesenen in Wagners Werk sind

Judenkarikaturen.»[106] Adorno führt diesen Gedanken nicht weiter aus, untermauert ihn auch nicht anhand der Texte – wenn er ihn vertieft, dann im Hinblick auf die Musik. Stattdessen konzentriert er sich auf die stillschweigende Rechtfertigung des Unrechts, das den Genannten durch den Witz angetan wird, mit dem Wagner sie darstellt: «Wer den Schaden hat, braucht für den Spott nicht zu sorgen: das gilt bei Wagner vorab für die Untermenschen. Alberich, der sich den ‹Kopf kratzt›, wird von den Naturwesen, die er begehrt, als ‹schwarzes schwieliges Schwefelgezwerg› geschmäht. In Nebelheim lachen Wotan und Loge über Mimes Schmerzen. Siegfried quält den Zwerg [Mime], weil er ihn ‹nicht leiden kann›, ohne daß die Aura des Hehren und Edlen ihn verhinderte, an der Ohnmacht die Lust zu büßen. [...] Ein Opfer ist auch Beckmesser: um bürgerliche Ehre und die reiche Braut zu gewinnen, muß er sich auf die Maskerade der Unbürgerlichkeit, den feudalen Mummenschanz von Ständchen und Preisgesang einlassen, dessen Bild die Bürger so dringend benötigen, wie sie bereit sind, es hämisch zu zerstören.»[107] Adornos eigene Darstellung legt nahe, in Beckmesser eher eine Philister- als eine Judenkarikatur zu sehen.

Adorno belässt es bei diesen Eindrücken und verzichtet auf eine philologisch angelegte Beweisführung, an der später alle, die sich daran versucht haben, gescheitert sind.[108] Tatsächlich finden sich in Wagners künstlerischem Werk keine Passagen, die den antisemitischen Tiraden seiner Abhandlungen und Essays vergleichbar sind, weder in Form von Regieanweisungen noch in Äußerungen der auftretenden Figuren: Keine von ihnen wird als «Jude» apostrophiert, keiner wird etwas als «jüdisch» nachgesagt. Der Zuschauer assoziiert das – oder auch nicht. Namentlich Dieter Borchmeyer ist deshalb zu dem Schluss gelangt, dass sich Wagners Antisemitismus auf die kunsttheoretischen und gesellschaftskritischen Schriften beschränke.[109] Mit dieser Argumentation lassen sich Adornos Überlegungen jedoch nicht abtun, vor allem nicht jene, die sich auf die Funktion des Spotts beziehen. «Seine [Wagners] Bösewichter werden humoristische Figuren als Opfer von Denunziation: die mißratenen Zwerge Alberich und Mime, der geschundene Hagestolz Beckmesser. Wagners Humor springt grausam um. Er zitiert den halb vergessenen des frühen Bürgertums, der einmal das Erbe der Teufelsfratzen antrat, zweideutig zwischen Mitleid und Verdammnis festgebannt. [...] Nicht bloß wird der arme Teufel verspottet; im Rausch, den das Lachen über ihn entfacht, geht das Gedächtnis an das Unrecht unter, das ihm widerfuhr. Die Suspension des Rechts im Lachen wird erniedrigt zur Sanktionierung des Unrechts.»[110] Wagners Spiel mit dem Lachen ist, wie Adorno weiß, freilich heikel, denn es konnte ihn schnell auch selbst treffen; das zeigt eine Reihe von Karikaturen, die Wagner als Zwerg mit jüdisch-karikaturhafter Physiognomie vorführen.[111] «Die Angst Wagners vor der Karikatur [...] weist darauf hin, daß Wagner in der Figurine des Mime seiner selbst mit Schrecken inneward. Seine eigene physische Erscheinung, unverhältnismäßig klein, mit zu großem Kopf und vorspringendem Kinn, hat das Abnorme gestreift und ist erst durch den Ruhm vorm Lachen geschützt gewesen.»[112] Adorno weist auf die Gerüchte um die jüdische Abkunft Wagners hin, mit denen sich dieser immer wieder konfrontiert sah und die auch Nietzsche, darin auf die von Wagner gegen ihn gestreute Homosexualitätsvermutung reagierend, als Gegendrohung in den Raum gestellt hat. «Nietzsche kannte das Geheimnis der Wagnerschen Idiosynkrasie und brach dessen Bann, indem er es aussprach.»[113] Wagners Antisemitismus wäre demnach – auch das deutet Adorno eher an, als dass er es ausspricht – eine Abwehr gegen die Vermutung, sein Vater könne Ludwig Geyer und damit womöglich ein Jude gewesen sein.[114] Adorno kommt im Anschluss an diese Erwägungen, in denen es hauptsächlich um Nietzsche geht, zu einem mehrdeutigen Urteil über Wagners Judenfeindschaft, und in diesem Urteil taucht dann auch noch Marx auf: «Ungeschieden liegen darin [in der Erlösung Ahasvers von dem auf ihm liegenden Fluch] beisammen der Marxsche Gedanke von der gesellschaftlichen Emanzipation der Juden als der Emanzipation der Gesellschaft vom Profitmotiv, für das sie symbolisch einstehen, und der von der Vernichtung der Juden selber.»[115]

Im Prinzip ist die Forschung über dieses von Adorno zu Beginn der 1950er Jahre formulierte Urteil nicht hinausgekommen, denn alle diesbezüglichen Versuche sind entweder in methodischen Fragen ste-

Eine der Erklärungen für Wagners Antisemitismus – und zugleich eine Reaktion auf seine judenfeindlichen Schriften – war das Gerücht, Wagner sei selbst jüdischen Ursprungs. Die in der Wiener Zeitschrift «Klic» erschienene Karikatur aus dem Jahr 1873 zeigt ihn mit den typischen Klischees der jüdischen Physiognomie. Man beachte auch die Judenklischees unter den Orchestermusikern.

cken geblieben oder an ihnen gescheitert. So lässt sich zusammenfassend sagen: Ob man in Mime, Alberich, Beckmesser und Kundry nun Judenkarikaturen sieht oder nicht, hängt offenbar vom historisch-sozialen Umfeld und den darin verbreiteten Assoziationen ab. Man kann davon ausgehen, dass vom späten Kaiserreich bis in die Nazizeit viele das Hässliche und Lächerliche der Wagnerschen Figuren mit den Juden assoziiert haben – aber zwingend war das nicht, solange die Inszenierung nicht mit dem Finger darauf hinwies. Inzwischen ist es eine Frage der historisch-kulturellen Bildung, ob man diese Assoziation hat oder nicht. Insofern könnte die Frage nach den Judenkarikaturen im Wagnerschen Werk als eine wesentlich akademische Frage erscheinen. Wie man sie beantwortet, ändert aber nichts an dem Eingeständnis, dass Wagner zu den bösartigsten Antisemiten in Deutschland zu rechnen ist.

Nietzsches Anti-Antisemitismus

Während seiner engen persönlichen Verbindung mit Wagner hat Nietzsche dessen antijüdische Grundeinstellung weitgehend geteilt. Zwar hielt er sich mit öffentlichen Äußerungen zurück, aber er scheint den Wagners bei seinen Besuchen in Tribschen auch nicht widersprochen zu haben, wenn sie sich antisemitisch äußerten. Er sei, schrieb er später, «bei einem Aufenthalt auf völlig inficirtem Gebiete nicht von der Krankheit völlig verschont» geblieben.[116] Der Bruch mit Wagner hatte für ihn zur Folge, dass er alles, was ihn mit Wagner verbunden hatte, einer eingehenden Prüfung unterzog und in fast allem eine Gegenposition zur vormaligen Sichtweise entwickelte. Dazu gehörte auch das eigene Verhältnis zu den Juden. Um es vorwegzunehmen: Es blieb auch später ambivalent. Einerseits verachtete Nietzsche den lautstarken Antisemitismus, was zum zeitweiligen Bruch mit seiner Schwester Elisabeth führte. Am 2. April 1884 schrieb er an Franz Overbeck: «Die verfluchte Antisemiterei verdirbt mir alle meine Rechnungen, [...] sie hat R[ichard] W[agner] und mich verfeindet, sie ist die Ursache eines radikalen Bruchs zwischen mir und meiner Schwester u. s. w. u. s. w. u. s. w. Oh! Oh!»[117] Andererseits brachte er nach Wagners Tod das Judentum mit dem «Sklavenaufstand in der Moral» in Verbindung, während er in Paulus, den er ein ums andere Mal als «Juden» apostrophierte, den Verderber der Lehre Jesu sah – und das hieß, dass die von ihm angestrebte «Umwertung aller Werte» auch gegen das antike Judentum und die von diesem ausgegangene ethische Revolution gerichtet war.[118] Zugleich hat Nietzsche aber die Juden für ihren unbeugsamen Selbstbehauptungswillen zutiefst bewundert und sie zum Vorbild für alle erklärt, die sich eine auf lange Zeiträume hin angelegte Revolution der Denkweisen und Mentalitäten zum Ziel gesetzt hatten – also auch für sich und Seinesgleichen.[119]

Wie sehr sich Nietzsche als Gegner des Antisemitismus in Deutschland gesehen hat, bezeugen nicht nur die bereits zitierten Bemerkungen in diversen Briefen kurz vor seinem geistigen Zusammenbruch,[120] sondern auch der Entwurf zu einem – wahrscheinlich nicht abgeschickten – Brief an seine Schwester in Paraguay. Diese versuchte dort mit ihrem Mann Bernhard Förster, einem fanatischen Antisemiten, eine der Idee des «Reinrassigen» verpflichtete deutsche Kolonie aufzubauen – ein Projekt, das schon bald kläglich scheiterte.[121] Im Briefentwurf hält Nietzsche ihr vor, dass sich ihr Mann seit der Auswanderung nach Paraguay, anders als berichtet, keineswegs von der antisemitischen Bewegung getrennt habe, weswegen er, Nietzsche, seitdem Mühe habe, «etwas von der alten Zärtlichkeit und Schonung, wie ich sie gegen Dich so lange gehabt habe, zu Deinen Gunsten geltend zu machen». Damit sei die Trennung zwischen ihnen «in der absurdesten Weise festgestellt». «Hast Du gar nichts begriffen, *wozu ich in der Welt bin*?»[122] Weil auch sein Zarathustra antisemitisch in Anspruch genommen worden war, verlangt er: «Diese verfluchten Antisemiten-Fratzen *sollen* nicht an mein Ideal greifen!!»[123] Zudem ist hier auf Nietzsches scharfe Kritik an dem Antisemiten Eugen Dühring hinzuweisen, «der im heutigen Deutschland den unanständigsten und widerlichsten Gebrauch vom moralischen Bumbum macht», wie Nietzsche schreibt. Mit Dühring sei das antisemitische Ressentiment «in die geweihten

Räume der Wissenschaft» eingedrungen und möchte «sich hörbar machen». Für Nietzsche ist Dühring «das erste Moral-Großmaul» der «Menschen des Ressentiment, diese physiologisch Verunglückten und Wurmstichigen, ein ganzes zitterndes Erdreich unterirdischer Rache, unerschöpflich, unersättlich in Ausbrüchen gegen die Glücklichen und ebenso in Maskeraden der Rache, in Vorwänden zur Rache.»[124] – Aber der Reihe nach.

In *Menschliches, Allzumenschliches*, dem Werk, das für die Trennung von Wagner steht, hat Nietzsche die neuerliche Debatte über die Stellung der Juden in der Gesellschaft auf den Nationalismus zurückgeführt. Er nennt diesen einen «gewaltsamen Noth- und Belagerungszustand, welcher von Wenigen über Viele verhängt ist», und in dem «List, Lüge und Gewalt» verbreitete Mitteln seien, um der Nation das gewünschte Ansehen zu verschaffen. Dieser Nationalismus stelle jedoch einen willkürlichen Eingriff in die Entwicklung Europas dar, «wo eigentlich längst eine Mischrasse», nämlich «die des europäischen Menschen» im Entstehen begriffen sei. Mit dem Nationalismus sei auch die «Judenfrage» aufgekommen; denn «das ganze Problem der *Juden* ist nur innerhalb der nationalen Staaten vorhanden».[125] Da die Juden dort aufgrund des «in langer Leidensschule von Geschlecht zu Geschlecht angehäuften Geist- und Willens-Capitals» sehr schnell ein Übergewicht erlangt hätten, sei es üblich geworden, sie «als Sündenböcke aller möglichen öffentlichen und inneren Uebelstände zur Schlachtbank zu führen».[126] – Eine für das Jahr 1878 brillante Analyse.

Diese Passage musste Wagner unmittelbar treffen, und sie sollte ihn wohl auch treffen, wenn man die Entstehung des Buches im Winter 1876/77, also kurz nach den letzten Treffen mit den Wagners, in Rechnung stellt. Nietzsche hat das Buch nach seinem Erscheinen sogleich zu Wagner nach Bayreuth geschickt, um sicherzustellen, dass es dort zur Kenntnis genommen wurde. «Durch ein Wunder von Sinn im Zufall kam gleichzeitig bei mir ein schönes Exemplar des Parsifal-Textes an, mit Wagners Widmung an mich, seinem theuren Freunde Friedrich Nietzsche, Richard Wagner ‹Kirchenrath›. – Diese Kreuzung zweier Bücher – mir war's, als ob ich einen ominösen Ton dabei hörte. Klang es nicht, als ob *Degen* sich kreuzten? ... Jedenfalls empfanden wir beide es so, denn wir schwiegen beide.»[127] Auch die anschließenden Passagen in *Menschliches, Allzumenschliches* lassen sich lesen, als handele es sich dabei um an Wagners Tür angeschlagene Thesen: «Sobald es sich nicht mehr um die Conservirung von Nationen, sondern um die Erzeugung einer möglichst kräftigen europäischen Mischrasse handelt, ist der Jude als Ingredienz ebenso brauchbar und erwünscht, als irgend ein anderer nationaler Rest.»[128] Als befände er sich im direkten Gespräch mit Wagner, kommt Nietzsche ihm nun einen Schritt entgegen und konzediert, dass «der jugendliche Börsen-Jude die vielleicht widerlichste Erfindung des Menschengeschlechts überhaupt» sei, um danach umgehend einen für Wagner besonders empfindlichen Punkt anzugreifen: «In den dunkelsten Zeiten des Mittelalters, als sich die asiatische Wolkenschicht schwer über Europa gelagert hatte, waren es jüdische Freidenker, Gelehrte und Aerzte, welche das Banner der Aufklärung und der geistigen Unabhängigkeit unter dem härtesten persönlichen Zwange festhielten und Europa gegen Asien vertheidigten; ihren Bemühungen ist es nicht am wenigsten zu danken, daß eine natürlichere, vernunftgemässere und jedenfalls unmythische Erklärung der Welt wieder zum Siege kommen konnte und dass der Ring der Cultur, welcher uns jetzt mit der Aufklärung des griechisch-römischen Alterthums zusammenknüpft, unzerbrochen blieb.»[129]

Das galt Wagners Werk in seiner Gänze und sollte zeigen, dass Wagners Antisemitismus nicht mit dem von ihm erhobenen Anspruch, Erneuerer der griechischen Tragödie zu sein,[130] in Übereinstimmung zu bringen war. Hatte Nietzsches Rolle als regelmäßiger Gast in Tribschen darin bestanden, Wagners Kurzschließung der griechischen Tragödie mit der eigenen Vorstellung vom Gesamtkunstwerk wissenschaftlich zu flankieren, so stellt Nietzsche die Juden nunmehr als das eigentliche Bindeglied zwischen Antike und neuzeitlichem Europa heraus. Während das Christentum dazu beigetragen habe, «den Occident zu orientalisiren», habe das Judentum «dabei geholfen, ihn wieder zu occidentalisiren» – und Nietzsche fügt hinzu: «was in einem bestimmten Sinne so viel heisst als Europa's Aufgabe und Geschichte zu einer *Fortsetzung der griechischen* zu machen».[131] Damit hatte sich Nietzsche zum Antipoden Wagners erklärt – und das Judentum zu seinem Verbündeten.

Während dieser Etappe seines Denkweges verstand Nietzsche sich als Verteidiger des Judentums. In der *Morgenröthe* etwa stellte er sich die Aufgabe, die Geschichte der Juden in Europa darzustellen und diese gegen christliche Theologen und Antisemiten zu verteidigen. So nennt er es ein «unerhörtes philologisches Possenspiel», den Juden das Alte Testament «unter dem Leibe wegzuziehen, mit der Behauptung, es enthalte Nichts als christliche Lehren und *gehöre* den Christen als dem *wahren* Volke Israel».[132] Das war eine weitere Frontstellung gegen Wagner, der, wie oben gezeigt,[133] den Einfluss des Alten Testamens auf die christliche Lehre beklagt hatte. Nietzsche hebt dagegen hervor, die christlichen Theologen hätten sich ganz bewusst in die Tradition der jüdischen Texte gestellt, um Jesus die Rolle des den Juden verheißenen Messias zuzuweisen: «Überall sollte im alten Testament von Christus und nur von Christus die Rede sein, überall namentlich von seinem Kreuze, und wo nur ein Holz, eine Ruthe, eine Leiter, ein Zweig, ein Baum, eine Weide, ein Stab genannt wird, da bedeute diess eine Prophezeiung auf das Kreuzesholz.»[134] Im Kampf um die religiöse Vorherrschaft, so Nietzsche, hätten die «Erfinder» des Christentums alle Redlichkeit drangegeben.

Die europäische Führungsrolle der Juden

Die Frage der philologischen Redlichkeit ist zu Beginn der 1880er Jahre jedoch nicht Nietzsches Hauptproblem; zu dieser Zeit beschäftigen ihn vor allem die Zukunft Europas und die Rolle, die die Juden darin spielen könnten. Entgegen dem, was das Nietzsche-Archiv unter der Leitung seiner Schwester aus ihm gemacht hat, nämlich einen nationalistischen Denker mit stark rassistischer Prägung, war Nietzsche zutiefst davon überzeugt, dass Europa nur jenseits des Nationalismus eine Zukunft habe – und diese Zukunft könne nur eine gemeinsame mit den Juden sein. In einem Brief an seine Mutter kommt er Mitte August 1886 zunächst auf einen Antisemiten zu sprechen, den diese in ihrem letzten Brief erwähnt hat und der sich den paraguayischen Koloniegründern um seine Schwester und deren Mann angeschlossen hatte: «Siehst Du, dieser Gattung Menschen wegen könnte ich schon nicht nach Paraguay gehen: ich bin so glücklich darüber, daß sie sich freiwillig aus Europa verbannen. Denn, wenn ich auch ein schlechter Deutscher sein sollte – jedenfalls bin ich ein *sehr guter Europäer*.»[135] Die Betonung seines Europäertums ging mit Nietzsches Kritik am Nationalismus und seiner Distanzierung von den Deutschen Hand in Hand.

In der *Morgenröthe* hat Nietzsche seine Vorstellungen von der Zukunft Europas unter der Überschrift *«Vom Volke Israel»* genauer dargelegt: «Zu den Schauspielen, auf welche uns das nächste Jahrhundert einladet, gehört die Entscheidung im Schicksale der europäischen Juden. Dass sie ihren Würfel geworfen, ihren Rubikon überschritten haben, greift man jetzt mit beiden Händen.» Nietzsche bezieht sich mit der Formel vom Überschreiten des Rubikon auf die rechtliche Gleichstellung der Juden und ihre zunehmende Assimilation an die Kultur West- und Mitteleuropas. Daraus schlussfolgert er: «Es bleibt ihnen nur noch übrig, entweder die Herren Europa's zu werden oder Europa zu verlieren, so wie sie einst vor langen Zeiten Aegypten verloren, wo sie sich vor ein ähnliches Entweder-Oder gestellt hatten.»[136] Nietzsche beschreibt diese Entscheidung als eine, die von den Juden forciert worden ist und die sie selbst zu treffen haben. Das Bemerkenswerte an dieser Zuspitzung besteht darin, dass er etwas Vergleichbares den europäischen Völkern nicht zugestehen will. Vielmehr spricht er mit Blick auf sie von Erkrankungen und Störungen der Nerven, die ihr Handeln bestimmen. Sie stehen dem, was für die Juden eine Entscheidung ist, stumpf und unverständig gegenüber: «Man muss es in den Kauf nehmen, wenn einem Volke, das am nationalen Nervenfieber und politischen Ehrgeize leidet, leiden *will* –, mancherlei Wolken und Störungen über den Geist ziehn, kurz kleine Anfälle von Verdummung: zum Beispiel bei den Deutschen von Heute bald die antifranzösische Dummheit, bald die antijüdische, bald die antipolnische, bald die christlich-romantische, bald die Wagnerianische, bald die teutonische, bald die preussische (man sehe sich doch diese armen Historiker, diese Sybel und Treitzschke [sic!] und ihre dick verbundenen Köpfe an –), und wie sie Alle heißen mögen, diese kleinen Benebelungen des deutschen Geistes und Gewissens.»[137] Wer benebelt ist, trifft keine Entscheidung, sondern taumelt durch den Nebel. Deswegen könnten die nationalistischen Völker in Europa keine Führungsaufgaben übernehmen. Diese fielen gleichsam von selbst den Juden zu.

Aber die Juden wollen das offenbar gar nicht. Hier kommt Nietzsche zu einem Urteil, das dem Wagners (wie dem aller Antisemiten) strikt entgegengesetzt ist. Klagte Wagner unausgesetzt über eine jüdische Dominanz im Wirtschaftsleben und in der Presse, so hält Nietzsche dagegen: «Dass die Juden, wenn sie wollten – oder, wenn man sie dazu zwänge, wie es die Antisemiten zu wollen scheinen –, jetzt schon das Übergewicht, ja ganz wörtlich die Herrschaft über Europa haben *könnten*, steht fest; dass sie *nicht* darauf hin arbeiten und Pläne machen, ebenfalls. Einstweilen wollen und wünschen sie vielmehr, sogar mit einiger Zudringlichkeit, in Europa, von Europa ein- und aufgesaugt zu werden, sie dürsten danach, endlich irgendwo fest, erlaubt, geachtet zu sein und dem Nomadenleben, dem ‹ewigen Juden› ein Ziel zu setzen –; und man sollte diesen Zug und Drang (der vielleicht selbst schon eine Milderung der jüdischen Instinkte ausdrückt) wohl beachten und ihm entgegenkommen: wozu es vielleicht nützlich und billig wäre, die antisemitischen Schreihälse des Landes zu verweisen.»[138] Das war die genaue Umkehrung dessen, was die Antisemiten mit Blick auf die Juden forderten. – Als Nietzsche das schrieb, war Wagner bereits tot, so dass die Landesverweisung ihn nicht mehr hätte treffen können. Mit Sicherheit aber bezog sich Nietzsche auf seine Schwester und ihren Ehemann, die zu dieser Zeit in Paraguay ihre rassistisch konzipierte Kolonie «Neu-Deutschland» aufzubauen versuchten.

Dass die Juden zu einer Führungsrolle in Europa berufen waren, rührte für Nietzsche auch daher, dass sie dort so lange unterdrückt wurden. Das unterscheide die heutigen Juden von denen, die sich einst zum Auszug aus Ägypten entschlossen: «In Europa aber haben sie

Förfterhof.

Der «Försterhof» im Zentrum der deutsch-arischen Kolonie Nueva Germania in Paraguay. Von hier herrschte Nietzsches Schwager Dr. Bernhard Förster zusammen mit seiner Frau Elisabeth, Nietzsches Schwester, über das Leben in der Kolonie, die sich freilich schon bald als wirtschaftlicher Fehlschlag erwies. Nietzsche lehnte Förster zutiefst ab und brach deswegen zeitweilig auch mit seiner Schwester.

eine Schule von achtzehn Jahrhunderten durchgemacht, wie sie hier kein andres Volk aufweisen kann, und zwar so, dass nicht eben der Gemeinschaft, aber umso mehr den Einzelnen die Erfahrungen dieser entsetzlichen Übungszeit zu Gute gekommen sind. In der Folge davon sind die seelischen und geistigen Hülfsquellen bei den jetzigen Juden ausserordentlich [...]. Jeder Jude hat in der Geschichte seiner Väter und Grossväter eine Fundgrube von Beispielen kältester Besonnenheit und Beharrlichkeit in furchtbaren Lagen, von feinster Überlistung und Ausnützung des Unglücks und des Zufalls; ihre Tapferkeit unter dem Deckmantel erbärmlicher Unterwerfung, ihr Heroismus im spernere se sperni [Verachten, dass man selbst verachtet wird] übertrifft die Tugenden aller Heiligen.»[139] Nietzsche erklärt das, was Wagner den Juden zum Vorwurf gemacht hat, zum Ausdruck ihrer Überlegenheit – auch und gerade im Sinne der von ihm wie von Wagner rezipierten Evolutionstheorie Darwins: «Zu alledem verstanden sie es, ein Gefühl der

Macht und der ewigen Rache sich aus eben den Gewerben zu schaffen, welche man ihnen überliess (oder denen man sie überliess); man muss es zur Entschuldigung selbst ihres Wuchers sagen, dass sie ohne diese gelegentliche angenehme und nützliche Folterung ihrer Verächter es schwerlich ausgehalten hätten, sich so lange selbst zu achten.»[140] Diese Überlegung geht auch über das hinaus, was Marx in *Zur Judenfrage* ausführt. Die Frage nach der Selbstachtung, die ihm aus der Beschäftigung mit Hegel eigentlich vertraut war, hat Marx für die Juden nicht gestellt, wie überhaupt sein sozialkritischer Blick an sozialpsychologischer Unterdeckung litt.

Diesen sozialpsychologischen Blick richtet Nietzsche auf die europäischen Nationen, zumal auf die Deutschen. Er kommt dabei zu dem Ergebnis, dass die Deutschen sich vor den Juden fürchten, weil sie sich ihnen, ohne vergleichbare Erziehung als politisches Kollektiv, an Härte wie Anpassungsfähigkeit, Klugheit wie Durchhaltevermögen nicht gewachsen fühlen. Antisemitismus ist, so gesehen, ein Ausdruck von Scham und Schwäche, Ressentiment, das den Anspruch auf Überlegenheit durch das ständige Gefühl der Unterlegenheit durchkreuzt sieht.[141] Diesen Gedanken hat Adorno in seinen Studien zu Antisemitismus und Autoritarismus aufgegriffen und weitergeführt – und so, wie Nietzsche an der zitierten Stelle sicherlich an Wagner gedacht hat, hat er in seinem *Versuch über Wagner* diese Analyse explizit auf Wagner angewandt.[142]

Der Widerspruch gegen den Antisemitismus, wie er seit 1880 in Deutschland verstärkt zu hören war, drängte aus Nietzsches Sicht freilich nur auf Zurückhaltung und Mäßigung. «Ich bin noch keinem Deutschen begegnet, der den Juden gewogen gewesen wäre; und so unbedingt auch die Ablehnung der eigentlichen Antisemiterei von Seiten aller Vorsichtigen und Politischen sein mag, so richtet sich doch auch diese Vorsicht und Politik nicht etwa gegen die Gattung des Gefühls selber, sondern nur gegen seine gefährliche Unmässigkeit, insbesondere gegen den abgeschmackten und schandbaren Ausdruck dieses unmässigen Gefühls, – darüber darf man sich nicht täuschen.»[143] Insofern ist Nietzsche nicht darüber verwundert, dass in Deutschland judenfeindliche Forderungen auftauchen – «‹Keine neuen Juden mehr hineinlassen! Und namentlich nach dem Osten (auch nach Östreich) zu die Thore zusperren!›» –, die er auf den «Instinkt eines Volkes» zurückführt, «dessen Art noch schwach und unbestimmt ist».[144] Solche Forderungen sind, so seine psycho-physiologische Diagnose, ein Ausdruck dafür, dass man für sich selbst ein Reservat beansprucht, in dem die eigene Identität noch ausgebildet und gestärkt werden kann, bevor man sich mit den Juden verbindet, die «ohne Zweifel die stärkste, zäheste und reinste Rasse [sind], die jetzt in Europa lebt».[145] In einer sarkastischen Volte kehrt Nietzsche die von den Antisemiten erhobene Forderung nach Rassentrennung und Rassenreinhaltung um und macht den Vorschlag, die «stärkeren und bereits fester geprägten Typen des neuen Deutschthums» könnten sich mit den Juden verbinden. Dem «adligen Offizier aus der Mark», dem die Kunst des Befehlens und Gehorchens erblich sei, werde auf diese Weise «das Genie des Geldes und der Geduld» beigefügt – «und vor allem etwas Geist und Geistigkeit, woran es reichlich an der bezeichneten Stelle [also im preußischen Offizierscorps] fehlt».[146]

Was er damit als «heitere Deutschthümelei und Festrede» zu bedenken gegeben habe, so schließt Nietzsche seine Überlegungen ab, rühre tatsächlich an ein ernstes Problem, nämlich «die Züchtung einer neuen über Europa regierenden Kaste».[147] Das lief auf eine konsequente Umkehrung der Rassentheorien hinaus, wie sie in völkischen und antisemitischen Kreisen gepflegt wurden.[148] Wenn diese Züchtung einer neuen Rasse, so Nietzsche, sich nicht nur als Ironie erweisen, sondern tatsächlich stattfinden werde, wenn die Juden «die Erfinder und Wegzeiger der Europäer heißen und nicht mehr deren Scham beleidigen», dann werde «Israel seine ewige Rache in eine ewige Segnung Europas verwandelt haben», dann werde «jener siebente Tag wieder einmal da sein, an dem der alte Judengott sich seiner selber, seiner Schöpfung und seines auserwählten Volkes freuen darf, – und wir Alle, Alle wollen uns mit ihm freun!»[149] – Zum Unglück aller ist es so nicht gekommen. Die europäische Geschichte folgte eher dem von Wagner angedeuteten Weg.[150]

Die Juden als Urheber des «Sklavenaufstands in der Moral»

Verfolgt man Nietzsches weiteren Denkweg, hat es den Anschein, als habe die Phase seiner Hoffnung auf die Juden als Retter Europas mit Wagners Tod geendet. Dessen Antisemitismus hatte ihn offenbar provoziert, eine Eloge nach der anderen auf die Juden zu schreiben und überall dort, wo Wagner die Juden verachtete, das genaue Gegenteil zu vertreten.[151] In dem Maße jedoch, wie sich Nietzsche die «Umwertung aller Werte» zur Aufgabe machte,[152] wurde seine Einstellung zum Judentum wieder kritischer. Er sah in den Juden jetzt nicht länger nur durch christliche Unterdrückung gestählte Menschen, sondern auch den Ursprung und Quellgrund des Christentums selbst. Damit waren sie die eigentlichen «Erfinder» dessen, was er den «Sklavenaufstand in der Moral» nannte, dessen Werteordnung er rückgängig machen wollte.

«Die Juden [...] haben jenes Wunderstück von Umkehrung der Werthe zu Stande gebracht, Dank welchem das Leben auf der Erde für ein Paar Jahrtausende einen neuen und gefährlichen Reiz erhalten hat: – ihre Propheten haben ‹reich›, ‹gottlos›, ‹böse›, ‹gewaltthätig›, ‹sinnlich› in Eins geschmolzen und zum ersten Mal das Wort ‹Welt› zum Schandwort gemünzt. In dieser Umkehrung der Werthe [...] liegt die Bedeutung des jüdischen Volks: mit ihm beginnt der *Sklaven-Aufstand in der Moral.*»[153] Dieser Aufstand, so Nietzsche, sei einer der wenigen, wenn nicht der einzige, der «siegreich gewesen ist».[154] Die «jüdisch-christliche Moral», so Nietzsche im *Antichrist*, sei das ressentimentgesteuerte Nein zur «vornehmen Moral», zur «*aufsteigenden* Bewegung des Lebens», von der er annimmt, dass sie «die Wohlgerathenheit, die Macht, die Schönheit, die Selbstbejahung auf Erden darstellt». Der «Genie gewordne Instinkt des ressentiment» habe darin eine andere Welt erfunden, «von wo aus jene *Lebens-Bejahung* als das Böse, als das Verwerfliche an sich erschien».[155] Im Unterschied zum Christentum, das diese Grunddisposition von den Juden übernommen habe, beschreibt Nietzsche diese Einstellung für das Judentum jedoch nicht als Ausdruck eines Ressentiments: «Psychologisch nachgerechnet, ist das jüdische Volk ein Volk der zähesten

Lebenskraft, welches, unter unmögliche Bedingungen versetzt, freiwillig, aus tiefster Klugheit der Selbsterhaltung, die Partei aller décadence-Instinkte nimmt, – *nicht* als von ihnen beherrscht, sondern weil es in ihnen eine Macht errieth, mit der man sich *gegen* ‹die Welt› durchsetzen kann. Sie sind das Gegenstück aller décadents: sie haben sie *darstellen* müssen bis zur Illusion, sie haben sich, mit einem non-plus-ultra des schauspielerischen Genies, an die Spitze aller décadence-Bewegungen zu stellen gewusst [...], um aus ihnen Etwas zu schaffen, das stärker ist als jede *Ja-sagende* Partei des Lebens.»[156] Für die Juden war die Umwertung der Werte eine Strategie des Überlebens.

Man kann diese Passagen dahingehend interpretieren, dass in ihnen Judentum und Christentum in eins gesetzt wird; man kann sie aber auch so verstehen, dass die Juden seit ihrer staatsbürgerlichen Gleichstellung in Europa nicht mehr zu einer Camouflage gezwungen und als das «Volk der zähesten Lebenskraft» auf die Seite der Lebensbejahung übergewechselt seien. Beide Interpretationen sind möglich, und welcher man zustimmt, hängt im Wesentlichen davon ab, in welchen Kontext man diese und ähnliche Textstellen bei Nietzsche stellt.[157] Ebenso lässt sich aber auch die Dimension des Schauspielerischen, die Nietzsche mehrfach anspricht, stark machen: Was für die Juden Schauspiel und Verstellung war, um überleben zu können, sei für die Christen zum Identitätsmerkmal geworden; sie hätten ernst genommen, was die Juden bloß vorgetäuscht hätten. Insofern sei der «Sklavenaufstand in der Moral» ein wesentlich christliches Werk und kein jüdisches.

Liest man indes die Passagen über das Christentum, in denen Nietzsche auf Paulus als den «Erfinder» der christlichen Lehre zu sprechen kommt,[158] dabei ein ums andere Mal das Jüdische an Paulus betonend, kann man den Eindruck gewinnen, Nietzsche sei ein zutiefst antijüdischer Denker gewesen[159] – etwa wenn er die Evangelien als eine besonders raffinierte Form des Herunterredens von Welt und Mensch bezeichnet: «Die Evangelien stehn für sich. Die Bibel überhaupt verträgt keinen Vergleich. Man ist unter Juden: *erster* Gesichtspunkt, um hier nicht völlig den Faden zu verlieren. Die hier geradezu Genie werdende Selbstverstellung ins ‹Heilige›, unter Büchern und Menschen nie annähernd sonst erreicht, diese Wort- und Gebärden-Falschmünzerei als *Kunst* ist nicht der Zufall irgend welcher Einzel-Begabung, irgend welcher Ausnahme-Natur. Hierzu gehört *Rasse*. Im Christenthum, als der Kunst, heilig zu lügen, kommt das ganze Judenthum, eine mehrhundertjährige jüdische allerernsthafteste Vorübung und Technik zur letzten Meisterschaft. Der Christ, diese ultima ratio der Lüge, ist der Jude noch einmal.»[160] Die Verkehrung der Werte hebt Nietzsche auch hervor, wenn er über Paulus schreibt, dieser sei «der Jude, der *ewige* Jude par excellence», der es geschafft habe, «mit Hülfe der kleinen sektirerischen Christen-Bewegung, abseits des Judenthums einen ‹Weltbrand› [zu] entzünden», «mit dem Symbol ‹Gott am Kreuze› alles Unten-Liegende, alles Heimlich-Aufrührerische, die ganze Erbschaft anarchistischer Umtriebe im Reich, zu einer ungeheuren Macht auf[zu]summieren».[161] Mit Paulus habe die Hölle über Rom obsiegt.

In der *Genealogie der Moral* hat Nietzsche den Gedanken eines jüdischen Siegs über das Römische Reich, einer subtilen Rache der militärisch Besiegten an den Siegern vermittels einer «Umwertung der Werte», breiter ausgeführt. Nach seiner Vorstellung, die noch die komplexeste Verschwörungstheorie in den Schatten stellt, ist die christliche Lehre nicht nur eine aus dem Judentum hervorgegangene Ideologie der moralischen Denunziation von Welt und Mensch, sondern auch ein in langfristiger Perspektive durchgeführter Angriff der Juden auf die Grundlagen der römischen Macht: «Hat Israel nicht gerade auf dem Umwege dieses ‹Erlösers›, dieses scheinbaren Widersachers und Auflösers Israel's, das letzte Ziel seiner sublimen Rachsucht erreicht? Gehört es nicht in die geheime schwarze Kunst einer wahrhaft *grossen* Politik der Rache, einer weitsichtigen, unterirdischen, langsam-greifenden und vorausrechnenden Rache, dass Israel selber das eigentliche Werkzeug seiner Rache vor aller Welt wie etwas Todfeindliches verleugnen und an's Kreuz schlagen musste, damit ‹alle Welt›, nämlich alle Gegner Israel's, unbedenklich gerade an diesem Köder anbeissen konnten?»[162] Das wäre, zu Ende gedacht, ein Projekt, das über die *Protokolle der Weisen von Zion* hinausginge, wenn man denn Nietzsches Überlegungen *intentionalistisch* liest, nämlich so, dass es ein verschwörerisches jüdisches Zentrum gegeben habe, von dem das «Projekt Christentum» geplant und organisiert worden wäre. Liest man diese Passage indes *funktionalistisch*, also in dem Sinne, dass eben dies und jenes bei einer Entwicklung herausgekommen sei, handelt es sich eher um eine Betrachtung der Effekte von Vorgängen, die unter dem Dispositiv des «als ob» zu sehen sind.

Seit sich Nietzsche auf die «Umwertung aller Werte» fokussiert hat, beschreibt er die Weltgeschichte als den Kampf zweier Wertesysteme, bei dem die Juden als Träger der von ihm bekämpften Werteordnung firmieren – und mit diesem Projekt entfernt er sich deutlich von der projüdischen Betrachtung seiner durch die französische Moralistik angeregten mittleren Phase. «Die beiden *entgegengesetzten* Werthe ‹gut und schlecht›, ‹gut und böse› haben einen furchtbaren, Jahrtausende langen Kampf auf Erden gekämpft», hält Nietzsche fest und geht davon aus, dass dieser Kampf noch nicht zu Ende sei.[163] «Das Symbol dieses Kampfes, in einer Schrift geschrieben, die über alle Menschengeschichte hinweg bisher lesbar blieb, heisst ‹Rom gegen Judäa, Judäa gegen Rom›: – es gab bisher kein grösseres Ereignis als *diesen* Kampf, *diese* Fragestellung, *diesen* todfeindlichen Widerspruch.»[164] In diesem Kampf steht Rom für «die unbedingte Herrschaft der aristokratischen Werthe», während Judäa die Werte der Unterdrückten und Gedemütigten verkörpert. «Die Römer waren ja die Starken und Vornehmen, wie sie stärker und vornehmer bisher auf Erden nie dagewesen, selbst niemals erträumt worden sind; jeder Überrest von ihnen, jede Inschrift entzückt, gesetzt, dass man erräth, *was* da schreibt. Die Juden umgekehrt waren jenes priesterliche Volk des Ressentiments per excellence, dem eine volksthümlich-moralische Genialität sonder Gleichen innewohnte.» Das sind die Ausgangsbedingungen einer antagonistischen Konstellation, die nach Nietzsches späterer Auffassung die Weltgeschichte so geprägt hat, wie dies nach Marx eine Abfolge von Klassenkämpfen getan hat. Nietzsche weiter: «Wer von ihnen einstweilen *gesiegt* hat, Rom oder Judäa? Aber es ist ja kein Zweifel: man erwäge doch, vor wem man sich heute in Rom selbst als vor dem Inbegriff allerhöchster Werthe beugt – und nicht nur in Rom, sondern fast auf der halben Erde, überall wo nur der Mensch zahm geworden ist oder zahm werden will, – *vor drei Juden*, wie man weiss, und *einer Jüdin* (vor Jesus von Nazareth, dem Fischer Petrus, dem Teppichwirker Paulus und der Mutter des anfangs genannten Jesus, genannt Maria). Dies ist sehr merkwürdig: Rom ist ohne allen Zweifel unterlegen.»[165] Wie Marx, allen Niederlagen der unterdrückten und ausgebeuteten Klassen zum Trotz, darauf setzt, dass am Schluss das Proletariat obsiegen werde, so setzt Nietzsche darauf, dass sich zuletzt doch noch die römische Ethik der Weltbejahung und der vornehmen Distanz durchsetzen werde.

Aber was heißt das für die Frage «Nietzsche und der Antisemitismus»? Wenn es einen Strang gibt, der von Wagners Antisemitismus zum Nationalsozialismus führt, dann gibt es ebenfalls einen, der von der weltgeschichtlichen Verschwörungsvorstellung Nietzsches zur Ermordung der europäischen Juden führt – freilich einen, der auf Verfälschungen und Missverständnissen beruht und gegen Nietzsches eigenes Projekt der Züchtung einer europabeherrschenden Kaste unter Einschluss der Juden nachträglich hergestellt worden ist. Wo Wagners Vorstellungen überzeichnet und radikalisiert wurden, ist Nietzsche gegen seine expliziten Absichten verstanden worden. Dass das möglich wurde, ist dem Nietzsche-Archiv unter der Leitung von Elisabeth Förster-Nietzsche zuzuschreiben, die ihr Bruder häufiger als «dumme Gans» bezeichnet hat. Französische Interpreten, allen voran Georges Bataille, aber auch Sarah Kofman, und die italienischen Editoren Giorgio Colli und Mazzino Montinari haben dafür gesorgt, dass Nietzsche für uns in seiner Ambivalenz, seiner gefährlichen Neigung der immer weiteren Zuspitzung eines Gedankens wieder sichtbar geworden ist – nicht nur, was die Frage seines Verhältnisses zu den Juden anbelangt.

KAPITEL 9

DAS GROSSE UMSTURZPROJEKT: GESELLSCHAFT, KUNST UND WERTEORDNUNG

Antibürgerliche Denker

Wie kein Jahrhundert davor und danach war das 19. Jahrhundert ein Jahrhundert des Bürgers und der Bürgerlichkeit[1] – selbst dann, wenn man in Rechnung stellt, dass die Revolutionen in der Jahrhundertmitte, die ein Griff des Bürgertums nach der politischen Macht waren, weitgehend gescheitert sind. Eine Ursache dieses Scheiterns war die Ambivalenz der Bürger: Sie wollten beides, Macht und Sicherheit, und als sich im Verlauf der Revolution zeigte, dass beides zusammen nicht zu haben war, entschied sich der größere Teil der Bürger für Sicherheit und Machtverzicht. Der Griff der Bürger nach der Macht ist an einem Übermaß an Bürgerlichkeit gescheitert. Marx hat das auf die emblematische Formel gebracht, die Bourgeoisie habe, um den Geldbeutel zu behalten, sich die Krone vom Kopf schlagen lassen, und das Schwert, das sie ergreifen wollte, sei als Damoklesschwert über sie gehängt worden.[2] Vor die Alternative gestellt, politischer Akteur oder «Philister» zu werden, hatte sich das Bürgertum in seiner großen Mehrheit für das Philiströse entschieden.[3] Nicht nur Marx hat die Bürger dafür verachtet, sondern auch Wagner: Während die sozialistischen Ideen in seiner Vorstellungswelt nach 1848/49 allmählich an Bedeutung verloren, hat er die antibürgerliche Grundhaltung bis zuletzt beibehalten. Nietzsche wiederum hat Bürgerlichkeit mit Selbstgenügsamkeit im Mittelmäßigen identifiziert; er verachtete die Bürger, weil sie sich auf die Idee der Gleichheit eingelassen hatten, ohne zu bedenken, dass diese schon bald «von unten» gegen sie geltend gemacht werden konnte. Demgemäß bezeichnet er die Französische Revolution als eine «schauerliche und, aus der Nähe

Wilhelm Busch hat den deutschen Philister in Bild und Wort dargestellt, ohne Häme und Verachtung, wenngleich häufig mit skeptisch-distanziertem Blick. Dagegen haben sich Marx, Wagner und Nietzsche über den Philister, die Karikatur des selbstzufriedenen und in sich ruhenden Spießers, allesamt ablehnend und verächtlich ausgelassen. «Na, jetzt hat er seine Ruh. – Ratsch! Man zieht den Vorhang zu», heißt es am Ende von Buschs Bildgeschichte «Herr und Frau Knopp».

beurtheilt, überflüssige Posse, in welche aber die edlen und schwärmerischen Zuschauer von ganz Europa aus der Ferne her [...] lange und [...] leidenschaftlich ihre eignen Empörungen und Begeisterungen hinein interpretirt haben».[4] Für Marx dagegen war die Französische Revolution bis in die frühen 1850er Jahre hinein das Paradigma der revolutionären Veränderung, und Wagner sah das ganz ähnlich.

Das Umstürzlerische im Denken der drei erwuchs also vor allem aus einer Kritik an Bürgertum und Bürgerlichkeit; die Gründe für die Abwendung vom Bürger waren jedoch unterschiedlich, und die Positionierung zum Bürgerlichen war nicht selten ambivalent. Bereits vor dem Scheitern der 1848er-Revolution hatte Marx auf das Proletariat als «allgemeine Klasse» gesetzt, aber zugleich ging er davon aus, dass sich große Teile des Kleinbürgertums auf dessen Seite stellen würden. Die Industriearbeiter sollten die Zugmaschine sein, von der die zunächst zaudernden Kleinbürger mitgerissen würden. Dass dem nicht so war, dass sich die Kleinbürger gegen den großen Umsturz sträubten, wurde für ihn zur großen Enttäuschung, und wenn er anschließend von den

«Philistern» sprach, meinte er damit vor allem kleinbürgerliche Zögerlichkeit und Unentschlossenheit. Gleichzeitig pflegte Marx aber seit seiner Familiengründung einen bürgerlichen Lebensstil, womit er sich endgültig von dem bohemienhaften Leben verabschiedete, das er als Student in Berlin geführt hatte. Zu diesem Lebensstil gehörte auch ein lebensweltlicher Konservatismus, der Marx von Bakunin oder Lassalle etwa unterschied. Gänzlich wohlgefühlt hat er sich darin indes nicht, und mitunter brach er für kurze Zeit aus dem Korsett der Bürgerlichkeit aus.[5] Marx' kultureller Konservatismus zeigte sich unter anderem in der Ablehnung von Wagners Musik.[6] Von den dreien hat er am stärksten einer bürgerlichen Lebensführung angehangen, auch wenn ihm das aufgrund seiner finanziellen Lage nicht immer möglich war.

Bei Wagner war das in vieler Hinsicht genau umgekehrt: Er hat sich im Frühjahr 1849 mit einer Intensität am revolutionären Kampf beteiligt, wie das bei Marx nie der Fall war. Marx hat immer die Distanz des kommentierenden Beobachters zum gewaltsamen Geschehen gewahrt.[7] Das Abenteuer des Umsturzes war bei ihm eine Kopfangelegenheit. Wagner hingegen hat sich auf die Praxis des Revolutionären eingelassen, und die von ihm in den Jahren 1848 und 1849 verfassten Texte waren Interventionen in den Fortgang der Revolution und weniger Reflexionen dessen, was sich hier ereignete. Bereits 1830 hatte er sich durch die Pariser Julirevolution enthusiasmieren lassen, um sich in Leipzig an Umzügen und Gewaltaktionen zu beteiligen, was jedoch mehr eine Temperamentsfrage als Ausdruck einer politischen Einstellung gewesen zu sein scheint.[8] Während der Dresdner Mai-Revolution 1849 spielte Wagner bei der Bereithaltung von Waffen und der Koordinierung von Maßnahmen zur Verteidigung der Revolution eine zentrale Rolle.[9] Zu diesem Zeitpunkt hatte er durch die Vermittlung seines Freundes August Röckel eine sozialrevolutionäre Einstellung entwickelt; er wollte sich nicht mit einer Konstitutionalisierung der staatlichen Ordnung zufriedengeben und drängte auf grundlegende Veränderungen der sozioökonomischen Verhältnisse. Nicht nur der Adel war ihm ein Dorn im Auge, sondern auch die wachsende Bedeutung von Geld, Zins und «Wucher» für das gesellschaftliche Leben.[10] In Wagners Ende Februar

1849 verfasstem Gedicht «Die Not» ist von einem vernichtenden Brand die Rede, dem Banken und Börsen, aber auch Papier und Pergament, also Schuldverschreibungen und Aktien, zum Opfer fallen. Aus dem Brand gehen dann eine Menschheit «frei von Ketten» und eine ebenfalls befreite Natur hervor,[11] was sich wie eine Vorwegnahme der *Götterdämmerung* liest. Das Revolutionäre war bei Wagner eng mit Feuer und Vernichtung verbunden, anders als bei Marx. Im Unterschied zu ihm hatte Wagner auch eine *unmittelbare* Erfahrung revolutionärer Gewalt, die nicht reflexiv bereinigt war.

Wagners Vorstellung von der Revolution war vorwiegend schwärmerisch-enthusiastischer und weniger politisch-strategischer Art. Vor allem erwartete er von ihr eine Verjüngung der Gesellschaft, die er aus Zerstörung und Untergang wiederauferstehen ließ. In dem kurzen Essay *Die Revolution* verkündet die als strahlende Göttin imaginierte Revolution: «Ich bin das ewig verjüngende, ewig schaffende Leben! Wo ich nicht bin, da ist der Tod! Ich bin der Traum, der Trost, die Hoffnung des Leidenden! Ich vernichte, was besteht, und wo ich wandle, da entquillt neues Leben dem toten Gestein. Ich komme zu euch, um zu zerbrechen alle Ketten, die euch bedrücken, um euch zu erlösen aus der Umarmung des Todes und ein junges Leben durch eure Glieder zu ergießen. Alles, was besteht, muß untergehen, das ist das ewige Gesetz der Natur, das ist die Bedingung des Lebens, und ich, die ewig Zerstörende, vollführe das Gesetz und schaffe das ewig junge Leben.»[12] Das liest sich, als ob Wagner von der Revolution nicht den Eintritt in eine sozialgeschichtlich neue Ära, sondern eher eine Wiederherstellung früherer Verhältnisse erwartet hat – wobei freilich der geschichtliche Ort von «Einst» und «Jetzt» unbestimmt bleibt.[13] Jedenfalls gingen bei Wagner nicht, wie sonst bei den Demokraten und Sozialisten von 1848, Revolution und Fortschritt eine Verbindung ein. Es sollten vor allem die erstarrten Verhältnisse aufgebrochen werden, die sich über «das Leben» gelegt hatten. Aus dieser Vorstellung erklärt sich, wie Wagner Zerstörung und Erneuerung in eins setzen konnte. Er metaphorisierte das in der Entgegensetzung von Leben und Tod: Indem *«die Herrschaft des Todes über das Leben»* zerstört wird, wird das Leben befreit, um sich

Die Vorstellung eines verheerenden Brandes, eines «reinigenden Feuers» als Voraussetzung des Neuanfangs hat Wagner durch sein halbes Leben begleitet, von den Dresdner Barrikadenkämpfen bis zum Ende von Wotans Herrschaft in der «Götterdämmerung». Die Darstellung des Brands von Walhall und der Gibichungenhalle am Rhein war – und ist – eine Herausforderung für jede Inszenierung. Die Maler des großen Feuers am Ende des «Rings» hatten es da einfacher. Sie schwelgten häufig in ihrer Darstellung der vier Elemente: des Feuers, des Wassers (Rhein), der Erde und der Luft.

neu und ungehemmt entfalten zu können. Das sind Revolutionsvorstellungen ganz in der Nähe von Bakunins Idee, wonach die Lust an der Zerstörung ein schöpferischer Akt sei.

In der Beschreibung der Revolution taucht bei Wagner auch eine an Marx erinnernde Entfremdungsvorstellung auf, der zufolge der Schöpfer der Werke nicht länger durch die Eigentumsverhältnisse der Knecht seiner Werke werden solle.[14] Wagner hat diesen Gedanken jedoch nicht weiter präzisiert. Was auf einen Konflikt der Klassen hinauslaufen würde, verschwindet bei ihm in der allgemeinen Vorstellung einer Befreiung durch Zerstörung, einer Melange aus vormärzlicher Entfremdungstheorie und Bakuninscher Zerstörungswut. Sonderlich intensiv hatte sich Wagner mit alldem indes nicht beschäftigt, sonst hätte er kaum schon am 14. Mai 1849 nach seiner überstürzten Flucht aus Dresden an seine Frau Minna das Folgende geschrieben: «Die Dresdner Revolution und ihr ganzer Erfolg hat mich nun belehrt, daß ich keineswegs ein eigentlicher Revolutionär bin: Ich habe gerade an dem schlimmen Ausgang der Erhebung ersehen, daß ein wirklich siegreicher Revolutionär gänzlich ohne alle Rücksicht verfahren muß – er darf nicht an Weib und Kind, nicht an Haus und Hof denken – sein einziges Streben ist: Vernichtung [...]. Aber nicht Menschen unsrer Art sind zu dieser fürchterlichen Aufgabe bestimmt: wir sind nur Revolutionäre, um auf einem frischen Boden *aufbauen* zu können; nicht das *Zerstören* reizt uns, sondern das *Neugestalten*, und deshalb sind wir nicht die Menschen, die das Schicksal braucht – diese werden aus der tiefsten Hefe des Volkes [aus den untersten Schichten] entstehen –; wir und unser Herz kann nichts mit ihnen gemein haben. Siehst Du! *So scheide ich mich von der Revolution ...*»[15]

Dieses Bekenntnis steht im Widerspruch zu Wagners Verhalten während der Dresdner Revolutionstage, und doch hat er offenbar seine Bereitschaft zur Zerstörung in diesen Tagen als unzulänglich empfunden. In der Forschungsliteratur ist diese Passage zumeist als definitive Absage an das Projekt der revolutionären Veränderung von Staat und Gesellschaft verstanden worden. Bei genauerem Lesen zeigt sich jedoch, dass sie nur eine Distanzierung auf Zeit enthält – bis die Zerstörung erfolgt ist und es ans Aufbauen geht. Diese Aufgabe nimmt Wagner an, weshalb er sich ausdrücklich weiterhin zur Revolution bekennt.[16] Dementsprechend lassen sich die Züricher Kunstschriften als programmatische Überlegungen zur Rolle des Revolutionärs in der Phase des Neuaufbaus einer Gesellschaft lesen. Wagner hat, wie vor allem von Udo Bermbach herausgearbeitet, am Projekt einer grundlegend anderen Gesellschaft noch lange festgehalten, und der Widerwille gegen die bestehende Gesellschaft ist ihm bis zu seinem Tode geblieben, wenn auch nicht mehr in dem revolutionären Gestus, den er zeitweilig angenommen hatte. Aus dem revolutionären Impuls war zuletzt eine missmutige Abneigung gegen das Bestehende geworden. Das Revolutionäre hatte sich zur Übellaunigkeit verdünnt.

Was Wagner indes unter keinen Umständen sein oder werden wollte, war ein «Philister», einer, der sich in behaglicher Bürgerlichkeit einrichtete und darin den Sinn und Zweck seines Daseins sah. «Die Männer», so Wagner Ende 1852 an Cäcilie Avenarius, «sind heutzutage geborene Philister, und die Frauen werden es durch sie!»[17] Deswegen hat Wagner auch die Frauen als Erlöserinnen der Männer ausersehen. Er lebte wie ein Bohemien, ständiges Herumreisen, immer neue Affären und Liebschaften und dazu ein Lebensstandard «auf Pump», angewiesen auf Unterstützer und Mäzene, deren Großzügigkeit doch nicht verhindern konnte, dass er sich den Gläubigern einige Male durch überstürzte Flucht entziehen musste. Wagners Kampf gegen das Bürgerliche war zuletzt einer gegen das Sesshaftwerden, den er in Form lange währender Italienreisen führte. In dem Brief vom 16. April 1850, in dem er seiner Frau Minna die endgültige Trennung nahelegte, hat er seine Distanz zu jeder Form von Bürgerlichkeit pointiert vorgetragen: «Du hängst an Ruhe und Dauerhaftigkeit der Verhältnisse – ich muß sie brechen, um meinem inneren Wesen zu genügen; Du vermagst alles zu opfern, um eine ‹geachtete Stellung› in der bürgerlichen Welt zu haben, die ich verachte und mit der ich nichts zu tun haben will; Du hängst mit ganzem Herzen am Besitz, an Haus, Hof, Gerät und Heimat – ich verlasse das alles, um ein Mensch sein zu können. Du denkst nur mit Wehmut und Sehnsucht an die Vergangenheit zurück – ich gebe sie auf und denke nur an die Zukunft. All Deine Wünsche gehen auf Versöhnung mit dem Alten, auf Nachgeben und Sichschmiegen, auf Wiederanknüpfen – ich habe mit allem Alten gebrochen und bekämpfe es mit allen meinen Kräften. Du hängst an der Person, ich an der Sache; Du am einzelnen Menschen, ich an der Menschheit.»[18]

Offenbar haben nicht nur die ständigen Vorhaltungen seiner Frau ob der nach dem Verlust des Dresdner Hofkapellmeistergehalts prekären finanziellen Lage Wagner zu diesem Vorschlag einer Trennung (die dann freilich nicht vollzogen wurde) veranlasst, sondern auch Minnas Unwille, ständig den Wohnort zu wechseln, was Wagner wiederum ein Bedürfnis war. So wurde Minna für ihn zum Inbegriff einer Bürgerlichkeit, deren er sich mit allen Mitteln erwehren musste. Die Hinwendung zu Schopenhauer seit Mitte der 1850er Jahre änderte daran nichts, zumal dieser nach der Revolution zwar der intellektuelle Patron eines liberal-konservativen Bürgertums war, selbst aber in Frankfurt ein durchweg bohemienhaftes Leben führte. Eine Verbindung Schopenhauerschen Denkens mit (klein-)bürgerlichen Gepflogenheiten findet sich hingegen bei dem Schopenhauerianer Wilhelm Busch als Einwilligung ins Mittelmaß, ins Leben eines «Philisters», oder auch bei dem Schopenhauer-Leser Theodor Fontane in Form der Resignation gegenüber weit gesteckten Zielen. Wilhelm Busch hat den Philister salonfähig und Fontane das Resignative zur Altersweisheit gemacht. Beides war Wagners Sache nicht; daran konnte auch die mehrmalige Lektüre von Schopenhauers *Die Welt als Wille und Vorstellung* nichts ändern. Wagner hat zwar in seinen Schriften seit Mitte der 1850er Jahre ständig auf Schopenhauer Bezug genommen, aber nach den von Schopenhauer geforderten Maximen gelebt hat er nicht.

Die Ablehnung jeder Art von Bürgerlichkeit und die Lebensführung eines Bohemien sind freilich nicht das Einzige, was bei Wagner von den revolutionären Ideen der Dresdner Jahre blieb. Wenn auch die Infragestellung der gesellschaftlichen Ordnung in den Hintergrund trat und nur gelegentlich aufschien, so war doch die Gestaltung der zwischenmenschlichen Beziehungen ein Feld, auf dem sich Wagners umstürzlerische Impulse immer wieder zu Wort meldeten. Die zeitweilige Präferenz für die Zerstörung wurde dabei durch die Forderung einer generalisierten Liebe ersetzt. Liebe als *revolution light*. Exemplarisch hat Wagner das ihm verhasste bourgeoise Macht- und Besitzstreben in der Beziehung zwischen Hunding und Sieglinde in der *Walküre* dargestellt, und den Verlust zwischenmenschlicher Gefühle unter der Vorherrschaft bürgerlicher Vertragsverhältnisse hat er im Verhältnis von Wotan und Fricka herausgearbeitet.[19] Wagners Distanz zur Bürgerlichkeit zeigt sich zudem in der Unterscheidung zwischen Liebe und bloßer Lust. Bei der Ausarbeitung von Alternativen ist er über das Selbstopfer der Frau zur Erlösung der in Schuld und Schande verstrickten Männer jedoch nicht hinausgekommen: von der Senta des *Holländers* über die Elisabeth im *Tannhäuser* bis zur Brünnhilde im *Ring*. Die Revolutionierung der zwischenmenschlichen Verhältnisse blieb im weiten Feld männlicher Erlösungsphantasien stecken – wie ja auch die Realisierung seiner künstlerischen Ideen und die Finanzierung seiner antibürgerlichen Grundeinstellung in der Alimentierung durch Ludwig II. endete. Um bürgerliche Vertragsverhältnisse zu vermeiden, begab Wagner sich in eine spätfeudale Abhängigkeit, unter der er nicht wenig litt, aus der er aber nicht mehr herauskam.

In der Hauptsache verdankt sich das Marxsche Werk der anhaltenden Verarbeitung jener Enttäuschung, die das Scheitern der 48er-Revolution für ihn bedeutete. Marx hatte zunächst darauf gesetzt, dass die Niederlage im Juniaufstand nur ein kurzes Intermezzo sein und Paris als das Zentrum der europäischen Revolutionen schon bald wieder Feuer speien werde – eine Erwartung, die auch Wagner über längere Zeit noch hegte.[20] Mit der Konsolidierung der Herrschaft Louis Bonapartes wurde Wagner skeptisch und konzentrierte seinen revolutionären Impuls zunehmend aufs Ästhetische, wo er das Musiktheater zu einem Ort für das machte, was in der soziopolitischen Welt nicht mehr zu erwarten war. Marx dagegen ließ sich auf den mühsamen Weg der Umarbeitung seiner revolutionären Naherwartung in eine enttäuschungsresistente Theorie lange währender revolutionärer Prozesse ein. In ihr wurde die Revolution als ein Vorgang beschrieben, der sich fortwährend in den sozioökonomischen Konstellationen und nur gelegentlich an der politischen Oberfläche vollzog.[21] Marx' Bestreben, seine Theorie gegen politische Rückschläge, mit denen er durchweg rechnete, abzusichern, führte dazu, dass er sie nicht falsifikationsoffen anlegte, also nicht die Bedingungen angab, unter denen ihre zentralen Annahmen als widerlegt gelten konnten.[22] Mehr noch: Er arbeitete eine Theorie der gesellschaftlichen Entwicklung aus, die solche Bedingungen nicht kannte, ja mithin bestritt, dass es sie überhaupt gebe. Die zum Sturz der bürgerlichen Welt führende Revolution war für ihn, wie man heute sagen würde, «alternativlos».

Bedeutsamer als der Einwand von Poppers Falsifikationstheorem[23] ist der Umstand, dass Marx beim Umbau seiner Theorie von der Nah-

Mit der Ausarbeitung seiner ökonomischen Theorie entfernte sich Marx von dem Revolutionsaktivismus der Geheimzirkel, Aufstandsplaner und Gewaltapologeten. Damit war der Konflikt mit Michail Bakunin, Wagners Kampfgenossen auf den Barrikaden, unvermeidlich. Die Auseinandersetzungen zwischen Marx und Bakunin (hier auf einer Fotografie von Nadar um das Jahr 1860) spielten bei der Auflösung der I. Internationale eine zentrale Rolle.

erwartung zur Enttäuschungsresistenz auf eine Reihe von Emanzipationserwartungen verzichten musste, die in seiner vormaligen Revolutionsvorstellung zentral waren. An erster Stelle ist dabei die Abschaffung entfremdeter Arbeit zu nennen, wobei der junge Marx unter Entfremdung nicht nur die Aneignung der im Produkt vergegenständlichten Arbeit durch den Eigentümer der Produktionsmittel verstand, sondern auch die fabrikförmige Arbeitsteilung, die Trennung von Hand- und Kopfarbeit eingeschlossen. Das waren romantisch imprägnierte Vorstellungen, die sich ideengeschichtlich bis zum *Ältesten Systemprogramm* zurückverfolgen lassen[24] und in denen das Ideal einer handwerklichen Produktion noch einmal gegen die sich durchsetzende industrielle Produktion ausgespielt wurde.[25] Hier war die Revolution auch für Marx eine Rückkehr zu Vergangenem,[26] was sich bei ihm so später nicht mehr findet. Die Umarbeitung der Theorie lief darauf hinaus, dass er sich weitgehend auf eine frühe Form der Modernisierungstheorie einließ. Das «ganz Andere» wurde aufgegeben, und die Theorie schmiegte sich zunehmend dem Gang der tatsächlichen Entwicklung an. Dementsprechend ging es bei Marx von da an nur noch um ein Zurückdrängen des «Reichs der Notwendigkeit», das Platz schaffen sollte für die Ausdehnung des «Reichs der Freiheit». «Das Reich der Freiheit beginnt in der Tat erst da, wo das Arbeiten, das durch Not und äußere Zweckmäßigkeit bestimmt ist, aufhört. [...] Die Verkürzung des Arbeitstags ist die Grundbedingung.»[27]

Für die Absicherung seiner Theorie hatte Marx also einen hohen Preis zu entrichten. Insofern kommt es nicht von ungefähr, dass die «Wiederentdeckungen» der Marxschen Theorie und die «Revitalisierungen» des Marxismus im Verlauf des 20. Jahrhunderts unter Rückgriff auf den jungen Marx erfolgten. Mit Ernst Bloch formuliert: Der «Wärmestrom» der Marxschen Theorie wurde gegen deren «Kältestrom» ausgespielt[28] – und der «Kältestrom» war das, was bei der Ausarbeitung einer enttäuschungsfesten Theorie herauskam. Wagner konnte, indem er sich wesentlich auf die Kunst konzentrierte, am Ideal einer handwerklich-unentfremdeten Arbeit festhalten, das Fabrikwesen ablehnen und weiterhin der Vorstellung einer Versöhnung von Mensch und Natur frönen. «Es bleibt die Maschine», habe Wagner laut einem Eintrag Cosimas gerufen, als diese ihm erzählte, was sie über die Ablösung von Kohleeinsatz durch Elektrizität gelesen hatte, und danach habe er davon berichtet, «welche Krüppel-Zustände durch die Maschinen hervorgebracht werden».[29] Marx hingegen musste viele seiner früheren Entfremdungskritiken aufgeben, was Engels dann als Übergang «von der Utopie zur Wissenschaft» gerechtfertigt hat.[30] Wagner hat auf den Umsturz der Gesellschaft verzichtet, um an der Revolutionierung der Kunst festhalten zu können; Marx dagegen hat an der sozialen Revolution festgehalten, indem er den Umsturz in kleine Portionen zerlegte und in den sozioökonomischen Prozess einschrieb. Das war eine Gewissheit, hinter der sich eine fortschrittsaffine Anhängerschaft versammeln ließ, deren Blick politisch in die Zukunft gerichtet war, wohingegen Wagners nostalgische Utopie sich für die Anlagerung konservativer bis reaktionärer Gesellschafts- und Politikvorstellungen anbot. Er selbst nahm für sich in Anspruch, nicht auf einem «nutzzwecklich radikalen, sondern auf de[m] ideal konservativen Standpunkt» zu stehen.[31] Zur «Dialektik der Aufklärung» gehört freilich fast immer auch eine Dialektik des Romantischen. Während Wagner in Deutschland seit seinen letzten Lebensjahren dem Lager der Konservativen zugeschlagen wurde,[32] galt er in Frankreich als ein Anführer des Modernen und der Beschämung des Bourgeoisen.[33]

Es ist jedoch keineswegs so, dass es keine Verbindungslinien zwischen dem «jungen» und dem «reifen» Marx gäbe – im Gegenteil: Die Theorieentwicklung des jungen entspricht weithin der des mittleren und späten Marx. Das gilt zumal dann, wenn man als ein wichtiges Merkmal seiner Theorie den Verzicht darauf ansieht, einer schlechten Wirklichkeit gute und hehre Ideale entgegenzuhalten, also Sein und Sollen zu separieren und sie nur durch den Imperativ zu verbinden, das Sollen solle zum Sein werden. Das gerade war Marx' Sache nicht, und zwar von Anfang an. Im Verlauf der in Berlin erfolgten Auseinandersetzung mit Hegel hatte er sich zunächst an dessen Inversion von Wirklichem und Vernünftigem gestoßen;[34] in einem Brief an seinen Vater hatte er von der «grotesken Felsenmelodie» Hegels gesprochen, sich dann aber doch mit dessen Herangehensweise angefreundet. Schließlich sah er ihr revolutionäres Element darin, die versteinerten Verhältnisse zum Tanzen zu bringen, indem man ihnen ihre eigene Melodie vorspielte. An dieser Idee hat Marx festgehalten; auch er wollte die versteinerten Verhältnisse zum Tanzen bringen, indem er seine Theorie des kapitalistischen Produktions- und Zirkulationsprozesses aus deren Theoretisierung bei Adam Smith, David Ricardo und anderen entwickelte und den Zusammenbruch der kapitalistischen Ordnung daraus herleitete. Das war der stumme Hintergedanke bei der Veröffentlichung des *Kapitals*: dass die theoretische Kritik zugleich ein Akt politischer Praxis war.

Im Unterschied zu Wagner und Marx war Nietzsche ein dezidierter Gegner politischer wie sozialer Revolutionen. Er hat sich von der Revolution nichts versprochen und sie sogar als Unglück und Verhängnis beschrieben, weil sie dem, was er als das eigentliche Problem seiner Zeit ansah – der Entstehung von Massengesellschaften –, nicht entgegenwirkte, sondern es im Gegenteil noch beförderte. Für Nietzsche war die Gesellschaft weder erlösungsbedürftig, noch mussten einzelne Klassen in ihr befreit werden; vielmehr ging es darum, gegen die in Konventionen und Institutionen sedimentierte Ermüdung und Ermattung der Menschen anzuarbeiten, die kreative Energie aus den Fesseln der Moral zu befreien, um ungebändigte Kraft zurückzugewinnen.[35] Das war weder auf dem Wege sentimentaler Nostalgie noch auf dem Wege eines revolutionären Enthusiasmus möglich. Nietzsche verweigerte sich gleichermaßen politischen Romantizismen, wie er den Propheten des Fortschritts misstraute, gleichgültig, ob der Fortschritt sich nun evolutionär oder revolutionär vollzog. Ihm ging es um die Schaffung einer neuen Elite – er sprach dabei gerne von «Züchtung» –, die nichts mit der alten Aristokratie gemein hatte, sich aber auch nicht als politische oder gesellschaftliche Avantgarde verstand, die als Erste einen Weg beschritt, auf dem ihr die anderen dann folgen würden. Nietzsches neue Aristokratie pflegte vielmehr das «Pathos der Distanz», hielt Abstand zu den Massen und ließ sich weder durch soziale Forderungen noch moralische Erwartungen beeindrucken. Aus dem Umsturz der Gesellschaft wurde bei Nietzsche das Projekt einer «Umwertung aller Werte»,[36] bei der die überkommenen Vorstellungen von Gut und Böse geprüft und an ihren Folgen gemessen werden sollten. Was bei Marx die «Expropriation der Exproprateure durch die Expropriierten» war, war für Nietzsche die Evaluation des Evaluierten nach Austausch der Evaluateure. Seinen provokantesten Ausdruck fand das in seiner Feier des Papstsohnes Cesare Borgia, der weder vor Lüge noch Betrug, weder vor Gewalt noch Verbrechen zurückgeschreckt war, wenn es um das Ausleben seiner Wünsche ging. Nicht die Gesellschaft sollte überwunden werden, sondern der auf Glücks- und Sinnsuche befindliche Mensch.

Zunächst hing Nietzsche freilich unter dem Einfluss Wagners und in einer eigenwilligen Anverwandlung von Schopenhauers Philosophie der Idee einer Erlösung von Mensch und Welt durch die Kunst an – nicht durch das Heitere, gar Erheiternde der Kunst, sondern durch eine Verbindung von Tragischem und Orgiastischem, für das er den Begriff des Dionysischen gebrauchte.[37] Gemeinsam mit Wagner arbeitete er daran, die Kunst als postreligiöse Erlösungsmacht zu installieren, wozu sie eine quasi-religiöse Aura erhalten musste. Dementsprechend sollte der Kirchenraum durch das Festspielhaus abgelöst werden. Mit der Trennung von Wagner verabschiedete sich Nietzsche dann von dieser Vorstellung und ersetzte sie unter dem Einfluss von Paul Rée durch die Höherentwicklung des Menschen, die er freilich nicht auf die gesamte Gattung, sondern nur auf einige wenige bezog. Die Züchtung des Übermenschen, wie auch immer sie vonstattengehen sollte, trat an die Stelle dessen, was bei Marx und Wagner die Revolution von Gesellschaft oder Kunst war.

Damit wurde Nietzsche zum «Philosophen mit dem Hammer», der die zu Götzen geronnenen Leitideen des Jahrhunderts abklopfte und dabei feststellte, dass sie hohl klangen.[38] Nietzsche wollte die Ordnung der Gesellschaft umstürzen, indem er sich ihre Werte und Normen – weniger die Strukturen und Institutionen – vornahm. Die Kritik der überkommenen Werte sollte unmittelbar zur gesellschaftsverändernden Praxis werden, oder Marx' elfte Feuerbach-These variierend: Die veränderte Interpretation der Welt war für Nietzsche identisch mit der Praxis ihrer Veränderung. Die Feuerbachsche Kritik der Religion wurde dabei in eine ganz andere Richtung weitergeführt als bei Marx. Nietzsche, interessiert an den physio-psychologischen Folgen des Christentums, kam zu dem Ergebnis, dass das Religiöse keineswegs mit seiner Rückführung auf das Gesellschaftliche erledigt war. Der Theologe finde seinen Nachfolger im Sozialisten oder Anarchisten, denn beide beklagten sich über die Welt, freilich weniger der dort herrschenden Zustände wegen als aus innerer Schwäche heraus – mit dem Unterschied, dass der Christ die Schuld bei sich selbst, der Sozialist sie dagegen bei anderen suche.[39] Was für den Christen das Jüngste Gericht, sei für den Sozialisten die Revolution, beides Ausdruck ihres Ressentiments. Das 19. Jahrhundert, so Nietzsches zusammenfassendes Urteil, sei eines der Gefühlsromantik und Hypersentimentalität – und aus dieser Dekadenz heraus sei es revolutionär geworden. Dem wollte er entgegenwirken, jedoch keineswegs, indem er für das Bürgertum und dessen Werte Partei ergriff. Nietzsche verachtete Bürger und Bürgerlichkeit noch tiefer und grundsätzlicher als Marx und Wagner.

Die Revolution als lehrreiches Ereignis I: Cola di Rienzo

Wiewohl Marx seit Anfang der 1850er Jahre die Revolution als lange währenden Prozess und nicht mehr als durchschlagendes Ereignis konzipierte, ließen ihn Aufstände und Revolten doch immer wieder auf eine Beschleunigung der Geschichte hoffen. Die von ihm eigentlich verabschiedete Naherwartung brach dann erneut durch. Nach dem Zusammenbruch eines Aufstands musste er dann freilich erklären, warum die in ihn gesetzten Erwartungen sich wieder einmal nicht erfüllt hatten und was man daraus für die Zukunft lernen könne. Das war eine zur Transformation vom Ereignis in den Prozess komplementäre Enttäuschungsverarbeitung: die Betrachtung des Fehlschlags als Lernvorgang. Ähnliches findet sich bei Wagner, der sich dafür den Aufstieg und Sturz eines Revolutionärs aus der Mitte des 14. Jahrhunderts ausgesucht hat:

die politische Karriere des Cola di Rienzo, der in Rom während des avignonesischen Exils der Päpste die Zerstrittenheit des städtischen Adels genutzt hatte, um eine Republik zu errichten, mit der er Rom wieder zu antiker Größe führen wollte. Nach anfänglichen Erfolgen ist er an dem Konflikt mit der Kirche, einem wiedererstarkten Adel und fehlender Unterstützung durch das Volk gescheitert.

Die Verbindung von republikanischen und protonationalistischen Vorstellungen bei Cola passte in die Stimmungslage des vormärzlichen Deutschland, was Edward Bulwer-Lyttons 1835 erschienenem Roman *Rienzi. The Last of the Roman Tribunes* in Deutschland zu besonderer Aufmerksamkeit verhalf.[40] Wagner war nicht der Einzige, der sich für Cola interessierte, außer ihm taten das auch Julius Mosen (*Cola Rienzi. Der letzte Volkstribun der Römer*, 1842), ein damals in Dresden wohnhafter Autor, der Dramen zu mittelalterlichen Stoffen verfasste,[41] und Friedrich Engels während seiner kaufmännischen Lehre in Bremen (*Cola di Rienzi*, 1840). Engels schrieb einen literarischen Entwurf, der als Opernlibretto für den befreundeten Komponisten Gustav Heuser dienen sollte. Dieser Text war lange verschollen und ist erst 1974 in einem Nachlass wieder aufgetaucht.[42] Vergleicht man Wagners Oper *Cola di Rienzi* mit Engels' Entwurf, so fällt auf, dass beide auf dasselbe abzielen: am Beispiel des Cola zu erkunden, warum Revolutionäre und mit ihnen Revolutionen scheiterten. Es geht um Fehlentscheidungen und Fehleinschätzungen, um die Heimtücke des politischen Gegners, die Unzuverlässigkeit von Verbündeten und den Wankelmut des Volkes, das, durch Intrigen getäuscht, die Anführer einer Revolution im Stich lässt.

Die heutige Beschäftigung mit Wagners *Rienzi* steht unter dem Vorbehalt, dass es sich dabei um Hitlers Lieblingsoper handelte und ihre Ouvertüre häufig zur Eröffnung von NSDAP-Reichsparteitagen gespielt wurde.[43] Offenkundig identifizierte sich Hitler mit Cola: «Dieser Sohn eines kleinen Gastwirts», erklärte er, «hat mit vierundzwanzig Jahren das römische Volk dazu gebracht, den korrupten Senat zu vertreiben, indem er die großartige Vergangenheit des Imperiums beschwor.»[44] Ein Jahrhundert nach dem Hype im deutschen Vormärz

Das Bild Ludovico Pogliaghis aus dem Jahre 1895 zeigt Cola di Rienzo, wie er mit der Präsentation und Erläuterung von Bildern aus der römischen Vergangenheit die Bürger Roms auf seine Seite zu ziehen sucht. Weder bei Wagner noch bei Engels spielt diese historisch bezeugte Dimension von Colas politischer Agitation eine Rolle.

spielte die Beschäftigung mit Cola di Rienzo in Deutschland erneut eine Rolle, wobei es diesmal nicht darum ging, die Gründe für das Scheitern von Revolutionen zu erkunden. Im Mittelpunkt stand nun vielmehr die Frage, warum Teile des Volkes politischen Führern folgen, die sich revolutionär gerieren, letztlich aber ganz andere Ziele verfolgen als die Befreiung der Unterdrückten – ein Problem, das Marx eingehend unter dem Stichwort des Lumpenproletariats verhandelt hat.[45] So wird in Max Horkheimers Aufsatz «Egoismus und Freiheitsbewegung» von 1936 mit Blick auf Mussolini und Hitler auch Cola di Rienzo thematisiert, freilich der historische Cola und nicht der von Wagner oder Engels. Horkheimers These lautet, Cola sei vor allem daran gescheitert, dass er unter den Parolen und Symbolen einer Volksbewegung de facto die Interessen des aufstrebenden Bürgertums vertreten habe, weswegen sich die Volksmassen von ihm abgewandt hätten.[46] Offenbar hat Horkheimer darauf gesetzt, dass die Mussolini und Hitler folgenden Massen ebenfalls erkennen würden, dass es hier nicht um ihre Interessen ging, sondern um die des Großbürgertums. Darin hat er sich jedoch getäuscht.[47]

Wagner, Engels und Mosen hatten zu Beginn der 1840er Jahre ein gutes Gespür für politisch paradigmatische Konstellationen, als sie sich durch Bulwer-Lyttons Roman anregen ließen, anhand des Schicksals von Cola das Scheitern eines Revolutionärs und seiner Revolution zu beschreiben. Dass die Gründe für das Scheitern der 1848er-Revolutionen ein knappes Jahrzehnt später gänzlich andere waren, steht auf einem anderen Blatt: Diese hatten keine Anführer an der Spitze, die mit einem Cola di Rienzo vergleichbar waren; es handelte sich vielmehr um weitgehend «führungslose Aufstände». Allenfalls in Italien und Ungarn fanden sich mit Garibaldi und Kossuth starke Führerfiguren, mit denen freilich die nationalistische Komponente des Volksaufstands ins Zentrum trat und die republikanische oder sozialrevolutionäre Dimension überlagerte. Das dürfte einer der Gründe dafür sein, warum sich Marx mit revolutionären Führern nie beschäftigt hat und Engels auf seine Beschäftigung mit Cola di Rienzo später nicht mehr zurückgekommen ist. Und doch haben Wagner und Engels in ihren *Rienzi*-Texten[48] ein

Thema verhandelt, das in der Revolutionsgeschichte und deren theoretischer Reflexion immer wieder eine zentrale Rolle gespielt hat. Beide, Wagner wie Engels, haben in den Kampf der revolutionären und gegenrevolutionären Kräfte um die Macht in Rom eine Liebesgeschichte eingewoben, die für den Gang der Ereignisse von Bedeutung ist.[49] Bei Wagner handelt es sich um das Verhältnis von Irene, der Schwester Colas, zu Adriano Colonna, dem Sohn des Anführers einer römischen Adelspartei; bei Engels geht es um die Beziehung von Camilla Colonna, der Tochter des Colonna-Oberhaupts, zu Walter Montreal, einem Söldnerführer. Man kann die beiden Liebesgeschichten als Tribut an das Genre Oper ansehen, für das beide Texte ja geschrieben wurden, oder darin den Einfluss von Bulwer-Lytton ausmachen, bei dem die «Liebestragödie» bereits zu finden ist. Das wohl Entscheidende an der Verknüpfung von persönlicher und politischer Tragödie ist indes die Frage, welchen Einfluss das Persönliche auf das Politische hat und haben darf. Bei Wagner scheitert Cola letzten Endes daran, dass er wegen der Liebe seiner Schwester zu dem jungen Colonna allzu große Milde gegenüber seinen Feinden übt, sich durch «Gnade vor Recht» als «Schützer des Rechts» desavouiert und damit die Sympathien des Volkes verspielt. Engels wiederum zeigt, wie Camilla Colonna auf die Bildung politisch-militärischer Koalitionen Einfluss nimmt. Ursprünglich wollte ihr Vater sie mit einem Orsini verheiraten, um den Streit der beiden Adelssippen zu beenden und einen stabilen Block gegen die unteren Schichten der Stadt zu formen. Unter dem Eindruck der Ereignisse ließ er sich aber davon überzeugen, dass eine Ehe zwischen Camilla und Montreal, den diese sich als Mann wünscht, von größerem Vorteil für ihn und seine politische Faktion sei. Frauen, so die Lehre bei Engels, helfen auf Seiten der Reaktionäre, politische Koalitionen zu bilden; was im bürgerlichen Drama als Liebe inszeniert wird, kann, funktional betrachtet, auch ein taktisches Instrument der Konterrevolution sein. Mehr noch: Nach der von Cola di Rienzo angeordneten Hinrichtung Montreals und seiner Brüder, die entgegen früheren Abmachungen ihre Söldnerscharen dem städtischen Adel zur Verfügung gestellt haben, wird Camilla zur Anführerin eines wilden

Ansturms gegen Cola und seine inzwischen geschrumpfte Anhängerschaft, der mit dessen Tod endet. Camilla hat es geschafft, «des Volkes Zornesglut» gegen den Volkstribunen zu wenden.[50] Bereits im *Rienzi* beschäftigt sich Wagner mit der Rolle und dem Schicksal einer Frau im Machtkampf der Männer, ohne ihr jedoch eine vergleichbar aktive Rolle im Geschehen beizumessen wie im *Fliegenden Holländer*, im *Tannhäuser* und dem *Lohengrin*. Die Frau ist noch ganz Objekt des Geschehens, während sie in Wagners nachfolgenden Opern durch das Selbstopfer zum Subjekt der Ereignisse wird. Immerhin sucht und findet Irene an der Seite ihres Bruders den Tod in den Flammen des Kapitols. Beider Tod ist gleichbedeutend mit dem Ende der kurzzeitigen Volksherrschaft. Die Revolution ist gescheitert. «Die Nobili», so Wagners abschließende Regieanweisung, «hauen auf das Volk ein.»[51] Die Unterdrückung wird weitergehen, und damit werden sich auch die Vorgänge wiederholen, mit denen Wagners *Rienzi* beginnt: Die Orsini und bald darauf auch die Colonna versuchen, in das Haus der Rienzi einzudringen, um Irenes als Objekt ihres sexuellen Begehrens habhaft zu werden. Beide Adelssippen geraten in einen Streit darüber, wem das «Bürgermädchen», wie Irene sich selbst nennt,[52] als Sexualobjekt gehören soll. Dabei ist der Überfall nicht zuletzt eine Demonstration dafür, dass man tun kann, was man will. Wagner greift damit ein bis Aristoteles zurückreichendes Thema der politischen Theorie auf, wonach der willkürliche Zugriff auf die Frauen der Untertanen ein Indikator für die Entstehung einer Tyrannis ist. Historiker, wie etwa Livius, beschrieben Vergewaltigungen von Frauen und Töchtern der Bürgerschaft als Auslöser von Volksaufständen, und Aristoteles warnte davor, sich an den Frauen der Untertanen zu vergreifen, weil nichts die Volkswut stärker entfache als solche Gewalttakte.[53] Dieses Thema ist im Trauerspiel des 18. Jahrhunderts, etwa in Lessings *Emilia Galotti*, wiederaufgenommen worden und hat dann auch in der Oper, unter anderem in Verdis *Rigoletto*, eine Rolle gespielt.[54] Ausgangspunkt des revolutionären Geschehens bei Wagner ist also die bürgerliche Empörung über die frivole Verachtung der Adligen für die Bürger: «Das schönste Mädchen Roms ist mein.» – «Ha, welch lustige Entführung / Aus des Plebejers Haus!» –

«Nur nicht gesträubt, du hübsches Kind! / Du siehst der Freier sind gar viel.»[55] Irene wäre das Opfer einer Gruppenvergewaltigung geworden, wenn Adriano Colonna nicht eingeschritten wäre. Das führt zu einer zeitlichen Verzögerung, die es dem Volk, angeführt von dem päpstlichen Legaten Raimondo und Irenes Bruder Cola, ermöglicht, die Adligen zu umzingeln. Die versuchte Entführung und Vergewaltigung droht dem Adel zum Verhängnis zu werden. Cola zählt die Verbrechen des Adels auf,[56] und das bewaffnete Volk wäre bereit, die Colonna und Orsini auf der Stelle niederzumachen.

Cola lässt sich durch Irene und Adriano jedoch dazu erweichen, den beiden Adelsfamilien freien Abzug aus Rom zu gewähren, nachdem sie einen Eid auf die neue Ordnung geschworen haben. Der Konflikt scheint ohne Blutvergießen gelöst zu sein. Während das Volk den scheinbar mühelosen Sieg feiert und Cola zum Volkstribun erhebt, sinnen die Adligen auf Revanche und schmieden Pläne zum Sturz der neuen Ordnung. Der Wortwechsel zwischen Paolo Orsini und Steffano Colonna, in dem es um die Strategie des Gegenschlags geht, wird zu einer Debatte über die Bedeutung politischer Führung. Zunächst Orsini, der davon ausgeht, dass das Volk sich unter dem Einfluss Colas aus einer Ansammlung Einzelner in eine politische Kraft verwandelt habe: «Was ist zu tun? Wir sind besiegt. / Und dieser Pöbel, den mit Füßen wir / getreten, wie verwandelt er sich! / Die Masse ist bewaffnet, Mut und Begeisterung / In jedem Plebejer.» Darauf Colonna: «Der Pöbel, pah! / Rienzi ist's, der ihn zu Rittern macht; / Nimm ihm Rienzi, und er ist was er war.» Worauf Orsini nachfragt: «So wäre denn auf ihn allein / Der Streich zu führen, der uns frommt?» Und erneut Colonna: «Er ist der Götze dieses Volks, / Das er durch Trug verzaubert hält. [...] Tötet ihn / Inmitten dieser Narrenbrut, – / Hin ist die Pracht und uns der Preis.»[57] Die aus Intrige, Meineid und Mord bestehende konterrevolutionäre Strategie des Adels deutet sich hier an. Währenddessen ist Cola in Rom damit beschäftigt, weitreichende Pläne zu entwickeln und sich im Hochgefühl seiner leicht errungenen Erfolge weitere Gegner zu schaffen,[58] anstatt die, die vor den Mauern der Stadt stehen, endgültig zu besiegen. Er schätzt die politischen Kräfteverhältnisse falsch ein, weil er seine eigene Macht über- und die seiner Feinde unterschätzt. Außerdem setzt er den Rückhalt, den er bis dahin bei Kaiser und Papst hatte, aufs Spiel. Doch wie kommt es dazu? Da ist zunächst Cola di Rienzos Naivität und Selbstüberschätzung. Beides ist aus dem für ihn zunächst günstigen Gang der Ereignisse zu erklären. Aber warum unterschätzt er seine Feinde, nachdem er sich kurz zuvor noch ausführlich über deren Grausamkeit und Tücke ausgelassen hat? Hier bietet Wagner eine in die Handlung eingeschobene Pantomime als Erklärung an,[59] eine Rückerinnerung an die Gründung der römischen Republik nach der Vertreibung des tyrannischen Königs Tarquinius. Dieser hatte sich in sexueller Gier einer Reihe von römischen Frauen bemächtigt, unter ihnen auch der Lucretia, die sich jedoch, bevor es zur Vergewaltigung kommt, Tarquinius' Schwert in den Leib stößt. Als die herbeigeeilten Bürger erfahren, was geschehen ist, schwört Brutus mit erhobenem Schwert, nicht eher zu ruhen, als bis der Tyrann vertrieben sei. Die Bürger schließen sich ihm an, Tarquinius flieht. Brutus verzichtet darauf, ihn zu verfolgen und zu vernichten, denn Rom war ja frei und die Republik hatte gesiegt. Cola nun verlässt sich auf das historische Beispiel und hält die Exilierung der Feinde für den endgültigen Sieg. Er glaubt, die Geschichte werde sich exakt wiederholen – und damit beginnt bei Wagner die Tragödie. Am Anfang des *Achtzehnten Brumaire* hat auch Marx Überlegungen zur Wiederholung von Geschichte angestellt.[60] Wenn sich historische Ereignisse wiederholen, so Marx, handele es sich bestenfalls um eine Farce; dementsprechend hat er die Protagonisten des Geschehens ins Lächerliche gezogen. Wagner hingegen hat darin eine Selbsttäuschung gesehen, der er tragische Züge verliehen hat. Marx' These lautet, dass sich aus den Revolutionen der Vergangenheit nichts lernen lasse; Wagner dagegen folgt der Überzeugung, dass man einiges daraus lernen könne, wobei es freilich darauf ankomme, das Richtige zu lernen und nicht davon auszugehen, dass sich frühere Erfolge einfach kopieren ließen.

Cola bekommt bei Wagner eine zweite Chance, sein revolutionäres Projekt weiterzuführen, nachdem der Adel bei dem Versuch gescheitert ist, ein großes Volksfest zum Sturz der neuen Ordnung zu nutzen.

Im April 1869 wurde Wagners «Rienzi» am Pariser Théâtre-Lyrique aufgeführt. Der Stich des Bühnenbilds zeigt den Volkstribunen vor aufragenden Ruinen, wie er den Bürgern erklärt, dass die Wiedererrichtung der einstigen Macht und Größe Roms möglich sei. Man hört ihm aufmerksam zu, doch von revolutionärem Enthusiasmus ist in der Haltung der Umstehenden wenig zu sehen.

Erneut steht das bewaffnete Volk bereit, die Adligen niederzumachen oder einzukerkern. Doch abermals übt der Tribun Milde und lässt sie am Leben, woraufhin sie ihr verräterisches Treiben fortsetzen. So kommt es schließlich zu einem Waffengang zwischen Adel und Volk, bei dem Cola noch einmal siegt. In Anbetracht der großen Opfer, die der Sieg gekostet hat, schwindet nun aber das Vertrauen des Volkes in den Tribunen. Inzwischen haben sich Kaiser und Papst von Cola getrennt, und dem folgt bald darauf das Volk, so dass der Tribun zuletzt mit seiner Schwester allein im Kapitol zurückbleibt, wo er den Tod findet. Mit ihm endet das revolutionäre Projekt. Wagner beschreibt die Revolution als das Drama des großen Einzelnen, der an seinen politischen Fehlurteilen, vor allem aber an seiner Menschlichkeit zugrunde geht.

Dagegen wird Cola di Rienzo in Engels' Darstellung nicht sein Großmut, sondern – im Gegenteil – die Entschlossenheit seines Handelns zum Verhängnis. Das hat mit einem grundlegend anderen Frauenbild zu tun, aber auch mit einer veränderten Ausgangslage des Geschehens: Nicht nur der Adel ist hier in Faktionen gespalten (Colonna und Orsini), sondern auch das Volk, in dem es Rienzo-Anhänger und Rienzo-Gegner gibt. Letztere, die eine radikalpopulistische Linie verfolgen und von einem gewissen Battista angeführt werden, gehen den Adelsintrigen auf den Leim. Radikalität ist in Engels' Sicht kein Garant für strategischen Weitblick und taktische Klugheit. Das Ergebnis ist dasselbe wie bei Wagner: Cola wird im Kapitol erschlagen, und damit ist – was nicht mehr ausgeführt wird, aber nach dem Vorangegangenen klar ist – für die Erneuerung der Adelsherrschaft in Rom gesorgt. Engels lässt Cola, auch wenn unklar bleibt, was seine langfristigen Ziele sind, insgesamt besser wegkommen als die Radikalen um Battista. Anders als Wagner stellt er den Tribun als einen umsichtigen Machtpolitiker dar, der weiß, mit wem er sich bei der Auseinandersetzung zwischen Volks- und Adelspartei eingelassen hat, der seine Verbündeten aufmerksam beobachtet und bei den ersten Anzeichen des Verrats mit äußerster Härte gegen sie vorgeht. Engels' Libretto ist ein Lehrstück über die Dilemmata, in die ein Revolutionär zwangsläufig hineingerät und in denen er Entscheidungen treffen muss, die richtig sein und dennoch in den Untergang führen können. Marx hat sich, wo er nur konnte, um solche Probleme herumgedrückt, indem er aus dem Feld der politischen Entscheidungen in das der geschichtsphilosophischen Gewissheiten überwechselte. Doch auch Engels hat kein Patentrezept für das richtige Handeln eines Revolutionärs, und so bleibt bei ihm offen, was Cola hätte anders machen müssen, um erfolgreich zu sein. Der von Colas Gegnern mehrfach erhobene Vorwurf, er sei ein Tyrann oder wolle zumindest die Volksbewegung nutzen, um sich zum Tyrannen aufzuschwingen, steht im Raum, und Engels unternimmt keine Anstrengungen, diesen Verdacht aus der Welt zu schaffen. Er hat damit einen Blick in die zukünftige Entwicklung einiger sozialrevolutionär auftretender Parteien geworfen, bei denen der revolutionäre Anspruch zum Schwungrad für die Verwandlung des Revolutionsführers in einen Diktator und Tyrannen wurde.

Engels erkennt im Konflikt zwischen Colonna und Orsini nicht bloß rivalisierende Ansprüche auf die Führung des stadtrömischen Adels, sondern auch den Gegensatz zweier politischen Linien: Während der alte Orsini vor dem Volk zurückweichen und Rom zumindest für einige Zeit verlassen will, besteht Colonna darauf, entschiedenen Widerstand zu leisten. Als Colonna sich dann doch zum Rückzug entschließt, ist das für ihn nur eine taktische Maßnahme, um den konterrevolutionären Gegenschlag umso besser vorbereiten zu können. «Wohl, weichen wir für jetzt!/Und rase, Pöbel, nur fort!/Einst kehren wir wieder/Dann zitterst vor unserem Zorn!»[61] Parallel zu dem Konflikt zwischen Adel und Volk geht es immer auch um die Frage, wer auf Seiten der Konterrevolutionäre das Sagen hat. Demgemäß beschreibt Colonna gegenüber seiner Tochter Camilla die Lage: «Der ruhmgierige Orsini wollte mir,/Dem erkornen Führer nicht mehr gehorchen,/Wollte neben mir stehn und befehlen, wie ich!/Ich hielt an meinem Recht [fest];/Schon war die Spaltung unheilbar tief;/Da trat sein Sohn hervor. Väter, sprach er./Nicht entzweit Euch, wo jetzt, in der äußersten Gefahr/Die Eintracht am Ersten uns Noth!/Ich will Euch vereinen!»[62] Nur geschlossen, so der Leitgedanke, ist der Adel dem Volk gewachsen, weil er nur dann in der Lage ist, die Volksbewegung zu spalten. Innerhalb des Adels sind die Colonna zwar seit jeher führend, doch durch den Aufstand haben die Orsini ihnen gegenüber ein Druck- und Drohmittel erlangt, um als gleichberechtigt anerkannt zu werden: Sie könnten schließlich auch mit dem Volk, mit Cola di Rienzo, koalieren. Der alte Orsini erklärt gegenüber Colonna: «Doch weigerst Du Dich, Colonna,/Zieh morgen mit meiner Schaar ich hinaus/Und versöhne mich mit dem Tribun!/Dann sieh, ob allein Du die Feste vertheidigst!»[63] Der Machtkampf in Rom ist bei Engels erheblich komplexer als bei Wagner. Was Engels hier am stadtrömischen Adel zeigt, wird er später mit Marx anhand der unterschiedlichen Interessenlagen zwischen Klein- und Großbürgertum diskutieren.

Wie wird der Konflikt innerhalb des Adels aufgelöst? Geradezu klassisch, indem eine Frau als Verbindungsglied ins Spiel kommt. Colonna berichtet seiner Tochter Camilla, wie der junge Orsini, um den Streit der Alten zu schlichten, den Vorschlag gemacht habe, ihm Camilla zur Frau zu geben. «So gibst Du, Colonna, Dein Kind mir zum Weibe,/Die ich lange geliebt, die schöne Camilla,/Und wenn Euch

Beide ein heilig Band / In Euren Kindern / Also vereint, so wird um die Herrschaft / Kein Streit Euch fürder entzwein.»[64] Vermählung diente in der politischen Welt des Mittelalters immer wieder als Garant wechselseitiger Verlässlichkeit. Jedoch nicht in diesem Fall, denn Camilla verweigert sich dem Ansinnen ihres Vaters: «Ich will mein Leben / gern für Dich geben, / Doch dem Orsini vermähl' ich mich nicht!»[65] Anachronistisch zeichnet Engels Camilla als eine romantisch liebende Frau, die sich zu einem anderen hingezogen fühlt und von ihm nicht lassen will. Dieser Andere ist Walter Montreal, der sich mit Cola di Rienzo verbündet hat und dessen Kampfverbände zunächst den Ausschlag zugunsten des Volkes gegeben haben. Montreal verfolgt jedoch eigene Ziele und will den Volksaufstand als Trittstein nutzen, um sich als Podestà, als Stadtvogt oder Gouverneur, einzusetzen. Das jedenfalls erklärt er gegenüber Colonna, um diesen dafür zu gewinnen, seine Tochter mit ihm, und nicht mit dem jungen Orsini, zu vermählen. Montreal ist der Machtfaktor, mit dem Colonna die Drohung Orsinis kontert, er könne sich auch mit dem Volk verbünden. Die junge Adlige Camilla wird bei Engels zum Instrument politischer Koalitionsbildung.

Zunächst aber ist Montreal noch der Verbündete Colas, und seine Söldner belagern gemeinsam mit denen seiner Brüder die im Städtchen Palestrina verschanzten Adelssippen. Montreal steht für eine Frühform der Condottieri, der Anbieter militärischer Dienstleistungen. Diese wussten die Konfrontation zwischen Adel und Volk auszunutzen, indem sie sich der meistbietenden Seite zur Verfügung stellten, wobei sie es nicht selten bis zur Errichtung einer eigenständigen Herrschaft brachten.[66] In gewisser Hinsicht nimmt Engels hier die Rolle eines käuflichen Gewaltakteurs vorweg, die in Marx' Analysen ein Jahrzehnt später das Lumpenproletariat innehaben wird. Freilich hebt er bei der Darstellung Montreals und seiner Söldner noch nicht auf die Bedeutung des Geldes ab, sondern stellt den Machtwillen des Condottiere und seine Liebe zu Camilla Colonna ins Zentrum. Aus Sicht des späteren Marxismus blieb Engels damit an der Oberfläche der Probleme.

Colonna lässt sich in Engels' Stück auf das Angebot Montreals ein.[67] Cola bekommt von dem bevorstehenden Seitenwechsel des Condottiere jedoch Wind, denn Montreal hat damit begonnen, denunziatorische Gerüchte gegen Cola zu streuen. Bei einem Trinkgelage im Palast der Colonna kommt es zunächst noch zur Verbrüderung zwischen Montreal und der gegen Cola opponierenden Gruppe des Volkes unter ihrem Anführer Battista. Man stößt auf den Sturz Colas an – Battista mit dem Trinkspruch: «Dies, edler Herr, dies trink ich Euch / Und Eurer tapfern Schaar zugleich! / Und daß durch Euch bald der Tribun / Von seiner Herrschaft möge ruhn!», worauf Montreal antwortet: «Und dies sei dem Fall des Tribunen getrunken! / Des Verräters, der den Schweiß des Volks / Verschwelgt im Capitol!»[68] Cola kommt dem verräterischen Seitenwechsel jedoch zuvor, er lässt Montreal mitsamt seinen Brüdern und dem abtrünnigen Volksführer Battista gefangen nehmen und hinrichten – ein Schicksal, das im Italien des Spätmittelalters so manchem politisch allzu beweglichen Condottiere widerfahren ist. War man des Anführers Herr geworden, so war das Problem der Söldner erledigt, da sie für keinen kämpften, der nicht zahlen konnte. Hier ist das Problem ein anderes: Die von Montreal gestreuten Verleumdungen, Cola bereichere sich auf Kosten des Volkes, führe ein verschwenderisches Leben und strebe eine Tyrannenherrschaft an, sind auf fruchtbaren Boden gefallen. Er besitzt nicht mehr die Unterstützung des Volkes, und durch die Hinrichtung Montreals ist ihm eine neue furchtbare Feindin entstanden: Camilla Colonna, die den Tod ihres Geliebten rächen will. Es ist ein Exzess der Rache,[69] in dem Cola untergeht und die Revolution des Volks von Rom zusammenbricht.

Das ist eine Erklärung für ein Opernlibretto, nicht aber für eine politische Analyse. Auch deswegen dürfte Engels die Arbeit an dem Text abgebrochen haben. Opernlibretti oder Dramentexte hat er danach nie mehr wieder geschrieben. Als Ferdinand Lassalles Drama *Franz von Sickingen* erschien, das dieser 1857/58 verfasst hatte und in dem ebenfalls die Dilemmata behandelt wurden, in die der Anführer eines Aufstandes hineingeriet, reagierten Engels und Marx dementsprechend kritisch, zumal Lassalle selbst durchaus über ein Talent zum Volktribun verfügte.[70] Marx' Geschichtsphilosophie diente auch zur Neutralisierung dieses Problems.

Die Revolution als lehrreiches Ereignis II: die Pariser Commune

Folgt man den Aufzeichnungen Cosimas, so scheint der Aufstand der Pariser Commune im Hause Wagner keine große Rolle gespielt zu haben. Man war mit der Lektüre von Thomas Carlyles Buch *Friedrich der Große* beschäftigt, sprach eingehend über die Schlachten des Siebenjährigen Krieges, unterhielt sich über die Rolle einzelner Generäle und die Frage, ob sie sich bewährt hatten, und warf einen allenfalls beiläufigen Blick auf die Revolte der unteren Schichten von Paris gegen die nach Versailles geflüchtete Regierung – auch dann noch, als in den letzten Maiwochen von den Verheerungen in Paris berichtet wurde. Am 25. März notiert Cosima: «R. [Richard] ruft mir zu, daß Paris brennt, der Louvre in Flammen ist, was mir einen Schmerzensschrei entreißt, von welchem R. sagt, daß ihn kaum 20 Menschen in Frankreich mitschreien würden.»[71] Drei Tage später vermerkt Cosima einen Ausspruch Wagners über die Franzosen: «Wenn ihr nicht fähig seid, wieder Bilder zu malen, so seid ihr nicht wert, sie zu besitzen.»[72] Offenbar nahm Wagner die Zerstörung des Louvre und seiner Kunstschätze zur Kenntnis, ohne dass ihn das sonderlich berührt hätte. Am 30. Mai dann Cosimas Eintrag, der Louvre sei gerettet. Man kommt auf einen Brief aus Paris zu sprechen, in dem der Absender meint, «die Franzosen hätten der Welt eine große Weisheitslektion gegeben; ‹so›, sagt R., ‹kommen sie sich immer vor wie der Heiland, der für die Welt leidet. Immer das göttliche Volk, das alles durchmachen muß für die andren›».[73] Im Rückblick auf die Pariser Ereignisse bemerkte Wagner drei Wochen später, so jedenfalls hat es Cosima festgehalten: «Übrigens, daß die Kommunisten wirklich ganz Paris in Brand stecken wollten, ist der eine grandiose Zug; sie sind nur ekelhaft durch ihr Regierungsspiel gewesen, ihre Heuchelei, ihre galonierte pedantische Organisation, der Franzose weiß es nicht anders; daß sie aber den Ekel vor der Pariser Kultur bis zum Brand empfanden, ist grandios.»[74] Dass die Lust an der Zerstörung eine schöpferische Energie sei – diese bakunistische Vorstellung aus den Tagen der Dresdner Revolution war

In der von Wagner zwischen 1866 und 1872 bewohnten Villa in Tribschen bei Luzern haben die Wagners und Nietzsche auch über den Aufstand der Pariser Commune gesprochen: Richard Wagner, der den Pariser Ereignissen keine große Bedeutung beimaß, in abgeklärter Distanz; Nietzsche mit großer Empörung über die von ihm befürchtete Zerstörung unersetzlicher Kulturgüter.

Wagner nicht fremd geworden, und bei den Nachrichten vom Aufstand der Commune brach sie wieder durch. Nietzsche hat das völlig anders gesehen. Offenbar hat er bei einem Besuch in Tribschen Wagners gelassenen bis hämischen Bemerkungen über den Brand des Louvre widersprochen. Cosima notiert am 28. März: «Pr. [Professor] N. [Nietzsche] sagt, daß für den Gelehrten die ganze Existenz aufhöre, bei solchen Ereignissen.»[75] Nietzsches spätere obsessive Vorstellung von der Bedrohung der Hochkultur durch die Massen, die selbst keine kulturellen Leistungen hervorbrächten und bei Ausbrüchen des Volkszorns dazu neigten, Kulturgüter zu zerstören, dürfte im Aufstand der Pariser Commune und in den Berichten über deren Kulturvandalismus ihre Wurzeln haben. Am Tag vor dem Besuch in Tribschen, wo er mit seiner Sicht bei Cosima auf Verständnis gestoßen sein dürfte, während ihn Wagner sarkastisch abgefertigt haben mag, schrieb er an Wilhelm Vischer: «Die Nachrichten der letzten Tage waren so schrecklich, dass ich gar nicht mehr zu einer erträglichen Stimmung komme. Was ist man, solchen Erdbeben der Cultur gegenüber, als Gelehrter! Wie atomistisch fühlt man sich! Sein ganzes Leben und seine beste Kraft benutzt man, eine Periode der Cultur besser zu verstehen und zu erklären; wie erscheint dieser Beruf, wenn ein einziger unseliger Tag die kostbarsten Documente solcher Perioden zu Asche verbrennt! Es ist der schlimmste Tag meines Lebens.»[76]

Auch nachdem klar geworden war, dass die ersten Nachrichten über die Zerstörungen stark übertrieben waren, blieb Nietzsche dabei, dass in der Pariser Commune die prinzipielle Feindseligkeit der Massen gegenüber der Hochkultur zum Ausdruck gekommen sei. Einen Monat nach dem «schlimmsten Tag seines Lebens» schrieb er an seinen alten Freund Carl von Gersdorff: «Als ich von dem Pariser Brande vernahm, so war ich für einige Tage völlig vernichtet und aufgelöst in Thränen und Zweifeln: die ganze wissenschaftliche und philosophisch-künstlerische Existenz erschien mir als eine Absurdität, wenn ein einzelner Tag die herrlichsten Kunstwerke, ja ganze Perioden der Kunst austilgen konnte; ich klammerte mich mit ernster Überzeugung an den metaphysischen Werth der Kunst, die der armen Menschen wegen nicht da sein kann,

Der Blick von den Tuilerien auf den Louvre zeigt die bei den Kämpfen vom Frühjahr 1871 entstandenen Zerstörungen, die in den ersten Berichten freilich größer dargestellt wurden, als sie tatsächlich waren. Die Schäden betrafen im Wesentlichen das Gebäude, nicht die darin befindlichen Kunstwerke, wie Nietzsche zunächst glaubte.

sondern höhere Missionen zu erfüllen hat.»[77] Der Gegensatz zwischen den Armen und denen, die sich der Kultur widmen, taucht hier in Nietzsches Überlegungen erstmals auf. Was für Marx die Konfrontation von Bourgeoisie und Proletariat ist, auf die er bei allen zwischenzeitlich vorgenommenen Differenzierungen[78] immer wieder zurückkommt, ist für Nietzsche die Konfrontation zwischen den Massen und den wenigen zu kulturellen Höchstleistungen Befähigten.

«Über den Kampf der Nationen hinaus», so Nietzsche an Gersdorff, «hat uns jener internationale Hydrakopf erschreckt, der plötzlich so furchtbar zum Vorschein kam, als Anzeiger ganz anderer Zukunftskämpfe.»[79] Nicht der Krieg zwischen den Nationen, an dem der Schreiber wie der Adressat des Briefes wenige Monate zuvor teilgenommen hatten,[80] sondern der internationale Klassenkampf wird in Nietzsches Vorstellungen die Kriege der Zukunft prägen. Das verwendete Bild der Hydra, der nach der griechischen Mythologie für jeden abgeschlagenen

Kopf zwei neue nachwuchsen, steht für die Art der Kriege, auf die man sich einzustellen habe: Sie würden lange andauern und nicht in einer großen, entscheidenden Schlacht enden. Nietzsche wollte den Kampf umgehend aufgenommen wissen, wobei er nicht wesentlich an die Repression der unteren Schichten dachte, sondern an eine geistige Auseinandersetzung in den Gelehrten- und Intellektuellenkreisen, wo er die tieferen Ursachen der heraufziehenden Zukunftskämpfe ausgemacht hatte. «Wenn wir uns einmal persönlich aussprechen könnten», schrieb er an Gersdorff, «so würden wir übereinkommen, wie gerade in jener Erscheinung [dem Pariser Aufstand] unser modernes Leben, ja eigentlich das ganze alte christliche Europa und sein Staat, vor allem aber die jetzt überall herrschende romanische ‹Civilisation› den ungeheuren Schaden verräth, der unserer Welt anhaftet: wie wir Alle, mit aller unserer Vergangenheit, *schuld sind* an solchen zu Tage tretenden Schrecken: so daß wir ferne davon sein müssen, mit hohem Selbstgefühl das Verbrechen eines Kampfes gegen die Cultur nur jenen Unglücklichen zu imputieren. [...] Auch in meinem höchsten Schmerz war ich nicht imstande, einen Stein auf jene Frevler zu werfen, die mir nur Träger einer allgemeinen Schuld waren, über die viel zu denken ist!»[81]

Nach Nietzsche soll der Zukunftskampf somit nicht als politischsozialer Konflikt, sondern als kulturelle Auseinandersetzung über die grundlegenden Werturteile der Gesellschaft geführt werden. Über *soziale* Konfliktlagen nachzudenken und *politisch* an ihnen anzusetzen erschien ihm oberflächlich, weil man so nicht zu dem vordrang, was er als den Kern des Problems ausgemacht hatte: das schlechte Gewissen der Starken beziehungsweise ein Schlechtes-Gewissen-Machen seitens der ressentimentbeladenen Schwachen. Die Auseinandersetzung mit den Werturteilen der Gesellschaft und dem Selbstbewusstsein der Vornehmen waren für ihn das, was Herakles im Kampf mit der Hydra zum Sieg verholfen hatte: das Feuer, mit dem die Wunde des abgeschlagenen Schlangenkopfs ausgebrannt wurde, um das Nachwachsen neuer Köpfe zu verhindern. Das ist die von Nietzsche unter dem Eindruck des Pariser Aufstands entwickelte Vorstellung, die ihn zu *Jenseits von Gut und Böse* und *Zur Genealogie der Moral* führen wird. Insofern lässt sich im Schrecken der Commune ein Wendepunkt in seinem Denken identifizieren, der freilich erst nach einer längeren Inkubationsphase des Nachdenkens zutage tritt. So hätte er in seinem Tragödienbuch, an dem er damals arbeitete, die Commune auch als einen Ausbruch des Dionysischen[82] betrachten können, in dem sich Gewalttätiges und Lustvolles, Exzessives und Orgiastisches miteinander verband; davon ausgehend, hätte er die *Revolution* ebenso als *Revolte* verstehen und im Sinne einer zeitlich begrenzten Befreiung von den Routinen des Alltags und der Disziplin des Arbeitslebens interpretieren können. Die sozialrevolutionären Vorstellungen, die mit dem Aufstand verbunden waren, wären dabei bloß dessen legitimatorische Fassade oder ein Selbstmissverständnis der Akteure gewesen – eine Sichtweise, die sich später bei Albert Camus, zum Teil unter explizitem Bezug auf Nietzsche, vor allem aber bei Georges Bataille und Roger Caillois findet.[83] Auf den Aufstand in Paris hat Nietzsche, um seine Charakterisierung durch Werner Ross als «ängstlicher Adler» aufzugreifen,[84] im Modus des Bedrohtheitsempfindens, der Abwehr und der Verteidigung des Bestehenden reagiert. Er fürchtete um die Zukunft. Das unterscheidet ihn fundamental von Richard Wagner, der, um erneut Ross' Sprachbild aufzunehmen, wirklich ein Adler war – wenn auch häufig ein missmutiger bis übellauniger.

Unter der Überschrift «Von grossen Ereignissen» ist Nietzsche im *Zarathustra* noch einmal auf revolutionäre Geschehnisse wie die Pariser Commune zu sprechen gekommen, diesmal jedoch nicht mehr in der kurzatmigen Erregtheit des Briefwechsels, sondern mit jener gelassenen Distanz, die den Philosophen Zarathustra auszeichnet.[85] In der Rahmenerzählung des Kapitels geht es um einen Feuerberg nahe den «glückseligen Inseln», auf denen sich Zarathustra zu dieser Zeit aufhält. Vor dieser Feuerinsel ist ein Schiff vor Anker gegangen, und die Mannschaft ist ausgeschwärmt, um Kaninchen zu schießen. Gegen Mittag, als man sich wieder an Bord versammelt, erscheint eine durch die Luft fliegende Gestalt, die von einigen als Zarathustra identifiziert wird; sie habe gerufen, es sei Zeit, höchste Zeit. Dann sei sie in Richtung Feuerberg weitergeflogen, und der alte Steuermann habe gesagt, da fahre

Zarathustra zur Hölle. Als Zarathustra nach drei Tagen nicht zurückgekehrt ist, heißt es, «dass der Teufel Zarathustra geholt habe». Seine Jünger lachen darüber, und einer erklärt, eher glaube er noch, «dass Zarathustra sich den Teufel geholt hat».[86] Doch dann taucht Zarathustra wieder auf und erzählt, er habe im Feuerberg den Feuerhund getroffen und mit ihm ein Streitgespräch geführt. Unverkennbar stehen Feuerberg und Feuerhund für die Revolution als latente Drohung wie manifestes Ereignis.[87] Zarathustra hat sich in den Feuerberg begeben, um das Geheimnis der Revolution zu ergründen, über die «sich die Menschen Viel vorgelogen [haben] und vorlügen lassen». Er aber habe «die Wahrheit nackt gesehn, wahrlich! barfuss bis zum Halse».[88]

In dem Gespräch mit dem Feuerhund, so berichtet Zarathustra seinen Schülern, habe er diesem entgegengehalten, er vermöge wohl, «große Ereignisse» hervorzubringen, mit «viel Gebrüll und Rauch um sie herum», aber das sei nichts, was für die Weiterentwicklung des Menschengeschlechts von Bedeutung sei. «Und glaube mir nur, Freund Höllenlärm! Die grössten Ereignisse – das sind nicht unsre lautesten, sondern unsre stillsten Stunden. // Nicht um die Erfinder von neuem Lärme, sondern um die Erfinder von neuen Werthen dreht sich die Welt; *unhörbar* dreht sie sich. // Und gesteh es nur! Wenig war immer nur geschehn, wenn dein Lärm und Rauch sich verzog. Was liegt daran, dass eine Stadt zur Mumie wurde, und eine Bildsäule im Schlamme liegt!»[89] Nietzsche hat den Schock über die Berichte vom Brand in Paris inzwischen überwunden – nicht weil sie sich als übertrieben herausgestellt haben, sondern weil er genuin politischen Ereignissen keine große Bedeutung mehr beimisst. Im Streitgespräch mit dem Feuerhund stellt Zarathustra Staat und Revolution auf eine Ebene: «Gleich dir selber ist der Staat ein Heuchelhund; gleich dir redet er gern mit Rauch und Gebrülle, – dass er glauben mache, gleich dir, er rede aus dem Bauch der Dinge. Denn er will durchaus das wichtigste Thier auf Erden sein, der Staat; und man glaubt's ihm auch.»[90] Im Verlauf des Gesprächs wird der Feuerhund immer kleinlauter. Schließlich erwähnt Zarathustra auch noch einen anderen Feuerhund, der wirklich aus dem Herzen der Erde spreche und nicht ihr Bauchredner sei. Sein Atem sei nicht aus «Asche und Rauch und heißem Schleim», sondern aus Gold und Lachen – denn «*das Herz der Erde ist von Gold*»[91] –, womit Nietzsche die ressentimentfreie Bejahung des Bestehenden meinte. «Als dies der Feuerhund vernahm, hielt er's nicht mehr aus, mir zuzuhören», berichtet Zarathustra. «Beschämt zog er seinen Schwanz ein, sagte auf eine kleinlaute Weise Wau! Wau! Und kroch hinab in seine Höhle.»[92] Nietzsche hatte eine große Gelassenheit gegenüber den Umsturzvorhaben seiner Zeit entwickelt, seitdem er bestritt, dass Revolutionen tatsächlich grundstürzend waren. Diese Sicht hat einige Jahrzehnte zuvor bereits Alexis de Tocqueville in *Der alte Staat und die Revolution* vertreten, wobei sein Argument darauf hinauslief, die Revolution in Frankreich habe nur jenen Zentralisierungs- und Bürokratisierungsprozess beschleunigt, der lange zuvor bereits vom absolutistischen Staat in Gang gesetzt worden sei.[93] Im Unterschied zu Tocqueville hielt Nietzsche jedoch an der Vorstellung fest, dass es einer *wahrhaft* revolutionären Veränderung bedürfe. Diese könne sich indes nur auf dem Feld der gesellschaftlichen Werturteile vollziehen: statt politischer und sozialer Revolutionen also die «Umwertung aller Werte». Diesen Gedanken lanciert Zarathustra, wenn er erklärt, nicht die lautesten, sondern die stillsten Stunden seien die «größten Ereignisse» in der Menschheitsgeschichte. Die letzten Jahre seines schöpferischen Lebens sollte Nietzsche damit beschäftigt sein, diesen Gedanken auszuformulieren.

Marx' Analyse der Pariser Commune I

Marx war vom Aufstand der Commune gegen die aus den Wahlen vom Februar 1871 hervorgegangene Regierung wenig begeistert. In seinen Augen beruhte die Commune auf einer politischen Illusion, nämlich der, an die revolutionäre Rolle anschließen zu können, die Paris seit 1789 immer wieder in der französischen Geschichte gespielt hatte. Diese Position hatte Paris jedoch bereits zu Beginn der 1850er Jahre durch die Einführung des allgemeinen (Männer-)Wahlrechts verloren, als die konservative Landbevölkerung erstmals den politischen Takt vorgab. Bei allen kritischen bis abfälligen Bemerkungen, die Marx über die Bauern im Allgemeinen und die französische Landbevölkerung im Besonderen gemacht hat,[94] bezweifelte er dennoch, dass die Kleinbürger und Arbeiter von Paris noch einmal den Rhythmus der Veränderung vorgeben konnten. Nicht die politischen Aktionen eines kleineren Teils der Bevölkerung, sondern die alle Klassen erfassenden sozioökonomischen Veränderungen würden fortan ausschlaggebend sein. In den zwei Jahrzehnten seit der Jahrhundertmitte hatte Marx eine Theorie entwickelt, wonach langfristige soziale Prozesse entscheidend und politische Revolutionen nur dann von Erfolg gekrönt waren, wenn sie dem infolge gesellschaftlicher Veränderungen *Möglichen* entsprachen. Das war bei der Pariser Commune nicht der Fall. Marx musste sich also, wenn er die Deutungshoheit über die sozialistische Bewegung in Europa behalten wollte, für etwas aussprechen, das er für verfehlt hielt und das mit seiner Theorie der Revolution nicht übereinstimmte. Aber zugleich musste er deutlich machen, dass Revolutionen wie die der Kommunarden zukünftig nicht mehr den Gang der Geschichte bestimmen würden. Unter diesem Vorbehalt ist die Schrift *Der Bürgerkrieg in Frankreich* zu lesen, die als «Adresse des Generalraths der Internationalen Arbeiter-Assoziation» veröffentlicht wurde und somit auch nicht unbedingt Marx' persönliche Sicht zum Ausdruck brachte, sondern die der Organisation.[95]

Marx beginnt damit, dass er den Aufstand als Reaktion auf die konterrevolutionäre Politik der «verkommensten Subjekte der französischen Bourgeoisie» darstellt. Demnach wehrte sich die Arbeiterbewegung dagegen, dass den unteren Schichten der französischen Gesellschaft die Kosten des Krieges mit Deutschland aufgebürdet wurden, während sich einige Kriegsgewinnler aus den Reihen der Bourgeoisie an der Niederlage Frankreichs bereicherten – der Niederlage in einem Krieg, den Marx zufolge einige Desperados aus der französischen Bourgeoisie vom Zaun gebrochen hatten.[96] Namentlich verwies er auf Jules Favre, Ernest Picard, Jules Ferry und Adolphe Thiers, um deren

«Eine Bildsäule im Schlamme», so Nietzsche über die Ergebnisse von Revolutionen. Der Sturz der Vendôme-Säule mit der Statue Napoleons I. auf der Spitze durch die Kommunarden am 16. Mai war ein Akt der symbolischen Distanzierung von jeder Form imperialer Politik. Hatten sich die französischen Bauern zwischen 1849 und 1851 – nach Marx' Analyse – durch die Erinnerung an den großen Kaiser blenden lassen und dessen Neffen beim Griff nach der Macht unterstützt, so demonstrierten die Pariser Kleinbürger und Proletarier nun mit dem Ikonoklasmus gegen den großen Bonaparte, dass sie sich von der Idee einer äußeren Expansion Frankreichs verabschiedet hatten.

moralische Verkommenheit es auf den ersten Seiten der «Adresse» geht.[97] Zunächst musste jedoch die Pariser Bevölkerung entwaffnet werden, um die bourgeoisen Vorhaben durchsetzen zu können. «Die Contrerevolution hatte in der That keine Zeit zu verlieren. Das zweite Kaiserthum hatte die Staatsschuld verdoppelt und die großen Städte in schwere Lokalschulden gestürzt. [...] Wer sollte die Rechnung zahlen? Nur durch den gewaltsamen Sturz der Republik konnten die Aneigner des Reichthums hoffen, die Kosten eines von ihnen herbeigeführten Krieges auf die Schultern der Hervorbringer dieses Reichthums zu wälzen. Und so spornte gerade der unermessliche Ruin Frankreichs diese patriotischen Vertreter von Grundbesitz und Kapital an, unter den Augen und der hohen Protektion des fremden Eroberers, den auswärtigen Krieg zu ergänzen durch einen Bürgerkrieg, eine Sklavenhalter-Rebellion. Dieser Verschwörung stand im Wege ein großes Hinderniß – Paris. Paris zu entwaffnen, war die erste Bedingung des Erfolgs.»[98] Und dann zählt Marx auf, wie die Regierung mit diversen Mitteln und Erklärungen die arbeitenden Klassen der Stadt in den Aufstand getrieben habe. Im Aufstand der Pariser Commune, so der Leitgedanke des ersten Abschnitts, ging es also zunächst gar nicht um eine Revolution, sondern um die Abwehr einer Konterrevolution. Dementsprechend hat Marx seinen Text auch nicht «Der revolutionäre Aufstand des Pariser Proletariats», sondern «Der Bürgerkrieg in Frankreich» überschrieben. Der Text ist, genau gelesen, ein Abgesang auf die revolutionäre Tradition, die 1789 in Paris ihren Anfang nahm und mit dem Aufstand der Commune im Frühjahr 1871 definitiv zu Ende ging.[99]

Den zweiten Abschnitt seiner Schrift widmet Marx der Frage, von wem die Gewalt und die Grausamkeiten, die anschließend den Aufständischen zugeschoben worden waren, tatsächlich ausgingen. Ihm zufolge hatte der Bürgerkrieg mit dem Versuch der Versailler Regierung begonnen, unter dem Einsatz von Polizei und Militär der Pariser Nationalgarde die Kanonen wegzunehmen, die doch nachweislich deren Eigentum waren.[100] Marx' Insistenz auf der Eigentumsfrage mag auf den ersten Blick irritieren, ist aber ein wichtiges Element seiner Beweisführung, wonach der Bürgerkrieg in Frankreich als Konterrevolution und nicht als Revolution begonnen habe: Indem die Regierung Thiers einen zentralen Grundsatz der geltenden Ordnung missachtete, die Respektierung des Eigentums, habe sie ihre eigenen Prinzipien dementiert, um ihre politischen Ziele durchzusetzen. Doch die Anschläge misslangen, die eingesetzten Truppen weigerten sich, auf das Volk zu schießen, und wendeten sich gegen die Befehlshaber, an erster Stelle General Claude Lecomte: «Statt Weiber und Kinder zu erschießen, erschossen seine eigenen Leute ihn selbst.»[101] Nicht anders sei es dem General Clément Thomas ergangen, der als Kommandeur der Nationalgarde gegen diese konspiriert und Pläne zur «Ausrottung der Blüte der Pariser Kanaille», wie Marx ihn zitiert, entwickelt habe. Marx' zentrale These lautet: Die Gewalt ist von der Ordnungspartei ausgegangen.

Das gilt auch für die Demonstration vom 22. März, die in den «Stadtvierteln des Wohllebens» ihren Ausgang genommen habe: eine angeblich friedliche Demonstration, deren Teilnehmer aber «mit den Waffen des Meuchelmörders», Revolvern, Dolchen und Stockdegen, bewaffnet gewesen seien. Die «feinen Herren» hätten auf ihrem Marsch Posten und Patrouillen der Nationalgarde entwaffnet und misshandelt, bis sie dann, bei dem Versuch, eine Postenkette der Nationalgarde zu durchbrechen, durch eine Gewehrsalve gestoppt worden seien. «*Eine Salve zerstreute in wilde Flucht die albernen Gecken, die erwartet hatten, die bloße Schaustellung ihrer ‹anständigen Gesellschaft› werde auf die Pariser Revolution wirken wie die Trompeten Josuas auf die Mauern von Jericho.*»[102] Statt die Teilnehmer dieser Demonstration festzunehmen, habe man sie laufen lassen, während die Gegenseite damit begonnen habe, gefangene Nationalgardisten zu ermorden und zur Nationalgarde übergelaufene Soldaten der Linientruppen erschießen zu lassen. Die Regierung Thiers habe freilich das Gegenteil behauptet, ihre Gewaltexzesse verharmlost und den gewaltsamen Widerstand der Kommunarden aufgebauscht. Wie wenig sie selbst daran geglaubt habe, zeige sich darin, dass Thiers ein Festessen nach dem andern veranstaltet und so unter Beweis gestellt habe, «daß seine Verdauung nicht im Mindesten gestört ist, nicht einmal durch die Gespenster von Lecomte und Clement Thomas».[103]

Bei der Verteidigung von Paris gegen die Truppen der Zentralregierung setzten die Aufständischen einmal mehr auf den Bau von Barrikaden, an denen der Angriff des Militärs gestoppt und die Kolonnen der Angreifer von den umliegenden Häusern aus unter Feuer genommen werden sollten. Die in die Barrikade eingelassene Kanone stammt aus dem Artilleriebestand der Nationalgarde; mit dem Streit um die Verfügung über die Kanonen begann die bewaffnete Auseinandersetzung zwischen dem revolutionären Paris und der Zentralregierung in Versailles. Bei den Uniformierten auf und vor der Barrikade handelt es sich um Angehörige der Nationalgarde, die das Rückgrat der Verteidiger von Paris bildete.

Der dritte Abschnitt der Schrift ist deren bekanntester Teil, der später für die Ausformulierung einer marxistischen Revolutionstheorie eine wichtige Rolle gespielt hat und auch in der Forschungsliteratur zur Marxschen Theorie ausführlicher behandelt worden ist.[104] Hier nämlich macht Marx aus der Not eine Tugend, indem er versucht, aus dem niedergeschlagenen Aufstand Lehren für eine zukünftige sozialistische Ordnung zu ziehen. Die dabei angestellten Überlegungen bekommen, sobald sie dekontextualisiert, also von den vorangehenden Ausführungen zum defensiven Charakter der Commune getrennt werden, einen ausgesprochen programmatischen Charakter. Zu einem angemessenen Umgang mit Marx' Schriften jedoch gehört – nicht nur in diesem Fall, aber hier insbesondere – eine kontextualisierende Interpretation, eine

Lektüre mit Blick auf den historischen Zusammenhang und die argumentative Ausrichtung. Der Marxismus hat Marx monumentalisiert und dadurch sein Denken versteinert; die Rekontextualisierung seiner Schriften lässt sein Denken in Auseinandersetzung mit den konkreten Problemen seiner Zeit wieder lebendig werden.

Der Staat bei Marx, Wagner und Nietzsche

Der dritte Teil von *Der Bürgerkrieg in Frankreich* beginnt mit einer vielzitierten Passage, in der Marx festhält, die Arbeiterklasse könne «nicht die fertige Staatsmaschine einfach in Besitz nehmen und diese für ihre eigenen Zwecke in Bewegung setzen».[105] Am Anfang dieses Satzes steht ein «Aber», das sich auf die Erklärung des Zentralkomitees der Commune bezieht, wonach «die Proletarier von Paris» verstanden hätten, «daß es ihre höchste Pflicht und ihr absolutes Recht ist, sich zu Herren ihrer eigenen Geschichte zu machen» – weswegen sie «die Regierungsgewalt» ergriffen hätten.[106] Dieses «Aber» ist die Gelenkstelle des gesamten Abschnitts, denn Marx entwirft im Anschluss daran eine kurze Geschichte des Staates und beschreibt als Gegenbild dazu das Bemühen der Kommunarden, die ihnen zugefallenen öffentlichen Aufgaben grundlegend anders zu bearbeiten als der «bürgerliche Staatsapparat». Der Staat, so Marx, sei während der absoluten Monarchie entstanden, und «der riesige Besen der französischen Revolution» habe danach alle mittelalterlichen Sonderrechte hinweggefegt, die seinem Ausbau entgegenstanden. Die Kriege des alten Europa gegen das revolutionäre Frankreich hätten die Staatlichkeit weiter befördert. Mit der Unterstellung der Regierung unter eine parlamentarische Kontrolle sei der Staat dann zum Instrument der besitzenden Klasse geworden, die ihn als «Treibhaus für kolossale Staatsschulden und erdrückende Steuern» genutzt habe. Infolgedessen sei er mitsamt Amtsgewalt und Einkünften zum «Zankapfel für die konkurrierenden Fraktionen und Abenteurer der herrschenden Klassen geworden». Marx' Resümee: «In dem Maß, wie der Fortschritt der modernen Industrie den Klassengegensatz zwischen Kapital und Arbeit entwickelte, erweiterte, vertiefte, in demselben Maße erhielt die Staatsmacht mehr und mehr den Charakter einer öffentlichen Gewalt zur Unterdrückung der Arbeit, einer Maschine der Klassenherrschaft.»[107] Besteuerung und Staatsverschuldung sind danach Instrumente, mit denen die Bourgeoisie das Volk ausbeutet und eine groß angelegte Umverteilung des gesellschaftlichen Reichtums zu ihren Gunsten betreibt.

Zuletzt, so konkretisiert Marx seine Kurzgeschichte der Staatlichkeit, seien alle Hemmungen gefallen, die dieser durch die Fraktionierung der Bourgeoisie auferlegt waren. Unter dem Eindruck «der drohenden Erhebung des Proletariats» habe «die besitzende Klasse [...] die Staatsmacht rücksichtslos und frech als das nationale Kriegswerkzeug des Kapitals gegen die Arbeit» benutzt.[108] Über das zweite Kaiserreich, «mit dem Staatstreich als Geburtsschein, dem allgemeinen Stimmrecht als Beglaubigung und dem Säbel als Szepter», schreibt er: «Die Staatsmacht, scheinbar hoch über der Gesellschaft schwebend, war dennoch selbst der skandalöseste Skandal dieser Gesellschaft und gleichzeitig die Brutstätte aller ihrer Fäulniß. Ihre eigne Verrottung und die Verrottung der von ihr geretteten Gesellschaft wurde bloßgelegt durch die Bajonette Preußens, das selbst vor Begierde brannte, den Schwerpunkt dieses Regimes von Paris nach Berlin zu verlegen. Der Imperialismus ist die prostituirteste und zugleich die schließliche Form jener Staatsmacht, die die entstehende bürgerliche Gesellschaft ins Leben gerufen hatte als das Werkzeug ihrer eigenen Befreiung vom Feudalismus, und die die vollentwickelte Bourgeoisgesellschaft verwandelt hatte in ein Werkzeug zur Knechtung der Arbeit durch das Kapital.»[109]

Wie haben Wagner und Nietzsche den Staat gesehen? In seiner 1864 verfassten Schrift *Über Staat und Religion* hat Wagner ihn in Anlehnung an die Schopenhauersche Darstellung der Vertragstheoretiker Hobbes und Locke als Institution zum Schutz des Einzelnen vor den anderen Einzelnen beschrieben. Im Staat drücke sich «das Bedürfnis als Notwendigkeit des Übereinkommens des in unzählige, blind begehrende

Individuen geteilten, menschlichen Willens zu erträglichem Auskommen mit sich selbst aus. Er ist ein Vertrag, durch welchen die einzelnen, vermöge einiger gegenseitiger Beschränkung, sich vor gegenseitiger Gewalt zu schützen suchen. Wie in der Natur-Religion den Göttern ein Teil der Feldfrucht oder Jagdbeute zum Opfer gebracht wurde, um dadurch ein Recht auf den Genuß des übrigen sich zugeteilt zu wissen, so opferte im Staate der einzelne so viel von seinem Egoismus, als nötig erschien, um die Befriedigung des großen Restes desselben sich zu sichern.»[110] Es ist ein enthistorisiertes Bild des Staates, das Wagner, wie die meisten Vertragstheoretiker, von den Interessen des Einzelnen und nicht denen bestimmter Klassen her entwickelt. Dass die sozialen Gruppen auf den Staat Einfluss nehmen, ist Wagner freilich nicht entgangen: Jeder Einzelne sei bestrebt, «gegen das kleinstmögliche Opfer die größtmögliche Zusicherung zu erhalten», was aber nur möglich sei, wenn man sich mit anderen zusammenschließe; «diese verschiedenen Genossenschaften unter sich gleichbeteiligter Individuen bilden die Parteien, von denen den meistbesitzenden an der Unveränderlichkeit des Zustandes, den minder begünstigten an dessen Veränderung liegt.»[111] Wagner geht davon aus, dass die in den bestehenden Verhältnissen Schlechtergestellten den Staat nicht abschaffen, sondern ihn so verändern wollen, dass sie selbst am stärksten von ihm profitieren – was darauf schließen lässt, dass Wagner, wenn er im Frühjahr 1871 am Aufstand der Commune beteiligt gewesen wäre, sich auf die Übernahme des Staatsapparats konzentriert hätte. Das entsprach seiner spezifischen Vorstellung vom Sozialismus. Auch wenn er den Staat als Beschützer des Eigentums für die Ungerechtigkeit in der Welt verantwortlich machte,[112] blieb er doch bei der seit der Beschäftigung mit Schopenhauer gepflegten Grundauffassung, dass der Staat als Institution unverzichtbar sei und nur auf soziale Problemlagen hin ausgerichtet werden müsse. Diese Sicht dürften die meisten mit ihm heute teilen.

Ganz anders Nietzsche, der in seiner prinzipiellen Staatskritik Marx deutlich näher steht als Wagner. Unter der Überschrift «Von neuen Götzen» spricht Zarathustra einmal länger über den Staat: «Staat heisst das kälteste aller kalten Ungeheuer. Kalt lügt es auch; und diese Lüge kriecht aus seinem Munde: ‹Ich, der Staat, bin das Volk.› [...] Dieses Zeichen gebe ich euch: jedes Volk spricht seine Zunge des Guten und Bösen: die versteht der Nachbar nicht. Seine Sprache erfand es sich in Sitten und Rechten. / Aber der Staat lügt in allen Zungen des Guten und Bösen; und was er auch redet, er lügt – und was er auch hat, gestohlen hat er's. / Falsch ist alles an ihm; mit gestohlenen Zähnen beisst er, der Bissige. Falsch sind selbst seine Eingeweide.»[113] Nicht um des Schutzes der Einzelnen willen sei der Staat da, sondern für die «Viel-zu-Vielen», wie Nietzsche die konformistischen Massen nennt. Deren Streben nach Sicherheit, der eigenen wie der ihres Besitzes, so klein er auch sei, habe den Staat hervorgebracht und immer stärker werden lassen. «Viel zu Viele werden geboren: für die Überflüssigen ward der Staat erfunden! / Seht doch, wie er sie an sich lockt, die Viel-zu-Vielen! Wie er sie schlingt und kaut und wiederkäut!»[114]

Der Staat und die Massen, das Streben nach Reichtum und das Bedürfnis nach Sicherheit gehören für Nietzsche zusammen. In misanthropischem Anarchismus sieht er darin die große Krankheit der modernen Welt: «Seht mir doch diese Überflüssigen! Krank sind sie immer, sie erbrechen ihre Galle und nennen es Zeitung. [...] Reichthümer erwerben sie und werden ärmer damit. Macht wollen sie und zuerst das Brecheisen der Macht, viel Geld, – die Unvermögenden!»[115] Aber Nietzsche klagt nicht nur über das Syndrom aus Staatlichkeit und Massengesellschaft, Besitzenwollen und Machtstreben, sondern stellt ihm auch das Ideal des freien Menschen gegenüber, der, weil er weder nach Besitz noch nach Macht strebt, auch gut ohne den Staat und dessen Schutz auskommt. Es ist der Lebensentwurf der Kyniker, eines Diogenes etwa, den Zarathustra dem Götzendienst am Staat entgegenstellt: «Wahrlich, wer wenig besitzt, wird um so weniger besessen: gelobt sei die kleine Armuth! / Dort, wo der Staat aufhört, da beginnt erst der Mensch, der nicht überflüssig ist: da beginnt das Lied des Nothwendigen, die einmalige und unersetzliche Weise. / Dort, wo der Staat *aufhört*, – so seht mir doch hin, meine Brüder! Seht ihr ihn nicht, den Regenbogen und die Brücken des Übermenschen? – // Also sprach Zarathustra.»[116]

Es ist ein ebenso langer Denk- wie Lebensweg, den Nietzsche von der skeptischen Distanz zum Staat während seiner Basler Zeit bis zur Staatsferne und Staatsablehnung des einsamen Wanderers im Oberengadin zurückgelegt hat. In dem als Vorrede zu einem nicht ausgearbeiteten Werk überlieferten Vortrag *Der griechische Staat* hatte er, noch ganz in geistiger Nähe zu Jacob Burckhardt – Nietzsche nennt ihn in der *Götzen-Dämmerung* seinen «verehrungswürdigen Freund»[117] –, erklärt: «Was nämlich kann uns der Staat bedeuten, wenn nicht das Mittel, mit dem jener […] Gesellschaftsprozeß in Fluß zu bringen und in seiner ungehemmten Fortdauer zu verbürgen ist. Mag der Trieb zur Geselligkeit in den einzelnen Menschen auch noch so stark sein, erst die eiserne Klammer des Staates zwängt die größeren Massen so aneinander, daß jetzt jene chemische Scheidung der Gesellschaft, mit ihrem neuen pyramidalen Aufbau, vor sich gehen *muß*.»[118] Der Ursprung des Staates, so Nietzsche weiter, sei die Gewalt, die nackte physische Gewalt, die sich mit der Zeit zur Rechtsordnung verfeinert habe. Die Natur habe sich «das grausame Werkzeug des Staates» geschmiedet, «um zur Gesellschaft zu kommen».[119] Das lief ansatzweise auf eine Legitimationstheorie des Staates hinaus, die in der Betonung ursprünglicher Gewalt freilich scharf abgesetzt ist von allen Vorstellungen der Vertragstheoretiker, an denen sich Wagner überwiegend orientiert hat. Immerhin: Der frühe Nietzsche hatte zwar keine Sympathie für den Staat, hielt ihn aber für unverzichtbar, auch und gerade für die Wenigen und Herausgehobenen, die sich der kulturellen Entwicklung widmeten.

In der ein knappes Jahrzehnt später verfassten *Morgenröthe* nimmt Nietzsche bereits eine deutlich distanziertere Haltung gegenüber dem Staat ein. Unter dem Leitsatz *«So wenig als möglich Staat!»* schreibt er: «Alle politischen und wirthschaftlichen Verhältnisse sind es nicht werth, dass gerade die begabtesten Geister sich mit ihnen befassen dürften und müssten: ein solcher Verbrauch des Geistes ist im Grunde schlimmer, als ein Nothstand.» Es sei besser, gar keinen Staat zu haben als zu viel Staat. «Es sind und bleiben Gebiete der Arbeit für die geringeren Köpfe, und andere als die geringen Köpfe sollten dieser Werkstätte nicht zu Diensten stehen: möge lieber die Maschine wieder einmal in Stücke gehen!»[120] Selbst revolutionäre Umbrüche nimmt Nietzsche hier in Kauf, wenn nur vermieden wird, dass der Geist durch den Staat konsumiert wird. Ansonsten erwartet er von der Revolution nichts Gutes – und schon gar nicht die Lösung des Problems: «In den Ländern der gebändigten Menschen giebt es immer noch genug von den rückständigen und ungebändigten: augenblicklich sammeln sie sich in den socialistischen Lagern mehr als irgendwo anders. Sollte es dazu kommen, dass diese einmal *Gesetze* geben, so kann man darauf rechnen, dass sie sich an eine eiserne Kette legen und furchtbare Disciplin üben werden: – *sie kennen sich!* Und sie werden diese Gesetze aushalten, im Bewusstsein, dass sie selber dieselben gegeben haben, – und das Gefühl der Macht, und *dieser* Macht, ist zu jung und zu entzückend für sie, als dass sie nicht alles um seinetwillen litten.»[121] Der Staat wird, wenn die Sozialisten an die Macht kommen, also noch mächtiger und drückender werden. Es ist typisch für Nietzsches Denken, dass er aus dem An-die-Macht-Kommen der «Ungebändigten» nicht, wie eine lineare Theorie es tun würde, auf eine Reduktion des Staates schließt, sondern auf das Gegenteil.

Nietzsches Vorstellung vom Wachstum des Staates ist – bei einigen Nähen und Übereinstimmungen – konträr zu der von Marx. Beide gehen davon aus, dass die Geschichte des Staates mit Gewaltanwendung verbunden ist, wobei der späte Nietzsche diese Gewalt als «Herrenrecht» begreift, wohingegen sie bei Marx Bestandteil einer lange währenden Geschichte der Unterdrückung und Ausbeutung ist. Diese Gewaltgeschichte vertragstheoretisch aufzulösen, wie Wagner das in einigen Schriften unter dem Einfluss Schopenhauers tut,[122] liegt beiden gleichermaßen fern. Während Marx das Wachstum des Staatsapparats und die Verschärfung der staatlichen Repression – «nach jeder Revolution [...] tritt der rein unterdrückende Charakter der Staatsmacht offener und offener hervor»[123] – auf die Herrschaftsinteressen der Bourgeoisie zurückführt, macht Nietzsche dafür die sozialistischen Revolutionäre, ihre Machtlust und ihr Wissen um das Ungebändigtsein vieler Menschen verantwortlich. In Marx' Sicht führt die wachsende Macht des Staates zu einer wachsenden Revolutionsbereitschaft bei den Massen, für Nietzsche dagegen endet sie in dem Paradox, dass die

Staatsmacht entgegen ihrem Versprechen nicht mehr, sondern weniger Sicherheit hervorbringt. «Man bezahlt die ‹allgemeine Sicherheit› viel zu theuer um diesen Preis: und, was das Tollste ist, man bringt überdiess das Gegentheil der allgemeinen Sicherheit damit hervor, wie unser liebes Jahrhundert zu beweisen unternimmt: als ob es noch nie bewiesen wäre! Die Gesellschaft diebessicher und feuerfest und unendlich bequem für jeden Handel und Wandel zu machen und den Staat zur Vorsehung im guten und schlimmen Sinne umzuwandeln, – diess sind niedere, mässige und nicht durchaus unentbehrliche Ziele, welche man nicht mit den höchsten Mitteln und Werkzeugen erstreben sollte, *die es überhaupt giebt*; – den Mitteln, die man eben für die höchsten und seltensten Zwecke sich *aufzusparen* hätte!»[124]

In der *Götzen-Dämmerung* hat Nietzsche dann den Sparsamkeitsimperativ, wonach der Kultur vorbehalten bleiben soll, was der Staat zu konsumieren trachtet, in einen schroffen Gegensatz umgewandelt. Er zieht daraus Konsequenzen, die man als Stichworte für das Konzept einer Antipolitik lesen kann, wie es in der Spätphase der sozialistischen Regime von einigen mitteleuropäischen Intellektuellen ausformuliert worden ist.[125] «Die Cultur und der Staat – man betrüge sich hierüber nicht – sind Antagonisten: ‹Cultur-Staat› ist bloss eine moderne Idee. Das Eine lebt vom Andern, das Eine gedeiht auf Unkosten des Anderen. Alle grossen Zeiten der Kultur sind politische Niedergangs-Zeiten: was gross ist im Sinne der Cultur war unpolitisch, selbst *antipolitisch*.»[126]

Marx wie Nietzsche haben sich vom Staat nicht die Lösung der Probleme erwartet, im Gegenteil: Marx hat – entgegen dem, was die an die Macht gelangten Marxisten dann aus dem Staat gemacht haben – auf die Auflösung des Staatsapparats gesetzt, Nietzsche auf die Abkehr der Kreativen vom Staat, den sie den Viel-zu-Vielen als Ort für die Bewirtschaftung ihrer Sorgen und Nöte überlassen sollten. Ratsam sei es für die Kreativen, sich «vom kältesten aller kalten Ungeheuer» fernzuhalten und ein Leben jenseits jedes staatlichen Zugriffs zu führen.[127]

Marx' Analyse der Commune II

Wie Marx sich die Auflösung des Staatsapparats bei gleichzeitiger Bearbeitung der auch in einer sozialistischen Gesellschaft fortbestehenden Organisationsprobleme vorstellte, hat er am Beispiel der Pariser Commune beschrieben. Die einschlägigen Passagen des *Bürgerkriegs in Frankreich* bieten dazu die konkretesten Überlegungen. Die von der Commune ausgerufene «soziale Republik» habe nicht nur auf das Ende einer «monarchischen Form der Klassenherrschaft», sondern auf das Ende der «Klassenherrschaft selbst» abgezielt.[128] Aus den diversen Dekreten des Zentralkomitees heraus entwickelt Marx das Projekt einer sozialistischen Selbstverwaltung, freilich stets unter dem Vorbehalt, dass es sich um einen ersten Versuch handele und nicht um ein für immer feststehendes Vorbild. Die Arbeiterklasse wisse nämlich durchaus, dass sie «lange Kämpfe, eine ganze Reihe geschichtlicher Prozesse durchzumachen hat, durch welche die Menschen wie die Umstände gänzlich umgewandelt werden. Sie hat keine Ideale zu verwirklichen; sie hat nur die Elemente der neuen Gesellschaft in Freiheit zu setzen, die sich bereits im Schooß der zusammenbrechenden Bourgeoisgesellschaft entwickelt haben.»[129] Das war einerseits zurückhaltend gedacht, stellte es doch die Commune unter Revisionsvorbehalt, andererseits leistete es der Erwartung Vorschub, dass sich die Menschen unter veränderten Umständen ebenfalls verändern würden, womit sich Marx gegen den anthropologisch fundierten Einspruch absicherte, der Mensch sei nun einmal so, wie er sei, und werde auch immer so bleiben. Diesen Einwand hätte vermutlich der sich als Physio-Psychologe verstehende Nietzsche gegen Marx' Vorstellungen erhoben – wenn er sich denn mit ihnen auseinandergesetzt hätte. So vorsichtig Marx die Veränderbarkeit des Menschen als Argument für den Revisionsvorbehalt gegenüber den Maßnahmen der Commune in Anspruch nimmt, so stößt er damit doch die Tür zu weitreichenden Erwartungen hinsichtlich einer Verbesserbarkeit des Menschen und seiner Eignung für eine sozialistische Zukunft auf. Dementsprechend emphatisch sind Marx' Überlegungen zur Abschaffung des Staatsapparats auch von einigen gelesen worden.[130]

Nietzsche dagegen hat es bei den Menschen im bestehenden Zustand belassen und sich stattdessen auf die «Züchtung» des Übermenschen konzentriert. Man kann darin gegensätzlich-komplementäre Projekte sehen.

Die Zerschlagung des Staatsapparats begann in den Dekreten der Commune mit der Auflösung «des stehenden Heeres und seiner Ersetzung durch das bewaffnete Volk».[131] Das war zunächst einmal ein bloßer Nachvollzug der Lage, bei der die Linienregimenter auf Seiten der Versailler Regierung standen und die Nationalgarde die bewaffnete Macht der Commune bildete. Marx interpretiert dies als Abschaffung des stehenden Heeres, das als Instrument der Staatsmacht, also der herrschenden Klasse, gegen das Volk eingesetzt werden konnte. Dieser Schritt wurde ergänzt durch die Auflösung der Polizei, deren Aufgaben ebenfalls der Nationalgarde übertragen wurden. Marx bestreitet, dass es infolgedessen zu einem Anstieg der Kriminalität in Paris gekommen sei. Das Paris der Commune sei ein überaus sicherer Ort gewesen: «Keine Leichen mehr in der Morgue, keine nächtlichen Einbrüche, fast keine Diebstähle mehr; seit den Februartagen von 1848 waren die Straßen von Paris wirklich wieder einmal sicher, und das ohne irgend welche Polizei. ‹Wir› sagte ein Mitglied der Kommune, ‹wir hören jetzt nichts mehr von Mord, Raub und Thätlichkeiten gegen Personen; es scheint in der That, als ob die Polizei alle ihre konservativen Freunde mit nach Versailles geschleppt habe.›»[132]

In einem dritten Schritt ging die Commune daran, «die Pfaffenmacht zu brechen», indem sie die Enteignung der Kirchen veranlasste, soweit es sich um besitzende Körperschaften handelte. «Die Pfaffen wurden in die Stille des Privatlebens zurückgesandt, um dort, nach dem Bilde ihrer Vorgänger, der Apostel, sich von dem Almosen der Gläubigen zu nähren.»[133] Im Gegenzug wurde der Besuch sämtlicher Unterrichts- und Bildungseinrichtungen für das Volk unentgeltlich gemacht und dem Einfluss von Staat und Kirche entzogen. Alle mit der Erledigung öffentlicher Aufgaben Beschäftigten verloren ihre bisherigen Privilegien und erhielten einen Sold, der sich am durchschnittlichen Lohn der Arbeiter orientierte. Wie «alle übrigen öffentlichen Diener» sollten auch die Richter zukünftig «gewählt, verantwortlich und absetzbar» sein.[134] Ähnliches galt für die Abgeordneten, die «jederzeit absetzbar und an die bestimmten Instruktionen ihrer Wähler gebunden sein» sollten.[135] Weiterhin wurde die Trennung zwischen legislativer und exekutiver Gewalt aufgehoben – die Commune verstand sich als beides zugleich.[136] Sie war, so Marx' zusammenfassendes Urteil, «eine *Regierung der Arbeiterklasse*, das Resultat des Kampfes der hervorbringenden gegen die aneignende Klasse, die endlich entdeckte politische Form, unter der die ökonomische Befreiung der Arbeit sich vollziehen konnte».[137] Hätte die Commune die Zeit gehabt, ihre Vorstellungen umzusetzen, so hätte sie auch mit der «Enteignung der Enteigner» ernst gemacht. «Sie wollte das individuelle Eigenthum zu einer Wahrheit machen, indem sie die Produktionsmittel, den Erdboden und das Kapital, jetzt vor Allem die Mittel zur Knechtung und Ausbeutung der Arbeit, in bloße Werkzeuge der freien und associirten Arbeit verwandelt.»[138]

Doch hätte die Commune, auf Paris beschränkt, überhaupt eine Chance gehabt, sich als politische Ordnung in Frankreich durchzusetzen? Wäre sie nicht, selbst wenn sie nicht militärisch zerschlagen worden wäre, am Widerstand des flachen Landes gescheitert, wenn dieses sich geweigert hätte, die Metropole mit dem Lebensnotwendigen zu beliefern? Oder wenn die Masse der Bauern bei der nächsten nationalen Wahl erneut konservativ abgestimmt hätte? Oder wenn in Paris, wie bei den zurückliegenden Revolutionen, die Mittelklasse eine einheitlich ablehnende Haltung gegenüber der Politik der Arbeiterklasse eingenommen hätte? Das alles waren Punkte, die Marx selbst im *Achtzehnten Brumaire* als Erklärungen für den Aufstieg Louis Bonapartes und die Errichtung des *Second Empire* ins Spiel gebracht hatte. Nun argumentiert er, die Pariser Commune sei für das ganze Land weniger eine Avantgarde gewesen als ein *Modell*, an dem man sich orientieren konnte. «Die Pariser Kommune sollte selbstverständlich allen großen gewerblichen Mittelpunkten Frankreichs zum Muster dienen. Sobald die kommunale Ordnung der Dinge einmal in Paris und den Mittelpunkten zweiten Ranges eingeführt war, hätte die alte centralisirte Regierung auch in den Provinzen der Selbstregierung der Produzenten weichen müssen.»[139] Wie unter diesen Umständen ein kommunen- und regionenübergreifender Austausch von Gütern und Dienstleistungen organisiert werden sollte, bleibt unklar, und bei Marx finden sich diesbezüglich auch keine Hinweise.[140] Die Dezentralisierung der politischen Organisation sollte nicht nur den Staatsapparat zum Verschwinden bringen, sondern auch von einer Übernahme der Produktionsstätten durch die Produzenten begleitet werden. Die Commune sollte «die politische Form selbst des kleinsten Dorfs sein», und «das stehende Heer» sollte auch auf dem Lande durch «eine Volksmiliz mit äußerst kurzer Dienstzeit ersetzt werden».[141] Die von Marx hier entworfene Ordnung war das Gegenteil dessen, was seit der Russischen Revolution als Sozialismus entstanden ist.

Aber würden, wenn sich denn alle Organisationsprobleme als lösbar erweisen sollten, die französischen Bauern, diese fest in den Traditionen und religiösen Riten des Landes verankerte Bevölkerungsmehrheit, eine solche Umwälzung ihres Lebens akzeptieren? Oder würden sie dagegen erbitterten Widerstand leisten? «Der französische Bauer ist vor Allem ein Mann, der rechnet», meint Marx und zählt ausführlich auf, welche materiellen Erleichterungen die Commune-Ordnung im Vergleich zum bourgeoisen Staatsapparat für die Bauern zur Folge hätte. Zunächst hätte die Commune dafür gesorgt, dass «die Hauptlast der den Preußen bewilligten fünf Milliarden [Francs] Kriegsentschädigung» nicht den Bauern aufgebürdet würde, sondern «die wirklichen Urheber des Krieges auch dessen Kosten tragen müßten. Die Kommune würde dem Bauer die Blutschuld abgenommen, ihm eine wohlfeile Regierung gegeben, und seine jetzigen Blutsauger, den Notar, den Advokaten, den Gerichtsvollzieher und andere gerichtliche Vampyre, in besoldete Kommunalbeamte, von ihm selbst gewählt und ihm verantwortlich, verwandelt haben. Sie würde ihn befreit haben von der Willkührherrschaft [sic!] des Flurschützen, des Gensdarmen und des Präfekten; sie würde an die Stelle der Verdummung durch den Pfaffen die Aufklärung durch den Schullehrer gesetzt haben.» Und der französische Bauer «würde es äußerst vernünftig gefunden haben, daß die Bezahlung des Pfaffen, statt durch den Steuereinnehmer eingetrieben zu werden, nur von der freiwilligen Bethätigung des Frömmigkeitstriebs seiner Gemeinde abhängen solle».[142] Marx beschreibt hier den Bauern als *homo oeconomicus*, der sich an einer Berechnung seiner materiellen Vor- und Nachteile orientiert. Aber traf das tatsächlich zu? Oder war der Bauer weiterhin in Traditionen und Glaubenswelten befangen, die ihm den Weg zu einer rationalen Interessenabwägung verstellten? Wie stand es um den Einfluss der Ideologie, den Marx in anderem Zusammenhang so deutlich herausgestellt hatte? Waren alle Hinweise auf die ideologische Verblendetheit gerade der Bauern, mit denen Marx im *Achtzehnten Brumaire* den Aufstieg Louis Bonapartes erklärt hatte,[143] mit einem Mal obsolet?

Marx setzte darauf, dass das Zweite Kaiserreich zusammen mit den sozioökonomischen Veränderungen der letzten Zeit dem Gros der Bauern die Augen geöffnet habe. In diesem Sinne kommt er noch einmal auf die Konstellationen von 1849/50 zu sprechen: «Der Bauer war Bonapartist, weil die große Revolution mit all ihren Vortheilen für ihn, in seinen Augen in Napoleon verkörpert war. Diese Täuschung, die unter dem zweiten Kaiserthum rasch am Zusammenbrechen war [...], dies Vorurtheil der Vergangenheit, wie hätte es bestehen können gegenüber dem Appel [sic!] der Kommune an die lebendigen Interessen und dringenden Bedürfnisse der Bauern?»[144] In Phasen der Zuversicht, wenn er überzeugt war, eine politische Revolution könne zum Beschleuniger der großen sozialen Umwälzung werden, neigte Marx der Auffassung zu, dass die materiellen Interessen das Handeln der Menschen bestimmten; wenn er dagegen Niederlagen zu erklären hatte, argumentierte er mit ideologischen Verblendungen. Im ersten Fall unterstellte er, dass die Aufklärung über die eigentlichen Interessen sehr schnell erfolgte; im zweiten ging er davon aus, dass sie sich über lange Zeit hinziehen und immer wieder von Rückschlägen unterbrochen sein werde. Der dritte Abschnitt des *Bürgerkriegs in Frankreich*, in dem Marx ja eine Niederlage zu erklären hat, ist nur deshalb so zuversichtlich, weil er hier durchspielt, was alles möglich gewesen *wäre*, wenn die Truppen der Regierung Thiers die Commune nicht nach wenigen Wochen bereits niedergeschlagen hätten. Dass sie dies so schnell taten, ist für ihn, so eine weitere seiner argumentativen Volten, ein Beleg dafür, wie gut diesmal die Erfolgschancen standen: «Die Krautjunker [...] wußten, daß drei Monate freien Verkehrs zwischen dem kommunalen Paris und den Provinzen einen allgemeinen Bauernaufstand zu Wege bringen würden. Daher ihre ängstliche Eile, Paris mit einer Polizeiblockade zu umgeben.»[145]

Auf die im Konjunktiv formulierten Überlegungen des dritten Abschnitts folgt im vierten die Rückkehr zum Indikativ, zur Beschreibung dessen, was sich im Mai 1871 tatsächlich abgespielt hat. Marx beschreibt zunächst die politische Komödie, die Thiers aufgeführt habe, als er in der nach Versailles ausgewichenen Nationalversammlung von einer Versöhnung des Landes mit der Pariser Commune sprach. Damit habe er nur Zeit gewinnen wollen. Er verfügte nicht über genügend Truppen, um Paris zu erobern, und um die zu bekommen, war er auf das Entgegenkommen Bismarcks angewiesen, große Teile der bei Metz und Sedan in Kriegsgefangenschaft geratenen Armeen Bonapartes, Soldaten wie Offiziere, zu entlassen. Bismarck war dazu bereit – unter der Voraussetzung, dass Thiers zuvor in Frankfurt den vorbereiteten Friedensvertrag unterzeichnete und eine erste Rate auf die darin festgelegten Reparationszahlungen leistete. Das war ein für Bismarck überaus günstiges Arrangement, beendete es doch den Deutsch-Französischen Krieg zu den von ihm geforderten Bedingungen, verhinderte zugleich, dass die deutschen Heere weiter in dem vom Staaten- zum Volkskrieg gewandelten Konflikt kämpfen mussten, und hatte obendrein zur Folge, dass man nicht mehr für die Versorgung der französischen Kriegsgefangenen aufzukommen hatte. Aber auch für die Regierung Thiers hatte dieses Arrangement Vorteile, konnte sie so doch der Kriegsmüdigkeit vieler Franzosen Rechnung tragen.[146] Vor allem aber verfügte sie dadurch über die zur Niederwerfung von Paris benötigten Truppen. Sie konnte der Armee durch die «Ersatzrevanche»[147] der im Staatenkrieg Geschlagenen zu neuem Selbstbewusstsein verhelfen und sich so deren Loyalität versichern. Für Marx sind Bismarck und Preußen auf diese Weise zu Spießgesellen bei der Niederschlagung der Pariser Commune geworden: Dafür, dass Thiers Preußen «als höchsten Schiedsrichter in den inneren Angelegenheiten Frankreichs» anerkannte, sei Bismarck bereit gewesen, «zur Ausrottung von Paris die gefangene bonapartistische Armee loszulassen».[148] Aus eigener Kraft, so die Pointe dieser Überlegung, hätte die französische Bourgeoisie das mit den Kleinbürgern verbündete Pariser Proletariat nicht niederwerfen können. Sie war auf «die direkte Unterstützung der Truppen des Kaisers Wilhelm» angewiesen, und Marx fügt, seiner notorischen Russlandobsession folgend, hinzu, Preußen sei hierbei nichts anderes als «das bloße Werkzeug des Petersburger Kabinetts» gewesen.[149] Das war für ihn ein starkes Indiz, dass die nationalen Kriege zu Ende gingen beziehungsweise nur noch dazu dienten, «den Klassenkampf hinauszuschieben». Doch dieser «Regierungsschwindel» fliege auf, «sobald der Klassenkampf im Bürgerkrieg auflodert. Die Klassenherrschaft ist nicht länger im Stande, sich unter einer nationalen Uniform zu verstecken; die nationalen Regierungen sind eins gegenüber dem Proletariat!»[150]

In der geschichtsphilosophischen Langzeitperspektive scheint sich Marx seiner Sache sicher zu sein. «Nach dem Pfingstsonntag 1871 [dem Tag der großen Massaker an den Kommunarden] kann es keinen Frieden und keine Waffenruhe mehr geben zwischen den Arbeitern Frankreichs und den Aneignern ihrer Arbeitererzeugnisse. Die eiserne Hand einer gemietheten Soldateska mag beide Klassen, für eine Zeitlang, in gemeinsamer Unterdrückung niederhalten. Aber der Kampf muß aber und abermals ausbrechen, in stets wachsender Ausbreitung, und es kann kein Zweifel sein, wer der endliche Sieger sein wird – die wenigen Aneigner, oder die ungeheure arbeitende Majorität. Und die französischen Arbeiter bilden nur die Vorhut des ganzen modernen Proletariats.»[151] Das klingt wie Siegesfanfaren. Es gibt indes eine Reihe von Anhaltspunkten dafür, dass Marx in dieser offiziellen Erklärung eine Zuversicht zur Schau stellte, die er selbst nicht hatte, und dass er den Aufstand des Pariser Proletariats für einen politischen wie strategischen Fehler hielt. So schrieb er am 6. April bereits an Wilhelm Liebknecht: «Es scheint, daß die Pariser unterliegen: Es ist ihre Schuld, aber eine Schuld, die in der Tat aus zu großer honnêteté [Rechtschaffenheit] entsprang.»[152] So habe man der Regierung Thiers zu viel Zeit gelassen,

Die Niederschlagung der Commune durch Regierungstruppen führte zu massiven Zerstörungen, als das Militär Barrikaden und Widerstandsnester mit schwerer Artillerie zusammenschoss. Die Verteidiger wiederum legten verschiedentlich Feuer, um den Vorstoß des Militärs zu blockieren. In den Straßenkämpfen zeigte sich, dass die Barrikade als Instrument der Revolution ihre frühere strategische Relevanz verloren hatte. Sie hatte nur noch symbolische Bedeutung.

ihre Kräfte zu sammeln, statt entschieden in die Offensive zu gehen und auf Versailles zu marschieren. «Um nicht den Schein usurpatorischer Gewalt auf sich haften zu lassen, verloren sie [die Kommunarden] kostbare Momente.»[153] Rechtfertigte Marx also in der für die Öffentlichkeit bestimmten Bürgerkriegsschrift den Aufstand der Commune als Abwehr einer Konterrevolution, so stellte er die Defensive im persönlichen Briefwechsel als verhängnisvollen Fehler dar: Wenn man die Revolution wollte, hätte man auch revolutionär agieren müssen. Da man das nicht tat, stand man anschließend auf verlorenem Posten. Die von Engels wie Wagner in ihrer Beschäftigung mit Cola di Rienzo beschriebenen Konstellationen hatten sich damit auch für Marx eingestellt.

Die Liebknecht gegenüber geäußerte Sicht hätte Marx nicht öffentlich verbreiten können, zumal er mit zwei einander entgegengesetzten Gerüchten konfrontiert war: dem, dass er sich mit den französischen

Vertretern der Internationale zerstritten habe, und dem, dass er der Drahtzieher hinter dem Aufstand des Pariser Proletariats sei. Es blieb ihm nur, eine offensive Position zu beziehen und den Aufstand der Kommunarden zu rechtfertigen. Ein erster Versuch dazu findet sich in einem Brief an Ludwig Kugelmann vom 17. April: «Die Weltgeschichte wäre allerdings sehr bequem zu machen, wenn der Kampf nur unter der Bedingung unfehlbar günstiger Chancen aufgenommen würde. Sie wäre andrerseits sehr mystischer Natur, wenn ‹Zufälligkeiten› keine Rolle spielten. [...] Der entscheidend ungünstige ‹Zufall› ist diesmal keineswegs in den allgemeinen Bedingungen der französischen Gesellschaft zu suchen, sondern in der Anwesenheit der Preußen in Frankreich und ihrer Stellung dicht vor Paris. Das wußten die Pariser sehr gut. Das wußten aber auch die bürgerlichen Kanaillen von Versailles. Eben darum stellten sie die Pariser in die Alternative, den Kampf aufzunehmen oder ohne Kampf zu erliegen. Die Demoralisierung der Arbeiterklasse in dem letzten Fall wäre ein viel größres Unglück gewesen, als der Untergang einer beliebigen Anzahl von ‹Führern›.»[154] Ein ganz anderer Ton herrscht dann in der Bürgerkriegsschrift vor, in der Marx den Aufstand der Commune heroisiert und die ermordeten Kommunarden entgegen seiner religionskritischen Grundhaltung als «Märtyrer» bezeichnet, «eingeschreint in dem großen Herzen der Arbeiterklasse».[155]

Aufschlussreich für Marx' «eigentlichen» Blick auf die Commune ist die Einleitung, mit der Engels die Neuauflage der Schrift im Jahre 1891 begleitet hat. Der Abstand von zwei Jahrzehnten erlaubte ihm einen deutlich kritischeren Blick, und so hielt er fest, dass die Commune zugleich Höhepunkt und Abgesang auf Proudhon und Blanqui gewesen sei – die mit Marx um Einfluss auf die Arbeiterbewegung ringenden Köpfe des französischen Sozialismus. Das Scheitern der Commune, so Engels, sei zum Sieg der Marxschen Revolutionsperspektive geworden, die nicht auf die handstreichartige Eroberung der Staatsmacht oder einen Sozialismus nach den Vorstellungen von Kleinbauern und Handwerksmeistern angelegt war, sondern auf eine lange dauernde, zähe Veränderung und vor allem die Organisation der großen Industrie. Die Commune sei «das Grab der Proudhonschen Schule des Sozialismus» geworden. «Diese Schule ist heute aus den französischen Arbeiterkreisen verschwunden; hier herrscht jetzt unbestritten [...] die Marxsche Theorie.»[156] Was auch immer das im Einzelnen heißen mochte: Die Formulierung legt offen, dass die «Marxsche Theorie» auch 1871 bereits in eine andere Richtung wies, als dies die Theorien von Proudhon und Blanqui taten, denen die Kommunarden folgten.

Am Schluss der Bürgerkriegsschrift geht Marx noch auf den Brand von Paris ein, der bei Wagner sarkastische Kommentare und bei Nietzsche nachhaltiges Entsetzen hervorgerufen hat. Er war sich bewusst, dass der Brand als Symbol für den verbrecherischen Charakter der Commune in aller Welt propagandistisch eingesetzt wurde. Die Brandstiftung seitens der Kommunarden bestritt er nicht: «Das Paris der Arbeiter hat im Akt seiner heroischen Selbstopferung Gebäude und Monumente mit in die Flammen gezogen. Wenn die Beherrscher des Proletariats seinen lebendigen Leib in Stücke reißen, dürfen sie nicht länger darauf rechnen, triumphirend in die unangetasteten Mauern ihrer Wohnsitze wieder einzuziehen.»[157] Marx verwies darauf, dass das Niederbrennen im Krieg der Staaten ein allgemein akzeptiertes Mittel sei. «Die Kommune hat das Feuer, im strengsten Sinn des Worts, als Vertheidigungsmittel gebraucht. [...] Und die Vertheidiger nahmen Zuflucht zum Feuer erst dann, als die Versailler Truppen mit ihrem Massenabmorden der Gefangenen begonnen hatten.»[158] Es stehe keineswegs fest, ob letztlich nicht sogar die Angreifer für den Brand von Paris verantwortlich seien. Und schließlich kommt Marx noch auf «die Hinrichtung der vierundsechzig Geiseln, voran den Erzbischof von Paris, durch die Kommune» zu sprechen.[159] Auch hier verweist er auf die Praxis der Geiselnahme im Staatenkrieg. Unter dem Eindruck der Blutbäder, die von den Truppen Mac-Mahons in Paris angerichtet wurden, sei der Commune gar nichts anderes übrig geblieben, als die Geiseln hinzurichten, wenn sie nicht zum Gespött ihrer Feinde werden wollte. Marx scheint gespürt zu haben, dass das eine eher schwache Verteidigung war, rechtfertigte sie doch die Verbrechen der einen mit denen der anderen Seite. Das lief auf ein Dementi der moralischen Überlegenheit der eigenen Sache hinaus, auf die Marx ansonsten setzte. Oder sollte der moralische Ton, den Marx im *Bürgerkrieg* mehrfach anschlug, dazu dienen, die Gleichartigkeit von Gewalt und Grausamkeit in Bürgerkriegskonstellationen zu überspielen? Vor allem der vierte Abschnitt der Schrift ist ein Epitaph ganz in der Tradition dieser literarischen Gattung. Nur wenn man genauer hinsieht, erkennt man in dem Abschied von den getöteten Kommunarden auch einen Abschied von diesem Typ der Revolution in der Nachfolge von 1789, in den Marx zunehmend weniger politische Hoffnungen setzte. Das zeigt sich schon darin, dass er die Commune als wesentlich defensiv begriff und keineswegs als kühnen Griff nach der Macht. Auf dieser zweiten Ebene ist Marx' Schrift die Grabrede auf ein knappes Jahrhundert bewaffneter Volksaufstände, auf die Revolution als *Ereignis*, gegen die er seine Vorstellung von der Revolution als *Prozess* setzte, die ganz andere politische Strategien erforderte als die des Straßen- und Barrikadenkampfs.

Marx' Revolutionierung des revolutionären Denkens: vom katastrophischen Umsturz zur strukturellen Umwälzung

Konkret lief Marx' neue Theorie auf eine Distanzierung vom Vorbild der großen Französischen Revolution hinaus, die als Revolution der Notabeln begonnen, dann auf die städtischen Massen in Paris übergegriffen und anschließend das ganze Land einschließlich der Bauern erfasst hatte.[160] Die städtischen Massen hatten demzufolge das Tempo der Veränderung bestimmt und sich immer weiter radikalisiert, womit sich der Akzent des Geschehens zunehmend von der ersten zur zweiten und dritten Revolutionsparole verschob: von *liberté* zu *égalité* und *fraternité*. Die bürgerliche Revolution ab 1789 erhielt damit frühsozialistische Züge, die jedoch nach dem Sturz des Wohlfahrtsausschusses und der Hinrichtung von Robespierre und Saint-Just in der Zeit des Direktoriums und der anschließenden Herrschaft Napoleons wieder verblassten. Hegel, der als junger Mann die Entwicklung in Frankreich aufmerksam beobachtete,[161] dachte Revolution und napoleonische Stabilisierung zusammen und rechtfertigte dies als historische Notwendigkeit.[162] Die Verbindung von Revolution und Stabilität hieß für ihn, dass der Prozess einer tiefgreifenden Umwälzung von Politik und Gesellschaft an sein Ende gekommen und damit auch das «Ende der Geschichte» erreicht war.[163] Die Linkshegelianer stellten diese Sicht in Frage. Kamen die Autoren des Vormärz zunächst zu dem Ergebnis, dass die französischen Verhältnisse in Deutschland noch nicht erreicht seien, hier also politischer Nachholbedarf bestehe, so konzentrierten sich die Frühsozialisten auf die Beendigung der Revolution durch Napoleon und vertraten die Auffassung, die Revolution müsse in Frankreich wiederaufgenommen werden. Hier ging es nicht mehr um die Rückständigkeit einzelner Länder; das revolutionäre Vorhaben sollte überall in Europa (erneut) vorangetrieben werden. Als Orientierung diente die Französische Revolution, die zu Ende gebracht werden musste, um wirklich am Ende der Geschichte anzukommen. Dieser Vorstellung hat auch Marx eine Zeitlang angehangen; erst in den Arbeiten, die das Scheitern der kleinbürgerlich-proletarischen Bestrebungen im Verlauf der 1848er-Revolution erklären sollten, begann er sich davon zu lösen, und in seiner jahrelangen Suche nach den Gesetzmäßigkeiten des Kapitalismus entwickelte er eine Revolutionsvorstellung, in der politische Ereignisse eine nachgeordnete Rolle spielten und die Entfaltung der Produktivkräfte zum Taktgeber der Geschichte wurde.

Im Verlauf seiner ökonomischen Studien trat bei Marx an die Stelle des umstürzenden Ereignisses ein lange währender Prozess, in dem nicht das politische Agieren der Revolutionäre, sondern die Zuspitzung der inneren Widersprüche im Produktionsprozess der treibende Faktor war.[164] Damit verschob sich der Fokus der Umwälzung von der politischen zur sozialen Revolution – bis hin zu der Idee, die revolutionäre Veränderung könne auch ohne den großen, gewaltsam ausgetragenen Zusammenstoß vonstattengehen. Einen solchen Zusammenstoß wollte Marx freilich nicht grundsätzlich ausschließen. Er ging jedoch zunehmend davon aus, dass die Initiative dazu bei den Reaktionären liege und keineswegs bei den Revolutionären, die, weil die geschichtliche

Entwicklung ihnen in die Hände spiele, auf eine Revolution als Gewaltereignis nicht länger angewiesen seien.

In dem Text über die Pariser Commune argumentiert Marx folgerichtig, dass die Konterrevolutionäre als Erste zur Gewalt griffen, während die Kommunarden in einer Verteidigungsposition waren.[165] Was sich bei flüchtigem Blick wie eine rhetorische Volte ausnimmt, um die Commune ins Recht zu setzen, ist bei genauerer Betrachtung der Ausdruck einer tiefen Überzeugung, die Marx im Verlauf seiner Beschäftigung mit den ökonomischen Gesetzmäßigkeiten des Kapitalismus entwickelt hat. Es war also keineswegs eine Anpassung der revolutionären Marxschen Theorie an die legalistische Politik der deutschen Sozialdemokratie, wie man verschiedentlich lesen kann, wenn Engels etwa in seiner Einleitung zu *Die Klassenkämpfe in Frankreich* von 1895 schrieb,[166] mit der Zeit habe das Proletariat Kampfformen entwickelt, in denen es die Legalität ausnutze und damit die Bourgeoisie zur Verzweiflung treibe: «Und so geschah es, daß Bourgeoisie und Regierung dahin kamen, sich weit mehr zu fürchten vor der gesetzlichen als vor der ungesetzlichen Aktion der Arbeiterpartei, vor den Erfolgen der Wahl als vor denen der Rebellion.»[167] Engels, der immer wieder mit militärischen Fragen befasst war,[168] begründete das damit, dass «die Rebellion alten Stils, der Straßenkampf mit Barrikaden, der bis 1848 überall die letzte Entscheidung gab», mittlerweile überholt sei. Die Aufständischen brächten es nur bis zur «kunstgerechten Anlage und Verteidigung einer einzelnen Barrikade», was aber gegen diszipliniertes Militär, zumal wenn es über Geschütze und Pioniere verfüge, nicht genüge. «Kein Wunder also, daß selbst die mit dem größten Heldenmut geführten Barrikadenkämpfe – Paris Juni 1848, Wien Oktober 1848, Dresden Mai 1849 – mit der Niederlage des Aufstandes endigten, sobald die angreifenden Führer, ungehemmt durch politische Rücksichten, nach rein militärischen Gesichtspunkten handelten und ihre Soldaten zuverlässig blieben.»[169] Daraus zog Engels die Konsequenz: «Die Zeit der Überrumpelungen, der von kleinen bewußten Minoritäten an der Spitze bewußtloser Massen durchgeführten Revolutionen ist vorbei. Wo es sich um eine vollständige Umgestaltung der gesellschaftlichen

Organisation handelt, da müssen die Massen selbst mit dabei sein, selbst schon begriffen haben, worum es sich handelt, für was sie mit Leib und Leben eintreten.»[170]

Engels griff hier einen Gedanken auf, den Marx gleich zu Beginn des *Achtzehnten Brumaire* entwickelt hatte,[171] wonach sich die sozialistische Revolution wesentlich von den vorangegangenen bürgerlichen Revolutionen unterscheide, weil es in ihr nicht wesentlich um die Eroberung der politischen Macht, sondern um eine grundlegende Umgestaltung der Gesellschaft gehe. Deswegen erfolge sie auch nicht schlagartig, sondern ziehe sich in einem beständigen Vor und Zurück über Jahrzehnte hin. In der ihm eigenen Art konkretisierte Engels diesen Gedanken: «Alle bisherigen Revolutionen liefen hinaus auf die Verdrängung einer bestimmten Klassenherrschaft durch eine andere; alle bisherigen herrschenden Klassen waren aber nur kleine Minoritäten gegenüber der beherrschten Volksmasse. Eine herrschende Minorität wurde gestürzt, eine andere Minorität ergriff an ihrer Stelle das Staatsruder und modelte die Staatseinrichtungen nach ihren Interessen um. Es war dies jedesmal die durch den Stand der ökonomischen Entwicklung zur Herrschaft befähigte und berufene Minoritätsgruppe, und gerade deshalb, und nur deshalb, geschah es, daß die beherrschte Majorität sich bei der Umwälzung entweder zugunsten jener beteiligte oder sich doch die Umwälzung ruhig gefallen ließ.»[172] Nicht nur die Entwicklung der Waffentechnik hatte somit die Revolution in Gestalt von Barrikadenkämpfen obsolet werden lassen, sondern auch die Tiefe der Veränderungen, mit denen sich sozialistische Revolutionen vollzogen. An die Stelle der revolutionären Überrumpelung, so Engels, sei die politische Schulung der Arbeiterschaft und der kluge Gebrauch des allgemeinen Stimmrechts getreten: «Damit aber die Massen verstehen, was zu tun ist, dazu bedarf es langer, ausdauernder Arbeit, und diese Arbeit ist es gerade, die wir jetzt betreiben, und das mit einem Erfolg, der die Gegner zur Verzweiflung bringt.»[173]

Mit dieser Veränderung der Revolutionsstrategie hatte sich für Engels auch der «Schwerpunkt der Arbeiterbewegung von Frankreich nach Deutschland verlegt», ganz wie von Marx vorhergesagt.[174] Im

Rückblick auf bald ein halbes Jahrhundert kam er noch einmal auf die revolutionäre Naherwartung zu sprechen, die Marx und ihn im Frühjahr 1850 (als die Schrift entstand, die er nun einleitete und kommentierte) dazu veranlasst hatte, auf einen baldigen Erfolg der Revolution als *Ereignis* zu setzen. Beide meinten zu dieser Zeit, der Bourgeoisie stünden «alle anderen Gesellschaftsklassen, Bauern wie Kleinbürger, um das Proletariat gruppiert» entgegen, weshalb mit einem schnellen Sturz der Bourgeois-Herrschaft zu rechnen sei und «nach dem gemeinsamen Sieg» nicht Kleinbürger und Bauern, «sondern das durch Erfahrung gewitzigte Proletariat der entscheidende Faktor» bei der Neuordnung der Gesellschaft sein werde.[175] Darin, so Engels nun im Rückblick, habe man sich gründlich geirrt, weil man vornehmlich die politischen Konstellationen und zu wenig die sozioökonomische Entwicklung beachtet habe. Anders als Blanquisten und Proudhonisten in Frankreich, die am Vorrang des Politischen festgehalten und die Revolution weiterhin als Ereignis begriffen hätten, habe Marx sich der Gesellschaft und den wirtschaftlichen Strukturen zugewandt und so eine grundlegend andere Vorstellung von den Erfolgschancen der Revolution gewonnen. Die Geschichte habe deutlich gemacht, «daß der Stand der ökonomischen Entwicklung auf dem Kontinent damals noch bei weitem nicht reif war für die Beseitigung der kapitalistischen Produktion».[176] Inzwischen sei Deutschland jedoch «ein Industrieland ersten Ranges» geworden, in dem «eine wirkliche Bourgeoisie» und «ein wirkliches großindustrielles Proletariat» einander gegenüberstünden.[177] Tatsächlich hatte sich zwischen 1850 und 1890 die weltweite Industrieproduktion vervierfacht, das globale Handelsvolumen sogar versechsfacht. Die Geschichte kapitalistischer Organisation der Arbeit hatte um 1850 eigentlich gerade erst begonnen. Engels warnte demgemäß vor einem zu frühen An-die-Macht-Kommen der Sozialisten. Revolutionäre Ereignisse konnten dem Prozess der gesellschaftlichen Veränderung vorauseilen, und wer auf sie setzte, ging ein hohes Risiko des Scheiterns ein.[178]

Die ökonomischen Verhältnisse, so Engels im Rückblick von 1895, hätten sich mittlerweile dahingehend verändert, dass die bislang Enteigneten nun imstande seien, die Enteigner zu enteignen und selbst

Das «Der Streik» betitelte Gemälde von Robert Koehler zeigt Arbeiter, die der im oberen rechten Bildrand zu sehenden Fabrik den Rücken gekehrt haben und vor die Villa des Fabrikanten gezogen sind. Ein auf dem Treppenabsatz stehender Herr mit Zylinder diskutiert mit ihrem Wortführer, der sich am Sockel der Treppe postiert hat. Einige der Arbeiter sind entschlossen, andere noch zögerlich; in der unteren Bildmitte wird einer der Streikenden von seiner Frau beschworen, sich zurückzuhalten, während ein anderer neben ihm Steine aufsammelt, wahrscheinlich um sie als Wurfgeschosse zu verwenden. In der linken unteren Bildhälfte beobachtet eine Frau mit Säugling und Kleinkind den sich entwickelnden Konflikt.

die Organisation der Produktion zu übernehmen. Diese Entwicklung konnten sie auf legalem Weg vorantreiben, wohingegen die Bourgeoisie zur Gewalt greifen musste, um an der Macht zu bleiben. «Die Ironie der Weltgeschichte stellt alles auf den Kopf. Wir, die ‹Revolutionäre›, die ‹Umstürzler›, wir gedeihen weit besser bei den gesetzlichen Mitteln als bei den ungesetzlichen und dem Umsturz. Die Ordnungsparteien, wie sie sich nennen, gehen zugrunde an dem von ihnen selbst geschaffenen gesetzlichen Zustand. Sie rufen verzweifelt mit Odilon Barrot: la légalité nous tue, die Gesetzlichkeit ist unser Tod, während wir bei dieser Gesetzlichkeit pralle Muskeln und rote Backen bekommen und aussehen wie das ewige Leben.»[179]

Die von Engels beschriebene Lage der Bourgeoisie ist ganz ähnlich der, in die sich Wagners Wotan hineinmanövriert, als er die Welt der Verträge erschafft, aber nicht bereit – oder auch nicht in der Lage – ist, sein Machtstreben so zu beschränken, dass es diesen Verträgen entspricht. Um aus diesem Dilemma herauszukommen, muss Wotan Revolutionäre zeugen – oder zeugen lassen –, die an keinerlei Verträge gebunden sind und trotzdem so handeln, als würde sie nichts anderes interessieren als die Rettung von Wotans Welt. In dieser Perspektive ist Siegfried ein Konterrevolutionär, zumindest ein Werkzeug der Konterrevolution. Die Ähnlichkeit zeigt aber auch die Differenz, denn Engels' Revolutionäre agieren weder intentional noch funktional im Sinne einer in die eigene Ordnung verstrickten Bourgeoisie. Vielmehr warten sie darauf, dass die Bourgeoisie ihre eigenen Gesetze bricht und in konterrevolutionärer Absicht revolutionär agiert. «Den sozialdemokratischen Umsturz, der augenblicklich davon lebt, daß er die Gesetze hält, können sie [die Bourgeois] nur bekommen durch den ordnungsparteilichen Umsturz, der nicht leben kann, ohne daß er die Gesetze bricht. [...] Bruch der Verfassung, Diktatur, Rückkehr zum Absolutismus, regis voluntas suprema lex!»[180] Die Begründung der Ausgangslage ist bei Wagner und Engels also ähnlich, das sich daraus entwickelnde Geschehen jedoch radikal verschieden.

Obwohl Marx nach 1850 auf die sozioökonomische Dynamik als das revolutionäre Element der Geschichte gesetzt hat, lässt sich in seinen Texten doch immer wieder das entdecken, was Rolf Peter Sieferle als «voluntaristische Anwandlung» bezeichnet hat: Mit einem Mal war die revolutionäre Naherwartung wieder da. Sie hielt jedoch nie lange an; spätestens wenn sich herausstellte, dass die Hoffnung wieder einmal getrogen hatte, kehrte Marx zu einer geschichtsphilosophisch fundierten Gelassenheit zurück.[181] Man kann diese «Rückfälle» ins Aktivistische mit Marx' Temperament erklären, seiner Ungeduld und Leidenschaft, der Empörung über Ausbeutung und Unterdrückung, die nicht immer durch den kühlen Blick auf die langen Wellen des Geschichtsverlaufs im Zaum zu halten waren. Es gab daneben auch einige aus der Geschichtsbetrachtung selbst erwachsende Gründe, die eine stärkere Betonung der politischen Ebene und, in Verbindung damit, auch der Gewalt als geschichtsmächtiger Größe nahelegten. Vor allem zwei

Fragen bedrängten Marx immer wieder: War es wirklich prinzipiell ausgeschlossen, dass sich die Arbeiterschaft mit den kapitalistischen Produktionsverhältnissen arrangierte, wenn die rasant fortschreitende Produktivität ihr einen tendenziell erträglichen Lebensstandard ermöglichte? Wenn das Proletariat «verkleinbürgerlichte», wie Georges Sorel es konstatierte?[182] Und wie wahrscheinlich war es, dass das Proletariat der industrialisierten Länder zu einer Art von globaler Bourgeoisie wurde und keine revolutionären Neigungen mehr verspürte, weil das Proletariat der nichtindustriellen Völker ja für ihren relativen Wohlstand sorgte? Nach Marx' Tod haben diese Überlegungen in den Imperialismustheorien von Luxemburg und Lenin bis in die 1970er und 1980er Jahre eine große Rolle gespielt.[183]

Die erste der beiden Fragen, die nach den Auswirkungen erhöhter Produktivität und damit eines größeren gesellschaftlichen Reichtums auf die Revolutionsbereitschaft der Arbeiterschaft, gewann an Brisanz, seitdem Marx das mit der Entfremdungsthematik verbundene Ziel einer Überwindung der Arbeitsteilung, eingeschlossen der von Kopf- und Handarbeit, beiseitegelegt und durch das einer Gesellschaft der assoziierten Produzenten ersetzt hatte. In dieser Frage hatte die Pariser Commune im Übrigen einen anderen Weg beschritten, als man das Projekt einer Inversion von Handwerker und Künstler verfolgte, an das William Morris mit seiner Utopie einer kunsthandwerklichen Gesellschaft anknüpfte.[184] In Marx' Bürgerkriegsschrift findet sich dazu kein Wort. Ein solches Projekt hätte ja auch der Leitidee einer unaufhaltsamen Entfaltung der Produktivkräfte widersprochen. War eine Assoziation der Produzenten, um auf sie zurückzukommen, zwingend mit der Abschaffung des Privateigentums an den Produktionsmitteln verbunden? Oder konnte dieses Eigentum an Produktionsmitteln infolge eines Wandels seiner gesellschaftlichen Funktion fortbestehen? Gegen die Vorstellung, die beständig wachsende Produktivität könne zu einem Versiegen der revolutionären Energie führen, sprach in Marx' Sicht das Gesetz vom tendenziellen Fall der Profitrate: Wenn aufgrund der kapitalistischen Konkurrenz ein immer größerer Anteil des erwirtschafteten Mehrwerts in die Produktionsausstattung der Fabriken investiert werden musste, so blieb infolge der veränderten «organischen Zusammensetzung des Kapitals» nicht genug übrig, um die Löhne der Arbeiter nachhaltig zu steigern.[185] Aber was, wenn es der Bourgeoisie gelang, durch Absprachen oder Monopolbildungen den Konkurrenzmechanismus außer Kraft zu setzen und auf diese Weise die finanziellen Mittel verfügbar zu machen, um das Proletariat ruhigzustellen? In der von Marx im *Kapital* entwickelten ökonomischen Theorie war die fortbestehende Konkurrenz eine Grundvoraussetzung, ohne die zentrale Annahmen über den aufgrund seiner eigenen Gesetzmäßigkeit erfolgenden Zusammenbruch des Kapitalismus nicht aufrechterhalten werden konnten. Aber wenn dem so war, wie in der Theorie des staatsmonopolistischen Kapitalismus angenommen – welche Rolle spielte dann eigentlich noch das Proletariat? War es als Kraft der revolutionären Veränderung überflüssig?

Die marxistische Theorieentwicklung innerhalb der deutschen Sozialdemokratie hat auf die selbstdestruktive Tendenz des Kapitalismus gesetzt, so dass man diesen nicht fundamental angreifen musste, sondern auf seinen zwangsläufigen Zusammenbruch warten konnte. Diese Position hat vor allem von Karl Kautsky vertreten, paradigmatisch zugespitzt in der Bemerkung, die Sozialdemokratie sei eine revolutionäre, aber keine Revolution machende Partei.[186] Dagegen hat schon bald eine sich als weiter links verortende Opposition Widerspruch erhoben, die in ihren unterschiedlichen Varianten, von Lenin bis Luxemburg, sehr viel stärker auf ein politisches Eingreifen in die selbstläufige sozioökonomische Entwicklung setzte, die also das Proletariat, dessen Partei oder eine Gruppe von Berufsrevolutionären wieder als eigenständigen Faktor der revolutionären Veränderung ins Spiel brachte – mit den bekannten Folgen.[187]

Man kann das Problem freilich auch umkehren und die Marxsche Theorie als Kompensation für die gescheiterte Revolution von 1848 betrachten: Womöglich hat sich Marx an der Theorie vom zwangsläufigen Zusammenbruch des Kapitalismus nur deswegen so lange und so intensiv abgearbeitet, weil er Zweifel am Proletariat als revolutionärem Subjekt hatte und nach der Verabschiedung des französischen Revolutionsmodells auf der Suche nach zwingenden Gründen für das Ende der kapitalistischen Gesellschaftsformation war. So bleibt bei Marx in der Schwebe, wer für das Ende des Kapitalismus verantwortlich sein sollte: das revolutionäre Proletariat oder die zum Zusammenbruch führende Dynamik des kapitalistischen Verwertungsprozesses.

Neben dem sozialdemokratischen Vertrauen auf den Gang der Geschichte und der bolschewistischen Wiederaufnahme des Führungskonzepts mit entweder großen Einzelnen oder in sich geschlossenen Avantgarden von Berufsrevolutionären gab es noch eine dritte Reaktion auf das politische Dilemma einer zunehmenden Verkleinbürgerlichung des Proletariats. Zurückgegriffen wurde dabei auf die Idee der Gewalt, mit deren Hilfe ein revolutionärer *élan vital* wiederhergestellt werden sollte. Es ist keineswegs ein Zufall, dass Georges Sorel, der in seinen *Réflexions sur la violence* diese dritte Reaktion am eingehendsten erkundet hat, ein Schüler Henri Bergsons war, der die Vorstellung des *élan vital* entwickelt hat, der Lebenskraft, die sich gegen die von ihm behauptete Dekadenz geltend macht. Zwischen Bergson und Nietzsche gibt es eine Reihe von Verbindungen, und in mancher Hinsicht ist der *élan vital* dem ähnlich, was Nietzsche als das *Dionysische* bezeichnet hat. Akzeptiert man Sorels Selbstbezeichnung als Marxist (wogegen sich die meisten Marxisten sicherlich wehren würden), so begegnet man hier einem Einsprengsel nietzscheanischen Denkens im breiten Strom des Marxismus. Tatsächlich hat Sorel aber eher den italienischen Faschismus als den europäischen Marxismus beeinflusst.[188] Sorels Vorschlag läuft darauf hinaus, die Gewalt – oder doch zumindest den Mythos des Generalstreiks – als Ressource gegen die Ermüdung und Ermattung der europäischen Gesellschaften einzusetzen und die Revolution nicht als Beschleunigung des Fortschritts (den Sorel ohnehin für eine gefährliche Illusion hielt), sondern im Gegenteil als Ort und Zeitspanne der gesellschaftlichen Revitalisierung zu begreifen. Das Bürgertum, dem Sorel angehörte und dem er sich zeitlebens zurechnete, hatte nach seiner Auffassung in dieser Hinsicht versagt, weshalb Sorel in den *Réflexions* auf die Arbeiterschaft und den Sozialismus hoffte, die er bald darauf jedoch durch Frankreich und den Nationalismus ersetzte. Auch wenn Sorel in seiner Bewunderung zwischen Lenin und Mussolini schwankte, so befand er sich mit diesen Vorstellungen doch näher am italienischen Faschismus als an einer sich auf Marx berufenden politischen Bewegung.

Irland, Indien und Russland als Zündsteine der Revolution

Das Problem einer Teilung der Welt in die Bourgeoisie des globalen Nordens und das Proletariat des globalen Südens, wie heutige Marxisten die Teilung der Welt in Zentren und Peripherien verräumlichen, hat Marx in seiner Theorie nicht weiter ausgearbeitet. In seiner politischen Publizistik kam er jedoch zumindest indirekt darauf zu sprechen, vor allem dann, wenn er sich mit Entwicklungen am Rande der kapitalistischen Zentren wie in Irland, Indien und Russland beschäftigte. Grundsätzlich hat sich Engels – wie auch Marx' Ehefrau Jenny – intensiver mit den irischen Angelegenheiten beschäftigt als er, doch über die beiden war Marx mit der trostlosen Lage Irlands und der Rolle irischer Arbeiter in den englischen Industriebetrieben gut vertraut. In einem zunächst nicht zur Veröffentlichung bestimmten Zirkularbrief unter der Überschrift «Der Generalrat an den Föderalrat der romanischen Schweiz», der sich mit Bakunin und dessen Revolutionsvorstellung auseinandersetzt,[189] ging es auch um die Revolutionsaussichten in England als dem industriell fortgeschrittensten Land des Kontinents.[190] Durch Bakunins revolutionsaktivistische Position herausgefordert, legte Marx hier – vor dem Deutsch-Französischen Krieg und der in seinem Gefolge eingetretenen Erwartungsverschiebung auf die Arbeiterbewegung in Deutschland[191] – seine Revolutionsvorstellungen offen dar: «Obgleich die revolutionäre *Initiative* wahrscheinlich von Frankreich ausgehen wird, kann allein England als *Hebel* für eine ernsthafte *ökonomische* Revolution dienen. Es ist das einzige Land, wo es keine Bauern mehr gibt und wo der Grundbesitz in wenigen Händen konzentriert ist. Es ist das einzige Land, wo die *kapitalistische Form* – d. h. die auf großer Stufenleiter kombinierte Arbeit unter kapitalistischen Unternehmern – sich fast der gesamten Produktion bemächtigt hat. Es ist das einzige Land, *wo die große Mehrheit der Bevölkerung aus Lohnarbeitern* [...] *besteht*. Es ist das einzige Land, wo der Klassenkampf und die Organisation der Arbeiterklasse durch die *Trade-Unions* einen gewissen Grad der Reife und der Universalität *erlangt* haben. Dank seiner Herrschaft auf dem Weltmarkt ist England das einzige Land, wo jede Revolution in den ökonomischen Verhältnissen unmittelbar auf die ganze Welt zurückwirken muß. Wenn der Landlordismus und der Kapitalismus ihren klassischen Sitz in diesem Land haben, so sind andererseits die *materiellen Bedingungen* ihrer Vernichtung dort am meisten herangereift.»[192] Doch es gab auch ein Problem: «Die Engländer verfügen über alle notwendigen *materiellen Voraussetzungen* für eine soziale Revolution. Woran es ihnen mangelt, ist *der Geist der Verallgemeinerung und die revolutionäre Leidenschaft*.»[193] Marx sprach hier aus, was ihn offenbar seit Jahren beschäftigte: Würde es womöglich zu einer friedlichen Koexistenz zwischen Proletariat und Kapitalismus kommen?

Als einen Ort, an dem der englische Kapitalismus strategisch verwundbar sein könnte, machte Marx Irland aus. Der Generalrat solle und werde seine revolutionäre Energie auf die irische Frage richten, die gleichermaßen eine nationale und eine soziale Frage sei. So werde ein Umsturz in Irland weitreichende Folgen für die sozioökonomische Ordnung Englands haben. Dieser Umsturz werde aber kaum ohne revolutionäre Gewaltanwendung vonstattengehen, denn hier sei von einem Fortschritt der sozialen wie wirtschaftlichen Entwicklung nichts zu erwarten. Marx nennt zwei Ansatzpunkte einer revolutionären Veränderung: «Erstens ist Irland das *Bollwerk* des englischen Landlordismus. Wenn er in Irland fiele, so fiele er auch in England. In Irland kann dies hundertmal leichter erreicht werden, weil sich der *ökonomische Kampf dort ausschließlich auf den Grundbesitz konzentriert*, weil dieser Kampf dort gleichzeitig ein nationaler ist und weil das Volk dort revolutionärer und erbitterter ist als in England. [...] In dem Moment, wo die Zwangsunion zwischen den beiden Ländern aufhört, wird in Irland sofort eine soziale Revolution ausbrechen, wenn auch in veralteten Formen.»[194] Marx setzt seine Erwartungen jedoch weniger in die politische und soziale Umwälzung in Irland selbst als vielmehr in den Reputationsverlust der englischen Großgrundbesitzer, der nicht ohne Folgen für deren Position im englischen Mutterland bleiben werde. Aus seiner Herrschaft über Irland habe der Landlordismus nämlich «*seine größte moralische Kraft*» bezogen.[195]

Der andere Ansatzpunkt war die Verfügbarkeit irischer Arbeiter als Reservearmee der englischen Industrie: «Zweitens hat die englische Bourgeoisie das irische Elend nicht nur ausgenutzt, um durch *die erzwungene Einwanderung der armen Iren* die Lage der Arbeiterklasse in England zu verschlechtern, sondern sie hat überdies das Proletariat in zwei feindliche Lager gespalten. [...] Es herrscht in allen *großen Industriezentren Englands* ein tiefer Antagonismus zwischen dem irischen und dem englischen Proletarier. Der gewöhnliche englische Arbeiter haßt den irischen als einen Konkurrenten, der die Löhne und den *standard of life* herabdrückt. Er empfindet ihm gegenüber nationale und religiöse Antipathien. Er betrachtet ihn fast mit denselben Augen, wie die *poor whites* der Südstaaten Nordamerikas die schwarzen Sklaven betrachteten.»[196] Die nationale Spaltung der britischen Proletariats ist für Marx einer der Gründe dafür, warum es in England trotz der fortgeschrittenen sozioökonomischen Verhältnisse an revolutionärer Leidenschaft fehlt. Auch dieses Problem werde sich nicht mit der weiteren Entwicklung der Gesellschaft von selbst lösen, sondern nur durch die politische Aufklärungsarbeit seitens der Arbeiterpartei, die deutlich mache, dass die nationale Spaltung des Proletariats allein im Interesse der Kapitalisten sei. Die revolutionäre Gesellschaftsentwicklung sei, wenn ihr Potenzial aktiviert werden solle, auf das beständige Einwirken der politisch bewussten Revolutionäre angewiesen. Ohne dieses werde sich die Gesellschaft zwar verändern, aber nicht unbedingt in die von Marx angestrebte Richtung. «Schließlich wiederholt sich im England unserer Tage das, was uns das Alte Rom in ungeheurem Maßstab zeigte. Das Volk, das ein anderes Volk unterjocht, schmiedet seine eigenen Ketten.»[197]

Die revolutionären Effekte der sozioökonomischen Entwicklung, so Marx' Überlegung, könnten ohne Wirkung bleiben, wenn es der aus

Kapital-, Fabrik- und Landeigentümern zusammengesetzten Bourgeoisie gelänge, ihre inneren Gegensätze hintanzustellen und stattdessen die Widersprüche innerhalb der Arbeiterklasse zuzuspitzen. Und was, wenn die gesellschaftsrevolutionäre wirtschaftliche Dynamik – anders als in Europa – im globalen Rahmen nicht in Gang kam, die politische Geschichte hier nur ein Auf und Ab von Machtbildung und Machtzerfall war, die gesellschaftliche Ordnung darunter sich aber gleich blieb? Diese Frage tauchte immer dann auf, wenn Marx sich aus gegebenem Anlass Ost- und Südostasien zuwandte. Hier hatte er den Eindruck, dass sich politische und sozioökonomische Geschichte entkoppelten und zu einer Geschichte von Eroberungs- und Bürgerkriegen ohne Folgen für die gesellschaftliche Ordnung wurden: Die Unterdrücker und Ausbeuter kamen und gingen, aber die gesellschaftlichen Strukturen, auf deren Grundlage sie ihre Herrschaft errichteten, änderten sich nie. Diese Beobachtung musste Marx alarmieren, ging er doch davon aus, dass erst mit der globalen Ausdehnung des Kapitalismus die Voraussetzungen für die Durchsetzung des Sozialismus gegeben sein würden. Waren Ost- und Südostasien womöglich die großen welthistorischen Blockierer, weil sie in vorkapitalistischen Verhältnissen verharrten?

Im Sommer 1853 hat sich Marx in drei längeren Artikeln für die *New York Daily Tribune* mit dieser Frage beschäftigt.[198] Er führt darin die sozioökonomische Stagnation Indiens, von ihm auch als Hindustan bezeichnet, auf ein spezifisches Zusammenspiel von «orientalischem Despotismus» und indischem Dorfsystem zurück. Die orientalische Landwirtschaft, von Ägypten und Mesopotamien bis ins indische Hochland, sei infolge der klimatischen Verhältnisse auf ein künstliches Bewässerungssystem angewiesen, das nicht auf Grundlage privatwirtschaftlicher Assoziationen, wie in Westeuropa, sondern nur durch den Staat zu organisieren war. Der Staat unterhielt deswegen ein System öffentlicher Arbeiten, das für «eine sparsame und gemeinschaftliche Verwendung des Wassers» in der Landwirtschaft sorgte.[199] In der Folge hingen «die Ernten ebenso von guten und schlechten Regierungen ab, wie sie in Europa mit guten und schlechten Jahreszeiten wechseln».[200] Als die Briten die Herrschaft in Indien übernahmen, vernachlässigten sie, so Marx, die öffentliche Sorge für das Bewässerungssystem: Derlei war in ihrer Vorstellung von freier Konkurrenz nicht vorgesehen. Damit versetzten sie der Gesellschaftsordnung Indiens den ersten verheerenden Schlag. Der zweite Schlag richtete sich gegen die Grundlagen des indischen Handwerks. «Der Handwebstuhl und das Spinnrad, die immer wieder ihre regelrechten Myriaden von Spinnern und Webern hervorbringen, waren die strukturellen Angelpunkte dieser Gesellschaft.» Nun aber überschwemmten die mit Dampfkraft arbeitenden britischen Baumwollspinnereien und Webereien den indischen Markt mit billigem Kattun, wodurch sie die Grundlagen des indischen Handwerks zerstörten, das nicht nur die europäischen Märkte für seine kunstvollen Produkte verlor, sondern auch noch die heimischen Absatzgebiete. «Es war der britische Eindringling, der den indischen Handwebstuhl zerstörte und das Spinnrad zerbrach.»[201] Indem «englischer Dampf und englischer Freihandel» jene «eigenartige Verbindung von Handweberei, Handspinnerei und handbetriebenem Ackerbau» als System der Selbstversorgung zerstörten, brachten sie, so Marx, «die größte und, die Wahrheit zu sagen, einzige *soziale* Revolution [hervor], die Asien je gesehen» hat.[202] Indien wurde damit in die dynamischen Veränderungen des Kapitalismus hineingezogen und verlor seine potenzielle Blockadeposition gegenüber der Entwicklung in Westeuropa.

Auf den ersten Blick nimmt sich das wie eine Rechtfertigung dafür aus, dass die außereuropäische Welt von den Europäern ins Unglück gestoßen wurde. Dagegen macht Marx jedoch geltend, das indische Dorfsystem sei eine Scheinidylle gewesen, die den Menschen in Abhängigkeit und Dummheit gehalten habe. Die Aussicht auf Befreiung sei erst durch deren Zerstörung entstanden. Die Hegelsche Dialektik von Position und Negation variierend, argumentiert er: «So sehr es nun auch dem menschlichen Empfinden widerstreben mag, Zeuge zu sein, wie Myriaden betriebsamer patriarchalischer und harmloser sozialer Organisationen zerrüttet und in ihre Einzelheiten aufgelöst werden, hineingeschleudert in ein Meer von Leiden, wie zu gleicher Zeit ihre einzelnen Mitglieder ihrer alten Kulturformen und ihrer ererbten Existenzmittel verlustig gehen, so dürfen wir doch darüber nicht vergessen,

Sir Richard Arkwright's Spinning Machine. Patent 1769.

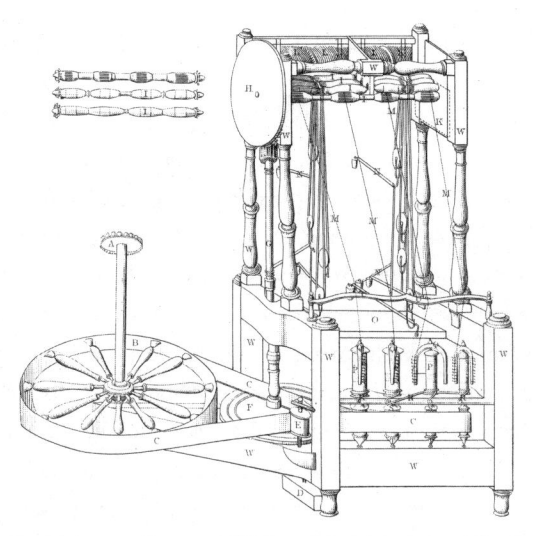

Die Produktion von Garnen und Tuchen spielte bei der industriellen Entwicklung eine führende Rolle, insofern hier erstmals in großem Stil Maschinen an die Stelle handwerklicher Herstellung traten. Die um 1769 patentierte Spinnmaschine Richard Arkwrights wurde in dessen Fabriken eingesetzt. Drei durch Wasserkraft angetriebene, hintereinander angeordnete und in unterschiedlicher Geschwindigkeit laufende Doppelrollen verspannen die Baumwollfasern zu reißfesten Fäden. Diese dienten beim Weben von Tuchen als Kettfäden. Arkwrights Maschine revolutionierte die Garn- und Tuchproduktion und legte den Grundstein dafür, dass britische Stoffe im 19. Jahrhundert um ein Vielfaches billiger auf den Markt kamen als die traditionell hergestellten indischen Tuche.

daß diese idyllischen Dorfgemeinschaften, so harmlos sie auch aussehen mögen, seit jeher die feste Grundlage des orientalischen Despotismus gebildet haben, daß sie den menschlichen Geist auf den denkbar engsten Gesichtskreis beschränkten, ihn zum gefügigen Werkzeug des Aberglaubens, zum unterwürfigen Sklaven traditioneller Regeln machten und ihn jeglicher Größe und geschichtlicher Energien beraubten. [...] Wir dürfen nicht vergessen, daß diese kleinen Gemeinwesen durch Kastenunterschiede und Sklaverei befleckt waren, daß sie den Menschen unter das Joch äußerer Umstände zwangen, statt den Menschen zum Beherrscher der Umstände zu erheben, daß sie einen sich naturwüchsig entwickelnden Gesellschaftszustand in ein unveränderliches, naturgegebenes Schicksal transformierten und so zu jener tierisch rohen Naturanbetung gelangten, deren Entartung zum Ausdruck kam in der Tatsache, daß der Mensch, der Beherrscher der Natur, vor Hanuman, dem Affen, und Sabbala, der Kuh, andächtig in die Knie sank.»[203] Zweifellos, so konzediert Marx, habe England die soziale Revolution in Indien aus «schnödem Eigennutz» ausgelöst, und die Art, wie die englischen Interessen durchgesetzt wurden, sei durchweg «stupid» gewesen. Doch es geht ihm um etwas anderes: «Die Frage ist, ob die Menschheit ihre Bestimmung erfüllen kann ohne radikale Revolutionierung der sozialen Verhältnisse in Asien. Wenn nicht, so war England, welche Verbrechen es auch begangen haben mag, doch das unbewußte Werkzeug der Geschichte, indem es diese Revolution zuwege brachte.»[204] Was Marx an dieser Stelle noch als Möglichkeit erwog, formulierte er einen Monat später als unumstößliche Feststellung: Die bürgerliche Periode der Geschichte schaffe die Grundlagen einer neuen Welt, und deren Durchsetzung sei nicht möglich ohne die Zerschlagung der alten Welt, zunächst in Europa, anschließend im globalen Rahmen. Für Marx war die Vernichtung des Alten so unvermeidlich, wie Wagner das im *Ring* vorgeführt hat. Erst danach sei ein Ende von Unterdrückung und Ausbeutung, Elend und Leid zu erhoffen, doch auch dabei werde den am weitesten fortgeschrittenen Ländern – also denen Westeuropas – eine Führungsrolle zufallen, denn «erst dann wird der menschliche Fortschritt nicht mehr jenem scheußlichen heidnischen Götzen gleichen, der den Nektar nur aus den Schädeln Erschlagener trinken wollte».[205]

Zusammenfassend lässt sich festhalten: Selbst wenn der sozialen Revolution in Europa nicht mehr jene gewaltsamen Züge anhaften mochten, die ihr eigen waren, solange sie als *Ereignis* auf der Bühne der Politik stattfand, so stand für Marx doch außer Frage, dass sie außerhalb Europas mit Gewalt und Unterdrückung einhergehen musste. Dabei setzte er darauf, dass die europäische Bourgeoisie diese Zerstörungsarbeit leisten würde – und nicht die in den außereuropäischen Ländern an die Macht gekommenen revolutionären Parteien. Aus dieser Sicht liest sich die Eloge, die Marx und Engels im *Kommunistischen Manifest* auf die Bourgeoisie angestimmt haben,[206] noch einmal anders: Diese ist der wahrhaft umwälzende Akteur, der eine breite Spur der Zerstörung hinter sich herzieht, und dem Proletariat fällt erst danach der Auftrag zu, eine neue Gesellschaft aufzubauen. Das ist eine deutlich andere Perspektive, als wenn der Epoche des Kapitalismus nur die Aufgabe einer dynamischen Produktivkraftentfaltung zugewiesen wird.

Aber war der Gang der Geschichte wirklich so präzise festgelegt, wie die Lektüre von Marx' Artikeln über Indien nahelegt? Musste die Dorfgemeinde tatsächlich zerstört werden, um einen Fortschritt zu ermöglichen, der das Ausmaß der Unterdrückung und Ausbeutung zunächst noch weiter steigerte? Gab es keinerlei Abkürzungen, die es den Spätergekommenen ermöglichten, die ausgetretenen Pfade der Frühgekommenen nicht noch einmal abschreiten zu müssen? Die Beschäftigung mit Wirtschafts- und Gesellschaftsgeschichte hatte dem Voluntarismus der Avantgarde-Revolutionäre Grenzen gesetzt: Nicht alles, was revolutionär gewollt und gewünscht wurde, war möglich, und vieles, was prinzipiell möglich war, konnte in Anbetracht der sozioökonomischen Konstellationen erst in ferner Zukunft realisiert werden. Aber war der Gang der Geschichte deswegen sozioökonomisch determiniert?

Zu Beginn des Jahres 1881 wandte sich Marx diesem Problem noch einmal zu, als er sich mit einer Frage beschäftigte, die von einer russischen Revolutionärin an ihn herangetragen worden war. Wera Sassulitsch, die Fragestellerin, hatte zunächst mit den Narodniki sympatisiert und danach der Revolutionsvorstellung Bakunins angehangen. Seit ihrer Flucht in die Schweiz bewegte sie sich im Umfeld von Georgi Plechanow; damit hatte sie sich der Marxschen Theorie zugewandt.[207] Sie fragte Marx in einem Brief, ob die Auflösung der englischen Dorfgemeinde, die er im vierundzwanzigsten Kapitel des *Kapitals* unter der Überschrift «Die sogenannte ursprüngliche Akkumulation» als Ausgangspunkt der kapitalistischen Produktionsweise dargestellt hatte,[208] eine alternativlos zu durchschreitende Durchgangsetappe der Geschichte sei. Die Folge wäre, dass auch die russische

Dorfgemeinde dem Untergang geweiht sei und es von dem in ihr konservierten archaischen Gemeineigentum keinen direkten Weg zum sozialistischen Eigentum an Produktionsmitteln gebe. Offenkundig kannte Sassulitsch Marx' Aufsätze über die Verwobenheit von Dorfgemeinde und asiatischer Despotie nicht, sonst hätte sie wohl unter Verweis auf die dort angestellten Überlegungen ihre Frage noch weiter zugespitzt oder erst gar nicht gestellt. Doch auch Marx selbst scheint sich, als er bald dreißig Jahre nach seinen Ausführungen zu Indien mehrere Entwürfe für ein Antwortschreiben an Sassulitsch anfertigte,[209] an seine damaligen Überlegungen nicht mehr recht erinnert zu haben. Er hatte sich inzwischen mit einer Reihe von ethnographischen Studien zur Geschichte der Dorf- und Gemeindeverfassung und den jeweiligen Eigentumsverhältnissen befasst und seiner Arbeitsweise entsprechend umfassende Exzerpte erstellt[210] – als Autoren, mit denen Marx sich beschäftigt hatte, sind Georg Ludwig von Maurer, Henry Sumner Maine, Lewis Henry Morgan und Maxim Kowalewsky zu nennen.[211] Aus dieser Beschäftigung hatte sich für ihn ein neuer Blick auf die Dorfgemeinde ergeben. Jedenfalls hat sich Marx in seiner Antwort an Sassulitsch ausdrücklich von einer strikten geschichtsdeterministischen Betrachtung distanziert. Die Schritte der westeuropäischen Entwicklung mussten demnach nicht allüberall wiederholt werden. Gleichzeitig verzichtete Marx darauf, explizit über die Möglichkeit eines *historischen Sprungs* aus vorkapitalistischen in sozialistische Verhältnisse nachzudenken. Er wollte einem revolutionären Voluntarismus, den er mit der französischen Blanqui-Tradition oder den Vorstellungen Bakunins für überwunden hielt, nicht das Wort reden. Aber ebenso wenig wollte er einen politischen Quietismus verteidigen, der sich in der Betrachtung einer in feststehenden Bahnen ablaufenden Geschichte erschöpfte und bei dem die Revolutionäre letzten Endes auf die Rolle von Zuschauern festgelegt waren. Das hielt er gegenüber seinen enthusiastischen russischen Anhängern für unangemessen.[212]

Im Zentrum der heimischen Dorfgemeinde (*obschtschina*) stand eine freie Assoziation der Bauern (*mir*), unter denen der zu bebauende Boden periodisch umverteilt wurde, um zu verhindern, dass die unter-

Wera Iwanowna Sassulitsch, die einer verarmten Adelsfamilie entstammte, engagierte sich zunächst bei den Narodniki, die aufs Land zogen, um die Bauern aufzuklären und sie zum Widerstand gegen ihre Ausbeutung aufzufordern. Nach dem Scheitern dieser Bemühungen unterrichtete sie Fabrikarbeiter; sie wurde verhaftet und verbrachte vier Jahre im Gefängnis.

Im Januar 1878 verübte Sassulitsch ein Pistolenattentat auf General Fjodor Trepow, der einen politischen Gefangenen wegen einer Nichtigkeit zur Prügelstrafe verurteilt hatte. Sie verwundete Trepow schwer; in der Gerichtsverhandlung wurde sie freigesprochen. Daraufhin verließ sie Russland, um fortan in der Schweiz zu leben. Marx legte sie die Frage vor, ob es einen direkten Übergang von der kommunitären Dorfgemeinde Russlands zum Sozialismus geben könne.

schiedliche Bonität der Böden dauerhaft nur bestimmten Familien zugutekam und sich infolgedessen innerhalb der Gemeinde Einkommensunterschiede und mit der Zeit Klassengegensätze entwickelten.[213] Gleichzeitig waren diese Dörfer Teil einer Feudalstruktur, die dafür sorgte, dass ein erheblicher Anteil des Mehrprodukts einem Adligen zufloss, der davon eine aufwendige und verschwenderische Lebensführung pflegte. Diese feudale Mehrproduktabschöpfung sorgte dafür, dass die Bauern an einer nachhaltigen Produktivitätssteigerung kein Interesse hatten. Die Folge war eine kontinuierliche Stagnation Russlands, das gegenüber den westeuropäischen Ländern immer weiter zurückzufallen drohte. Die Aufhebung der bäuerlichen Leibeigenschaft durch Alexander II. im Jahre 1861 sollte diese Entwicklungsblockade beenden – aber was bedeutete das für das gemeinschaftlich bewirtschaftete beziehungsweise regelmäßig zirkulierende Ackerland? Würde es sich nach einiger Zeit in kleinbäuerliches Privateigentum verwandeln?

Oder würden sich die dynamischsten Angehörigen der Dorfgemeinde einen Großteil des Bodens aneignen? Könnte der *mir* als Grundlage eines Bauernkommunismus dienen, der Russland zum ersten kommunistischen Land der Welt machen würde? Oder würde die ökonomische Stagnation einfach fortdauern, weil infolge der Bodenzirkulation niemand in die Melioration der Böden und die Effektivierung der Arbeitsabläufe investieren würde? Das waren die Fragen, mit denen Marx sich auseinandersetzte.

In dem an Wera Sassulitsch gesandten Antwortschreiben besteht Marx darauf, dass die von ihm im *Kapital* angenommene historische Unvermeidlichkeit einer Expropriation der Ackerbauern «*ausdrücklich auf die Länder Westeuropas* beschränkt» sei und dass es sich im Westen um die «*Verwandlung einer Form des Privateigentums in eine andere Form des Privateigentums*» gehandelt habe. «Bei den russischen Bauern würde man im Gegenteil ihr *Gemeineigentum in Privateigentum* umwandeln.»[214] Genau das allerdings hatte er in seinen Indien-Artikeln für unvermeidlich gehalten und als Vorbedingung für den Sieg des Sozialismus angenommen. Die drei vor Abfassung des Antwortbriefs angefertigten Entwürfe dokumentieren, wie Marx schwankt. Einerseits sieht er, wie wenig flexibel die Bewirtschaftungsformen der Dorfgemeinde aufgrund des Kollektiveigentums an Grund und Boden sind; dazu thematisiert er die fehlenden Anreize zur Fortentwicklung der Produktivkräfte und damit die soziale Stagnation, in deren Folge die Dorfgemeinde zur Grundlage der «asiatischen Despotie» geworden sei; er hält also durchaus an dem fest, was er in den Artikeln über Indien geschrieben hat. Andererseits verweist er aber auch darauf, dass sich in einigen Fällen, so auch in Russland, neben dem Gemeineigentum eine Form von Privateigentum entwickelt habe, sei es nun an Haus und Garten oder auch Feldern, das nur noch von einer Familie und nicht mehr von der gesamten Dorfgemeinde oder in regelmäßiger Zirkulation unter den Familien bewirtschaftet wird. Er erinnert sich, dass in seiner Trierer Heimat Ähnliches zu beobachten war, eine Gemeindestruktur nämlich, «in der das Ackerland Privateigentum geworden ist, während Felder, Weiden, Ödland etc. immer noch Gemeindeeigentum bleibt».[215]

Dieser «der Ackerbaugemeinde innewohnende *Dualismus*» von privater Bewirtschaftung und Gemeindeeigentum habe sie «mit großer Lebenskraft erfüllen» können: «Befreit von den starken, aber engen Banden der Blutsverwandtschaft wird ihr durch das Gemeineigentum an Grund und Boden und die sich daraus ergebenden sozialen Beziehungen eine feste Grundlage gesichert, während gleichzeitig das Haus und der dazugehörige Hof, ausschließlich Bereich der einzelnen Familie, die Parzellenwirtschaft und die private Aneignung ihrer Früchte der Entwicklung der Persönlichkeit einen Auftrieb geben, der mit dem Organismus der primitiven Gemeinwesen unvereinbar ist.»[216] – Man muss diese Würdigung des Privateigentums im Hinblick auf die Entfaltung von Produktivkräften und die Entwicklung der Individualität mehrmals lesen, um eine Vorstellung von der Komplexität der Marxschen Theorie zu bekommen.

Marx weist aber auch darauf hin, dass die Dorfgemeinde aufgrund dieses Dualismus den Keim der Zersetzung in sich trage: Das Privateigentum an Grund und Boden sei zur Basis für den Angriff auf das Gemeindeland geworden. «Die parzellierte Arbeit als Quelle der privaten Aneignung» habe Raum geschaffen für die «Akkumulation beweglicher Güter», etwa «von Vieh, Geld, bisweilen sogar von Sklaven und Leibeigenen». «Das ist das zersetzende Element der ursprünglichen ökonomischen und sozialen Gleichheit. Es führt heterogene Elemente ein, die im Schoße der Gemeinde Interessenkonflikte und Leidenschaften schüren, die geeignet sind, zunächst das Gemeindeeigentum an Ackerland, dann das an Wäldern, Weiden, Brachland etc. anzugreifen, die, einmal in Gemeindeanhängsel des Privateigentums umgewandelt, ihm schließlich zufallen werden.»[217] Die beiden Entwicklungskräfte, die Marx hier identifiziert, könnten dazu führen, dass Russland nicht zwingend durch das «Kaudinische Joch» einer Privatisierung von Grund und Boden und der Entwicklung einer kapitalistischen Landwirtschaft hindurch müsse. Es habe jedoch seit längerem schon eine Auflösung der gemeinschaftlichen Produktionsform eingesetzt, mit dem Ergebnis, dass im «Durchschnitt der letzten zehn Jahre» in Russland «nicht nur eine stagnierende, sondern sogar rückläufige landwirtschaftliche Produktion» zu konstatieren sei. In der Folge seien starke Gruppierungen entstanden, die dafür plädierten, man müsse «die mehr oder weniger begüterte Minderheit der Bauern zu einer ländlichen Mittelklasse konstituieren und die Mehrheit der Bauern in gewöhnliche Proletarier verwandeln».[218] Nur eine tiefgreifende Revolution in Russland, die jedoch bald erfolgen müsse, werde die Dorfgemeinde retten; dann könne sie sich als «ein Element der Regeneration der russischen Gesellschaft und als ein Element der Überlegenheit über die vom kapitalistischen Regime versklavten Länder entwickeln».[219] Danach könnte eine quasisozialistische Revolution im ökonomisch rückständigen Russland die Voraussetzungen für einen historischen Sprung aus einer vor- in eine nachkapitalistische Gesellschaftsformation schaffen. Das ist eine weitere Variante der Revolutionsvorstellungen, über die Marx nach der Verabschiedung des französischen Modells nachgedacht hat. Er scheint es jedoch für unwahrscheinlich gehalten zu haben, dass die von ihm aufgeführten Bedingungen erfüllt würden, so dass auch Russland den Gang werde gehen müssen, den die westliche Gesellschaftsgeschichte gegangen ist. Kurzum: Marx hat eine strikte Determination von Geschichtsverläufen bestritten, die Bedingungen eines Abweichens von diesem Entwicklungspfad aber so stark gemacht, dass es kaum dazu kommen konnte.

Wagners Revolutionierung der Musik

Der gescheiterte und schließlich resignierte Revolutionär Wagner hat zuletzt doch noch im buchstäblichen Sinn revolutionäre Spuren hinterlassen, freilich nicht in der Politik, sondern in der Kunst – auch im Theater, von dem her er sein Werk ja wesentlich konzipiert hat, vor allem aber in der Musik.[220] Das läuft auf eine Umkehr von Motiv und Ergebnis hinaus: Wurde Wagner in Dresden nicht zuletzt deswegen zum politischen Revolutionär, weil er mit der Stellung der Kunst im monarchischen Verwaltungsstaat unzufrieden war und sich vom revolutionären Umsturz eine grundlegende Verbesserung der künstlerischen

Arbeitsbedingungen versprach – was er in den späten 1850er Jahren dann als Illusion begriff –,[221] so lässt sich im Hinblick auf das spätere Interesse am Dresdner Revolutionär Wagner und dem revolutionären Gehalt seiner Züricher Kunstschriften sagen, dass es wesentlich Wagners Revolutionierung des Musiktheaters geschuldet ist. Die Revolutionierung der Kunst wurde zum Anstoß, sich auch mit dem politischen Revolutionär Wagner zu beschäftigen und die Züricher Kunstschriften auf revolutionäre Ideen hin zu durchforsten.[222] Gleichzeitig aber ist noch heute «der Anteil der Literatur zur *Musik* Wagners [...] verschwindend gering»,[223] wenn man ihn an dem misst, was es an Forschungsliteratur über Wagner sonst gibt.

Nun zeitigen Revolutionäre, wenn sie erfolgreich sind, oft keineswegs das Ergebnis, das sie angestrebt haben – und auch in dieser Hinsicht ist es Wagner nicht viel anders ergangen als Marx. Er wollte die Oper aus der Ecke der Unterhaltung und Zerstreuung, wo er sie angekommen glaubte, herausholen und sie nach ihrer Transformation in das Musikdrama[224] zu einem Ort der Selbstbesinnung und gesellschaftlichen Erneuerung machen. Das Ergebnis dieser Revolution des Musiktheaters war jedoch «Weltanschauungsmusik»,[225] die recht unterschiedliche Aufgaben zu erfüllen vermochte: Sie konnte als pathetische Untermalung politischer Ideologien dienen ebenso wie der gehobenen Unterhaltung in Form spielerischer Begleitung, aber auch der dramatischen Aufmerksamkeitssteuerung im Film als dem Leitmedium der neuen Zeit.[226] Im Kern steht der Begriff «Weltanschauungsmusik» dafür, dass der Anspruch der Musik auf eine autonome Ästhetik durch «heteronomieästhetische Faktoren» konterkariert wird, dass das Ästhetische für wesenhaft fremde Zwecke in Anspruch genommen wird, was zu einem Spannungsverhältnis zwischen Musik und Weltanschauung führt.[227]

Nietzsche hat mehrfach gegen Wagner vorgebracht, dieser sei als Dichter wie als Komponist nur ein Histrione, ein Schauspieler gewesen.[228] Für Nietzsche war das ein Vorwurf – in Wagners Selbstverständnis war es das keineswegs. Wagner dachte vom Schauspielerischen her, von der Performanz der Probleme und Personen auf der Bühne, gleichgültig, ob sie nun mit oder ohne Musik präsentiert wurden. In Wagners Biographie war das Schauspielerische das Erste, womit er sich beschäftigt hatte, und das lange bevor er mit Bildungsstoffen in Berührung kam oder sich in der Technik des Komponierens übte. Das hatte zur Folge, dass er die historischen Stoffe sowie die Mythen und Sagen immer sogleich unter dem Aspekt ihrer Bühneneignung und schauspielerischen Darstellbarkeit sah. Die imaginierte Bühnenperformanz war der Lackmustest, mit dessen Hilfe Wagner darüber entschied, ob er sich eingehender mit einem Stoff beschäftigen oder ihn beiseitelegen sollte. Für Nietzsche war das Histrionische eine Erklärung dafür, dass es Wagners Werk an Problembewusstsein und Ernsthaftigkeit mangele; der Theatermann Wagner dagegen schaute von der Bühne aufs Publikum und dachte darüber nach, wie er dessen unaufmerksame Zerstreutheit in konzentrierte Aufmerksamkeit verwandeln konnte. Es sei jederzeit sein Ziel gewesen, schrieb er an Berlioz, «die Möglichkeit eines Kunstwerkes zu zeigen, in welchem das Höchste und Tiefste, was der Menschengeist zu fassen imstande ist, auf die dem einfachsten Rezeptionsvermögen rein menschlicher Mitgefühle verständlichste Weise mitgeteilt werden könnte, und zwar so bestimmt und überzeugend, daß es keiner reflektierenden Kritik bedürfen sollte, um dieses Verständnis deutlich in sich aufzunehmen. Dieses Werk nannte ich ‹Das Kunstwerk der Zukunft›.»[229] Die Verständlichkeit und emotionale Nachvollziehbarkeit des auf die Bühne Gebrachten für jedermann und jedefrau trieb Wagner sein Leben lang um. Die bisherige Unterhaltungsstätte der gesellschaftlichen Elite sollte zur Volksbühne im buchstäblichen Sinne werden. Das war, zumal im Fall des Musiktheaters, ein wahrhaft revolutionäres Projekt.

Es gibt mancherlei Gründe, Wagners Selbsterklärungen mit Skepsis zu betrachten. Wo er sich über seine Musik äußerte, sollte man ihn jedoch ernst nehmen. Zu Beginn der 1860er Jahre ging er sein bisheriges Schaffen noch einmal durch und zog Bilanz: Er steckte in einer kompositorischen Schaffenskrise, auch dadurch bedingt, dass er, weil er als steckbrieflich Gesuchter sich in Deutschland nicht frei bewegen konnte, seine Werke weder hören noch sehen konnte – so hatte er zu diesem Zeitpunkt noch keine Aufführung seines *Lohengrin* miterlebt. Zudem hatte er die Erwartung aufgegeben, die Revolution befördere den Kunstbetrieb, ja er fürchtete inzwischen sogar, dass Revolutionen negativ für die Fortentwicklung der Kunst sein würden, und vor allem: Er hatte auf Anregung Georg Herweghs Schopenhauers Hauptwerk *Die Welt als Wille und Vorstellung* gelesen und unter dem Eindruck dieser Lektüre seine Auffassungen überdacht. Es war eine grundlegende Neujustierung seines Selbstentwurfs, die Wagner daraufhin Anfang der 1860er Jahre vornahm: Leitidee war, dass er seine revolutionären Impulse von nun an auf eine grundlegende Veränderung des Theaters und der Musik konzentrieren wollte. Dem hatte er in den Züricher Kunstschriften seit Anfang der 1850er Jahre vorgearbeitet, in denen die konzipierte Revolution des Ästhetischen allerdings noch eng mit einer Revolution des Politischen und der Gesellschaft verbunden war. Diese Verbindung gab er um 1860 auf.

Wagner beginnt in dem Essay *Zukunftsmusik* mit dem Theater und den Theaterbesuchern. Dabei fasst er noch einmal jene Beobachtungen zusammen, die bereits in den Züricher Kunstschriften zu finden sind, nun aber nicht mehr in schwungvoller Überzeugung, sondern mit einem skeptischen, fast resignativen Unterton. «Es war nicht zu leugnen, daß es ein törichtes Trachten sei, ein Institut, welches in seiner öffentlichen Wirksamkeit fast ausschließlich auf Zerstreuung und Unterhaltung einer aus Langeweile genußsüchtigen Bevölkerung bestimmt und außerdem auf Geldgewinn zur Erschwingung der Kosten der hierfür berechneten Schaustellungen angewiesen ist, zu dem geradezu entgegengesetzten Zwecke zu verwenden, nämlich eine Bevölkerung ihren gemeinen Tagesinteressen zu entreißen, um sie zur Andacht und zum Erfassen des Höchsten und Innigsten, was der menschliche Geist faßt, zu stimmen.»[230] Erstmals spricht Wagner hier die Kostenfrage als Problem an – in der Bürgerstadt Zürich, wo es keine herrscherliche Subventionierung des Theaterbetriebs gab, lag das nahe. Diese Kostenfrage stand der «Andacht» entgegen, in die er das Publikum versetzen wollte.

Solche religiösen Anmutungen hatte er zuvor weitgehend vermieden. Mit der Relativierung der aufs Sinnliche gerichteten Anthropologie Feuerbachs nach der Schopenhauerlektüre scheint sich das geändert zu haben. Das zeigt auch das folgende Zitat, in dem Wagner das «ideale Verhältnis» des Theaters zur Öffentlichkeit skizziert: Er habe dieses Ideal «im Theater des alten Athens» gefunden, «dort, wo das Theater seine Räume nur an *besonderen heiligen* Festtagen öffnete, wo mit dem Genusse der Kunst zugleich eine *religiöse Feier* begangen ward, an welcher die ausgezeichnetsten Männer des Staates sich selbst als Dichter und Darsteller beteiligten, um *gleich Priestern* vor der versammelten Bevölkerung der Stadt und des Landes zu erscheinen, welche mit so hoher Erwartung von der Erhabenheit des vorzuführenden Kunstwerkes erfüllt war, daß ein Aischylos, ein Sophokles die tiefsinnigsten aller Dichtungen, sicher ihres Verständnisses, dem Volk vorführen konnten.»[231] Die Dimension des Religiösen verbindet sich hier mit der Vorstellung des Erhabenen, beides Revisionen gegenüber den Züricher Kunstschriften, und beides hat Wagner in die Konzeption der Bayreuther Festspiele zentral eingebracht.[232] Nicht zuletzt verbindet er die Dimension des Religiösen mit dem Anspruch, etwas für alle Verständliches auf die Bühne zu bringen.

Die Verbindung von Text und Musik im Musikdrama[233] sollte dem Theater wieder jene Würde und Feierlichkeit verleihen, die Wagner im zeitgenössischen Betrieb abhandengekommen sah. Die angestrebte Revolution des Musiktheaters lief somit auf eine Revolution im Wortsinn des 15. bis 18. Jahrhunderts hinaus, in dem *revolutio* nicht nur den Kreislauf politisch-kultureller Entwicklungsetappen bezeichnete, sondern auch für eine Rückkehr zu den Anfängen stand, so dass sich das Konnotationsfeld von *revolutio* mit dem von *reformatio* und *restauratio* überschnitt.[234] In gewisser Hinsicht ging es Wagner um einen Neuanfang, nicht unähnlich dem am Ende der *Götterdämmerung*, nur dass er nicht auf eine wiederhergestellte Natur setzte, sondern an die Tradition des attischen Theaters anknüpfte.[235] Mit diesem Vorhaben ist es Wagner ähnlich ergangen wie Marx mit der auf Beschleunigung der Geschichte angelegten Revolutionsvorstellung – es ist etwas anderes dabei herausgekommen, als intendiert war: einerseits eine auf Kon-

Das große Umsturzprojekt: Gesellschaft, Kunst und Werteordnung

Die 1876 in der Wiener Zeitschrift «Floh» veröffentlichte Karikatur zeigt links den von Venus begleiteten antiken Gott Jupiter, der in demütiger Haltung «im Namen des alten Olymp dem neuen Wotan», bei dem es sich unverkennbar um Wagner handelt, die Symbole für Blitz und Donner übergibt, «damit dieser», wie es im Begleittext heißt, «hinfort die Welt betäube». Als Instrument der Betäubung ist eine gewaltige Pauke ins Bild gesetzt. Hinter Wagner-Wotan fängt Freia, das germanische Gegenstück zur griechisch-römischen Venus, den Goldregen auf, der Wagner zuteilwird.

vention und Tradition festgelegte Veranstaltung, zu der die Bayreuther Festspiele nach Wagners Tod wurden, und andererseits ein medienwirksam angelegter Event mit einem festen Platz im Unterhaltungskalender diverser gesellschaftlicher Gruppen.

Wagner selbst hat das «revolutionäre» Selbstverständnis seines Wegs zum Musikdrama verschleiert, als er seine Innovationen als Ergebnis eines Wettstreits zwischen italienischer, französischer und deutscher Musiktradition darstellte. Damit gliederte er sie in eine entwicklungsgeschichtliche Kontinuität ein, nämlich die der Symphonie, und zugleich in die nationalen Konkurrenzvorstellungen des 19. Jahrhunderts. Das mag im Hinblick auf die Themenkonjunktur der 1860er Jahre, als man von revolutionären Absichten nichts mehr hören wollte, ein geschickter Schachzug gewesen sein – bekanntlich war Wagner ein Virtuose der Selbstvermarktung –, verwischte jedoch die Motive und Ziele, an denen er sein künstlerisches Schaffen orientierte. Nach Wagners eigener Darstellung ging es ihm in erster Linie um die Abgrenzung von der italienischen Operntradition. In Italien, wo die Oper als Musikgattung entstanden ist, wurde, so Wagner, «dem Musiker keine andere Aufgabe gestellt, als für einzelne bestimmte Sänger, bei welchen das dramatische Talent ganz in zweite Linie trat, eine Anzahl von Arien zu schreiben, die diesen Virtuosen einfach Gelegenheit geben sollten, ihre ganz spezifische Gesangsfestigkeit zur Geltung zu bringen».[236] Die italienische Oper sei infolgedessen zu einem Kunstgenre eigener Art geworden, das mit dem Drama nichts zu tun hatte und bei dem die Musik gegenüber dem Geschehen apart blieb: eine Aneinanderreihung von Arien und Duetten, die den Fortgang der Handlung für eine gewisse Zeit aufhielten. Die Oper, so Wagner, sei in Italien ein typisches Produkt des Niedergangs und Verfalls der Musik gewesen. Das Undramatische des Bühnengeschehens wie der Musik habe sich auch im Verhalten des Publikums gezeigt, das sich während der Vorstellungen über gesellschaftliche, geschäftliche oder gegebenenfalls auch politische Fragen austauschte und nur hin und wieder seine Aufmerksamkeit der Bühne und der Musik zuwandte. «Während der Konversation und der gegenseitigen Besuche in den Logen fuhr die Musik fort, und zwar mit der Aufgabe, welche man bei großen Diners der Tafelmusik stellt, nämlich durch ihr Geräusch die sonst schüchterne Unterhaltung zum lauteren Ausbruch zu bringen.»[237] Von dieser Tradition, gegen die bereits Beethoven in Wien angekämpft hatte, distanzierte Wagner sich ausdrücklich.

Nicht anders verhielt es sich bei der französischen «Großen Oper», die sich von der italienischen Tradition durch stärkere Konventionalisierung und höhere Anforderungen unterschied.[238] Auch mit dieser Tradition, so Wagner in seiner Selbstbeschreibung, habe er gebrochen. Hier hat er freilich im Rückblick die eigene Entwicklung geglättet. Tatsächlich hat ihn nämlich, wie aus mehreren Briefen hervorgeht, die Aufführung von Meyerbeers *Le Prophète*, der er während seines zweiten Parisbesuches von 1850 beiwohnte – es war die 47. Pariser Aufführung –, zutiefst beeindruckt. Zeitweilig trug er sich mit dem Gedanken, selbst etwas Vergleichbares zu schaffen, um sich anschließend in wüster Polemik gegen Meyerbeer[239] den Raum zu verschaffen, den er zu brauchen glaubte, um dessen Werk etwas grundlegend anderes entgegenstellen zu können. Das Ergebnis war der *Ring des Nibelungen*, der *kein historisches*, sondern ein *mythisches* Thema zum Gegenstand hatte und in dem Wagner zunächst auch einen revolutionär-utopischen Gegenentwurf zu Meyerbeers radikalem Pessimismus entfaltete.[240] Erst im Verlauf der weiteren Arbeit am Stoff kam es zu Wagners resignativer Wende gegenüber dem Revolutionären, wobei er freilich an der utopischen Perspektive festhielt, indem er an die Stelle einer Erlösung der Götter eine Erlösung von den Göttern setzte. Wie Meyerbeer in *Le Prophète* hat auch Wagner auf eine Verknüpfung sozialrevolutionärer und geschichtsphilosophischer Ideen gesetzt.[241] Im Unterschied zur italienischen Oper, von der sich Wagner in jeder Hinsicht distanzierte, hat er sich durch die französische *Grand Opéra* – bei aller Differenz – durchaus anregen lassen.

In seiner Selbstbeschreibung ging es Wagner jedoch darum, das eigene Werk seit dem *Lohengrin* gegen die Oper als Ganzes abzusetzen. Nach Deutschland, so erklärt er, sei «die Oper als vollkommen fertiges ausländisches Produkt» gelangt,[242] und dementsprechend seien die in Deutschland entstandenen Werke auch nur künstlerisch dürftige Nachahmungen der italienischen oder französischen Oper geblieben. Selbst Beethoven habe sich in diesem musikalischen Genre nicht wohlgefühlt und es deswegen bei der Komposition einer einzigen Oper belassen. In Deutschland sei «die eigentlich nationale Musik auf ganz anderen Grundlagen als dem des Operngenres» entstanden; Wagner verweist auf das Oratorium und die Symphonie und erklärt, «von Bach bis Beethoven» sei die Musik in Deutschland – und nur in Deutschland – in diesen beiden Genres «zu der Höhe ihres wundervollen Reichtums» geführt worden.[243] Für jemanden, der sich wie Wagner auf das Komponieren von Opern verlegt hatte, war das eine deprimierende Feststellung. Nur Carl Maria von Weber und dessen *Freischütz* ließ er als Vorläufer des von ihm Angestrebten gelten, und selbst das nur mit Einschränkungen. – Aber was, wenn das Problem die Lösung wäre, wenn sich aus den in Deutschland gepflegten Musikgattungen des Oratoriums und der Symphonie ein neuer Typ von Oper entwickeln ließe, der Wagners Anspruch einer Zusammenführung von Drama und Musik entspräche? Tatsächlich ist das die Linie, in der Wagner sein eigenes Werk verortet hat. Beethoven ist der Komponist, mit dem er sich am intensivsten beschäftigt hat, und zwar keineswegs mit dem *Fidelio*, sondern vorwiegend mit den Symphonien, namentlich der Dritten und der Neunten Symphonie.[244] Hier setzt Wagner an, wenn er in einer knappen Darstellung der Musikgeschichte aus seiner Perspektive die Verknüpfung zwischen dem eigenen kompositorischen Schaffen und der deutschen Tradition herstellt.

Dabei spielen Tanz und Tanzmelodie für Wagner eine herausgehobene Rolle. Er verweist darauf, dass mit der «Verweltlichung der christlichen Kirchenmusik in Deutschland» auch die rhythmische Melodie, die «neben der Kirchenmusik im Volke als nationale Tanzweise ununterbrochen fortgelebt» habe, zu neuer Bedeutung gelangt sei, bis es schließlich dazu kam, «daß Rhythmus und Harmonie gleichmäßig im Ausdruck der Melodie zusammentrafen».[245] Das habe auch in der Instrumentalmusik seinen Ausdruck gefunden und letztlich dazu geführt, dass sich das Orchester aus der «unterwürfigen Stellung» emanzipierte, die es gegenüber der Vokalmusik bis dahin hatte und in der italienischen Oper nach wie vor habe. Ausführlich legt Wagner dar, «wie alles Trachten der deutschen Meister darauf ausging, der einfachen Tanzmelodie, von Instrumenten selbständig vorgetragen, eine allmählich immer reichere und breitere Entwicklung zu geben».[246] Er beschreibt, wie die Fuge dazu Anlass gab, die Tanzmelodie in allen Stimmen abwechselnd vorzutragen, wie sie durch Verkürzungen und Verlängerungen sowie harmonische Modulationen in wechselndem Licht erschien, wie mehrere Melodien ineinandergefügt und Übergänge von der einen in die andere gefunden wurden – bis schließlich daraus die Symphonie entstand. Beethoven habe «dieses eigentümliche Kunstwerk», die Vorgänger Haydn und Mozart zusammenführend, vollendet: «Er bildete das symphonische Kunstwerk zu einer so fesselnden Breite der Form aus, und erfüllte diese Form mit einem so unerhört mannigfaltigen und hinreißenden Inhalt, daß wir heute vor der Beethovenschen Symphonie wie vor dem Marksteine einer ganz neuen Periode der Kunstgeschichte überhaupt stehen; denn durch sie ist eine Erscheinung in die Welt getreten, von welcher die Kunst keiner Zeit und keines Volkes etwas auch nur annähernd Ähnliches aufzuweisen hat».[247]

Für die Frage nach dem kunstrevolutionären Selbstverständnis Wagners ist dreierlei bedeutsam: Erstens verortet Wagner den epochalen Entwicklungsschnitt in der Geschichte der Gattung Symphonie bei Beethoven; zweitens stellt er ihn als das Ergebnis der nationalen Konkurrenz dar; und drittens ist er damit immer noch nicht bei dem von ihm verfolgten Projekt des Musikdramas angekommen. Wagner brauchte diesen langen Blick auf die europäische Musikgeschichte, um zu dem Punkt zu gelangen, an dem er sich selbst ins Spiel bringen wollte. Er entwickelte diese Vorstellung entlang der Frage, wie es möglich sei, «in der dramatischen Dichtung selbst ein poetisches Gegenstück zu erhalten». Solange man die symphonische Form nur auf kirchliche Texte angewandt habe, wie Beethoven in seiner Großen Messe, sei die Verknüpfung von variierter Melodie und symbolisch bedeutungsvollen Textworten ohne Weiteres möglich gewesen, da beide den Prinzipien der Trennung, Zerlegung, Wiederholung, Aneinanderreihung und Neuverbindung folgten. Derlei sei in der dramatischen Dichtung nicht möglich, weil sie auf überraschende Wendungen und innere Stimmigkeit («logische Konsequenz») hin angelegt sei.[248] An dieser Stelle nun erfolgt Wagners eigener Auftritt – auch wenn er sich selbst nicht erwähnt: Es sei nämlich der Dichter, von dem der Anstoß ausgehen müsse, um den Komponisten dazu zu bringen, die enge Form der herkömmlichen Opernmelodie aufzusprengen und die melodische Form unter Nutzung ihrer «feinsten und innigsten Nuancen» ins Unendliche auszuweiten. Die Aufsprengung des in der Symphonie noch Begrenzten und Beengten antizipierend, wird der Dichter «bereits die poetische Form mit fesselloser Freiheit entwerfen».[249]

Der Dichter und der Komponist, heißt das, ermutigen sich gegenseitig, den entscheidenden Schritt zu wagen,[250] und nur weil Wagner beides in einer Person verkörperte, den Dichter und den Komponisten, konnte nach seiner Überzeugung er – und kein anderer – diesen entscheidenden Schritt gehen und das Genre der Oper gleichsam neu erfinden. Die revolutionäre Wende hing also buchstäblich an seiner Person. Den Augenblick dieses Wagnisses beschreibt Wagner in dramatischer Zuspitzung: «Wo also selbst der Symphoniker noch mit Befangenheit zur ursprünglichen Tanzform zurückgriff, und nie selbst für den Ausdruck ganz die Grenzen zu verlassen wagte, welche ihn mit dieser Form im Zusammenhang hielten, da wird ihm nun der Dichter zurufen: ‹Stürze dich zaglos in die vollen Wogen des Meeres der Musik; Hand in Hand mit mir kannst du nie den Zusammenhang mit dem jedem Menschen Allerbegreiflichsten verlieren; denn durch mich stehst du jederzeit auf dem Boden der dramatischen Aktion, und diese Aktion im Moment der szenischen Darstellung ist das unmittelbar Verständlichste aller Gedichte. Spanne deine Melodie kühn aus, daß sie wie ein ununterbrochener Strom sich durch das ganze Werk ergießt: in ihr sage du, was ich verschweige, weil nur du es sagen kannst, und schweigend werde ich alles sagen, weil ich dich an der Hand führe.›»[251] Es ist ein Wechselspiel von Beschweigen und Aussprechen – eine komplexe Beziehung zwischen dem Unaussprechlichen und dem Erklingenlassen des Unaussprechlichen, dem Wort und der Melodie, die sich gegenseitig ergänzen und kommentieren –, das Wagner hier als Wesensmerkmal des von ihm neu geschaffenen Musikgenres herausstellt und aus dem er dann die «unendliche Melodie» herleitet. «In Wahrheit ist die Größe des Dichters am meisten danach zu ermessen, was er verschweigt, um uns das Unaussprechliche selbst schweigend uns sagen zu lassen; der Musiker ist es nun, der dieses Verschwiegene zum hellen Ertönen bringt, und die untrügliche Form seines laut erklingenden Schweigens ist die unendliche Melodie.»[252] Das war ein Vorhaben, das an Komplexität alles Bisherige der Musikgattung Oper weit übertraf.

Diese unendliche Melodie, so fährt Wagner fort, ist nicht ohne das «Werkzeug» des Orchesters zu gestalten, das damit eine gänzlich andere Funktion hat als in der herkömmlichen italienischen Oper, wo es, Wagner zufolge, nur der Pausenfüller zwischen den Arien und Duetten war. Er vergleicht die neue Rolle des Orchesters mit der des Chores in der griechischen Tragödie, macht aber bei allen Ähnlichkeiten auch auf die Unterschiede aufmerksam: Der antike Chor diene eher der Reflexion des Geschehens, in Distanz zur Handlung wie zu den Motiven der Handelnden, während das Orchester «zu den Motiven der Handlung in einen so innigen Anteil treten [wird], daß es, wie es einerseits als verkörperte Harmonie den bestimmenden Ausdruck der Melodie einzig ermöglicht, andererseits die Melodie selbst im nötigen ununterbrochenen Flusse erhält und so die Motive stets mit überzeugendster Eindringlichkeit dem Gefühle mitteilt».[253]

So hat Wagner es also im Jahr 1860 während seines dritten Parisaufenthalts dargestellt, wobei er sich selbst in der Tradition der deutschen Musik verankerte und gleichzeitig andeutete, dass sein Werk auf eine revolutionäre Erneuerung des musikalischen Schaffens in ganz Europa hinauslaufe. Auf Wagners europäische Wirkung zurückblickend, hat Carl Dahlhaus festgehalten, dass dieser sich zu Recht in die symphonische Tradition stelle, zugleich aber hinzugefügt, dass um 1850, also mit Wagners Übergang von der romantischen Oper zum Musikdrama, vom *Lohengrin* zum *Rheingold*, der symphonische Stil sich auf zahlreiche andere Musikgattungen ausgebreitet habe, mit der Kehrseite eines «Verblassens der Symphonie als Gattung».[254] Wagners Leitmotivtechnik stelle, auch wenn sie auf ältere Vorbilder zurückgreifen konnte, bei denen in entscheidenden Augenblicken «Erinnerungsmotive» zitiert wurden, eine «musikhistorische Zäsur» dar:[255] Zwar seien motivische Netzwerke bereits vor Wagner zu finden, etwa bei Beethoven innerhalb einzelner Sätze oder auch bei Berlioz, Mendelssohn und Schumann, bei denen sie sich über ganze Satzzyklen erstreckten, aber erst Wagner habe das «musikalische Drama durch ein dichtes Gewebe motivischer Beziehungen zusammengehalten» und ein «System von Leitmotiven» als «‹innere Struktur› einer Tetralogie musikalischer Dramen» genutzt. So habe Wagner hundertzwanzig Motive eingesetzt, um aus «fünfzehn Stunden ‹Orchestermelodie›» eine Einheit zu schaffen.[256]

Auch wenn man diese Ausdehnung ins schier Unendliche als einen «qualitativen Sprung» im symphonischen Stil bezeichnen kann,[257] so ist das musikalisch Wesentliche daran doch nicht die Aneinanderreihung zahlloser Motive. Entscheidend sind die Übergänge zwischen den Motiven, ihre leichte Veränderung, die zugleich auf Früheres zurückverweist und es dabei in anderem Licht erscheinen lässt. Es ist das Zusammenspiel der Leitmotive, das die «unendliche Melodie» konstituiert und gleichzeitig dafür sorgt, dass diese Melodie sich nicht im Beliebigen verliert, sondern ein in sich Kohärentes und Geschlossenes bildet.[258] Wagner hat diese «Kunst des Übergangs» als seine «feinste Kunst» bezeichnet. So entwickelt sich ein Gespinst von Erinnerungen und manchen Vorausahnungen, für das Thomas Mann den Begriff «Beziehungszauber» geprägt hat. Im *Ring* lässt es ein sich über mehrere Generationen hinziehendes Geschehen an unterschiedlichen Orten und mit wechselnden Akteuren zu einem in sich geschlossenen Ganzen werden. Wagner löst damit zugleich das Problem der musikalischen Form, das durch die Übertragung des symphonischen Stils von der symphonischen Form auf das Genre der Oper entstanden war. Die retardierende Funktion eines Durcharbeitens der Melodie wird übergeführt in die Variation der Themen, die Verbindungen herstellt und den Gang des Bühnengeschehens begleitet.[259]

Lassen sich diese Innovationen Wagners als «revolutionär» charakterisieren? Und was heißt in diesem Fall «revolutionär»? Claus-Steffen Mahnkopf hat die Frage nach dem Revolutionären in Wagners Musik emphatisch bejaht: «Wagner, in vielem bereits ein Umstürzler, war einer der größten Revolutionäre der Kompositionstechnik: Er veränderte das, was musikalische Semantik heißt, steigerte die Variationstechnik ins Immense, ‹richtete› die Tonalität, antizipierte das parametrische Denken, das erst im seriellen Zeitalter zu sich kommen sollte. Wagner ist zwischen Beethoven und Schönberg *die* Etappe des musikalischen Fortschritts im Sinne höherstufiger technischer Rationalität. Beethoven, Wagner – der Rest ist fast ein Nachspiel: Wagner, nicht ein Späterer, komponierte die erste *Neue* Musik.»[260] Noch Beethoven, so etwas zurückhaltender Carl Dahlhaus, war davon überzeugt, dass die Musik auf festen Strukturprinzipien beruhe, die von den im Verlauf der Musikgeschichte eingetretenen Veränderungen nicht außer Kraft gesetzt werden könnten. In der Regel wurden diese Veränderungen ohnehin als Restaurationen gedeutet – ein Modell, mit dem auch Wagner zeitweilig gearbeitet hat. Doch mit der Trias Berlioz, Liszt und Wagner, die man auch als die Vertreter der «neudeutschen Musik» bezeichnet hat, so Dahlhaus, habe eine Dynamisierung des Musikbegriffs eingesetzt, die alle zuvor als unveränderlich angesehenen Elemente des Komponierens zur Disposition gestellt habe.[261] Auf Grundlage dieser Beobachtungen kann man sehr wohl sagen, Wagner habe im Verlauf der 1850er Jahre eine grundstürzende Veränderung in Gang gesetzt, nach der im Selbstverständnis der Komponisten und Musiker nichts mehr so war wie früher. Will man es in einem komplementären Begriffspaar fassen, so lief die Wagnersche Revolutionierung des musikalischen Werks auf die Ersetzung der «Architektur» durch das «Gewebe» hinaus.[262]

Was aber heißt das? Zunächst, dass die Tonalität bei Wagner nicht hierarchisch entwickelt wird, sondern sich dezentriert entfaltet. Wagners Musik hat dadurch eine stark parataktische Dimension, sie erzählt etwas, indem sie erinnernd und vorausahnend das Gegenwärtige mit dem Vergangenen wie Zukünftigen verbindet. Mahnkopf hat dafür den Begriff der «rhizomatischen Dezentrierung» gebraucht und Wagner als «Erfinder der musikalischen Epizität» bezeichnet.[263] Das macht den Unterschied zum vormaligen Umgang mit Leitmotiven aus, die im Genre der Symphonie «nach allen Regeln der Kunst» durchgearbeitet wurden, während Wagner sie immer wieder verändert auftauchen lässt, jenseits formaler Vorgaben und Regeln. Indem er die Leitmotive miteinander verbindet, stellt er Zusammenhänge her oder deutet untergründige Verbindungslinien an, wesentlich orientiert am Fortgang der Handlung und deren Komplexität ausleuchtend. Wagner gewinnt damit gegenüber der klassischen Themenbildung eine syntaktische Freiheit, die ihm den Einsatz musikalischer Motive als integratives Element des Musikdramas ermöglicht.[264]

Dagegen wurde schon früh Widerspruch laut: Die Auflösung der symphonischen Form durch Wagner wurde als eine Auflösung der musikalischen Form überhaupt angesehen, und mit Blick auf Wagner, aber auch auf Liszt, war von einer «Musik für Unmusikalische» die Rede. In den Reihen der Komponisten und Musiker formierte sich eine Gruppe von Traditionalisten, die sich die «guten Musiker» nannten, Brahms zu ihrer Leitfigur erkoren und Wagner als ihren Antipoden anfeindeten. Hinter diesem Konflikt um die musikalische Form stand grundsätzlich die Frage, ob die Prinzipien der Musik ewig und unveränderlich seien oder doch einer Innovationsdynamik unterlägen, in deren Folge sich nicht nur die behandelten Stoffe, sondern auch die Formen ihrer Behandlung veränderten.[265] Der Streit wurde nicht nur im inneren Kreis der Musikwelt ausgetragen, sondern griff, durch die Musikkritik vermittelt, auf die musikalisch interessierte Öffentlichkeit über und spaltete diese in zwei Lager: das der Traditionalisten, dem im weiteren Sinne auch Marx angehörte, wie seine Kritik an den ihm von Wilhelm Pieper vorgespielten Klavierauszügen Wagnerscher Musik zeigt,[266] und dem der Modernisten, an dessen Spitze die enthusiastischen Wagnerianer standen, zu denen zeitweilig auch Nietzsche zählte. Es ist eine Ironie der Kulturgeschichte, dass die Symbolfigur des politisch Revolutionären, Marx, in dieser Frage zu den Konservativen zählte, ebenso wie dass jenes, was in den 1860er und 1870er Jahren in der Musik als ultramodern angesehen und mit dem denunziatorisch gemeinten Begriff «Zukunftsmusik» belegt wurde, einige Jahrzehnte danach zu einem Bollwerk des Traditionalismus und Konservatismus wurde, dessen «feste Burg» Bayreuth und die dortigen Festspiele waren.[267]

Die Schweizer Karikatur zu Wagners Aufsatz «Zukunftsmusik», 1869 in der Zeitschrift «Fliegendes Blatt» veröffentlicht, zeigt Wagner beim Dirigieren von Chor und Orchester, in dessen Reihen sich gewaltige Blechinstrumente befinden, dazu riesige Trommeln und Pauken. Es hat den Anschein, als habe sich der Karikaturist weniger durch Wagners Schrift als durch eine bestimmte Vorstellung von seiner Musik inspirieren lassen.

Zu dieser Ironie – Marx selbst hätte vermutlich eher von einer Komödie oder Farce gesprochen – gehört auch, dass Wagner durch die Beschäftigung mit Schopenhauer in der Selbstbeschreibung seines musikalischen Werks zu einer Unterscheidung von *Wesen* und *Erscheinung*, von unsichtbarem Kernbestand und allenthalben sichtbarer Außenseite gelangte, wie sie auch für Marx seit der intensiven Arbeit an den Bewegungsgesetzen der Geschichte eine große Rolle spielte. Bei Marx ging es um die Vorstellung, dass das, was als Zyklen der Kapitalverwertung, als in mehr oder weniger regelmäßigen Abständen auftretende Krisen des Kapitalismus wahrgenommen werde, nur das äußerliche Ergebnis der inneren Gesetzmäßigkeiten sei, denen er im *Kapital* auf die Spur gekommen war. Schopenhauer wiederum hatte in *Die Welt als Wille und Vorstellung* an Platon anschließend die Idee entwickelt, dass sich in der Musik – und nur in ihr – das innerste Wesen der Welt äußere, wohingegen Sprache und Szene, die auf der Bühne zur Darstellung gelangten, nur vermittelte Erscheinungsformen dieses inneren Wesens seien. Die Musik, so Schopenhauer in Paragraph zweiundfünfzig seines Hauptwerkes, sei «von der erscheinenden Welt ganz unabhängig» und könne deswegen «gewissermaaßen, auch wenn die Welt gar nicht wäre, doch bestehn: was von den andern Künsten sich nicht sagen läßt. [...] Die Musik ist also keineswegs, gleich den andern Künsten, das Abbild der Ideen, sondern *Abbild des Willens selbst*, dessen Objektivität auch die Ideen sind: deshalb eben ist die Wirkung der Musik so viel mächtiger und eindringlicher, als die andern Künste: denn diese reden nur vom Schatten, sie aber vom Wesen.»[268] Weil der Komponist nicht auf die Vermittlungsinstanz der Begriffe angewiesen sei, sondern unmittelbaren Zugang zum «innersten Wesen der Welt» habe, spreche er auch «die tiefste Wahrheit aus, in einer Sprache, die seine Vernunft nicht versteht».[269] Der Komponist ist das Medium der Musik, was bedeutet, dass er das, was er tut, nicht begreift.

Es dürfte diese «Metaphysik der Musik» gewesen sein, die Wagner an Schopenhauer so sehr fasziniert hat, dass er seine bisherige Affinität zu Feuerbachs Philosophie der Sinnlichkeit in Schopenhauerschem Geist überformte. Aber je mehr er sich mit Schopenhauer beschäftigte, desto größer wurden die Probleme, die sich daraus ergaben, denn Wagner komponierte ja nicht reine Instrumentalmusik, sondern brachte in seinen Musikdramen Poesie und Musik zusammen. Obendrein verfasste er wie kein anderer Komponist vor und nach ihm Texte, in denen er sein kompositorisches Schaffen erläuterte und in Begriffe fasste, was, Schopenhauer zufolge, der tiefsten Wahrheit, zu der er als Musiker Zugang hatte, gar nicht entsprach. Schopenhauers Metaphysik der Musik und Wagners Selbstverständnis als Komponist, Dichter und Essayist passten nicht zusammen; deshalb konnte sich Wagner nie ganz auf die Schopenhauersche Philosophie einlassen – auch wenn er sich gerne als getreuer Schopenhauerianer darstellte.

In Schopenhauers Musikphilosophie ist die Oper ein Missgriff, der dem Ansehen der Musik zuliebe besser hätte unterbleiben sollen. Weil sich in der Musik nun einmal nicht diese oder jene Erscheinung, sondern «das innere Wesen, das Ansich aller Erscheinung» ausspreche, äußere sich in ihr auch nicht eine einzelne Freude, Betrübnis und so weiter, sondern *die* Freude, *die* Betrübniß, *der* Schmerz, *das* Entsetzen, *der* Jubel, *die* Lustigkeit, *die* Gemüthsruhe selbst». «Hieraus entspringt es, daß unsere Phantasie so leicht durch sie [die Musik] erregt wird und nun versucht, jene ganz unmittelbar zu uns redende, unsichtbare und doch so lebhaft bewegte Geisterwelt zu gestalten und sie mit Fleisch und Bein zu bekleiden, also dieselbe in einem Beispiel zu verkörpern. Dies ist der Ursprung des Gesanges mit Worten und endlich der Oper, – deren Text eben deshalb diese untergeordnete Stellung nie verlassen sollte, um sich zur Hauptsache und die Musik zum bloßen Mittel seines Ausdrucks zu machen, als welches ein großer Mißgriff und eine arge Verkehrtheit ist. [...] Wenn also die Musik zu sehr sich den Worten anzuschließen und nach den Begebenheiten zu modeln sucht, so ist sie bemüht, eine Sprache zu reden, welche nicht die ihrige ist.»[270] Der politisch Konservative, der Schopenhauer nun einmal war, zeigte sich hier auch als kulturell Konservativer.

Im Zweiten Teilband von *Die Welt als Wille und Vorstellung* hat Schopenhauer die von ihm postulierte Distanz der Musik gegenüber der Poesie noch einmal verschärft: «Die Worte sind und bleiben für die Musik eine fremde Zugabe, von untergeordnetem Werthe, da die Wirkung der Töne ungleich mächtiger, unfehlbarer und schneller ist, als die der Worte: diese müssen daher, wenn sie der Musik einverleibt werden, doch nur eine untergeordnete Stelle einnehmen und sich ganz nach jener fügen.»[271] Mit dieser Sichtweise hatte Wagner ein Problem, denn noch 1860, also deutlich *nach* seiner Schopenhauer-Lektüre, hatte er der Poesie, den Worten, nicht nur die Initiativfunktion bei der Aufsprengung der symphonischen Form, sondern auch eine Vorrangstellung innerhalb des Musikdramas eingeräumt und die Orchestermelodie als erinnernde Kommentierung des poetischen Textes begriffen. Das änderte sich erst zu Beginn der 1870er Jahre, als er in der Kommentierung seines Werkes die Beziehung zwischen Text und Musik umkehrte: «Die Musik», so hat Dahlhaus diese Kehre Wagners zusammengefasst, «illustriert nicht den Text und den szenischen Vorgang, sondern der Text und der szenische Vorgang illustrieren die Musik.»[272] Das Orchester, das Wagner im Bayreuther Festspielhaus unsichtbar gemacht hatte, wurde damit wieder aufgewertet; es kommentierte nicht nur das Geschehen, sondern brachte dieses auch zum Ausdruck, und was man auf der Bühne sah und hörte, sollten danach nur eine Veranschaulichung des Eigentlichen und Wesentlichen sein, das sich in der Abfolge und Verschränkung der Leitmotive äußerte.

Auch das also ist Wagner und Marx gemeinsam: dass die Unterscheidung zwischen dem nicht unmittelbar zu Tage Tretenden, dem inneren Wesenskern, und dem zur Erscheinung Gelangenden beiden erhebliche Probleme machte und von ihren Rezipienten selten begriffen beziehungsweise akzeptiert wurde. Die meisten haben das *Kapital* so gelesen, als ob darin der Kapitalismus, wie er nun einmal ist, analysiert würde; und fast alle, die eine Aufführung von Wagners *Ring* besuchen, achten vor allem auf die Sänger, und ihr Zu- oder Widerspruch in Form von Beifall oder Buhrufen konzentriert sich überwiegend auf sie. Die einen wie die anderen haben damit, legt man die Differenz zwischen Wesen und Erscheinung zugrunde, Marx wie Wagner missverstanden. Welche Folgen das für das Verständnis des *Kapitals* oder des *Rings* hat, ist indes umstritten; vermutlich ist das Missverstehen im Fall des *Kapitals* gravierender als im Fall des *Rings*.

Nietzsches stille Revolution: die Umwertung aller Werte

Im Streitgespräch mit dem Feuerhund hat Nietzsche seinen Zarathustra erklären lassen, dass nicht die Zusammenrottung großer Menschenmassen, die Errichtung von Barrikaden und der Kampf um die Macht auf der Straße die wirkliche Revolution seien, sondern dass Revolutionen im Stillen vonstattengingen, dass ihr Entstehungsort nicht die Straße, sondern das Studierzimmer sei, dass nicht die Massen, sondern weit blickende Denker ihre wichtigsten Akteure seien und dass sie sich auch nicht als schlagartiges Ereignis, sondern als lange dauernde Prozesse vollzögen. «Und glaube mir nur, Freund Höllenlärm! Die grössten Ereignisse – das sind nicht unsere lautesten, sondern unsre stillsten Stunden. Nicht um die Erfinder von neuem Lärme: um die Erfinder von neuen Werthen dreht sich die Welt; *unhörbar* dreht sie sich.»[273] Wie Wagner und Marx verabschiedete sich auch Nietzsche vom französischen Revolutionsmodell, das die Vorstellungswelt des 19. Jahrhunderts beherrschte. Wagner, der als Einziger von den dreien den revolutionären Straßenkampf unmittelbar kennengelernt hatte, sah in ihm noch am ehesten das Paradigma einer Revolution, wobei er sich von einer solchen Revolution zuletzt nichts mehr versprach. Sein Festhalten am alten Revolutionsmodell hatte dessen politische Verwerfung zur Voraussetzung. Indes – wenn man schon eine Revolution machte, so seine von Cosima festgehaltene Reaktion auf die Pariser Commune, dann dürfe man nicht zögerlich sein, sondern müsse entschlossen vorgehen und zur äußersten Gewaltanwendung bereit sein.[274] Im Unterschied dazu hat sich Marx vom französischen Revolutionsmodell verabschiedet, seitdem er politische Revolutionen nur noch als den oberflächlichen Ausdruck von sich im Innern der Gesellschaft vollziehenden Veränderungen begriff, als Eruptionen und Erschütterungen, die anzeigten, welche gewaltigen Kräfte dort wirkten und welche tektonischen Verschiebungen sich vollzogen. Nietzsche ging noch einen Schritt weiter, indem er den politischen Revolutionen die Relevanz für die in seiner Sicht wirklich umwälzenden Veränderungen absprach, nämlich die in der Werteordnung einer Gesellschaft. Politische Umstürze sind, so Zarathustra zum Feuerhund, belanglos für das Schicksal der Menschheit.

Man kann Nietzsches Abwertung der politischen Revolution und seine Konzentration auf die Werteordnung der Gesellschaft als Fundamentalangriff gegen das aufklärerische Vertrauen in den Fortschritt der Menschheit begreifen. Georg Lukács hat Nietzsche deswegen als den «Begründer des Irrationalismus der imperialistischen Periode» und einen im Kern präfaschistischen Denker bezeichnet.[275] Man kann darin aber auch, wie Michel Foucault und seine Schule, eine Subtilisierung des Machtbegriffs und eine bis in die «Mikrophysik der Macht» vordringende Analyse von Unterwerfung und Beherrschung sehen.[276]

Nietzsche hat dieser inzwischen dominanten Rezeptionslinie zufolge die Kultur sowie die Mentalitäten und Gewohnheiten der Menschen als den eigentlichen Kampfplatz der revolutionären Umbrüche ausgemacht. Wenn man so will, hat er die Analyse der großen Umstürze durch die der tiefgreifenden Umwertungen des gesellschaftlichen Selbstverständnisses ersetzt – ein Projekt, das er in *Menschliches-Allzumenschliches* begonnen, in der *Morgenröthe* und der *Fröhlichen Wissenschaft* vertieft und in *Jenseits von Gut und Böse*, der *Genealogie der Moral* und der *Götzen-Dämmerung* dann genauer ausgeführt hat. Es war dies insbesondere eine Auseinandersetzung mit dem Christentum, bei der es Nietzsche darum ging, die Spuren aufzudecken, die das Christentum und die von ihm gepredigte Moral in der psycho-physischen Konstitution der Menschen hinterlassen hatten. Vor allem aber wollte er diese Prägungen rückgängig machen, um zu den vorchristlichen Konstellationen zurückzukehren.[277] Das ist Nietzsches revolutionärer Impuls, und darin ist er ebenso revolutionär wie Marx. So betrachtet, ist das Vorhaben des mittleren und späten Nietzsche durchweg dem Imperativ der elften Feuerbach-These verpflichtet, wonach es nicht genügt, die Welt verschieden zu interpretieren, sondern darauf ankommt, sie zu verändern – nur dass Nietzsche dem Interpretieren dabei eine sehr viel größere Bedeutung beigemessen hat als der junge Marx: Das «verschieden Interpretieren» ist für ihn das eigentliche «Verändern».

Nietzsche war nicht der Auffassung, dass nach der Auseinandersetzung mit der christlichen Theologie und deren Sturz als «Leitwissenschaft» das Christentum als Herausforderung erledigt war und man nun zu anderem übergehen konnte, wie Marx das trotz aller Rückgriffe auf die Rhetorik des Religiösen gesehen hat.[278] Für ihn ging es vielmehr darum, die Derivate des Christlichen jenseits der Theologie aufzuspüren und sich mit ihnen auseinanderzusetzen. Solche Derivate waren nach seiner Überzeugung die Moralvorstellungen, insbesondere die Idee des Bösen und das schlechte Gewissen, dazu das breite Feld der Ressentiments und die subtile Disziplinierung des Körpers.[279] Hatten Wagner und Marx die Unterdrückung in den Strukturen der politischen und gesellschaftlichen Ordnung gesucht, so richtete Nietzsche den Blick auf den einzelnen Menschen. In der Tradition der französischen Moralisten, von Montaigne und La Rochefoucauld bis Vauvenargues und La Bruyère, betrachtete er die Mentalität der Menschen, ihre Gewohnheiten und eingeübten Reflexe und vor allem ihr Verhältnis zum eigenen Leib.[280] Während Marx und Wagner auf die Herausforderung einer theologisch entsicherten Welt reagierten, indem sie neue, sichere Welten entwarfen – Wagner unter Einbezug religiöser Vorstellungen auf der Bühne des Theaters, Marx ohne diese religiöse Komponente mit Blick auf die gesamte Gesellschaft –, wandte sich Nietzsche der Selbstsicherung des Menschen zu. Dabei endete er beim «Ich», das er jedoch nicht mehr, wie Descartes in seiner berühmten Wendung von der Unsicherheit des Zweifels zur Gewissheit seiner selbst («dubito, ergo cogito, ergo sum»), zum Ausgangspunkt der Konstruktion neuer Gewissheiten und einer auf ihnen begründeten Weltsicht nutzen konnte. Vielmehr verflüssigte sich dieses «Ich» immer weiter, bis Nietzsche beim Zusammenbruch in Turin nicht mehr wusste, wer er war: ein polnischer Adliger? Der Abkömmling eines Königshauses? Der Gott Dionysos oder doch der Gekreuzigte? Die Konstruktion des Übermenschen, über den Nietzsche immer wieder nachgedacht hat, ohne ihn wirklich zu fassen zu bekommen, lässt sich als imaginärer Rettungsanker gegen fortschreitende Verflüssigung verstehen, wie sie sich auch in Nietzsches zuletzt exzessiver Beschäftigung mit dem Orgiastischen findet.[281] Diese identitäre Verflüssigung bei der Suche nach neuen Gewissheiten ist die Paradoxie, in die Nietzsches Vorhaben führt – analog zu den Paradoxien, in die Wagner und Marx hineingerieten.

Nicht Jesus, sondern Paulus ist dabei Nietzsches eigentlicher Feind, gegen dessen Wirken die «Umwertung aller Werte» durchzusetzen sei. Jesus und der in der Bergpredigt verkündeten Ethik stellte Nietzsche seinen Zarathustra gegenüber, der mit demselben Gestus auftritt, nur dass er andere Forderungen stellt. Hätte es nur Jesus gegeben, so Nietzsche, «gäbe es keine Christenheit; kaum würden wir von einer kleinen jüdischen Secte erfahren haben, deren Meister am Kreuze starb».[282] Nietzsche begriff Jesus als einen politischen Revolutionär, der scheiterte und hingerichtet wurde – aber nicht als einen «Umwerter aller Werte».

Indem Jesus die Hierarchie der Priester und Theologen in Frage stellte, habe er dem Judentum «das Residuum seiner politischen Sonder-Existenz» zu nehmen versucht. «Dieser heilige Anarchist, der das niedere Volk, die Ausgestossnen und ‹Sünder›, die *Tschandala* innerhalb des Judenthums zum Widerspruch gegen die herrschende Ordnung aufrief – mit einer Sprache, falls den Evangelien zu trauen wäre, die auch heute noch nach Sibirien führen würde, war ein politischer Verbrecher, so weit eben politische Verbrecher in einer *absurd-unpolitischen* Gemeinschaft [die der Juden in Palästina] möglich waren. Dies brachte ihn an's Kreuz: der Beweis dafür ist die Aufschrift des Kreuzes. Er starb für *seine* Schuld, – es fehlt jeder Grund dafür, so oft es auch behauptet worden ist, dass er für die Schuld Andrer starb.»[283] Damit war das Thema Jesus von Nazareth und dessen Anspruch, der verheißene Messias zu sein, für Nietzsche erledigt.

Es war Paulus, *«der erste Christ»*, der das Christentum erfunden hat, und Nietzsche fügt sogleich hinzu, er sei eine «der ehrgeizigsten und aufdringlichsten Seelen» und ein «ebenso abergläubischer als verschlagener Kopf» gewesen.[284] Für Nietzsche war Paulus ein Revolutionär – keiner freilich, der auf den Straßen und Plätzen lärmte und versuchte, die Macht an sich zu reißen, keiner, der eine Anhängerschaft, aus welchen sozialen Schichten auch immer, um sich scharte, sondern einer, der vom Schreibtisch aus mit Briefen an Gemeinden in Kleinasien, Griechenland und Rom eine Umwertung der Werte in Gang setzte, die Nietzsche bis in die Gegenwart hinein als Grundlage aller revolutionären Erschütterungen ansah: die Lehre von der Gleichheit der Seelen, die, ins Politische übersetzt, zur Lehre von den «gleichen Rechten für Alle» und damit zum «Vorrecht der Meisten» wurde.[285] Das von Paulus erfundene Christentum, «*christliche* Werturteile» seien es, «welche jede Revolution bloss in Blut und Verbrechen übersetzt». Paulus habe «aus dem Ressentiment der Massen sich seine *Hauptwaffe* geschmiedet gegen *uns*, gegen alles Vornehme, Frohe, Hochherzige auf Erden, gegen unser Glück auf Erden ... Die ‹Unsterblichkeit› jedem Petrus und Paulus zugestanden war bisher das grösste, das bösartigste Attentat auf die *vornehme* Menschlichkeit.»[286]

Nietzsche verfolgte das Ziel, die paulinische Revolution rückgängig zu machen und einen neuen «Muth zu Sonderrechten, zu Herrschafts-Rechten, zu einem Ehrfurchts-Gefühl vor sich und seines Gleichen, – zu einem *Pathos der Distanz*» zu entwickeln.[287] Mit Blick auf Paulus definierte er sich als Gegen-Revolutionär. Revolution und Gegenrevolution waren für ihn kein Kampf der Massen, sondern ein Ringen großer Einzelner um die Wertgrundlage der Gesellschaft. Dass die kleine Jesus-Gemeinde in Jerusalem zur Weltreligion werden konnte, hänge «an der Geschichte dieses Einen Menschen, eines sehr gequälten, sehr bemitleidenswerthen, sehr unangenehmen und sich selber unangenehmen Menschen».[288] Um die Folgen der paulinischen Revolution bekämpfen zu können, wollte Nietzsche zunächst Paulus begreifen, unter Anwendung der von ihm entwickelten physio-psychologischen Untersuchungsmethode: Wer war Paulus? Woran litt er? Wie überwand er dieses Leiden? Analog zu Luther beschrieb Nietzsche Paulus als einen Menschen, der von der Vorstellung besessen war, er müsse seinem Gott und dessen Geboten gerecht werden. Wenn Luthers Frage lautete, wie er einen gerechten Gott finde, so fragte sich Paulus, «welche Bewandtniss es mit dem jüdischen *Gesetze*» und mit der «*Erfüllung dieses Gesetzes*» habe.[289] Paulus war ein «fanatischer Verteidiger und Ehrenwächter dieses Gottes und seines Gesetzes» und spürte doch gleichzeitig, dass er diesem Gesetz nicht genügen konnte und, wie Nietzsche annimmt, auch nicht genügen *wollte*. «Vielerlei lag ihm auf dem Gewissen – er deutet hin auf Feindschaft, Mord, Zauberei, Bilderdienst, Unzucht, Trunkenheit und Lust an ausschweifenden Gelagen – und wie sehr er auch diesem Gewissen, und noch mehr seiner Herrschsucht, durch den äussersten Fanatismus der Gesetzes-Verehrung und -Vertheidigung wieder Luft zu machen suchte: es kamen Augenblicke, wo er sich sagte: ‹Es ist Alles umsonst! die Marter des unerfüllten Gesetzes ist nicht zu überwinden!› [...] Das Gesetz war das Kreuz, an welches er sich geschlagen fühlte.»[290]

Als Paulus, der zwecks Durchsetzung des Gesetzes Jesus-Anhänger verfolgte, in einer Vision eben dieser Jesus gegenübertrat und ihn fragte, warum er ausgerechnet ihn verfolge – da sei Paulus schlagartig klargeworden, dass gerade in diesem Jesus, wenn er ihn als Christus anerkannte, die Lösung seines Problems lag: als Christus nämlich war Jesus der «*Vernichter des Gesetzes*». «Der Kranke des gequältesten Hochmuthes fühlte sich mit Einem Schlage wieder hergestellt, die moralische Verzweiflung ist wie fortgeblasen, denn die Moral ist *fortgeblasen*, vernichtet, – nämlich *erfüllt*, dort am Kreuze! Bisher hatte ihm jener schmähliche *Tod* als Hauptargument gegen die ‹Messianität›, von der die Anhänger der neuen Lehre sprachen, gegolten: wie aber, wenn er *nöthig* war, um das Gesetz *abzuthun*! – Die ungeklärten Folgen dieses Einfalls, dieser Räthsellösung wirbeln vor seinem Blicke, er wird mit Einem Male der glücklichste Mensch.»[291] Indem Nietzsche den Apostel zum Rätsellöser stilisierte, der als eine Art zweiter Ödipus das Rätsel seines Lebens durchschaut und dies für die gesamte Menschheit geltend macht, antizipierte er nicht nur die psychoanalytische Methode Sigmund Freuds, sondern auch dessen religionsanalytische Schriften *Totem und Tabu* und *Der Mann Moses und die monotheistische Religion*.[292] Paulus, so Nietzsches Diagnose, heilte sich selbst, indem er die Menschheit krank machte. Die Erfindung des Christentums wurde zur fortgesetzten Verängstigung der Menschen; seit der paulinischen Revolution, dieser großen und umfassenden Umwertung aller Werte, «brachte es [das Christentum] die Furchtsamen auf seine Seite».[293]

Es kommt es nicht von ungefähr, dass Nietzsche seine jähe Einsicht in die Wiederkehr des Gleichen, das Prinzip einer ewigen Wiederholung des Seienden, in Analogie zu Paulus' Damaskus-Erlebnis stilisiert hat: Was für Paulus die Straße nach Damaskus war, war für Nietzsche der Silvaplanasee ganz in der Nähe von Sils-Maria im Engadin. Am 14. August 1881 schrieb er an Heinrich Köselitz: «An meinem Horizonte sind Gedanken aufgestiegen, dergleichen ich noch nicht gesehn habe – davon will ich nichts verlauten lassen, und mich selber in einer unerschütterlichen Ruhe erhalten. Ich werde wohl *einige* Jahre noch leben müssen! [...] Die Intensitäten meines Gefühls machen mich schaudern und lachen – schon ein Paarmal konnte ich das Zimmer nicht verlassen, aus dem lächerlichen Grunde, daß meine Augen entzündet waren – wodurch? Ich hatte jedesmal den Tag vorher auf meinen Wan-

In dieser kleinen Pension in Sils-Maria brachte Nietzsche die Sommermonate von 1881 bis 1888 zu. Hier entstand unter anderem der «Zarathustra».

derungen zuviel geweint, und zwar nicht sentimentale Thränen, sondern Thränen des Jauchzens; wobei ich sang und Unsinn redete, erfüllt von einem neuen Blick, den ich vor allen Menschen voraus habe.»[294] Eine weitere Analogie zu Paulus: Es war ein ganz besonderes Wissen, das Nietzsche zuteilwurde, und das in einem einzigen Augenblick, nicht etwa durch langes Nachdenken über eine große Frage. Diese schlagartige Erkenntnis nahm beiden für einige Zeit die Sehfähigkeit: Paulus berichtet, er sei, nachdem ihm Jesus erschien, für einige Tage blind gewesen; Nietzsche, der seit Jahren klagte, er sei halbblind und könne kaum noch lesen und schreiben, fühlte sich erfüllt von einem neuen Blick, der seine Augen blendete.

Zwei Jahre später korrigierte sich Nietzsche, indem er nunmehr von einem Blitz sprach, der ihn am Silvaplanasee getroffen habe. In seinen Aufzeichnungen aus dem Sommer und Herbst 1883 findet sich die Notiz: «Wenn nur Ein Augenblick der Welt wiederkehrte, – sagte der *Blitz* – so müßten alle wiederkehren / absolute Nothwendigkeit als *Schild mit Bildwerken geschaut!*»[295] Joachim Köhler, der sich mit Nietzsches Silvaplanaerlebnis eingehend beschäftigt hat, identifiziert den «Schild mit Bildwerken» als den von Hephaistos für Achill neu geschmiedeten Schild, auf dem der Gang der Gestirne, die Wechselfälle des Lebens und der Alltag der Menschen abgebildet waren.[296] Das alles würde auch in Zukunft so sein; die Idee einer grundlegenden Veränderung war eine Illusion, ebenso wie die Vorstellung eines kontinuierlichen Fortschritts; man musste das Leben so nehmen, wie es seit jeher war. Und das hieß auch, dass alle Umwertungen, die Paulus nach seinem Konversionserlebnis vor Damaskus vorgenommen hatte, dem wahren und ewigen Sein zuwiderliefen, dass es sich um eine große Selbsttäuschung mit anschließender Täuschung der anderen handelte, die nun durch eine erneute Umwertung rückgängig gemacht werden musste: Sils-Maria gegen Damaskus. Im *Zarathustra* hat Nietzsche das ausformuliert.[297]

Aber worin bestand eigentlich die paulinische Umwertung, gegen die es nun anzukämpfen galt? Die Vorstellung von der Hölle als einem Ort ewiger Qualen, die Ablehnung der Leidenschaften und des Begehrens als «böse» sowie die Idee, dass jedes Unglück die Folge einer Schuld sei, identifiziert Nietzsche als die drei Machtmittel, mit denen Paulus eine psychologisch verankerte Herrschaft des Christentums über die Leiblichkeit der Menschen errichtet habe. Bei Paulus selbst sei die Unsterblichkeit noch einigen wenigen vorbehalten geblieben, jenen nämlich, die ihrem Christus nachfolgten und seinen Geboten gehorchten, während für alle anderen mit dem Tod als der Sünde Sold alles vorbei war. In den Händen der Missionare, die zu Völkern vordrangen, denen der endgültige Tod weniger Schrecken bereitete als Juden und Griechen, sei die Unsterblichkeit dann zu einer Bekehrungswaffe geworden: «Es erhob sich die neue Lehre, dass auch der Sünder und Unerlöste unsterblich sei, die Lehre vom Ewig-Verdammten, und sie war mächtiger, als der nunmehr ganz verbleichende Gedanke vom *endgültigen Tode*.»[298] Was die Verunglimpfung des sexuellen Begehrens anbelangt, so habe das Christentum Eros und Aphrodite in «höllische

Kobolde und Truggeister» verwandelt, um damit das «Gewissen der Gläubigen bei allen geschlechtlichen Erregungen» zu martern. Vor allem aber habe es dafür gesorgt, dass das, wogegen man ankämpfte, auch als böse erachtet wurde – als eine Eigenschaft «*gemeiner* Seelen».[299] Und schließlich habe das Christentum den antiken Gedanken des bloßen Unglücks, das auch gänzlich Schuldlose treffen konnte, ausgelöscht und durch die Vorstellung ersetzt, dass jedes Unglück eine «wohlverdiente Strafe» sei: «Es macht die Phantasie des Leidenden auch noch leidend, sodass er bei allem Übel-ergehen sich moralisch verwerflich und verworfen fühlt.»[300] So fasst Nietzsche seine Überlegungen zu Paulus zusammen: «Diese Art von Mensch hat ein Lebens-Interesse daran, die Menschheit *krank* zu machen und die Begriffe ‹gut› und ‹böse›, ‹wahr› und ‹falsch› in einem lebensgefährlichen und weltverleumderischen Sinn umzudrehn.»[301]

Die «Umwertung aller Werte», die Nietzsche sich zur Aufgabe gemacht hatte, zielte darauf ab, die Menschheit wieder gesund zu machen. «Große Gesundheit», ein Begriff, der in diesem Zusammenhang immer wieder zu finden ist, hieß frei sein vom schlechten Gewissen, von Schuld- und Schamgefühlen. Nietzsche war sich darüber im Klaren, dass die Revision der paulinischen Wertungen keine einfache Sache sein würde. Die Renaissance, so eine von ihm mehrfach vorgetragene Überlegung, sei auf dem Weg dieser Revision weit vorangekommen, und fast habe es den Anschein gehabt, man könne zu einer epikureischen Vorstellungswelt zurückkehren, gegen die das von Paulus erfundene Christentum die Herrschaft des schlechten Gewissens errichtet habe, doch dann habe Luther die Reformation in Gang gesetzt und damit das Christentum wiederhergestellt. So sei der damalige Versuch zur Erneuerung der «vornehmen Werthungsweise aller Dinge» gescheitert. Die Französische Revolution, auf die so viele ihre Befreiungshoffnungen setzten, habe dann alles nur noch schlimmer gemacht; in ihr nämlich habe sich die paulinische Wertung noch tiefer in die gesellschaftliche Ordnung eingegraben. «Die letzte politische Vornehmheit, die es in Europa gab, die des siebzehnten und achtzehnten *französischen* Jahrhunderts, brach unter den volksthümlichen Ressentiments-Instinkten zusammen, – es wurde niemals auf Erden ein grösserer Jubel, eine lärmendere Begeisterung gehört!»[302]

Die paulinische Werteordnung war nicht zuletzt ihrer Zwiespältigkeit wegen so schwer zu bekämpfen und rückgängig zu machen. Einerseits habe sie die Menschen an die Kette des schlechten Gewissens gelegt und innerlich verkrüppelt – so lange und derart umfassend, dass nur noch wenige ein Bedürfnis nach Befreiung verspürten. Andererseits habe sie mit der Idee einer Gleichheit der Seelen die Vorstellung einer Gleichheit der Menschen in die Welt gesetzt, die in revolutionären Umstürzen nun in die soziopolitische Welt eingedrungen sei und die Menschen mit immer neuen Versprechen für sich einnehme. Nietzsche sprach die Konsequenz, die daraus zu ziehen war, nicht aus – ja, womöglich dachte er sie nicht einmal, weil er dafür dann doch zu unpolitisch war: Die Befreiung des Menschen von seiner paulinisch gestifteten Selbstknechtung konnte nur *gegen* die Massen stattfinden, und die Revolution, die Nietzsche als «Umwertung aller Werte» in Gang setzen wollte, konnte nur gegen die revolutionäre Dynamik erfolgen, die Europa seit 1789 erfasst hatte. Aber wie sollte das möglich sein? Nietzsche landete ein ums andere Mal bei sich selbst: Wie es Paulus als Einzelner geschafft habe, die Werte umzuwerten, so musste auch er als Einzelner die angestrebte Umwertung aller Werte bewirken. Das Gefühl der Einsamkeit, das Nietzsche seit der Trennung von Lou Salomé und Paul Rée überwältigt hatte, und das Bedürfnis nach Selbst-Vereinsamung, das in seinen Briefen aus dem Jahr 1883, als die ersten Teile des *Zarathustra* fertiggestellt waren, zunehmend hervortritt, waren nicht nur auf seine Lebenskrisen zurückzuführen, sondern ebenso auf die Radikalisierung seines Denkens. Auch der im Januar 1889 erfolgte Absturz in den Wahnsinn muss nicht ausschließlich als Folge der syphilitischen Paralyse begriffen werden. Wenn Nietzsche die «Wahnsinnsbriefe» abwechselnd mit «Dionysos» oder «der Gekreuzigte» unterschrieb,[303] hatte das auch mit der Rolle zu tun, in die er sich hineingeschrieben, und mit den Aufgaben, die er sich auferlegt hatte: Nur als ein Gott meinte er diese Welt noch retten zu können.

«Zuletzt», so Nietzsche am 6. Januar 1889 an Jacob Burckhardt in

In der Bildsprache des Jugendstils wird hier eine Vorstellung des Übermenschen entworfen: das Porträt eines aufmerksam in die Welt schauenden und dennoch in sich ruhenden Mannes zwischen den auf beiden Seiten sich der Hoffnung und der Verzweiflung hingebenden Menschen.

einer bereits weiter oben zitierten Passage, «wäre ich sehr viel lieber Basler Professor als Gott; aber ich habe es nicht gewagt, meinen Privat-Egoismus so weit zu treiben, um seinetwegen die Schaffung der Welt zu unterlassen. Sie sehen, man muß Opfer bringen, wie und wo man lebt.»[304] Oder an Meta von Salis am 3. Januar: «Die Welt ist verklärt, denn Gott ist auf der Erde. Sehen Sie nicht, wie alle Himmel sich freuen? Ich habe eben Besitz ergriffen von meinem Reich.»[305] Oder an Paul Deussen, einen alten Freund, tags darauf: «Nachdem sich unwiderruflich herausgestellt hat, daß ich eigentlich die Welt geschaffen habe, erscheint auch Freund Paul [Deussen] im Weltenplan vorgesehen: er soll, zusammen mit Monsieur Catulle Mendès, einer meiner großen Satyrn und Festthiere sein.»[306]

Will man die Suche nach dem Sinn im Wahnsinn noch einen Schritt weitertreiben, so stößt man auf eine kontrastierende Selbstbeschreibung Nietzsches. In dem Brief an Burckhardt fährt er unmittelbar nach der Passage von der Schaffung der Welt fort: «Doch habe ich mir ein kleines Studenten-Zimmer reservirt, das dem Palazzo Carignano (– in dem ich als Vittorio Emanuele geboren bin) gegenüber liegt und außerdem erlaubt, die prachtvolle Musik unter mir, in der Galleria Subalpina, von seinem Arbeitstisch aus zu hören. Ich zahle 25 fr. mit Bedienung, besorge mir meinen Thee und alle Einkäufe selbst, leide an zerrissenen

Stiefeln und danke dem Himmel jeden Augenblick für die *alte* Welt, für die die Menschen nicht einfach und still genug gewesen sind. – Da ich verurtheilt bin, die nächste Ewigkeit durch schlechte Witze zu unterhalten, so habe ich hier eine Schreiberei, die eigentlich nichts zu wünschen übrig läßt, sehr hübsch und ganz und gar nicht anstrengend. Die Post ist 5 Schritt weit, da stecke ich selber die Briefe hinein, um den großen Feuilletonisten der grande monde abzugeben.»[307]

Ein Gott, der die Welt neu geschaffen hat – und zugleich ein in bescheidenen Verhältnissen lebender Feuilletonist, der die Welt mit schlechten Witzen unterhält. Noch im Wahnsinn deutet Nietzsche an, wie sehr ihn die Aufgabe einer Umwertung aller Werte, einer Revolution der Werteordnung überforderte. Die Kluft zwischen dem, was er vermochte, und dem, was er bewegen wollte, war zu groß geworden, als dass er sie aus eigener Kraft noch hätte schließen können. Also löste er sich in eine Vielzahl von Personen auf, die Brückenglieder zwischen dem göttlichen Neuschöpfer der Welt und dem armen einflusslosen Friedrich Nietzsche in seiner Turiner Unterkunft waren. Er war an der Aufgabe, die er sich mit dem *Zarathustra* auferlegt hatte, gescheitert. Was anderes als ein Eingeständnis dieses Scheiterns war es, wenn er sich als Gott imaginierte und gleichzeitig als einen bescheidenen Feuilletonisten beschrieb. Selten ist Nietzsche so klarsichtig gewesen wie in seinen «Wahnsinnsbriefen».

NACHSPIEL

Mitunter bleiben Ideen und Theorien nicht folgenlos. Das gilt in unterschiedlicher Weise für Marx, Wagner und Nietzsche. Es begann damit, dass sich aus ihren Ideen «Ismen» entwickelten, die eine weit über die unmittelbare Rezeption ihrer Werke reichende Wirksamkeit entfalteten. Bei der Ausformung dieser «Ismen», des Marxismus, Nietzscheanismus und Wagnerismus,[1] haben Freunde und Verwandte, Anhänger und Epigonen eine zentrale Rolle gespielt; sie machten die theoretischen Entwürfe handlich und popularisierten sie so. Dabei vereinfachten sie das Werk in einigen Fällen nicht nur, sondern verfälschten es auch. Vor allem aber sorgten sie dafür, dass die Ideen und Theorien im Rampenlicht der Öffentlichkeit blieben und nicht mit anderen Arbeiten auf eine Stufe gestellt wurden.

Das lässt sich mehr oder weniger bei allen dreien feststellen, aber es gibt doch auch spezifische Zurechnungen und in Verbindung damit Personen, denen eine ganz besondere Bedeutung zukam: Friedrich Engels etwa, der die Marxschen Überlegungen zu einem System zusammenfügte, das eine Gesamterklärung der Natur, der Geschichte und der Gesellschaft zu sein beanspruchte.[2] Engels hat vorbereitet, was seit Ende des 19. Jahrhunderts zu einer Ideologie wurde; Marx' Devise, wonach an allem zu zweifeln sei,[3] spielte darin keine Rolle mehr. Engels war nicht der Einzige, aber doch der Erste, der Marx' suchende, sich immer wieder verändernde und revisionsoffene Denkbewegung in feste Formen gegossen und sie auf diese Weise «ideologiefähig» gemacht hat.

«Wir sind unschuldig», ließ ein Graffito wissen, das jemand während des Zusammenbruchs der DDR im Spätherbst 1989 auf den Sockel des Marx-Engels-Denkmals am Berliner Alexanderplatz, dem damaligen

Marx-Engels-Forum, gesprüht hatte. Man kann diesen «gewitzten» Kommentar als eine den beiden unterstellte explizite Distanzierung von dem lesen, was bei der «Verwirklichung» im «real existierenden Sozialismus» aus ihren Ideen und Theorien geworden war – aber ebenso auch als Entschuldigung für diese Ideen selbst, die doch immerhin die Legitimationsreserve eines Gesellschaftsprojekts bildeten, das die Befreiung bringen sollte und stattdessen zu einem Unterdrückungsregime sondergleichen geführt hatte. Engels hätte sich, wäre die fiktive Unschuldserklärung vor einem Tribunal verhandelt worden, ungleich mehr für das Ergebnis des Realsozialismus rechtfertigen müssen als Marx, der zu diesem Projekt wohl schon früh auf Distanz gegangen wäre, wie ja überhaupt kritische Distanz der für ihn typische Denkmodus war. Marx wäre, hätte er nach der Ausformung des Marxismus zu einer festgefügten Ideologie noch gelebt, nicht im Mainstream der Orthodoxie zu finden gewesen, sondern in der Gruppe der notorisch Heterodoxen. Und erst recht gilt: Hätte er in der Sowjetunion Stalins gelebt und so geschrieben, wie er das zu seiner Zeit tat, so wäre er zwangsläufig wegen Rechts- oder Linksabweichung zum Tode verurteilt und erschossen worden. Oder er hätte ein ähnliches Schicksal erfahren wie der wiedergekehrte Jesus in Dostojewskis *Großinquisitor*.

Womöglich wäre es Engels genauso ergangen, aber so sicher wie bei Marx kann man sich bei ihm nicht sein. Er hatte eben nicht den Widerspruchsgeist, den Hang, die eigenen Überlegungen ständig mit Einwänden und Fragezeichen zu überziehen und nie, aber auch wirklich nie mit etwas zufrieden und in diesem Sinne «fertig» zu sein. Man kann das am Umgang mit dem *Kapital* sehen: Während Engels den zweiten und dritten Band, nachdem er sie auf der Grundlage von Marx' Skizzen und Notizen veröffentlicht hatte, so stehen ließ und keiner Korrektur oder Veränderung mehr unterzog, war Marx mit dem von ihm selbst fertiggestellten ersten Band nie vollends zufrieden und brachte in nahezu jede Übersetzung oder Neuauflage weitreichende Veränderungen und Einschübe ein. Dass ein solcher Theoretiker zum Namenspatron einer Ideologie wurde, ist eine Ironie der politischen Ideengeschichte.

Das den Namensgebern gewidmete Denkmal auf dem Ostberliner Marx-Engels-Forum wurde mit dem Zusammenbruch der sozialistischen Regime im Herbst 1989 zu einer geradezu nach Kommentaren schreienden Herausforderung. Die Fotografie vom 1. Juni 1990 zeigt eine erste Bemühung, die Theorie von Marx (und Engels) von der Realität der sozialistischen Regime zu separieren.

Natürlich kann man Engels nicht das politische und ökonomische Desaster des Realsozialismus in die Schuhe schieben. Vor allem der späte Engels, der für die Kanonisierung der Marxschen Theorie verantwortlich war, neigte einer eher «sozialdemokratischen» Variante des Marxismus zu; mit dem Leninschen Projekt, den Sozialismus in einem ökonomisch und sozial rückständigen Land – Russland – zu realisieren, hätte er sich keineswegs angefreundet, sondern mit Sicherheit, wie etwa Kautsky und Plechanow, zu dessen entschiedenen Kritikern gehört. Um einiges deutlicher als Marx hatte er dem Revolutionsmodell des putschistischen Agierens kleiner Gruppen eine dezidierte Absage erteilt.[4] Es kommt nicht von ungefähr, dass die linke Kritik am «Sozialdemokratismus» sich vorwiegend auf Marx und eigentlich nie auf Engels berufen hat. Insofern kann auch Engels im Sinne des Graffito am Marx-Engels-Denkmal für sich in Anspruch nehmen, «unschuldig» zu sein. Außerdem hat er Marx' Theorie zwar vereinfacht und von der Gesellschaftsanalyse zu einer allgemeinen materialistischen Welterklärung ausgeweitet, aber er hat Marx nicht verfälscht oder Teile seines Denkens unterdrückt. Er hat Marx' Theorie «nur» für breitere Kreise der Arbeiterbewegung lesbar und damit rezeptionsfähig gemacht. Ohne Engels würde Marx heute wahrscheinlich zu jenen Theoretikern des 19. Jahrhunderts gehören, mit denen sich lediglich die darauf spezialisierten Ideenhistoriker befassen, wie das bei Tocqueville, John Stuart Mill oder Lorenz von Stein der Fall ist.

Nach 1989 stellte sich die Frage, ob mit dem politischen und ökonomischen Zusammenbruch der sozialistischen Länder auch die Theorien von Marx ein für alle Mal erledigt seien. Eine längere Debatte lief auf das Ergebnis hinaus, dass Marx eigentlich nur am Rande als ein Theoretiker des Sozialismus anzusehen sei und sehr viel mehr als ein Analytiker des Kapitalismus, weshalb der Zusammenbruch des real existierenden Sozialismus seine Theorie auch nur zum kleineren Teil betreffe.[5] Die Fortdauer des Kapitalismus, ja sein mithin erst in den 1990er Jahren begonnener *globaler* Siegeszug werde für eine kritische Neulektüre des Marxschen Werkes sorgen. Das war zunächst eine bloße Erwartung, die aber mit den sich mehrenden Krisen der kapitalistischen Zirkulation zunehmend Relevanz erlangte. Nach einem zeitweiligen Einbruch nahm das Interesse an Marx' Theorien wieder deutlich zu, zumal an einem Marx, der nunmehr von der parteioffiziellen Orthodoxie befreit war. Jetzt musste nicht mehr jede neue und unerwartete Entwicklung aus einer Passage der Schriften «abgeleitet», sondern Marx' Theorien konnten frei genutzt werden, um einen im buchstäblichen Sinn entfesselten Kapitalismus zu begreifen. Marx' Werk stand nicht länger unter dem Rechtfertigungszwang, in den es zuvor geraten war, sondern bot ein Arsenal von Ideen und Anregungen, mit denen sich womöglich, aber nicht länger *zwingend* erklären ließ, was sich in der Gegenwart abspielte und womit in näherer Zukunft zu rechnen war. Dabei stand die Marxsche Theorie in offener Konkurrenz mit anderen Theorien – und diese Konkurrenzsituation kam ihr sehr viel stärker entgegen, als das die in den sozialistischen Ländern und einigen Ideologiekartellen des Westens vorherrschende Monopolstellung getan hatte.

Man kann von einer Beweislastumkehr sprechen, die in einen regelrechten Boom der Marx-Rezeption mündete: Nicht länger musste die Theorie beweisen, dass sie das, was in Wirtschaft und Gesellschaft stattfand, präzise erklären konnte – und ohnehin längst vorausgesehen hatte; vielmehr mussten die Apologeten eines global entfesselten Kapitalismus erklären, warum diese und jene Prozesse nicht so verliefen, wie sie Marx mehr als ein Jahrhundert zuvor beschrieben hatte. So ist das Gegenteil dessen eingetreten, was 1989/90 viele angenommen hatten: Der Zusammenbruch der realsozialistischen Länder hat die Marxsche Theorie nicht verschwinden lassen, er hat sie revitalisiert. Solche Revitalisierungen hat die Marxsche Theorie schon einige Male erlebt, aber wenn in der Vergangenheit dafür fast immer der «junge» gegen den «reifen» Marx ausgespielt wurde, standen bei dieser Neubelebung, die bald nach der Jahrtausendwende einsetzte, die ökonomischen Arbeiten im Mittelpunkt. Das war neu und unterscheidet die früheren Marx-Renaissancen von der gegenwärtigen. Der Marx des 21. Jahrhunderts wird viel stärker als Ökonom und Soziologe begriffen als der des 20. Jahrhunderts, den man wesentlich als einen von geschichtsphilosophischen Annahmen geprägten Denker sah. Dementsprechend wird Marx inzwischen auch sehr viel weniger normbezogen gelesen. Es ist dies ein Bild, das im Grunde dem Selbstverständnis des historischen Marx entspricht – auch wenn dieses Selbstverständnis mit einigen Äußerungen von Marx kollidiert.

Vergleichbares lässt sich von Wagner und Nietzsche sehr viel weniger sagen – auch deswegen, weil es schwerer ist, bei ihnen ein klares und durchgängiges Selbstverständnis zu identifizieren. Der Politikwissenschaftler Udo Bermbach hat in den letzten zweieinhalb Jahrzehnten ein Wagner-Bild entworfen, in dem der revolutionäre Impuls und die antikapitalistische Grundhaltung dominieren und sich auch nach Wagners Schopenhauer-Rezeption immer wieder bemerkbar machen. Aber selbst Bermbach kommt nicht umhin, den Wagner der späten Regenerationsschriften, in denen dieser endgültig zum Propheten einer Melange aus Vegetarismus und Antisemitismus wurde, davon abzusetzen. Die früher für das Marx-Bild typische Dichotomie ist *cum grano salis* auf Wagner übergegangen: Nicht unbedingt auf den Dichter und Komponisten, aber auf den Autor, der sich in Abhandlungen und Essays immer wieder zu ästhetischen, gesellschaftlichen und politischen Fragen äußerte. Der junge Wagner steht dabei in Opposition zum alten Wagner, wobei man Letzteren vom «eigentlichen» Wagner abtrennt, um damit auch das Anstößige bis Widerliche seiner Äußerungen zu entsorgen – und zugleich manches von dem loszulassen, was ihn mit Hitler verbindet und in die Nähe des Nationalsozialismus bringt.

Wagners «Sündenfall» ist demach einer des späten Wagner. Aus dieser Sicht nahm Cosima, die das Werk ihres Mannes monumentalisierte und sakralisierte, dem Künstlerischen das Innovative und Revolutionäre, das dem jüngeren Wagner so sehr am Herzen gelegen hatte. Über Cosima führt der Weg zu Winifred Wagner, der Frau von Wagners früh verstorbenem Sohn Siegfried, die an der von ihrer Schwiegermutter verfolgten ästhetischen Linie der Traditionspflege festhielt und Bayreuth schon früh für Hitler öffnete.[6] Schließlich kommt noch der Bayreuther Kreis hinzu mit Hans von Wolzogen, dem langjährigen Redakteur der *Bayreuther Blätter*, und Houston Stewart Chamberlain, einem dem Wagner-Clan anverheirateten Briten und Verfasser der *Grundlagen des 19. Jahrhunderts*; in diesem vielgelesenen Werk hatte Chamberlain die übelsten und niederträchtigsten Elemente im Denken des späten Wagner zu einer in sich geschlossenen, wissenschaftlich drapierten Weltanschauung ausgebaut.[7] Es ging darin auch um ein arisches Christentum, also die Vorstellung, Jesus sei kein Jude gewesen. Diese Vorstellung ist dann, ohne belastbare Anhaltspunkte dafür im Werk selbst, auf Wagners *Parsifal* zurückprojiziert worden.

Tatsächlich wurden Wagners private Äußerungen gegenüber Cosima – die erst in den 1970er Jahren mit der Veröffentlichung von Cosimas Tagebüchern allgemein bekannt wurden – und seine selten systematisch ausgeführten Gedanken in den Regenerationsschriften erst vom Bayreuther Kreis zu einer kohärenten Ideologie geformt. Die Trittsteine dazu hat Wagner zweifellos selbst gelegt, aber die geschlossene Weltanschauung schufen andere. Nach dem Beschweigen dieser dunklen Seite Wagners von der Mitte der 1950er bis in die Mitte der 1970er Jahre hatte man durch den Verweis auf die Akteure des Bayreuther Kreises die Möglichkeit, die nunmehr einsetzende Debatte über die Verstrickung des deutschen Kulturbetriebs in den Nationalsozialismus von Wagner wegzulenken – teils mit guten Gründen, teils auch in Form einer puren Ablenkungsstrategie. Der Bayreuther Kreis hat den späten Wagner stark überzeichnet, aber das wäre kaum möglich gewesen, wenn dazu nicht Ansätze in Wagners Werk vorhanden gewesen wären.

Die «Rettung» Wagners und seines musikalisch-poetischen Werks kam von außen – und das ausgerechnet aus Frankreich, wo Wagner so viele Enttäuschungen erfahren und auf das er so hemmungslos geschimpft hatte. Auch darin erwies sich Nietzsche, der mehrfach schrieb, Wagner gehöre nach Paris und nicht nach Deutschland, als ein antizipierender Kommentator. In der Inszenierung von Patrice Chéreau und unter dem Dirigat von Pierre Boulez wurde 1976 in Bayreuth der «Jahrhundertring» aufgeführt, so genannt, weil die Erstaufführung des *Rings* damals ein Jahrhundert zurücklag. Aber Chéreaus Inszenierung wurde auch zum Jahrhundertring, weil sie die Tür zu einem ganz neuen Verständnis des Wagnerschen Werks aufstieß: nicht mehr der Rückblick in eine mythische Vergangenheit dominierte, sondern die Beschäftigung mit der Gegenwart, sei es nun die eigene Zeit Wagners, wie bei Chéreau, oder die Gegenwart der Zuschauerinnen und Zuhörer, wie bei späteren Dramaturgen und Regisseuren. Chéreau und Boulez haben, vielleicht nicht als Erste und Einzige, aber doch maßgeblich und ästhetisch unumkehrbar, das Wagnersche Werk aus dem Käfig seiner Sakralisierung und Monumentalisierung befreit und es als Plattform für die Auseinandersetzung mit der Gegenwart wiedergewonnen. Es war damit nach längerer «Entfremdung» bei den ursprünglichen Absichten seines Schöpfers angelangt – und Bayreuth, nach heftigen «Kämpfen», nach Ovationen und Pfeifkonzerten des Publikums, erneut zu einem Ort künstlerischer Innovation und ästhetischer Experimente geworden.[8] Der junge und mittlere Wagner hat damit, wenn man so will, über den alten Wagner obsiegt.[9]

Nicht unähnlich und doch auch ganz anders ist die Auseinandersetzung um die Philosophie Nietzsches und deren maßgebliches Verständnis verlaufen. Was Engels für Marx war und Cosima für Wagner, war für Nietzsche seine Schwester Elisabeth. Nach dem Selbstmord ihres Mannes, dessen arisch-germanisches Siedlungsprojekt in Paraguay gescheitert war, kam sie 1893 nach Deutschland zurück, nach Naumburg, wo sich ihr Bruder nach einem zwischenzeitlichen Aufenthalt in der Psychiatrie in der Pflege seiner Mutter befand. Nicht mehr Herr seiner selbst, war Nietzsche in die Hände der «Naumburger Tugend» gefallen, wie er die auf seinen Lebenswandel und seine Schriften bezogenen Ermahnungen von Mutter und Schwester zuvor mehrfach bezeichnet hatte. Elisabeth, eine überaus durchsetzungsfähige und im Unterschied zu Nietzsche lebenspraktische Person,[10] übernahm nach dem Tod der Mutter im Jahr 1897 die alleinige Sorge für ihn – und damit auch die Verfügungsgewalt über sein Werk, wobei sie sich mit Heinrich Köselitz alias Peter Gast, dem engsten Vertrauten Nietzsches während seiner letzten Schaffensperiode, verbündete, um den umfangreichen Nachlass zu «bewirtschaften».

Nietzsche hatte noch vor seinem Zusammenbruch die Rechte an seinen Büchern von dem Verleger Ernst Schmeitzner wegen dessen antisemitischer Aktivitäten zurückgekauft; seine Schwester konnte also über das Gesamtwerk frei verfügen. Dabei geriet sie in eine heftige Auseinandersetzung mit Franz Overbeck, einem Basler evangelischen Theologen und Kirchenhistoriker, der einst Nietzsches Universitätskollege und danach neben Köselitz sein engster Vertrauter gewesen war. Overbeck hatte den von Tobsuchtsanfällen gepeinigten Nietzsche unter abenteuerlichen Umständen von Turin nach Basel gebracht, von wo er dann nach kurzem Aufenthalt im dortigen Spital in die Jenaer Psychiatrie kam. Overbeck hatte eine grundlegend andere Vorstellung vom Umgang mit Nietzsches Werk und der Pflege seines Angedenkens als Elisabeth Förster-Nietzsche,[11] und darüber entwickelte sich ein jahrelanger Konflikt zwischen den beiden, der den Ausgangspunkt einer sich bald ein Jahrhundert hinziehenden Auseinandersetzung über die Edition des Werks und damit über den Gehalt von Nietzsches Philosophie bildete.

Keine Skulptur bringt Marx' Monumentalisierung stärker zum Ausdruck als der 1971 aufgestellte sieben Meter hohe Bronzekopf, ein Werk des russischen Bildhauers Lew Kerbel, in Chemnitz, damals noch Karl-Marx-Stadt. Auf der Wand hinter der Marx-Skulptur ist in sieben Sprachen der Schlusssatz des «Kommunistischen Manifests» zu lesen, wonach sich die Proletarier aller Länder vereinigen sollten. Marx' kritisches Denken ist hier zu Bronze und Stein erstarrt.

Folgende Seite oben: Anton von Werners Gemälde von 1908 (heute zu sehen in der Berlinischen Galerie) zeigt die Enthüllung des von Gustav Eberlein geschaffenen Richard-Wagner-Denkmals im Berliner Tiergarten. Die feine Gesellschaft der Hauptstadt hat sich in großer Zahl zu dem Ereignis im Herbst 1903 eingefunden.

Folgende Seite unten: Edvard Munchs Nietzsche-Porträt von 1906 (heute Thielska Galleriet in Stockholm) zeigt den Philosophen, der auf einem Berg stehend über Äcker, Seen und Dörfer hinwegblickt, ganz versunken in seine Gedanken.

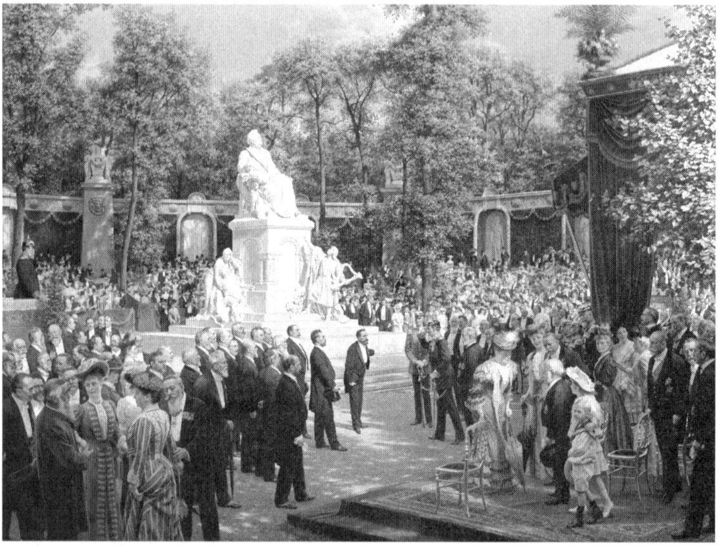

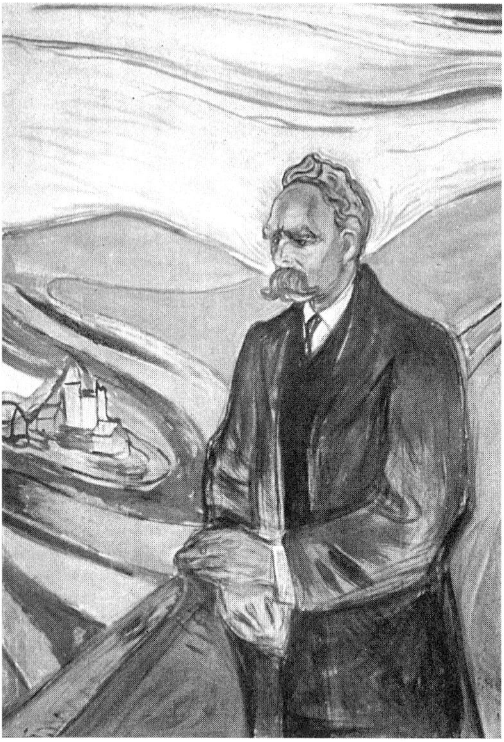

Elisabeth Förster-Nietzsche hat bei all dem davon profitiert, dass nach Nietzsches geistigem Zusammenbruch, sicherlich auch durch diesen als Aufmerksamkeitserreger begünstigt, die Schriften ihres Bruders, für die sich zuvor kaum jemand interessiert hatte (sie waren für den Verleger zunächst Ladenhüter), zum Geheimtipp und dann zum Kassenschlager wurden. Von dem Ertrag konnte ein Umzug von Naumburg in das vornehmere Weimar und schließlich der Bezug der herrschaftlichen «Villa Silberblick» finanziert werden.[12] In dieser Weimarer Villa hat Nietzsche die letzten Jahre seines Lebens zugebracht, wobei Elisabeth ausgewählten Besuchern einen Blick auf den Kranken gewährte, gleichsam als Initiation in sein Werk.[13] Währenddessen schrieb sie ein zweibändiges Werk über Leben und Lehren ihres Bruders, in dem sie ihre eigene Sicht darauf entwickelte, die für lange Zeit als authentisch galt.[14] Die Interpretationshoheit über Nietzsches Werk wurde noch verstärkt durch die Gesamtausgabe in Großoktav, mit der sie ihre Sichtweise auch editorisch zementierte. Und schließlich kompilierte sie in Zusammenarbeit mit Heinrich Köselitz und dem Philosophen Alfred Baeumler, der später im Nationalsozialismus eine unheilvolle Rolle für die Wissenschaftslandschaft spielen sollte, aus Nietzsches Nachlass dessen angebliches Hauptwerk *Der Wille zur Macht*, ein Projekt, das Nietzsche selbst zwar einmal geplant, dann aber ausdrücklich verworfen hatte.

Das war mehr als eine Verfälschung, das war eine feindliche Übernahme. Nietzsche war in die Hände seiner Feinde gefallen: der Nationalisten, Bellizisten und Antisemiten, und die machten aus ihm einen Richtungsdenker, der er seit seiner Trennung von Wagner nicht mehr hatte sein wollen. Bis dahin aber hatte er sich immer wieder auch einmal nationalistisch und antisemitisch geäußert, und dieser frühe Nietzsche wurde nun von Elisabeth und ihren Helfern als maßgeblich für das Verständnis des gesamten Werkes propagiert; seine Philosophie seit *Menschliches, Allzumenschliches* (1878) trimmten sie ihren Absichten entsprechend zurecht. Einer bellizistischen Sprache hat sich Nietzsche freilich bis zuletzt bedient, wenn auch meist in metaphorischem Sinn und keineswegs in der nationalistischen Ausrichtung, wie man sie ihm im

Ersten Weltkrieg in den Mund legte. Nach 1933 wurde Nietzsche dann von einigen NS-Ideologen zum Vordenker der neuen Ordnung stilisiert (vor allem Alfred Baeumler ist hier zu nennen), eine Zuschreibung, die durch Hitlers Besuch im Weimarer Nietzsche-Archiv symbolisch unterstrichen wurde. Vermutlich konnten viele überzeugte Anhänger des Regimes mit Nietzsche wenig oder gar nichts anfangen. Vereinfacht lässt sich sagen, dass sein Denken – gemeint ist dabei jedoch immer der durch Elisabeth Förster-Nietzsche umgemodelte und nationalistisch-bellizistisch ausstaffierte Nietzsche – dort in die NS-Ideologie Eingang fand, wo diese elitistisch ausgelegt war; fremd blieb er hingegen, wo die Vorstellung von der «Volksgemeinschaft» dominierte.

Es waren dann, sieht man einmal von den frühen Bemühungen des Philosophen Karl Schlechta um eine alternative Ausgabe der Schriften ab,[15] Italiener und Franzosen, die Nietzsche aus dieser Fesselung befreiten; editionsphilologisch durch die kritische Gesamtausgabe, die Giorgio Colli und Mazzino Montinari seit 1975 herausbrachten, und interpretatorisch durch den anderen Blick, den Georges Bataille 1944 auf Nietzsche warf.[16] Mit Gilles Deleuze, Michel Foucault, Sarah Kofman und weiteren[17] sind dem in Frankreich dann eine Reihe von Nietzsche-Interpreten gefolgt, die ein neues Nietzsche-Bild durchsetzten und ihn aus den Fängen von Faschisten und Nationalsozialisten befreiten, in die Benito Mussolini und Alfred Baeumler Nietzsche gebracht hatten.[18] Aus einem den nationalsozialistischen Kampf- und Expansionsvorstellungen anverwandelten Nietzsche wurde dabei ein anarchisch-subversiver Denker, einer, der nicht nur die Strukturen der Macht in Staat und Gesellschaft, sondern auch das ihnen zugrunde liegende Wissen mitsamt dessen disziplinierenden Folgen in Frage stellte. Eine radikalere «Umwertung» des Werks, als sie bei Nietzsche erfolgte, ist kaum vorstellbar, und sie übertrifft bei weitem das, was bei Marx und Wagner zu beobachten ist. Die mehrfach angesprochene Ambiguität ist im Werk Nietzsches freilich auch größer, als das bei Marx und selbst Wagner der Fall ist.

Daher bleibt bei der Lektüre von Nietzsches Schriften ein Moment des Unbehagens, weshalb Hans-Martin Schönherr-Mann im Anschluss an den amerikanischen Philosophen Arthur C. Danto zwischen einem «hellen» und einem «dunklen» Nietzsche unterschieden hat.[19] Dabei ist er so weit gegangen, die «linke» Nietzsche-Rezeption der 1970er Jahre unter Bezug auf Nietzsches Aristokratismus und seine Verachtung der breiten Massen mit einer Sympathie für das Leninsche Avantgardeprojekt in Verbindung zu bringen. Das läuft immerhin auf eine zu Lukács' Nietzsche-Bild spiegelverkehrte Interpretation hinaus. Marx und Nietzsche stehen für Schönherr-Mann damit in einer Linie der intellektuellen Linken. Tatsächlich lässt sich bei einer entsprechenden Lesart Nietzsche jedoch mit sämtlichen politischen Bewegungen des 20. Jahrhunderts zusammenbringen, sofern diese nur hinreichend antidemokratisch waren. Das ist bei einem geistesaristokratisch ausgerichteten Denker eine einerseits wohlfeile, andererseits an eilige Instrumentalisierungen gebundene Auslegung.

Gegen eine solche Lesart hat die französische Philosophin Sarah Kofman die Distanz Nietzsches gegenüber Begriffen und seine Präferenz für Metaphern herausgestellt, die sie in engstem Zusammenhang mit seiner Philosophie und deren Grundprämissen sieht:[20] In der denotativen Begrifflichkeit wird demnach ein Zugang zur Welt simuliert, der eine der großen Selbsttäuschungen des Menschen über seine Stellung in der Welt ist. Für Nietzsche sind auch Begriffe, die üblicherweise scharf von den konnotativen Metaphern unterschieden werden, selbst nur Metaphern, die wir nicht als solche durchschauen, weil sie sich als denotativ camouflieren. Aus dieser sprachtheoretischen Überlegung, so Kofman, habe Nietzsche die sprachpraktische Konsequenz gezogen, mit Begriffen so lange zu experimentieren, bis sie als Metaphern verstanden werden. Nur eine Lektüre, die das berücksichtige, sei dem Denken und Schreiben Nietzsches gewachsen – womit sich voreilige Verbindungen zu politischen Strömungen verbieten. Wer Nietzsche wörtlich nimmt, täuscht sich zumeist in ihm. Aber weil die aphoristische Präsentation seiner Gedanken einen scheinbar leichten Zugang zu seiner Philosophie bietet, wird er von vielen wörtlich genommen, und seine Metaphern werden als Begriffe (miss-)verstanden.

So sind alle drei miteinander ins Gespräch gebrachten Denker im 21. Jahrhundert angekommen – und haben hier, nach hochideologischer Auslegung ihrer Werke im 20. Jahrhundert, wieder zu sich selbst gefunden, wenn auch Wagner nur teilweise. Einer Welt im Umbruch entstammend, können sie zu Begleitern im 21. Jahrhundert werden, ebenfalls eine Welt im Umbruch, wobei diese Begleitung eher eine der kritischen Infragestellung als eine der selbstsicheren Wegweisung ist.

Der Umbruch, der im Verlauf des 19. Jahrhunderts den «Erfahrungsraum» und «Erwartungshorizont» (Koselleck) der Menschen revolutionierte, war vielfältiger Art: politisch, wirtschaftlich und sozial, aber auch ästhetisch und mentalitätsmäßig. Nicht zuletzt ob dieser Vielgestaltigkeit des Umbruchs und der aus ihm resultierenden Erwartungen ist er hier anhand von drei seiner zeitgenössischen Beobachter und Kommentatoren beleuchtet worden: mit Marx als Gesellschaftstheoretiker, Wagner als Dichter, Komponist und Essayist und Nietzsche als Diagnostiker der Spuren, die der Umbruch an Leib und Seele der Menschen hinterließ. Marx hat auf die Revolution der sozioökonomischen Verhältnisse, Wagner auf die kulturelle Regeneration und Nietzsche auf die Schaffung eines neuen Menschen gesetzt. Marx hat auf den Umbruch unter der Devise der Befreiung, Wagner unter der Perspektive der Erlösung reagiert, und Nietzsche hat beides als unangemessen verworfen.

Was die politische Dimension des Umbruchs anbetrifft, kann man das Scheitern der Revolution von 1848 und dessen Folgen kaum überbewerten. Zuversicht und Zukunftsvertrauen, die der politische Liberalismus bis dahin gebündelt und verkörpert hatte, gab es danach nie mehr in dieser Form. Während sich in bürgerlichen Kreisen Skepsis und Melancholie breitmachten, bevor der Nationalismus wieder für einen fatalen politischen Stimmungsaufschwung sorgte, wurde der Sozialismus zum Erben einer unerschütterlichen Zukunftsgewissheit. Diese Entwicklung lässt sich in ganz Europa beobachten, von Paris bis Moskau, aber die Schlussfolgerungen, die daraus gezogen wurden, waren insgesamt sehr unterschiedlich. Ihnen ist hier nicht in partei-, sondern in ideenpolitischer Sicht nachgegangen worden;[21] dabei zeigt

*Die in Venedig genommene Totenmaske Wagners.
Der Maler und Bühnenbildner Paul von Joukowsky, der die Wagners bei ihrem letzten Venedigaufenthalt begleitet hat, bemerkte dazu: «Der feine Mund war halb geöffnet, als verlange er nach Luft.»*

Nietzsches Totenmaske, die auf Anweisung seiner Schwester Elisabeth nachgearbeitet worden ist, um eine größere ikonische Wirkung zu erreichen.

sich, dass die ideenpolitische Verarbeitung des Umbruchs keineswegs mit den parteipolitischen Reaktionsmustern kongruent ist, dass sie von diesen nicht nur abweicht, sondern vielfach auch quer zu ihnen steht. Nicht zuletzt dadurch ist sie als Reflexionsraum für die Umbrüche des 21. Jahrhunderts von Bedeutung.

Marx hat unter dem Eindruck des soziopolitischen Umbruchs auf die unaufhaltsame Fortentwicklung der Produktivkräfte vertraut und der Vorstellung angehangen, in ihnen die den Gang der Geschichte bestimmenden Gesetzmäßigkeiten gefunden zu haben. Er folgte darin dem Trend einer wissenschaftlichen Betrachtung nicht nur der Natur, sondern auch der Gesellschaft; dieser Trend gehörte zu den Begleitern des allgemeinen Umbruchs. Eine Folge der Verwissenschaftlichung von Gesellschaftsbetrachtung war die Eingrenzung menschlicher Freiheitsspielräume. Hatte die Aufklärung auf die Erweiterung der Freiheit gesetzt, so führte die soziologische Analyse dazu, dass die Spielräume wieder als kleiner und begrenzter angesehen wurden. Auch wenn Marx kein strikter Determinist war, ging er doch davon aus, dass willkürliche Eingriffe in die Gesellschaft, wie sie von einigen seiner parteipolitischen Gegenspieler als Folge des Umbruchs propagiert wurden, keine nachhaltigen Effekte haben würden. Wagner dagegen setzte auf die Kunst, die das Erbe einer schwach gewordenen Religion antreten und dabei neue Perspektiven für die gesellschaftliche Ordnung wie das menschliche Handeln ausloten sollte, auch und gerade dadurch, dass sie das Versagen und Scheitern der bestehenden Ordnungsvorstellungen auf die Bühne brachte. Wagners Werk ist der Prototyp einer Erforschung von Vergangenheit und Zukunft mit künstlerischen Mitteln, und dabei sah er fast zwangsläufig deutlich größere Freiheiten und Handlungsspielräume als Marx. Doch auch Wagner hatte eine starke Vorstellung von den Grenzen des Möglichen, und diese Grenzen verortete er zuletzt im Bereich dessen, was wir heute die «ökologische Herausforderung» nennen. Demgemäß verhielt er sich zur Industrialisierung, dem wesentlichen Treiber des Umbruchs im 19. Jahrhundert, zutiefst ablehnend, wohingegen Marx in der großen Industrie nicht das Problem, sondern die Lösung der großen Fragen der Menschheit sah.

Von Marx wurde keine Totenmaske genommen; zu seiner Beerdigung auf dem Highgate Cemetery in London fanden sich nur wenige Personen ein. Umso häufiger wurde Marx dafür als Gott-Vater-Ikone auf Briefmarken abgebildet; hier auf einer sowjetischen Vier-Kopeken-Marke von 1968.

Nietzsche wiederum bestritt nicht, dass sich im 19. Jahrhundert ein grundstürzender Umbruch vollzog, doch seit seinem «Erweckungserlebnis» von Sils-Maria ging er davon aus, dass dies nur ein Umbruch im Rahmen einer sich wiederholenden Kreisbewegung war. Demgemäß musste es sich bei fast allem, was von den Zeitgenossen als grundlegend neu und anders wahrgenommen wurde, nur um eine Fehlwahrnehmung der vom Geschehen unmittelbar Beeindruckten handeln, während er, der von den Alpenhöhen, aus dem Engadin, die Welt betrachtete, einen Fernblick zu haben meinte, der ihn das Ewige im Augenblicklichen sehen ließ. Deswegen kam es darauf an, eine Haltung distanzierter Gelassenheit zu entwickeln, die davon abhielt, kurzfristigen Illusionen und Erregtheiten, wie sie sich im Gefolge des Umbruchs ausbreiteten, hinterherzueilen. Seit den späten 1870er Jahren, seit seinem Buch *Morgenröthe*, war Nietzsche damit beschäftigt, die negativen Folgen der irrigen Wahrnehmung des zeitgenössischen Umbruchs aufzudecken. Er wurde zum psycho-physiologischen Diagnostiker seiner Zeitgenossen, denen er nicht nur auf die Finger, sondern auch in die Eingeweide schaute, wo er den Sitz der Ressentiments vermutete. Sich von diesen Ressentiments, aber auch der Suche nach dem kleinen Glück des Alltags wie den großen politischen und gesellschaftlichen Illusionen für die nahe Zukunft frei zu machen wurde zum Merkmal des von Nietzsche als «Über-Mensch» Bezeichneten – ein Produkt des Umbruchs, das die Bedeutung des Umbruchs in Abrede stellte.

Auch darin sind alle drei, Marx, Wagner und Nietzsche, bei sich angekommen: Sie haben ihre Theorien, Aphorismen und kreativen Innovationen als Schutzschild gegen die eigenen Unsicherheiten genutzt. In einem Jahrhundert der schwindenden Gewissheiten haben sie diese Unsicherheit durch gelegentliche Hyperaffirmativität im Denk- und Sprechduktus verborgen und sich zugleich auf die Suche nach neuen Gewissheiten und Sicherheiten gemacht. Aber gleichzeitig haben sie dann doch auch wieder die fortbestehende Unsicherheit erkennbar werden lassen: Marx in Gestalt der vielfältigen Revisionen seiner Theorie sowie den Korrekturen und Hinzufügungen seiner Schriften, die der Ausbildung eines Systems entgegenwirkten; Wagner durch die Polyperspektivität seiner Musikdramen, die den Sehenden und Hörenden in ein Psychodrama hineinzieht, das eher in Ratlosigkeit als in kathartisch gewonnener Selbstsicherheit endet; und Nietzsche durch die kataklysmische Steigerung eines Gedankens, die den nach Gewissheiten greifenden Leser gerade durch die wirbelnde Verdichtung dieses Gedankens in neuerliche Ungewissheit stößt. Nur wer die Gewissheiten des jeweiligen Werks dekonstruiert, gelangt zur Person des Autors; nur wer das Dekonstruierte nutzt, um die Gegenwart in ihrer irritierenden Vielgestaltigkeit zu erfassen, kann die Vorzüge dieser Wegbegleitung für sich in Anspruch nehmen.

ANMERKUNGEN

Einleitung: Licht und Schatten

1 Dazu jetzt Ross, *Die Welt nach Wagner*.
2 Ein frühes Beispiel für die Wirkung Nietzsches ist die noch dem 19. Jahrhundert (1897) entstammende Schrift von Ferdinand Tönnies, *Der Nietzsche-Kult*.
3 Hilfestellung leisten hier regelmäßig erscheinende Jahr- und Studienbücher. Zu nennen sind das seit 2003 in neuer Gestalt erscheinende *Marx-Engels-Jahrbuch* (zuvor *MEGA-Studien*), das seit 2005 erscheinende *wagnerspectrum*, die *Nietzsche-Studien* (seit 1972) sowie das Jahrbuch *Nietzsche-Forschung* (seit 1994).
4 Vgl. Herres, *Marx und Engels*, S. 259 ff., sowie Kurz, «Engels, Marx und die Kritik der politischen Ökonomie», S. 322 ff.
5 Dazu Hilmes, *Herrin des Hügels*, S. 227 ff.
6 So Köhler, *Der letzte der Titanen*, S. 13.
7 Auch Briefe von Marx wurden verbrannt, jedoch nicht von Engels, sondern von Marx' Tochter Eleanor, die nicht wollte, dass einige persönliche Aspekte aus dem Leben ihrer Eltern bekannt wurden; zu Fragen der Edition von Klassikern und den Eingriffen Interessierter generell Hubmann, «Unvollendete Klassiker», S. 231–241.
8 Darüber informiert Sieg, *Die Macht des Willens*, S. 195 ff.
9 Dazu ausführlich Sieg, *Die Macht des Willens*, S. 195 ff.; der einzig ernst zu nehmende Widersacher war Nietzsches alter Freund Overbeck, der in Basel Teile des Nietzsche-Nachlasses hütete und diese nicht an dessen Schwester herausgab; dazu Overbeck, *Erinnerungen an Friedrich Nietzsche*, S. 57–111.
10 Präzise ist zwischen MEGA[1] und MEGA[2] zu unterscheiden, wobei es sich bei der älteren MEGA um eine von David Rjazanow geleitete Ausgabe handelt, die nicht fertiggestellt wurde, nachdem Rjazanow und seine Mitarbeiter den Stalinschen «Säuberungen» zum Opfer gefallen waren.
11 Dazu Hubmann/Roth, «Die ‹Kapital›-Abteilung› der MEGA», S. 60–69.
12 In dieser Hinsicht sehr weitgehend Stedman Jones, *Karl Marx*, S. 686 ff., der die These vertritt, Engels habe die sich andeutende Revision von Marx' Auffassung nach dessen Tod marginali-

siert; Kurz ist der Auffassung, dass das Urteil von Stedman Jones noch sehr viel entschiedener ausgefallen wäre, wenn er bei der Arbeit an seiner Marx-Biographie bereits die einschlägigen Bände der MEGA gekannt hätte; Kurz, «Engels, Marx und die Kritik der Politischen Ökonomie», S. 323 f.

13 Dazu Montinari, «Die neue kritische Gesamtausgabe von Nietzsches Werken»; in: ders., *Nietzsche lesen*, S. 10–21.

14 *Der Wille zur Macht. Versuch einer Umwertung aller Werte*, ausgewählt und geordnet von Peter Gast unter Mitwirkung von Elisabeth Förster-Nietzsche ist mit einem Nachwort von Walter Gebhard in der inzwischen 13. Auflage (Stuttgart 1996) nach wie vor erhältlich; ebenso *Die Unschuld des Werdens. Der Nachlass*, ausgewählt und geordnet von Alfred Baeumler, zwei Bände, Stuttgart 1978.

15 Nietzsche, *Werke in sechs Bänden*.

16 Eine solche erscheint seit 1970 bei Schott in Mainz, ist aber noch nicht weit vorangekommen.

17 Udo Bermbach (*Richard Wagner in Deutschland*, S. 405 f.) hat darauf hingewiesen, dass Chéreaus Inszenierungen durch die Arbeiten des Germanisten Hans Mayer entscheidend vorbereitet worden sind; vgl. Mayer, *Richard Wagner*.

18 Für einen spezifisch «Frankfurter» Blick auf Nietzsche und sein Werk vgl. Rippel, «Die Geburt des Übermenschen aus dem Geist der Décadence», S. 21–50.

19 Vgl. Plathaus, *1813*, insbes. S. 353 ff.

20 Sieg, *Die Macht des Willens*, S. 192 ff.

21 Hobsbawms Trilogie *Europäische Revolutionen, Die Blütezeit des Kapitals* sowie *Das imperiale Zeitalter* sind in einer posthumen Ausgabe unter dem Gesamttitel *Das lange 19. Jahrhundert* veröffentlicht worden.

22 Für den Beginn im Jahre 1776 plädiert Matthias von Hellfeld, *Das lange 19. Jahrhundert*; für sein Ende mit dem Jahr 1917 Franz J. Bauer, *Das «lange» 19. Jahrhundert*.

23 Dazu ausführlich Osterhammel, *Die Verwandlung der Welt*, S. 253 ff., 603 ff. und 909 ff.

24 Koselleck, «‹Erfahrungsraum› und ‹Erwartungshorizont›. Zwei historische Kategorien», S. 349 ff.

25 Von «Verwandlung» sprechen sowohl Jürgen Osterhammel in seiner monumentalen Monographie über das 19. Jahrhundert als auch Werner Plumpe in seinem Aufsatz über Engels' Blick auf «die Entwicklung der Produktivkräfte in der zweiten Hälfte des 19. Jahrhunderts».

26 Hegel, *Grundlinien der Philosophie des Rechts*, §§ 243–245.

Kapitel 1
Nähe, Distanz, Abneigung

1 Dazu Wheen, *Karl Marx*, S. 421 f., sowie Stedman Jones, *Karl Marx*, S. 660 f.

2 «Marx an Engels, 18. Sept. 1874»; in: *Mohr an General*, S. 238.

3 Vgl. Neffe, *Marx*, S. 484 ff.

4 Zit. nach Kisch, *Karl Marx in Karlsbad*, S. 43; der von Kisch herangezogene Bericht erschien am 19. Sept. 1875 in der Wiener Zeitschrift *Sprudel*.

5 Neben Aischylos, Dante und Shakespeare hatte Marx in dem für das Album seiner Tochter Jenny verfassten «Bekenntnisfragebogen» auch Goethe als Lieblingsdichter genannt; vgl. Fetscher, *Marx*, S. 150.

6 «Marx an Engels, 18. Sept. 1874»; in: *Mohr an General*, S. 237.
7 Ebd., S. 239.
8 Ebd., S. 238 f.
9 Dass Marx indes auch in politischen Zusammenhängen verbindlich und ausgleichend auftreten konnte, stellt Jürgen Herres (*Marx und Engels*, S. 191 f.) heraus.
10 «Marx an Engels, 19. August 1876»; *MEW*, Bd. 34, S. 23.
11 Ebd.
12 Ebd., S. 24.
13 Ebd.
14 «Marx an Engels, 12. Februar 1856», *MEGA*, III/7, S. 230; die Editoren des Bandes haben hierzu angemerkt: «Gemeint sind vermutlich Kompositionen Richard Wagners» (*MEGA*, III/7/Apparat, S. 845). Sie hätten hinzufügen können, dass es sich wohl um Klavierauszüge beliebter Stücke aus Wagners Opern handelte. Dazu auch Wheen, *Karl Marx*, S. 217–219.
15 *MEGA*, III/7, S. 230.
16 «Marx an Engels, 19. August 1876»; *MEW*, Bd. 34, S. 25.
17 «Marx an Jenny Longuet, Ende August / Anfang September»; *MEW*, Bd. 34, S. 193.
18 Marx, *Das Kommunistische Manifest*, S. 67.
19 «Marx an Wilhelm Alexander Freund, 21. Januar 1877»; *MEW*, Bd. 34, S. 245.
20 Nietzsche, «David Strauß der Bekenner und der Schriftsteller»; *KSA*, Bd. 1, S. 165.
21 Vgl. Bunia / Dembeck / Stanitzek (Hgg.), *Philister. Problemgeschichte einer Sozialfigur*.
22 Marx könnte auch über die Hölderlin-Rede Friedrich Theodor Vischers aus dem Jahre 1873 auf die Begriffsprägung gestoßen sein. Vischer gehörte zu jenen Ästhetikern, mit denen sich Marx gelegentlich beschäftigte; vgl. Lukács, «Karl Marx und Friedrich Theodor Vischer».
23 Vgl. Gründer, «Bildungsphilister»; in: *Historisches Wörterbuch der Philosophie*, Bd. 1, S. 938.
24 Die Rekonstruktion der Bibliotheken von Marx und Engels (*MEGA*, IV/32) hat keinen Hinweis darauf erbracht, dass einer der beiden eine Ausgabe von Wagners *Ring* besessen hat, doch muss das nicht viel heißen, da auch kein Hinweis auf Goethe- und Shakespeare-Ausgaben gefunden wurde – beides Dichter, mit denen sich Marx immer wieder beschäftigt hat.
25 Engels, «Der Ursprung der Familie»; *MEW*, Bd. 21, S. 43 f., Fn. Bei der Abfassung dieser Schrift hat Engels sich vor allem auf Marx' Exzerpte aus Morgans *Ancient Society* gestützt.
26 Ebd., S. 44, Fn.
27 Ebd.
28 Dazu Kranke, «Wer vermittelte Richard Wagner in Dresden Schriften von Karl Marx?», S. 81 ff.; Wagners Freund und politischer Gefährte August Röckel wäre als Vermittler in Frage gekommen. Ohne dies belegen zu können, geht Jochen Hörisch (*Weibes Wonne und Wert*, S. 42–66) davon aus, dass Wagner mit Marx' Theorien vertraut gewesen sei. Das ist in der von Hörisch angenommenen Form sicherlich unzutreffend.
29 Kröplin, *Richard Wagner und der Kommunismus*, S. 206 ff.
30 Sperber, *Karl Marx*, S. 131.
31 Vgl. Kröplins Kapitel «Wagner und Heine» in dessen Buch *Richard Wagner und der Kommunismus*, S. 25–52.
32 Ders., *Wagner. Theatralisches Leben*, S. 85 f.
33 Vgl. Sperber, *Karl Marx*, S. 130.

34 Dazu Gregor-Dellin, *Richard Wagner*, S. 356 f.; vor allem auch Enzensberger, *Herwegh*, S. 265–282 und öfter, sowie Reinhardt, *Georg Herwegh*, S. 357 ff., zu Herweghs Verbindung mit Marx ebd., S. 127 ff. und öfter.
35 Zum Verhältnis Wagner–Wolzogen und zu Wolzogens Rolle in Bayreuth als Hüter des Wagnerschen Erbes vgl. Bermbach, *Richard Wagner in Deutschland*, S. 10–115 ff. und öfter.
36 Zit. nach Kröplin, *Richard Wagner*, S. 131.
37 Zu Wagners Antisemitismus vgl. unten, S. 453 ff.
38 Zur Katastrophe, die der Bayreuth-Aufenthalt von 1876 für Nietzsche wurde, vgl. Ross, *Der ängstliche Adler*, S. 465 ff., sowie Janz, *Friedrich Nietzsche*, Bd. 1, S. 714–725, die beide die Enttäuschung durch Wagner ins Zentrum stellen; dagegen hat Joachim Köhler, *Zarathustras Geheimnis*, S. 230 ff., die von ihm angenommene Homosexualität Nietzsches und die Verlobung seines langjährigen Freundes Erwin Rohde ins Zentrum gestellt. Nicht das Auftreten der Wagners und auch nicht die in Bayreuth versammelte Gesellschaft sind danach an Nietzsches Leiden schuld, sondern der Umstand, dass alle, die Nietzsche etwas bedeuteten, «Frauen im Kopf hatten» (S. 230 f.). Sehr zurückhaltend Safranski, *Nietzsche*, S. 136 f., der es bei einer Schilderung des Sachverhalts belässt.
39 Nietzsche, «An Elisabeth Nietzsche in Basel, 25. Juli 1876»; *Sämtliche Briefe*, Bd. 5, S. 178 f.
40 Nietzsche, «An Elisabeth Nietzsche in Basel, 1. August 1876»; ebd., S. 181.
41 Zur Konkurrenz zwischen Machtentfaltung und Fortentwicklung der Kultur im deutschen Selbstverständnis und den darüber ausgetragenen Kontroversen vgl. Münkler, *Griechische Kultur und Römisches Reich*, S. 18 ff. und 30 ff.
42 Nietzsche, «Richard Wagner in Bayreuth»; *KSA*, Bd. 1, S. 446.
43 Ebd., S. 447.
44 Nietzsche, «An Richard Wagner in Bayreuth, Juli 1876»; *Sämtliche Briefe*, Bd. 5, S. 173.
45 Nietzsche, «An Cosima Wagner in Bayreuth, Juli 1876»; ebd., S. 172.
46 Nietzsche, «Richard Wagner in Bayreuth»; S. 448.
47 Wilamowitz-Moellendorff, «Zukunftsphilologie!» [1872]; in: Gründer (Hg.), *Der Streit um Nietzsches «Geburt der Tragödie»*, S. 27–55.
48 Nietzsche, «Richard Wagner in Bayreuth», S. 432.
49 Marr wurde bald darauf einer der Anführer des Antisemitismus in Deutschland.
50 Zit. nach Janz, *Friedrich Nietzsche*, Bd. 1, S. 724.
51 Zit. nach *Nietzsche und Wagner*, Bd. 1, S. 285.
52 Zit. nach Janz, *Friedrich Nietzsche*, Bd. 1, S. 719.
53 Nietzsche, «Richard Wagner in Bayreuth», S. 448 f.
54 «Kommentar zu Ecce homo»; Nietzsche, *KSA*, Bd. 14, S. 492.
55 Das ist eine Anspielung auf die gastronomische Begleitung der Festspiele, die – in Bier-Franken – durch einen ausgeprägten Bierkonsum geprägt war. Zu den Festspielen von 1876 gehörte auch, dass man für deren Dauer in Bayreuth den Bierpreis angehoben hatte. Schon in seiner Bonner Studentenzeit hat sich Nietzsche darum bemüht, den Bierkonsum in der Verbindung *Frankonia*, der er angehörte, zu senken und mehr Zeit für wissenschaftliche Gespräche zu verwenden; vgl. Ross, *Der wilde Nietzsche*, S. 43.

56 Nietzsche, «Ecce homo», *KSA*, Bd. 6, S. 323 f.
57 Ebd., S. 324.
58 Ebd.
59 Diese Gegenüberstellung erfolgt im Anschluss an Mayer, *Richard Wagner in Bayreuth*, S. 23 ff., und Kröplin, *Richard Wagner. Theatralisches Leben und lebendiges Theater*, S. 143 ff.
60 Cosima Wagner, *Die Tagebücher*, Bd. 2, S. 138.
61 Die folgenden Passagen orientieren sich an Gregor-Dellin, *Richard Wagner*, S. 708–727; Köhler, *Der letzte der Titanen*, S. 676–693; Mayer, *Richard Wagner in Bayreuth*, S. 17–476, sowie Bermbach, *Richard Wagner*, S. 180–199.
62 Mayer, *Richard Wagner in Bayreuth*, S. 20.
63 Freilich hatte Wagner die nationale Karte schon früher gespielt, u. a. in dem Vorwort, das er 1863 seiner Textfassung des *Rings* vorangestellt hatte: «Die deutsche Nation rühmt sich so viel Ernst, Reife und Ursprünglichkeit nach, daß ihr nach dieser einen Seite hin, wo sie, wie eben in Musik und Poesie, sich wirklich an die Spitze des europäischen Völkerreigens gestellt hat, nur eine formgebende Institution zu geben nöthig erscheint, um zu erkennen, ob sie wirklich jenen Ruhm verdiene.» Wagner, *SSD*, Bd 6, S. 279.
64 Für eine Darstellung der Beziehung Ludwigs II. zu Wagner aus der Sicht des Königs vgl. das ganz im Geiste der Ludwig-Verehrung geschriebene Buch Werner Bertrams, *Der Einsame König*, S. 22–38; zum Festspielprojekt in Bayreuth, S. 132–141; kritisch Scholz, *Ein deutsches Mißverständnis*, S. 215–228; für eine distanziert wissenschaftliche Behandlung des Themas vgl. Tauber, *Ludwig II.*, S. 76–110 und öfter.
65 In seiner Münchner Zeit hatte der vom König üppig alimentierte Wagner schon bald den Widerstand der Regierungsbürokratie und von Teilen des hauptstädtischen Bürgertums zu spüren bekommen. Darauf spielt Herwegh in dem Gedicht «Vielverschlagner Richard Wagner» (Januar 1866) an: «Die Philister, scheelen Blickes, / Spucken in den reinsten Quell; / keine Schönheit rührt ihr dickes; / Undurchdringlich dickes Fell. [...] // ‹Solche Summen zu verplempern, / Nimmt der Fremdling sich heraus! Er bestellte sich bei Sempern / Gar ein neu Komödienhaus!›» *Herweghs Werke*, S. 238 f.
66 Ebd., S. 283.
67 Zit. nach Bermbach, *Richard Wagner*, S. 185 f.
68 *Mohr an General*, S. 45 und 47; zu Engels als Unternehmer vgl. Hunt, *Friedrich Engels*, S. 106–158 und 241–321.
69 Nietzsche, «Richard Wagner in Bayreuth»; *KSA*, Bd. 1, S. 434 f.
70 Ebd., S. 435 f.
71 Ebd., S. 436.
72 Ebd., S. 444.
73 Ebd., S. 445. In diesem Zusammenhang rückt bei Nietzsche eine recht verstandene Philosophie ganz in die Nähe von Marx' elfter Feuerbach-These, der zufolge die Philosophen die Welt nur verschieden interpretiert hätten, es indes darauf ankomme, sie zu verändern. «Mir scheint dagegen», schreibt Nietzsche, «die wichtigste Frage aller Philosophie zu sein, wie weit die Dinge eine unabänderliche Artung und Gestalt haben: um dann, wenn diese Frage beantwortet ist, mit der rücksichtslosesten Tapferkeit auf die *Verbesserung der als veränderlich erkannten Seite der Welt* loszugehen.» Ebd., S. 445.
74 Ebd., S. 455–456.

75 Wagner, «Epilogischer Bericht»; *SSD*, Bd. VI, S. 258 f.
76 Zur Festspielidee vgl. Danuser / Münkler (Hgg.), *Kunst. Fest. Kanon*, wo der Bedeutung des Festes für die Gemeindebildung und als Ausdruck der Revolutionsbegeisterung nachgegangen wird.
77 Wagner, «Vorwort zur Herausgabe der Dichtung des Bühnenfestspiels ‹Der Ring des Nibelungen›»; *SSD*, Bd. VI, S. 273.
78 Wagner, «An Theodor Uhlig, 12. November 1851»; *Briefe*, S. 224–226.
79 Ebd., S. 226.
80 Wagner, «Vorwort», S. 280.
81 Ebd.
82 Die Patronatsscheine, die zur Finanzierung der Festspiele von 1876 ausgegeben wurden, knüpften an das bürgerschaftliche Finanzierungsmodell an. Das schloss freilich ein, dass Herrscher, die keine Staatsmittel für Wagners Vorhaben einsetzen wollten, sich solcher Patronatsscheine bedienten, um guten Willen zu zeigen – so beispielsweise Kaiser Wilhelm I., der fünfundzwanzig Patronatsscheine erstand.
83 Dazu unten, S. 453 ff.
84 Wagner, «Vorwort», S. 280.
85 Kaiser Wilhelm verabschiedete sich nach der *Walküre* unter Verweis auf die politische Lage, die vom drohenden Ausbruch des russisch-türkischen Krieges bestimmt wurde. Das könnte ein Vorwand gewesen sein, da Wagners Musik nicht den Vorlieben des Kaisers entsprach. Darin unterschied er sich offenbar nicht von Marx' ästhetischen Präferenzen.
86 Vermutlich war das größte Problem, ein Aufeinandertreffen von Wilhelm I. und Ludwig II. zu vermeiden, um den damit verbundenen protokollarischen Fragen aus dem Weg zu gehen. Zu diesem Zusammentreffen kam es nicht, weil Ludwig zur Generalprobe anreiste und Bayreuth danach wieder verließ, um dann noch einmal zum Dritten Zyklus zu kommen.
87 Vgl. Nipperdey, *Deutsche Geschichte 1800–1866*, S. 599 f.
88 Ob Wilhelm diese Äußerung tatsächlich gemacht hat, ist unklar; sie wurde ihm von Maximilian Dortu, einem der Berliner Revolutionäre, der 1849 nach seiner Gefangennahme in Freiburg hingerichtet wurde, zugeschrieben und in der Folge von vielen Zeitungen wiederholt; dazu Schulze-Wegener, *Wilhelm I.*, S. 189–191.
89 Zu den Revolutionsereignissen in Dresden ausführlich Kramer, *«Lasst uns die Schwerter ziehen, damit die Kette bricht ...»*, insbes. S. 47–126, sowie die Zusammenstellung von Augenzeugenberichten (darunter auch solche Wagners, Devrients und Röckels) in Jäckel (Hg.), *Dresden zwischen Wiener Kongress und Maiaufstand*, S. 281–318; zu Bakunin im Dresdner Aufstand vgl. Grawitz, *Bakunin*, S. 147–153.
90 Zu Wagners Rolle während des Dresdner Maiaufstands vgl. Gregor-Dellin, *Richard Wagner*, S. 251–273, der Wagners revolutionäres Engagement im Zusammenhang mit seinem gleichzeitigen künstlerischen Schaffen sieht, sowie Köhler, *Der letzte der Titanen*, S. 284–304, für den der «Rausch der Zerstörung» die entscheidende Rolle bei Wagners revolutionärem Agieren spielte.
Zu Marxens Einfluss auf die Revolution als Redakteur der *Neuen Rheinischen Zeitung* und Verfasser des *Kommunistischen Manifests* vgl. Wheen, *Karl Marx*, S. 141–180, während Sperber (*Karl Marx*, S. 202–243) vor allem Marx' taktisches Agieren im Hinblick auf

politische Koalitionen herausstellt; eher knapp und auf eine Schilderung der Abläufe konzentriert Neffe, *Marx*, S. 240–257. Bei Schieder (*Karl Marx als Politiker*, S. 43–55) findet sich die Feststellung «der merkwürdigen Tatsache [...], daß Marx in den letzten Tagen der Revolution der Entscheidung auswich, persönlich am bewaffneten Kampf teilzunehmen» (S. 54). Das tat hingegen Friedrich Engels, der im Unterschied zu Marx eine militärische Ausbildung absolviert hatte und sich zeitlebens für militärische Operationen interessierte. Engels' Verhalten im Frühjahr 1849 steht deutlich näher bei dem von Richard Wagner. Für einen unmittelbaren Vergleich von Marx und Engels in der Revolution von 1848/49 vgl. Herres, *Marx und Engels*, S. 95–130.

91 Vgl. oben, S. 32 ff.
92 Nietzsche, «Nietzsche contra Wagner»; *KSA*, Bd. 6, S. 431.
93 In diesem Sinne etwa Janz, *Friedrich Nietzsche*, Bd. 1, S. 718 f.; Ross, *Der ängstliche Adler*, S. 473 f.; Kaufmann, *Nietzsche*, S. 42 ff.
94 Briefe vom 25. August 1869 und 13. Februar 1870; *Sämtliche Briefe*, Bd. 3, S. 46 und 102.
95 Nietzsche, «Nietzsche contra Wagner», S. 432.

Kapitel 2
Die Wiedergeburt der Antike. Eine Kontroverse

1 Dazu Münkler, «Mythos und Politik. Aischylos', Orestie' und Wagners ‹Ring›», S. 562 ff.
2 Tatsächlich ist diese Beziehung erst zu Beginn des 20. Jahrhunderts ausführlicher thematisiert worden – trotz Wagners eigenen Hinweisen auf sie in den Züricher Kunstschriften. Ausführlich und nach wie vor maßgeblich wurde sie dann von Wolfgang Schadewaldt in «Richard Wagner und die Griechen» dargestellt.
3 Wagner, «Beethoven»; *SSD*, Bd. 9, S. 61–126.
4 Wagner, «Das Kunstwerk der Zukunft»; *DuS*, Bd. VI, S. 36 und 51.
5 Ebd., S. 77 f.
6 Das geht weiter als Wagners Griechenbezug bei Schadewaldt, dem zufolge Wagner «nur Orientierung, das heißt: ein aneignendes Innewerden der Grund- und Wesenszüge der großen Kunst an dem unwiederbringlich hingegangenen Griechenvorbild» gesehen habe (S. 354). Das «Unwiederbringliche» hat Wagner in seinen theoretischen Schriften keineswegs so gesehen.
7 Abgedruckt in Jamme / Schneider (Hg.), *Mythologie der Vernunft*, S. 21–78.
8 Wagner, «Oper und Drama»; *DuS*, Bd. VII, S. 197.
9 Dazu Hartwich, «Religion und Kunst beim späten Richard Wagner», S. 299–323.
10 Eine Ausnahme stellen die finanziellen Anforderungen des Kunstunternehmers wie Künstlers Wagner dar, aber da er diese nicht an die Staatsverwaltung, sondern stets an Personen, wie etwa Ludwig II., adressierte, blieb ihm diese Inkonsequenz offenbar verborgen.
11 Frank, *Der kommende Gott*, S. 155 ff.
12 Vgl. Münkler, *Griechische Kultur und Römisches Reich*, passim.
13 Wagner, «Das Kunstwerk der Zukunft», S. 15.
14 Zu Wagners Lektüre sozialistischer Literatur ausführlich Bermbach, *Der Wahn des Gesamtkunstwerks*, S. 47 ff.
15 Marx und Engels, *Das Kommunistische Manifest*, S. 76.
16 Ebd., S. 77.

17 Wagner, «Das Kunstwerk der Zukunft», S. 21 f.
18 Vgl. unten, S. 453 ff.
19 Marx und Engels, *Das Kommunistische Manifest*, S. 79.
20 Wagner, «Eine Mitteilung an meine Freunde»; *DuS*, Bd. VI, S. 238; dazu Schadewaldt, «Richard Wagner und die Griechen», S. 358 f.
21 Ebd., S. 265.
22 Wagner, «Das Kunstwerk der Zukunft», S. 148.
23 Nietzsche hatte seine eigenen Vorstellungen von Entstehung und Untergang der Tragödie, sicherlich angeregt durch Wagner, in einer Reihe von Vorträgen vor Basler Publikum entwickelt; diese sind abgedruckt in *KSA*, Bd. 1, S. 522–640. «2 Vorträge, die ich hier gehalten habe (1 über das griechische Musikdrama, über Socrates und die Tragödie) sind für manche sehr anstößig gewesen», schrieb Nietzsche darüber am 28. März 1870 an Erwin Rohde (*Sämtliche Briefe*, Bd. 3, S. 112).
24 Nietzsche, «Das griechische Musikdrama»; *KSA*, Bd. 1, S. 521.
25 Ebd., S. 527.
26 Ebd., S. 528.
27 Nietzsche, «Socrates und die Tragödie»; *KSA*, Bd. 1, S. 534.
28 Ebd., S. 540.
29 Ebd., S. 542 f.
30 Ebd., S. 546 f.
31 Nietzsche, «Die Geburt der Tragödie»; *KSA*, Bd. 1, S. 15.
32 Ebd., S. 11.
33 Ebd., S. 20.
34 Ebd., S. 25.
35 Ebd., S. 25 f.
36 Das Dionysos-Bild Nietzsches hat in der französischen Anthropologie größere Aufmerksamkeit gefunden als in Deutschland, wo zuletzt vor allem Renate Schlesier (*Dionysos* sowie *A different god?*) sich mit der in Dionysos verkörperten Dimension des Ekstatischen beschäftigt hat. In der Tradition Nietzsches hat Marcel Detienne (*Dionysos*) den aus Asien nach Hellas gekommenen Gott als einen des Epidemischen, der Trunkenheit, des Rauschs sowie des Weiblichen dargestellt, als einen Gott, «der brutal Besitz ergreift, sein Opfer straucheln läßt und es in Wahnsinn, Mord, Befleckung zerrt», der aber auch der Gott ist, «der Trauben an einem Tag reifen und Wein aus Brunnen sprudeln läßt» (S. 7). Den Einfluss des Dionysischen auf die politische Vorstellungswelt der Griechen hat Jean-Pierre Vernant (*Der maskierte Dionysos*) dargestellt. Zur vielfältigen Geschichte des Dionysos-Mythos vgl. Kerényi, *Dionysos*.
37 Nietzsche, «Die Geburt der Tragödie»; S. 32.
38 So der Titel von Alfred Schmidts Studie über «Ludwig Feuerbachs anthropologischen Materialismus».
39 Zu dieser Dimension in Nietzsches Denken vgl. Ross, *Der wilde Nietzsche oder die Rückkehr des Dionysos*, S. 43 ff.
40 Nietzsche, «Die Geburt der Tragödie», S. 32.
41 Marx, «Ökonomisch-philosophische Manuskripte»; *MEW*, Ergänzungsband, 1. Teil, S. 537 f.
42 Nietzsche, «Die Geburt der Tragödie», S. 33.
43 Ebd., S. 35 f.
44 Ebd., S. 62.
45 Ebd., S. 75.
46 Ebd., S. 102 f.
47 Zu diesem Urteil kommt auch Ágnes Heller, *Vom Ende der Geschichte*, insbes. S. 50 ff.
48 Diese Vorstellung des Festes ist in der französischen Nietzsche-Rezeption, der Fruchtbarmachung Nietzsches für

eine Soziologie des Wilden und Ekstatischen, von Roger Caillois (*L'Homme et le sacré*), Georges Bataille (*Théorie de la religion*) und René Girard (*La violence et le sacré*) ausgearbeitet worden.
49 Im Sinne dieses Kompensationstheorems Münkler, «Die Tugend, der Markt, das Fest und der Krieg», S. 295 ff.
50 Bohrer, *Kein Wille zur Macht*, S. 147 f.; eingehend zu den Verbindungen zwischen Heine und Nietzsche Gilman, «Heine, Nietzsche und die Vorstellung vom Juden», S. 60 ff.
51 Vgl. unten, S. 590 ff.
52 Nietzsche, «Die Geburt der Tragödie», S. 127 und 128.
53 Ebd., S. 129.
54 Ebd., S. 154.
55 Ebd.
56 Dazu Münkler, *Die Deutschen und ihre Mythen*, S. 389 ff., sowie Matuschek, *Der gedichtete Himmel*, S. 287 ff.
57 Vgl. Sperber, *Karl Marx*, S. 215 f.
58 Engels, «Die deutschen Volksbücher»; *MEGA* I, 3, S. 65–72, und ders., «Siegfrieds Heimat»; *MEGA* I, 3, S. 203–207.
59 Heine, *Werke*, Bd. 7, S. 454.
60 Dass es derlei in der deutschen Sozialdemokratie durchaus gab, zeigt ein «Gedenkblatt zum Ende der Sozialistengesetze» von 1890, abgebildet bei Veltzke, *Der Mythos des Erlösers*, S. 79.
61 Marx/Engels, *Das Kommunistische Manifest*, S. 48.
62 Zur Nationalisierung der Musik im 19. Jahrhundert vgl. die Beiträge in Danuser/Münkler (Hgg.), *Deutsche Meister – böse Geister* mit dem Untertitel «Nationale Selbstfindung in der Musik», sowie Danuser, *Weltanschauungsmusik*, insbes. S. 52 ff. und 158 ff.; zur Genese der Nationalliteratur Matuschek, *Der gedichtete Himmel*, S. 273 ff. und 310 ff.
63 Das Theorem des komplementär Kompensatorischen geht zurück auf Edmund Burke und dessen *Reflections on the Revolution in France*; es ist von der Schule Joachim Ritters weiterentwickelt worden; dazu ausführlich Hacke, *Philosophie der Bürgerlichkeit*, S. 70 ff.
64 Marx/Engels, *Das Kommunistische Manifest*, S. 46 und 47.
65 Ebd., S. 47 f.
66 So in dem Vortrag «Wissenschaft als Beruf», wo Weber «Intellektualisierung und Rationalisierung» als Antriebsmomente der «Entzauberung» herausgestellt und die Ersetzung magischer durch technische Mittel als deren Kennzeichen genannt hat; Max Weber, *Gesamtausgabe*, I. Abt., Bd. 17, S. 68 f.
67 Ebd., S. 101; zu Webers Diagnose und deren religionssoziologischer Grundlegung Lehmann, *Die Entzauberung der Welt*, insbes. S. 125 ff.
68 Marx/Engels, *Das Kommunistische Manifest*, S. 47.
69 Marx, «Grundrisse der Kritik der politischen Ökonomie»; *MEGA*, II/3, 1, S. 44 f.
70 Marx, «Das Kapital», Bd. I, *MEW*, Bd. 23, S. 430 f.
71 Marx, «Grundrisse der Kritik der politischen Ökonomie»; *MEGA*, II/3, 1, S. 44.
72 Ebd.
73 Wagner, «Das Kunstwerk der Zukunft»; *DuS*, Bd. VI, S. 148.
74 Marx, «Grundrisse», S. 45.
75 Ebd.

Kapitel 3
Krankheit, Schulden, Selbstkritik: Hemnisse bei der Arbeit, Leiden am Leben

1 Marx, «Brief an Engels vom 10. Februar 1866»; in: *Mohr an General*, S. 172.

2 Nietzsche, «Der Fall Wagner»; *KSA*, Bd. 6, S. 12.
3 Ebd., S. 21.
4 Zu Nietzsches Krankheiten ausführlich Volz, *Nietzsche im Labyrinth seiner Krankheit*; eine kurze Zusammenfassung bietet das von Volz verfasste Lemma «Krankheit», in: Ottmann (Hg.), *Nietzsche-Handbuch*, S. 57 f.
5 Nietzsche, «Nietzsche contra Wagner»; *KSA*, Bd. 6, S. 418.
6 Nietzsche, «Der Fall Wagner», S. 22.
7 Ebd., S. 23.
8 Marx, «Zur Kritik der Hegel'schen Rechts-Philosophie. Einleitung»; *MEGA*, I/2, S. 171.
9 Nietzsche, «Ecce homo»; *KSA*, Bd. 6, S. 325.
10 Nietzsche, «Der Fall Wagner», S. 23. Offenbar hat Wagners ‹Erfolg bei den Frauen› Nietzsche besonders herausgefordert: «Wagner hat das Weib erlöst; das Weib hat ihm dafür Bayreuth gebaut. Ganz Opfer, ganz Hingebung: man hat Nichts, was man ihm nicht geben würde. Das Weib verarmt sich zu Gunsten des Meisters, es wird rührend, es steht nackt vor ihm. – Die Wagnerianerin – die anmuthigste Zweideutigkeit, die es heute giebt: sie *verkörpert* die Sache Wagner's und in ihrem Zeichen *siegt* seine Sache …» Ebd., S. 45 f.
11 Dazu eingehend Fischer, «*Verwilderte Selbsterhaltung*», S. 50 ff. sowie 74 ff.; weiterhin Hennis, «Die Spuren Nietzsches im Werk Max Webers», S. 167 ff.
12 Vgl. Wittstock, *Karl Marx beim Barbier*, passim.
13 So Sperber, *Karl Marx*, S. 358.
14 Marx, «Brief vom 10. Februar 1866»; *Mohr an General*, S. 173.
15 Sperber, *Karl Marx*, S. 358.
16 So schrieb Marx etwa in seinem Brief an Engels vom 2. April 1851: *Mohr an General*, S. 46.

17 Diese These findet sich u. a. bei Künzli, *Karl Marx. Eine Psychographie*, in der die psychische Zerrissenheit von Marx im Zentrum der Deutung steht.
18 Engels, «Brief an Marx vom 10. Februar 1866»; in: *Mohr an General*, S. 173.
19 Marx, «Brief vom 13. Februar 1866»; *Mohr an General*, S. 174 f.
20 Marx, «Brief vom 20. Februar 1866»; *Mohr an General*, S. 175 f.
21 Vermutet wird ein Blinddarmdurchbruch oder eine Magentuberkulose; vgl. Sperber, *Karl Marx*, S. 300.
22 Dazu Gregor-Dellin, *Richard Wagner*, S. 34 ff., sowie Köhler, *Der letzte der Titanen*, S. 19 ff.
23 Nietzsche, «Der Fall Wagner»; *KSA*, Bd. 6, S. 41.
24 Dazu unten, S. 474 f.
25 Während sie bei Janz (*Friedrich Nietzsche*), Ross (*Der ängstliche Adler*) und Safranski (*Nietzsche*) eine randständige Rolle spielen und ihnen keine oder eine allenfalls marginale Bedeutung für das Verständnis des Werks beigemessen wird, fungiert sie in der Darstellung von Köhler (*Zarathustras Geheimnis*) als der Schlüssel zum Verständnis von Nietzsches Leben und Werk. Kritisch dazu Ross, *Der wilde Nietzsche*, S. 107 f.
26 Zu Nietzsches Identifikation mit Dionysos oder Jesus, die Ineinsschreibung beider eingeschlossen, vgl. Detering, *Der Antichrist und der Gekreuzigte*, insbes. S. 146 ff.
27 Die Stilisierung verstorbener Familienautoritäten zur Gewissensinstanz ist typisch für den Pietismus. Sie verhindert, dass von den Toten innerlich Abschied genommen werden kann, was zur Folge hat, dass diese als Gespenst wiederkehren; dazu Figl, «Geburtstagsfeier und Totenkult», S. 29 ff. Als Jugendlicher träumte Nietzsche, vom toten Vater geholt zu werden.

Anmerkungen

28 Nietzsche, «Ecce homo»; *KSA*, Bd. 6, S. 264.
29 Ebd.
30 Hierzu und zum Folgenden Volz, «Nietzsches Krankheit»; in Ottmann (Hg.), *Nietzsche-Handbuch*, S. 57.
31 Dazu Safranski, *Nietzsche*, S. 158, 180 und 239, sowie Ross, *Der ängstliche Adler*, S. 540, 557 und 559.
32 Nietzsche, «Brief an Carl von Gersdorff vom 4. August 1869»; *Sämtliche Briefe*, Bd. 3, S. 36.
33 Nietzsche, «Brief an Franziska Nietzsche, Mitte Juni 1869»; *Sämtliche Briefe*, Bd. 3, S. 15.
34 Ross, *Der ängstliche Adler*, S. 333.
35 Dazu Safranski, *Nietzsche*, S. 135, und Ross, *Der ängstliche Adler*, S. 428.
36 Ross, *Der ängstliche Adler*, S. 438.
37 Vgl. Detering, *Der Antichrist und der Gekreuzigte*, S. 149.
38 Nietzsche, *Die fröhliche Wissenschaft*, 5. Buch, Aph. 382, *KSA*, Bd. 3, S. 635 f.
39 Ebd., S. 636.
40 Ebd.
41 Zit. nach Sperber, *Karl Marx*, S. 546.
42 Zum Leben und Wirken von Jenny Marx vgl. Limmroth, *Jenny Marx*.
43 Sperber, *Karl Marx*, S. 547.
44 Ebd., S. 300.
45 Marx, «Brief an Engels vom 30. März 1855»; *MEGA*, III/7, S. 187.
46 Marx, «Brief an Engels vom 12. April 1855»; *MEGA*, III/7, S. 189.
47 Nietzsche, «Ecce homo», *KSA*, Bd. 6, S. 272.
48 Nietzsche, «Brief an Paul Deussen, zweite Oktoberhälfte 1868»; *Sämtliche Briefe*, Bd. 2, S. 327.
49 Nietzsche, «Brief an Erwin Rohde, 8. Oktober 1868»; *Sämtliche Briefe*, Bd. 2, S. 322.
50 Nietzsche, «Also sprach Zarathustra»; *KSA*, Bd. 4, S. 19 f.
51 Dazu zusammenfassend Gregor-Dellin, *Richard Wagner*, S. 24, sowie Köhler, *Der letzte der Titanen*, S. 390.
52 So Kröplin, *Wagner. Theatralisches Leben*, S. 77 ff.
53 Köhler, *Der letzte der Titanen*, S. 390 f.
54 Gregor-Dellin, *Richard Wagner*, S. 110.
55 Ebd., S. 787 und 791. Gregor-Dellin spricht freilich davon, es habe sich hier um eine allergische Reaktion gehandelt.
56 Ebd., S 799.
57 Zu Wagners Opiumkonsum Köhler, *Der letzte der Titanen*, S. 392 f.; vor allem dürfte es sich dabei um Laudanumpräparate gehandelt haben.
58 Ebd., S. 714 f.
59 Dazu Drüner, *Richard Wagner*, S. 312 f.
60 Köhler, *Der letzte der Titanen*, S. 715.
61 Wagner, *Mein Leben*, S. 561.
62 Cosima Wagner, *Tagebücher*, Bd. 2, S. 266 ff.
63 Dazu unten, S. 253 ff.
64 Schmidt, *Emanzipatorische Sinnlichkeit*, S. 107 ff., sowie Weckwerth, *Ludwig Feuerbach*, S. 101 ff.
65 Vgl. Schmidt, *Der Begriff der Natur in der Lehre von Marx*, S. 74.
66 Dazu Stedman Jones, *Karl Marx*, S. 386.
67 Sperber, *Karl Marx*, S. 247 ff.
68 Marx, «Brief an Paul Lafargue, 13. August 1866»; *MEW*, Bd. 31, S. 518 f. Im weiteren Verlauf des Briefes heißt es: «Beobachtung hat mich davon überzeugt, daß Sie von Natur aus nicht sehr arbeitsam sind, trotz zeitweiliger fieberhafter Aktivität und guten Willens.» Ebd., S. 519.
69 Nach Marx' Tod zog Helena Demuth zu Engels, in dessen Haushalt sie 1890 verstarb. Sie wurde im Familiengrab der Marxens beigesetzt; vgl. Ambrosi, *Helena Demuth*.
70 «Jenny Marx an Karl Marx, um den 19. Juni 1852»; *MEGA*, III/5, S. 411 f.

71 Marx, «Brief an Engels, 31. März 1851»; *Mohr an General*, S. 42–44.
72 Marx, «Brief an Engels, 26. Februar 1852»; ebd., S. 68.
73 Marx, «Brief an Engels, 7. Mai 1861»; ebd., S. 120.
74 Dazu generell Kesting, *Das Pumpgenie. Richard Wagner und das Geld*.
75 Köhler, *Der letzte der Titanen*, S. 151 ff.
76 Vgl. ebd., S. 162 ff. und 171 ff., sowie Gregor-Dellin, *Richard Wagner*, S. 144 ff.; zum Verhältnis zwischen Wagner und Meyerbeer auch unten, S. 457 ff.
77 Köhler, *Der letzte der Titanen*, S. 209.
78 Für die Züricher Zeit ebd., S. 525 ff., sowie Gregor-Dellin, *Richard Wagner*, S. 279 ff.
79 Wille, *Erinnerungen an Richard Wagner*, S. 64.
80 Nietzsche, «Der Fall Wagner»; *KSA*, Bd. 6, S. 45.
81 Ebd., S. 18.
82 Kröplin, *Richard Wagner*, S. 39.
83 Vgl. Herzfeld, *Minna Planer und ihre Ehe mit Richard Wagner*, weiterhin Zehle, *Minna Planer, eine Spurensuche*.
84 Nietzsche, «Brief an Franziska und Elisabeth Nietzsche, Ende September 1869»; *Sämtliche Briefe*, Bd. 3, S. 56.
85 Dazu Janz, *Friedrich Nietzsche*, Bd. 1, S. 65 ff. und 222 ff.
86 Nietzsche, «Ecce homo»; *KSA*, Bd. 6, S. 274.
87 Nietzsche, «Götzen-Dämmerung»; *KSA*, Bd. 6, S. 60.
88 Während Nietzsches militärische Karriere, bei der er die Position eines Reserveleutnants anstrebte, durch einen Reitunfall gebremst wurde (vgl. Ross, *Der ängstliche Adler*, S. 180 ff.), pflegte Engels den Reitsport und insbesondere die Fuchsjagd (vgl. Hunt, *Friedrich Engels*, S. 276 ff.). Marx gegenüber stellte er das gern als physische Vorbereitung auf die bevorstehenden revolutionären Kämpfe dar, worauf der mit sanftem Spott reagierte. «Am Samstag war ich Fuchsjagen», so Engels an Marx, «7 Stunden im Sattel. So eine Geschichte regt mich immer für ein paar Tage höllisch auf, es ist das großartigste körperliche Vergnügen, das ich kenne. Im ganzen field sah ich nur 2 die besser ritten als ich, sie hatten aber auch bessere Pferde.» («Engels an Marx, 31. Dezember 1857», *MEGA* III/8, S. 236.) Zuvor hatte er bereits an Marx geschrieben: «Meine Militärstudien werden dadurch sofort praktischer, ich werfe mich unverzüglich auf die bestehende Organisation und Elementartaktik der preußischen, österreichischen, bairischen und französischen Armeen, und außerdem nur noch auf Reiten, d. h. Fuchsjagen, was die wahre Schule ist.» (Ebd., S. 197)
89 Nietzsche, «Brief an Erwin Rohde, 15. Dezember 1870»; *Sämtliche Briefe*, Bd. 3, S. 166.
90 So hat Eckart Kröplin (*Richard Wagner. Theatralisches Leben*, S. 48–54) die Presseglossen von 1848 und 1849 zu Wagner zusammengestellt, in denen die Kritiker mit großer Entschiedenheit entweder *für* oder *gegen* Wagner Stellung bezogen.
91 Das ist das Nietzsche-Bild, das Werner Ross in seiner Biographie *Der ängstliche Adler* und dem Essay *Der wilde Nietzsche* gezeichnet hat.
92 Nietzsche, «Die Geburt der Tragödie / Versuch einer Selbstkritik»; *KSA*, Bd. 1, S. 14.
93 Dazu Sommer, *Nietzsche und die Folgen*, S. 30 ff.
94 Nietzsche, «Die Geburt der Tragödie / Versuch einer Selbstkritik», S. 14 f.
95 Ebd., S. 17.
96 Ebd., S. 18.

97 Heller, *Vom Ende der Geschichte*, S. 96.
98 Nietzsche, «Ecce homo»; *KSA*, Bd. 6, S. 266.
99 Ebd., S. 257. Heinrich Meier (*Nietzsches Vermächtnis*, S. 17) bemerkt dazu, solche Äußerungen seien wie auch die Zwischenüberschriften dieses Buches «bald als Symptome der Megalomanie, bald als Ausdruck seiner Hybris genommen» worden. Meier interpretiert *Ecce homo* und den *Antichrist* als Selbstaufklärung Nietzsches über das Denken eines Philosophen.
100 Nietzsche, «Ecce homo»; *KSA*, Bd. 6, S. 317.
101 Sperber (*Karl Marx*, S. 175) nennt dies «eine verhüllte Form der Selbstkritik».
102 Zit. nach Fetscher, *Karl Marx*, S. 150.
103 Feuerbach, «Das Geheimnis des Opfers oder: Der Mensch ist, was er ißt» (1864/66).
104 So der Untertitel zur *Götzen-Dämmerung*.

Kapitel 4
Gescheiterte Revolution, gelungene Reichsgründung. Deutschland als politisch-kulturelle Projektionsfläche

1 Zum Generationenkonzept als Strukturmodell soziopolitischer Wahrnehmung vgl. Jureit / Wildt (Hgg.), *Generationen*, passim.
2 Nietzsche, «Brief an Wilhelm Vischer(-Bilfinger), 8. August 1870»; *Sämtliche Briefe*, Bd. 3, S. 133.
3 Ebd., S. 133 f.
4 Nietzsche, «Brief an Carl von Gersdorff, 20. Oct. 1870»; *Sämtliche Briefe*, Bd. 3, S. 148.
5 Nietzsche, «Brief an Franz Overbeck, 22. März 1871»; ebd., S. 187.
6 Nietzsche, «Brief an Carl von Gersdorff, 7. Nov. 1870»; ebd., S. 155 f.
7 Nietzsche, «Brief an Franziska und Elisabeth Nietzsche», 12. Dez. 1870»; ebd., S. 164.
8 Nietzsche, «Brief an Friedrich Ritschl, 30. Dezember 1870»; ebd., S. 173.
9 «Marx an Engels, 28. Juli 1870»; *MEW*, Bd. 33, S. 11.
10 Vgl. oben, S. 85 ff.
11 Vgl. Epkenhans, *Die Reichsgründung 1870/71*, S. 9.
12 Vgl. Münkler, *Die Deutschen und ihre Mythen*, S. 191.
13 Zit. nach Epkenhans, *Die Reichsgründung*, S. 8 f.
14 Marx und Engels, *Das Kommunistische Manifest*, S. 47 f.
15 «Marx an Engels, 5. Juli 1870»; *MEW*, Bd. 33, S. 5.
16 «Jenny Marx an Engels, 10. August 1870»; *MEW*, Bd. 33, S. 675. Die Redewendung von den Prügeln, welche die Franzosen bräuchten, die in einigen Marx-Biographien nicht ohne Verwunderung zitiert wird, ist eine unmittelbare Replik auf Äußerungen des französischen Kriegsministers Edmond Lebœuf, der im französischen Ministerrat erklärt hatte, «mit dem Stock in der Hand werde Frankreich die Preußen züchtigen und der Marsch nach Berlin wäre nicht mehr als ein Spaziergang» (Bremm, 70/71, S. 45).
17 Wagner, «Brief an Catulle Mendès und Judith Mendès-Gautier, 12. August 1870»; *Briefe*, S. 569.
18 Ebd.
19 Ebd., S. 570.
20 Der Satz stammt aus Schillers Gedicht «Resignation»; Hegels Formulierung von der Weltgeschichte als Weltgericht ist auf den Schiller-Satz bezogen.
21 Wagner, «Brief an Catulle Mendès

und Judith Mendès-Gautier» (Briefe, S. 570). Offenbar störte den vom bayerischen König alimentierten Sachsen Wagner, dass die Erfolge der vereinten Deutschen in Frankreich allein den Preußen attestiert werden.

22 Wagner, «Lohengrin»; *SSD*, Bd. 2, S. 66.

23 Diese Sicht findet sich vor allem in Heines «Religion und Philosophie in Deutschland».

24 Marx/Engels, «Brief an den Ausschuß der Sozialdemokratischen Arbeiterpartei»; *MEW*, Bd. 17, S. 269 f.

25 Dies schließt nicht aus, dass sich damit Überlegungen von großer analytischer Kraft und politischer Weitsicht verbanden, etwa wenn Marx (zusammen mit Engels, der den Marxschen Text um einige Anmerkungen erweitert hat) schreibt: «Die Militärkamarilla, Professorenschaft, Bürgerschaft und Wirtshauspolitik gibt vor, dies [die Annexion von Elsass-Lothringen] sei das Mittel, Deutschland auf ewig vor Krieg mit Frankreich zu schützen. Es ist umgekehrt das probateste Mittel, diesen Krieg in eine *europäische Institution* zu verwandeln. [...] Es ist das unfehlbarste Mittel, Deutschland und Frankreich durch wechselseitige Selbstzerfleischung zu ruinieren.» Ebd., S. 268.

26 Nietzsche, «Vom Nutzen und Nachtheil der Historie für das Leben»; *KSA*, Bd. 1, S. 308.

27 Ebd., S. 309; dazu Schnädelbach, *Geschichtsphilosophie nach Hegel*, S. 76 ff.

28 Nietzsche, «Ecce homo»; *KSA*, Bd. 6, S. 274.

29 Engels, «Über den Krieg»; *MEW*, Bd. 17, S. 52.

30 Bei Lassalle wurde die Orientierung an Hegel und dessen Vorstellung des Staates schon früh um die an Fichte und dessen «jakobinischen Nationalismus» ergänzt. Dementsprechend waren für ihn strategische Koalitionen mit dem Nationalverein, aber auch mit Bismarck selbst naheliegend (vgl. Na'aman, *Lassalle*, S. 377 ff., 534 ff. und 622 ff.). Für Marx war dies ausgeschlossen; zu Marx' Sicht vgl. Sperber, *Karl Marx*, S. 370 ff.

31 «Marx an Paul Lafargue, 2. Juni 1869»; *MEW*, Bd. 32, S. 608.

32 In seiner Bismarck-Biographie mit dem Untertitel *Der weiße Revolutionär* hat Lothar Gall das Kapitel zu den Veränderungen nach 1866 «Die ‹Revolution von oben›» überschrieben (S. 373–455); zur Politik Bismarcks auf dem Weg zur Reichsgründung auch Pflanze, *Bismarck. Der Reichsgründer*, S. 241–368.

33 Vgl. Gerber, *Karl Marx in Paris*, S. 55 ff.

34 Die Unterscheidung zwischen beiden Revolutionen findet sich u. a. bei Sieferle, *Die Revolution in der Theorie von Karl Marx*, S. 37 ff. und 431 ff.

35 Na'aman, *Lassalle*, S. 721 ff.

36 Zur Differenz zwischen der Marxschen Theorie und «dem» Marxismus vgl. Fetscher, *Karl Marx und der Marxismus*, insbes. S. 123 ff.

37 Dazu Price, *1848*, S. 100 ff.

38 Marx' diesbezügliche Studien wurden posthum unter dem Titel *Geschichte der Geheimdiplomatie des 18. Jahrhunderts* (Berlin 1977) veröffentlicht; dazu Sperber, *Karl Marx*, S. 410 ff.

39 Dazu Willms, *Napoleon III.*, S. 159 ff.

40 Marx, «Der achtzehnte Brumaire des Louis Bonaparte»; *MEGA* I/11, S. 131.

41 Engels, «Po und Rhein»; *MEW*, Bd. 13, S. 227.

42 Ebd., S. 263.

43 Ebd., S. 267.

44 Ebd., S. 267 f.

45 Vgl. Epkenhans, *Die Reichsgründung*, S. 31 ff.

Anmerkungen

46 Zu Buchers Angeboten ausführlich Sperber, *Karl Marx*, S. 374.
47 Ebd., S. 354. Bucher war eine zentrale Figur für die Bismarcksche Einflussnahme auf ehemalige «48er». Er wurde auch bei Wagner vorstellig und vermittelte bei dessen Versuch, vom Reich finanzielle Hilfe für das Festspielprojekt zu erhalten.
48 Dazu explizit Schieder, «Die Wartburg als politisches Symbol der Deutschen»; Wapnewski, «Richard Wagners Lichtgestalten und der deutsche Nationalmythos»; Brinkmann, «Lohengrin, Sachs und Mime oder Nationales Pathos und die Pervertierung der Kunst bei Richard Wagner»; sowie Danuser, «‹Heil'ge deutsche Kunst›?».
49 Vgl. Gregor-Dellin, *Richard Wagner*, S. 559 ff.; Köhler, *Der letzte der Titanen*, S. 611 ff.
50 Dazu Ehmer, *Constantin Frantz*, passim; zum Austausch zwischen Wagner und Frantz vgl. Breuer, *Ausgänge des Konservatismus in Deutschland*, S. 139–153.
51 Wagner, «Brief an Constantin Frantz, 19. März 1866»; *Briefe*, S. 528 f.
52 Ebd., S. 529.
53 Ebd., S. 530.
54 Ebd.
55 Verbindungslinien zwischen Schillers *Ästhetischer Erziehung* und Wagners Werk sind vor allem von Dieter Borchmeyer gezogen worden; etwa Borchmeyer, *Das Theater Richard Wagners*, S. 24 ff. und öfter.
56 Schiller, «Über die ästhetische Erziehung», S. 181.
57 Ebd., S. 281.
58 Diese strategische Veränderung wird von Borchmeyer beim Ziehen der langen Verbindungslinien jedoch übersehen; zu Wagners «Politikberatung» vgl. auch Tauber, *Ludwig II.*, S. 92–104.
59 Dazu Siemann, *Vom Staatenbund zum Nationalstaat*, S. 36–38, sowie mit etwas anderer Akzentsetzung: Lutz, *Zwischen Habsburg und Preußen*, S. 467–472. Wilhelm hatte ebenso den Fortbestand des wettinischen Sachsen in Frage gestellt und hätte dessen Gebiet gern Preußen zugeschlagen, war aber auch hier auf den Widerspruch Bismarcks gestoßen.
60 Auch wirtschaftlich sprach vieles für eine engere Anlehnung Bayerns an Preußen beziehungsweise den Norddeutschen Bund, in dem das Zentrum der Industrialisierung Deutschlands lag.
61 Wagner, «Brief an König Ludwig II. von Bayern, 24. Juli 1866»; *Briefe*, S. 539.
62 Ebd., S. 542. Die Beschreibung des Empfangs in Nürnberg liest sich wie das Drehbuch zu Leni Riefenstahls Reichsparteitagsfilm; Wagners Nürnberg-Projekt spielt erstaunlicherweise in Köhlers Buch *Wagners Hitler* keine Rolle.
63 Ebd.
64 Wagner, «Wie verhalten sich republikanische Bestrebungen dem Königtum gegenüber?»; *DuS*, Bd. V, S. 211–221.
65 Wagner, «Brief an König Ludwig II. von Bayern, 24. Juli 1866»; *Briefe*, S. 543.
66 Vgl. Hardtwig, «Die Kirchen in der Revolution von 1848/49», S. 81 f.
67 Wagner, «Brief an König Ludwig II.».
68 Ebd.
69 Zit. nach Lutz, *Zwischen Habsburg und Preußen*, S. 307.
70 Vgl. Epkenhans, *Reichsgründung*, S. 7 f.
71 Nietzsche, «Götzen-Dämmerung»; *KSA*, Bd. 6, S. 103 f.
72 Dazu Schrage, «Spottobjekt und Theorieproblem», S. 33 ff.
73 Wagner «Über Staat und Religion»; *SSD*, Bd. 8, S. 4.
74 Vgl. dazu den Briefwechsel zwischen Marx und Engels vom 2. April bis zum 9. Juli 1860; *MEW*, Bd. 31, S. 200–236.

75 «Engels an Marx, 9. Juli 1866»; ebd., S. 236.
76 «Engels an Marx, 2. April 1866»; ebd., S. 201.
77 «Engels an Marx, 4. Juli 1866»; ebd., S. 230.
78 «Marx an Engels, 6. April 1866»; ebd., S. 204.
79 «Engels an Marx, 11. Juni 1866»; ebd., S. 226.
80 «Engels an Marx, 16. Mai 1866»; ebd., S. 217.
81 «Engels an Marx, 9. Juli 1866»; ebd., S. 235.
82 «Engels an Marx, 25. Juli 1866»; ebd., S. 241.
83 Vgl. oben, Anm. 24.
84 «Marx an Engels, 20. Juli 1870»; *MEW*, Bd. 33, S. 5.
85 Die «Einleitung» von 1895 ist von der «Einleitung» aus dem Jahre 1891 zu unterscheiden, die argumentativ ähnlich angelegt, aber in ihren Schlussfolgerungen weniger dezidiert ist. Die 1891er-Einleitung findet sich in *MEW*, Bd. 22, S. 188–199, die 1895er-Einleitung ebd., S. 509–527.
86 Engels gibt als Hauptgrund dafür eine veränderte Bewaffnung des Militärs an, dazu die veränderte Struktur der Großstädte; weiterhin führt er an, die Bourgeoisie habe sich auf die antirevolutionäre Seite geschlagen; ebd., S. 521.
87 Ebd., S. 523.
88 Hegel, *Grundlinien der Philosophie des Rechts*, S. 17.
89 Zu Marx' Verwendung der Maulwurfmetapher etwa: «Und wenn sie [die Revolution] diese zweite Hälfte ihrer Vorarbeit vollbracht hat, wird ganz Europa von seinem Sitze aufspringen und jubeln: Brav gewühlt, alter Maulwurf!» Marx, «Der Achtzehnte Brumaire»; *MEGA* I/11, S. 178.

90 Engels, «Einleitung zu Marx ‹Klassenkämpfe in Frankreich›»; *MEW*, Bd. 22, S. 523.
91 Ebd., S. 524.
92 Wagner, «Was ist deutsch?»; *SSD*, Bd. 10, S. 36–53; Wagner hatte den Text im Wesentlichen 1865 verfasst, aber erst 1878, um eine Vor- und Nachbemerkung erweitert, in den *Bayreuther Blättern* veröffentlicht.
93 Dazu Jeismann, *Das Vaterland der Feinde*, der das nationale Selbstverständnis der Deutschen und Franzosen im 19. Jahrhundert als gegenseitige Feinderklärung rekonstruiert; zu Arndt S. 29 ff.
94 Vgl. unten, S. 462 ff.
95 Wagner, «Was ist deutsch?», S. 43.
96 Hier unter anderem zeigt sich, dass die in der einschlägigen Literatur vielfach anzutreffende Auffassung, Wagners Antisemitismus sei aus Enttäuschungserfahrungen im Musikbetrieb entstanden und wesentlich darauf beschränkt, in dieser Form zu kurz gegriffen ist.
97 Wagner, «Was ist deutsch?», S. 45.
98 Ebd.
99 Vgl. oben, S. 83 ff.
100 Wagner, «‹Zukunftsmusik›»; *SSD*, Bd. 7, S. 87–137.
101 Wagner, «Was ist deutsch?», S. 49.
102 Nietzsche, «David Strauss, der Bekenner und Schriftsteller»; *KSA*, Bd. 1, S. 165 ff.
103 Vgl. oben, S. 67 ff.
104 Wagner, «Was ist deutsch?», S. 50.
105 Dazu Gregor-Dellin, *Richard Wagner*, S. 7 f.; deutlicher Köhler, *Der letzte der Titanen*, S. 90 ff.
106 Wagner, «Was ist deutsch?», S. 50.
107 Schopenhauer, *Parerga und Paralipomena*, II. Band, S. 273.
108 Ebd., S. 278; dazu Münkler, «Das Dilemma des deutschen Bürgertums», S. 391 ff.

109 Wagner, «Was ist deutsch?», S. 50.
110 Ebd., S. 50 f.
111 Ebd., S. 51.
112 Ebd., S. 51 f.
113 Vgl. oben, S. 141 f.
114 Nietzsche, «Vorwort an Richard Wagner»; *KSA*, Bd. 7, S. 353.
115 Ebd., S. 355.
116 Nietzsche, «Richard Wagner in Bayreuth»; *KSA*, Bd. 1, S. 444.
117 Ebd.
118 Nietzsche, «Menschliches, Allzumenschliches I»; *KSA*, Bd. 2, S. 309.
119 Ebd.
120 Ebd.
121 Nietzsche, «Die fröhliche Wissenschaft»; *KSA*, Bd. 3, S. 599.
122 Ebd., S. 602.
123 Ebd., S. 597 f.
124 Zur Schlacht bei Wörth am 6. August, ihrem Verlauf und ihrer strategischen Bedeutung vgl. Epkenhans, *Der Deutsch-Französische Krieg 1870/1871*, S. 57 f., sowie Bremm, *70/71*, S. 91 ff.
125 Zu Nietzsches «Kriegsdienst» vgl. Janz, *Friedrich Nietzsche*, Bd. 1, S. 375 ff., sowie Ross, *Der ängstliche Adler*, S. 242 ff.
126 Nietzsche, «An Franziska Nietzsche, 28. August 1870»; *Sämtliche Briefe*, Bd. 3, S. 138.
127 Ders., «An Friedrich Ritschl, 29. Aug. Nachts um 2»; ebd., S. 139. Bei Chassepotkugeln handelte es sich um verschossene Munition aus dem französischen Infanteriegewehr.
128 Ders., «An Friedrich Ritschl, 21. Sept. 70»; ebd., S. 144.
129 Ders., «An Franziska Nietzsche, 16. Juli 1870»; ebd., S. 132.
130 Nietzsche, «Ecce homo»; *KSA*, Bd. 6, S. 366.
131 Vgl. oben, S. 188 f.
132 Dazu Epkenhans, *Der Deutsch-Französische Krieg*, S. 103 ff.
133 Vgl. Gregor-Dellin, *Richard Wagner*, S. 637 ff.
134 Wagner, «An Theodor Uhlig, 22. Oktober 1850»; *Briefe*, S. 216; die Überlegungen zu «Feuerkur» und «Wasserkur» finden sich auf S. 217.
135 Cosima Wagner, *Tagebücher*, Bd. 1, S. 188 f.
136 Ebd., S. 215.
137 Ebd., S. 230.
138 Ebd., S. 235.
139 Wagners Gedicht «An das deutsche Heer» beschäftigt sich mit den Verhältnissen in Deutschland, während die zur gleichen Zeit geschriebene Komödie «Eine Kapitulation. Lustspiel in antiker Manier» (*SSD*, Bd. 9, S. 3–41) die Verhältnisse im belagerten Paris verspottet und sich vor allem über Victor Hugo lustig macht. Gedicht und Komödie gehören zum literarisch Schwächsten in Wagners Werk.
140 Herwegh, «Protest»; in: ders., *Werke in einem Band*, S. 32.
141 Wagner, *SSD*, Bd. 9, S. 1–2.
142 «Engels an Marx, 31. Juli 1870»; *MEW*, Bd. 33, S. 16.
143 Eine genauere Beschäftigung mit Engels' Kriegsanalysen zeigt freilich, dass er sich nicht abschließend entscheiden konnte oder wollte, ob er der politischen Verfasstheit eines Landes oder der Bewaffnung der Armee das größere Gewicht einräumen sollte. Dazu Münkler, «Der gesellschaftliche Fortschritt und die Rolle der Gewalt», S. 161 ff.
144 «Engels an Marx, 15. August 1870»; *MEW*, Bd. 33, S. 40.
145 Ebd.
146 Ebd., S. 41.
147 «Marx an Engels, 17. August 1870»; *MEW*, Bd. 33, S. 43.
148 «Jenny Marx an Engels, um den

13. September 1870»; *MEW*, Bd. 33 S. 680.
149 «Marx an Laura und Paul Lafargue, 28. Juli 1870»; *MEW*, Bd. 33, S. 126.
150 «Marx an Kugelmann, 4. Februar 1871»; *MEW*, Bd. 33, S. 182; zu Marx' Russophobie vgl. oben, S. 175.
151 «Engels an Marx», 13. Sept. 1870»; ebd., S. 63.
152 «Marx an Edward Spencer Beesly, 16. September 1870»; ebd., S. 153.
153 «Marx an Edward Spencer Beesly, 19. Oktober 1870»; ebd., S. 159.
154 Zu Marx' Thematisierung der Pariser Commune vgl. unten, S. 527 ff.

Kapitel 5
Zwischen Religionskritik und Religionsstiftung

1 Einen Überblick über die Leben-Jesu-Forschung gibt Georgi, «Leben-Jesu-Theologie / Leben-Jesu-Forschung», S. 566 ff.; zum Zerfall der Hegelschen Schule vgl. Waszek, «Die Hegelsche-Schule», S. 235 ff.; zu Feuerbach vgl. Thiess (Hg.) *Ludwig Feuerbach*, sowie Weckwerth, *Ludwig Feuerbach zur Einführung*; zur Entwicklung der Religionskritik insgesamt Schmieder, *Ludwig Feuerbach*, S. 68–156.
2 Zu Marx' Engagement im «Doktorclub» vgl. Sperber, *Karl Marx*, S. 70–80; Wheen, *Karl Marx*, S. 45–58; Stedman Jones, *Karl Marx*, S. 96–101, sowie insbes. Neffe, *Marx*, S. 67–84.
3 Wagner kannte seit seinem ersten Parisaufenthalt Feuerbachs Religionskritik in Grundzügen, ohne dessen Schriften gelesen zu haben; das tat er erst nach 1849 im Exil. Seine Schrift *Die Kunst und die Revolution* ist zutiefst durch Feuerbach geprägt. Hans Mayer hat die zuversichtliche Variante am Ende der *Götterdämmerung* als «Feuerbach-Schluss» bezeichnet; ausführlich zu Wagners Beschäftigung mit Feuerbach: Bermbach, *Der Wahn des Gesamtkunstwerks*, S. 29 ff. und S. 95–103. Bermbach geht davon aus, dass Wagner insgesamt stärker von Feuerbach als von Schopenhauer geprägt wurde; so explizit S. 95.
4 Explizit nimmt Nietzsche in den veröffentlichten Schriften auf Feuerbach nur Bezug, wenn es um Wagner geht; diesem hält er vor, die Zeit zu verleugnen, da er «in den Fussstapfen Feuerbachs» gegangen sei.
5 Feuerbach, «Das Wesen des Christentums», in: ders., *Das Wesen der Religion*, S. 67.
6 Heine, *Sämtliche Schriften*, Bd. 7, S. 577 f.
7 Marx, «Zur Kritik der Hegel'schen Rechts-Philosophie. Einleitung»; *MEGA* I/2, S. 170.
8 Vgl. Böhme, *Fetischismus und Kultur*, speziell zu Marx S. 307–328.
9 Diese Linie beginnt bei Walter Benjamin und zieht sich bis in die jüngere Soziologie; vgl. Baecker, *Kapitalismus als Religion*.
10 Marx/Engels, *Das kommunistische Manifest*, S. 48.
11 Paradigmatisch für diese Sicht, nach der die Marxsche Theorie als innerweltliche Eschatologie zu verstehen ist: Löwith, *Weltgeschichte und Heilsgeschehen*, insbes. S. 38–54; mit etwas anderer Stoßrichtung sowie Marxismus und Nationalsozialismus parallelisierend auch Voegelin, *Das Volk Gottes*, S. 65 ff., insbes. S. 74 f. Die «Freisetzung» der Eschatologie infolge des Zerfalls der Hegelschen Schule wird analysiert bei Gebhardt, *Politik und Eschatologie*.
12 Im Unterschied zur nachfolgend vertretenen Sicht auf Wagners Religions-

verständnis hat Bermbach (*Der Wahn des Gesamtkunstwerks*, S. 95 ff.) Wagners Religionskritik ganz in der Nähe zu der von Marx gesehen.
13 Heine, «Deutschland. Ein Wintermärchen»; *Sämtliche Schriften*, Bd. 7, S. 578.
14 Hartmut Böhme weist darauf hin, dass Marx sich 1841, also noch in Bonn, in einigen Exzerpten mit christlicher Kunst beschäftigt hat (Böhme, *Fetischismus*, S. 311 f.). Diese Beschäftigung hat jedoch keinen Eingang in ausgearbeitete Überlegungen gefunden.
15 So Bermbach, *Der Wahn des Gesamtkunstwerks*, S. 95–103.
16 Vgl. oben, S. 51 ff.
17 Dazu Veltzke, *Der Mythos des Erlösers*, S. 95–107.
18 Zur «Bayreuther Theologie» ausführlich Bermbach, *Richard Wagner in Deutschland*, S. 231–293.
19 Diese Entwicklung ist akribisch nachgezeichnet bei Bermbach, *Richard Wagner in Deutschland*; vgl. auch den mit zahlreichen Bildern versehenen Band von Veltzke, *Der Mythos des Erlösers*, der sich auf das knappe halbe Jahrhundert von 1874 bis 1918 konzentriert. Zur Phase der schrittweisen Desakralisierung Bayreuths auch Scholz, *Ein deutsches Mißverständnis*, S. 325–350.
20 Es handelt sich um den kurzen Text «Nietzsche contra Wagner» (*KSA*, Bd. 6, S. 413–439); Nietzsche wies seinen Verleger Naumann an, andere Bücher zurückzustellen, um diesen Text zuerst zu drucken – was er bald darauf widerrief (vgl. Prideaux, *Ich bin Dynamit*, S. 417). Es zeigt, wie sehr Wagner ihn bis zuletzt beschäftigt hat.
21 Nietzsche, «Der Fall Wagner»; *KSA*, Bd. 6, S. 43.
22 Nietzsche, «Morgenröthe» I, Aph. 49; *KSA*, Bd. 3, S. 53 f.
23 Nietzsche, «Ueber Wahrheit und Lüge im aussermoralischen Sinne»; *KSA*, Bd. 1, S. 875.
24 Vgl. hierzu die von Heinz und Ingrid Pepperle herausgegebene Textsammlung *Die Hegelsche Linke* mit Schriften und Briefen der Junghegelianer sowie die von den Herausgebern verfasste Einleitung, die gelegentlich den Geist des offiziellen DDR-Marxismus atmet, in philosophiehistorischer Hinsicht aber überaus kenntnisreich und differenziert ist; hier insbes. S. 24 ff.
25 Feuerbach, «Das Wesen des Christentums»; in: ders., *Das Wesen der Religion*, S. 124 f.
26 Vgl. Schmieder, *Ludwig Feuerbach*, S. 157 ff.
27 Nietzsche, «Also sprach Zarathustra»; *KSA*, Bd. 4, S. 113.
28 Ebd., S. 14.
29 Nietzsche, «Die fröhliche Wissenschaft»; *KSA*, Bd. 3, S. 480.
30 Ebd., S. 480 f.
31 Anstatt «transzendentale Obdachlosigkeit», der Formel von Lukács, wird hinfort der Begriff «metaphysische Obdachlosigkeit» verwandt. Nietzsche hat die Unmöglichkeit der Metaphysik nach dem «Tod Gottes» als eine dramatische Veränderung des Denkmöglichen begriffen; vgl. Prideaux, *Ich bin Dynamit*, S. 230 f.
32 Nietzsche, «Die fröhliche Wissenschaft», S. 481.
33 Ebd., S. 482.
34 Nietzsche, «Also sprach Zarathustra»; *KSA*, Bd. 4, S. 16.
35 Ebd., S. 19; dazu insgesamt Meier, *Was ist Zarathustra?*, S. 16–25.
36 Ebd., S. 20.
37 Eine aus im weiteren Sinne marxistischer Perspektive vorgetragene Kritik des Konformismus findet sich bei Herbert Marcuse, *Der eindimensionale Mensch*, passim.

38 Nietzsche, «Also sprach Zarathustra», S. 20. Die Beschreibung von Lebensweise und Lebensmaximen der «letzten Menschen» ähnelt dem, was Nietzsche im *Zarathustra* über «die kleinen Leute» sagt; ebd., S. 212 ff.

39 Ebd., S. 356; zu Nietzsches Konstrukt der «höheren Menschen» vgl. Marti, *«Der grosse Pöbel- und Sklavenaufstand»*, S. 236 ff.

40 Zur Entzifferung der Eingeladenen vgl. Meier, *Was ist Zarathustra*, S. 170 ff.

41 Nietzsche, «Zarathustra», S. 388 f.; zum Anbetungsfest Meier, *Was ist Zarathustra?*, S. 205 ff.

42 Wagner bezeichnet Schopenhauer in den späten Schriften nur als «den Philosophen» oder auch «unseren Philosophen».

43 Für eine knappe zusammenfassende Darstellung von Wagners Verhältnis zu Schopenhauer und dem Eingang, den dessen Ideen in Wagners Werk gefunden haben, vgl. Reinhardt, «Richard Wagner und Schopenhauer», S. 105 ff., sowie Zöller, «Schopenhauer», S. 358–367.

44 Für eine kritische Thematisierung von Wagners Umgang mit der Schopenhauerschen Philosophie vgl. Köhler, *Der letzte der Titanen*, S. 538–551.

45 Zu Wagners Quellen vgl. Mertens, *Wagner. Der Ring des Nibelungen*, S. 30 ff.

46 Zur Bricolage als Verfahren Wagners vgl. Ingenschay-Goch, *Richard Wagners neu erfundener Mythos*, insbes. S. 31–71. Die klassische Literaturwissenschaft, für die insbesondere Peter Wapnewski steht, interpretiert Wagner von seinen Quellen her, während in einer strukturalistischen Analyse die Quellen eine geringere Bedeutung haben.

47 Für die nachfolgende Darstellung wurden neben Wagners letztgültiger Textfassung des *Rings* (*DuS*, Bd. III) an Forschungsliteratur herangezogen: Dahlhaus, *Richard Wagners Musikdramen*, S. 82–140; Wapnewski, *Weißt du wie das wird …?*, passim; ders., *Der traurige Gott*, S. 117–197; ders., «Die Oper Richard Wagners als Dichtung», S. 269–318; Donington, *Richard Wagners Ring des Nibelungen und seine Symbole*, passim; Bermbach, *«Blühendes Leid»*, S. 165–245; Mertens, *Wagner. Der Ring des Nibelungen*, S. 39–135; Borchmeyer, *Richard Wagner*, S. 276–307; Hartwich, *Deutsche Mythologie*, S. 149–159.

48 Eine Ausnahmestellung nimmt Loge ein, der Feuergott, dessen Wissen zwar nicht an das Erdas herankommt und auch nicht in die Zukunft reicht, aber infolge seines «Herumkommens» größer ist als das der anderen. Loge ähnelt dem Prometheus des Aischylos; vgl. Schadewaldt, «Richard Wagner und die Griechen», S. 361.

49 Cosima Wagner, *Tagebücher*, Bd. 2, S. 76.

50 Wagner, «Walküre»; *DuS*, Bd. III, S. 105 f.

51 Vgl. unten, S. 371 ff.

52 Dazu Dahlhaus, *Richard Wagners Musikdramen*, S. 109 f.

53 Zur Inszenierungsgeschichte des *Rings* vgl. Mertens, *Wagner. Der Ring des Nibelungen*, S. 158–176; Scholz, *Ein deutsches Mißverständnis*, S. 325–352; Bermbach, *Richard Wagner in Deutschland*, S. 399–417.

54 Hier übernimmt Brünnhilde die Rolle, die Prometheus bei Aischylos spielt – freilich mit dem bedeutsamen Unterschied, dass Prometheus Zeus rettet, Brünnhilde dagegen Wotan nicht; zu dieser Analogie Schadewaldt, «Richard Wagner und die Griechen», S. 371 f.

55 Wagner, «Siegfried»; *DuS*, Bd. III, S. 219.

56 Ebd., S. 220.
57 Ebd., S. 220 f.
58 Dieter Borchmeyer bezweifelt die Möglichkeit eines radikalen Neuanfangs bei Wagner, weil der dessen Vorstellung von einer zyklischen Geschichte widersprochen hätte (Borchmeyer, *Richard Wagner*, S. 333 f.). Ob tatsächlich so viel Schopenhauer in Wagner steckt, kann man in Frage stellen.
59 Dazu aus unterschiedlicher Perspektive Schieder, *Karl Marx als Politiker*, S. 105 ff. und 112 ff., sowie Grawitz, *Bakunin*, S. 413–471.
60 Hans Blumenberg hat in seinem großartigen Werk *Arbeit am Mythos* die narrative Ausfaltung mythischer Vorstellungen als eine Reaktion auf den Schrecken der Unmittelbarkeit beschrieben. Marx hat dagegen nicht auf narrative, sondern auf technische und wissenschaftliche Naturbeherrschung gesetzt und diese obendrein als ein Mittel zur Zurückdrängung alles Narrativen verstanden, das in religiösen Vorstellungswelten seinen Niederschlag fand.
61 Dazu Ryffel, *Metabolè Politeíon*, passim.
62 Vgl. oben, S. 25 ff.
63 Vgl. oben, S. 211 f.
64 Diese Bezeichnungen finden sich vorzugsweise in der von Marx und Engels nicht veröffentlichten «Kritik der junghegelschen Philosophie», die lange Zeit als *Kritik der Deutschen Ideologie* zitiert wurde und nach wie vor wird; vgl. *MEGA* I/5 sowie Marx/Engels, *Deutsche Ideologie. Zur Kritik der Philosophie*.
65 Marx/Engels, «Kritik der junghegelschen Philosophie»; *MEGA* I/5, S. 3.
66 Ebd.
67 Marx, «Das Kapital», Bd. 1; *MEW*, Bd. 23, S. 85; vgl. dazu den Abschnitt «Fetischismus» in Quante/Schweikard, *Marx-Handbuch*, S. 178–180, sowie Hartmann, *Die Marxsche Theorie*, S. 268 ff. und 274 ff.
68 Marx, *Das Kapital*, S. 86 f.
69 Dazu Jay, *Dialektische Phantasie*, S. 297 ff., und Elbe, *Marx im Westen*, S. 66 ff.
70 Gramsci, *Philosophie der Praxis*, S. 405 ff.; dazu Kallscheuer, «Antonio Gramscis intellektuelle und moralische Reform des Marxismus», S. 595 ff.
71 Dazu nach wie vor Jay, *Dialektische Phantasie*, S. 209 ff. sowie 297 ff.
72 Zur Nietzsche-Rezeption des orthodoxen Marxismus vgl. Aschheim, *Nietzsche und die Deutschen*, S. 168–197, sowie Gerlach, «Politik (Faschismus, Nationalsozialismus, Sozialdemokratie, Marxismus)», S. 507 ff.
73 Vgl. Anderson: *Über den westlichen Marxismus*.
74 Marx, «Das Kapital», S. 91.
75 Dazu Böhme, *Fetischismus und Kultur*, S. 311 ff.
76 Marx, «Das Kapital», S. 85.
77 Ebd., S. 94.
78 Dazu Bohlender, «Was ist Kritik?», S. 9 ff.
79 Der Strang des Geschichtsvertrauens ist verkörpert in Karl Kautsky, der des Voluntarismus in Lenin und Trotzki.
80 Benjamin, «Über den Begriff der Geschichte», S. 693.
81 Es handelt sich um die Essays «Über Staat und Religion»; *SSD* [1864], Bd. 8, S. 3–29, und «Religion und Kunst» [1880]; *SSD*, Bd. 10, S. 211–253.
82 Das betrifft insbesondere den Wagnerschen Antisemitismus der in den späten Essays durchgängig vorhanden ist, bei dem aber in Frage steht, ob er ins Werk – etwa als Judenkarikaturen einzelner Figuren – Eingang gefunden hat (dazu Friedrich, «‹In jener Stunde begann es›», S. 176 ff., sowie unten,

S. 471 ff.). In der Regel stößt man hier auf die methodische Inkonsequenz, dass von denselben Autoren, die den Antisemitismus im Werk bestreiten, die Essays sonst als verbindliche Zugänge zum Werk herangezogen werden.

83 Wagner, «Religion und Kunst», S. 251.

84 Wagner, «Über Staat und Religion», S. 8.

85 Zu Schopenhauers Vorstellung von der Rolle des Staates vgl. Münkler, «Das Dilemma des deutschen Bürgertums», S. 391 ff., sowie ders., «Arthur Schopenhauer und der philosophische Pessimismus», S. 302–305.

86 Wagner, «Über Staat und Religion», S. 17.

87 Für eine andere Sicht vgl. Bermbach, *Der Wahn des Gesamtkunstwerks*, S. 94 ff.

88 Wagner, «Über Staat und Religion», S. 20.

89 Ebd., S. 20 f.

90 Dazu Eisfeld, «Joseph de Maistre und L.-G. A. de Bonald», insbes. S. 109; Puhle, «Von der Romantik zum konservativen Konstitutionalismus», S. 271 ff.; sowie Münkler, «Juan Donoso Cortés und der spanische Katholizismus», S. 285 ff.

91 Wagner, «Über Staat und Religion», S. 25–29.

92 Wagner, «Religion und Kunst», S. 211.

93 Ebd.

94 Ebd., S. 212.

95 Dazu unten, S. 594 ff.

96 Wagner, «Religion und Kunst», S. 223.

97 Dazu unten, S. 287.

98 Zu Wagners «Regenerationsschriften», zumeist kürzere Texte, die in den *Bayreuther Blättern* veröffentlicht wurden, vgl. Kühnel, «Wagners Schriften», S. 550–555; Bermbach, *Richard Wagner in Deutschland*, S. 179–230; Veltzke, *Der Mythos des Erlösers*, S. 162–177; und Scholz, *Ein deutsches Missverständnis*, S. 197–212.

99 Wagner, «Religion und Kunst», S. 235.

100 Vgl. Fetscher, «Karl Marx und das Umweltproblem», S. 131 ff.; für einen größeren Zusammenhang Sieferle, *Fortschrittsfeinde?*, insbes. S. 134 ff.

101 Wagner, «Religion und Kunst», S. 225.

102 Ebd., S. 230.

103 Ebd., S. 231.

104 Ebd., S. 241.

105 Ebd., S. 250.

106 Wagner, «Jesus von Nazareth. Ein dichterischer Entwurf»; in *DuS*, Bd. II, S. 214–272. Ulrike Kienzle, «... *daß wissend würde die Welt!*», S. 33 f., hat Wagners Jesus-Entwurf ganz in die Nähe zu Feuerbachs Philosophie gerückt und ihn als ein Stück über die Frage von Tod und Unsterblichkeit verstanden.

107 Wagner, «Jesus von Nazareth», S. 219.

108 So Marx im Vorwort «Zur Kritik der Politischen Ökonomie»; *MEW*, Bd. 13, S. 8 f.

109 Zum Verhältnis des jungen Wagner zur Religion: Kienzle, «... *daß wissend würde die Welt!*», S. 22–29.

110 Jene, die Wagner auch *nach* seiner Begegnung mit Schopenhauer noch als Revolutionär verstehen, müssen entweder dessen Einfluss auf sein Denken und Schaffen herunterspielen oder sie lassen die dezidiert antirevolutionären Passagen in Schopenhauers Schriften unbeachtet.

111 Noch in der Französischen Revolution wurde deren Ziel von manchen der Protagonisten – etwa Robespierre und Saint-Just – darin gesehen, in die tugendhaften Zeiten der antiken Republiken zurückzukehren. Und auch die englischen Revolutionäre von 1640 bis 1660 verstanden ihr politisches Eingreifen als Anhalten einer durch

politische und moralische Korruption gekennzeichneten Entwicklung; als Ziel der Revolution sahen sie die Wiederherstellung altjüdischer Verhältnisse, wie sie im Alten Testament beschrieben wurden. Auf diese Rückwärtsgewandtheit der Revolutionäre beziehen sich Marx' Formulierungen am Anfang des *Achtzehnten Brumaire*, vgl. unten, S. 393 ff. Zum Revolutionsbegriff und seiner Verbindung mit der Fortschrittsvorstellung vgl. Griewank, *Der neuzeitliche Revolutionsbegriff*, insbes. S. 187 ff., sowie die einschlägigen Beiträge in Reinalter (Hg.), *Revolution und Gesellschaft*.
112 Nietzsche, «Der Fall Wagner»; *KSA*, Bd. 6, S. 19 f.
113 Ebd., S. 16 f.
114 Zur Entstehungsgeschichte des *Parsifal* vgl. Mertens, «Richard Wagner und das Mittelalter», S. 50–55; ders., «Wie christlich ist Wagners Gral?», S. 98 ff.; Wapnewski, «Die Oper Richard Wagners als Dichtung», S. 331–334; ders., *Der traurige Gott*, S. 201–213; sowie Kienzle, «... daß wissend würde die Welt!», S. 191–205.
115 Wagner hat das in dem Brief vom 29./30. Mai 1859 an Mathilde Wesendonck ausführlich dargelegt; Wagner, *Briefe*, S. 395–397.
116 Zum *Parsifal* vgl. Wapnewski, *Der traurige Gott*, S. 213–268, sowie Borchmeyer, *Das Theater Richard Wagners*, S. 289–301; beide stellen eine ähnliche strukturelle Nähe zu früheren Figurenzeichnungen Wagners her. Für die von mir hier präferierte strukturanalytische Betrachtung des *Parsifal* sind vor allem hilfreich: Kienzle, «Die heilige Topographie in Wagners *Parsifal*», S. 69 ff., sowie Danuser, «Verheißung und Erlösung», S. 9 ff. Weiterhin zum *Parsifal*: Dahlhaus,

Richard Wagners Musikdramen, S. 141–154; Hofmann, *Richard Wagners politische Theologie*, S. 233–266; Hartwich, *Deutsche Mythologie*, S. 185–210, und Bermbach, «Blühendes Leid», S. 281–311, der ausweislich des Untertitels zum *Parsifal*-Kapitel – «Ästhetisierung der Revolution» – in eine andere Richtung als die von mir eingeschlagene geht.
117 So auch Hofmann, *Die Theologie Richard Wagners*, S. 262.
118 Zur Geschichte des Grals Mertens, «Wie christlich ist Wagners Gral?», S. 91 ff.
119 Zu Parsifal als Imitatio Christi vgl. Wapnewski, *Der traurige Gott*, S. 246 f. und 257 f.
120 Wagner, «Parsifal»; *DuS*, Bd. IV, S. 293.
121 Ebd., S. 292.
122 Ebd., S. 290.
123 Ebd., S. 300 f.
124 Nietzsche, «Der Fall Wagner»; *KSA*, Bd. 6, S. 19.
125 Marx, *Grundrisse der Kritik der politischen Ökonomie*, S. 592 f.; zu diesem Komplex vor allem Habermas, *Erkenntnis und Interesse*, S. 36–59.
126 Wagner, «Religion und Kunst»; *SSD*, Bd. 10, S. 246.
127 Wagner, «Lohengrin»; *DuS*, Bd. II, S. 162.
128 Ebd., S. 194; dazu Mertens, «Wie christlich ist Wagners Gral?», S. 92–98.
129 Wagner, «Parsifal», S. 288.
130 Zum Sündenfallmythos vgl. Greenblatt, *Die Geschichte von Adam und Eva*, S. 81 ff., und Flasch, *Eva und Adam*, S. 95 ff.; zum Engelssturz vgl. Stanford, *Der Teufel*, S. 71 ff., sowie Flasch, *Der Teufel und seine Engel*, S. 128 ff., wo auf die Lucifer zugeschriebene sexuelle Gier als Grund für den Sturz hingewiesen wird.

131 Wagner, «1. Entwurf Parzival»; *DuS*, Bd. IV, S. 334. Dieter Borchmeyer («Erlösung und Apokatastasis», S. 327 f.) hat Wagners Theologie des Dualismus als marcionitisch geprägt verstanden, während Peter Hofmann (*Richard Wagners politische Theologie*, S. 244 ff., insbes. Fn. 149) dies auf den Einfluss Schopenhauers zurückführt. Die Debatte über Richard Wagners implizite Theologie hat mitunter auch skurrile Züge, etwa wenn Nikolaus Knoepffler («Parsifal», S. 412 f.) das Gebot sexueller Enthaltsamkeit im Zentrum des *Parsifal* und dessen Kritik durch Nietzsche unter Verweis auf Aussagen von Papst Benedikt XVI. zurückweist.
132 In seinem *Mythologica* I, S. 30, bezeichnet Lévi-Strauss Wagner als «den unabweisbaren Vater der strukturalen Analyse der Mythen».
133 Es ist ein «Vorurteil» der historisch-philologischen Wissenschaft, dass der Weg zu den Quellen auch zur Absicht des Autors führt.
134 Cosima Wagner, *Tagebücher*, Bd. 2, S. 196.
135 Zur ausgeprägten Christozentrik in Wagners religiöser Vorstellungswelt Hofmann, *Richard Wagners politische Theologie*, S. 253 ff.
136 Dazu unten, S. 453 ff.
137 Wagner, «Parsifal», S. 310.
138 Dazu Mertens, «Richard Wagner und das Mittelalter», S. 51 ff.; Borchmeyer, *Das Theater Richard Wagners*, S. 289, sowie Kienzle, «... daß wissend würde die Welt!», S. 194 f.
139 1. Mose 3,5.
140 Wagner, «Parzival», S. 348.
141 Ebd.
142 Ebd.
143 Ebd., S. 315.
144 Ebd., S. 318.

145 Auch hier begegnen wir einer Parallele innerhalb Wagners Werk, nämlich der zu Alberich, der den Ring verflucht, als dieser ihm von Wotan und Loge entrissen wird; dazu Wapnewski, *Der traurige Gott*, S. 242 ff.
146 Wagner, «Parsifal», S. 317.
147 Ebd.
148 Ebd., S. 322 f.
149 Ebd., S. 324.
150 Dazu eingehend Danuser, «Verheißung und Erlösung», S. 12 ff., sowie Dahlhaus, *Richard Wagners Musikdramen*, S. 141 ff.
151 Nietzsche, «Nietzsche contra Wagner»; *KSA*, Bd. 6, S. 429.
152 Wagner, «Parsifal», S. 326.
153 Ebd., S. 327.
154 Bermbach, «Blühendes Leid», S. 281–311.
155 Vgl. oben, S. 264 f.
156 Bloch, *Das Prinzip Hoffnung*, Bd. 1, S. 241.
157 Jeseja 9, 1–6 und 11, 1–9; ähnlich Micha 4, 1–4.
158 Dazu Norden, *Die Geburt des Kindes*, passim.
159 Dazu Schmidt, *Der Begriff der Natur in der Lehre von Karl Marx*, S. 130 f.
160 Wagner, «Parsifal», S. 331.
161 Vgl. Fetscher, «Politisches Denken im Frankreich des 18. Jahrhunderts», S. 459–461.
162 Prideaux, *Ich bin Dynamit*, S. 228.
163 Nietzsche, «Menschliches, Allzumenschliches», Aph. 438; *KSA*, Bd. 2, S. 285.
164 Nietzsche, «Jenseits von Gut und Böse», Aph. 61; *KSA*, Bd. 5, S. 79.
165 Ebd., S. 80 f.
166 Ebd., S. 79.
167 Ebd., S. 80.
168 Dazu ausführlich Fischer, «Verwilderte Selbsterhaltung», S. 80 ff.
169 Nietzsche, «Jenseits von Gut und Böse», S. 80.
170 Ebd., S. 81.

Anmerkungen

171 Dazu Grün, *Arthur Schopenhauer*, S. 90 ff.
172 Vgl. Brobjer, «Züchtung», S. 360.
173 Nietzsche, «Jenseits von Gut und Böse», S. 82.
174 Ebd.
175 Ebd., S. 83.
176 Dazu Gerhardt, *Friedrich Nietzsche*, S. 168 ff. und 193 ff.
177 Nietzsche, «Also sprach Zarathustra» I, 3; *KSA*, Bd. 4, S. 15.
178 Ebd., III, 14, S. 256 f.
179 Nietzsche, «Der Fall Wagner»; *KSA*, Bd. 6, S. 16.
180 Ebd., S. 17.
181 Nietzsche, «Der Antichrist», Aph. 30; *KSA*, Bd. 6, S. 201.
182 Ebd., S. 200.
183 Ebd., S. 201.
184 Nietzsche, «Also sprach Zarathustra», S. 117.
185 Ebd., S. 128.
186 Ebd., S. 273.
187 Vgl. oben, S. 246 ff.
188 Nietzsche, «Morgenröthe», I, 71; *KSA*, Bd. 3, S. 69.
189 Ebd.
190 Ebd., S. 70.
191 Nietzsche, «Der Fall Wagner, Epilog»; *KSA*, Bd. 6, S. 51.
192 Nietzsche, «Morgenröthe», I, 76, S. 73.
193 Ebd., I, 77, S. 75.
194 Ebd., I, 78, S. 77.
195 Nietzsche, «Der Antichrist», Aph. 21, S. 188.
196 Ebd., Aph. 43, S. 217.
197 Ebd., S. 218.
198 Ebd.
199 Diese Herangehensweise an das Werk Nietzsches ist ausgearbeitet bei Alexander Nehamas, *Nietzsche*, S. 31 ff.

Kapitel 6
Analyse und Erzählung

1 Vgl. oben, S. 119 ff.
2 Diese ursprünglich in Broschürenform veröffentlichten Texte haben häufig Eingang in die Studienausgaben der Schriften von Marx und Engels gefunden, unter anderem auch in die von Iring Fetscher herausgegebene: «Lohn, Preis, Profit» in Bd. II, S. 175–226, «Der achtzehnte Brumaire» in Bd. IV, S. 32–128 und «Der Bürgerkrieg in Frankreich» in ebd., S. 203–249. In den Bänden III und IV finden sich auch einige Zeitungsartikel von Marx zu den beherrschenden Fragen seiner Zeit.
3 Eine historische Darstellung des Kapitalismus, untergliedert in die Etappen des Früh-, Hoch- und Spätkapitalismus, hat dagegen Werner Sombart in seinem sechsbändigen Werk *Der moderne Kapitalismus* vorgelegt. Sombart verstand sich im Wesentlichen als Wirtschaftshistoriker, und er beschäftigte sich erst im Verlauf seiner Arbeit etwas eingehender mit der Marxschen Wertlehre. Dazu Lenger, *Werner Sombart*, S. 71 ff., sowie vom Brocke (Hg.), *Sombarts moderner Kapitalismus*, passim.
4 So Reichelt, *Zur logischen Struktur des Kapitalbegriffs bei Karl Marx*.
5 Für eine leicht zugängliche Fassung vgl. die von Michael Quante erläuterte und kommentierte Ausgabe der *Ökonomisch-philosophischen Manuskripte*.
6 Für einen Überblick zur Geschichte von Marx' Entwürfen und Manuskripten vgl. Heinrich, «Ökonomiekritische Schriften 1863–1882».
7 Vgl. Hubmann / Roth, «Die ‹Kapital›-Abteilung› der MEGA», S. 60–69.
8 Dazu ausführlich oben, S. 112 ff.
9 Vgl. Bluhm / Rüdiger, «Exzerpieren als Basis».

10 Nietzsche, «Ueber die Zukunft unserer Bildungsanstalten»; *KSA*, Bd. 1, S. 743.
11 Ebd., S. 743.
12 Nietzsche, «Götzen-Dämmerung», Sprüche und Pfeile, Aph. 26; *KSA*, Bd. 6, S. 63.
13 Nietzsche, «Morgenröthe», IV, 318; *KSA*, Bd. 3, S. 228.
14 Der Schluss vom System auf den Systematiker findet sich schon früh bei Nietzsche, jedoch nicht von Anfang an als Schluss auf die Schwäche des Systematikers. Systeme, schreibt er, seien sie «auch ganz irrthümlich», hätten «doch einen Punkt an sich, der ganz unwiderleglich ist, eine persönliche Stimmung, Farbe, man kann sie benutzen, um das Bild des Philosophen zu gewinnen: wie man vom Gewächs an einem Orte auf den Boden schließen kann. Die Art zu leben und die menschlichen Dinge anzusehen ist jedenfalls einmal dagewesen und also möglich: das ‹System› ist das Gewächs dieses Bodens, oder wenigstens ein Theil dieses Systems.» («Die Philosophie im tragischen Zeitalter der Griechen»; *KSA*, Bd. 1, S. 801.
15 Karl Löwith hat in bewusster Paradoxie Nietzsches Philosophie als ein «System in Aphorismen» bezeichnet. Löwith, *Nietzsches Philosophie der ewigen Wiederkehr des Gleichen*, S. 15–24.
16 Dazu Meier, *Was ist Zarathustra?*, S. 13 ff.
17 Man kann Adler und Schlange aber auch als Parodie auf die beiden Raben Wotans sehen, was auf eine symbolische Distanzierung von Wagner hinauslaufen würde.
18 Nietzsche, «Also sprach Zarathustra»; *KSA*, Bd. 4, S. 55.
19 Ebd.
20 Ebd., S. 56.
21 Ebd., S. 57.
22 Ernest Renan hat in *Das Leben Jesu*, einem Buch, das Nietzsche gelesen und mit dem er sich eingehend beschäftigt hat, Jesu Leben seit seinem ersten öffentlichen Auftreten als einen Prozess forcierter Entwicklung beschrieben. Jesus lernt auf seiner Wanderung durch Galiläa, bei den Besuchen in Judäa und Jerusalem und bei der Durchquerung von Samaria. Er wird so zu dem, der er ist.
23 Nietzsche, «Ecce homo»; *KSA*, Bd. 6, S. 343.
24 Ebd., S. 344.
25 Ebd., S. 345.
26 Dazu Löwith, *Nietzsches Philosophie*, S. 64 ff. und 127 ff.
27 Nietzsche, «Die Geburt der Tragödie»; *KSA*, Bd. 1, S. 145.
28 Dazu Schadewaldt, «Richard Wagner und die Griechen», passim, sowie Münkler, «Mythos und Politik», passim.
29 Wagner, «Oper und Drama»; *DuS*, Bd. VII, S. 153.
30 Diesen Aspekt der Wagnerschen Kunstauffassung hebt vor allem Manfred Frank hervor: *Der kommende Gott*, S. 318 ff.
31 Wagner, «Oper und Drama», S. 155.
32 Frank, *Der kommende Gott*, S. 189.
33 Wagner, «Eine Mitteilung an meine Freunde», *DuS*, Bd. VI, S. 290.
34 Wagner, «Oper und Drama», S. 188.
35 Vor dem Zusammentreffen mit Nietzsche ist Wagners Griechenlandbild noch nicht durch die Vorstellung des Tragischen als dominierender Weltsicht geprägt, wie das später unter Nietzsches Einfluss der Fall sein wird.
36 Wagner, «Eine Mitteilung an meine Freunde»; *DuS*, Bd. VI, S. 237 f.; dazu auch Schadewaldt, «Richard Wagner und die Griechen», S. 358 f.
37 Wagner, «Eine Mitteilung an meine Freunde», S. 238.

38 Zum Mythengeflecht, das sich mit Odysseus, dem Eroberer Trojas und großen Seefahrer, verbindet, vgl. Zimmermann (Hg.), *Mythos Odysseus*. Diese Zusammenstellung einschlägiger Texte, die bis ins 20. Jahrhundert reicht, gibt am Beispiel des Odysseus einen Eindruck von dem, was Hans Blumenberg als *Arbeit am Mythos* bezeichnet hat.

39 Das *Volksbuch vom Ewigen Juden*, 1602 in Leiden erschienen, verlieh dieser der mittelalterlichen Vorstellungswelt entstammenden Figur, die zunächst kein Jude sein musste, sondern bei der es sich auch um einen römischen Torwächter handeln konnte, den Namen Ahasveros, der sich dann allgemein durchsetzte. Wagner dürfte über Heine auf den Mythos des ewigen Juden aufmerksam geworden sein; vgl. Hasan-Roken, «Ahasver», S. 9–13, sowie Körte / Stockhammer (Hgg.), *Ahasvers Spur*.

40 Wagner, «Eine Mitteilung an meine Freunde», S. 239.

41 Ebd., S. 238.

42 Zu Wagners *Rienzi* unten, S. 507 ff.

43 Ebd., S. 240.

44 Ebd., S. 241.

45 Ebd., S. 259.

46 Dazu ausführlich Münkler, «Die Idee der Tugend», S. 379 ff., sowie ders., «Tugend und Markt», S. 103 ff.; zur Ablösung des Republikanismus durch den Liberalismus in ideengeschichtlicher Hinsicht vgl. Bohlender, «Herrschen, Regieren, Regulieren», S. 79 ff.

47 «Die Befriedigung des eingebildeten Bedürfnisses ist aber der *Luxus*, welcher nur im Gegensatze und auf Kosten der Entbehrung des Notwendigen von der anderen Seite erzeugt und unterhalten werden kann.» Wagner, «Das Kunstwerk der Zukunft»; *DuS*, Bd. VI, S. 16. Hier folgt Wagner noch weitgehend den einschlägigen Passagen in Hegels *Rechtsphilosophie*. Als dezidierten Republikaner weist ihn der anschließende Satz aus, in dem er den Luxus nicht als Element des Reichtums in der bürgerlichen Gesellschaft begreift, sondern an dessen republikanische Kritik anschließt: «Der *Luxus* ist ebenso herzlos, unmenschlich, unersättlich und egoistisch, als das Bedürfnis, welches ihn hervorruft, das er aber, bei aller Steigerung und Überbietung seines Wesen nur zu stillen vermag, weil das Bedürfnis eben selbst kein natürliches, deshalb zu befriedigendes ist, und zwar aus dem Grunde, weil es als ein unwahres, auch keinen wahren, wesenhaften Gegensatz hat, in dem es aufgehen, sich also vernichten, befriedigen könnte.» Der Luxus, fährt Wagner fort, «verpraßt um eines einzigen, und dennoch unerreichbaren Augenblicks der Erlabung willen, die Tätigkeit und Lebenskraft Tausender von Notleidenden; lebt vom ungestillten Hunger abermals Tausender von Armen, ohne seinen eigenen Hunger nur einen Augenblick sättigen zu können; er hält eine ganze Welt in eisernen Ketten des Despotismus, ohne nur einen Augenblick die goldenen Ketten jenes Tyrannen brechen zu können, der er eben selbst ist.» Ebd. Hier zeigt sich der Übergang eines moralisch verschärften Republikanismus in die Vorstellungswelt des Sozialismus. Es ist dies indes ein ganz anderer Sozialismus, als ihn Marx im Auge hat, der an die liberale Vorstellung einer funktionalen Interpretation des Luxus als Teil der Mechanismen der bürgerlichen Gesellschaft anschließt, also mit Adam Smith über diesen hinausdenkt und sich nicht gegen ihn positioniert. Zu Wagners exzessiv luxuriöser Lebensführung vgl. Drüner, *Richard Wagner*, S. 515 und 524 f.

48 Wagner, «Oper und Drama», S. 190.
49 Ebd.
50 Ebd., S. 182 f.
51 Ebd., S. 183.
52 Ebd., S. 183 f.
53 Ebd., S. 184.
54 Ebd., S. 184 f.
55 Ebd., S. 185.
56 Ebd., S. 185 f.
57 Ebd., S. 186 f.
58 Ebd., S. 187 f.
59 Ebd., S. 187.
60 Ebd.
61 Ebd., S. 188.
62 Ebd.
63 Horkheimer / Adorno, *Dialektik der Aufklärung*, insbes. S. 15 ff.
64 Wagner, «Oper und Drama», S. 189 f.
65 Ebd., S. 189.
66 So Storch, «Prometheus», S. 14.
67 Zur Geschichte der Ausdeutung des Prometheus-Mythos vgl. Storch / Damrau (Hgg.), *Mythos Prometheus*, und Rasche, *Prometheus*; für die griechischen Ursprünge vgl. Graves, *The Greek Myths*, Bd. 1, S. 143 ff., sowie Rose, *Griechische Mythologie*, S. 39 ff. und 52 ff.
68 Zu Ähnlichkeit wie Kontrast zwischen Aischylos' Prometheus und Wagners Brünnhilde vgl. oben, S. 63 f.
69 *MEGA* I/1, S. 15.
70 Ebd., S. 14; Übersetzung nach Apparatband I, 1, S. 933.
71 Ebd., S. 15 und 933.
72 Marx, *Das Kapital*, Bd. 1; *MEW*, Bd 23, S. 675.
73 *MEGA* I/2, S. 174.
74 Dazu oben, S. 73 ff. In der spätesten Stellungnahme Nietzsches zu Wagner finden sich freilich Überlegungen, die denen von Marx über das Komische als Modus der Verabschiedung sehr nahe kommen. «Man möchte […] wünschen, dass der Wagnersche Parsifal heiter gemeint sei, gleichsam als Schlussstück und Satyrdrama, mit dem der Tragiker Wagner gerade auf eine ihm gebührende und würdige Weise von uns, auch von sich, vor Allem *von der Tragödie* habe Abschied nehmen wollen, nämlich in einem Exzess höchster und muthwilligster Parodie auf das Tragische selbst, auf den ganzen schauerlichen Erden-Ernst und Erden-Jammer von Ehedem, auf die endlich überwundene *dümmste Form* in der Widernatur des asketischen Ideals. Der Parsifal ist ja ein Operettenstoff par excellence ... Ist der Parsifal Wagner's sein heimliches Überlegenheits-Lachen über sich selber, der Triumph seiner letzten höchsten Künstler-Freiheit, Künstler-Jenseitigkeit – Wagner, der über sich selbst zu *lachen* weiss?» (Nietzsche, «Nietzsche contra Wagner»; *KSA*, Bd. 6, S. 430). Was bei Marx indikativisch formuliert ist, kommt bei Nietzsche im Optativ daher.
75 *MEGA* I/2, S. 280. In seiner gegen Proudhon gerichteten Schrift *Das Elend der Philosophie* macht sich Marx über eine Prometheus-Referenz bei Proudhon lustig, bei der es freilich ausschließlich um Fragen der ökonomischen Berechnung und nicht um ein Aufgreifen des Mythos selbst geht (*MEW*, Bd. 4, S. 171 ff.).
76 Anders, *Die Antiquiertheit des Menschen*, Bd. 1, S. 267 ff.
77 Sven Friedrich hat diese Ambivalenz im Titel seiner Figurenstudie zu Loge, «Der progressive Konservative», sehr schön zum Ausdruck gebracht.
78 In Aischylos' *Der gefesselte Prometheus* entsprechen ihnen die «Kraft» und «Gewalt» genannten Riesen; Aischylos, *Tragödien*, S. 49–53.
79 Wagner, «Das Rheingold»; *DuS*, Bd. III, S. 70.
80 Ebd., S. 71.

81 Im Unterschied zur *Orestie* ist die *Promethie* des Aischylos nicht vollständig überliefert; aus Fragmenten lässt sich der Gang des Geschehens jedoch weitgehend rekonstruieren; dazu Föllinger, *Aischylos*, S. 166 ff.

82 Die Ähnlichkeiten und Bezüge zwischen dem Prometheus-Mythos und dem Sagenkreis um die nordische Gottheit Loki sind der diesbezüglichen Forschung schon früher aufgefallen, unter anderem Jacob Grimm, *Germanische Mythologie*, S. 221; dazu auch Schäfer, *Äschylos' Prometheus und Wagners Loge*.

83 So Friedrich, «Loge», S. 186 f.

84 Ebd., S. 194.

85 Die intensivste Auseinandersetzung mit dem Thema im Marxschen Sinne findet sich zu Beginn von Peter Weiss' *Ästhetik des Widerstands* (S. 7–15) in der Beschäftigung mit dem Tympanonfries des Pergamonaltars.

86 Dazu kurz Ross, *Der ängstliche Adler*, S. 287; ausführlicher ders., *Der wilde Nietzsche*, S. 9 f.

87 Nietzsche, «Die Geburt der Tragödie»; *KSA*, Bd. 1, S. 73.

88 Ebd.

89 Dazu Genett, *Der Fremde im Kriege*, S. 411 ff.

90 Nietzsche, «Die Geburt der Tragödie», S. 73.

91 Vgl. oben, S. 246 ff.

92 Nietzsche, «Die Geburt der Tragödie», S. 74.

93 Dazu unten, S. 599.

94 Nietzsche, «Die Geburt der Tragödie», S. 74.

95 Vgl. oben, S. 328.

96 Nietzsche, «Die Geburt der Tragödie», S. 74.

97 Ebd., S. 69.

98 Ebd.

99 Ebd.

100 Dazu unten, S. 476 ff.

101 Ebd., S. 70.

102 Ebd., S. 69.

103 Dazu Münkler / Storch, *Siegfrieden*, S. 50 ff., sowie Schlosser, *Die Macht der Worte*, S. 71 ff.

104 Engels, «Siegfrieds Heimat»; *MEGA* I/3, S. 206.

105 Ebd.

106 Vgl. oben, S. 85.

107 Den damaligen Wissensstand hat Jacob Grimm in seinem Handbuch *Deutsche Mythologie*, insbes. S. 311 ff., zusammengefasst.

108 Dazu Gallé (Hg.), *Siegfried. Schmied und Drachentöter*, passim; Bönnen / Gallé (Hgg.), *Ein Lied von Gestern?*; Heinzle / Waldschmidt (Hgg.), *Die Nibelungen*; Storch (Hg.), *Die Nibelungen*.

109 Wagner, «Der Nibelungen-Mythus. Als Entwurf zu einem Drama (1848)»; *DuS*, Bd. II, S. 274–285.

110 Im Entwurf hat sich Wagner somit noch stark an den Vorgaben von Aischylos' *Promethie* orientiert, bevor er sich im Verlauf der Ausarbeitung von dessen «kosmoskonservativen» Auffassungen entfernte.

111 Ebd., S. 284 f.

112 Zu Siegfried als Christus-Metapher vgl. Drüner, *Richard Wagner*, S. 615–619.

113 Wagner, «Der Nibelungen-Mythus», S. 285.

114 Wagner, «Götterdämmerung»; *DuS*, Bd. III, S. 309 f.

115 Ebd., S. 310.

116 Ebd., S. 311.

117 Nietzsche, «Richard Wagner in Bayreuth»; *KSA*, Bd. 1, S. 508.

118 Ebd.

119 Ebd., S. 509.

120 Nietzsche, «Der Fall Wagner»; *KSA*, Bd. 6, S. 19. Diese Vorbemerkung

ist wichtig, denn sie gibt den Zweck der anschließenden Nacherzählung an: zu erklären, wie Wagner vom Optimismus losgekommen ist, der sein Denken geprägt hat, solange er revolutionär war. Dass der Text des *Rings* fertiggestellt war, bevor Wagner von Georg Herwegh auf die Philosophie Schopenhauers aufmerksam gemacht wurde, ist dabei letzten Endes nachrangig. Tatsächlich findet sich Wagners Abkehr vom Optimismus bereits zwischen dem Entwurf zum Nibelungenmythos und der fertigen Fassung des *Rings*.

121 Ebd., S. 19 f.
122 Ebd., S. 20.
123 Zur Verbindung Nietzsche–Freud vgl. Fischer, «*Verwilderte Selbsterhaltung*», S. 50 ff.
124 Nietzsche, «Der Fall Wagner», S. 20.
125 Ebd., S. 21.
126 Für eine kurze Zusammenfassung des Napoleon-Mythos vgl. Kleßmann, *Napoleon und die Deutschen*, S. 258–282; ausführlich ders., *Das Bild Napoleons in der deutschen Literatur*, sowie Beßlich, *Der deutsche Napoleon-Mythos*.
127 Vgl. Breig, «Wagners kompositorisches Werk», S. 356. Immerhin hat Wagner Heines Gedicht «Zwei Grenadiere» vertont, das die Napoleon-Verehrung der Zeit widerspiegelt.
128 Marx, «Die heilige Familie»; *MEW*, Bd. 2, S. 130.
129 Marx, «Der achtzehnte Brumaire des Louis Bonaparte»; *MEGA* I/11, S. 97.
130 Ebd., S. 96.
131 Ebd., S. 97.
132 Ebd., S. 101.
133 Dazu Willms, *Napoleon III.*, S. 107 ff.
134 Vgl. dazu den Kommentar von Hauke Brunkhorst zu Marx' *Achtzehntem Brumaire*, S. 137 f.
135 Zu Nietzsches Napoleon-Bild vor allem Beßlich, *Der deutsche Napoleon-Mythos*, S. 283–299.
136 Nietzsche, «Die Geburt der Tragödie»; *KSA*, Bd. 1, S. 116 f.
137 Nietzsche, «Die fröhliche Wissenschaft»; *KSA*, Bd. 3, S. 609 f.
138 Ebd., S. 610.
139 Vgl. Flasch, *Die geistige Mobilmachung*, passim.
140 Nietzsche, «Die fröhliche Wissenschaft», S. 610.
141 Vgl. unten, S. 599.
142 Nietzsche, «Ecce homo'»; *KSA*, Bd. 6, S. 360.
143 Dazu Gollwitzer, *Geschichte des weltpolitischen Denkens*, Bd. 1, S. 390 ff.
144 Nietzsche, «Götzen-Dämmerung»; *KSA*, Bd. 6, S. 150.
145 Nietzsche, «Zur Genealogie der Moral»; *KSA*, Bd. 5, S. 288.
146 Dazu Ross, *Der ängstliche Adler*, S. 728, sowie Prideaux, *Ich bin Dynamit*, S. 318.

Kapitel 7
Bourgeois, Proletarier, Mittelmäßige: Drei Gesellschaftsanalysen

1 Vgl. Hörisch, «Charaktermasken», passim, Henning, «Charaktermaske und Individualität bei Marx», S. 100 ff., sowie Haug, «Charaktermaske», Spalte 435 ff.
2 Marx, *Das Kapital*; *MEW*, Bd. 23, S. 99 f.
3 Zur Bedeutung des Neids als individuelle und gesellschaftliche Disposition vgl. Demmerling/Landweer, *Philosophie der Gefühle*, S. 195–217; Sofsky, *Das Buch der Laster*, S. 154–166, sowie ausführlich Epstein, *Neid*, passim; zur Bedeutung des Neids für die kapitalistische wie die sozialistische Gesellschaft, ebd., S. 68–75.

4 Marx, «Ökonomisch-philosophische Manuskripte»; *MEW*, Erg.-Bd. 1, S. 536; dazu Hosfeld, *Karl Marx*, S. 56.
5 Wagner, «Oper und Drama»; *DuS*, Bd. VII, S. 190.
6 Vgl. Gilman, «Heine, Nietzsche und die Vorstellung vom Juden», S. 59 und 71.
7 Dazu Hirschman, *Leidenschaften und Interessen*, passim.
8 Dieser zentrale Unterschied ist Jochen Hörisch bei seiner Engführung von Marx und Wagner (*Weibes Wonne und Wert*, S. 42 ff.) entgangen.
9 Bermbach, *Der Wahn des Gesamtkunstwerks*, S. 59 ff.; für den späten Wagner vgl. auch Kröplin, *Richard Wagner und der Kommunismus*, S. 219 ff., der indes die grundlegenden Differenzen zwischen Marx und Wagner (S. 205 ff.) weithin übersieht.
10 Dazu unten, S. 453 ff.
11 Wagner, «Die Kunst und die Revolution»; *DuS*, Bd. V, S. 284 f.
12 Ebd., S. 285.
13 Dazu unten, S. 550 ff.
14 Wagner, «Die Kunst und die Revolution», S. 284.
15 Ebd., S. 285.
16 Ebd., S. 289. In diesem Zusammenhang entwickelt Wagner den Gegensatz zwischen dem Theater der antiken Griechen und dem der europäischen Gegenwart, das er in der Nachfolge der römischen Herrschaftsdevise «panem et circenses», Brot und Spiele, sieht. Sein eigenes Musiktheaterprojekt orientiert sich an den Griechen, wobei Wagner davon ausging, dass es erst nach einer grundstürzenden Revolution in Europa zu verwirklichen sei. In diesem Sinne ist seine Beschreibung des griechischen Theaters selbst ein der Gegenwart entgegengestelltes revolutionäres Projekt: «In den weiten Räumen des griechischen Amphitheaters wohnte das ganze Volk den Vorstellungen bei; in unseren vornehmen Theatern faulenzt nur der vermögende Teil desselben. Seine Kunstwerkzeuge zog der Grieche aus den Ergebnissen höchster gemeinschaftlicher Bildung; wir aus denen tiefster sozialer Barbarei. Die Erziehung des Griechen machte ihn von frühester Jugend an sich selbst zum Gegenstande künstlerischer Behandlung und künstlerischen Genusses, an Leib wie an Geist: unsere stumpfsinnige, meist nur auf zukünftigen industriellen Erwerb zugeschnittene Erziehung bringt uns ein albernes und doch hochmütiges Behagen an unserer künstlerischen Ungeschicklichkeit bei, und läßt uns die Gegenstände irgendwelcher künstlerischen Unterhaltung nur außer uns suchen, mit ungefähr demselben Verlangen, wie der Wüstling den flüchtigen Liebesgenuß einer Prostituierten aufsucht.» (Ebd., S. 290.) In gewisser Hinsicht projiziert Wagner ins griechische Theater, was er selbst zu verwirklichen beabsichtigte. So verschafft er sich eine Argumentationsposition, aus der heraus er den Vorwurf, er überfordere mit seinen Vorstellungen prinzipiell das Theater mit seinen spezifischen Möglichkeiten, leicht zurückweisen kann: Was einmal möglich war, müsse auch in Zukunft wieder möglich sein – wenn man denn die gesellschaftlichen Voraussetzungen dafür geschaffen habe. Die Vergangenheit wird zum Gütesiegel für die Möglichkeit des eigenen Zukunftsprojekts. Dabei stößt Wagner jedoch auf das Problem, dass die Blüte des griechischen Theaters nur kurze Zeit gedauert hat. In diesem Zusammenhang entwickelt er die zur Gegenwart spiegelverkehrte Vorstellung, dass die revolutionäre Dynamik im klassischen

Athen die Bestandsvoraussetzungen des Theaters unterhöhlt habe, weil das athenische Theater zunächst ein Garant der an «Mitte und Maß» orientierten vorperikleischen Demokratie gewesen sei. Das dramatische Kunstwerk und die politische Ordnung haben sich demnach gegenseitig stabilisiert. So konnte jede Veränderung, etwa das Auseinanderfallen der in ihm verbundenen einzelnen Künste, «diesem herrlich *einen* Kunstwerke, wie dem ähnlich beschaffenen Staate selbst, nur nachteilig sein, und deswegen durfte es nur fortblühen, nicht aber sich verändern. Somit war die Kunst konservativ, wie die edelsten Männer des griechischen Staates zu der gleichen Zeit konservativ waren, und *Aischylos* ist der bezeichnendste Ausdruck dieses Konservatismus: sein herrlichstes konservatives Kunstwerk ist die *Orestie*, mit der er sich als Dichter dem jugendlichen *Sophokles*, wie als Staatsmann dem revolutionären *Perikles* zugleich entgegenstellte. Der Sieg des Sophokles wie der des Perikles war im Geiste der fortschreitenden Entwicklung der Menschheit; aber die Niederlage des Aischylos war der erste Schritt abwärts von der Höhe der griechischen Tragödie, der erste Moment der Auflösung des athenischen Staates.» (S. 295 f.)

Neben der ungeheuren Bedeutung, die Wagner der Kunst für die politische Ordnung beimisst, findet sich hier auch eine weitere Variante der Vorstellung vom «Ende der Geschichte»: die einer künstlerisch durchwirkten Politik und einer politisch getragenen Kunst. Wagner relativiert diese Vorstellung in Rousseauscher Manier, indem er mit Blick auf den Zerfall des klassischen Athen von einer «fortschreitenden Entwicklung der Menschheit» spricht, die sonst blockiert worden wäre. Beim Blick in die Zukunft dürfte dies für Wagner keine Rolle mehr gespielt haben. Zunächst aber bedurfte es einer revolutionären Erschütterung, um einen Zustand herbeizuführen, in dem sich die politische Ordnung und die künstlerische Kreativität wieder miteinander in Einklang befanden und der es insofern verdiente, vor weiterer Veränderung geschützt zu werden. Das war – cum grano salis – die Grundidee einer konservativen Revolution, als deren anderer Vordenker Nietzsche identifiziert worden ist (vgl. Mohler, *Die konservative Revolution*). So kommt es nicht von ungefähr, dass sich Thomas Mann, bei dem die Formel von der «konservativen Revolution» schon früh auftaucht, auf Wagner und Nietzsche als die für sein Denken prägenden Köpfe berufen hat; vgl. Mann, *Leiden und Größe der Meister*, S. 716 ff. (zu Wagner) sowie S. 838 ff. (zu Nietzsche). Pikanterweise findet sich die Formel «konservative Revolution» erstmals bei Engels, der sie am 22. Februar 1848 zur Charakterisierung des polnischen Aufstands von 1830 verwendet hat: Er «war weder eine nationale [...] noch eine soziale oder politische Revolution; er veränderte nichts an der inneren Lage des Volkes; das war eine konservative Revolution» (*MEW*, Bd. 4, S. 523).

17 Wagner, «Die Kunst und die Revolution», S. 294.
18 Ebd., S. 294 f.
19 Wagner, «Wie verhalten sich republikanische Bestrebungen dem Königtum gegenüber?»; *DuS*, Bd. V, S. 213.
20 Ebd., S. 214 f.
21 Vgl. Schlosser, *Die Macht der Worte*, S. 112–114.
22 Wagner, «Wie verhalten sich republikanische Bestrebungen», S. 214.

23 Ebd.
24 Dazu oben, S. 209 ff.
25 Vgl. oben, S. 212.
26 Dazu ausführlich Herres, *Marx und Engels*, S. 31 ff.; es handelt sich dabei um Engels' kleinen Text «Umrisse zu einer Kritik der Nationaloekonomie»; *MEGA* I/3, S. 467–494.
27 Max Weber, «Die protestantische Ethik und der Geist des Kapitalismus»; ders., *Religion und Gesellschaft*, S. 80 ff., 147 ff.
28 Die Argumentation folgt hier Sieferle, *Marx zur Einführung*, S. 87 ff.
29 Dazu Reschke, «Die Angst vor dem Chaos», S. 290 ff.
30 Ausführlich Bünger, *Nietzsche als Kritik des Sozialismus*, insbes. S. 79–16, sowie Marti, *«Der große Pöbel- und Sklavenaufstand»*, S. 141–188, und Ottmann, *Philosophie und Politik bei Nietzsche*, S. 138–146. Demgemäß ist Nietzsche zunächst einem «parteioffiziellen» Anathema seitens der deutschen Sozialdemokratie verfallen, das vor allem von Franz Mehring ausgesprochen wurde; vgl. Behler, «Zur frühen sozialistischen Rezeption Nietzsches in Deutschland», S. 503 ff. Gleichzeitig scheinen Nietzsches Schriften in Arbeiterkreisen viel gelesen worden zu sein; dazu Vivarelli, «Das Nietzsche-Bild in der Presse der deutschen Sozialdemokratie um die Jahrhundertwende», S. 521 f.
31 Die nachfolgende Interpretation des *Rings* geht eigene Bahnen, zumal dort, wo sie der Vorstellung folgt, es handele sich dabei auch um eine Analyse der Gesellschaftsverhältnisse des 19. Jahrhunderts, die im Medium des Mythos vorgestellt wird. Dabei ist sie einer Reihe von literatur- wie sozialwissenschaftlichen Deutungen verpflichtet, aus denen sie Anregungen und Hinweise bezogen hat, die hier nicht im Detail dokumentiert werden können. Zusammenfassend sind zu nennen: Dahlhaus, *Wagners Musikdramen*, S. 82–140; Wapnewski, *Der traurige Gott*, S. 117–197, und ders., *Weißt du wie das wird ...?*, S. 65–316; Borchmeyer, *Das Theater Richard Wagners*, S. 230–253, und ders., *Richard Wagner*, S. 276–307; Bermbach, *«Blühendes Leid»*, S. 165–245, und ders. (Hg.), *«Alles ist nach seiner Art»*, sowie ders. (Hg.), *In den Trümmern der eignen Welt*; weiterhin Donington, *Richard Wagners «Ring des Nibelungen» und seine Symbole*, passim, und Köpnick, *Nothungs Modernität*, S. 91 ff., 191 ff. und 247 ff.
32 Zur Ikonographie des Zwergs vgl. Sickel, «Zwerg», S. 567 ff.; bemerkenswerterweise findet sich im *Handbuch der politischen Ikonographie* kein Lemma «Riese».
33 Wagner, «Das Rheingold»; *DuS*, Bd. III, S. 28.
34 Ebd., S. 45.
35 Ebd., S. 34 f.
36 Man kann Wotans Dilemma aber auch auf die eigentümliche politische Lage in Deutschland beziehen, wo nach dem Scheitern der 1848er-Revolution teilweise die Verfassungen, die von den Regierenden unter revolutionärem Druck zugestanden worden waren, formell fortbestanden, die Herrscher aber für sich erneut das Gottesgnadentum reklamierten; vgl. Schlosser, *Die Macht der Worte*, S. 139 ff. Diese Konstellationen hatten Bestand bis 1918.
37 Wagner, «Das Rheingold», S. 50.
38 Es gibt freilich auch bei Marx Passagen, in denen er mit dem Gestus der Empörung die Bourgeoisie als eine in Luxus schwelgende beschreibt – als eine Klasse somit, die ihrer weltgeschichtlichen Aufgabe nicht genügt. Generell aber gilt, dass in seiner Sicht der Kapitalismus eine «Herrschaft der Sache über den

Menschen» ist (*MEGA* II/4,1, S. 64 f.), was einen exzessiven Genuss der Sache durch Einige ausschließt.
39 Wagner, «Das Rheingold», S. 23.
40 Ebd., S. 24.
41 In der Mythologie des *Rings* gibt es eine Gruppe von älteren Gottheiten, die nur sporadisch auftreten und sonst im Hintergrund bleiben. Mit ihnen hat sich Wotan ins Benehmen gesetzt. Es handelt sich namentlich um Erda und Loge, die für die Elemente Erde und Feuer stehen; zu ihnen gehört aber auch der namentlich nicht genannte Gott des Wassers, den die Rheintochter Flosshilde einmal erwähnt («Der Vater sagt es / und uns befahl er / klug zu hüten / den klaren Hort», ebd., S. 20). Der Lehre von den vier Elementen entsprechend würde noch die Gottheit der Luft oder des Sturms hinzukommen, die im *Ring* jedoch keine Rolle spielt.
42 Ebd., S. 25.
43 Ebd., S. 29.
44 Ebd., S. 45.
45 Ebd., S. 50.
46 Wagner, «Siegfried»; *DuS*, Bd. III, S. 196.
47 Ebd.
48 Ebd., S. 205.
49 Wagner, «Das Rheingold», S. 49 f.
50 Ebd., S. 50.
51 Ebd., S. 29.
52 Offenbar sind die Rheintöchter sexuellen Abenteuern nicht prinzipiell abgeneigt, was auch durch die Bemerkung Frickas bestätigt wird: «Von dem Wassergezücht / Mag ich nichts wissen: / schon manchen Mann / – mir zum Leid – / verlockten sie buhlend im Bad.» (Ebd., S. 37.)
53 Ebd., S. 42 f.
54 Ebd., S. 43.
55 Ebd., S. 46.
56 Ebd., S. 47.
57 Ebd., S. 47 f.
58 Ebd., S. 56.
59 Ebd., S. 59 f.
60 Ebd., S. 70.
61 Ebd., S. 71.
62 Marx / Engels, *Das Kommunistische Manifest*, S. 44.
63 Ebd., S. 49.
64 Ebd., S. 50.
65 Hegel, *Grundlinien der Philosophie des Rechts*, § 245, S. 201.
66 Marx / Engels, *Das Kommunistische Manifest*, S. 51.
67 Ebd.
68 Ebd., S. 52.
69 Ebd.
70 Ebd., S. 52 f.
71 Ebd., S. 58.
72 Dazu ausführlich Schönfelder, «Ruhe nach dem Sturm», S. 97 ff., die aus der Feindschaft gegen Louis Bonaparte eine Reihe von überraschenden Positionierungen bei Marx zu erklären vermag.
73 Zur besonderen Stellung des *Achtzehnten Brumaire* im Marxschen Werk vgl. Brunkhorst, «Kommentar», S. 138 ff.
74 Marx, *Das Kommunistische Manifest*, S. 56.
75 Marx, *Das Kommunistische Manifest*, S. 57. Der Begriff des «Lumpenproletariats» taucht bei Marx bereits früher auf, er entstammt seiner Auseinandersetzung mit Max Stirner; dazu Stephan, «Marx' Gespenst: Die Kritik des Lumpen», S. 53 ff.
76 Marx, «Die Klassenkämpfe in Frankreich 1848 bis 1850»; *MEGA* I/10, S. 119–196, hier S. 122.
77 Ebd.
78 Ebd.
79 Bernard Shaw hat in seinem *Wagner-Brevier* den *Ring* mit einem im weiteren

Sinne durch Marx angeleiteten Blick gelesen, ihn aber keiner marxistischen «Korrektur» unterzogen.
80 Adorno, *Versuch über Wagner*, S. 19 ff.
81 Marx, «Die Klassenkämpfe in Frankreich», S. 185.
82 Ebd., S. 149.
83 Ebd.
84 Marx spielt hier darauf an, dass Louis Bonaparte der illegitime Sohn einer Schwester Napoleons war. Seine verwandtschaftsrechtliche Stellung als Neffe war zwar unanfechtbar, den Namen Napoleon oder Bonaparte aber hätte er wegen des unbekannten Vaters eigentlich nicht tragen dürfen.
85 Marx, «Die Klassenkämpfe in Frankreich», S. 149.
86 Ebd., S. 150.
87 Ebd., S. 187. Bemerkenswert ist hier Marx' Formulierung vom Talisman, der die Bauern bannt: eine Antizipation des Warenfetischs, von dem im *Kapital* die Rede ist; vgl. oben, S. 237 ff.
88 In den *Klassenkämpfen* spielt das Lumpenproletariat klassenanalytisch keine große Rolle, und Marx kommt nur im Zusammenhang mit der Rekrutierung von Angehörigen der «Mobilgarden», einer bewaffneten Streitmacht der Bourgeoisie, darauf zu sprechen: «Sie gehörten großentheils dem *Lumpenproletariat* an, das in allen großen Städten eine vom industriellen Proletariat genau unterschiedene Masse bildet, ein Rekrutirplatz für Diebe und Verbrecher aller Art, von den Abfällen der Gesellschaft lebend.» Ebd., S. 132.
89 Marx, «Der achtzehnte Brumaire des Louis Bonaparte»; *MEGA* I/11, S. 96–189, hier S. 96.
90 Ebd., S. 98 und 101.
91 Zur Marxschen Art der Selbstkritik vgl. oben, S. 134 ff.

92 Marx, «Der achtzehnte Brumaire», S. 101.
93 Ebd., S. 136.
94 Vgl. Wippermann, *Die Bonapartismustheorie von Marx und Engels*, sowie Hammer / Hartmann (Hgg.), *Der Bonapartismus*. Die stark personalisierende Komponente bei der Rezeption dieser Marxschen Überlegungen zeigt sich auch, wenn die Bonapartismustheorie als Schlüssel für den Aufstieg von Donald Trump in den USA verwendet wird; vgl. Beck / Stützle (Hgg.), *Die neuen Bonapartisten*.
95 Marx, «Der achtzehnte Brumaire», S. 139.
96 Ebd., S. 136.
97 Ebd., S. 131.
98 Ebd., S. 143.
99 Ebd., S. 179.
100 Ebd.
101 Dazu oben, S. 139.
102 Riehl, *Die bürgerliche Gesellschaft*, S. 57 ff. und 153 ff.
103 In Wagners Werk finden sich Feudalaristokraten, diverse Gruppen von Handwerkern, vorzugsweise Schmiede, dazu die proletarisierten Bergleute des Nibelungenreiches und schließlich Seeleute, aber keine Bauern. Die Frage der Nahrungsbeschaffung wird, von der Jagd abgesehen, nicht angesprochen. Das gilt erst recht für Nietzsche, den soziologische Details nicht interessiert haben, während Wagner durchaus ein Faible für das Handwerkliche und Artifizielle hatte; vgl. etwa seinen Entwurf *Wieland der Schmied*; *DuS*, Bd. VI, S. 158–188.
104 Dazu unten, S. 567 ff.
105 Nimmt man das von Michael Quante und David P. Schweikard herausgegebene *Marx-Handbuch* als Orientierungshilfe, so ist die landwirtschaftliche

Produktion für Marx nur unter den Stichworten der «Natur» beziehungsweise des menschlichen Stoffwechsels mit der Natur und der «Grundrente» zum Thema geworden.

106 Marx, «Der achtzehnte Brumaire», S. 180.

107 Ebd.

108 Neben der sozialwissenschaftlichen bietet Marx auch noch eine kulturgeschichtliche Erklärung für die Liaison zwischen den Bauern und Bonaparte an: «Durch die geschichtliche Tradition ist der Wunderglaube der französischen Bauern entstanden, daß ein Mann Namens Napoleon ihnen alle Herrlichkeit wiederbringen werde. Und es fand sich ein Individuum, das sich für diesen Mann ausgibt, weil es den Namen Napoleon trägt [...]. Nach zwanzigjähriger Vagabundage und einer Reihe von grotesken Abenteuern erfüllt sich die Sage und der Mann wird Kaiser der Franzosen. Die fixe Idee des Neffen verwirklicht sich, weil sie mit der fixen Idee der zahlreichsten Klasse der Franzosen zusammenfiel.» Ebd.

109 Dazu unten, S. 550 ff.

110 Marx, «Der achtzehnte Brumaire», S. 181.

111 «Unter der parlamentarischen Republik rang das moderne mit dem traditionellen Bewußtsein der französischen Bauern. Der Prozeß ging vor sich in der Form eines unaufhörlichen Kampfes zwischen den Schulmeistern und den Pfaffen. Die Bourgeoisie schlug die Schulmeister nieder.» Ebd.

112 Ebd.

113 Ebd., S. 182.

114 Ebd., S. 182 f.

115 Ebd., S. 183.

116 Ebd., S. 185. Diese Passage ist nur in der Erstauflage des *Achtzehnten Brumaire* enthalten und in späteren Ausgaben (so auch in *MEW*, Bd. 8, S. 204) gestrichen.

117 So beginnt die Schrift mit der Gegenüberstellung von «großer Tragödie» und «lumpiger Farce»; «Der achtzehnte Brumaire», S. 96.

118 Ebd., S. 185.

119 Ebd.

120 Ebd., S. 185 und 186.

121 Die Marxsche Charakterisierung des Lumpenproletariats kann als paradigmatisch für die Verschwörungszirkel und Schlägertrupps politischer Glücksritter gelten. Ein Beispiel dafür sind die *fasci di combattimento* Mussolinis und die SA als Parteiarmee des Nationalsozialismus in Deutschland. Alle diese Gruppen haben mit Wotans Heldenarmee nichts gemein – außer dass sie sich als solche fühlten oder so darstellen ließen.

122 Ebd., S. 141 f.

123 Ebd., S. 142.

124 Dazu Stephan, «Marx' Gespenst», S. 53 ff.

125 Marx, «Der nordamerikanische Bürgerkrieg»; *Studienausgabe*, Bd. IV, S. 160–170, hier S. 166.

126 Ebd., S. 168.

127 Marx / Engels, «Die Lage auf dem amerikanischen Kriegsschauplatze»; *Studienausgabe*, Bd. IV, S. 190–193, hier S. 193.

128 Ebd.

129 Marx / Engels, «Der Amerikanische Bürgerkrieg»; *Studienausgabe*, Bd. IV, S. 180–189, hier S. 180.

130 Ebd., S. 180.

131 Marx, «Zu den Ereignissen in Nordamerika»; *Studienausgabe*, Bd. IV, S. 197–199, hier S. 198.

132 Ebd., S. 199.

133 Ebd., S. 198 f.

134 Carlyle, *On Heros and Hero Worship*; dazu Kettenacker, «Thomas Carlyle und Benjamin Disraeli», S. 288–297.

135 Marx, «Zu den Ereignissen in Nordamerika», S. 199.
136 Ebd.
137 Nietzsche, «Der Antichrist»; *KSA*, Bd. 6, S. 244.
138 Dazu zusammenfassend Münkler, *Mitte und Maß*, S. 215 ff.
139 Nietzsche, «Der griechische Staat»; *KSA*, Bd. 1, S. 767.
140 So das Urteil von Brusotti, «Politik», S. 276.
141 Nietzsche, «Der griechische Staat», S. 767 f.
142 Ebd., S. 768 f.
143 Nietzsche, «Der griechische Staat», S. 769 f. Nietzsche bezieht sich hier kritisch auf die Vertragstheorien, denen zufolge der Staat aus einer an den Interessen eines jeden resultierenden Übereinkunft aller Bürger entstanden ist. Dieser Sicht hing auch Schopenhauer an; dazu Münkler, «Arthur Schopenhauer und die philosophische Pessimismus», S. 303 f. Zur Maulwurfmetapher: Während Marx sie im Sinne eines Untergrabens der bestehenden Ordnung verwendet, gebraucht Nietzsche sie im Sinne einer Vor- und Zubereitung von festem Boden für die Kultur.
144 Vgl. oben, S. 420 f.
145 Nietzsche, «Der Antichrist», S. 244.
146 Eine Zusammenstellung dessen, was sich in Nietzsches Werk an Einschlägigem zum Übermenschen findet, bietet Kynast, *Friedrich Nietzsches Übermensch*, passim, insbes. S. 99 ff.
147 Nietzsche, «Der Antichrist», S. 243.
148 Ebd.
149 Ebd., S. 244.
150 Ebd.
151 Nietzsche, «Menschliches, Allzumenschliches II»; *KSA*, Bd. 2, S. 627; ähnlich auch «Jenseits von Gut und Böse»; *KSA*, Bd. 5, S. 216 f.
152 Marti, *«Der grosse Pöbel- und Sklavenaufstand»*, S. 109; «Er weiss um seine Ohnmacht und verspürt schmerzlich den Verlust von Geborgenheit, Gemeinschaft, Solidarität, das Ausgeliefertsein an böse fremde Mächte.» (S. 112)
153 Bernstein, *Texte zum Revisionismus*, S. 89 ff. und 118 ff.; dazu Carsten, *Eduard Bernstein*, S. 181–107.
154 Nietzsche, «Jenseits von Gut und Böse»; *KSA*, Bd. 5, S. 122.
155 So Baumgarten, *Max Weber*, S. 554 f.
156 Nietzsche, «Jenseits von Gut und Böse», S. 122 f.
157 Ebd., S. 123.
158 Zu Nietzsches Vorstellung der «letzten Menschen» vgl. oben, S. 220 ff.
159 Nietzsche, «Jenseits von Gut und Böse», S. 123.
160 Dazu Gebauer / Rücker, *Vom Sog der Massen und der neuen Macht des Einzelnen*, S. 73 ff., speziell zu Nietzsche S. 92 ff.; zur kulturalistischen Gesellschaftsbetrachtung nach Maßgabe des Herdenprinzips Ganteför, *Das Gesetz der Herde*, passim.
161 Ebd., S. 216 f.
162 Ebd., S. 230.
163 Dass Nietzsche selbst ein passionierter Wanderer war und seine Ideen häufig unter freiem Himmel suchte – und fand –, hat diese Wahlverwandtschaft zusätzlich befördert.
164 Nietzsche, «Jenseits von Gut und Böse», S. 230 f.
165 Ebd., S. 232.
166 Nietzsche, *Sämtliche Briefe*, Bd. 8, S. 577 f.
167 Ebd., S. 572; Adolf Stoecker, Berliner Hofprediger, war einer der Anführer des Antisemitismus in Deutschland.
168 Einige französische Autoren, die in den 1980er Jahren für Aufsehen sorgten – André Glucksmann und Bernard-Henri Lévy sind hier vor allem zu nennen –, haben diese Bezeichnung

Nietzsches für sich übernommen und sie als Markenzeichen auf dem Markt der Aufmerksamkeit verwendet; dazu Rippel / Münkler, «Der Diskurs und die Macht», S. 124 ff.
169 Nietzsche, «Jenseits von Gut und Böse», S. 61.
170 Ebd., S. 61 f.

Kapitel 8
Die europäischen Juden bei Marx, Wagner und Nietzsche

1 Vgl. Schäfer, *Kurze Geschichte des Antisemitismus*, S. 211–213; weiterhin Katz, *Vom Vorurteil bis zur Vernichtung*; Ferrari Zumbini, *Die Wurzeln des Bösen*, sowie Poliakov, *Geschichte des Antisemitismus*, Bd. VI; zu Differenzierungen im Antisemitismusbegriff insbes. Bauman, «Große Gärten, kleine Gärten», S. 44 ff.
2 Cosima Wagner, *Die Tagebücher*, Bd. 2, S. 330.
3 Nietzsche, «Brief an Meta von Salis, 3. Januar 1889»; *Briefe*, Bd. 8, S. 572.
4 So etwa Mosche Zuckermann (*Wagner*, S. 67), der über Wagners antisemitische Rhetorik schreibt, sie gehöre «mit zu dem extremsten und giftigsten [...], was das 19. Jahrhundert an Judenhass hervorgebracht hat».
5 Sombart geht sowohl in seinem Hauptwerk *Der moderne Kapitalismus* als auch in seinen wirtschaftssoziologischen Spezialstudien davon aus, dass sich die Entstehung des modernen Kapitalismus einer spezifischen Wirtschaftsgesinnung verdankt, die vor allem von Abenteurern und Fremden (zu denen er die Juden rechnete) durchgesetzt wurde; vgl. Sombart, *Der Bourgeois*, S. 299 ff., 335 ff. und 383 ff., sowie ders., *Die Juden und das Wirtschaftsleben*, passim.
6 Weber, *Religion und Gesellschaft*, passim.
7 Zu Wagners Antisemitismus vgl. Borchmeyer / Maayani / Vill (Hgg.), *Richard Wagner und die Juden*, sowie vor allem Fischer, *Richard Wagners «Das Judentum in der Musik»*. Über die vom Großteil der Forschung vertretene Begrenzung von Wagners Antisemitismus auf das essayistische Werk und Wagners persönliches Verhalten gehen hinaus Rose, *Richard Wagner und der Antisemitismus*, sowie Weiner, *Antisemitische Fantasien*, die den Antisemitismus auch in Wagners künstlerischem Werk ausmachen wollen. Als Erster für diese Herangehensweise ist Theodor W. Adorno (*Versuch über Wagner*, S. 14 ff.) zu nennen. Der namhafteste Vertreter dieser Sicht in Deutschland ist Hartmut Zelinsky, vgl. u. a. ders., «Die feuerkur des Richard Wagner»; ders., *Richard Wagner – ein deutsches Thema*; ders., «Die deutsche Lösung Siegfried»; für eine Diskussion dieser unterschiedlichen Ansätze vgl. Friedländer / Rüsen (Hgg.), *Richard Wagner im Dritten Reich*. Dieter David Scholz, *Ein deutsches Missverständnis*, S. 151–164, geht davon aus, dass Wagners Antisemitismus eher situativ und opportunistisch begrenzt, Cosima dagegen eine fanatische Antisemitin gewesen sei.
8 Dazu Sperber, *Karl Marx*, S. 20 ff.; Neffe, *Karl Marx*, S. 40–47; zu den politischen Konstellationen im Rheinland, insbes. in Trier, vgl. Stedman Jones, *Karl Marx*, S. 31–44.
9 Dazu oben, S. 121 f.
10 Marx, «Das Kapital»; *MEW*, Bd. 23, S. 621.
11 Ebd., S. 93.
12 Ebd.
13 Silberner, *Sozialisten zur Judenfrage*.
14 Marx, «Zur Judenfrage»; *MEGA* I/2, S. 141–169.

15 Der Text ist in Heinz und Ingrid Pepperle (Hgg.), *Die Hegelsche Linke*, S. 235–372, abgedruckt. Literarisches Vorbild der *Posaune* sind die großenteils von Ulrich von Hutten verfassten *Epistolae obscurorum virorum* (1515/16), in denen diejenigen, die gegen den Hebraisten Johannes Reuchlin, Kölner Dominikaner, Position bezogen hatten, der Lächerlichkeit preisgegeben wurden: Die fingierten Verfasser dieser Briefe sind dummdreiste Figuren und schreiben ein miserables Latein. Reuchlin war zuvor der von dem konvertierten Juden Johannes Pfefferkorn geforderten Verbrennung sämtlicher jüdischer Schriften entgegengetreten; die *Epistolae* sind greifbar in der von Eduard Böcking verantworteten Ausgabe *Ulrichi Hutteni Equitis Operum Supplementum*, 2 Bde., 1864, Repr. Osnabrück 1966. Bruno Bauers Bezug auf das humanistische Vorbild wird deutlich im letzten Kapitel der *Posaune* unter der Überschrift «Haß gegen gründliche Gelehrsamkeit und das Latein-Schreiben» (S. 368 ff.).
16 Paul Lawrence Rose, *Richard Wagner und der Antisemitismus*, S. 38 ff., hat diese Direktive Bauers gründlich missverstanden, wenn er sie dahingehend versteht, Bauer habe den Juden die Emanzipation verweigern wollen. Dementsprechend missversteht er auch Marx' Text *Zur Judenfrage* (S. 39 f.).
17 Marx, «Zur Judenfrage»; *MEGA* I/2, S. 147. Urs Marti-Brander liest Marx' Schrift im liberaldemokratischen Sinn, also gemäß der These, Marx sei es vor allem um die politische Neutralisierung der Religion gegangen; Marti-Brander, *Die Freiheit des Karl Marx*, S. 51 ff.
18 Dazu oben, S. 209 ff.
19 Marx, «Zur Judenfrage», S. 148.
20 Ebd., S. 149.
21 Ebd., S. 150; dazu Habermas, *Auch eine Geschichte der Philosophie*, Bd. 2, S. 630 ff.
22 Ebd., S. 160 und 161.
23 Ebd., S. 161.
24 Das war zuletzt in der zwischen Micha Brumlik und Hauke Brunkhorst in den *Blättern für deutsche und internationale Politik* (2014, Heft 6 und 7) geführten Debatte über Marx' tatsächlichen oder angeblichen Antisemitismus der Fall.
25 Marx, «Zur Judenfrage», S. 164.
26 Ebd., S. 165.
27 Dazu oben, S. 355 f.
28 Marx, «Zur Judenfrage», S. 168.
29 Stedman Jones (*Karl Marx*, S. 20) spricht davon, Marx habe das Wort «Jude» in seiner Bauer-Rezension «als eine Metapher für die Werte und Praktiken der bürgerlichen Gesellschaft» verwandt. Bald darauf habe er den «Juden» durch den «Bourgeois» ersetzt. Damit seien die religiösen Konnotationen aus seiner Kapitalismusanalyse verschwunden.
30 Dazu oben, S. 404 f.
31 Toussenel war ein Schüler Fouriers.
32 Zu nennen ist vor allem Dührings 1881 erschienene Schrift *Die Judenfrage als Racen-, Sitten- und Culturfrage*, die Wagner und Nietzsche gekannt haben dürften. In der *Genealogie der Moral* schreibt Nietzsche über Dühring, er sei «das erste Moral-Großmaul, das es jetzt giebt, selbst noch unter seines Gleichen, den Antisemiten». Er rechnet ihn dem Geist des Ressentiments zu (*KSA*, Bd. 5, S. 370).
33 Engels, «Brief an Marx, 7. März 1856»; in Raddatz (Hg.), *Mohr an General*, S. 109.
34 Ebd., S. 110. Es handelt sich um Lassalles Buch *Die Philosophie Herakleitos des Dunklen von Ephesos*.
35 Marx, «Brief an Engels, 30. Juli 1862»; ebd., S. 124.

36 Ebd., S. 125 f.
37 Engels, «Brief an Marx, 7. November 1864»; ebd., S. 128; dazu auch Sperber, *Karl Marx*, S. 350.
38 Zu Heß vgl. Rosen, «Moses Heß», S. 121–138.
39 Dass Burckhardts Antisemitismus womöglich tiefgreifender war, sucht Aram Mattioli in seinem Essay *Jacob Burckhardt und die Grenzen der Humanität* nachzuweisen.
40 Marx, «Brief an Antoinette Philips, 24. März 1861»; *MEW*, Bd. 30, S. 591.
41 Wagner, *Mein Leben*, S. 231.
42 Ebd., S. 232.
43 Wagners Schrift «Das Judenthum in der Musik», 1850 in der *Neuen Zeitschrift für Musik* veröffentlicht, findet sich in einer leicht modifizierten Version in *SSD* (Bd. 5, S. 66–85). Die Neupublikation von 1869 ist nicht nur um ein an Marie Muchanoff adressiertes Vorwort erweitert, sondern enthält auch eine Fülle von Varianten, die in der von Jens Malte Fischer vorgenommenen kritischen Edition (*Richard Wagners «Das Judentum in der Musik»*, S. 113–156) vermerkt sind. Nachfolgend wird nach dieser Ausgabe zitiert.
44 Wagner, «Das Judentum in der Musik», S. 118.
45 Vgl. Münkler, *Die Deutschen und ihre Mythen*, S. 301–327.
46 Vgl. oben, S. 37 ff.
47 Cosima Wagner, *Die Tagebücher*, Bd. 1, S. 728.
48 Wagner, «Das Judentum in der Musik», S. 118
49 Ebd., S. 119; diese Stelle lässt auf eine Lektüre Toussenels durch Wagner schließen.
50 Ebd., S. 119 f.
51 So Bermbach in *Der Wahn des Gesamtkunstwerks*, S. 262.
52 Der erste Strang findet sich vornehmlich bei Fischer, *Richard Wagners «Das Judentum in der Musik»*, S. 48–65, der zweite bei Rose, *Richard Wagner und der Antisemitismus*, S. 83–107, der Wagners Antisemitismus vor allem mit dem revolutionären Grundzug seines Denkens in Zusammenhang bringt; beides zusammenfassend Borchmeyer, «Richard Wagner und der Antisemitismus», passim, sowie Bermbach, *Der Wahn des Gesamtkunstwerks*, S. 261–282.
53 Dazu Bermbach, *Der Wahn des Gesamtkunstwerks*, S. 27 ff.
54 Eine Zusammenstellung findet sich bei Siberner, *Sozialisten zur Judenfrage*, S. 270 ff., ebenso bei Rose, *Richard Wagner und der Antisemitismus*, S. 100 ff.
55 Zu Wagners Hegellektüre vgl. Weinland, *Richard Wagner*, S. 4–12.
56 Wagner, *Mein Leben*, S. 397–402.
57 Ebd., S. 387.
58 Vgl. Döhring, «Die traumatische Beziehung Wagners zu Meyerbeer», S. 262 ff.; weiterhin Weinland, *Richard Wagner*, S. 31 ff.
59 Dazu Fischer, *Richard Wagners «Das Judentum in der Musik»*, S. 22 ff.
60 Wagners Selbststilisierung zum Opfer eines von Juden organisierten Beschweigens seines Werks tritt vor allem im Nachwort zur Neupublikation von 1869 hervor. Es ist in Form einer an Marie Muchanoff gerichteten Stellungnahme abgefasst, die sich um die von ihr gestellte Frage dreht, warum Wagner und seinem Werk allenthalben mit so großer Feindseligkeit begegnet werde. Das Nachwort von 1869 ist abgedruckt bei Fischer, *Richard Wagners «Das Judentum in der Musik»*, S. 140–156. Es folgt dem bekannten Schema, bei dem der Täter sich als Opfer ausgibt.
61 Vgl. oben, S. 359 ff., sowie die dort aufgeführten Arbeiten von Thompson und Levi.

62 Adorno, *Versuch über Wagner*, S. 26 ff.
63 Wagner, «Brief an Franz Liszt, 5. Juni 1849»; *Briefe*, S. 167.
64 Ebd., S. 165 f.
65 Ebd., S. 166.
66 Ulrich Drüner geht in seiner Wagner-Biographie davon aus, dass der Geldmangel Wagner auch nach der großzügigen Unterstützung durch Ludwig II. noch bedrängt habe und der Antisemitismus für ihn eine Strategie des Umgangs damit gewesen sei; Drüner, *Richard Wagner*, insbes. S. 728 f.
67 Wagner, «Das Judentum in der Musik», S. 123.
68 Ebd., S. 124.
69 Ebd., S. 125.
70 Ebd.
71 Ebd.
72 Ebd., S. 138.
73 Ebd., S. 145.
74 Ebd., S. 155.
75 Wagner, «11. Sept. [1865]; *Das Braune Buch*, S. 86.
76 Unter diesem Aspekt hat Rose (*Richard Wagner und der Antisemitismus*, S. 209–244) Wagners Regenerationsschriften gelesen, wobei er zu einer Reihe von Fehlurteilungen und Überzeichnungen gekommen ist; so auch in ders., «Wagner und Hitler – nach dem Holocaust», S. 225 ff., und «Wagner, Hitler und historische Prophetie», S. 283 ff.
77 Eine Ausnahme ist hier Udo Bermbach, der, nachdem er zunächst das Wagnersche Werk aus der Perspektive der revolutionär imprägnierten Züricher Kunstschriften interpretiert hat, sich auch mit dem Alterswerk eingehend beschäftigt hat; vgl. Bermbach, «Der Bayreuther Gedanke. Kulturmission und Regeneration der Menschheit», S. 179–230, sowie ders., «Richard Wagners Spätschriften», S. 15–66.
78 So der Vorwurf von Marc Weiner im deutschen Vorwort zu seinem ansonsten sehr viel differenzierteren Buch *Antisemitische Fantasien*, S. 15 ff.
79 Gibbon, *Verfall und Untergang des Römischen Imperiums*, insbes. Bd. 5.
80 Gobineau, *Versuch über die Ungleichheit der Menschenracen*. Die von Ludwig Schemann besorgte deutsche Übersetzung erfolgte auf Anregung Wagners, der Gobineau zweimal persönlich begegnet war. Eine gewisse Distanz Wagners gegenüber Gobineau resultiert daraus, dass Wagner sich mit der von Gobineau behaupteten Irreversibilität der Dekadenz nicht abfinden wollte.
81 Vgl. unten, S. 469 f.
82 Dazu Münkler, *Griechische Kultur und Römisches Reich*, S. 30 ff.
83 Wagner, «Was ist deutsch?»; *SSD*, Bd. 10, S. 42 f.
84 Ebd., S. 43.
85 Ebd., S. 43 f.
86 Selbstverständlich nimmt Wagner für sich in Anspruch, all das stellvertretend für die ahnungslosen Deutschen zu wissen, womit er sich einer der Fiktionen des heutigen Populismus bedient.
87 Wagner, «Erkenne dich selbst»; *SSD*, Bd. 10, S. 271.
88 Ebd., S. 265.
89 Wagner, «Publikum und Popularität»; in: *SSD*, Bd. 10, S. 86.
90 Dazu knapp Bermbach, *Richard Wagner in Deutschland*, S. 106–108. Bei Wagner selbst findet sich die folgende Passage: «Bleibt es mehr als zweifelhaft, ob Jesus selbst von jüdischem Stamme gewesen sei, da die Bewohner von Galiläa eben ihrer unächten Herkunft wegen von den Juden verachtet waren, so mögen wir dieß, wie alles die geschichtliche Erscheinung des Erlösers Betreffende, hier gern dem Historiker überlassen.»

Wagner, «Religion und Kunst»; in: *SSD*, Bd. 10, S. 232.
91 Wagner, «Publikum und Popularität», S. 87.
92 Wagner, «Religion und Kunst», S. 214.
93 Ebd., S. 216.
94 Ebd.
95 Ebd.
96 Ebd., S. 218.
97 Ebd., S. 232.
98 Ebd.
99 Ebd., S. 232 f.
100 Vgl. oben, S. 196 f.
101 Wagner, «Religion und Kunst», S. 230.
102 Ebd., S. 241.
103 Diese Kontinuitätsthese findet sich, wenngleich mit gänzlich unterschiedlicher Beurteilung, gleichermaßen bei Bermbach wie Rose.
104 Friedländer, «Hitler und Wagner», S. 171 ff. Friedländer hat sich damit klar gegen Rose und Zelinsky positioniert, die in ihren Beiträgen auf dem Schloss-Elmau-Symposion eine Kontinuität zwischen Wagner und Hitler angenommen haben. Diese Kontinuitätsthese findet sich noch stärker ausgeprägt bei Köhler, *Wagners Hitler*, passim; in Deutschland wurde die diesbezügliche Debatte durch das von dem «Spiegel»-Redakteur Klaus Umbach herausgegebene Buch *Richard Wagner. Ein deutsches Ärgernis* befeuert.
105 So jetzt Nippel, «Diktatur des Proletariats. Versuch einer Historisierung», S. 71–130.
106 Adorno, *Versuch über Wagner*, S. 19.
107 Ebd., S. 17.
108 Hier ist vor allem Paul Lawrence Rose und sein Buch *Richard Wagner und der Antisemitismus* zu nennen, zumal dort, wo es um den *Parsifal* geht (S. 244 ff.). Marc Weiner hat sich in *Antisemitische Fantasien* anstelle einer textbezogenen Analyse auf Stimmen und Melodie, das weite Feld der Gerüche sowie die Darstellung von Füßen und Augen konzentriert. Dafür musste er jedoch den Preis einer nicht wirklich schlagenden Beweisführung zahlen, da er dabei mit den – von ihm angenommenen – Assoziationen der Zuschauer beziehungsweise Zuhörer argumentiert.
109 Vgl. den Abschnitt über «Richard Wagners dramatische Werkstatt» in Borchmeyer, *Richard Wagner*, S. 19–334; ebenso den Abschnitt «Wagners dramatische Dichtungen» in ders., *Das Theater Richard Wagners*, S. 177–301.
110 Adorno, *Versuch über Wagner*, S. 17.
111 Vgl. Kreowski / Fuchs, *Richard Wagner in der Karikatur*, passim; einige ausgewählte Beispiele sind abgedruckt bei Weiner, *Antisemitische Fantasien*, S. 32.
112 Adorno, *Versuch über Wagner*, S. 20.
113 Ebd., S. 21.
114 Vgl. oben, S. 104 f.
115 Adorno, *Versuch über Wagner*, S. 23.
116 Nietzsche, «Jenseits von Gut und Böse», Aph. 251; *KSA*, Bd. 5, S. 192 f.; antijüdische Bemerkungen finden sich in Nietzsches Briefwechsel der Jahre 1866 bis 1872; dazu Kofman, *Die Verachtung der Juden*, S. 65–73.
117 Nietzsche, «Brief an Overbeck, 2. April 1884»; *Sämtliche Briefe*, Bd. 6, S. 493.
118 Dazu unten, S. 486 ff.
119 Für Nietzsches Beschäftigung mit dem Judentum vgl. die kurzen Überblicksartikel von Sven Brömsel, «Judentum», in: Ottmann (Hg.), *Nietzsche-Handbuch*, S. 260–262, sowie von Borchmeyer / Figl, «Judentum», in: Sorgner u. a. (Hgg.), *Wagner und Nietzsche*, S. 177–191; zu speziellen Aspekten insbes. Golomb (Hg.), *Nietzsche und die jüdische Kultur*; ders. «Nietzsche on Jews and Judaism», S. 139–161; Stegmaier, «Nietzsche, die Juden und Europa»; Kofman, *Die Verachtung der Juden*; Figl, *Nietzsche und die Religionen*, sowie Yovel,

Dark Riddle, und ders., «‹Nietzsche contra Wagner› und die Juden», insbes. S. 129 ff. Zu Nietzsches Auseinandersetzung mit dem Antisemitismus als einer politischen Feindschaft vgl. den Überblicksartikel von Brömsel, «Antisemitismus», in: Ottmann (Hg.), *Nietzsche-Handbuch*, S. 184–185; Niemeyer, «Nietzsches rhetorischer Antisemitismus»; ders., «Nietzsche und sein Verhältnis zum Antisemitismus», sowie Pütz, «Nietzsche und der Antisemitismus», S. 295–304.
120 Vgl. oben, S. 432.
121 Dazu Bermbach, «Richard Wagners Weg in den Urwald», S. 323 ff., sowie Sieg, *Die Macht des Willens*, S. 125–163.
122 Nietzsche, «Brief an Elisabeth Förster (Entwurf), Ende Dezember 1887»; *Sämtliche Briefe*, Bd. 8, S. 218.
123 Ebd., S. 219.
124 Nietzsche, «Zur Genealogie der Moral», *KSA*, Bd. 5, S. 370.
125 Nietzsche, «Menschliches, Allzumenschliches», Aph. 475; *KSA*, Bd. 2, S. 309 f.
126 Ebd., S. 310.
127 Nietzsche, «Ecce homo»; *KSA*, Bd. 6, S. 327.
128 Nietzsche, «Menschliches, Allzumenschliches», S. 310.
129 Ebd.
130 Vgl. oben, S. 63 ff.
131 Nietzsche, «Menschliches, Allzumenschliches», S. 311.
132 Nietzsche, «Morgenröthe», Aph. 84; *KSA*, S. 79.
133 Oben, S. 466 ff.
134 Nietzsche, «Morgenröthe», S. 80.
135 Nietzsche, «Brief an Franziska Nietzsche, 17. August 1886»; *Sämtliche Briefe*, Bd. 7, S. 233.
136 Nietzsche, «Morgenröthe», Aph. 205, S. 180 f.
137 «Man muss es in den Kauf nehmen, wenn einem Volke, das am nationalen Nervenfieber und politischen Ehrgeize leidet, leiden *will*»: In dieser Hinsicht verfügen auch die europäischen Völker über eine Entscheidung, nämlich die zum Nationalismus oder *gegen* ihn, doch sobald sie die Entscheidung für den Nationalismus getroffen haben, wovon Nietzsche ausgeht, ist alles Weitere keine freie, rationale Entscheidung mehr, sondern eine, die im Zustand des «Nervenfiebers» getroffen wird. Die zitierte Passage findet sich in Nietzsche, «Jenseits von Gut und Böse», Aph. 251; *KSA*, Bd. 5, S. 192. Nietzsche bezieht den hier formulierten Gedanken selbstkritisch auf sich: «Möge man mir verzeihn, daß auch ich, bei einem kurzen gewagten Aufenthalt auf sehr inficirtem Gebiete, nicht völlig von der Krankheit verschont blieb und mir, wie alle Welt, bereits Gedanken über Dinge zu machen anfing, die mich nichts angehn: erstes Zeichen der politischen Infektion. Zum Beispiel über die Juden.» Ebd., S. 21 f. Die Aussage, er habe sich Gedanken gemacht über Dinge, die ihn nichts angingen, wie etwa die Juden, akzentuiert noch einmal seine Vorstellung, dass die Entscheidung über ihre Stellung in Europa als *Entscheidung bei den Juden liege*.
138 Ebd., S. 194.
139 Nietzsche, «Morgenröthe» Aph. 205, S. 181; dazu und zum Folgenden Kofman, *Die Verachtung der Juden*, S. 35 ff., insbes. S. 38, Fn. 83. Die Formel vom Verachten des Verachtetwerdens stammt von Bernhard von Clairvaux.
140 Ebd., S. 181 f.
141 Dieser Gedanke Nietzsches ist breit entfaltet bei Kofman, *Die Verachtung der Juden*, S. 18 ff.
142 Neben den *Studien zum autoritären Charakter* sind hier die Aufsätze «Zur

Bekämpfung des Antisemitismus heute» (*Gesammelte Schriften*, Bd. 20, S. 360–383) und *Aspekte des neuen Rechtsradikalismus* zu nennen. Die Auseinandersetzung mit den Unterlegenheits- bzw. Schamgefühlen Wagners findet sich in Adornos *Versuch über Wagner*, S. 20 f.
143 Nietzsche, «Jenseits von Gut und Böse», S. 193.
144 Ebd.
145 Ebd.
146 Ebd., S. 194 f.
147 Ebd., S. 195.
148 Dazu Puschner, *Die völkische Bewegung*, S. 173 ff.
149 Nietzsche, «Morgenröthe», S. 182 f.
150 In *Die Fröhliche Wissenschaft* erläutert Nietzsche, warum die spezifisch jüdische Art zu denken und zu argumentieren für die Europäer so wichtig war – und auch zukünftig wichtig sein wird: «Europa ist gerade in Hinsicht auf die Logisirung, auf *reinlichere* Kopf-Gewohnheiten den Juden nicht wenig Dank schuldig; voran die Deutschen, als eine bemerkenswert deraisonable Rasse, der man auch heute immer noch zuerst ‹den Kopf zu waschen› hat. Ueberall, wo Juden zu Einfluss gekommen sind, haben sie feiner zu scheiden, schärfer zu folgern, heller und sauberer zu schreiben gelehrt; ihre Aufgabe war es immer, ein Volk ‹zur Raison› zu bringen.» *KSA*, Bd. 3, S. 585. Mit der Charakterisierung der Deutschen als «deraisonable Rasse» ist Nietzsche nahe an Marx' Bezeichnung der Deutschen als «the silliest people».
151 Dabei bringt Nietzsche Wagner und Schopenhauer in enge Verbindung: «Schopenhauerisch ist Wagner's Hass auf die Juden, denen er selbst in ihrer größten That nicht gerecht zu werden vermag: die Juden sind ja die Erfinder des Christenthums. Schopenhauerisch ist der Versuch Wagner's, das Christenthum als ein verwehtes Korn des Buddhismus aufzufassen und für Europa [...] ein buddhistisches Zeitalter vorzubereiten. Schopenhauerisch ist Wagner's Predigt zu Gunsten der Barmherzigkeit im Verkehre mit Thieren; Schopenhauer's Vorgänger hierin war bekanntlich Voltaire, der [...] seinen Hass gegen gewisse Dinge und Menschen als Barmherzigkeit gegen Thiere zu verkleiden wusste. Wenigstens ist Wagner's Hass gegen die Wissenschaft, der aus seiner Predigt spricht, gewiss nicht vom Geiste der Mildherzigkeit und Güte eingegeben – noch auch [...] vom *Geiste* überhaupt.» Nietzsche «Die Fröhliche Wissenschaft» II, Aph. 99, *KSA*, Bd. 3, S. 456.
152 Dass dabei Nietzsches Beschäftigung mit Ernest Renan eine Rolle spielte, zeigen Barbera und Campioni in dem Aufsatz «Wissenschaft und Philosophie der Macht bei Nietzsche und Renan».
153 Nietzsche, «Jenseits von Gut und Böse», Aph. 95; *KSA*, Bd. 5, S. 117.
154 Nietzsche, «Zur Genealogie der Moral», Aph. 7; *KSA*, Bd. 5, S. 268.
155 Nietzsche, «Der Antichrist», § 24; *KSA*, Bd. 6, S. 192; für eine andere Interpretation dieser Passagen vgl. Kofman, *Die Verachtung der Juden*, S. 46 ff.
156 Ebd., S. 192 f.
157 Für eine ausführliche Interpretation von § 24 des *Antichrist* vgl. Sommer, *Friedrich Nietzsches «Der Antichrist»*, S. 233–245; weiterhin Kofman, *Die Verachtung der Juden*, S. 46 ff. Da Kofman Nietzsches Stellung zu den Juden wesentlich in deren Entgegensetzung zu den Deutschen – und nicht zu den Christen – darstellt, kommt ihr

die angesprochene Wendung des «sehr späten» Nietzsche nicht in den Blick.
158 Vgl. unten, S. 590 ff.
159 Weaver Santaniello («Nietzsche und die Juden», bes. S. 189–201) hat bei Nietzsche drei Perspektiven auf das Judentum unterschieden: eine auf das alte Israel, eine auf das gegenwärtige Judentum in Westeuropa und eine auf die prophetische Eschatologie des ersten vorchristlichen Jahrhunderts. Nur bei Letzterer komme das Judentum bei ihm schlecht weg. Santaniello erklärt das mit Nietzsches konsequent anti-antisemitischer Grundeinstellung, insofern die Antisemiten seiner Zeit das alte Israel und die zeitgenössische Judenassimilation bekämpft, aber die prophetische Eschatologie der Juden für das Christentum vereinnahmt hätten. Nietzsches Wendung gegen Paulus sei darum im Wesentlichen eine Wendung gegen den zeitgenössischen Antisemitismus.
160 Nietzsche «Der Antichrist», § 44, S. 219. Zum § 44 vgl. Sommer, *Friedrich Nietzsches «Der Antichrist»*, S. 416–425.
161 Nietzsche, «Der Antichrist», § 58, S. 246 f.
162 Nietzsche, «Zur Genealogie der Moral», § 8; *KSA*, Bd. 5, S. 269.
163 Ebd., § 16, S. 285. Vgl. auch unten, S. 590 ff.
164 Ebd., S. 286.
165 Ebd., S. 286 f.

Kapitel 9
Das große Umsturzprojekt: Gesellschaft, Kunst und Werteordnung

1 Die Rolle des Bürgertums in Wirtschaft und Politik, Gesellschaft und Kultur ist eingehend untersucht worden; die Ergebnisse zusammenfassend Kocka (Hg.), *Bürgertum im 19. Jahrhundert*, 3 Bde., wobei das Spezifische des deutschen Bürgertums im Vergleich mit dem anderer europäischer Länder herausgearbeitet wird; weiterhin Lundgreen (Hg.), *Sozial- und Kulturgeschichte des Bürgertums*. In beiden Publikationen wird die «Bielefelder Bürgertumsforschung» repräsentiert.
2 Vgl. oben, S. 403.
3 Zur Philisterkritik bei Marx vgl. Schrage, *Spottobjekt und Theorieproblem*.
4 Nietzsche, «Jenseits von Gut und Böse», Aph. 38; *KSA*, Bd. 5, S. 56.
5 Engels' «Kompromiss» mit der Bürgerlichkeit sah etwas anders aus als der von Marx: weitgehende Zugeständnisse im Wirtschaftlichen und eine Regelmäßigkeit der Arbeit verbanden sich bei ihm mit einer größeren Distanz zur bürgerlichen Lebensführung, die in aristokratischen Gepflogenheiten (Reiten und Fuchsjagd) und emotionaler Nähe zu proletarischen Frauen (den Burns-Geschwistern) ihren Ausdruck fand.
6 Vgl. oben, S. 30.
7 Wilfried Nippel schreibt über Marx in den Jahren 1848/49: «Er hatte persönliches Risiko und eine Gefährdung seines Unternehmens (was die NRZ [Neue Rheinische Zeitung] im doppelten Sinne war) zu vermeiden gesucht. Er ließ sich in alle möglichen Gremien wählen, tat aber nichts. Er rief zu bewaffnetem Widerstand auf, aber bitte nicht in Köln. Er zog sich zurück, als andere seit Mai 1849 ihr Leben riskierten.» (Nippel, *Karl Marx*, S. 58.)
8 Knapp Gregor-Dellin, *Richard Wagner*, S. 72 f.; eingehender Köhler, *Der letzte der Titanen*, S. 90 ff.
9 Dazu ausführlich Kramer, *«Laßt uns die Schwerter ziehen, damit die Kette bricht»*, insbes. S. 10 ff. und S. 47 ff.

10 Wagner, «Wie verhalten sich republikanische Bestrebungen dem Königtum gegenüber?»; *DuS*, Bd. V, S. 211–221.
11 Vgl. Gregor-Dellin, *Richard Wagner*, S. 257 f.
12 Wagner, «Die Revolution»; *DuS*, Bd. V, S. 238.
13 Das ist nach Schlosser, *Die Macht der Worte*, S. 71 ff., typisch für alle vormärzlichen und revolutionären Bestrebungen in Deutschland, die nicht auf eine konsequente Fortschrittsperspektive setzten.
14 Wagner, «Die Revolution», S. 239.
15 Wagner, *Briefe*, S. 149.
16 Eine weitergehende Lesart interpretiert den Brief als Beruhigungsschreiben für seine Frau, die von Anfang an gegen Wagners politisches Auftreten war und das bürgerliche Leben in Dresden sehr schätzte.
17 Wagner, *Sämtliche Briefe*, Bd. 5, S. 147.
18 Wagner, *Briefe*, S. 198.
19 Dass darin die Erfahrungen aus Wagners eigener Ehe mit Minna eingegangen sind, ist naheliegend.
20 Bis 1852 ging Wagner davon aus, dass in Paris die Revolution von neuem beginnen werde; in Paris, dem ersten längeren Aufenthaltsort nach der Flucht aus Dresden, beschäftigte er sich eingehend mit Feuerbach und Proudhon (dazu Gregor-Dellin, *Richard Wagner*, S. 286–290).
21 Dazu eingehend Sieferle, *Die Revolution in der Theorie von Karl Marx*, S. 431 ff.
22 Das ist die Marx-Kritik bei Popper, *Die offene Gesellschaft und ihre Feinde*, Bd. 2, S. 102–166.
23 Popper zufolge muss Wissenschaft, um als solche anerkannt zu werden, Allsätze formulieren, die durch Protokollsätze falsifiziert werden können. Poppers These, dass sich so und nur so wissenschaftlicher Fortschritt vollziehe, ist wissenschaftstheoretisch jedoch inzwischen überholt.
24 Vgl. oben, S. 65 f.
25 Für die Fortdauer solcher Erwartungen vgl. Sennett, *Handwerk*, insbes. S. 9 ff. unter der Überschrift «Der Mensch als Schöpfer seiner selbst».
26 Karl Griewank (*Der neuzeitliche Revolutionsbegriff*, S. 23 ff.) hat darauf hingewiesen, dass die Vorstellung einer Rückkehr in «die gute alte Zeit» im ursprünglichen Verständnis von Revolution zentral war.
27 Marx, *Das Kapital*, Bd. 3, *MEW*, Bd. 25, S. 828.
28 Zur Unterscheidung von Wärme- und Kältestrom im Marxismus vgl. Bloch, *Das Prinzip Hoffnung*, Bd. 1, S. 235–242.
29 Cosima Wagner, *Tagebücher*, Eintrag vom 25. März 1882, Bd. 2, S. 678.
30 Engels, «Die Entwicklung des Sozialismus von der Utopie zur Wissenschaft»; *MEGA* I/27, S. 583–626.
31 Wagner, «Deutsche Kunst und deutsche Politik»; *DuS*, Bd. 8, S. 346.
32 Vgl. Breuer, *Ausgänge des Konservatismus in Deutschland*, S. 139 ff.
33 Dazu Ross, *Die Welt nach Wagner*, S. 83 ff.
34 Emblematisch ist diese Inversion in der Vorrede zur *Rechtsphilosophie* formuliert (S. 14): «Was vernünftig ist, das ist wirklich; und was wirklich ist, das ist vernünftig.»
35 Das geht weiter als die Erklärung Safranskis (*Nietzsche*, S. 147 f.), wonach Nietzsche die Revolution gefürchtet habe, weil er von ihr die Rache der Unterdrückten für alles ihnen in der Vergangenheit angetane Unrecht erwartete.
36 Der von Nietzsche zuletzt häufig gebrauchte Begriff ist von Peter Gast und Elisabeth Förster-Nietzsche als

Untertitel («Versuch einer Umwertung aller Werte») ihres aus Teilen des Nachlasses frei zusammengestellten Buches *Der Wille zu Macht* verwandt worden.

37 Vgl. oben, S. 77 ff.

38 Der Untertitel zur *Götzen-Dämmerung* lautet *Oder wie man mit dem Hammer philosophirt.*

39 Nietzsche, «Der Antichrist»; *KSA*, Bd. 6, S. 132 f.

40 Mit Bulwer-Lytton setzte sich im 19. Jahrhundert die falsche Endung «Rienzi» anstelle von «Rienzo» durch.

41 Zu dem heute weitgehend in Vergessenheit geratenen Mosen vgl. Seidel, *Julius Mosen. Leben und Werk*. Mosen verfasste auch das zeitweilig populäre «Hofer-Lied», heute die Tiroler Landeshymne.

42 Die Bearbeiter der MEGA waren mit der Kommentierung dieses Textes erkennbar überfordert; kein Hinweis auf Mosen, auch keiner auf Wagner, dafür der bemühte Versuch (der Band erschien 1985 in der DDR), den Text irgendwie in die Vorgeschichte des Marxismus einzureihen: «Bei Engels verlagerte sich der Schwerpunk vom Tribun aufs Volk» (*MEGA* I/3, Apparat, S. 863), eine Behauptung, die durch Engels' Entwurf keineswegs gedeckt ist. Bei der negativen Apostrophierung des Tribunen dürfte der Text des sozialistischen Kampflieds der «Internationale» eine Rolle gespielt haben, wo es zu Beginn der zweiten Strophe heißt: «Es rettet uns kein höh'res Wesen, / kein Gott, kein Kaiser, kein Tribun. / Uns aus dem Elend zu erlösen, / können wir nur selber tun!»

43 Dazu Köhler, *Wagners Hitler*, S. 31–49; zu Hitlers Opernrezeption vgl. Walter, *Hitler in der Oper*, S 191 ff., der darauf hinweist, dass Hitler Lehárs *Lustige Witwe* sehr geschätzt habe, während er für Pfitzner, der dem NS-Gedankengut nahestand, nicht viel übrig gehabt habe.

44 Zit. nach Köhler, *Wagners Hitler*, S. 41; zu Hitlers Rienzi-Verehrung ebd., S. 38–42.

45 Dazu oben, S. 410 ff.

46 Horkheimer, «Egoismus und Freiheitsbewegung», S. 15–27.

47 Inzwischen ist Cola erneut als Paradigma des politischen Agierens von Interesse, nunmehr im Hinblick auf populistische Bewegungen und deren Anführer sowie die von ihnen betriebene Inszenierung eines Volksaufstands; dazu Möller, *Volksaufstand und Katzenjammer*, S. 11–57.

48 Wagners «Rienzi der letzte der Tribunen» findet sich in: ders., *SSD*, Bd. 1, S. 145–195; Engels' «Cola die Rienzi»; in: *MEGA* I/3, S. 157–191.

49 Für das Verständnis von Wagners «Rienzi» vgl. Wapnewski, «Die Oper Richard Wagners als Dichtung», S. 232–238; Borchmeyer, *Richard Wagner. Ahasvers Wandlungen*, S. 77–98, sowie Bermbach, «Rienzi. Aufstieg und Fall eines Revolutionärs»; in: ders., «Blühendes Leid», S. 47–68.

50 Engels, «Cola di Rienzi», S. 191.

51 Wagner, «Rienzi der letzte der Tribunen», S. 195.

52 Ebd., S. 155.

53 Vgl. Münkler, «Von der Herrschaftsregel zum Skandal: Der Umgang der Herrschenden mit den Frauen der Untertanen», S. 104–129.

54 Dazu ders., «Das Weib als Beute und Besitz», S. 161–184.

55 Wagner, «Rienzi der letzte der Tribunen», S. 147.

56 «Als zarte Knaben würgt ihr unsre Brüder, / Und unsre Schwestern möchtet ihr entehren! / Was bleibt zu den Verbrechen auch noch übrig? / Das alte Rom, die Königin der Welt, / Macht ihr

zur Räuberhöhle, schändet selbst / Die Kirche, Petri Stuhl muß flüchten / Zum fernen Avignon; – kein Pilger wagt's, / Nach Rom zu ziehen zum hohen Völkerfeste, / Denn ihr belagert, Räubern gleich, die Wege; – / Verödet, arm – versiegt das stolze Rom, / Und was dem Ärmsten blieb, das raubt ihr ihm, / Brecht, Dieben gleich, in seine Läden ein, / Entehrt die Weiber, erschlagt die Männer.» Ebd., S. 140.
57 Ebd., S. 162.
58 So will Cola das römisch-republikanische Projekt auf ganz Italien ausdehnen. Dabei legt er sich mit dem Kaiser an, indem er von ihm verlangt, wenn er sich «König Roms» nenne, müsse er die Begründung dieses Rechts vor den Römern darlegen. Der italische Bund wiederum entfremdet ihn der bislang verbündeten Kirche.
59 Ebd., S. 166–168.
60 Marx, «Der achtzehnte Brumaire», S. 96 f.
61 Engels, «Cola di Rienzi», S. 162.
62 Ebd., S. 173.
63 Ebd.
64 Ebd.
65 Ebd., S. 174.
66 Dazu Münkler / Münkler, «Condottieri», in: diess., *Lexikon der Renaissance*, S. 57–67.
67 Engels, «Cola di Rienzi», S. 177.
68 Ebd., S. 181.
69 Camilla will Rache für den exekutierten Montreal, das Volk will Rache für den «Raub seiner Freiheit» (S. 186–191), und darüber gerät das politische Projekt der Volksherrschaft in den Hintergrund. Das obsessive Rachebedürfnis zehrt das politische Projekt auf – eine Vorstellung, die Nietzsche interessiert hätte.
70 Dazu Hinderer (Hg.), *Sickingen-Debatte*, passim.
71 Cosima Wagner, *Die Tagebücher*, Bd. 1, S. 276.
72 Ebd., S. 276 f.
73 Ebd., S. 277 f.
74 Ebd., S. 283.
75 Ebd., S. 277.
76 Nietzsche, «Brief an Wilhelm Vischer (-Bilfinger) am 27. März 1871»; in: *Sämtliche Briefe*, Bd. 3, S. 195.
77 Nietzsche, «Brief an Carl von Gersdorff am 21. Juni 1871»; ebd., S. 204.
78 Vgl. oben, S. 393 ff.
79 Nietzsche, «Brief an Carl von Gersdorff am 21. Juni 1871»; ebd., S. 203.
80 Wenige Zeilen vor der zitierten Passage schreibt Nietzsche unter Anspielung auf Gersdorffs Rolle als preußischer Offizier im Deutsch-Französischen Krieg: «So bist Du mir denn glücklich erhalten und integer aus den ungeheuren Gefährlichkeiten heimgekehrt. Endlich wieder darfst Du an friedliche Beschäftigungen und Aufgaben denken und jene furchtbare kriegerische Episode als einen ernsten, doch vorübergeflohenen Traum Deines Lebens betrachten. Nun winken neue Pflichten: und wenn Eins uns auch im Frieden bleiben mag aus jenem wilden Kriegsspiel, so ist es der heldenmüthige und zugleich besonnene Geist, den ich zu meiner Überraschung gleichsam als eine schöne unerwartete Entdeckung, in unsrem Heere frisch und kräftig, in alter germanischer Gesundheit gefunden habe. Darauf läßt sich bauen: wir dürfen wieder hoffen! Unsre *deutsche* Mission ist noch nicht vorbei! Ich bin muthiger als je: denn noch nicht Alles ist unter französisch-jüdischer Verflachung und ‹Eleganz› und unter dem gierigen Treiben der ‹Jetztzeit› zu Grunde gegangen. Es giebt doch noch Tapferkeit und zwar deutsche Tapferkeit, die etwas innerlich Anderes ist als der élan

unserer bedauernswerthen Nachbarn.» Das ist ein Nietzsche, der durch die bei den Wagners geführten Gespräche beeinflusst ist – mit einer Portion Antisemitismus.
81 Ebd., S. 203 f.
82 Dazu oben, S. 77 ff.
83 Camus, *Der Mensch in der Revolte*, passim; zur Auseinandersetzung mit Nietzsche, S. 55–67.
84 Ross, *Der ängstliche Adler. Friedrich Nietzsches Leben*. Die Biographie ist im Zusammenhang zu sehen mit dem Essay von Ross, *Der wilde Nietzsche oder Die Rückkehr des Dionysos*.
85 Nietzsche, «Also sprach Zarathustra»; *KSA*, Bd. 4, S. 167–171.
86 Ebd., S. 168.
87 Nietzsche verarbeitet hier die Erzählung über den antiken Philosophen Empedokles, wonach dieser sich in den Krater des Ätna gestürzt habe, um den innersten Geheimnissen der Welt auf die Spur zu kommen.
88 Ebd.
89 Ebd., S. 169.
90 Ebd., S. 170.
91 Ebd.
92 Ebd.
93 Tocqueville, *Der alte Staat und die Revolution*, S. 39 ff. sowie 123 ff.; zum Verhältnis Marx–Tocqueville vgl. Marti-Brander, *Die Freiheit des Karl Marx*, S. 157–163.
94 Vgl. oben, S. 403.
95 Das ist der Grund, warum in einigen Studien zur Marxschen Revolutionstheorie, u. a. auch in der von Sieferle, *Bürgerkrieg in Frankreich* ausgespart oder nur am Rande behandelt wird.
96 So macht Marx mit Blick auf Adolphe Thiers geltend, der habe «zum Kriege gegen Preußen» aufgehetzt, da die deutsche Einheit ihm nicht als «Deckmantel für den preußischen Despotismus» gegolten habe, sondern als ein Eingriff «in das ererbte Anrecht Frankreichs auf die deutsche Uneinigkeit»; *MEGA* I/22, S. 188.
97 Über Favre schreibt Marx, dieser habe «durch eine höchst verwegene Anhäufung von Fälschungen» und «im Namen der Kinder seines Ehebruchs eine große Erbschaft erschlichen» (ebd., S. 185); Picard habe im Zusammenspiel mit seinem Bruder, indem beide zwischen Börse und Ministerium hin- und herpendelten, «die Niederlagen der französischen Armeen in baaren Profit» verwandelt (S. 186); Jules Ferry, «ein brotloser Advokat», habe es während der Belagerung von Paris geschafft, «aus der Hungersnoth ein Vermögen für sich herauszuschwindeln» (ebd.); über Thiers bemerkt Marx, er sei «konsequent nur in seiner Gier nach Reichthum und in seinem Haß gegen die Leute, die ihn hervorbringen» (S. 189).
98 Ebd., S. 190 f.
99 So Hosfeld, *Karl Marx*, S. 156; diese Dimension der Marxschen Analyse hat Kristin Ross in ihrer kürzlich erschienenen Darstellung der Pariser Commune völlig übersehen; Ross, *Luxus für alle*, insbes. S. 117 ff.
100 Marx, «Der Bürgerkrieg in Frankreich», S. 192 f.
101 Ebd., S. 194.
102 Ebd., S. 196.
103 Ebd., S. 198.
104 So auch in dem von Robin Celikates und Daniel Loick verfassten Aufsatz zu Marx' politischen Schriften in dem von Quante / Schweikard herausgegebenen *Marx-Handbuch*, S. 132–135; weiterhin Stedman Jones, *Karl Marx*, S. 597–616; Neffe, *Marx*, S. 523–532; Hosfeld, *Karl Marx*, S. 156–162 und Marti-Brander, *Die Freiheit des Karl Marx*, S. 225 ff.

105 Marx, «Der Bürgerkrieg in Frankreich», S. 199.
106 Ebd.
107 Ebd.
108 Ebd., S. 200.
109 «Ihre eigne Verrottung und die Verrottung der von ihr geretteten Gesellschaft wurde bloßgelegt durch die Bajonette Preußens»: Marx spielt hier auf die militärische Niederlage Frankreichs und den schnellen Zusammenbruch der bonapartistischen Ordnung an. Ebd., S. 201.
110 Wagner, «Über Staat und Religion»; *DuS*, Bd. VIII, S. 222 f.
111 Ebd., S. 223.
112 Wagner, «‹Erkenne dich selbst›»; *SSD*, Bd. 10, S. 266 f.
113 Nietzsche, «Also sprach Zarathustra»; *KSA*, Bd. 4, S. 61; zu Nietzsches Staatsverständnis vgl. die Beiträge von Reinhard Knodt, Manuel Knoll und Schönherr-Mann in Schönherr-Mann, *Der Wille zur Macht und die «große Politik»*, S. 19 ff., 35 ff., und 69 ff.
114 Nietzsche, «Also sprach Zarathustra», S. 62.
115 Ebd., S. 62 f.
116 Ebd., S. 63 f.
117 Nietzsche, «Götzen-Dämmerung»; *KSA*, Bd. 6, S. 107.
118 Nietzsche, «Der griechische Staat»; *KSA*, Bd. 1, S. 769.
119 Ebd., S. 770.
120 Nietzsche, «Morgenröthe», III, Aph. 179; *KSA*, Bd. 3, S. 157.
121 Ebd., III, Aph. 184, S. 159 f.
122 Schopenhauers vertragstheoretisches Staatsverständnis beruht auf einer Verbindung der Theorien von Hobbes und Locke; vgl. Münkler, «Das Dilemma des deutschen Bürgertums», passim.
123 Marx, «Der Bürgerkrieg in Frankreich», S. 199.
124 Nietzsche, «Morgenröthe», III, Aph. 179, S. 158.
125 Zu nennen sind hier György Konrád, Adam Michnik und Václav Havel.
126 Nietzsche, «Götzen-Dämmerung»; *KSA*, Bd. 6, S. 106.
127 Dazu Born, «Nietzsches Rattenfängerei», S. 216 ff.
128 Marx, «Der Bürgerkrieg in Frankreich», S. 201.
129 Ebd., S. 206.
130 Für eine kritische Auseinandersetzung mit dem Projekt einer Abschaffung des Staates und der Erziehung eines neuen Menschen in der Sowjetunion vgl. Glucksmann, *Köchin und Menschenfresser*, passim. André Glucksmann gehörte zu den «Neuen Philosophen», die im Frankreich der 1970er Jahre von sich reden machten; in seiner Kritik am Sowjetmarxismus spielt auch Nietzsche eine Rolle, etwa S. 77 und 148.
131 Marx, «Der Bürgerkrieg in Frankreich», S. 201.
132 Ebd., S. 211.
133 Ebd., S. 202.
134 Ebd.
135 Ebd., S. 203.
136 Ebd., S. 201 f.
137 Ebd., S. 204 f.
138 Ebd., S. 205.
139 Ebd., S. 202.
140 Im Nachgang zum Aufstand der Commune ist eine breite Debatte über die Möglichkeiten zur landwirtschaftlichen Selbstversorgung einer aufständischen Großstadt geführt worden, an der sich Marx nicht beteiligte – dafür Peter Kropotkin, der vorschlug, die Parks der Stadt und die umliegenden Ländereien des Adels in Gemüsegärten zu verwandeln; vgl. Ross, *Luxus für alle*, S. 91 f.
141 Marx, «Der Bürgerkrieg in Frankreich», S. 202.
142 Ebd., S. 207.

143 Vgl. oben, S. 403 ff.
144 Marx, «Der Bürgerkrieg in Frankreich», S. 208.
145 Ebd.
146 Dazu Bremm, 70/71, S. 257 f.
147 Die Formulierung ebd., S. 259.
148 Marx, «Der Bürgerkrieg in Frankreich», S. 216.
149 Ebd., S. 216 und S. 222.
150 Ebd.
151 Ebd.
152 Marx, «Brief an Wilhelm Liebknecht, 6. April 1871»; *MEW*, Bd. 33, S. 200.
153 Ebd.; ähnlich äußert sich Marx im «Brief an Ludwig Kugelmann, 12. April 1871»; *MEW*, Bd. 33, S. 205.
154 «Anwesenheit der Preußen in Frankreich und ihrer Stellung dicht vor Paris»: Der nicht weiter ausgeführte Gedanke läuft wohl darauf hinaus, dass das von Marx zuvor ins Spiel gebrachte offensive Agieren der Commune gegen Versailles infolge der deutschen Belagerung von Paris nicht möglich war. Vermutlich hat ihn der in militärischen Fragen versiertere Engels darauf hingewiesen. Marx, «Brief an Ludwig Kugelmann, 17. April 1871»; *MEW*, Bd. 33, S. 209.
155 Marx, «Der Bürgerkrieg in Frankreich», S. 223. Ein anderer Indikator dafür, dass Marx hier nicht mit dem kühlen Blick des Geschichtstheoretikers urteilt, ist die Häufung moralischer Werturteile über die gegeneinander kämpfenden Seiten: Hier «die Cocotten», die auf der «Fährte ihrer Beschützer» nach Versailles geflohen seien, um dort mit den «flüchtigen Männern der Familie, der Religion und vor allem des Eigenthums» erneut Unzucht zu treiben, und dort «die wirklichen Weiber von Paris [...] – heroisch, hochherzig und aufopfernd wie die Weiber des Alterthums» (ebd., S. 211). Oder die Beschreibung der Bourgeoisie und ihrer Parteigänger als «das faulenzende Paris, das sich jetzt mit seinen Lakaien, seinen Hochstaplern, seiner literarischen Zigeunerbande und seinen Cocotten in Versailles, Saint Denis, Rueil und Saint Germain drängte; für das der Bürgerkrieg nur ein angenehmes Zwischenspiel war; das den Kampf durchs Fernglas betrachtete, die Kanonenschüsse zählte, und bei seiner eigenen Ehre und der seiner Huren schwor, das Schauspiel sei erheblich besser arrangirt, als es im Theater der Porte Saint Martin je gewesen» sei (ebd., S. 212). Weitere Beispiele für die moralische Qualifikation des Kampfes ebd., S. 218.
156 Engels, «Einleitung zu ‹Der Bürgerkrieg in Frankreich›»; *MEW*, Bd. 17, S. 623.
157 Marx, «Der Bürgerkrieg in Frankreich», S. 219.
158 Ebd., S. 219 f.
159 Ebd., S. 220.
160 Die Analyse der Revolution als ineinandergeschachtelte Abfolge von drei Revolutionen ist inzwischen Standard der Geschichtsforschung; bei Furet / Richet (*Die Französische Revolution*, S. 84 ff.) ist von der Revolution der Juristen, der von Paris und der auf dem Lande die Rede, bei Schulin (*Die Französische Revolution*, S. 53 ff.) ist es die Revolution des Dritten Standes, die munizipale Revolution und die Revolution der Bauern.
161 Dazu Althaus, *Hegel und die heroischen Jahre der Philosophie*, S. 46 ff., sowie Vieweg, *Hegel*, S. 66 ff., sowie Kaube, *Hegels Welt*, S. 47 ff.
162 So Ritter, «Hegel und die französische Revolution», S. 192 ff.
163 Zur Zuspitzung des Hegelschen Synthesedenkens, zumal bei Alexandre Kojève, Meyer, *Ende der Geschichte?*, S. 65 ff.

164 Dazu Stedman Jones, *Karl Marx*, S. 562–566.
165 Vgl. oben, S. 528 ff.
166 Zu Engels' Praxis, die Neuausgaben Marxscher Schriften mit Einleitungen zu versehen, vgl. Nippel, «Friedrich Engels und die Politik des Vorworts», S. 67–78.
167 Engels, «Einleitung zu ‹Die Klassenkämpfe in Frankreich› (Ausgabe 1895)»; *MEW*, Bd. 7, S. 520.
168 Dazu Münkler «Der gesellschaftliche Fortschritt und die Rolle der Gewalt», S. 149 ff.; Möser, «‹The General› als Admiral», S. 146 ff.
169 Engels, «Einleitung zu ‹Die Klassenkämpfe in Frankreich›», S. 521.
170 Ebd., S. 523.
171 Marx, «Der achtzehnte Brumaire», S. 101.
172 Ebd., S. 514 f.
173 Ebd., S. 523.
174 Ebd., S. 518.
175 Ebd., S. 516.
176 Ebd.
177 Ebd.
178 Zum Problem eines zu frühen An-die-Macht-Kommens vgl. Sieferle, «Marx zur Einführung», S. 230 ff.; Sieferle verweist in diesem Zusammenhang auf den bolschewistischen Coup im November 1917, zitiert aber auch ein Engels-Passage aus dem Jahr 1853, also genau jener Zeit, als bei Marx und Engels die Umstellung der Revolutionsperspektive vom Ereignis zum Prozess ihren Anfang nahm: «Mir ahnt so was, als ob unsre Partei, dank der Ratlosigkeit und Schlaffheit aller andern, eines schönen Morgens an die Regierung forciert werde, um schließlich doch die Sachen durchzuführen, die nicht direkt in unserem, sondern im allgemein revolutionären und spezifischen kleinbürgerlichen Interesse sind; bei welcher Gelegenheit man dann, durch den proletarischen Populus getrieben, durch seine eignen, mehr oder weniger falsch gedeuteten, mehr oder weniger leidenschaftlich im Parteikampf vorangedrängten, gedruckten Aussprüche und Pläne gebunden, genötigt wird, kommunistische Experimente zu machen, von denen man selbst am besten weiß, wie unzeitig sie sind.» (Zit. nach ebd., S. 235.)
179 Engels, «Einleitung zu ‹Die Klassenkämpfe in Frankreich›», S. 525.
180 Ebd., S. 525 f.
181 Sieferle, «Marx zur Einführung», S. 178.
182 Sorel, *Über die Gewalt*, S. 82 ff.
183 Dazu Elbe, *Marx im Westen*, S. 444 ff.
184 Vgl. Ross, *Luxus für alle*, S. 75.
185 Die Umrechnung des Mehrwerts in den Profit beziehungsweise die Transformation der Mehrwert- in die Profitrate ist ein eigenes Problem, das die marxistischen Wirtschaftstheoretiker ein ums andere Mal beschäftigt (und zur Verzweiflung getrieben) hat. Es muss hier nicht weiter thematisiert werden, da es am angesprochenen Grundproblem nichts ändert. Vgl. dazu Fetscher, *Der Marxismus*, Bd. II, S. 34 ff. und 162 ff.
186 Dazu Groh, *Negative Integration und revolutionärer Attentismus*, insbes. S. 57; zu Kautsky und der zentristischen Linie vgl. Koth, *«Meine Zeit wird kommen ...»*, S. 31–153.
187 Dazu Fetscher, *Der Marxismus*, Bd. III, S. 127 ff. und 132 ff.
188 Dazu Sternhell u. a., *Die Entstehung der faschistischen Ideologie*, S. 53–119. Zur Auseinandersetzung Sorels mit Marx vgl. Barth, *Masse und Mythos*, S. 105–122, Berding, *Rationalismus und Mythos*, S. 65–73, sowie Freund, *Georges Sorel*, S. 91 ff.

189 Bakunin hatte in den anarchistischen Kreisen der französischsprachigen Schweiz eine starke Position; deren publizistisches Organ war die Zeitschrift *Égalité*, und mit einem darin erschienenen Artikel beginnt der Zirkularbrief. Zu dieser späten Phase im revolutionären Leben Bakunins vgl. Grawitz, *Bakunin*, S. 280 ff.

190 Der Text, ursprünglich französisch geschrieben und in der Handschrift von Jenny Marx überliefert, wird hier zitiert nach der deutschen Übersetzung in *MEW*, Bd. 16, S. 384–391; zu Entstehung und Überlieferung vgl. die Anmerkungen in *MEGA* I/21 (Apparatband), S. 1465–1487.

191 Vgl. oben, S. 552 f.

192 Marx, «Der Generalrat an den Föderalrat der romanischen Schweiz», S. 386.

193 Ebd.

194 Ebd., S. 387 f.

195 Ebd., S. 388.

196 Ebd.

197 Ebd., S. 389.

198 Es handelt sich um die Artikel «The British Rule in India», *MEGA* I/12, S. 166–173, «The East India Company – Its History and Results», ebd., S. 188–193, sowie «The Future Results of the British Rule in India», ebd., S. 248–253; sie werden hier in deutscher Übersetzung zitiert nach der *Marx-Engels-Studienausgabe*, Bd. IV, S. 137–159.

199 Marx, «Die britische Herrschaft in Indien», S. 139.

200 Ebd., S. 140.

201 Ebd.

202 Ebd., S. 142.

203 Ebd., S. 142 f.

204 Ebd., S. 143.

205 Marx, «Die künftigen Ergebnisse der britischen Herrschaft in Indien», S. 159.

206 Vgl. oben, S. •••.

207 Zur Vita von Sassulitsch vgl. Geierhos, *Vera Zasulic und die russische revolutionäre Bewegung*, passim.

208 Marx, «Das Kapital»; *MEW*, Bd. 23, S. 741–791.

209 Der Antwortbrief von Marx an Sassulitsch und drei deutlich ausführlichere Entwürfe dazu finden sich in der *Marx-Engels-Studienausgabe*, Bd. III, S. 207–228.

210 Vgl. oben, S. 355 f.

211 Dazu Harstick, «Karl Marx und die zeitgenössische Verfassungsgeschichtsschreibung», S. XIII–XLVIII.

212 Stedman Jones ist in seiner großen Marx-Biographie so weit gegangen, der Marxschen Beschäftigung mit den vorkapitalistischen Produktionsverhältnissen das Zeug für eine grundlegende Revision von Kapitalismusanalyse und Geschichtstheorie zuzusprechen. Marx habe sie aufgrund seines Alters und seines angegriffenen Gesundheitszustands nicht mehr ausführen können; sie sei aber ein wichtiger Grund für die zögerliche Arbeit an den Bänden zwei und drei des *Kapitals* gewesen. Die Spuren dieser Beschäftigung im Werk von Marx habe Engels durch die Art seiner Fertigstellung der beiden Bände verwischt (*Karl Marx*, S. 516–520 und S. 650–653).

213 Dazu Berlin, «Der russische Populismus», S. 280 ff.

214 Marx, «Brief an V. I. Sassulitsch, 8. März 1881», S. 207.

215 Marx, «Erster Entwurf», S. 211.

216 Marx, «Dritter Entwurf», S. 226.

217 Ebd.

218 Marx, «Erster Entwurf», S. 217.

219 Ebd., S. 218.

220 Die revolutionierende Wirkung Wagners in der Kunst und Kultur des späten 19. und frühen 20. Jahrhunderts ist

ausführlich dargestellt bei Ross, *Die Welt nach Wagner*. Ross kann zeigen, dass die deutsche Rezeption, die Wagner nicht nur politisch, sondern auch künstlerisch zu einem Hort der Tradition machte, einen «Sonderweg» darstellt und Wagner sonst zumeist als Modernist, wenn nicht als Revolutionär der Kunst wahrgenommen wurde.
221 In dem «Brief an Hector Berlioz» vom Februar 1860 schreibt Wagner noch: «Ich hatte die Revolution erlebt und erkannt, mit welch unglaublicher Verachtung unsere öffentliche Kunst und deren Institute von ihr angesehen wurden, so daß bei vollkommenem Siege namentlich der sozialen Revolution eine gänzliche Zerstörung jener Institute in Aussicht zu stehen schien.» (*DuS*, Bd. VIII, S. 42.)
222 Hier sind vor allem die Arbeiten Udo Bermbachs zu nennen, der sich, aus der politischen Theorie und Ideengeschichte kommend, den theoretischen Schriften Wagners zugewandt und sie als Bestandteile einer Geschichte des politischen Denkens gelesen hat.
223 Claus-Steffen Mahnkopf in «Wagners Kompositionstechnik», S. 159.
224 Zum Begriff und Konzept des Musikdramas in Absetzung gegen die herkömmliche Oper vgl. Döhring/Henze-Döhring, «*Musikdrama*: Die Entstehung und Konzeption von Wagners Ring des Nibelungen», S. 257 ff.
225 Zum Begriff der Weltanschauungsmusik vgl. Danuser, *Weltanschauungsmusik*, insbes. S. 1–36, deren Tradition er bis weit vor Wagner zurückverfolgt.
226 Ausdrücklich weist Danuser (ebd, S. 22) auf die Widersprüche, Ambiguitäten und Paradoxien hin, die im Begriff «Weltanschauung» enthalten sind.

227 Ebd., S. 33.
228 So etwa in Nietzsche, «Der Fall Wagner»; *KSA*, Bd. 6, S. 20 f.
229 Wagner, «Brief an Hector Berlioz»; *DuS*, Bd. VIII, S. 43.
230 Wagner, «‹Zukunftsmusik›»; *DuS*, Bd. VIII, S. 57 f.
231 Ebd., S. 58; Hervorhebungen von mir.
232 Dazu oben, S. 51 ff.
233 Auch wenn Wagner dem Begriff «Musikdrama» skeptisch gegenüberstand («Über die Benennung ‹Musikdrama›» (1872)»; in: *DuS*, Bd. IX, S. 271–277), wird hier der Begriff nachfolgend mangels besserer Alternative verwendet. Dazu auch Döhring/Henze-Döhring, «Musikdrama», S. 257 ff.
234 Vgl. Griewank, *Der neuzeitliche Revolutionsbegriff*, S. 49–142, sowie Koselleck, «Der neuzeitliche Revolutionsbegriff als geschichtliche Kategorie», S. 23–27.
235 Vgl. oben, S. 73 ff.
236 Wagner, «‹Zukunftsmusik›», S. 48.
237 Ebd., S. 87.
238 Ebd., S. 49.
239 Vgl. oben, S. 453 ff.
240 Für eine entsprechende Würdigung von Meyerbeers *Le Prophète* vgl. Bermbach «Wider das ‹Juste Milieu›», S. 126 ff.
241 Zum Gesamtzusammenhang Döhring/Henze-Döhring, «Musikdrama», S. 260 ff.
242 Wagner, «‹Zukunftsmusik›», S. 49.
243 Ebd., S. 50 f.
244 Neben dem großen Essay «Beethoven» von 1870 sind eine Reihe von Vorträgen und Erläuterungen zu nennen, die von Dieter Borchmeyer in Bd. IX von Wagners *Dichtungen und Schriften* (S. 9–147) zusammengestellt worden sind. Eher kritisch zu Wagners Umgang mit der Musikgeschichte und seiner Vereinnahmung Beethovens als

einzig anerkanntem Vorläufer Geck, «Wagner», Sp. 337 f.
245 Wagner, «‹Zukunftsmusik›», S. 68.
246 Ebd., S. 69.
247 Ebd., S. 70.
248 Ebd., S. 90.
249 Ebd., S. 92.
250 Wagner hat seinen Eigennamen gern mit dem Begriff «wagen» in Verbindung gebracht und sich selbst etymologisch mit dem Wagnis identifiziert.
251 Wagner, «‹Zukunftsmusik›», S. 92 f.
252 Ebd., S. 93.
253 Ebd.
254 Dahlhaus, «Wagners Stellung in der Musikgeschichte», S. 74.
255 Ebd., S. 70.
256 Ebd., S. 70 und 75.
257 Ebd., S. 75.
258 Dahlhaus, «Die Musik», S. 211.
259 Ebd., S. 210.
260 Mahnkopf, «Wagners Kompositionstechnik», S. 163; zurückhaltender Geck, «Wagner», Sp. 348, der Wagner als den «Schöpfer eines modernen Musikdramas» bezeichnet.
261 Dahlhaus, «Wagners Stellung in der Musikgeschichte», S. 84.
262 Dahlhaus, «Die Musik», S. 220.
263 Mahnkopf, «Wagners Kompositionstechnik», S. 165 f. und 168.
264 Ebd., S. 173 ff.
265 Vgl. Dahlhaus, «Wagners Stellung in der Musikgeschichte», S. 84 f. sowie ders., «Die Musik», S. 217 und 220.
266 Vgl. oben, S. 30.
267 Die Geschichte des Traditionellwerdens von Bayreuth ist eng mit der Herrschaft Cosimas über die Festspiele verbunden; dazu allgemein Spotts, *Bayreuth*, S. 107 ff., sowie Hilmes, *Herrin des Hügels*, S. 236 ff. Eine ausführliche Darstellung des Bayreuther Schwankens zwischen Moderne und Traditionalismus findet sich bei Bermbach, *Richard Wagner in Deutschland*, S. 67 ff. und 179 ff.; für eine Sicht, die die Traditionalisierung der Moderne in Bayreuth mit der Ausbreitung des Wagnerkults in Verbindung bringt, Millington, *Der Magier von Bayreuth*, S. 249 ff.
268 Schopenhauer, *Die Welt als Wille und Vorstellung*, I. Teil, Erster Teilband, § 52, Züricher Ausgabe, Bd. I, S. 324.
269 Ebd., S. 327.
270 Ebd., S. 328 f.
271 Schopenhauer, *Die Welt als Wille und Vorstellung*, II. Teil, Zweiter Teilband, Kap. 39; Zürcher Ausgabe, Bd. IV, S. 527.
272 Dahlhaus, «Wagners Stellung in der Musikgeschichte», S. 65.
273 Nietzsche, «Also sprach Zarathustra»; *KSA*, Bd. 4, S. 168.
274 Vgl. oben, S. 520.
275 Lukács, *Die Zerstörung der Vernunft*, S. 270 ff.; zu diesem Strang der Nietzsche-Rezeption vgl. Aschheim, *Nietzsche und die Deutschen*, S. 295 ff. und öfter.
276 *Mikrophysik der Macht* ist der Titel einer deutschen Aufsatzsammlung Foucaults; über die Nietzsche-Rezeption Foucaults ist in Dreyfus / Rabinow, *Michel Foucault*, viel zu erfahren; speziell dazu Rippel / Münkler, «Der Diskurs und die Macht», S. 115 ff.; zu den langen Linien der Machtanalyse Münkler, «Analytiker der Macht», insbes. S. 20 ff., sowie Stockhammer, *Das Prinzip Macht*, S. 214 ff., und Rudolph, *Wege der Macht*, insbes. S. 107 ff. und S. 146 ff.
277 Nietzsche hat dieses Buchprojekt nicht ausgeführt, aber eine Fülle von Fragmenten und Skizzen zu Büchern hinterlassen, aus denen diverse Herausgeber dann das «eigentliche» Werk Nietzsches kompiliert haben. Die maßgebliche Ausgabe *Sämtliche Werke* von Colli und Montinari, nach der hier zitiert wird, kennt dieses Werk nicht,

sondern belässt es bei den Fragmenten – im Unterschied zu dem von Peter Gast (= Heinrich Köselitz) und Elisabeth Förster-Nietzsche zusammengestellten Band *Der Wille zur Macht* mit dem Untertitel *Versuch einer Umwertung aller Werte* und dem von Friedrich Würzbach alternativ dazu vorgenommenen Rekonstruktionsversuch unter dem Titel *Umwertung aller Werte*.
278 Vgl. oben, S. 211 ff.
279 Alle diese Themen sind von Michel Foucault und seinen Anhängern aufgenommen und weitergeführt worden; exemplarisch dafür sind die auf mehrere Bände angelegten Studien Foucaults unter dem Titel *Sexualität und Wahrheit*.
280 Damit taucht die Frage nach Nietzsches Homosexualität wieder auf, die von Joachim Köhler in *Zarathustras Geheimnis* zum Schlüssel für Nietzsches Biographie und sein Werk gemacht worden ist.
281 Dazu ausführlich Detering, *Der Antichrist und der Gekreuzigte*, S. 146 ff.
282 Nietzsche, «Morgenröthe»; *KSA*, Bd. 3, S. 65.
283 Nietzsche, «Der Antichrist», *KSA*, Bd. 6, S. 198.
284 Nietzsche, «Morgenröthe», S. 64.
285 Für eine komplementäre Interpretation der paulinischen Theologie als «imperiales Projekt», mit der Paulus die regionale und ethnische Begrenztheit der frühen Anhängerschaft Jesu verlassen und den Bekehrungsanspruch auf das gesamte Imperium ausgedehnt habe, vgl. Eichhorn, *Paulus und die imperiale Theologie der Evangelien*, S. 96 ff.
286 Nietzsche, «Der Antichrist», S. 218.
287 Ebd.
288 Nietzsche, «Morgenröthe», S. 65.
289 Ebd.
290 Ebd., S. 66.
291 Ebd., S. 67.
292 Zu den ideengeschichtlichen Verbindungslinien zwischen Nietzsche und Freud vgl. Fischer, *«Verwilderte Selbsterhaltung»*, S. 26–73; zu Freuds fortgesetzten Versuchen, die Vorläuferschaft Nietzsches und seine durchaus gute Kenntnis von Nietzsches Schriften zu leugnen, vgl. Köhler, *Zarathustras Geheimnis*, S. 347–361.
293 Nietzsche, «Morgenröthe», S. 70.
294 Nietzsche, «Brief an Heinrich Köselitz, 14. August 1881»; *Briefe*, Bd. 6, S. 112.
295 Nietzsche, «Nachgelassene Fragmente 1882–1884»; *KSA*, Bd. 10, S. 479.
296 Köhler, *Zarathustras Geheimnis*, S. 378–400.
297 Dazu Löwith, *Nietzsche Philosophie der ewigen Wiederkehr*, S. 59 ff.
298 Nietzsche, «Morgenröthe», S. 71.
299 Ebd., S. 73.
300 Ebd., S. 77.
301 Nietzsche, «Der Antichrist»; *KSA*, Bd. 6, S. 193.
302 Nietzsche, «Zur Genealogie der Moral»; *KSA*, Bd. 5, S. 287.
303 Was Nietzsche seit Anfang 1889 tat; zuvor hatte er seine Briefe mit «Nietzsche», «N.» oder auch «Nietzsche Caesar» unterschrieben; vgl. Nietzsche, *Briefe*, Bd. 8, S. 570 ff.
304 Ebd., S. 577 f.
305 Ebd., S. 572.
306 Ebd., S. 574. Catulle Mendès, ein französischer Dichter, war ein früher Anhänger Wagners. Nietzsche dürfte ihm in Tribschen persönlich begegnet sein.
307 Ebd., S. 578.

Nachspiel

1 Zum Marxismus in der Vielfalt seiner Strömungen vgl. Fetscher, *Der Marxismus* – im Wesentlichen eine

Zusammenstellung von Textstellen zu zentralen Fragen –, sowie Kolakowski, *Die Hauptströmungen des Marxismus*, der im letzten Band auch die intellektuelle Erschöpfung des Marxismus behandelt; weiterhin Fleischer (Hg.), *Der Marxismus in seinem Zeitalter* – ein Band, der eine Fülle von (deutschen) Stimmen zu Marxismus und Marxismen sowie deren Zukunftsperspektiven nach dem Zusammenbruch der sozialistischen Staaten versammelt.

Der Nietzscheanismus ist in sich noch stärker zerklüftet als der Marxismus und vor allem in einander entgegengesetzte politische Lager verteilt; einen Überblick dazu bietet Ottmann (Hg.), *Nietzsche-Handbuch*, S. 427–530, speziell zum Nietzsche-Kult S. 485–486 und zum Einfluss Nietzsches auf Faschismus und Nationalsozialismus, aber auch auf Sozialdemokratie und Marxismus ebd., S. 499–509; weiterhin Aschheim, *Nietzsche und die Deutschen*, S. 168 ff. und 329 ff.

Von Wagnerismus spricht man explizit nur im Hinblick auf die Musik; dazu Döhring, «Wagnerismus», S. 282 ff.; zur politisch-weltanschaulichen Wirkung Wagners in Deutschland Bermbach, *Richard Wagner in Deutschland*, insbes. S. 231–293.

2 Dazu Herres, *Marx und Engels*, S. 217 ff., sowie insbes. Hunt, *Friedrich Engels*, S. 369 ff. und 424 ff.

3 In dem Fragebogen für das Album seiner Tochter Jenny hat Marx als Motto seines Lebens und Denkens angegeben: «De omnibus dubitandum» – An allem ist zu zweifeln; abgedruckt bei Fetscher, *Marx*, S. 149 und 150.

4 Dazu oben, S. 550 ff.

5 Vgl. Elbe, *Marx im Westen*. Wie deutlich sich diese Debatte von früheren unterscheidet, zeigt das Beispiel von Isaiah Berlin. Wenn Berlin, einer der bedeutendsten Ideenhistoriker des 20. Jahrhunderts, in seinem Essay «Sozialismus und sozialistische Theorien» schreibt: «Der berühmteste und einflußreichste aller modernen sozialistischen Denker ist zweifelsohne Karl Marx. Er entwarf die dauerhafteste zusammenhängende sozialistische Doktrin und gründete auf ihr eine internationale Organisation mit revolutionären Zielen» (S. 181), so folgt er darin ganz dem Bild, das in den realsozialistischen Ländern von Marx entworfen wurde. Berlins 1950 erstmals publizierter und 1966 nochmals veröffentlichter Essay hält ein lange Zeit vorherrschendes Marx-Bild fest. Dass Marx sich zu Fragen des Sozialismus nur selten und eher beiläufig geäußert hat und die Erste Internationale eine Organisation war, die nach wenigen Jahren – im Übrigen auf Betreiben von Marx – aufgelöst wurde, wird dabei gänzlich übersehen. Der liberale Ideenhistoriker Berlin hat hier darauf verzichtet, gegen das Marx-Bild des Realsozialismus anzuargumentieren, in dem die Marxsche Theorie zu einer «Legitimationswissenschaft» geworden war. Das gilt nicht weniger für seinen Essay «Die Philosophie von Karl Marx», in dem er davon ausgeht, der Soziologe und Ökonom Marx habe seine Beschäftigung mit Gesellschaft und Ökonomie in eine Philosophie eingebettet, in der alle Einzelbeobachtungen systematisch zusammenfließen. Das war exakt das Marx-Bild des Realsozialismus.

6 Dazu eingehend Hamann, *Winifred Wagner oder Hitlers Bayreuth*, S. 188 ff.

7 Vgl. Lobenstein-Reichmann, *Houston Stewart-Chamberlain*.

8 Dazu Storch, *Der Raum Bayreuth*, passim.

9 Abbildungen von den gegenwartsbezogenen und zumeist gesellschaftskritischen Inszenierungen der Wagnerschen Werke während der letzten drei Jahrzehnte finden sich bei Millington, *Der Magier von Bayreuth*.

10 Elisabeth Förster-Nietzsche (das Recht, den «Mädchennamen» wieder führen zu dürfen, hatte sie sich 1895 gerichtlich erstritten) wird zumeist als hinterhältig, intrigant und egoistisch dargestellt. Dagegen hat Ulrich Sieg Nietzsches Schwester in einer neuen Biographie (*Die Macht des Willens*) in der Welt sich emanzipierender Frauen verortet, die um ihren Platz kämpfen mussten. Wie bei Cosima Wagner, Elisabeth Förster-Nietzsches großem Vorbild, die das Werk und den Ruhm Richard Wagners genutzt hat, um Eintritt in die Welt der Männer zu bekommen, war das nicht ohne eine Praxis der Aneignung möglich, die in ihrem Fall besonders rücksichtslos war und mit weitreichenden Eingriffen in das Werk ihres Bruders einherging. Wäre sie indes nur die ungebildete und ahnungslose Person gewesen, als die sie in vielen Biographien dargestellt worden ist, hätte sie diesen Einfluss unmöglich erreichen können.

11 Dazu Overbeck, *Erinnerungen an Friedrich Nietzsche*; vgl. auch Bernoulli, *Franz Overbeck und Friedrich Nietzsche*.

12 Die «Villa Silberblick» war zunächst von Meta von Salis, einer späten Verehrerin Nietzsches gekauft und dem Geschwisterpaar zur Verfügung gestellt worden, bis Elisabeth sie nach Nietzsches Tod im Jahre 1900 dann selbst erwarb.

13 Die «Villa Silberblick» war zugleich der Sitz des von Elisabeth Förster-Nietzsche gegründeten Nietzsche-Archivs, in dem der Nachlass (bis auf das, was in Basel verblieben war und von Overbeck «gehütet» wurde) versammelt war; dazu Hoffmann, *Zur Geschichte des Nietzsche-Archivs*.

14 Förster-Nietzsche, *Das Leben Friedrich Nietzsche's*, 2 Bde.; dem folgten weitere Bücher, die ihr die Oberhoheit über die Philosophie des Bruders sicherten; zu nennen sind *Der junge Nietzsche*, *Der einsame Nietzsche*, und schließlich *Friedrich Nietzsche und die Frauen seiner Zeit*. Dazu Sieg, *Die Macht des Willens*, S. 220 ff.

15 Nietzsche, *Werke in sechs Bänden*, erstmals 1956.

16 Bataille, *Nietzsche und der Wille zur Chance – Atheologische Summe III*.

17 Zu nennen sind unter anderem Deleuze, *Nietzsche und die Philosophie*; Foucault, *Nietzsche, die Genealogie, die Historie*; Kofman, *Nietzsche und die Metapher*.

18 Mussolini, der des Deutschen mächtig war, war ein eifriger Nietzsche-Leser, und der Philosoph Baeumler machte Nietzsche für den Nationalsozialismus «mundgerecht», vgl. Baeumler, *Nietzsche, der Philosoph und Politiker*; zu Mussolinis Nietzsche-Lektüre vgl. Nolte, «Marx und Nietzsche im Sozialismus des jungen Mussolini», S. 249–335.

19 Schönherr-Mann, *Friedrich Nietzsche*, S. 9 f.; Danto, *Nietzsche als Philosoph*.

20 Kofman, *Nietzsche und die Metapher*, insbes. S. 17–39.

21 Dazu Bluhm / Fischer / Llanque (Hgg.), *Ideenpolitik*.

LITERATUR

Adorno, Theodor W.: *Versuch über Wagner* (1937), Frankfurt am Main 1952.
Ders.: *Gesammelte Schriften*. 20 Bde. Hrsg. von Rolf Tiedemann und anderen, Frankfurt am Main 1970 ff.
Ders.: *Studien zum autoritären Charakter*. Aus dem Amerikanischen von Milli Weinbrenner. Vorrede von Ludwig von Friedeburg, Frankfurt am Main 1973.
Ders.: *Aspekte des neuen Rechtsextremismus. Ein Vortrag*. Mit einem Nachwort von Volker Weiß, Berlin 2019.
Aischylos: *Tragödien*. Übersetzt von Johann Gustav Droysen, Wiesbaden / Berlin o. J.
Althaus, Horst: *Hegel und die heroischen Jahre der Philosophie. Eine Biographie*, München / Wien 1992.
Ambrosi, Marlene: *Helena Demuth*, Trier 2018.
Anders, Günther: *Die Antiquiertheit des Menschen*, 2 Bde., München 1956 und 1980.
Anderson, Benedict: *Imagined Communities. Reflections on the Origin and Spread of Nationalism*, London 1983.
Anderson, Perry: *Über den westlichen Marxismus*, Frankfurt am Main 1978.
Aschheim, Steven E.: *Nietzsche und die Deutschen. Karriere eines Kults*. Aus dem Englischen von Klaus Laermann, Stuttgart / Weimar 1996.
Baecker, Dirk (Hg.): *Kapitalismus als Religion*, Berlin 2002.
Baeumler, Alfred: *Nietzsche der Philosoph und Politiker*, Leipzig 1931.
Barbera, Sandro / Campioni, Giuliano: «Wissenschaft und Philosophie der Macht bei Nietzsche und Renan»; in: *Nietzsche-Studien*, Bd. 13, 1984, S. 281–315.
Barth, Hans: *Masse und Mythos. Die ideologische Krise an der Wende zum 20. Jahrhundert und die Theorie der Gewalt: Georges Sorel*, Hamburg 1959.
Bataille, Georges: *Théorie de la religion* (1948); dt.: *Theorie der Religion*, München 1997.
Ders.: *Nietzsche und der Wille zur Chance – Atheologische Summe III* (1945), Berlin 2005.
Bauer, Franz J.: *Das «lange» 19. Jahrhundert (1789–1917). Profil einer Epoche*, Stuttgart 2014.
Bauman, Zygmunt: «Große Gärten, kleine Gärten. Allosemitismus: Vormodern, Modern, Postmodern»; in: Michael Werz (Hg.), *Antisemitismus und Gesellschaft*, Frankfurt am Main 1995, S. 44–61.
Baumgarten, Eduard: *Max Weber. Werke und Person*, Tübingen 1964.
Beck, Martin / Stützle, Ingo (Hgg.): Die *neuen Bonapartisten. Mit Marx den Aufstieg von Trump & Co. verstehen*, Berlin 2018.
Behler, Ernst: «Zur frühen sozialistischen Rezeption Nietzsches in Deutschland»; in: *Nietzsche-Studien*, Bd. 13, 1984, S. 503–520.
Benjamin, Walter: «Über den Begriff der Geschichte»; in: ders., *Gesammelte Schriften*. Hrsg. von Rolf Tiedemann und Hermann Schweppenhäuser; Bd. I/2, Frankfurt am Main 1978, S. 691–704.

Berding, Helmut: *Rationalismus und Mythos. Geschichtsauffassung und politische Theorie bei Georges Sorel*, München / Wien 1969.

Berlin, Isaiah: «Sozialismus und sozialistische Theorie»; in: ders., *Wirklichkeitssinn. Ideengeschichtliche Untersuchungen*. Hrsg. von Henry Hardy. Aus dem Englischen von Fritz Schneider, Berlin 1998, S. 149–208.

Ders.: «Die Philosophie von Karl Marx; in: ders., *Die Macht der Ideen*. Hrsg. von Henry Hardy. Aus dem Englischen von Michael Bischoff, Berlin 2006, S. 203–221.

Bermbach, Udo (Hg.): *In den Trümmern der eignen Welt. Richard Wagners «Der Ring des Nibelungen»*, Berlin / Hamburg 1989.

Ders. / Borchmeyer, Dieter (Hgg.): *Der Ring des Nibelungen. Ansichten des Mythos*, Stuttgart 1995.

Ders.: *Wo Macht ganz auf Verbrechen ruht. Politik und Gesellschaft in der Oper*, Hamburg 1997.

Ders.: «Wider das ‹Juste Milieu›. Zu Giacomo Meyerbeers Opern *Les Huguenots* und *Le Prophète*»; in: ders., *Wo Macht ganz auf Verbrechen ruht*, S. 126–145.

Ders.: «Die Utopie der Selbstregierung. Zu Richard Wagners *Die Meistersinger von Nürnberg*»; in: ders., *Wo Macht ganz auf Verbrechen ruht*, S. 238–270.

Ders. (Hg.): *«Alles ist nach seiner Art». Figuren in Richard Wagners «Der Ring des Nibelungen»*, Stuttgart / Weimar 2001.

Ders.: «*Die Meistersinger von Nürnberg*. Politische Gehalte einer Künstleroper»; in: Danuser / Münkler (Hgg.), *Deutsche Meister – böse Geister?*, S. 274–285.

Ders.: *«Blühendes Leid». Politik und Gesellschaft in Richard Wagners Musikdramen*, Stuttgart / Weimar 2003.

Ders.: *Richard Wagner. Stationen eines unruhigen Lebens*, Hamburg 2006.

Ders.: *Richard Wagner in Deutschland. Rezeptionen – Verfälschungen*, Stuttgart / Weimar 2011.

Ders.: «Richard Wagners Weg in den Urwald. Zu Bernhard Försters Bayreuther Utopie *Nueva Germania* in Paraguay»; in: ders., *Richard Wagner in Deutschland*, S. 295–325.

Ders.: «Der Bayreuther Gedanke. Kulturmission und Regeneration der Menschheit»; in: ders., *Richard Wagner in Deutschland*, S. 179–230.

Ders.: *Der Wahn des Gesamtkunstwerks. Richard Wagners politisch-ästhetische Utopie*, 2., überarbeitete und erweiterte Aufl., Stuttgart / Weimar 2004.

Ders.: *Richard Wagners Weg zur Lebensreform. Zur Wirkungsgeschichte Bayreuths*, Würzburg 2018.

Ders.: «Richard Wagners Spätschriften»; in: ders., *Richard Wagners Weg zur Lebensreform*, S. 15–66.

Bernoulli, Carl Albrecht: *Franz Overbeck und Friedrich Nietzsche. Eine Freundschaft. Nach ungedruckten Dokumenten und im Zusammenhang mit der bisherigen Forschung dargestellt*, Jena 1908.

Bernstein, Eduard: *Texte zum Revisionismus*. Ausgewählt, eingeleitet und kommentiert von Horst Heimann, Bonn-Bad Godesberg 1977.

Bertram, Werner: *Der Einsame König. Erinnerungen an Ludwig II. von Bayern*, München o. J. (1936).

Bešlich, Barbara: *Der deutsche Napoleon-Mythos. Literatur und Erinnerung 1800–1945*, Darmstadt 2007.

Bloch, Ernst: *Das Prinzip Hoffnung*, 3 Bde., Frankfurt am Main 1973.
Bluhm, Harald / Rüdiger, Axel: «Exzerpieren als Basis. Marxens Produktionsweise – ein Essay; in: *soziopolis*; https://www.soziopolis.de/erinnern/jubilaeen/artikel/exzerpieren-als-basis/.
Ders. / Fischer, Karsten / Llanque, Marcus (Hgg.): *Ideenpolitik. Geschichtliche Konstellationen und gegenwärtige Konflikte*, Berlin 2011.
Blumenberg, Hans: *Arbeit am Mythos*, Frankfurt am Main 1979.
Blumenberg, Werner: *Karl Marx in Selbstzeugnissen und Bilddokumenten*, Reinbek bei Hamburg 1962.
Bohlender, Matthias: «Herrschen, Regieren, Regulieren. Zur liberalen politischen Rationalität von Adam Smith»; in: Richard Faber (Hg.), *Liberalismus in Geschichte und Gegenwart*, Würzburg 2000, S. 79–95.
Ders.: «Was ist Kritik?»; in: Bluhm u. a. (Hgg.): *Ideenpolitik*, S. 3–18.
Ders. / Schönfelder, Anna-Sophie / Spekker, Matthias (Hgg.): *«Kritik im Handgemenge». Die Marx'sche Gesellschaftskritik als politischer Einsatz*, Bielefeld 2018.
Bohrer, Karl Heinz: *Kein Wille zur Macht*, München 2020.
Böhme, Hartmut: *Fetischismus und Kultur. Eine andere Theorie der Moderne*, Reinbek bei Hamburg 2006.
Bönnen, Gerold / Gallé, Volker (Hgg.): *Ein Lied von gestern? Wormser Symposion zur Rezeptionsgeschichte des Nibelungenliedes*, Worms 1999.
Borchmeyer, Dieter: *Das Theater Richard Wagners. Idee – Dichtung – Wirkung*, Stuttgart 1982.
Ders.: «Richard Wagner und der Antisemitismus»; in: Müller / Wapnewski (Hgg.), *Richard-Wagner-Handbuch*, S. 137–161.
Ders.: «Erlösung und Apokatastasis. ‹Parsifal› und die Religion des späten Wagner»; in: Gerhard Heldt (Hg.), *Richard Wagner: Mittler zwischen Zeiten*, Anif / Salzburg 1990, S. 127–157.
Ders. / Maayani, Ami / Vill, Susanne (Hgg.): *Richard Wagner und die Juden*, Stuttgart Weimar 2000.
Ders.: «Heinrich Heine – Richard Wagner. Analyse einer Affinität»; in: ders. / Maayani / Vill (Hgg.), *Richard Wagner und die Juden*, S. 20–33.
Ders.: *Richard Wagner. Ahasvers Wandlungen*, Frankfurt am Main / Leipzig 2002.
Ders.: *Nietzsche, Cosima, Wagner. Porträt einer Freundschaft*, Frankfurt am Main / Leipzig 2008.
Born, Marcus Andreas: «Nietzsches Rattenfängerei. Die Aufgabe der Philosophie im Staat»; in: Schönherr-Mann (Hg.), *Der Wille zur Macht und die «große Politik»*, S. 213–234.
Breig, Werner: «Wagners kompositorisches Werk»; in: Müller / Wapnewski (Hgg.), *Richard-Wagner-Handbuch*, S. 353–470.
Bremm, Klaus-Jürgen: *70/71. Preußens Triumph über Frankreich und die Folgen*, Darmstadt 2019.
Breuer, Stefan: *Ausgänge des Konservatismus in Deutschland*, Darmstadt 2021.
Brinkmann, Reinhold: «Lohengrin, Sachs und Mime oder Nationales Pathos und die Pervertierung der Kunst bei Richard Wagner»; in: Danuser / Münkler (Hgg.), *Deutsche Meister – böse Geister?*, S. 206–221.

Brobjer, Thomas H.: «Züchtung»; in: Ottmann (Hg.), *Nietzsche-Handbuch*, S. 359–361.
Brocke, Bernhard vom (Hg.): *Sombarts ‹Moderner Kapitalismus›. Materialien zur Kritik und Rezeption*, München 1987.
Brunkhorst, Hauke: «Kommentar»; in: Marx, *Der achtzehnte Brumaire des Louis Bonaparte*, S. 133–329.
Brusotti, Marco: «Politik»; in: Sorgner/Birx/Knoepffler (Hgg.), *Wagner und Nietzsche*, S. 265–286.
Bunia, Remigius/Dembeck, Till/Stanitzek Georg (Hgg.), *Philister. Problemgeschichte einer Sozialfigur in der deutschen Literatur*, Berlin 2011.
Bünger, Peter: *Nietzsche als Kritiker des Sozialismus. Aspekte einer moral- und kulturkritischen Einschätzung*, Diss. Goethe-Universität Frankfurt am Main, masch.-schriftl. Typoskript 1995.
Burckhardt, Jacob: *Die Kultur der Renaissance in Italien. Ein Versuch*, 10. Aufl., Stuttgart 1976.
Caillois, Roger: *L'homme et le sacré* (1939); dt.: *Der Mensch und das Heilige*, München/Wien 1988.
Camus, Albert: *Der Mensch in der Revolte. Essays*. Aus dem Französischen von Justus Streller, Hamburg 1969.
Carlyle, Thomas: *On Heros and Hero Worship and the Heroic in History* (1841). Dt. Ausgabe: *Über das Heroische in der Geschichte*. Übersetzt von Egon Friedell, Sankt Gallen 2001.
Carsten, Francis Ludwig: *Eduard Bernstein, 1850–1932. Eine politische Biographie*, München 1993.
Carver, Terrel: *Marx und Engels. The Intellectual Relationship*, Brighton 1983.
Celicates, Robin/Loick, Daniel: «Politische Schriften»; in: Quante/Schweikard (Hgg.), *Marx-Handbuch*, S. 119–144.
Chamberlain, Houston Stewart: *Die Grundlagen des 19. Jahrhunderts*. 2 Bde., München 1899.
Dahlhaus, Carl: *Richard Wagners Musikdramen*, Zürich und Schwäbisch Hall 1985.
Ders.: «Wagners Stellung in der Musikgeschichte»; in: Müller/Wapnewski (Hgg.), *Wagner-Handbuch*, S. 60–85.
Ders.: «Die Musik»; in: Müller/Wapnewski (Hgg.), *Wagner-Handbuch*, S. 197–221.
Danto, Arthur C.: *Nietzsche als Philosoph* (1965). Aus dem Englischen von Burkhardt Wolf, München 1998.
Danuser, Hermann/Münkler, Herfried (Hgg.): *Deutsche Meister – böse Geister? Nationale Selbstfindung in der Musik*, Schliengen 2001.
Diess. (Hgg.): *Zukunftsbilder. Richard Wagners Revolution und ihre Folgen in Kunst und Politik*, Schliengen 2002.
Diess. (Hgg.): *Kunst – Fest – Kanon. Inklusion und Exklusion in Gesellschaft und Kultur*, Schliengen 2004.
Danuser, Hermann: «Verheißung und Erlösung – Zur Dramaturgie des ‹Torenspruchs› im Parsifal»; in: *wagnerspectrum*, 4. Jg., 2008, Heft 1, S. 9–39.
Ders.: *Weltanschauungsmusik*, Schliengen 2009.
Ders.: «‹Heil'ge deutsche Kunst›? Über den Zusammenhang von Nationalidee und

Kunstreligion»; in: Danuser / Münkler (Hgg.), *Deutsche Meister – böse Geister?*, S. 222–241.
Deleuze, Gilles: *Nietzsche und die Philosophie* (1962). Aus dem Französischen von Bernhard Schwibs, München 1976.
Demmerling, Christoph / Landweer, Hilge: *Philosophie der Gefühle. Von Achtung bis Zorn*, Stuttgart / Weimar 2007.
Detering, Heinrich: *Der Antichrist und der Gekreuzigte. Friedrich Nietzsches letzte Texte*, Stuttgart 2012.
Detienne, Marcel: *Dionysos. Göttliche Wildheit*. Aus dem Französischen von Gabriele und Walter Eder, Frankfurt am Main / New York 1992.
Donington, Robert: *Richard Wagners Ring des Nibelungen und seine Symbole. Musik und Mythos*. Aus dem Englischen von Joachim Schulte, Stuttgart 1995.
Döhring, Sieghart: «Die traumatische Beziehung Wagners zu Meyerbeer»; in: Borchmeyer / Maayani / Vill (Hgg.), *Richard Wagner und die Juden*, S. 262–274.
Ders. / Henze-Döhring, Sabine: «Musikdrama: Entstehung und Konzeption von Wagners Ring des Nibelungen»; in: *Handbuch der musikalischen Gattungen*, hrsg. von Siegfried Mauser, Bd. 13, Laaber 1997, S. 257–281.
Ders.: «Wagnerismus»; in: *Handbuch der musikalischen Gattungen*, Bd. 13, S. 282–296.
Dreyfus, Hubert L. / Rabinow, Paul: *Michel Foucault. Jenseits von Strukturalismus und Hermeneutik*. Aus dem Amerikanischen von Claus Rath und Ulrich Raulff, Frankfurt am Main 1987.
Drüner, Ulrich: *Richard Wagner. Die Inszenierung eines Lebens*, München 2016.
Dühring, Eugen: *Die Judenfrage als Racen-, Sitten- und Culturfrage mit einer weltgeschichtlichen Antwort*, Karlsruhe / Leipzig 1881.
Ebeling, Hans / Lütkehaus, Ludger (Hgg.): *Schopenhauer und Marx. Philosophie des Elends – Elend der Philosophie?*, Königstein / Ts. 1980.
Ehmer, Manfred: *Constantin Frantz. Die politische Gedankenwelt eines Klassikers des Föderalismus*, Rheinfelden 1988.
Eichhorn, Mathias: *Paulus und die imperiale Theologie der Evangelien. Das Neue Testament als kontroverser politischer Machtdiskurs*, Berlin 2011.
Eisfeld, Rainer: «Joseph de Maistre und L.-G. A. de Bonald»; in: Fetscher / Münkler, *Pipers Handbuch der politischen Ideen*, Bd. 4, S. 103–114.
Elbe, Ingo: *Marx im Westen. Die neue Marx-Lektüre in der Bundesrepublik seit 1965*, Berlin 2008.
Enzensberger, Ulrich: *Herwegh. Ein Heldenleben*, Frankfurt am Main 1999.
Epkenhans, Michael: *Die Reichsgründung 1870/71*, München 2020.
Ders.: *Der Deutsch-Französische Krieg 1870/1871*, Ditzingen 2020.
Epstein, Joseph: *Neid. Die böseste Todsünde*. Aus dem Englischen von Matthias Wolf, Berlin 2010.
Euchner, Walter: «‹Die Revolutionen sind die Lokomotiven der Geschichte›. Zum Metaphern- und Symbolumfeld eines Marxschen Diktums»; in: *Il potere delle imagini / Die Macht der Vorstellungen*, hrsg. von Walter Euchner, Francesca Rigotti, Pierangelo Schiera, Bologna / Berlin 1993, S. 277–307.
Ferrari Zumbini, Massimo: *Die Wurzeln des Bösen. Gründerjahre des Antisemitismus. Von der Bismarckzeit zu Hitler*, Frankfurt am Main 2003.

Fetscher, Iring: *Karl Marx und der Marxismus. Von der Philosophie des Proletariats zur proletarischen Weltanschauung*, München 1967.

Ders.: *Der Marxismus. Eine Geschichte in Dokumenten*, 3 Bde., München / Zürich 1977.

Ders.: «Karl Marx und das Umweltproblem»; in: ders., *Überlebensbedingungen der Menschheit. Zur Dialektik des Fortschritts*, München 1980, S. 110–154.

Ders.: «Politisches Denken im Frankreich des 18. Jahrhunderts vor der Revolution»; in: Fetscher / Münkler (Hgg.), *Pipers Handbuch der politischen Ideen*, Bd. 3, München 1985, S. 423–528.

Ders.: *Marx*, Freiburg im Breisgau 1999.

Feuerbach, Ludwig: *Das Wesen der Religion. Ausgewählte Texte zur Religionsphilosophie*. Eingeleitet und hrsg. von Albert Esser, Köln 1967.

Figl, Johann: «Geburtstagsfeier und Totenkult. Zur Religiosität des Kindes Nietzsche»; *Nietzscheforschung*, Bd. 2, Berlin 1995, S. 21–34.

Ders.: *Nietzsche und die Religionen. Transkulturelle Perspektiven seines Bildungs- und Denkweges*, Berlin / New York 2007.

Fischer, Jens Malte: *Richard Wagners «Das Judentum in der Musik». Eine kritische Dokumentation als Beitrag zur Geschichte des Antisemitismus*, Würzburg 2015.

Fischer, Karsten: *«Verwilderte Selbsterhaltung». Zivilisationstheoretische Kulturkritik bei Nietzsche, Freud, Weber und Adorno*, Berlin 1999.

Flasch, Kurt: *Die geistige Mobilmachung. Die deutschen Intellektuellen und der Erste Weltkrieg. Ein Versuch*, Berlin 2000.

Ders.: *Der Teufel und seine Engel. Die neue Biographie*, München 2015.

Ders.: *Eva und Adam. Wandlungen eines Mythos* (2004), München 2017.

Fleischer, Helmut (Hg.): *Der Marxismus in seinem Zeitalter*, Leipzig 1994.

Föllinger, Sabine: *Aischylos. Meister der griechischen Tragödie*, München 2009.

Förster-Nietzsche, Elisabeth: *Das Leben Friedrich Nietzsche's*. 3 Bde., Leipzig 1895, 1897 und 1904.

Dies.: *Der junge Nietzsche*, Leipzig 1912.

Dies.: *Der einsame Nietzsche*, Leipzig 1914.

Dies.: *Friedrich Nietzsche und die Frauen seiner Zeit*, München 1935.

Foucault, Michel: *Mikrophysik der Macht. Über Strafjustiz, Psychiatrie und Medizin*, Berlin 1976.

Ders.: *Nietzsche, die Genealogie, die Historie* (1971); in: ders., *Von der Subversion des Wissens*, Frankfurt am Main 1987.

Ders.: *Sexualität und Wahrheit*. 4 Bde. Übersetzt von Ulrich Raulff, Walter Seitter und anderen, Frankfurt am Main 1977–2019.

Frank, Manfred: *Der kommende Gott. Vorlesungen über die neue Mythologie*, I. Teil, Frankfurt am Main 1982.

Ders.: *Gott im Exil. Vorlesungen über die neue Mythologie*, II. Teil, Frankfurt am Main 1988.

Freund, Michael: *Georges Sorel. Der revolutionäre Konservatismus*, Frankfurt am Main 1972.

Friedländer, Saul / Rüsen, Jörn (Hgg.): *Richard Wagner im Dritten Reich. Ein Schloss Elmau-Symposion*, München 2000.

Ders.: «Hitler und Wagner»; in: ders. / Rüsen (Hgg.), *Richard Wagner im Dritten Reich*, S. 165–178.

Friedrich, Sven: «Loge – der progressive Konservative»; in: Bermbach (Hg.), *«Alles ist nach seiner Art»*, S. 178–197.
Ders.: «‹In jener Stunde begann es ...› – Wagner und Hitler»; in: ders., *Richard Wagner. Deutung und Wirkung*, Würzburg 2004, S. 159–198.
Furet, François / Richet, Denis: *Die Französische Revolution*. Aus dem Französischen von Ulrich Friedrich Müller, München 1981.
Gall, Lothar: *Bismarck. Der weiße Revolutionär* (1980), Berlin / Frankfurt a. M. 1995.
Gallé, Volker (Hg.): *Siegfried. Schmied und Drachentöter*, Worms 2005.
Ganteför, Gerd: *Das Gesetz der Herde. Von Primaten, Parolen und Populisten – Macht und Unterwerfung bei Tier und Mensch*, Aarau / München 2018.
Gebauer, Gunter / Rücker, Sven: *Vom Sog der Massen und der neuen Macht des Einzelnen*, München 2019.
Gebhardt, Jürgen: *Politik und Eschatologie. Studien zur Geschichte der Hegelschen Schule in den Jahren 1830–1840*, München 1963.
Geck, Martin: «Wagner, Richard»; in: *Musik in Geschichte und Gegenwart*, Bd. 17, Stuttgart 2007, Sp. 286–355.
Geierhos, Wolfgang: *Vera Zasulic und die russische revolutionäre Bewegung*, München Wien 1977.
Genett, Timm: *Der Fremde im Kriege. Zur politischen Theorie und Biographie von Robert Michels. 1876–1936*, Berlin 2008.
Georgi, Dieter: «Leben-Jesu-Theologie / Leben-Jesu-Forschung»; in: *Theologische Realenzyklopädie*, Bd. 20, Berlin / New York 1990, S. 566–575.
Gerber, Jan: *Karl Marx in Paris. Die Entdeckung des Kommunismus*, München 2018.
Gerhardt, Volker: *Friedrich Nietzsche*, München 2006.
Gerlach, Hans-Martin: «Politik (Faschismus, Nationalsozialismus, Sozialdemokratie, Marxismus)»; in: Ottmann (Hg.), *Nietzsche-Handbuch*, S. 499–509.
Gfrörer, August Friedrich: *Geschichte des Urchristentums*. 3 Bde., Stuttgart 1838.
Gibbon, Edward: *Verfall und Untergang des Römischen Imperiums bis zum Ende des Reiches im Westen*. 6 Bde., München 2003.
Gilman, Sander L.: «Heine, Nietzsche und die Vorstellung vom Juden»; in: Niemeyer (Hg.), *Friedrich Nietzsche*, S. 54–80.
Girard, René: *La violence et le sacré* (1972); dt.: *Das Heilige und die Gewalt*, Frankfurt am Main 1992.
Glucksmann, André: *Köchin und Menschenfresser. Über die Beziehung zwischen Staat, Marxismus und Konzentrationslager*. Aus dem Französischen von Maren Sell und Jürgen Hoch, Berlin 1976.
Gobineau, Joseph Arthur Comte de: *Versuch über die Ungleichheit der Menschenracen* (1853–1855). Deutsche Ausgabe von Ludwig Schemann. 4 Bde., Stuttgart 1898–1901.
Gollwitzer, Heinz: *Geschichte des weltpolitischen Denkens*. 2 Bde., Göttingen 1972 und 1982.
Golomb, Jacob: «Nietzsche on Jews and Judaism»; in: *Archiv für Geschichte der Philosophie*, Bd. 67, 1985, Heft 2, S. 139–161.
Ders. (Hg.): *Nietzsche und die jüdische Kultur*. Aus dem Englischen von H. Dahmer, Wien 1998.

Grant, Michael: *Klassiker der antiken Geschichtsschreibung*. Aus dem Englischen von Lotte Stylow, München 1981.

Gramsci, Antonio: *Philosophie der Praxis. Eine Auswahl*. Hrsg. und übersetzt von Christian Riechers, Frankfurt am Main 1967.

Graves, Robert: *The Greek Myths*. 2 Bde., Harmondsworth 1955.

Grawitz, Madeleine: *Bakunin. Ein Leben für die Freiheit*. Aus dem Französischen von Andreas Löhrer, Hamburg 1998.

Greenblatt, Stephen: *Die Geschichte von Adam und Eva. Der mächtigste Mythos der Menschheit*. Aus dem Englischen von Klaus Binder, München 2018.

Gregor-Dellin, Martin: *Richard Wagner. Sein Leben. Sein Werk. Sein Jahrhundert*, München / Zürich 1980.

Griewank, Karl: *Der neuzeitliche Revolutionsbegriff. Entstehung und Entwicklung*, Frankfurt am Main 1992.

Grimm, Jacob: *Germanische Mythologie*, Göttingen 1854.

Ders.: *Deutsche Mythologie*, Wiesbaden 2007.

Grimm, Reinhold / Hermand, Jost (Hgg.): *Karl Marx und Friedrich Nietzsche. Acht Beiträge*, Königstein / Ts. 1978.

Groh, Dieter: *Negative Integration und revolutionärer Attentismus. Die deutsche Sozialdemokratie am Vorabend des Ersten Weltkrieges*, Frankfurt am Main / Berlin / Wien 1974.

Grün, Klaus-Jürgen: *Arthur Schopenhauer*, München 2000.

Gründer, Karlfried (Hg.): *Der Streit um Nietzsches «Geburt der Tragödie». Die Schriften von E. Rohde, R. Wagner, U. v. Wilamowitz-Moellendorff*, Hildesheim 1969.

Habermas, Jürgen: *Erkenntnis und Interesse*, Frankfurt am Main 1968.

Ders.: *Auch eine Geschichte der Philosophie*. 2 Bde., Berlin 2019.

Hacke, Jens: *Philosophie der Bürgerlichkeit. Die liberalkonservative Begründung der Bundesrepublik*, Göttingen 2006.

Hamann, Brigitte: *Winifred Wagner oder Hitlers Bayreuth*, München / Zürich 2002.

Hammer, Karl / Hartmann, Peter Claus (Hgg.): *Der Bonapartismus. Historisches Phänomen und politischer Mythos*, München / Zürich 1977 (= Beiheft Nr. 6 der Zeitschrift *Francia*).

Hardtwig, Wolfgang: «Die Kirchen in der Revolution von 1848. Religiös-politische Mobilisierung und Parteienbildung»; in: ders., *Revolution in Deutschland und Europa 1848/49*, Göttingen 1998, S. 79–108.

Harstick, Hans-Peter: «Karl Marx und die zeitgenössische Verfassungsgeschichtsschreibung»; in: ders. (Hg.), *Karl Marx über Formen vorkapitalistischer Produktion. Vergleichende Studien zur Geschichte des Grundeigentums 1879–80*, Frankfurt am Main / New York 1977, S. XIII–XLVIII.

Hartmann, Klaus: *Die Marxsche Theorie. Eine philosophische Untersuchung der Hauptschriften*, Berlin 1970.

Hartwich, Wolf-Daniel: «Religion und Kunst beim späten Richard Wagner. Zum Verhältnis von Aesthetik, Theologie und Anthropologie in den ‹Regenerationsschriften›»; in: *Jahrbuch der deutschen Schillergesellschaft*, 40. Jg., 1996, S. 299–323.

Ders.: *Deutsche Mythologie. Die Erfindung einer nationalen Kunstreligion*, Berlin / Wien 2000.

Hasan-Rokem, Galit: «Ahasver»; in: Dan Diner (Hg.), *Enzyklopädie jüdischer Geschichte und Kultur*, Stuttgart 2011, Bd. 1, S. 9–13.
Haug, Wolfgang Fritz: «Charaktermaske»; in: ders. (Hg.), *Historisch-kritisches Wörterbuch des Marxismus*, Bd. 2, Hamburg 1995, Sp. 435–451.
Hauschild, Jan-Christoph / Werner, Michael: *«Der Zweck des Lebens ist das Leben selbst». Heinrich Heine. Eine Biographie*, Frankfurt am Main 2005.
Hegel, Georg Wilhelm Friedrich: *Grundlinien der Philosophie des Rechts*. Hrsg. von Johannes Hoffmeister, Hamburg 1955.
Ders.: *Werke in zwanzig Bänden*. Redaktion Eva Moldenhauer und Karl Markus Michel, Frankfurt am Main 1970.
Heine, Heinrich: *Sämtliche Schriften in 12 Bänden*. Hrsg. von Klaus Briegleb, München/Wien 1976.
Heinrich, Michael: «Ökonomiekritische Schriften 1863–1881: Manuskripte zum Kapital»; in: Quante / Schweikard (Hgg.), *Marx-Handbuch*, S. 95–118.
Heinzle, Joachim / Wallschmidt, Anneliese (Hgg.): *Die Nibelungen. Ein deutscher Wahn, ein deutscher Alptraum. Studien und Dokumente zur Rezeption des Nibelungenstoffs im 19. und 20. Jahrhundert*, Frankfurt am Main 1991.
Heller, Ágnes: *Vom Ende der Geschichte. Die parallele Geschichte von Tragödie und Philosophie*, Wien / Hamburg 2020.
Hellfeld, Matthias von: *Das lange 19. Jahrhundert. Zwischen Revolution und Krieg 1776–1814*, Bonn 2015.
Henning, Christoph: «Charaktermaske und Individualität bei Marx»; in: *Marx-Engels-Jahrbuch 2009*, Berlin 2010, S. 100–122.
Hennis, Wilhelm: «Die Spuren Nietzsches im Werk Max Webers; in: ders., *Max Webers Fragestellung. Studien zur Biographie des Werks*, Tübingen 1987, S. 167–191.
Herres, Jürgen: *Marx und Engels. Porträt einer intellektuellen Freundschaft*, Ditzingen, 2018.
Herwegh, Georg: *Werke*, Berlin / Weimar 1967.
Herzfeld, Friedrich: *Minna Planer und ihre Ehe mit Richard Wagner*, Leipzig 1938.
Hilmes, Oliver: *Herrin des Hügels. Das Leben der Cosima Wagner*, München 2007.
Hinderer, Walter (Hg.): *Sickingen-Debatte. Ein Beitrag zur materialistischen Literaturtheorie*, Darmstadt / Neuwied 1974.
Hirschman, Albert O.: *Leidenschaften und Interessen. Politische Begründungen des Kapitalismus vor seinem Sieg*. Autorisierte Übersetzung von Sabine Offe, Frankfurt am Main 1980.
Hobsbawm, Eric J.: *Das lange 19. Jahrhundert*. 3 Bde., Darmstadt 2017.
Hoffmann, David Marc: *Zur Geschichte des Nietzsche-Archivs. Chronik, Studien und Dokumente*, Berlin / New York 1991 (= Supplementa Nietzscheana, Bd. 2).
Hofmann, Peter: «Christentum»; in: Sorgner / Birx / Knoepffler (Hgg.), *Wagner und Nietzsche*, S. 143–163.
Ders.: *Richard Wagners politische Theologie. Kunst zwischen Religion und Revolution*, Paderborn u. a. 2003.
Horkheimer, Max: «Egoismus und Freiheitsbewegung. Zur Anthropologie des bürgerlichen Zeitalters»; in: ders., *Kritische Theorie. Eine Dokumentation*, hrsg. von Alfred Schmidt, Frankfurt am Main 1968, Bd. 2, S. 1–81.

Ders. / Adorno, Theodor W.: *Dialektik der Aufklärung. Philosophische Fragmente* (1944), Frankfurt am Main 1969.

Hörisch, Jochen: «Charaktermasken. Subjektivität und Trauma bei Jean Paul und Marx»; in: *Jahrbuch der Jean-Paul-Gesellschaft*, Bd. 14, 1979.

Ders.: *Weibes Wonne und Wert. Richard Wagners Theorie-Theater.* Mit musikanalytischen Erläuterungen von Klaus Arp, Berlin 2015.

Hubmann, Gerald: «Unvollendete Klassiker. Editionsphilologische Konstellationen bei Marx und anderen Klassikern der Sozialwissenschaft»; in Bluhm u. a. (Hgg.), *Ideenpolitik*, S. 231–241.

Ders. / Roth, Regina: «Die ‹Kapital-Abteilung› der MEGA. Einleitung und Überblick»; in: *Marx-Engels-Jahrbuch*, 2012/13, S. 60–69.

Hunt, Tristram: *Friedrich Engels. Der Mann, der den Marxismus erfand.* Aus dem Englischen von Klaus-Dieter Schmidt, Berlin 2012.

Illner, Eberhard / Frambach, Hans / Koubek, Norbert (Hgg.): *Friedrich Engels. Das rotschwarze Chamäleon*, Darmstadt 2020.

Ingenschay-Goch, Ingrid: *Richard Wagners neu erfundener Mythos. Zur Rezeption und Reproduktion des germanischen Mythos in seinen Operntexten*, Bonn 1982.

Jäckel, Günter (Hg.): *Dresden zwischen Wiener Kongress und Maiaufstand. Die Elbestadt von 1815 bis 1850*, Berlin 1990.

Jamme, Christoph / Schneider, Helmut (Hgg.): *Mythologie der Vernunft. Hegels ältestes Systemprogramm des deutschen Idealismus*, Frankfurt am Main 1984.

Janz, Curt Paul: *Friedrich Nietzsche. Biographie in drei Bänden*, München 1978/79.

Jay, Martin: *Dialektische Phantasie. Die Geschichte der Frankfurter Schule und des Instituts für Sozialforschung.* Aus dem Amerikanischen von Hanne Herkommer und Bodo von Greiff, Frankfurt am Main 1976.

Jeismann, Michael: *Das Vaterland der Feinde. Studien zum nationalen Feindbegriff und Selbstverständnis in Deutschland und Frankreich 1792–1918*, Stuttgart 1992.

Jureit, Ulrike / Wildt, Michael (Hgg.): *Generationen. Zur Relevanz eines politischen Grundbegriffs*, Hamburg 2005.

Kallscheuer, Otto: «Antonio Gramscis intellektuelle und moralische Reform des Marxismus»; in: Fetscher / Münkler (Hgg.), *Pipers Handbuch der politischen Ideen*, Bd. 5, München 1987, S. 588–601.

Katz, Jacob: *Vom Vorurteil bis zur Vernichtung. Der Antisemitismus 1700–1933*, München, 1989.

Kaube, Jürgen: *Hegels Welt*, Berlin 2020.

Kaufmann, Walter: *Nietzsche. Philosoph – Psychologe – Antichrist.* Aus dem Amerikanischen von Jörg Salaquarda, Darmstadt 1982.

Kerényi, Karl: *Dionysos. Urbild des unzerstörbaren Lebens*, Stuttgart 1994.

Kern, Bruno: *Karl Marx. Ökonom – Redakteur – Philosoph*, Wiesbaden 2018.

Kesting, Hanjo: *Das Pumpgenie. Richard Wagner und das Geld.* Nach gedruckten und ungedruckten Quellen bearbeitet von Hanjo Kesting, Frankfurt am Main 1997.

Kettenacker, Lothar: «Thomas Carlyle und Benjamin Disraeli»; in: Fetscher / Münkler (Hgg.), *Pipers Handbuch der politischen Ideen*, Bd. 4, S. 287–298.

Kienzle, Ulrike: «… *daß wissend würde die Welt!» Religion und Philosophie in Wagners Musikdramen*, Würzburg 2005.

Dies.: «Die heilige Topographie in Wagners Parsifal»; in: *wagnerspectrum*, 4. Jg., 2008, Heft 1, S. 69–89.
Kisch, Egon Erwin: *Karl Marx in Karlsbad*, Berlin 1953.
Kleßmann, Eckart: *Das Bild Napoleons in der deutschen Literatur*, Stuttgart 1995.
Ders.: *Napoleon und die Deutschen*, Berlin 2007.
Knoepffler, Nikolaus: «Parsifal»; in: Sorgner / Birx / Knoepffler (Hgg.), *Wagner und Nietzsche*, S. 409–417.
Kocka, Jürgen (Hg.): *Bürgertum im 19. Jahrhundert. Deutschland im europäischen Vergleich.* 3 Bde., München 1988.
Kofman, Sarah: *Die Verachtung der Juden. Nietzsche, die Juden, der Antisemitismus.* Aus dem Französischen von Bernhard Nessler, Berlin 2002.
Dies.: *Nietzsche und die Metapher* (1983). Aus dem Französischen von Florian Scherübl, Berlin 2014.
Köhler, Joachim: *Zarathustras Geheimnis. Friedrich Nietzsche und seine verschlüsselte Botschaft*, Nördlingen 1989.
Ders.: *Wagners Hitler. Der Prophet und sein Vollstrecker*, München 1997.
Ders.: *Der letzte der Titanen. Richard Wagners Leben und Werk*, München 2001.
Ders.: *Friedrich Nietzsche und Cosima Wagner. Die Schule der Unterwerfung*, Reinbek bei Hamburg 2002.
Kolakowski, Leszek: *Die Hauptströmungen des Marxismus. Entstehung. Entwicklung. Zerfall.* 3 Bde., München / Zürich 1977–1979.
Kondylis, Panajotis: *Marx und die griechische Antike. Zwei Studien*, Heidelberg 1987.
Köpnick, Lutz: *Nothungs Modernität. Wagners ‹Ring› und die Poesie der Macht*, München 1994.
Körner, Klaus: *«Wir zwei betreiben ein Compagniegeschäft.» Karl Marx und Friedrich Engels. Eine außergewöhnliche Freundschaft*, Hamburg 2009.
Körte, Mona / Stockhammer, Robert (Hgg.): *Ahasvers Spur. Dichtungen und Dokumente des «Ewigen Juden»*, Leipzig 1995.
Koselleck, Reinhart: «‹Erfahrungsraum› und ‹Erwartungshorizont› – zwei historische Kategorien»; in: ders., *Vergangene Zukunft. Zur Semantik geschichtlicher Zeiten*, Frankfurt am Main 1979, S. 349–375.
Ders.: «Der neuzeitliche Revolutionsbegriff als geschichtliche Kategorie»; in: Helmut Reinalter (Hg.), *Revolution und Gesellschaft. Zur Entwicklung des neuzeitlichen Revolutionsbegriffs*, Innsbruck 1980, S. 23–33.
Koth, Harald: *«Meine Zeit wird kommen ...» Das Leben des Karl Kautsky*, Berlin 1993.
Kramer, Bernd: *«Laßt uns die Schwerter ziehen, damit die Kette bricht ...» Michael Bakunin, Richard Wagner und andere während der Dresdner Mai-Revolution 1849*, Berlin 1999.
Kranke, Kurt: «Wer vermittelte Richard Wagner in Dresden Schriften von Karl Marx?»; in: *Dresdner Hefte*, 3/1985, S. 81–84.
Kreowski, Ernst / Fuchs, Eduard: *Richard Wagner in der Karikatur. Mit sieben Beilagen und 223 Text-Illustrationen*, Berlin 1907.
Kroner, Richard: *Von Kant bis Hegel* (1921/24), Tübingen 1961.
Kröplin, Eckart: *Richard Wagner. Theatralisches Leben und lebendiges Theater*, Leipzig 1989.

Ders.: *Richard Wagner und der Kommunismus. Studien zu einem verdrängten Thema*, Würzburg 2013.

Kröplin, Karl-Heinz: *Richard Wagner 1813-1883. Eine Chronik*, Leipzig 1987.

Krysmanski, Hans Jürgen: *Die letzte Reise des Karl Marx*, Frankfurt am Main 2014.

Kühnel, Jürgen: «Wagners Schriften»; in: Müller/Wapnewski (Hgg.), *Richard-Wagner-Handbuch*, S. 471–588.

Künzli, Arnold: *Karl Marx – Eine Psychographie*, Wien/Frankfurt am Main/Zürich 1966.

Kurz, Heinz D.: «Engels, Marx und die Kritik der politischen Ökonomie»; in: Illner u. a. (Hgg.), *Friedrich Engels*, S. 322–351.

Kynast, Piere: *Friedrich Nietzsches Übermensch. Eine philosophische Einlassung*, Merseburg an der Saale 2006.

Lehmann, Hartmut: *Die Entzauberung der Welt. Studien zu Themen von Max Weber*, Göttingen 2009.

Lenger, Friedrich: *Werner Sombart. 1863-1941. Eine Biographie*, München 1994.

Levi, Giovanni: *Das immaterielle Erbe. Eine bäuerliche Welt an der Schwelle zur Moderne.* Aus dem Italienischen von Karl F. Hauber und Ulrich Hausmann, Berlin 1986.

Lévi-Strauss, Claude: *Mythologica I. Das Rohe und das Gekochte*, Frankfurt am Main 1971.

Limmroth, Angelika: *Jenny Marx. Die Biographie*, Berlin 2014.

Loewenstein, Bedrich: *Der Fortschrittsglaube. Europäisches Geschichtsdenken zwischen Utopie und Ideologie*, Darmstadt 2015.

Löwith, Karl: *Weltgeschichte und Heilsgeschehen. Die theologischen Voraussetzungen der Geschichtsphilosophie* (1953), Stuttgart 1973.

Ders.: *Nietzsches Philosophie der ewigen Wiederkehr des Gleichen* (1935), 3., durchgesehene Aufl., Hamburg 1978.

Lukács, Georg: «Karl Marx und Friedrich Theodor Vischer» (1934); in: *Deutsche Zeitschrift für Philosophie*, Bd. 1, 1953, S. 471–513.

Ders.: *Die Zerstörung der Vernunft* (= Werke, Bd. 9), Neuwied am Rhein/Berlin-Spandau 1962.

Lundgreen, Peter (Hg.): *Sozial- und Kulturgeschichte des Bürgertums. Eine Bilanz des Bielefelder Sonderforschungsbereichs (1986-1997)*, Göttingen 2000.

Lutz, Heinrich: *Zwischen Habsburg und Preußen. Deutschland 1815-1866*, Berlin 1985.

Mahnkopf, Claus-Steffen: «Wagners Kompositionstechnik»; in: ders. (Hg.), *Richard Wagner. Konstrukteur der Moderne*, Stuttgart 1999, S. 159–182.

Mann, Thomas: *Leiden und Größe der Meister*, Frankfurt am Main 1982 (Frankfurter Ausgabe. Hrsg. von Peter de Mendelsohn).

Marcuse, Herbert: *Der eindimensionale Mensch. Studien zur Ideologie der fortgeschrittenen Industriegesellschaft*. Übersetzt von Alfred Schmidt, Neuwied/Berlin 1970.

Marti-Brander, Urs: *«Der grosse Pöbel- und Sklavenaufstand». Nietzsches Auseinandersetzung mit Revolution und Demokratie*, Stuttgart 1993.

Ders.: *Die Freiheit des Karl Marx. Ein Aufklärer im bürgerlichen Zeitalter*, Reinbek bei Hamburg 2018.

Martin, Alfred von: *Nietzsche und Burckhardt. Zwei geistige Welten im Dialog*, 4. Aufl., München 1947.

Marx, Karl: *Grundrisse der Kritik der politischen Ökonomie*, Berlin 1953.
Ders./Engels, Friedrich: *Gesamtausgabe (MEGA)*, Berlin 1975 ff. Online zugänglich unter https://megadigital.bbaw.de/.
Ders./Engels, Friedrich: *Werke (MEW)*, 44 Bde., Berlin 1956 ff.
Ders.: *Die Geschichte der Geheimdiplomatie des 18. Jahrhunderts. Über den asiatischen Ursprung der russischen Despotie.* Hrsg. von Ulf Wolter, Berlin 1977.
Ders./Engels, Friedrich: *Das Kommunistische Manifest.* Mit einer Einleitung von Eric Hobsbawm, Hamburg. Berlin 1999.
Mohr an General. Marx und Engels in ihren Briefen. Hrsg. von Fritz J. Raddatz, Wien u. a. 1980.
Ders./Engels, Friedrich: *Studienausgabe in 5 Bänden.* Hrsg. von Iring Fetscher, Berlin 2004.
Ders.: *Der achtzehnte Brumaire des Louis Bonaparte.* Kommentar von Hauke Brunkhorst, Frankfurt am Main 2007.
Ders.: *Ökonomisch-philosophische Manuskripte.* Kommentar von Michael Quante, Frankfurt am Main 2009.
Ders./Engels, Friedrich: *Deutsche Ideologie. Zur Kritik der Philosophie.* Manuskripte in chronologischer Anordnung. Hrsg. von Gerald Hubmann und Ulrich Pagel, Berlin/Boston 2018.
Mattioli, Aram: *Jacob Burckhardt und die Grenzen der Humanität*, Wien u. a. 2001.
Matuschek, Stefan: *Der gedichtete Himmel. Eine Geschichte der Romantik*, München 2021.
Mayer, Hans: *Richard Wagner in Bayreuth. 1876–1976*, Frankfurt am Main 1978.
Ders.: *Richard Wagner*, Frankfurt am Main 1998.
Meier, Heinrich: *Was ist Nietzsches Zarathustra? Eine philosophische Auseinandersetzung*, München 2017.
Ders.: *Nietzsches Vermächtnis. Ecce homo und der Antichrist. Zwei Bücher über Natur und Politik*, München 2019.
Mertens, Volker: «Wie christlich ist Wagners Gral?»; in: *wagnerspectrum*, 4. Jg. 2008, Heft 1, S 91–115.
Ders.: «Richard Wagner und das Mittelalter»; in: Müller/Wapnewski (Hgg.), *Richard-Wagner-Handbuch*, S. 19–59.
Ders.: *Wagner. Der Ring des Nibelungen*, Kassel 2013.
Meyer, Martin: *Ende der Geschichte?*, München/Wien 1993.
Millington, Barry: *Der Magier von Bayreuth. Richard Wagner – sein Werk und seine Welt.* Aus dem Englischen von Michael Haupt, Darmstadt 2012.
Mohler, Armin: *Die konservative Revolution in Deutschland 1918–1932. Ein Handbuch.* 2 Bde., Darmstadt 1989.
Möller, Kolja: *Volksaufstand und Katzenjammer. Zur Geschichte des Populismus*, Berlin 2020.
Montinari, Mazzimo: *Nietzsche lesen*, Berlin/New York 1982.
Möser, Kurt: «‹The General› als Admiral. Friedrich Engels und die Debatte um Seekrieg und Seetaktik»; in: Illner u. a. (Hgg.), *Friedrich Engels*, S. 146–171.
Müller, Ulrich/Wapnewski, Peter (Hgg): *Richard-Wagner-Handbuch*, Stuttgart 1986.
Münkler, Herfried: «Das Dilemma des deutschen Bürgertums. Recht, Staat und

Eigentum in der Philosophie Arthur Schopenhauers»; in: *Archiv für Rechts- und Sozialphilosophie*, LXVI Jg., 1981, Heft 3, S. 379–396.

Ders.: «Mythos und Politik. Aischylos' ‹Orestie› und Wagners ‹Ring›»; in: *Leviathan*, 1987, Heft 4, S. 562–580.

Ders.: «Juan Donoso Cortés und der spanische Katholizismus»; in: Fetscher / Münkler (Hgg.), *Pipers Handbuch der politischen Ideen*, Bd. 4, S. 277–287.

Ders.: «Arthur Schopenhauer und der philosophische Pessimismus»; in: Fetscher / Münkler (Hgg.), *Pipers Handbuch der politischen Ideen*, Bd. 4, S. 298–310.

Ders. / Storch, Wolfgang: *Siegfrieden. Politik mit einem deutschen Mythos*, Berlin 1988.

Ders.: «Analytiken der Macht: Nietzsche, Machiavelli, Thukydides»; in: Greven, Michael (Hg.), *Macht in der Demokratie. Denkanstöße zur Wiederbelebung einer klassischen Frage in der zeitgenössischen Politischen Theorie*, Baden-Baden 1990, S. 9–45.

Ders.: «Die Idee der Tugend. Ein politischer Leitbegriff im vorrevolutionären Europa»; in: *Archiv für Kulturgeschichte*, Bd. 73, 1991, Heft 2, S. 379–403.

Ders., «Mythen-Politik. Die Nibelungen in der Weimarer Republik»; in: Bermbach / Borchmeyer (Hgg.), *Der Ring des Nibelungen*, S. 157–174.

Ders.: «Macht durch Verträge – Wotans Scheitern in Wagners ‹Ring›»; in: Greven / Münkler / Schmalz-Bruns (Hgg.), *Bürgersinn und Kritik. FS für Udo Bermbach zum 60. Geburtstag*, Baden-Baden 1998, S. 377–402.

Ders.: «Tugend und Markt: Die Suche nach Funktionsäquivalenten für die soziomoralischen Voraussetzungen einer freiheitlich verfaßten Ordnung»; in: Kaelble, Hartmut / Schriewer, Jürgen (Hgg.), *Gesellschaften im Vergleich*, Frankfurt am Main 1998, S. 103–114.

Ders. / Münkler, Marina: *Lexikon der Renaissance*, München 2000.

Ders. / Hubmann, Gerald / Neuhaus, Manfred: «... es kömmt darauf an sie zu verändern. Zur Wiederaufnahme der Marx-Engels-Gesamtausgabe (MEGA)»; in: *Deutsche Zeitschrift für Philosophie*, 42. Jg., 2001, Heft 4, S. 581–589.

Ders.: «Hunding und Hagen – Gegenspieler der Wotanshelden»; in: Bermbach (Hg.), *«Alles ist nach seiner Art»*, S. 144–162.

Ders.: «Der gesellschaftliche Fortschritt und die Rolle der Gewalt. Friedrich Engels als Theoretiker des Krieges»; in: ders., *Über den Krieg. Stationen der Kriegsgeschichte im Spiegel ihrer theoretischen Reflexion*, Weilerswist 2002, S. 149–172.

Ders.: «Karl Marx – ein deutscher Klassiker»; in: *Theater heute*, 8–9/2009, S. 58–59.

Ders.: *Die Deutschen und ihre Mythen*, Berlin 2009.

Ders.: «Vom Säulenheiligen zum Klassiker. Die Marx-Engels-Gesamtausgabe (MEGA): Rückschau und Ausblick»; in: Berlin-Brandenburgische Akademie der Wissenschaften (Hg.), *Die Akademie am Gendarmenmarkt 2009/2010*, Berlin 2009.

Ders.: *Mitte und Maß. Der Kampf um die gesellschaftliche Ordnung*, Berlin 2010.

Ders.: «Die Tugend, der Markt, das Fest und der Krieg. Über die problematische Wiederkehr vormoderner Gemeinsinnerwartungen in der Postmoderne»; in: Hans Vorländer (Hg.), *Demokratie und Transzendenz*, Bielefeld 2013, S. 295–329.

Ders.: *Griechische Kultur und Römisches Reich. Konkurrierende Selbstbilder der europäischen Moderne*, Basel 2018 (= Jacob Burckhardt-Gespräche auf Castelen, Bd. 33).

Na'aman, Shlomo: *Lassalle*, Hannover 1970.

Neffe, Jürgen: *Marx. Der Unvollendete*, München 2017.
Negt, Oskar / Mohl, Ernst-Theodor: «Marx und Engels – der unaufgehobene Widerspruch von Theorie und Praxis»; in: *Pipers Handbuch der politischen Ideen*, hrsg. von Iring Fetscher und Herfried Münkler, Bd. 4, München 1986, S. 449–513.
Nehamas, Alexander: *Nietzsche. Leben als Literatur.* Aus dem Englischen von Brigitte Flickinger, Göttingen 1996.
Niemeyer, Christian: «Nietzsches rhetorischer Antisemitismus»; in: *Nietzsche-Studien*, Bd. 26, 1997, S. 138–164.
Ders.: «Nietzsche und sein Verhältnis zum Antisemitismus – Eine bewusst missverstandene Rezeption?»; in: Renate Reschke / Marco Brusotti (Hgg.), *Einige werden posthum geboren. Friedrich Nietzsches Wirkungen*, Berlin 2012, S. 501–514.
Ders., u. a. (Hgg.): *Friedrich Nietzsche*, Darmstadt 2014.
Nietzsche, Friedrich: *Sämtliche Werke. Kritische Studienausgabe in 15 Bänden (KSA)*, hrsg. von Giorgio Colli und Mazzino Montinari, München 1988. Online zugänglich unter http://www.nietzschesource.org/#eKGWB.
Ders., *Sämtliche Briefe. Kritische Studienausgabe in 8 Bänden.* Hrsg. von Giorgio Colli und Mazzino Montinari, Berlin / New York 2003.
Ders.: *Frühe Schriften.* Hrsg. von Hans Joachim Mette. 5 Bde., München 1994.
Ders.: *Umwertung aller Werte.* Aus dem Nachlaß zusammengestellt und hrsg. von Friedrich Würzbach. Mit einem Nachwort von Heinz Friedrich, 2. Aufl. in einem Bd., München 1977.
Ders.: *Werke in sechs Bänden* (1956). Hrsg. von Karl Schlechta, München 1980.
Ders.: *Der Wille zur Macht. Versuch einer Umwertung aller Werte.* Ausgewählt und geordnet von Peter Gast unter Mitwirkung von Elisabeth Förster-Nietzsche. Mit einem Nachwort von Walter Gebhard, 13., durchgesehene Aufl., Stuttgart 1996.
Nietzsche und die deutsche Literatur. Mit einer Einführung hrsg. von Bruno Hillebrand. 2 Bde., München / Tübingen 1978.
Nietzsche und Wagner. Stationen einer epochalen Begegnung. Hrsg. von Dieter Borchmeyer und Jörg Salaquarda. 2 Bde., Frankfurt am Main und Leipzig 1994.
Nippel, Wilfried: «Friedrich Engels und die Politik des Vorworts»; in: *Zeitschrift für Ideengeschichte*, Bd. 11, 2017, Heft 3, S. 67–78.
Ders.: *Karl Marx*, München 2018.
Ders.: «Diktatur des Proletariats. Versuch einer Historisierung»; in: Martin Endreß / Stephan Moebius (Hgg.), *Zyklus 5. Jahrbuch für Theorie und Geschichte der Soziologie*, 2019, S. 71–130.
Nipperdey, Thomas: *Deutsche Geschichte 1800–1860. Bürgerwelt und starker Staat*, München 1983.
Nolte, Ernst: «Marx und Nietzsche im Sozialismus des jungen Mussolini»; in: *Historische Zeitschrift*, Bd. 191, 1960, S. 249–335.
Ders.: *Der Faschismus in seiner Epoche. Action française, italienischer Faschismus, Nationalsozialismus* (1963), München / Zürich 1979.
Norden, Eduard: *Die Geburt des Kindes. Geschichte einer religiösen Idee* (= Studien der Bibliothek Warburg, Bd. 3), Leipzig 1924.
Osterhammel, Jürgen: *Die Verwandlung der Welt. Eine Geschichte des 19. Jahrhunderts*, München 2009.

Ottmann, Henning (Hg.): *Philosophie und Politik bei Nietzsche*, Berlin / New York 1999.
Ders.: *Nietzsche-Handbuch. Leben – Werk – Wirkung*, Stuttgart. Weimar 2011.
Overbeck, Franz: *Erinnerungen an Friedrich Nietzsche*. Mit Briefen an Heinrich Köselitz und mit einem Essay von Heinrich Detering, Berlin 2011.
Pepperle, Heinz und Ingrid (Hgg.): *Die Hegelsche Linke. Dokumente zu Philosophie und Politik im deutschen Vormärz*, Leipzig 1985.
Pflanze, Otto: *Bismarck. Der Reichsgründer*. Aus dem Englischen von Peter Hahlbrock, München 1997.
Platthaus, Andreas: *1813. Die Völkerschlacht und das Ende der Alten Welt*, Berlin 2013.
Plumpe, Werner: «Die Verwandlung der Welt. Friedrich Engels und die Entwicklung der Produktivkräfte in der zweiten Hälfte des 19. Jahrhunderts»; in: Illner u. a. (Hgg.), *Friedrich Engels*, S. 216–249.
Plutarch: *Große Griechen und Römer*. Übertragen, eingeleitet und erläutert von Konrat Ziegler, 6 Bde., München 1979.
Poliakov, Léon: *Geschichte des Antisemitismus*, Bd. VI: *Emanzipation und Rassenwahn*, Worms 1987.
Popper, Karl: *Die offene Gesellschaft und ihre Feinde*. Bd. 2: *Falsche Propheten. Hegel, Marx und die Folgen*, München 1977.
Price, Roger: *1848. Kleine Geschichte der europäischen Revolution*. Aus dem Englischen von Christa Schuenke, Berlin 1992.
Prideaux, Sue: *Ich bin Dynamit. Das Leben des Friedrich Nietzsche*. Aus dem Englischen von Thomas Pfeiffer und Hans-Peter Remmler, Stuttgart 2020.
Puhle, Hans-Jürgen: «Von der Romantik zum konservativen Konstitutionalismus»; in: Fetscher / Münkler (Hgg.), *Pipers Handbuch der politischen Ideen*, Bd. 4, S. 268–276.
Puschner, Uwe: *Die völkische Bewegung im wilhelminischen Kaiserreich. Sprache. Rasse. Religion*, Darmstadt 2001.
Pütz, Peter: «Nietzsche und der Antisemitismus»; in: *Nietzsche-Studien*, Bd. 30, S. 294–304.
Quante, Michael / Schweikard, David P. (Hgg.): *Marx-Handbuch. Leben – Werk – Wirkung*, Stuttgart 2016.
Raddatz, Fritz J.: *Taubenherz und Geierschnabel. Heinrich Heine. Eine Biographie*, Weinheim / Berlin 1997.
Rasche, Jörg: *Prometheus. Der Kampf zwischen Sohn und Vater*, Zürich 1988.
Reckwitz, Andreas: *Die Gesellschaft der Singularitäten. Zum Strukturwandel der Moderne*, Berlin 2017.
Reichelt, Helmut: *Zur logischen Struktur des Kapitalbegriffs bei Karl Marx*, Frankfurt am Main 1970.
Ders.: «Adam Smith»; in: Fetscher / Münkler (Hgg.), *Pipers Handbuch der politischen Ideen*, Bd. 3, S. 588–603.
Reinalter, Helmut (Hg.): *Revolution und Gesellschaft. Zur Entwicklung des neuzeitlichen Revolutionsbegriffs*, Innsbruck 1980.
Reinhardt, Hartmut: «Richard Wagner und Schopenhauer»; in: Müller / Wapnewski (Hgg.), *Richard-Wagner-Handbuch*, S. 101–113.

Reinhardt, Stephan: *Georg Herwergh. Eine Biographie. Seine Zeit – unsere Geschichte*, Göttingen 2020.
Reiß, Stefan: *Fichtes ‹Reden an die deutsche Nation› oder: Vom Ich zum Wir*, Berlin 2006.
Renan, Ernest: *Das Leben Jesu* (1863). Übersetzt von W. Kalt, Halle / Saale 1913.
Reschke, Renate: «Die Angst vor dem Chaos. Friedrich Nietzsches Plebiszit gegen die Masse»; in: *Nietzsche-Studien*, Bd. 18, 1989, S. 290–300.
Riehl, Wilhelm Heinrich: *Die bürgerliche Gesellschaft* (1851). Hrsg. und eingeleitet von Peter Steinbach, Frankfurt am Main / Berlin / Wien 1976.
Rippel, Philipp / Herfried Münkler: «Der Diskurs und die Macht. Zur Nietzsche-Rezeption des Poststrukturalismus – Foucault, Lévy, Glucksmann»; in: *Politische Vierteljahresschrift*, 23. Jg., 1982, S. 115–138.
Rippel, Philipp: «Die Geburt des Übermenschen aus dem Geist der Décadence. Zur begrifflichen und atmosphärischen Vorgeschichte von Nietzsches Anthropologisierung der Kunst»; in: ders. (Hg.), *Der Sturz der Idole. Nietzsches Umwertung von Kultur und Subjekt*, Tübingen 1985, S. 21–50.
Ritter, Joachim: «Hegel und die französische Revolution»; in: ders., *Metaphysik und Politik. Studien zu Aristoteles und Hegel*, Frankfurt am Main 1969, S. 183–233.
Rose, Herbert J.: *Griechische Mythologie. Ein Handbuch* (1928), München 2003.
Rose, Paul Lawrence: *Richard Wagner und der Antisemitismus*. Aus dem Englischen von Angelika Beck, Zürich / München 1999.
Ders.: «Wagner, Hitler und historische Prophetie. Der geschichtliche Kontext von ‹Untergang›, ‹Vernichtung› und ‹Ausrottung›»; in: Friedländer / Rüsen (Hgg.), *Richard Wagner im Dritten Reich*, S. 283–308.
Ders.: «Wagner und Hitler – nach dem Holocaust»; in: Borchmeyer / Maayani / Vill (Hgg.), *Richard Wagner und die Juden*, S. 223–237.
Rosen, Zwi: «Moses Heß (1812–1875)»; in: Euchner, Walter (Hg.), *Klassiker des Sozialismus*, München 1991, Bd. 1, S. 121–138.
Ross, Alex: *Die Welt nach Wagner. Ein deutscher Künstler und sein Einfluss auf die Moderne*. Aus dem Englischen von Gloria Buschor und Günter Kotzor, Hamburg 2020.
Ross, Kristin: *Luxus für alle. Die politische Gedankenwelt der Pariser Kommune*. Aus dem Englischen von Felix Kurz, Berlin 2021.
Ross, Werner: *Der ängstliche Adler. Friedrich Nietzsches Leben*, München 1984.
Ders.: *Der wilde Nietzsche oder die Rückkehr des Dionysos*, Stuttgart 1994.
Roth, Regina: «Reparaturfall *Kapital*? Friedrich Engels und die Herausgabe der Bände 2 und 3 des *Kapital* von Karl Marx»; in: Illner u. a. (Hgg.), *Friedrich Engels*, S. 352–371.
Rudolph, Enno: *Wege der Macht. Philosophische Machttheorie von den Griechen bis heute*, Weilerswist 2017.
Ryffel, Heinrich: *Metabolè politeíon. Der Wandel der Staatsverfassungen*, Bern 1949.
Safranski, Rüdiger: *Nietzsche. Biographie seines Denkens*, München 2000.
Ders.: *Hölderlin. Komm! Ins Offene, Freund! Biographie*, München 2019.
Salin, Edgar: *Jacob Burckhardt und Nietzsche*, Heidelberg 1948.
Santaniello, Weaver: «Nietzsche und die Juden im Hinblick auf Christentum und

Nazismus – nach dem Holocaust» (1997); in: Niemeyer u. a. (Hgg.), *Friedrich Nietzsche*, S. 197–236.

Schadewaldt, Wolfgang: «Richard Wagner und die Griechen»; in: ders., *Hellas und Hesperien. Gesammelte Schriften zur Antike und zur neueren Literatur*, Zürich und Stuttgart 1970, Bd. 2, S. 341–405.

Schäfer, Peter: *Kurze Geschichte des Antisemitismus*, München 2020.

Schäfer, Rudolf: *Äschylos' Prometheus und Wagners Loge*, Bremen 1899.

Schelling, Friedrich Wilhelm Joseph: *Philosophische Untersuchungen über das Wesen der menschlichen Freiheit und die damit zusammenhängenden Gegenstände*. Mit einem Essay von Walter Schulz, Frankfurt am Main 1975.

Schieder, Wolfgang: *Karl Marx als Politiker*, München / Zürich 1991.

Ders.: «Die Wartburg als politisches Symbol der Deutschen»; in: Danuser / Münkler (Hgg.), *Deutsche Meister – böse Geister?*, S. 15–35.

Schiller, Friedrich: «Über die ästhetische Erziehung des Menschen, in einer Reihe von Briefen»; in: ders., *Werke*. Hrsg. von Ludwig Bellermann, Leipzig / Wien (= Meyers Klassiker-Ausgaben), Bd. 8, S. 170–282.

Schlesier, Renate / Gödde, Susanne (Hgg.): *Dionysos. Verwandlung und Ekstase*, Regensburg 2008.

Dies. (Hg.): *A different god? Dionysos and ancient polytheism*, Berlin / Boston, Mass. 2011.

Schlosser, Horst Dieter: *Die Macht der Worte. Ideologien und Sprache im 19. Jahrhundert*, Köln / Weimar / Wien 2016.

Schmidt, Alfred: *Der Begriff der Natur in der Lehre von Marx* (1962), Frankfurt am Main 1971.

Ders.: *Geschichte und Struktur. Fragen einer marxistischen Historik*, München 1971.

Ders.: *Emanzipatorische Sinnlichkeit. Ludwig Feuerbachs anthropologischer Materialismus*, München 1973.

Ders.: *Marx als Philosoph. Studien in der Perspektive Kritischer Theorie*. Hrsg. von Bernhard Görlich und Michael Jeske, Springe 2018.

Schmieder, Falko: *Ludwig Feuerbach und der Eingang der klassischen Fotografie Zum Verhältnis von anthropologischem und historischem Materialismus*, Berlin / Wien 2004.

Schnädelbach, Herbert: *Geschichtsphilosophie nach Hegel. Die Probleme des Historismus*, Freiburg / München 1974.

Scholz, Dieter David: *Ein deutsches Mißverständnis. Richard Wagner zwischen Barrikade und Walhalla*, Berlin 1997.

Schönfelder, Anna-Sophie: «Ruhe nach dem Sturm. Louis-Napoléon als zu korrigierender Fehler der Geschichte»; in: Bohlender u. a. (Hgg.), *«Kritik im Handgemenge»*, S. 97–137.

Schönherr-Mann, Hans-Martin (Hg.): *Der Wille zur Macht und die «große Politik». Friedrich Nietzsches Staatsverständnis*, Baden-Baden 2010.

Ders.: *Friedrich Nietzsche. Leben und Denken*, Wiesbaden 2020.

Schopenhauer, Arthur: *Die Welt als Wille und Vorstellung*. Zwei Bände in vier Teilbänden (= Werke in zehn Bänden. Züricher Ausgabe, Bde. I–IV), Zürich 1977.

Ders.: *Parerga und Paralipomena. Kleine philosophische Schriften* (= Werke in zehn Bänden, Bde. VII-X), Zürich 1977.

Schrage, Dominik: «Spottobjekt und Theorieproblem. Marx' Invektiven gegen die Kleinbürger»; in: Bies, Michael / Mengaldo, Elisabetta, *Marx konkret. Poetik und Ästhetik des ‹Kapitals›*, Göttingen 2020, S. 23–42.

Schulin, Ernst: *Die Französische Revolution*, München 1988.

Schulze-Wegener, Guntram: *Wilhelm I. Deutscher Kaiser – König von Preußen – Nationaler Mythos*, Berlin 2015.

Seidel, Dieter: *Julius Mosen. Leben und Werk. Eine Biographie*, Lappersdorf 2003.

Sennet, Richard: *Handwerk*. Aus dem Amerikanischen von Michael Bischoff, Berlin 2008.

Shaw, Bernard: *Ein Wagner-Brevier: Kommentar zum Ring des Nibelungen*. Aus dem Englischen von Bruno Vondenhoff, Frankfurt am Main 1973.

Sickel, Lothar: «Zwerg»; in: Fleckner, Uwe / Warnke, Martin / Ziegler, Hendrick (Hgg.), *Handbuch der politischen Ikonographie*, München 2011, Bd. 2, Berlin 2019, S. 567–574.

Sieferle, Rolf Peter: *Marx zur Einführung. Werke*, Bd. 4, Berlin 2019, S. 3–258.

Ders.: *Die Revolution in der Theorie von Karl Marx. Werke*, Bd. 4, Berlin 2019, S. 259–625.

Ders.: *Fortschrittsfeinde! Opposition gegen Technik und Industrie von der Romantik bis zur Gegenwart*, München 1984.

Sieg, Ulrich: *Die Macht des Willens. Elisabeth Förster-Nietzsche und ihre Welt*, München 2019.

Siemann, Wolfram: *Vom Staatenbund zum Nationalstaat. Deutschland 1806–1871*, München 1995.

Silberner, Edmund: *Sozialisten zur Judenfrage. Ein Beitrag zur Geschichte des Sozialismus vom Anfang des 19. Jahrhunderts bis 1914*, Berlin 1962.

Sofsky, Wolfgang: *Das Buch der Laster*, München 2009.

Sombart, Werner: *Der moderne Kapitalismus. Historisch-systematische Darstellung des gesamteuropäischen Wirtschaftslebens von seinen Anfängen bis zur Gegenwart* (1902). 6 Bde., Berlin 1969.

Ders.: *Die Juden und das Wirtschaftsleben*, Leipzig 1911.

Ders.: *Der Bourgeois. Zur Geistesgeschichte des modernen Wirtschaftsmenschen*, München / Leipzig 1913.

Sommer, Andreas Urs: *Friedrich Nietzsches «Der Antichrist». Ein philosophisch-historischer Kommentar*, Basel 2000.

Ders.: *Nietzsche und die Folgen*, Stuttgart 2017.

Sorel, Georges: *Über die Gewalt* (1908). Übersetzt von Ludwig Oppenheim (1928). Mit einem Nachwort von George Lichtheim, Frankfurt am Main 1981.

Sorgner, Stefan Lorenz / Birx, H. James / Knoepffler, Nikolaus (Hgg.): *Wagner und Nietzsche. Kultur – Werk – Wirkung. Ein Handbuch*, Reinbek bei Hamburg 2008.

Sperber, Jonathan: *Karl Marx. Sein Leben und sein Jahrhundert*. Aus dem Englischen von Thomas Atzert, Friedrich Griese und Karl Heinz Siber, München 2013.

Spotts, Frederic: *Bayreuth. Eine Geschichte der Wagner-Festspiele*. Aus dem Englischen von Hans J. Jacobs, München 1994.

Stanford, Peter: *Der Teufel. Eine Biographie*. Aus dem Englischen von Peter Knecht, Frankfurt am Main / Leipzig 2000.

Steinbach, Matthias: *«Also sprach Sarah Tustra». Nietzsches sozialistische Irrfahrten*, Halle 2020.
Stephan, Paul: «Marx' Gespenst: Die Kritik des Lumpen»; in: Bohlender u. a. (Hgg.), *«Kritik im Handgemenge»*, S. 51–72.
Sternhell, Zeev / Sznajder, Mario / Asheri, Maia: *Die Entstehung der faschistischen Ideologie. Von Sorel zu Mussolini*. Aus dem Französischen von Cornelia Langendorf, Hamburg 1999.
Stockhammer, Nicolas: *Das Prinzip Macht. Die Rationalität politischer Macht bei Thukydides, Machiavelli und Michel Foucault*, Baden-Baden 2009.
Storch, Wolfgang (Hg.): *Die Nibelungen. Bilder von Liebe, Verrat und Untergang*, München 1987.
Ders. / Damerau, Burghard (Hgg.): *Mythos Prometheus. Texte von Hesiod bis René Char*, Leipzig 1995.
Ders.: «Pometheus»; in: Storch / Damerau (Hgg.), *Mythos Prometheus*, S. 9–17.
Ders. (Hg.): *Der Raum Bayreuth. Ein Auftrag aus der Zukunft*, Frankfurt am Main 2002.
Tauber, Christine: *Ludwig II. Das phantastische Leben des Königs von Bayern*, München 2013.
Thiess, Erich (Hg.): *Ludwig Feuerbach*, Darmstadt 1976.
Thompson, P. Edward: *Plebeische Kultur und moralische Ökonomie. Sozialgeschichte des 18. und 19. Jahrhunderts*. Ausgewählt und eingeleitet von Dieter Groh, übersetzt von Günther Lottes, Frankfurt am Main / Berlin / Wien 1980.
Tocqueville, Alexis de: *Der alte Staat und die Revolution*. Übersetzt von Theodor Oelckers, durchgesehen von Rüdiger Volhard. Hrsg. von Jacob Peter Mayer, Reinbek bei Hamburg 1969.
Tönnies, Ferdinand: *Der Nietzsche-Kultus. Eine Kritik*. Hrsg. von Günther Rudolph, Berlin 1990.
Toussenel, Alphonse: *Les Juifs. Rois de l'époque: histoire de la feódalité financière* (1845), Paris 2018.
Umbach, Klaus (Hg.): *Richard Wagner. Ein deutsches Ärgernis*, Reinbek bei Hamburg 1982.
Veltzke, Veit: *Der Mythos des Erlösers. Richard Wagners Traumwelten und die deutsche Gesellschaft 1871–1918*, Stuttgart 2002.
Vernant, Jean-Pierre: *Der maskierte Dionysos. Stadtplanung und Geschlechterrollen in der griechischen Antike*. Mit einem Vorwort aus dem Französischen vom Horst Günther, Berlin 1996.
Vieweg, Klaus: *Hegel. Der Philosoph der Freiheit. Biographie*, München 2019.
Vivarelli, Violetta: «Das Nietzsche-Bild in der Presse der deutschen Sozialdemokratie um die Jahrhundertwende»; in: *Nietzsche-Studien*, Bd. 13, 1984, S. 521–569.
Voegelin, Eric: *Das Volk Gottes. Sektenbewegungen und der Geist der Moderne*. Hrsg., eingeleitet und mit einem Essay von Peter J. Opitz, München 1994.
Volz, Pia D.: *Nietzsche im Labyrinth seiner Krankheit. Eine medizinisch-biographische Untersuchung*, Würzburg 1990.
Wagner-Netzwerk des Richard-Wagner-Verbands International e. V.: https://www.richard-wagner.org/rwvi/en/.

Wagner, Cosima: *Die Tagebücher in zwei Bänden.* Vollständiger, durchgesehener Neusatz bearbeitet und eingerichtet von Michael Holzinger, Berlin 2015.
Wagner, Richard: *Sämtliche Schriften und Dichtungen (SSD),* 12 Bde., Leipzig 1871–1883.
Ders.: *Sämtliche Briefe,* hrsg. von der Richard-Wagner-Stiftung Bayreuth, 18 Bde., Leipzig/Wiesbaden 1967 ff.
Ders.: *Dichtungen und Schriften. Jubiläumsausgabe in zehn Bänden (DuS).* Hrsg. von Dieter Borchmeyer, Frankfurt am Main 1983.
Ders.: *Sämtliche Briefe.* Hg. von Gertrud Strobel und Werner Wolf, 4 Bde., Leipzig 1967–1979.
Ders.: *Briefe.* Ausgewählt, eingeleitet und kommentiert von Hanjo Kesting, München Zürich 1983.
Ders.: *Mein Leben.* Hg. von Martin Gregor-Dellin, München 1983.
Ders.: *Das Braune Buch. Tagebuchaufzeichnungen 1865 bis 1882.* Hrsg. von Joachim Bergfeld, München/Zürich 1988.
Walter, Michael: *Hitler in der Oper. Deutsches Musikleben 1919–1945,* Stuttgart Weimar 1995.
Wapnewski, Peter: *Der traurige Gott. Richard Wagner in seinen Helden,* München 1982.
Ders.: «Die Oper Richard Wagners als Dichtung»; in Müller/Wapnewski (Hgg.), *Richard-Wagner-Handbuch,* S. 223–352.
Ders.: *Weißt du wie das wird …? Richard Wagner, Der Ring des Nibelungen.* Erzählt, erläutert und kommentiert, München/Zürich 1995.
Wapnewski, Peter: «Richard Wagners Lichtgestalten und der deutsche Nationalmythos»; in: Danuser/Münkler (Hgg.), *Deutsche Meister – böse Geister?,* S. 75–94.
Waszek, Norbert: «Die Hegelsche-Schule»; in: Fetscher/Münkler (Hgg.), *Pipers Handbuch der politischen Ideen,* Bd. 4, München 1986, S. 232–246 und 252–254.
Weber, Max: *Wissenschaft als Beruf 1917/1919. Politik als Beruf 1919.* Hrsg. von Wolfgang J. Mommsen und Wolfgang Schluchter, Tübingen 1992 (Gesamtausgabe, Bd. I/17).
Ders.: *Religion und Gesellschaft. Gesammelte Aufsätze zur Religionssoziologie,* Neu-Isenburg 2006.
Weckwerth, Christine: *Ludwig Feuerbach zur Einführung,* Hamburg 2002.
Weiner, Marc A.: *Antisemitische Phantasien. Die Musikdramen Richard Wagners.* Aus dem Amerikanischen von Henning Thies, Berlin 2000.
Weinland, Helmuth: *Richard Wagner. Zwischen Beethoven und Schönberg.* (= Musik-Konzepte), Heft 59, 1988.
Weiss, Peter: *Die Ästhetik des Widerstands,* Frankfurt am Main 1983.
Wetz, Franz Josef: *Friedrich W. J. Schelling zur Einführung,* Hamburg 1996.
Wheen, Francis: *Karl Marx.* Aus dem Englischen von Helmut Ettinger, München 2001.
Wille, Eliza: *Erinnerungen an Richard Wagner,* München 1935.
Willms, Johannes: *Napoleon III. Frankreichs letzter Kaiser,* München 2008.
Wippermann, Wolfgang: *Die Bonapartismustheorie von Marx und Engels,* Stuttgart 1982.
Wittstock, Uwe: *Karl Marx beim Barbier. Leben und letzte Reise eines deutschen Revolutionärs,* München 2018.
Yovel, Yirmiyahu: *Dark Riddle: Hegel, Nietzsche and the Jews,* Cambridge 1996.

Ders.: «‹Nietzsche contra Wagner› und die Juden»; in: Borchmeyer / Maayani / Vill (Hgg.), *Richard Wagner und die Juden*, S. 122–143.

Zehle, Sibylle: *Minna Wagner. Eine Spurensuche*, Hamburg 2004.

Zelinksky, Hartmut: *Richard Wagner – ein deutsches Thema. Eine Dokumentation zur Wirkungsgeschichte Richard Wagners 1876–1976*, Frankfurt am Main 1976.

Ders.: «Die ‹Feuerkur› des Richard Wagner oder die ‹neue religion› der ‹Erlösung› durch ‹Vernichtung›»; in: *Musik-Konzepte*, Nr. 5, 1981: *Richard Wagner. Wie antisemitisch darf ein Künstler sein?*, S. 79–112.

Ders.: «Die deutsche Losung Siegfried oder die ‹innere Notwendigkeit› des Juden-Fluches im Werk Richard Wagners»; in: Bermbach (Hg.), *In den Trümmern der eignen Welt*, S. 201–249.

Zimmermann, Bernhard (Hg.): *Mythos Odysseus. Texte von Homer bis Günter Kunert*, Leipzig 2004.

Zöller, Günter: «Schopenhauer»; in: Sorgner / Birx / Knoepffler (Hgg.), *Wagner und Nietzsche*, S. 355–372.

Zuckermann, Moshe: *Wagner. Ein ewig deutsches Ärgernis*, Frankfurt am Main 2020.

NAMENREGISTER

A

Abel 252, 471
Achill 598
Adam 253, 269, 338
Adorno, Theodor W. 242, 324, 397, 457, 472–474, 484, 660, 666
Ahasver 312 f., 474, 649
Aischylos 34, 38 f., 53, 63 f., 72 f., 91, 225, 233, 315, 325, 327 f., 330, 332 f., 576, 624, 642, 650 f., 654
Alberich (*Ring*) 78, 226–234, 236, 268, 331, 341, 372–374, 376 f., 379–386, 391, 397, 411, 472 f., 476, 646
Alexander I., russischer Zar 154
Alexander II., russischer Zar 569
Alexander III. (der Große), König von Makedonien 38 f., 53
Amfortas (*Parsifal*) 116 f., 136, 250, 258, 260, 263, 267 f., 270, 275, 279, 282
Anders, Günther 330
Antigone 317 f., 321–324
Antipatros 90
Aphrodite 288, 598
Apoll 41, 66, 73, 75–81, 133, 307, 333–335
Aristoteles 90, 512
Arkwright, Richard 565
Arndt, Ernst Moritz 173, 181
Assing, Ludmilla 450
Augustinus 212
Avenarius, Cäcilie 499

B

Bach, Johann Sebastian 82, 126, 580
Bacon, Francis 277

Baeumler, Alfred 15, 613 f.
Bakunin, Michail Alexandrowitsch 36, 58, 67, 237 f., 455 f., 495, 497, 502, 520, 560, 567 f., 628, 675
Bamberger, Ludwig 121
Barrabas 253 f.
Barrot, Odilon 555
Bataille, Georges 490, 525, 614, 631
Battista (Engels, *Cola di Rienzi*) 516, 519
Bauer, Bruno 35, 239, 438, 441–446, 454, 661
Bauer, Franz J. 624
Bebel, August 203
Beckmesser, Sixtus (*Meistersinger*) 472 f., 476
Beethoven, Ludwig van 64, 82, 183, 579–581, 584 f., 676
Benjamin, Walter 246
Bergson, Henri 559
Berlin, Isaiah 679
Berlioz, Hector 574, 585
Bermbach, Udo 277 f., 498, 607, 624, 641, 645, 664, 676
Bernhard von Clairvaux 665
Bernstein, Eduard 427
Bismarck, Otto von 25, 32, 49 f., 134, 142, 150–155, 160, 162–164, 168, 173–176, 178 f., 187 f., 191, 195, 197, 202–205, 349, 432, 438, 545 f., 637
Blanqui, Adolphe Jérôme 548 f., 554, 568
Bloch, Ernst 277, 503
Blücher, Gebhard Leberecht von 196
Blumenberg, Hans 643, 649
Böhme, Hartmut 641

Bohrer, Karl Heinz 81
Bonald, Louis-Gabriel-Ambroise de 248
Bonaparte, Charles Louis Napoléon s. Napoleon III.
Bonaparte, Napoléon s. Napoleon I.
Borchmeyer, Dieter 473, 637, 643, 646
Borgia, Cesare 506
Boulez, Pierre 609
Brahms, Johannes 586
Brumlik, Micha 661
Brunkhorst, Hauke 661
Brünnhilde (*Ring*) 83, 229, 234–236, 255, 257, 326, 340–344, 346, 500, 642
Brutus 514
Bucher, Lothar 163, 637
Büchner, Georg 365
Bülow, Hans von 30 f.
Bulwer-Lytton, Edward 508, 510 f., 669
Burckhardt, Jacob 432, 450, 537, 600 f., 662
Burke, Edmund 631
Burns, Lydia 667
Burns, Mary 125, 667
Busch, Wilhelm 494, 500

C

Cagliostro, Alessandro Graf von 97
Caillois, Roger 525, 631
Camphausen, Wilhelm 203
Camus, Albert 525
Carlyle, Thomas 418, 520
Cavaignac, Louis-Eugène 363, 398–400
Chamberlain, Houston Stewart 608
Chéreau, Patrice 16, 609, 624
Christus s. Jesus von Nazareth
Cicero, Marcus Tullius 90
Clément Thomas, Jacques Léon 531
Cola di Rienzo 507–519, 547, 669
Colli, Giorgio 15, 490, 614
Colonna, Adriano (*Rienzi*) 511, 513
Colonna, Camilla (Wagner, *Rienzi*/Engels, *Cola di Rienzi*) 511 f., 517–519, 670
Colonna, Steffano (Wagner, *Rienzi*/Engels, *Cola di Rienzi*) 511, 513, 516–518

Comte, Auguste 20, 349
Cortés, Juan Donoso 248

D

d'Agoult, Marie 30
Dädalos 90
Dahlhaus, Carl 583, 585, 589
Daland (*Fliegender Holländer*) 312
Dante Alighieri 624
Danto, Arthur C. 615
Danton, Georges 347
Danuser, Hermann 645, 676
Darwin, Charles 20, 215, 282, 463, 483
David 253
David, Jacques-Louis 351
Deleuze, Gilles 614
Demokrit 63, 326, 449
Demuth, Frederick 111
Demuth, Helena 111, 120, 633
Descartes, René 238, 593
Detienne, Marcel 630
Deussen, Paul 114, 601
Deutsch, Simon 26
Devrient, Eduard 628
Diogenes 536
Dionysos 41, 66, 73, 76–82, 108, 114, 130, 133, 307, 333–335, 506, 525, 559, 593, 600, 630, 632
Donner (*Ring*) 331
Dönniges, Helene von 449
Dortu, Maximilian 628
Dostojewski, Fjodor Michailowitsch 604
Draner (eigtl. Jules Jean Georges Renard) 197
Droysen, Johann Gustav 64
Drüner, Ulrich 663
Dühring, Eugen 448, 477 f., 661

E

Eberlein, Gustav 611
Eckermann, Johann Peter 349
Eichhorn, Mathias 678
Elisabeth (*Tannhäuser*) 255, 500
Elsa (*Lohengrin*) 70, 266
Empedokles 671

Namenregister

Engels, Friedrich 13–15., 26f., 30, 33f., 50f., 56, 65, 68, 85, 95, 101–103, 113, 119, 121–125, 130, 145, 150, 153–162, 166, 175–177, 179f., 180, 187, 194, 200–204, 209, 239f., 297, 338–340, 366, 393f., 415, 427, 448–451, 504, 508–511, 515–519, 547f., 552–556, 560, 567, 603–606, 610, 623–625, 629, 633f., 636, 638f., 654, 667, 669, 673f.
Epikur 63, 111, 326, 440, 449, 599
Epimetheus 337
Erda (*Ring*) 225, 227–229, 235, 371, 642, 656
Eros 288, 598
Eteokles 318f., 321–323
Euripides 73–75, 80
Eva 269, 272, 338

F

Fafner (*Ring*) 226, 263, 331, 345, 372f., 377–381, 386
Fasolt (*Ring*) 226, 372f., 375f., 378–381, 386
Favre, Jules 528, 671
Ferdinand I., Kaiser von Österreich 447
Ferry, Jules 528, 671
Fetscher, Iring 678
Feuerbach, Ludwig 78, 96, 118, 136, 209–211, 213, 217, 231, 238, 277f., 280, 310, 455, 506f., 576, 588, 592, 627, 640, 644, 668
Fichte, Johann Gottlieb 636
Fischer, Jens Malte 662
Fischer, Karsten 678
Flosshilde (*Ring*) 656
Fontane, Theodor 500
Förster, Bernhard 477, 481–483
Förster-Nietzsche, Elisabeth 13–15., 19f., 37, 43, 105, 128, 194, 433, 476f., 480f., 483, 490, 610, 613f., 617, 668, 678, 680
Foucault, Michel 591, 614, 677
Fourier, Charles 448, 661
Frantz, Constantin 164–167, 169
Franz von Sickingen 519

Freia (*Ring*) 330–332, 373, 375, 377f., 380f., 384, 386, 577
Freud, Sigmund 99, 344, 381, 430, 596, 678
Freund, Wilhelm Alexander 32
Fricka (*Ring*) 31, 330, 374–377, 381, 500, 656
Friedländer, Saul 472, 664
Friedrich August II., König von Sachsen 57
Friedrich II. (der Große), König von Preußen 520
Friedrich III., preußischer Kronprinz, deutscher Kaiser 168
Friedrich Wilhelm IV., König von Preußen 83f., 173, 442, 447
Friedrich Wilhelm, Kurfürst von Hessen-Kassel 152
Friedrich, Sven 650
Furet, François 673

G

Gall, Lothar 636
Gamuret 262
Garibaldi, Guiseppe 510
Gast, Peter (eigtl. Heinrich Köselitz) 13–15, 303, 596, 610, 613, 668, 678
Georg V., König von Hannover 152
Germania 143, 198
Gersdorff, Carl von 108, 128, 194, 522–524, 670
Geyer, Ludwig (Stiefvater von Richard Wagner) 102f., 472
Gfrörer, August Friedrich 270
Gibbon, Edward 463
Gideon 470
Girard, René 631
Glucksmann, André 659, 672
Gobineau, Arthur de 462f., 663
Goethe, Johann Wolfgang 26, 38, 64, 79, 183, 191, 264, 349, 389, 624f.
Gramsci, Antonio 242
Gregor-Dellin, Martin (eigtl. Martin Gustav Schmidt) 633
Griewank, Karl 668

Grimm, Jacob 651
Gurnemanz (*Parsifal*) 263 f., 268, 274–277

H

Hagen (*Ring*) 234
Haimon 324
Hanfstaengl, Franz 48
Hannibal 351
Hanslick, Eduard 472
Hanuman (indische Mythologie) 566
Havel, Václav 672
Haydn, Joseph 581
Hegel, Georg Wilhelm Friedrich 19, 65–67, 144, 146, 149, 180, 191, 209, 217, 295, 309, 327, 366, 389 f., 417, 441, 444, 455, 484, 504, 550, 564, 635 f., 649, 662, 673
Heine, Heinrich 26, 35 f., 81 f., 85, 144, 148, 177, 179, 211 f., 339 f., 364, 636, 649, 652
Heinrich I. (der Vogler), deutscher König (*Lohengrin*) 147
Heller, Ágnes 133, 630
Hellfeld, Matthias von 624
Hephaistos 90, 327, 598
Herakles 328, 524
Heraklit 449
Hermes 90, 327, 361
Herwegh, Georg 36, 50, 198, 367, 575, 626 f., 652
Herzeleide (*Parsifal*) 262 f.
Hesiod 325
Heß, Moses 450
Heuser, Gustav 508
Hitler, Adolf 472, 508, 510, 608, 614, 664, 669
Hobbes, Thomas 231, 534, 672
Hobsbawm, Eric 19
Hoffmann, Ernst Theodor Amadeus 315
Hofmann, Peter 646
Hölderlin, Friedrich 65–67, 309, 625
Holländer (*Fliegender Holländer*) 70, 311–314
Hörisch, Jochen 625, 653
Horkheimer, Max 242, 324, 510
Hugo, Victor 639

Hunding (*Ring*) 31, 500
Hutten, Ulrich von 661

I

Irene (*Rienzi*) 511–513, 515
Isolde (*Tristan*) 284

J

Janz, Curt Paul 632
Jesaja 278
Jesus von Nazareth 108, 117, 142, 144, 209, 214, 251–257, 260 f., 264, 267 f., 270, 272 f., 276, 278, 302, 312, 325, 341, 466, 468–470, 477, 480, 490, 593–597, 604, 608, 632, 644, 651, 663
Jokaste 318, 322
Joseph von Arimathia 117, 260
Josua 470, 531
Joukowsky, Paul von 617
Judas (*Jesus von Nazareth*) 254
Jung, Carl Gustav 344
Jupiter 90, 577

K

Kain 252, 471
Kaiphas (*Jesus von Nazareth*) 254 f.
Kant, Immanuel 82, 191, 282, 326
Kautsky, Karl 297, 558, 605, 643
Kerbel, Lew Jefimowitsch 611
Kienzle, Ulrike 645
Klingsor (*Parsifal*) 117, 258, 260, 267–273
Knoblauch, Eduard 467
Knoepffler, Nikolaus 646
Koehler, Robert 555
Kofman, Sarah 490, 614 f., 666
Köhler, Joachim 116, 598, 626, 632, 664, 678
Kolakowski, Leszek 679
Konrád, György 672
Konstantin I. (der Große), römischer Kaiser 364
Köselitz, Heinrich s. Gast, Peter
Koselleck, Reinhart 616
Kossuth, Lajos 510
Kowalewsky, Maxim 568

Kreon 319 f., 322–324
Kröplin, Eckart 35, 127, 653
Kropotkin, Peter 672
Kugelmann, Gertrud 27
Kugelmann, Louis 25, 27, 548
Kundry (*Parsifal*) 117, 250, 259 f., 262, 268, 271–273, 275 f., 284, 476
Künzli, Arnold 632
Kurz, Heinz D. 624

L

La Bruyère, Jean de 593
La Rochefoucauld, François de 593
Lafargue, Paul 119, 121
Laios 318, 320 f., 323, 325
Lassalle, Ferdinand 122, 151, 154, 163, 448–451, 453, 495, 519, 636
Le Bon, Gustave 430
Lebœuf, Edmond 635
Lecomte, Claude 531
Leibniz, Gottfried Wilhelm 191
Lenin, Wladimir Iljitsch 557 f., 560, 605, 615, 643
Lessing, Gotthold Ephraim 512
Lévi-Strauss, Claude 225, 270, 646
Lévy, Bernard-Henri 659
Liebig, Justus von 102
Liebknecht, Wilhelm 176, 202 f., 546 f.
Lincoln, Abraham 417–420
Liszt, Franz 30 f., 57, 132, 457, 461, 585 f.
Livius, Titus 512
Locke, John 231, 534, 672
Loge (*Ring*) 227, 326, 330–332, 342, 373, 375, 378, 380, 382–384, 386, 397, 473, 642, 646, 656
Lohengrin (*Lohengrin*) 70, 72, 266
Loki (nordische Mythologie) 651
Longinus 117, 260
Lormier, Marie 103
Louis-Philippe, König von Frankreich 396, 447 f.
Löwith, Karl 366, 640, 648
Lucretia 514
Ludwig II., König von Bayern 46–50, 55 f., 58, 123–126, 139, 163–173, 247–249, 317, 458, 501, 627–629, 663
Ludwig XIV., König von Frankreich 146
Lukács, Georg 217, 591, 615, 641
Lukian 328, 335
Luther, Martin 144, 335, 350, 595, 599
Luxemburg, Rosa 557 f.
Luzifer s. Satan

M

Machiavelli, Niccolò 191, 281
Mac-Mahon, Patrice de 549
Mahnkopf, Claus-Steffen 584 f., 676
Maistre, Joseph de 248
Mann, Thomas 584, 654
Marcuse, Herbert 641
Maria 490
Maria Magdalena (*Jesus von Nazareth*) 253, 255, 271, 276
Marr, Wilhelm 42, 437, 626
Marti(-Brander), Urs 426, 661
Marx Levy, Mordechai (Großvater) 439
Marx, Edgar (gen. Musch, Sohn) 104, 111, 113
Marx, Eleanor (gen. Tussy, Tochter) 25–28, 32, 111, 623
Marx, Heinrich (Vater) 99, 104, 439, 504
Marx, Henriette (Mutter) 104, 121 f.
Marx, Jenny (Ehefrau) 36, 111 f., 119–121, 128, 145, 204, 560
Marx, Jenny (Tochter) 30, 111, 135, 204, 624
Marx, Laura (Tochter) 100, 111, 119 f., 204
Mattioli, Aram 661
Maud, William T. 385
Maurer, Georg Ludwig von 568
Mayer, Hans 47, 231, 237, 624, 640
Meier, Christian 278
Meier, Heinrich 306, 635
Mendelssohn Bartholdy, Felix 460, 584
Mendès, Catulle 145, 601, 678
Mendès-Gautier, Judith 145
Merkur 361 f.

Meyerbeer, Giacomo 125, 455–457, 459 f., 579
Michels, Robert 281, 333
Michnik, Adam 672
Mill, John Stuart 606
Mime (*Ring*) 232 f., 331, 376, 381–383, 397, 472–474, 476
Minerva 180
Minotaurus 126
Moltke, Helmuth von 150, 195, 201
Mommsen, Theodor 438
Montaigne, Michel de 593
Montinari, Mazzino 15, 490, 614
Morgan, Lewis Henry 568, 625
Morris, William 557
Morus, Thomas 277
Mosen, Julius 508, 510, 669
Mosengel, Adolf 192
Moses 391, 449, 470
Mozart, Wolfgang Amadeus 183, 581
Muchanoff, Marie 662
Munch, Edvard 611
Mussolini, Benito 510, 560, 614, 658

N

Napoleon I., Kaiser von Frankreich 18, 144, 154, 346–352, 365, 394, 399–401, 409–411, 415, 529, 544, 550 f., 652
Napoleon III., Kaiser von Frankreich 32, 64, 140, 142, 144, 146 f., 154–157, 160, 175 f., 179, 196, 203–205, 327, 347 f., 394, 398–406, 408–412, 417–419, 448, 501, 529, 542, 544 f., 656–658
Naumann, Constantin Georg 641
Nero 79
Nietzsche, Carl Ludwig (Vater) 105–107, 110
Nietzsche, Elisabeth (Schwester) s. Förster-Nietzsche, Elisabeth
Nietzsche, Franziska (Mutter) 19, 105 f., 108, 128, 192 f., 481, 610
Nikolaus I., russischer Zar 447
Nippel, Wilfried 667
Nohl, Ludwig 44

O

Ödipus 80, 318–320, 322, 325, 596
Odysseus 70, 311–314, 649
Offenbach, Jacques 30 f.
Olde, Hans 433
Orest 80
Orgeluse 271
Orosius, Paulus 212
Orsini, Orlando (Engels, *Cola di Rienzi*) 517 f.
Orsini, Paolo (Wagner, *Rienzi*/Engels, *Cola di Rienzi*) 513, 516 f.
Ortega y Gasset, José 430
Ortrud (*Lohengrin*) 266
Osterhammel, Jürgen 624
Ottmann, Henning 679
Overbeck, Franz 476, 610, 623

P

Pandora 337
Pareto, Vilfredo 281, 333
Parsifal (*Parsifal*) 117, 257–264, 267–276, 282
Paulus 288, 325, 477, 487 f., 490, 593–600, 667
Penelope 70, 313
Pepperle, Heinz 641
Pepperle, Ingrid 641
Perikles 654
Petrus 288, 490, 594
Pfefferkorn, Johannes 661
Pfistermeister, Franz Seraph von 49
Philips, Antoinette 450
Philips, Lion 121
Picard, Ernest 528, 671
Pieper, Wilhelm 28, 30, 120, 586
Pilatus, Pontius 253–255
Planer, Minna s. Wagner, Minna
Platon 424, 587
Plechanow, Georgi Walentinowitsch 567, 605
Plumpe, Werner 624
Pogliaghi, Ludovico 509
Pohl, Richard 44
Polyneikes 318 f., 321–323

Namenregister

Popper, Karl 501, 668
Porges, Heinrich 315
Prometheus 80, 325–330, 332–338, 346, 352, 421, 642, 650
Proudhon, Pierre-Joseph 68, 70, 135, 177, 448, 455f., 548f., 554, 650, 668
Pythia 320
Python 79

R

Raimondo (*Rienzi*) 513
Rée, Paul 129, 453, 506, 600
Renan, Ernest 270f., 648, 666
Reuchlin, Johannes 661
Ricardo, David 366, 368, 505
Richet, Denis 673
Riefenstahl, Leni 637
Riehl, Wilhelm Heinrich 406
Ritschl, Friedrich 194
Ritter, Joachim 631
Rjazanow, David 623
Robespierre, Maximilien de 257, 347, 550, 644
Röckel, August 455f., 495, 625, 628
Rogge, Bernhard 144f.
Rohde, Erwin 114, 130, 626
Rose, Paul Lawrence 660f., 664
Rosenstand, Emil 367
Ross, Kristin 671
Ross, Werner 108, 525, 632, 676
Rothschild, Amschel Mayer 447
Rousseau, Jean-Jacques 318, 352, 442, 654
Ruge, Arnold 35f.

S

Sabbala (indische Mythologie) 566
Sachs, Hans (*Meistersinger*) 170, 316
Safranski, Rüdiger 626, 632, 668
Saint-Just, Louis Antoine de 347, 550, 644
Saint-Simon, Henri de 20
Salis, Meta von 432, 438, 601, 680
Salomé, Lou 128f., 600
Santaniello, Weaver 667
Sassulitsch, Wera Iwanowna 567–570
Satan 269f., 325

Schadewaldt, Wolfgang 629
Schelling, Friedrich Wilhelm Joseph 65–67, 309
Schemann, Ludwig 663
Schiller, Friedrich 38, 146, 167, 171, 183, 635, 637
Schlechta, Karl 15, 614
Schlieffen, Alfred von 159
Schlosser, Horst Dieter 668
Schmeitzner, Ernst 610
Schmidt, Alfred 630
Schneckenburger, Max 198
Scholz, Dieter David 660
Schönbein, Christian Friedrich 102
Schönberg, Arnold 585
Schönherr-Mann, Hans-Martin 614f.
Schopenhauer, Arthur 33, 73, 75, 82, 96, 114, 134, 185, 191, 224, 236, 242, 247f., 256f., 270, 277, 282, 299, 310, 343f., 346, 422, 463, 469, 500, 506, 534f., 538, 575f., 587–589, 607, 640, 642–644, 646, 652, 659, 666, 672
Schulin, Ernst 673
Schumann, Robert 35, 132, 584
Semele 70, 72
Senta (*Fliegender Holländer*) 255, 312, 500
Shakespeare, William 32, 74, 91, 111, 180, 315, 624f.
Shaw, Bernard 656
Sieferle, Rolf Peter 556, 671, 674
Sieg, Ulrich 680
Siegfried (*Ring*) 82f., 85, 131, 234–236, 257, 261–263, 268, 271, 310, 338–346, 378, 473, 556, 651
Sieglinde (*Ring*) 31, 34, 500
Siegmund (*Ring*) 31, 34, 232, 271
Smith, Adam 359, 366, 368, 505, 649
Sokrates 75, 80, 630
Sombart, Werner 439, 647, 660
Sophokles 72f., 91, 318, 321, 576, 654
Sorel, Georges 557, 559f.
Spencer, Herbert 20, 349
Sperber, Jonathan 113, 635
Spinoza, Baruch de 279
Stalin, Josef 604

Stassen, Franz 227, 259, 345
Stedman Jones, Gareth 623 f., 661, 675
Stein, Lorenz von 606
Stieber, Wilhelm 142
Stirner, Max 239, 385, 656
Stoecker, Adolf 144 f., 432, 438
Strauß, David Friedrich 33, 189
Stüler, Friedrich August 467
Sumner Maine, Henry 568
Sybel, Heinrich von 482

T

Tannhäuser (*Tannhäuser*) 114, 315
Tarquinius, römischer König 514
Thiers, Adolphe 528, 531, 544–546, 671
Tieck, Ludwig 315
Titurel (*Parsifal*) 267, 270, 275
Tocqueville, Alexis de 527, 606
Toussenel, Alphonse 448, 661
Treitschke, Heinrich von 437 f., 482
Trepow, Fjodor Fjodorowitsch 569
Trotzki, Leo Davidowitsch 643
Trump, Donald 657

U

Uhlig, Theodor 54, 196, 456
Umbach, Klaus 664

V

Varnhagen von Ense, Karl August 450
Vauvenargues, Luc de Clapiers, Marquis de 593
Venus 272, 577
Verdi, Giuseppe 512
Vergil 278
Vernant, Jean-Pierre 630
Vernet, Horace 402
Viktor Emanuel II. (Vittorio Emanuele), König von Sardinien-Piemont, König von Italien 157, 601
Vischer, Friedrich Theodor 625
Vischer, Wilhelm 140, 522
Voegelin, Eric 640
Voltaire 213, 280, 666
Vulcanus 90

W

Wagner, Carl Friedrich Wilhelm (Vater) 104 f.
Wagner, Cosima (2. Ehefrau) 13 f., 30 f., 37, 39, 42, 46 f., 49, 108 f., 117, 123, 128, 196–198., 214, 226, 270, 346, 438 f., 453, 504, 520, 522, 591, 608, 610, 660, 677, 680
Wagner, Johanna Rosine (Mutter) 104
Wagner, Minna (1. Ehefrau) 35, 115, 125, 127 f., 498 f., 668
Wagner, Rosalie (Schwester) 104
Wagner, Siegfried (Sohn) 608
Wagner, Wieland (Enkel) 214
Wagner, Winifred (Schwiegertochter) 214, 608
Wagner, Wolfgang (Enkel) 214
Walter von Montreal (Wagner, *Rienzi*/ Engels, *Cola di Rienzi*) 511, 518 f.
Walther von Stolzing (*Meistersinger*) 170
Wapnewski, Peter 642, 645
Washington, George 417
Weber, Carl Maria von 580
Weber, Max 68, 88, 99, 281, 369, 429, 439, 631
Weger, August 209
Weidig, Friedrich Ludwig 365
Weiner, Marc A. 660, 663 f.
Weiss, Peter 651
Werner, Anton von 611
Wesendonck, Mathilde 115, 645
Wesendonck, Otto 115, 125
Westphalen, Caroline von (Mutter von Jenny Marx) 121
Westphalen, Edgar von (Bruder von Jenny Marx) 121
Westphalen, Jenny von s. Marx, Jenny (Ehefrau)
Wilamowitz-Moellendorff, Ulrich von 41, 132
Wilhelm I., König von Preußen, deutscher Kaiser 49, 50, 56 f., 59, 141 f., 144, 168, 173, 201, 432, 438, 546, 628, 637
Wilhelm II., König von Preußen, deutscher Kaiser 144

Wilhelm IV., König von Preußen 56
Wilhelm, Karl 198
Wille, Eliza 126
Wille, François 126
Winckelmann, Johann Joachim 77, 79
Wolfram von Eschenbach 116, 258 f., 268, 270 f.
Wolzogen, Hans von 37, 608, 626
Wotan (*Ring*) 31 f., 71, 78, 83, 225–237, 257, 268, 330–332, 341–344, 371–378, 380–386, 393, 397, 404, 411, 473, 497, 500, 555 f., 577, 642, 646, 648, 655 f., 658
Würzbach, Friedrich 678

Z

Zarathustra 108, 220–223, 286, 299, 302, 306 f., 477, 525–527, 535 f., 590 f., 593
Zelinsky, Hartmut 660, 664
Zeus 70, 72, 327, 330, 333, 374, 642
Zuckermann, Mosche 660

DANK

Das Buch hat eine lange Vorgeschichte, eine längere jedenfalls als meine anderen Publikationen. Im Rückblick ist mir aufgefallen, dass ich mich bereits während meiner Frankfurter Assistentenzeit in kleineren Veröffentlichungen sowohl mit Wagner und Marx als auch mit Nietzsche beschäftigt habe. Nach Antritt der Berliner Professur habe ich zu Marx dann nur wenig veröffentlicht; seit Anfang 1993 war ich in der Berlin-Brandenburgischen Akademie der Wissenschaften mit der Weiterführung der *Marx-Engels-Gesamtausgabe* (MEGA) betraut, und in Anbetracht der Probleme bei der Zusammenführung einer «östlichen» und einer «westlichen» Marx-Forschung war es sinnvoll, dass ich mich mit eigenen Stellungnahmen zum Werk zurückhielt.

Zu Wagner habe ich im Verlauf dieser bald drei Jahrzehnte immer wieder publiziert und auch an Tagungen und Konferenzen teilgenommen. Vor allem sind die gemeinsam mit Hermann Danuser, meinem musikwissenschaftlichen Kollegen an der Humboldt-Universität, im Rahmen der Osterfestspiele der Berliner Staatsoper durchgeführten Kolloquien zu erwähnen, die sich zum überwiegenden Teil mit dem Werk Richard Wagners beschäftigten. Den vorbereitenden Gesprächen mit Hermann Danuser wie den dort gehaltenen Vorträgen und anschließenden Diskussionen verdanke ich eine Fülle von Ideen und Anregungen. Es war ein interdisziplinärer Austausch, in dem noch einmal praktiziert wurde, was die alte Universität vor ihrer Segmentierung intellektuell hat leisten können. Des Weiteren habe ich im Rahmen meiner Lehrverpflichtungen an der Humboldt-Universität (neben mehreren speziell der Marxschen Theorie gewidmeten Veranstaltungen sowie einem Seminar zum politischen Denken Richard Wagners an der Universität Luzern) ein komparativ angelegtes Seminar zum Thema «Marx und Wagner» veranstaltet, das sich regen studentischen Zuspruchs erfreute und mir in sehr guter Erinnerung geblieben ist. Auch dort habe ich zahlreiche Hinweise und Anregungen erhalten.

Mit dem Ende meiner universitären Tätigkeit stand das Projekt, Leben und Werk von Marx und Wagner gegeneinanderzustellen, um das 19. Jahrhundert in deren jeweiliger Perspektive zu behandeln, wieder vor mir. Der Vergleich sollte den Blick auf das lenken, was bei der Einzelbetrachtung leicht übersehen wird. Parallelbiographien nach der Vorgabe von Plutarchs Werk *Große Griechen und Römer* haben zudem den Vorzug, eine Falle zu vermeiden, in die manche Biographien geraten: Sie beginnen mit dem Anspruch kritischer Distanz zur dargestellten Person, werden aber schon bald aufgrund eines intellektuellen «Stockholm-Syndroms» gegenüber deren Eigenheiten und Schwächen recht nachsichtig. Vor allem bei Wagner-Biographien ist das zu beobachten, während Marx-Biographien sich in Lager teilen: das der Apologeten und das der Verächter. Parallelbiographien haben eine methodisch eingebaute Empathiesperre und sorgen aufgrund der wechselseitigen Bespiegelung der Dargestellten eher für den nötigen Abstand.

Den Fokus des Vergleichs wollte ich auf Wagners *Ring des Nibelungen* und Marx' *Kapital* legen, was wegen der kapitalismuskritischen Grundintention beider Werke nahelag; auch hatten Marx und Wagner lange Zeit an diesen Werken gearbeitet, mehr als zwei Jahrzehnte. Die Spur zu diesem Vergleich hat bereits Bernard Shaw in seinem *Wagner-Brevier* gelegt. Mit der Konzentration auf *Ring* und *Kapital* wäre jedoch ein Problem verbunden gewesen, das mich zögern ließ, diesen von der Abgrenzbarkeit her durchaus einladenden Weg zu gehen: die Frage nämlich, ob das *Kapital* tatsächlich als Marx' Hauptwerk anzusehen ist, zumal Marx es ja nicht selbst vollendet hat, sondern der zweite und dritte Band erst von Engels aus dem Nachlass publikationsreif gemacht wurde. Wer das *Kapital* ins Zentrum stellt, muss Engels mit im Blick haben, was mit dem ursprünglichen Konzept der Parallelbiographie nicht gut zu vereinbaren war.

Darüber hinaus stand die Frage im Raum, ob das *Kapital* wirklich den Höhepunkt von Marx' theoretischer Erfassung des Kapitalismus bildete und ich mich nicht stärker auf die *Grundrisse* konzentrieren müsste, die Marx knapp ein Jahrzehnt vor Erscheinen des ersten *Kapital*-Bandes verfasst hat. Bei Wagner stellten sich ähnliche Probleme: Konnte man sein Werk wirklich auf den *Ring* reduzieren und die *Meistersinger* und vor allem den *Parsifal* beiseitelassen? Kaum, denn Wagner hat die *Meistersinger* während der Arbeit am *Ring* ausgestaltet und den *Parsifal* im Anschluss daran und mit rückverweisenden Bezügen darauf. Und auch Marx hat während seiner Beschäftigung mit «der ganzen ökonomischen Scheiße», wie er sich Engels gegenüber ausdrückte, aus der schließlich das *Kapital* hervorging, eine Reihe von Texten verfasst, die für das Verständnis seiner Theorie unverzichtbar sind. All das konnte ich schlecht übergehen.

Des Weiteren stand ich vor dem Dilemma einer jeden Intellektuellenbiographie: Sollte ich mich auf das Werk konzentrieren und das Leben als Zierrat darum herum zeichnen, gleichsam als unvermeidliche Voraussetzung des Werks – oder war es nicht sinnvoller, Vita und Werk, abhängig von den historischen Konstellationen, ineinander zu verschränken; das Werk als Antwort auf die mit der jeweiligen Lebenssituation verbundenen Herausforderungen zu deuten, als Auseinandersetzung von Marx und Wagner mit den Umständen ihrer Zeit. Das hieß, dass ich den politischen, sozialen und kulturellen Konstellationen des 19. Jahrhunderts größere Aufmerksamkeit widmen musste. Dies machte das Vorhaben nicht einfacher, aber umso reizvoller. Hielt mich das eine zurück und ließ mich zögern, so zog mich das andere an und legte mir nahe, endlich mit der Arbeit zu beginnen.

Der Entschluss dazu fiel in einem längeren Gespräch mit Gunnar Schmidt, dem Verleger von Rowohlt Berlin, der die Idee einer vergleichenden Behandlung von Marx und Wagner sehr überzeugend fand, mir zugleich aber nahelegte, Nietzsche als Dritten im Bunde hinzuzunehmen. Das befreite mich; nicht ohne Grund hatte ich die Parallelisierung von Marx und Wagner so lange Zeit verfolgt, aber nie wirklich in Angriff genommen. Durch die Hereinnahme Nietzsches war das ganz Alte mit einem Mal etwas ganz Neues, und damit stellte sich auch die Zuversicht wieder ein, dass ich das Vorhaben schultern könne. Ich habe mit Gunnar Schmidt viele gute und publizistisch folgenreiche Gespräche geführt, aber dieses, im «Borchardt» auf halbem Weg zwischen Humboldt-Universität und dem Verlagsgebäude in Kreuzberg, war mit Sicherheit das wichtigste. Ich habe keine Ahnung, ob Gunnar Schmidt das wusste oder spürte.

Bei der Ausarbeitung eines Exposés, mit dem ich mich noch einmal der Herangehensweise vergewisserte – wie wollte ich methodisch vorgehen, welche Abschnitte im Leben der drei behandeln und welche Werke jeweils ins Zentrum stellen –, habe ich mit Udo Bermbach, Harald Bluhm, Jens Malte Fischer, Karsten Fischer und Gerald Hubmann korrespondiert. Ihre Hinweise halfen mir sehr bei der Präzisierung meiner Überlegungen. Nicht zu vergessen ist ein von Felix Wassermann organisierter Kolloquiumstermin, bei dem ich mein Vorhaben in größerem Kreis mit einer Reihe von Marx- und Nietzsche-Spezialisten diskutieren konnte. So habe ich vor Beginn der Coronapandemie gerade noch rechtzeitig von den Vorzügen der Präsenzgespräche profitieren können. Anregender intellektueller Austausch von Angesicht zu Angesicht, auch im größeren Kreis während der Phase des Konzipierens; große Ruhe, keine Ablenkungen und Störungen dann während des Schreibens.

Wie seit mehr als einem Vierteljahrhundert hat Karina Hoffmann auch dieses Mal mein Manuskript – Manuskript im wortwörtlichen Sinn, weil mit Hand und Tinte geschrieben – abgetippt und anschließend meine Streichungen und Ergänzungen, die ich in mehreren «Runden» vorgenommen habe, in das Computerdokument eingebracht. Mit meinem Bruder Detlef Münkler habe ich musikologische Fragen diskutiert, mit meiner Frau Marina Münkler bei längeren Spaziergängen entlang der Havel die gerade anstehenden Teile vor und während der ersten Niederschrift besprochen, dabei meine Ideen geordnet und teilweise bis in die Formulierung hinein präzisiert. Wie stets war sie auch die erste Leserin und Kritikerin meiner Texte. Wie mehrfach schon war Frank Pöhlmann ein sorgfältiger Lektor und Sebastian Wilde eine verlässliche Hilfe bei der Zusammenstellung der Bilder. Ihnen allen gilt mein tief empfundener und herzlicher Dank.

BILDNACHWEIS

S. 29: Bettmann/Getty Images; S. 40: Bettmann/Getty Images; S. 47: Three Lions/Getty Images; S. 48: Print Collector/Getty Images; S. 57: Lebrecht Music & Arts/Alamy Stock Foto; S. 71: ullstein bild; S. 79: Fine Art/Getty Images; S. 84: ARCHIVIO GBB/Alamy Stock Foto; S. 89: bpk/adoc-photos; S. 100: ullstein bild; S. 109: Time Life Pictures/Mansell/Getty Images; S. 112: bpk/Deutsches Historisches Museum/Arne Psille; S. 124: Münchener Punsch, Bd. 20., Nr. 11, 17. März 1867; S. 129: FLHC A17/Alamy Stock Foto; S. 131: Schalk, Leipzig 1879, hier nach: Ernst Kreowski/Eduard Fuchs (Hg.), *Richard Wagner in der Karikatur*, Berlin 1907; S. 143: Heritage Image Partnership Ltd/Alamy Stock Foto; S. 151: Lebrecht Music & Arts/Alamy Stock Foto; S. 158: Archive Collection/Alamy Stock Foto; S. 168: Heritage Image Partnership Ltd/Alamy Stock Foto; S. 178: Henry Guttmann Collection/Hulton Archive/Getty Images; S. 193: akg-images; S. 197: akg-images; S. 203: ullstein bild; S. 210: The Picture Art Collection/Alamy Stock Foto; S. 227: AF Fotografie/Alamy Stock Foto; S. 230: Lebrecht Music & Arts/Alamy Stock Foto; S. 243: Pictorial Press Ltd/Alamy Stock Foto; S. 259: Lebrecht Music & Arts/Alamy Stock Foto; S. 269: akg-images; S. 294: Pictorial Press Ltd/Alamy Stock Foto; S. 303: akg-images; S. 304: The Picture Art Collection/Alamy Stock Foto; S. 305: Nationalarchiv der Richard-Wagner-Stiftung, Bayreuth; S. 315: Lebrecht Music & Arts/Alamy Stock Foto; S. 323: The History Collection/Alamy Stock Foto; S. 329: akg-images; S. 336: wikimedia.org/H.-P. Haack (Foto) [CC-PD-Mark]; S. 345: AF Fotografie/Alamy Stock Foto; S. 351: Pictorial Press Ltd/Alamy Stock Foto; S. 357: akg-images; S. 367: akg-images; S. 373: akg-images; S. 379: akg-images; S. 385: Artefact/Alamy Stock Foto; S. 391: Jean Vigne/Kharbine Tababor/imago images; S. 402: bpk/Deutsches Historisches Museum/Indra Desnica; S. 416: picture-alliance/Everett Collection/Courtesy Everett Collection; S. 419: incamerastock/Alamy Stock Foto; S. 433: akg-images; S. 447: akg-images; S. 451: akg-images; S. 459: Pictorial Press Ltd/Alamy Stock Foto; S. 467: ullstein bild/Archiv Gerstenberg; S. 475: Fine Art Images/Heritage Images/Getty Images; S. 483: Library Archive/Alamy Stock Foto; S. 494: zeno.org [CC-PD-Mark]; S. 497: wikipedia.org [CC-PD-Mark]; S. 502: Fine Art Images/Heritage Images/Getty Images; S. 509: akg-images/De Agostini/Biblioteca Ambrosiana; S. 515: Heritage Image Partnership Ltd/Alamy Stock Foto; S. 521: ullstein bild/Süddeutsche Zeitung Photo; S. 523: PWB Images/Alamy Stock Foto; S. 529 oben: WHA United Archives WHA_047_0530/imago images; S. 529 unten: bpk; S. 532: Photo12/Archives Snark DFS09A10_453/imago images; S. 547: Photo12/Coll. Taponier TPN08077_072/imago images; S. 555: wikipedia.org [CC-PD-Mark]; S. 565: akg-images/UIG/Universal History Archive; S. 569: Matteo Omied/Alamy Stock Foto; S. 577: wikimedia.org [CC-PD-Mark]; S. 587: Lebrecht Music & Arts/Alamy Stock

Foto; S. 597: akg-images; S. 601: akg-images; S. 605: imago images/Werner Schulze; S. 611: akg-images/Alfred Pasieka/Science Photo Library; S. 612 oben: akg-images; S. 612 unten: Universal History Archive/Getty Images; S. 617 oben: Heritage Image Partnership Ltd/Alamy Stock Foto; S. 617 unten: imageBROKER/Alamy Stock Foto; S. 619: Prisma by Dukas Presseagentur GmbH/Alamy Stock Foto.